D1654972

FESTSCHRIFT FÜR KARL CHRIST

ALTE GESCHICHTE UND WISSENSCHAFTSGESCHICHTE

Festschrift für Karl Christ zum 65. Geburtstag

HERAUSGEGEBEN VON
PETER KNEISSL
UND
VOLKER LOSEMANN

WISSENSCHAFTLICHE BUCHGESELLSCHAFT
DARMSTADT

Herausgegeben in Verbindung mit der Historischen Kommission für Hessen.
Gefördert mit Mitteln der Heinrich-Otto und Margarete Meisner-Stiftung im Stifterverband für die Deutsche Wissenschaft,
des Hessischen Ministers für Wissenschaft und Kunst,
des Marburger Universitätsbundes.

CIP-Titelaufnahme der Deutschen Bibliothek

Alte Geschichte und Wissenschaftsgeschichte:
Festschr. für Karl Christ zum 65. Geburtstag / hrsg.
von Peter Kneissl u. Volker Losemann. –
Darmstadt: Wiss. Buchges., 1988
ISBN 3-534-03564-X
NE: Kneissl, Peter [Hrsg.]; Christ, Karl: Festschrift

Bestellnummer 03564-X

Das Werk ist in allen seinen Teilen urheberrechtlich geschützt.
Jede Verwertung ist ohne Zustimmung des Verlages unzulässig.
Das gilt insbesondere für Vervielfältigungen,
Übersetzungen, Mikroverfilmungen und die Einspeicherung
und Verarbeitung in elektronische Systeme.

© 1988 by Wissenschaftliche Buchgesellschaft, Darmstadt
Satz: Maschinensetzerei Janß, Pfungstadt
Druck und Einband: Wissenschaftliche Buchgesellschaft, Darmstadt
Printed in Germany
Schrift: Linotype Garamond, 9,5/11

ISBN 3-534-03564-X

INHALT

Vorwort. Von Peter Kneißl und Volker Losemann. VII

Die Romanisierung in den Donauprovinzen Roms. Von Géza Alföldy 1

Das zweite Triumvirat. Bemerkungen zu Mommsens Lehre von der außerordentlichen konstituierenden Gewalt. Von Klaus Bringmann 22

The Emperor's Choice of Amici. By P. A. Brunt 39

Die spätantike und nachrömische Zeit am Mittelrhein, im Untermaingebiet und in Oberhessen. Von Helmut Castritius 57

Das Schisma von 418/19 und das Eingreifen der kaiserlichen Gewalt in die römische Bischofswahl. Von Heinrich Chantraine 79

›Die sozialen Gründe des Untergangs der antiken Kultur‹. Bemerkungen zu Max Webers Vortrag von 1896. Von Jürgen Deininger . . 95

Was wäre Europa ohne die Antike? Von Alexander Demandt . . . 113

Aussagefähigkeit epigraphischer Statistik und die Bestattung von Sklaven im kaiserzeitlichen Rom. Von Werner Eck 130

Aspects of Roman Acculturation in the East under the Republic. By Robert Malcolm Errington 140

Bemerkungen zu den neueren Theorien über den Ursprung des Patriziats. Von Endre Ferenczy 158

Tacitus über Herkunft und Verbreitung des Namens Germanen. Von Dieter Flach 167

Q. Otacilius Pollinus: Inquisitor III Galliarum. Von Regula Frei-Stolba 186

Adam Ferguson e la storia di Roma. Di Emilio Gabba 202

Inhalt

Pax Caudina. Di Antonio Guarino	222
Fragment eines Inventars (P. bibl. univ. Giss. Inv. 141). Von Hans Georg Gundel	226
Zur Wirtschaftsstruktur des römischen Reiches: Das Beispiel Gallien. Von Peter Kneißl	234
Aspekte der nationalsozialistischen Germanenideologie. Von Volker Losemann	256
Karien im Ersten Mithradatischen Krieg. Von Christian Marek	285
Nuove considerazioni sul passaggio dall'antichità al Medioevo. Di Francesco De Martino	309
Per la storia delle religioni nell'Italia contemporanea: Antonio Banfi ed Ernesto De Martino tra persona ed apocalissi. Di Arnaldo Momigliano	325
Il primo millenario di Roma nella coscienza dei contemporanei. Di Leandro Polverini	344
Der Stumme – lerne Malen. Von Maria R.-Alföldi	358
Die Bedeutung des Caesarischen Münzporträts. Von Hans Werner Ritter	374
Pietas, *obligation and authority in the Roman family.* By Richard P. Saller	393
Mario e i Cimbri nell' ›Anonymus Matritensis‹. Di Franco Sartori	411
Schottische Aufklärung und antike Gesellschaft. Von Helmuth Schneider	431
Friedrich Carl von Savigny und Theodor Mommsen. Ihr Briefwechsel zwischen 1844 und 1856. Von Ines Stahlmann	465
Zum politischen Charakter der Germanen in der ›Germania‹ des Tacitus. Von Dieter Timpe	502
Bibliographie Karl Christ. Zusammengestellt von Anneliese Schneider	527

VORWORT

Karl Christ begeht am 6. April 1988 seinen 65. Geburtstag. Aus diesem Anlaß widmen Autoren, Herausgeber und die Wissenschaftliche Buchgesellschaft, Darmstadt, ihm diese Festschrift als Zeichen der Verbundenheit und des Dankes; sie wünschen dem Jubilar noch viele Jahre fruchtbaren Schaffens.

Wenn dieser Band den Titel ›Alte Geschichte und Wissenschaftsgeschichte‹ trägt, so kommt darin das besondere wissenschaftliche Anliegen Karl Christs zum Ausdruck. Mit seinen Forschungen hat er nicht nur in traditionellen Arbeitsfeldern und Themenbereichen der althistorischen Disziplin wie der antiken Numismatik, der Historiographie, der römischen Germanienpolitik und der Prinzipatsideologie entscheidende Akzente gesetzt, wie kaum ein anderer wandte er sich bereits sehr früh Problemen der älteren und neueren Geschichte seines eigenen Faches zu. Darüber hinaus stellte er sich immer wieder der Aufgabe, die Ergebnisse der Einzelforschung zur Synthese zusammenzuführen.

Seine Schüler kennen Karl Christ als sehr engagierten und anregenden Universitätslehrer, der es auch stets verstand, Studienanfänger in die Alte Geschichte einzuführen und bei ihnen Interesse für dieses Fach zu wecken. Auf zahlreichen Exkursionen – und damit verknüpfen sich persönliche Erinnerungen der Herausgeber – machte er die Marburger Studenten mit dem römischen Gallien und Germanien vertraut. Seinen Erfolg als akademischer Lehrer bezeugen die große Reihe von Dissertationen, die von ihm betreut wurden, und seine Tätigkeit als Vertrauensdozent der Studienstiftung des deutschen Volkes.

Die Herausgeber sind zunächst den Autorinnen und Autoren für ihre bereitwillige Mitarbeit zu großem Dank verpflichtet. Schmerzlich berührt, daß Joseph Vogt, der akademische Lehrer des Jubilars in der für ihn prägenden Tübinger Zeit, die Arbeit an dem vorgesehenen Beitrag nicht vollenden konnte. Während der Drucklegung erreichte uns die Nachricht vom Tode Arnaldo Momiglianos, dem sich Karl Christ durch gleiche Forschungsinteressen in besonderer Weise verbunden fühlte. In das Gedenken an diese beiden Gelehrten schließen wir Siegfried Lauffer und Moses I. Finley ein, auch sie hatten zugesagt, sich an der Festschrift zu beteiligen.

Unser Dank gilt der Wissenschaftlichen Buchgesellschaft, Darmstadt, und dem zuständigen Lektor, Herrn Peter Heitmann, für die verlegerische und redaktionelle Betreuung, in der sich die enge Verbundenheit mit ihrem Autor ausdrückt. Ganz wesentlichen Anteil am Zustandekommen des vorliegenden

Bandes hat die Historische Kommission für Hessen, die einen großzügigen Druckkostenzuschuß zur Verfügung stellte. Ihr Vorsitzender, Herr Professor Dr. Walter Heinemeyer, der langjährige Marburger Kollege des Jubilars, förderte das Vorhaben mit bewährtem Rat und tatkräftiger Unterstützung. Dank gebührt schließlich dem Stifterverband für die Deutsche Wissenschaft, insbesondere Herrn Dr. H.-R. Spiegel, dem Hessischen Minister für Wissenschaft und Kunst sowie dem Marburger Universitätsbund für weitere Zuschüsse. Dank sagen wir nicht zuletzt den Mitarbeiterinnen und Mitarbeitern des Seminars für Alte Geschichte der Philipps-Universität.

Peter Kneißl   Volker Losemann

DIE ROMANISIERUNG IN DEN DONAUPROVINZEN ROMS

Von Géza Alföldy

I

Den Gegenstand dieses Artikels bildet der römische Einfluß in den donauländischen Provinzen Roms. Wenn hier versucht wird, diesen vielfältigen und vielumstrittenen Fragenkomplex im Rahmen eines kurzen Überblicks zu erfassen, dann in der Absicht, eine der vielen Anregungen aufzugreifen, die Karl Christ der althistorischen Wissenschaft gegeben hat. Denn er, der die Forschung um so viele Ergebnisse bereicherte, legte immer einen ganz besonderen Wert darauf, die großen Fragen der Alten Geschichte durch eine Synopse der zahllosen Einzelergebnisse zusammenfassend zu beleuchten und darzustellen.

Zu den donauländischen Provinzen des Imperium Romanum sind zunächst Raetia, Noricum, Pannonia und Moesia zu zählen, die die Donau nicht nur als Flußweg, sondern auch als nördliche Grenzlinie des Römischen Reiches mit einer ununterbrochenen Kette militärischer Stützpunkte miteinander verband; hierzu gehörte weiterhin Dalmatia, die zwar nicht bis zur Donau reichte, als Hinterland der Grenzzone jedoch weitgehend deren Geschichte teilte; und natürlich ist hierzu Dacia, die vorgeschobene Bastion des Reiches nördlich der Donau, zu rechnen.[1] Die römische Expansion begann in

---

[1] Wichtigste zusammenfassende Literatur über die einzelnen Provinzen (die Literaturangaben müssen sich im vorliegenden Artikel auf eine sehr knappe Auswahl beschränken): G. Alföldy, Bevölkerung und Gesellschaft der römischen Provinz Dalmatien, Budapest 1965; J. J. Wilkes, Dalmatia, London 1969; B. Overbeck, in: ANRW II 5.2, Berlin–New York 1976, 658 ff. (Forschungsbericht über Rätien); G. Alföldy, Noricum, London–Boston 1974; A. Mócsy, Die Bevölkerung von Pannonien bis zu den Markomannenkriegen, Budapest 1959; ders., Pannonia. RE Suppl. IX, 1962, 515 ff.; ders., Gesellschaft und Romanisation in der römischen Provinz Moesia Superior, Budapest 1970; ders., Pannonia and Upper Moesia. A History of the Middle Danube Provinces of the Roman Empire, London–Boston 1974. Für die Moesia inferior und für Dacia liegen ähnliche zusammenfassende Untersuchungen oder Forschungsberichte nicht vor; vgl. am ehesten B. Gerov, La romanisation entre la Danube et les Balkans, Sofia 1948/53, bulgarisch, bzw. C. Daicoviciu, Siebenbürgen im Altertum, Bukarest 1943, veraltet. Zusammenfassende Überblicke über die Geschichte des Donauraumes in römischer Zeit: Th. Mommsen, Römische Geschichte, V. Die Provinzen von Caesar

diesem Raum mit der Etablierung der Herrschaft Roms an der dalmatinisch-nordalbanischen Adriaküste seit 167 v. Chr.; erobert wurde der größte Teil des gesamten hier erfaßten Gebietes unter Augustus; und abgeschlossen wurde die Expansion mit der Unterwerfung Dakiens durch Trajan im Jahre 106 n. Chr. Verloren ging für Rom zuerst das am spätesten annektierte Land, nämlich Dacia, die im Jahre 271 wieder aufgegeben wurde; die übrigen erwähnten Länder blieben zumeist, entweder nominell oder auch tatsächlich, noch im fünften Jahrhundert Teile des von Ravenna und Konstantinopel aus regierten römischen Hoheitsgebietes, und Moesia löste sich aus dem Byzantinischen Reich endgültig erst infolge der Einwanderung der Bulgaren und Slawen.

Heute ist dieses Gebiet, das in der römischen Kaiserzeit zwischen Italien, dem römischen Westen und dem griechisch sprechenden Osten eine Einheit bildete, stark zergliedert. Die aufgezählten römischen Provinzen verteilen sich auf zehn moderne Staaten mit vielen Völkern und Sprachen, mit unterschiedlichen politischen, gesellschaftlichen und wirtschaftlichen Systemen, ferner mit Unterschieden in der Religion, in der Schrift und in vielem mehr. Freilich gab es innerhalb dieses Gebietes auch in der Römerzeit große Unterschiede, und zwar durchaus nicht nur in ethnischer und sprachlicher, sondern auch in politischer, wirtschaftlicher, sozialer und kultureller Hinsicht. Hier sei nur an zwei Tatsachen erinnert. Die allmähliche Aufspaltung der Provinzen, so z. B. die Zweiteilung von Illyricum am Ende des pannonisch-dalmatischen Aufstandes, dann die Zweiteilung von Pannonia 106 n. Chr. und schließlich die weitere Teilung der beiden pannonischen Provinzen unter Diokletian, führte im Laufe der römischen Herrschaft zu zunehmender administrativer Zergliederung, wobei die Schaffung von Verwaltungsgrenzen die Herausbildung nicht nur politischer, sondern auch wirtschaftlicher und kultureller Einheiten fördern konnte.[2] Andererseits verlief eine der wichtigsten kulturellen Grenzen innerhalb des Imperium Romanum, nämlich diejenige, die den lateinischen und den griechischen Sprachraum voneinander trennte, im unteren Donauraum und schnitt die Moesia inferior in zwei Teile.[3]

Nichtsdestoweniger sind die auf eine Vereinheitlichung hinwirkenden Kräfte, die infolge der Ausdehnung der römischen Herrschaft auftraten, unverkennbar. Die vielgestaltigen Länder wurden in einem staatlichen Rahmen zusammengefaßt, und die Einrichtung eines ähnlichen Verwaltungssystems in den einzelnen Provinzen hat eher die Integration in ein und dasselbe

---

bis Diokletian, Berlin ³1886, 178 ff.; M. Rostovtzeff, Gesellschaft und Wirtschaft im römischen Kaiserreich, Leipzig 1931, Nachdruck Aalen 1985, I, 188 ff.

[2] Vgl. dazu S. von Schnurbein, Ber. RGK 63, 1982, 5 ff.

[3] Siehe B. Gerov, in: Die Sprachen im Römischen Reich der Kaiserzeit. Kolloquium 1974, Köln–Bonn 1980, 147 ff.

Regime als separatistische Tendenzen gefördert. In der Zollverwaltung des Imperiums bildeten die Donauprovinzen sogar einen Bezirk, den 'illyrischen', und die allmähliche Ausdehnung des Begriffes 'Illyricum' führte ohnehin dazu, daß die Donauprovinzen ähnlich wie Africa, Hispania, Gallia, Germania oder Oriens auch nach zeitgenössischem Verständnis als eine Einheit galten.[4] Darüber hinaus verfolgten die Armeen der Donauprovinzen nicht nur militärisch, sondern auch politisch vielfach gemeinsame Interessen, hauptsächlich während der Krise des dritten Jahrhunderts, als die Geschichte Roms weitgehend von diesen mächtigen Armeen bestimmt wurde, die damals mit 12 Legionen und vielen Hilfstruppen ungefähr zwei Fünftel des *exercitus Romanus* bildeten. Vor allem aber führte die Festigung der römischen Herrschaft überall zur Herausbildung annähernd ähnlicher wirtschaftlicher, sozialer und kultureller Verhältnisse.

Dieser Prozeß, in dessen Verlauf Roms Einfluß die eroberten Gebiete und ihre Bevölkerung erfaßte, wird zumeist als 'Romanisierung' bezeichnet. Die Definition dieses oft unscharf gebrauchten, häufig zu Recht kritisierten und zudem nicht aus der Antike stammenden Begriffes sollte auf jenem Wege angestrebt werden, den E. Swoboda mit seiner Schrift über die 'Romanisierung' gewiesen hat: Wir sollten von der eindrucksvollsten antiken Formulierung dessen ausgehen, was Rom mit den unterworfenen Völkern zu tun hatte, nämlich *regere imperio populos, paci imponere morem, parcere subiectis et debellare superbos*.[5] Die Völker beherrschen, den Widerstand der Gegner brechen, den Besiegten gegenüber Milde walten lassen und den so erreichten Frieden mit der Ausbreitung der Sitten Roms als Richtschnur für das Denken und Handeln der Völker vertiefen – daraus läßt sich der Inhalt des Begriffes 'Romanisierung' am ehesten sinnvoll ableiten. Er liegt in der Sicherung der Herrschaft Roms und in der hiervon untrennbaren Ausbreitung römischer Lebensordnung, womit unter 'Romanisierung' ebenso die militärischen und politischen Maßnahmen im Interesse einer dauerhaften Kontrolle und Integration eines Landes in das römische Herrschaftssystem wie auch sämtliche gezielten und spontanen Formen des zivilisatorischen und kulturellen Einflusses von Rom zu verstehen sind.

[4] Zum *publicum portorium Illyrici* vgl. S. J. De Laet, Portorium. Étude sur l'organisation douanière chez les Romains, Brügge 1949, 175 ff.; F. Vittinghoff, RE XXII 1, 1953, 358 ff.; P. Ørsted, Roman Imperial Economy and Romanization. A Study in Roman Imperial Administration and the Public Lease System in the Danubian Provinces from the First to the Third Century A.D., Kopenhagen 1985, 251 ff. Zur zeitgenössischen Betrachtungsweise gerade aufgrund der einheitlichen Zollverwaltung siehe schon App., Ill. 6; für die spätere Zeit vgl. A. Alföldi, Studien zur Geschichte der Weltkrise des 3. Jahrhunderts nach Christus, Darmstadt 1967, 228 ff.

[5] Verg., Aen. 6, 851 f. Vgl. E. Swoboda, Anzeiger d. Phil.-hist. Klasse d. Österreichischen Akad. d. Wiss. 1963, 153 ff.

II

Inwieweit es Rom gelungen ist, die Völker zu beherrschen und die *pax Romana* mit der Verpflanzung römischer Verhaltensnormen in die Bereiche des öffentlichen wie des privaten Lebens bei diesen Völkern zu krönen, hing zu einem guten Teil von den Bedingungen in den einzelnen eroberten Ländern ab. Die Integration Italiens unter römischer Herrschaft war nicht zuletzt dadurch möglich, daß die meisten italischen Dialekte für einen Römer mehr oder weniger verständlich waren. In Hispanien faßten die Römer Fuß, nachdem sie dort schon so treue Verbündete gefunden hatten wie die Einwohner von Saguntum, die im Jahre 219, unmittelbar vor dem Ausbruch des Zweiten Punischen Krieges und dem ersten Erscheinen römischer Truppen auf der Iberischen Halbinsel, ein *documentum omnibus gentibus* für die Treue zu Rom geworden sind (Liv. 28, 39, 17). In Kleinasien, dessen Einwohner zwar griechisch und im Binnenland auch phrygisch sprachen, wurde die römische Herrschaft dadurch vorbereitet und erleichtert, daß Rom dort urbane Strukturen vorfand – unter anderem mit einer städtischen Oberschicht, die sich nicht sehr von derjenigen in den Städten der westlichen Reichshälfte unterschied und nach anfänglichen Schwierigkeiten allzu bereit war, ihre Position innerhalb der eigenen Gesellschaft in Roms Dienst zu festigen und sanktionieren zu lassen. Im Donauraum war die Situation in vielfacher Hinsicht uneinheitlich: Das ethnische Bild in den Donauländern zum Zeitpunkt der römischen Eroberung erinnert in einer Hinsicht an die heutige Bevölkerungssituation in diesem Raum mit den Germanen im Westen, den Slawen im Osten und den Ungarn sowie den Rumänen zwischen ihnen. Auch damals waren zwischen zwei großen ethnischen Gruppen im Westen und im Osten kleinere Völkerschaften eingekeilt. Im Westen, nämlich in Raetia, in Noricum und in Westpannonien, lebten keltische Stämme, die eine im wesentlichen einheitliche Sprache – höchstens mit Dialektunterschieden – gesprochen haben dürften. Nicht wenige dieser Stämme in den Ostalpenländern, die im *regnum Noricum* zusammengefaßt waren, pflegten schon früh gute politische und wirtschaftliche Beziehungen zu Rom; so besuchten den Hauptort des *regnum Noricum*, den Magdalensberg nördlich von Klagenfurt, römische Kaufleute aus Norditalien bereits während der Späten Republik regelmäßig. Wie weit die Assimilation zwischen den italischen Kaufleuten und manchen ihrer einheimischen Partner bereits um die Mitte des ersten Jahrhunderts v. Chr. fortgeschritten war, ist daran zu erkennen, daß die berühmte Bronzestatue vom Magdalensberg, der 'Helenenberger Jüngling', in dem man dort einen keltischen Gott erblickte, von italischen Kaufleuten und einem einheimischen Kelten zusammen gestiftet wurde; dabei trug der einheimische Dedikant, der Sohn des Kelten Vindilus, schon den lateinischen Namen Gallicinus.⁶ Diese Stämme lehnten sich im Jahre 15 v. Chr., als Rom aus strategischen Gründen die Ostalpenländer und Raetia besetzte, gegen die Annexion nicht auf, während die Widerstandskraft der rätischen Stämme damals in einem einzigen Feldzug gebrochen wurde.⁷ Somit blieb die Bevölkerung dieser Gebiete weitgehend intakt und bewahrte ihre Eigenart auch unter römischer Herrschaft noch lange Zeit, wie dies etwa die Zeugnisse für die keltischen Personennamen in Noricum verdeutlichen, die in römerzeitlichen Inschriften erscheinen.⁸

In Moesia – vor allem in Niedermösien – und in Dacia fanden die Römer thrakische Stämme vor. Während die Unterwerfung Mösiens unter Augustus – nach früheren römischen Feldzügen in diesem Gebiet – kein größeres militärisches Problem bereitete, konnten die Daker in Siebenbürgen erst in Trajans blutigen Kriegen bezwungen werden, durch die ihre Stämme stark dezimiert wurden.⁹ Das geht nicht zuletzt wiederum aus den Inschriften hervor, die in Dacia, in einem ganz krassen Gegensatz z. B. zu Noricum, kaum einheimische Personennamen und überhaupt keine einheimischen Götternamen enthalten.¹⁰ Zugleich kamen nach Dacia, wiederum gänzlich im Gegensatz zu Noricum, viele fremde Kolonisten, wie dies nicht nur die Inschriften

---

⁶ Zu diesem Prozeß in den Ostalpenländern siehe G. Alföldy, Noricum (Anm. 1), 44 ff.; zu den frühen Beziehungen zwischen den Römern und den Norikern siehe jetzt bes. G. Dobesch, Die Kelten in Österreich nach den ältesten Berichten der Antike. Das norische Königreich und seine Beziehungen zu Rom im 2. Jahrhundert v. Chr., Wien–Köln–Graz 1980.

⁷ Raetia: K. Christ, Historia 6, 1957, 416 ff. = ders., Römische Geschichte und Wissenschaftsgeschichte, I. Römische Republik und augusteischer Prinzipat, Darmstadt 1982, 240 ff.; vgl. jetzt bes. F. Schön, Der Beginn der römischen Herrschaft in Rätien, Sigmaringen 1986, dem ich in mehreren Punkten nicht folgen kann. Für Noricum nimmt P. Kneißl an, daß erst Claudius das Land annektiert habe, Chiron 9, 1979, 261 ff.; vgl. dagegen G. Dobesch, in: Studien zu den Militärgrenzen Roms III. 13. Internat. Limeskongreß Aalen 1983. Vorträge, Stuttgart 1986, 308 ff.; G. Alföldy, in: Akten des Kolloquiums über die Territorialorganisation römischer Provinzen, Augsburg 1985 (im Druck).

⁸ G. Alföldy, in: L'onomastique latine, Paris 1977, 249 ff.

⁹ Eroberung Mösiens: Vgl. bes. A. Mócsy, Pannonia and Upper Moesia (Anm. 1), 23 f. und 32 f.; einheimische Bevölkerung: F. Papazoglu, Srednjobalkanska plemena u predrimsko doba, Sarajevo 1969. Unterwerfung Dakiens: K. Strobel, Untersuchungen zu den Dakerkriegen Trajans. Studien zur Geschichte des mittleren und unteren Donauraumes in der Hohen Kaiserzeit, Bonn 1984.

¹⁰ Vgl. dazu die Literatur bei D. Protase, in: ANRW II 6, Berlin–New York 1977, 997 f.; außerdem bes. I. I. Russu, in: L'onomastique latine (Anm. 8), 353 ff. Ins richtige Licht gerückt wurde dieser Befund zuletzt von A. Mócsy, A római név mint társadalomtörténeti forrás (= Der römische Name als sozialgeschichtliche Quelle), Budapest 1985, 54 ff.

bezeugen, sondern auch Eutrop: *Traianus victa Dacia ex toto orbe Romano infinitas eo copias hominum transtulerat ad agros et urbes colendas. Dacia enim diuturno bello Decibali viris fuerat exhausta* (8, 6, 2).

Zwischen den Kelten und den Thrakern befanden sich kleinere ethnische Gruppen, die in antiken Quellen und erst recht in der modernen Fachliteratur zumeist unter dem Sammelbegriff 'Illyrier' umhergeistern. In Wirklichkeit bezeichnete dieser Name ursprünglich nur ein kleineres Volk in Nordalbanien und in Montenegro, das auch noch in späteren Quellen unter dem Namen *Illyrii proprie dicti* erscheint; auf die Nachbarvölker – und dann auch auf die Einwohner der meisten Donauprovinzen – dehnte sich der Name 'Illyrier' erst allmählich aus.[11] Da uns die literarischen Quellen so gut wie ganz im Stich lassen, sind es wiederum hauptsächlich die Inschriften mit den einheimischen Personennamen, die es erlauben, einzelne ethnische Gruppen voneinander zu unterscheiden. Aufgrund charakteristischer Namen, Namensstämme und -suffixe lassen sich, abgesehen von schwachen Spuren der keltischen Scordisci in Serbien, folgende Namengebungsgebiete voneinander trennen. Ein homogenes Namengebiet im südöstlichen Teil der römischen Provinz Dalmatia dürfte die *Illyrii proprie dicti* und die ihnen unmittelbar verwandten Stämme kennzeichnen. Nordwestlich von ihnen, auf beiden Seiten des Dinaragebirges, entspricht ein weiteres Namengebiet ungefähr dem Stammesgebiet der Delmatae. Ein teils damit verwandtes, teils jedoch eigenständiges Namengebungsgebiet erstreckt sich dann nördlich von den Delmatae auf Bosnien, Kroatien und Slawonien sowie auf die nicht von Kelten bewohnten Gebiete Westungarns; somit können wir dieses Namengebiet den Pannoniern zuordnen, zu denen vor der Zweiteilung Illyricums auch die Stämme Norddalmatiens gerechnet wurden. Die Namengebung der Liburner schließlich weist mit derjenigen der Bevölkerung Istriens und Venetiens die engsten Verbindungen auf.[12]

Derartige Namengebungsgebiete müssen nicht notwendigerweise mit Sprachräumen identisch sein. Jedoch dürfte aus ihrer Existenz so viel hervorgehen, daß bei der einheimischen Bevölkerung der Donauprovinzen zahlreiche Sprachen gesprochen wurden. Vermutlich wurde die Romanisierung durch diese sprachliche Vielfalt eher erleichtert als behindert: Die *lingua franca*, deren sich etwa einheimische Kaufleute bedienten, konnte nur die lateinische sein. Zugleich ist es wichtig, daß alle nachweisbaren oder anzunehmenden einheimischen Sprachen – das Keltische, das Thrakische, das Illyrische, ferner jene

---

[11] Zu den *Illyrii proprie dicti* vgl. F. Papazoglu, Historia 14, 1965, 143 ff.
[12] Zu diesen Namengebieten und zu ihrer Bewertung vgl. bes. R. Katičić, Ancient Languages of the Balkans, Den Haag–Paris 1976, ferner folgende Forschungsberichte: J. Šašel, in: L'onomastique latine (Anm. 8), 365 ff.; J. Untermann, in: Die Sprachen im Römischen Reich (Anm. 3), 45 ff.; R. Katičić, ebd. 103 ff. Vgl. G. Alföldy, ZPE 30, 1978, 123 ff.

Sprachen oder Dialekte, die die Pannonier, Dalmaten und Liburner sprachen – indoeuropäische Sprachen waren, so daß die Barriere zwischen diesen Sprachen und dem Lateinischen doch nicht so stark war wie z. B. zwischen der Sprache der berberischen Nomaden und der römischen Kolonisten in Afrika. Wenn Velleius Paterculus, der in den Jahren 6–9 n. Chr. gegen die aufständischen Pannonier kämpfte, von diesen behauptete, daß bei ihnen nicht nur die römische Disziplin, sondern auch die *lingua Romana* und meistens auch die Schrift bekannt waren, so hat er damit gewiß maßlos übertrieben, um die Feinde Roms als würdige Gegner erscheinen zu lassen; aber er hätte das schwerlich tun können, wenn er nicht zumindest einzelnen Pannoniern begegnet wäre, denen das Erlernen der lateinischen Sprache keine großen Schwierigkeiten bereitete und mit denen er sich verständigen konnte.[13]

Auch die sozialen und politischen Strukturen der einheimischen Völker des Donauraumes waren recht unterschiedlich. Von den Pannoniern behauptete Appian, daß sie nach Sippen gegliedert in Dörfern wohnten und keine Städte kannten.[14] Die Sippenorganisationen mit verschiedenen einander über- und untergeordneten Einheiten, die in den literarischen und inschriftlichen Quellen der Römerzeit als *gentes, centuriae, decuriae* usw. erscheinen, überlebten auf dem nordwestlichen Balkan die römische Okkupation ebenso wie das System der Großfamilie, einer Vorläuferin der späteren südslawischen *zadruga*, die in den lateinischen Inschriften Dalmatiens unter dem Namen *cognatio* wiederzuerkennen ist. Bei den Stämmen mit einer derartig rückständigen Sozialordnung gab es, von den Beratungen der Sippenhäupter abgesehen, auch keine Zentralmacht; so wählten die pannonischen Stämme nur für die Kriegführung gegen die Römer gemeinsame Heerführer wie Bato, den Däsitiaten, und Bato, den Breuker. Bei anderen Völkern gab es eine stärker differenzierte Sozialordnung; die keltischen Boier etwa im Wiener Becken und in Nordwestungarn kannten die Sklaverei ähnlich wie auch die Noriker,[15] und die keltischen *oppida* in Rätien, wie z. B. in Manching, zeugen nicht nur von einer starken Differenzierung der Wirtschaft, so u. a. von einer imposanten Rolle des Handwerkes, des Handels und im übrigen auch der Geldwirtschaft neben der Agrarproduktion in dem gesamten ökonomischen System bereits vor der römischen Eroberung, sondern auch von den Ansätzen einer urbanisatorischen Entwicklung.[16] Diese hatte bei den südöstlichen Illyriern unter helleni-

---

[13] Vell. 2, 110, 5. Vgl. dazu A. Mócsy, in: B. Hartley – J. Wacher (Hrsg.), Rome and Her Northern Provinces. Papers Presented to S. Frere, Gloucester 1983, 169 ff.

[14] App., Ill. 22. Zum Folgenden vgl. bes. A. Mócsy, RE Suppl. IX, 1962, 534 f.; G. Alföldy, Dalmatien (Anm. 1), 166 ff.; ders., Acta Ant. Hung. 9, 1961, 307 ff. und ebd. 11, 1963, 81 ff.; J. J. Wilkes, a. a. O. (Anm. 1), 177 ff.

[15] Siehe dazu A. Mócsy, Acta Ant. Hung. 4, 1956, 224 ff.; L. Vidman, ebd. 9, 1961, 153 ff.

[16] Zu Manching siehe die Literatur bei F. Schön, a. a. O. (Anm. 7), 85.

stischem Einfluß schon im zweiten vorchristlichen Jahrhundert eine hohe Entwicklungsstufe erreicht. Fortgeschritten war bei den südöstlichen Illyriern auch die Herausbildung einer Zentralmacht, da wir in den Quellen von ihren als König (rex, βασιλεύς) bezeichneten Herrschern bis zum letzten illyrischen König, dem 167 v. Chr. von den Römern gefangengenommenen Genthius, lesen. Sonst war die politische Entwicklung am ehesten bei den Dakern und in Noricum beachtlich hoch. Der Häuptling des Einzelstammes der Noriker in Kärnten galt in den Augen der Römer bereits im zweiten Jahrhundert v. Chr. als *rex*, den auch ein größerer Stammesbund der ostalpinen Kelten als obersten Repräsentanten anerkannte, und zwei dakischen Königen, dem Burebista, einem Zeitgenossen Caesars, und dann dem letzten dakischen König Decebalus, ist es gelungen, ganz Dakien unter ihre Hoheit zu bringen. Nicht zufällig waren die Residenzorte dieser Könige, der Magdalensberg in Noricum und die Burg von Gradişea Muncelului (das alte Sarmizegetusa) im Orăstie-Gebirge in Siebenbürgen, Beispiele für eine beginnende urbane Entwicklung.[17]

Eine fortgeschrittene soziale Gliederung, die Existenz urbaner oder halbwegs urbaner Zentren und eine gewisse Tradition von Staatlichkeit waren für die Anpassung der einheimischen Bevölkerung an Roms Ordnung, im allgemeinen betrachtet, günstigere Voraussetzungen als die ganz rückständigen Strukturen einer noch weitgehend intakten Sippengesellschaft. Bei den Boiern etwa waren es die Angehörigen des Stammesadels, die zuerst römisches Bürgerrecht erhielten und als *principes* der *civitas Boiorum* eingesetzt wurden, denn keltische Adlige beherrschten durch ein Klientelsystem ihre Stammesgenossen seit eh und je; die griechischen Städte an der niedermösischen Schwarzmeerküste versahen auch in der römischen Provinz die Funktion wirtschaftlicher und kultureller Zentren; und in Noricum trat Augustus offenbar als Nachfolger der lokalen Könige auf, deren Sitz auf dem Magdalensberg für einen Zeitraum von zwei Generationen zum Zentrum der römischen Verwaltung wurde und deren Ländereien und weitere Einnahmequellen er als *patrimonium regni Norici* für den römischen Staat in Anspruch nahm.[18] Doch war eine derartige Entwicklung nicht zwingend, da gerade ein Volk mit fortgeschrittenen politischen, sozialen und wirtschaftlichen Strukturen Rom auch einen besonders heftigen Widerstand leisten konnte. Das

---

[17] Illyrien: Vgl. bes. J. J. Wilkes, a. a. O. (Anm. 1), 13 ff. und 180 ff.; Noricum: Vgl. G. Alföldy, Noricum (Anm. 1), 31 ff. und 39 ff. und G. Dobesch, Die Kelten in Österreich (Anm. 6), 182 ff.; Dacia: Vgl. C. Daicoviciu, in: ANRW II 6, Berlin–New York 1977, 889 ff.

[18] Boier: Vgl. A. Mócsy, Die Bevölkerung von Pannonien (Anm. 1), 46 ff.; Städte an der pontischen Küste: Vgl. den historischen Überblick von R. Vulpe–I. Barnea, Din istoria Dobrogei, II. Romanii. La Dunărea de Jos, Bukarest 1968; Noricum: Vgl. G. Alföldy, Noricum (Anm. 1), 52 ff. und 100 f., siehe dazu noch in Anm. 7 angeführte Literatur.

war der Fall in Dacia, wo die römische Herrschaft, ganz anders als in Noricum, nur durch die Vernichtung der bisherigen Staatlichkeit mit ihrer gesamten Infrastruktur, einschließlich des lokalen Adels, etabliert werden konnte; bezeichnenderweise wurde hier der Sitz des Königs nicht als römische Hauptstadt in Anspruch genommen wie auf dem Magdalensberg, sondern gewaltsam zerstört wie auch die übrigen dakischen Burgen, und die neue Hauptstadt, das neue Sarmizegetusa, wurde in einer Ebene als eine künstliche Gründung, als *colonia Ulpia Traiana*, ins Leben gerufen.

III

Der Romanisierungsprozeß, seine Erfolge und seine Lücken sind vor diesem historischen Hintergrund zu sehen. Die Mittel der Romanisierung konnten von Gebiet zu Gebiet in unterschiedlichem Maße, in unterschiedlicher Form und mit unterschiedlichem Resultat eingesetzt werden. Was den Einsatz dieser Mittel anbelangt, ist zunächst eine grundlegend wichtige Tatsache zu betonen: Die Romanisierung lag nicht darin, daß Rom stets bewußt, konsequent oder gar mit einem missionarischen Eifer alles darangesetzt hätte, die unterworfenen Völker so rasch wie möglich und so gründlich wie möglich umzuerziehen. *Regere imperio populos* und *paci imponere morem* bedeuteten vielmehr die Schaffung eines Apparates zur Sicherung der römischen Herrschaft und ansonsten einer Infrastruktur, die eine spontane Entwicklung nach Roms Modellen ermöglichte. Mit anderen Worten: Bewußt und konsequent, ja sogar kompromißlos, bestand die römische Politik in den Provinzen während der Kaiserzeit nur darauf, daß die Grenzen gegen äußere Feinde gesichert wurden, daß die innere Ordnung nicht gefährdet wurde und daß die Bevölkerung die vorgeschriebenen Steuern zahlte; sonst wurden nur Institutionen ins Leben gerufen und weitere Maßnahmen getroffen, die es der einheimischen Bevölkerung, vor allem ihrer Oberschicht, ermöglichen sollten, römische Verhaltens- und Denkweisen zu übernehmen. Gezwungen wurde man jedoch weder dazu, sich in traditionellen römischen Tugenden zu üben, noch dazu, Latein zu lernen; vielmehr ging es in Rom darum, diejenigen zu begünstigen, die eher von sich aus die Vorteile des römischen *mos* erkannten, und darum, daß die Bereitschaft zu dieser Erkenntnis gefördert wurde – vor allem bei denjenigen, die durch Reichtum und Ansehen bei ihren Landsleuten als potentielle *boni viri* galten.[19] Wichtig war es ferner, daß die auf diese

---

[19] Vgl. hierzu etwa A. Mócsy, Moesia Superior (Anm. 1), bes. 161 ff. und 251 ff.; siehe jetzt ausführlich G. Alföldy, Römisches Städtewesen auf der neukastilischen Hochebene: ein Testfall der Romanisierung. Abh. d. Heidelberger Akad. d. Wiss., Phil.-hist. Kl., Jg. 1987, 3. Abh., Heidelberg 1987.

Art und Weise 'romanisierten' Einheimischen in Roms soziopolitisches System voll und ganz integriert wurden: Wie Kaiser Claudius einmal sagte, absorbierte Rom immer die gestrigen *alieni* und *externi*,[20] und durch diese Offenheit der römischen Gesellschaft unterschied sich das Imperium Romanum – zu seinem Vorteil – ebenso vom spanischen wie vom französischen oder auch vom britischen Kolonialreich.

Die wichtigsten Mittel der Romanisierung waren folgende:

1. Die Schaffung einer Infrastruktur zur Sicherung der Herrschaft und für die militärisch-politische Kontrolle der Bevölkerung durch den Ausbau von Straßen sowie Militärstützpunkten und Verwaltungszentren. Die Errichtung des Straßennetzes, u. a. der Militärstraßen von der Adriaküste zum Savetal durch das bosnische Bergland nach dem großen pannonisch-dalmatischen Aufstand unter Tiberius, war eine enorme zivilisatorische Leistung mit höchst bedeutenden Folgen auch für einen wirtschaftlichen Aufschwung des dalmatischen Binnenlandes und Südpannoniens.[21] Die Truppen wurden in den Frühphasen der römischen Herrschaft so verteilt, daß sie ein weitmaschiges Netz zur Kontrolle des Landes bildeten; so befanden sich die Legionen etwa im Todesjahr des Augustus – von zwei unbekannten Lagerplätzen in Moesia abgesehen – in Dalmatia und im Süden von Pannonia, jedenfalls nicht an der Donaugrenze. Erst allmählich, nach beachtlichen Fortschritten der Romanisierung, wurden fast alle Truppen bis an die äußersten Militärgrenzen vorgeschoben – als ihre Aufgabe längst nicht mehr in der Kontrolle der unterworfenen Bevölkerung, sondern im Schutz der Grenzen lag.[22] Wo auch immer die Truppen stationiert waren, trugen sie auch zur wirtschaftlichen und kulturellen Entwicklung bei, denn sie zogen stets Handwerker und Kaufleute nach sich, und die Kontakte zwischen Soldaten und Zivilbevölkerung förderten die Ausbreitung römischer Sitten und der lateinischen Sprache. Eine ähnliche Ausstrahlung ging von den Verwaltungszentren aus, und zwar durchaus nicht nur von den Provinzhauptstädten, in denen die Statthalter mit ihren Büros residierten, sondern auch von den Verwaltungszentren für einzelne *civitates* wie z. B. Praetorium Latobicorum (heute Trebnje in Slowenien), wo, wie der Name zeigt, ein Praetorium für die Verwaltung der Latobiker, eines keltischen Stammes, existierte.

2. Die Kolonisierung. Gemeint ist sowohl die spontane Niederlassung als auch die planmäßige Ansiedlung von Fremden aus Italien und aus den bereits früher romanisierten Provinzen des Imperium Romanum. Immigranten aus

---

[20] CIL XIII 1668 = ILS 212.

[21] Vgl. hierzu bes. E. Pašalić, Antička naselja i komunikacije u Bosni i Hercegovini, Sarajevo 1960; G. Alföldy, Acta Arch. Hung. 16, 1964, 247 ff.

[22] Zu den innenpolitischen Implikationen dieses Prozesses vgl. A. Mócsy, Zur Entstehung und Eigenart der Nordgrenzen Roms. Rheinisch-Westfälische Akad. d. Wiss., Vorträge G 229, Opladen 1978, bes. 16 ff.

Italien, so Kaufleute, unternehmerisch interessierte Freigelassene, landlose Proletarier, Abenteurer, strömten an die dalmatinische Küste bereits in der Späten Republik, und im Handelszentrum auf dem Magdalensberg in Noricum ließen sich zahlreiche von ihnen bereits vor der Annexion des Landes durch Rom nieder. Später zogen manche der neu unterworfenen Gebiete mit günstigen wirtschaftlichen Möglichkeiten, so Westpannonien oder das unter Trajan eroberte Dakien, ebenfalls zahlreiche Immigranten aus Italien und den mediterranen sowie den westlichen Provinzen an. Insgesamt betrachtet muß jedoch festgestellt werden, daß die spontane Kolonisierung im Donauraum, etwa im Vergleich zu Südgallien, Hispanien oder Nordafrika, eher begrenzt war; eine wirkliche Bedeutung wies sie nur an der dalmatinischen Küste, im Süden von Noricum, in Westpannonien entlang der von Emona nach Carnuntum führenden wichtigen Straße und um den Plattensee, ferner in Dacia entlang der Straße vom Eisernen Tor über Sarmizegetusa und Apulum nach Napoca und Porolissum auf.[23] Begrenzt war auch die Zahl der Kolonien, die durch die planmäßige Ansiedlung von Veteranen, an der dalmatinischen Küste gegen Ende der Republik auch von Freigelassenen und weiteren Proletariern aus Italien, gegründet wurden. Außer einigen Kolonien in der Küstenzone Dalmatiens, wie Salona, Narona, Epidaurum, Iader oder Aequum, sind nur wenige derartige Städtegründungen zu registrieren: fünf in Pannonia, drei in Moesia und eine in Dacia, überhaupt keine in Noricum oder in Raetia (zum Vergleich: in der Baetica existierten seit Augustus 9 Kolonien). Dennoch wurden durch die Kolonisierung im Donauraum fortgeschrittene Wirtschaftsformen, wie der umfangreiche Fernhandel und die landwirtschaftliche Produktion unter Verwendung spezialisierter Arbeitskräfte auf Gütern mit *villae rusticae* als Zentren, eingeführt, sozusagen automatisch wurden römische soziale Strukturen, z. B. die Sklaverei, verbreitet, außerdem die lateinische Sprache und Schrift, römische Kulte und römische Sitten verpflanzt. Nicht zufällig waren die 'am stärksten romanisierten' Zonen des Donauraumes, abgesehen von den bedeutendsten Militärdistrikten seit dem zweiten Jahrhundert, jene Gebiete, in denen die Kolonisierung eine besondere Rolle gespielt hatte, während die davon so gut wie ganz unberührt gebliebenen Zonen – etwa die meisten Teile Rätiens, Mittelnoricum, das dalmatinische Bergland, der zentrale Teil Obermösiens, das östliche Dakien usw. – ihren wirtschaftlichen und kulturellen Rückstand nie vollständig aufholen konnten.

3. Die Reorganisierung der *civitates*. Die vorrömischen Stammesorganisationen wurden von den Römern nicht aufgelöst, soweit dies nicht aus Sicherheitsgründen oder aus verwaltungstechnischen Gesichtspunkten erforderlich

---

[23] Zu diesem Prozeß und zur Gründung der Kolonien vgl. etwa J. J. Wilkes, Dalmatia (Anm. 1), 298 ff.; A. Mócsy, Die Bevölkerung von Pannonien (Anm. 1), 129 ff.; ders., Moesia superior (Anm. 1), 189 ff.

war. Wenn starke und gefährliche Stämme wie z. B. die Pirustae in Ostdalmatien in mehrere *civitates* gegliedert wurden, oder wenn mehrere kleinere Stammesverbände zu wenigen größeren *civitates* zusammengefaßt wurden wie in Süddalmatien, oder wenn die Stammesorganisationen, ohne Spuren zu hinterlassen, zerschlagen und nicht in *civitates* umgewandelt wurden wie in Dacia, so lagen für derartige Maßnahmen jeweils spezifische Gründe vor. Gewöhnlich aber blieben die Stammesorganisationen nach der Eroberung zunächst intakt; die Verwaltung stützte sich auf sie. Dies geschah vornehmlich so, daß die Oberschicht der Stämme im Rahmen der *civitas*-Organisationen – ähnlich wie z. B. auch in Gallien – Verwaltungsfunktionen und zugleich Privilegien zugewiesen bekam. Die Angehörigen des Stammesadels bildeten einen Rat, der Roms Interesse zu vertreten hatte, und dessen Angehörige den Titel *princeps civitatis* tragen durften. Nachdem an der Spitze mancher *civitates* zunächst ein römischer Offizier als *praefectus* gestanden hatte, wurden die zuverlässigsten und fähigsten *principes* von Rom auch als Vorsteher des Stammesverbandes mit dem Titel *praefectus civitatis* oder *praepositus civitatis* eingesetzt, wie z. B. bei den Skordiskern in Südostpannonien am Ende des ersten Jahrhunderts ein T. Flavius Proculus *pr(inceps) praef(ectus) Scord(iscorum)*, der bereits einen rein lateinischen Individualnamen trug und dessen übrige Nomenklatur zeigt, daß er von einem der flavischen Kaiser das römische Bürgerrecht erhalten hatte.[24] Somit erwies sich die römische Politik den *civitates* gegenüber als das beste Mittel, den Adel der Stämme für Rom zu gewinnen und ihn in Roms Dienst zu stellen; zugleich wurde dadurch die Urbanisierung vorbereitet, da die meisten Stadtgemeinden aus den *civitas*-Organisationen – und ihre Elite aus den Nachkommen der Oberschicht der *civitates* – hervorgegangen sind.

4. Die Rekrutierung der einheimischen Bevölkerung. Die Aushebung der einheimischen Jugend für die Hilfstruppen und Flotten des römischen Heeres war in den kurz zuvor unterworfenen Gebieten eine militärisch-politische Sicherheitsmaßnahme: Die waffenfähige Jugend wurde fern von der Heimat zum Militärdienst gezwungen, der zunächst von unbegrenzter Dauer war und in den Hilfstruppen auch später nicht weniger als 25 Jahre, in den Flotten 26 Jahre betrug. So wurde etwa nach dem pannonisch-dalmatischen Aufstand 6–9 n. Chr. eine ganze Reihe von Einheiten aus der unterworfenen Bevölkerung aufgestellt und in andere Reichsteile verlegt. Wo jedoch keine Renitenz drohte, beruhte das Rekrutierungssystem auf der Freiwilligkeit, wie übrigens auch bei der Aushebung von Soldaten für die Legionen und die stadtrömi-

---

[24] Zu den *civitates* in den Donauprovinzen vgl. bes. A. Mócsy, Historia 6, 1957, 488ff. (dort auch die Inschrift des T. Flavius Proculus); ders., Die Bevölkerung von Pannonien (Anm. 1), 105ff.; ders., Moesia Superior (Anm. 1), 25ff.; G. Alföldy, Dalmatien (Anm. 1), 176ff.

schen Elitetruppen; für die *inopes ac vagi* in der Reichsbevölkerung, wie Tacitus sich ausdrückte (Ann. 4, 4), war der Heeresdienst mit seinen Privilegien und mit den Aufstiegschancen attraktiv. In die Hilfstruppen und auch in die Flotten traten jedenfalls, unfreiwillig oder freiwillig, viele einheimische Nichtbürger ein, und die lange Dienstzeit lieferte die Garantie dafür, daß sie das erlernten, was Velleius Paterculus (2, 110, 5) als *non disciplinae tantummodo, sed linguae quoque notitia Romanae* formulierte.[25] Zugleich erhielten diese Soldaten als Belohnung für den langen Dienst nicht nur eine Gratifikation, sondern auch das römische Bürgerrecht und das *conubium*, und wenn sie nach der Entlassung in ihre Heimat zurückkehrten oder – wie häufiger – sich in der Nähe ihres Dienstortes niederließen, gehörten sie dort zumeist von vornherein zu der gehobenen und zugleich Rom gegenüber loyalen Bevölkerungsschicht.[26]

5. Die Verleihung des römischen Bürgerrechtes. Das deutlichste äußere Zeichen für die Identifizierung eines ehemaligen Nichtrömers mit dem soziopolitischen System Roms war, daß er das römische Bürgerrecht erhielt. Die *civitas Romana* sicherte ihm wichtige Privilegien zu – so vor allem die Rechte des *pater familias*, das Vormundschaftsrecht, das volle Vermögensrecht, das Prozeßrecht, das Recht, ein Testament zu machen, ferner die Möglichkeit, höhere Funktionen im kommunalen Dienst und im Staatsdienst zu übernehmen. Zugleich setzte die Verleihung des römischen Bürgerrechtes nicht nur Unbescholtenheit, sondern *fides* und *obsequium* Rom gegenüber und auch die Kenntnis der lateinischen Sprache voraus. Abgesehen von den Sonderformen der Bürgerrechtsverleihung durch den Militärdienst oder durch spezifische Formen der Freilassung von Sklaven gab es hierfür zwei Hauptmethoden. Bei den viritanen Bürgerrechtsverleihungen wurde die *civitas Romana*, zweifellos häufig aufgrund der Empfehlung durch römische Verwaltungsbeamte, arrivierte Einheimische oder einflußreiche *patroni*, einzelnen Personen oder Familien gewährt – wie z. B. einem C. Iulius Vepo in Celeia in Noricum, der sich in einer Inschrift stolz als *donatus civitate Romana viritim et inmunitate ab Divo Aug(usto)* bezeichnet. Bei kollektiven Bürgerrechtsver-

---

[25] Zur Rekrutierung aus den einzelnen donauländischen Provinzen vgl. bes. A. Mócsy, Die Bevölkerung von Pannonien (Anm. 1), 117 ff.; ders., Moesia Superior (Anm. 1), 174 f.; G. Alföldy, Dalmatien (Anm. 1), 173 ff.; ders., Noricum (Anm. 1), bes. 261; H. U. Nuber, in: Studien zu den Militärgrenzen Roms. Vorträge des 6. Internat. Limeskongresses in Süddeutschland, Köln–Graz 1967, 90 ff. (Räterkohorten).

[26] Rolle der Veteranen in den einzelnen Provinzen: Siehe bes. A. Mócsy, Die Bevölkerung von Pannonien (Anm. 1), 88 ff.; G. Alföldy, Historia 13, 1964, 167 ff. = ders., Römische Heeresgeschichte. Beiträge 1962–1985, Amsterdam 1987, 298 ff.; J. J. Wilkes, Dalmatia (Anm. 1), 107 ff. 150. 468 f.; zusammenfassend jetzt J. C. Mann, Legionary Recruitment and Veteran Settlement during the Principate, London 1983, 30 ff.

leihungen erhielt eine ganze Gemeinde – oder zumindest ihre Oberschicht – die *civitas Romana*, was in der Regel so viel bedeutete, daß die Gemeinde den Rang eines Municipiums und Organe für die kommunale Selbstverwaltung bekam. Wie sich das römische Bürgerrecht in den Provinzen allmählich ausbreitete, läßt sich am besten an der Verteilung der Inschriften ablesen, welche die Verbreitung der Gentilnamen der einzelnen Kaiser bei der Bevölkerung bezeugen, denn im Normalfall – in Pannonia, Dalmatia und Moesia fast immer – trugen der Neubürger und seine Nachkommen das *nomen gentile* des Herrschers, dem sie das Bürgerrecht zu verdanken hatten. So ist etwa in Dalmatia deutlich zu erkennen, daß die Bürgerrechtsverleihung zunächst die Bevölkerung des Küstenlandes und erst allmählich auch diejenige des gebirgigen Binnenlandes erfaßte. In Noricum ist zu beobachten, daß sich die *civitas Romana* zuerst auf die Umgebung der wichtigsten und unter Claudius mit Stadtrecht ausgestatteten Zentren beschränkte und sich erst allmählich auf weitere Gebiete, z. B. auf den oberen Teil von Flußtälern und auf die nördliche Militärzone der Provinz, ausdehnte.[27]

6. Die Urbanisierung. Wurde die militärische Beherrschung einer Provinz hauptsächlich durch die Festungen gesichert, so wurde eine darüber hinausgehende Romanisierung, mit der Verpflanzung römischer Lebensordnung in ein ehemals fremdes Land, durch die Städte garantiert. Gemeint sind die auf ein urbanes Zentrum und ein dazu gehörendes Territorium gestützten 'autonomen' Gemeinden mit eigenen Magistraten, Stadtrat und Bürgerversammlung. Die meisten Stadtgemeinden des Donauraumes wurden nicht als Kolonien durch die Deduktion fremder Siedler gegründet; sie gingen normalerweise mit dem Status eines *municipium* zumeist aus bodenständigen Gemeinden, oft den Hauptorten der *civitates*, hervor – was nicht ausschließt, daß manche *municipia*, z. B. Scarbantia = Sopron/Ödenburg in Pannonia, oder mehrere Municipien in Dacia als Niederlassungen vornehmlich fremder Ein-

---

[27] *Fides* und *obsequium*: Vgl. AE 1971, 534 (Tabula Banasitana, mit *nostris rebus prom[p]to obsequio fidissimum*). C. Iulius Vepo: CIL III 5232 = ILS 1977. Verbreitung der kaiserlichen Gentilnamen und Bürgerrechtsverleihungen in den einzelnen Provinzen: A. Mócsy, Die Bevölkerung von Pannonien (Anm. 1), 110 ff.; ders., Moesia Superior (Anm. 1), 176 ff.; G. Alföldy, Dalmatien (Anm. 1), 178 ff.; ders., Die Personennamen in der römischen Provinz Dalmatia, Heidelberg 1969, 31 ff.; J. J. Wilkes, Dalmatia (Anm. 1), 293 ff.; G. Alföldy, Noricum (Anm. 1), 75 f. und 81 ff.; A. Mócsy, A római név (Anm. 10), 12 ff. (für Dacia). Kritik über die Auswertung der Belege für kaiserliche Gentilnamen als Quellen für die Bürgerrechtspolitik: F. Vittinghoff, in: ANRW II 6, Berlin–New York 1977, 35 ff. und H. Wolff, in: Studien zur antiken Sozialgeschichte. Festschrift f. F. Vittinghoff, Köln–Wien 1980, 229 ff.; siehe dagegen G. Alföldy, Die römische Gesellschaft. Ausgewählte Beiträge, Stuttgart 1986, 237 f.; vgl. jetzt bes. A. Mócsy, A római név (Anm. 10), a. a. O., wo die Möglichkeiten und Grenzen bei der Verwertung dieser Quellen besonders deutlich exemplifiziert werden.

wanderer entstanden sind, und auch nicht, daß einzelne Stadtgemeinden dieser Art wie Aquincum, Carnuntum usw. später zur Titularkolonie erhoben wurden.[28] Die Verleihung des Municipalstatus an eine einheimische Gemeinde war gleichbedeutend mit der Anerkennung der Tatsache, daß sie nun für 'reif' genug befunden wurde, wie ein kleines Rom sich zu verwalten. Zugleich wurde durch die Entstehung städtischer Strukturen der römische Einfluß weiter gestärkt. So wurde das römische Modell der sozialen Hierarchie zementiert, das sozusagen einer Doppelleiter mit gemeinsamer Spitze und verschiedenen Sprossen entsprach, denn die Oberschicht, welche die Magistrate stellte und zugleich vor allem die reichen Grundbesitzer umfaßte, war im urbanen Zentrum und auf dem Territorium die gleiche, während die *plebs urbana* und die *plebs rustica* voneinander getrennt waren; die Lokalpolitik, deren Hauptthemen die Wahlen, die Jurisdiktion, ferner die Sicherung der kommunalen Finanzen und Leistungen waren, spielte sich ähnlich wie in den italischen Städten ab; und die Kulte, die Einrichtungen der Bildung und die Unterhaltungsmöglichkeiten im Theater, im Zirkus und im Amphitheater, ferner in den Bädern oder in den Lupanarien, glichen denen im Süden. Wichtig war weiterhin, daß durch die Herausbildung städtischer Eliten auch jenes Reservoir an *boni viri* geschaffen wurde, aus welchem die Reichsaristokratie, nämlich der Ritterstand und der Senatorenstand, ergänzt werden konnte. Die frühesten Städte in den hier behandelten Gebieten waren die drei dalmatinischen Kolonien Salona, Narona und Epidaurum; die ersten Municipien wurden unter Augustus in Liburnien gegründet. Die Municipalisierung begann in Noricum erst durch Städtegründungen des Claudius; im dalmatinischen Binnenland und in Pannonia erst unter den flavischen Kaisern; anderswo, wie im nördlichen Noricum, in den meisten Gebieten Obermösiens und natürlich auch in Dacia, erst im zweiten Jahrhundert. Abgeschlossen wurde dieser Urbanisierungsprozeß – indem nachher keine weiteren Gemeinden mehr städtische Autonomie erhielten – erst um die Wende vom zweiten zum dritten Jahrhundert.

---

[28] Urbanisierung im Donauraum: Siehe bes. G. Gottlieb, in: G. Gottlieb u. a. (Hrsg.), Geschichte der Stadt Augsburg von der Römerzeit bis zur Gegenwart, Stuttgart 1984, 57 ff. (Raetia); G. Alföldy, Noricum (Anm. 1), 81 ff.; A. Mócsy, RE Suppl. IX, 1962, 596 ff. (Pannonia); ders., Moesia Superior (Anm. 1), 29 ff.; ders., Pannonia and Upper Moesia (Anm. 1), 134 ff. und 217 ff.; G. Alföldy, Dalmatien (Anm. 1), 196 ff.; J. J. Wilkes, Dalmatia (Anm. 1), 192 ff.; M. Mirković, Rimski gradovi na Dunavu u Gornjoj Meziji, Belgrad 1968; dies., in: ANRW II 6, Berlin–New York 1977, 811 ff.; L. Mrozewicz, Rozwój ustroju municypalnego a postępy romanizacji w Mezji Dolnej (Die Entwicklung der Munizipalverfassung und Fortschritte in der Romanisierung in Moesia inferior), Posen 1982; D. Tudor, Oraşe, tîrguri şi sate în Dacia romană, Bukarest 1968.

IV

So schritt die Romanisierung der Donauländer langsam, aber unaufhaltsam fort, mit deutlichen Phasenverschiebungen in den einzelnen Ländern je nach dem Zeitpunkt ihrer Unterwerfung – und auch mit einem vielfach unterschiedlichen Tempo, bedingt durch den Entwicklungsstand der unterworfenen Völker zum Zeitpunkt der Okkupation, und auch dadurch, ob hier oder dort nur eine schwache Besatzung oder, sei es aus Sicherheitsgründen, sei es aus außenpolitischen Erwägungen, eine starke militärische Präsenz nötig war. Einen weitgehenden Abschluß erreichte der Romanisierungsprozeß überall spätestens um die Wende vom zweiten zum dritten Jahrhundert – zumindest insofern, als damals die Urbanisierung vollendet wurde und als im Jahre 212 durch die Constitutio Antoniniana alle bis dahin noch peregrinen Bevölkerungsgruppen die *civitas Romana* erlangten.

Hier stellt sich die Frage nach einer Bilanz des Romanisierungsprozesses. Entscheidend ist dabei nicht die Frage nach der Stärke des Herrschaftsapparates, etwa nach der Zahl der Besatzungstruppen und der militärischen Einrichtungen (in diesem Sinne waren die Grenzzonen der Donauländer letztlich ähnlich stark 'romanisiert' wie die übrigen Militärgrenzzonen des Imperium in Nordafrika, in Britannia, am Rhein und im Vorderen Orient). Ausschlaggebend ist, wie es Rom gelang, *paci imponere morem:* inwieweit in den Provinzen römische Lebensordnung heimisch wurde. Diese Frage könnte anhand zahlreicher Phänomene, z. B. anhand der Religionsgeschichte oder der Kunstgeschichte, behandelt werden; in dieser kurzen Darstellung aber empfiehlt sich die Beschränkung auf vier wohl entscheidende Kriterien. Diese sind die Verbreitung der lateinischen Sprache, die Stärke des Städtewesens, die Differenzierung der Sozialstruktur und die geistige Schaffenskraft.

Für die Ausbreitung des Lateins sind die Inschriften unsere Hauptquellen. Die Errichtung von Weih- oder Grabinschriften setzte freilich nicht nur einen gewissen kulturellen Anspruch und gewisse Sprachkenntnisse, sondern auch einen gewissen Wohlstand voraus, so daß aus dem Fehlen von Inschriften nicht unbedingt das Fehlen von Sprachkenntnissen zu erschließen ist; auch sind durch die Existenz von Inschriften in einem Gebiet keineswegs bei allen Bevölkerungsgruppen Lateinkenntnisse erwiesen. Ganz allgemein läßt sich jedoch sagen, daß die Verbreitung der 'epigraphischen Kultur' die Verbreitung der lateinischen Sprache indiziert. Die Häufigkeit oder Seltenheit von Inschriften ist dabei oft aufschlußreich. So überrascht es uns nicht, daß in Dalmatia das Inschriftenmaterial insbesondere in der früh romanisierten Küstenzone reich, im gebirgigen Binnenland dagegen geringfügiger ist. Ebenso verständlich ist es, daß der südöstliche Teil von Noricum mit seinen wichtigen Städten und mit den alten Kontakten zu Italien erheblich mehr Inschriften geliefert hat als das zentrale Bergland und der Norden der Provinz. In

Pannonia sind die Inschriften in den städtischen Zentren und in den militärisch überaus stark besetzten Grenzzonen naturgemäß häufiger als etwa im kaum urbanisierten Binnenland südlich vom Plattensee; in der Moesia superior entfallen 92 % aller Inschriften auf die Städte sowie auf die zentralen Gebiete um die Städte und nur 8 % auf die Peripherien, obwohl nur 20 % des Provinzgebietes zu den zentralen Gebieten und 80 % des Landes zu den Peripherien zu zählen sind; in Dakien konzentriert sich das Material entlang der Straße vom Eisernen Tor nach Klausenburg und weiter nach Porolissum, wo sich die meisten urbanen Zentren des Landes befanden.²⁹ Somit waren die Lateinkenntnisse in den einzelnen Ländern und Landesteilen anscheinend recht unterschiedlich. Davon zeugen auch die Angaben für die Qualität des Lateins: Während wir vor allem in den Städten zumeist sprachlich korrekten Texten begegnen, wimmelt es in den Inschriften mancher ländlicher Gebiete wie z. B. in der Gegend von Celeia in Noricum oder im obermösischen Binnenland von Sprach- und Schreibfehlern. So etwa bezeichneten sich in einer norischen Inschrift die über den Verlust ihres Sohnes unglücklichen Eltern nicht als *miseri*, sondern irrtümlich als *crudeles parentes*, und in obermösischen Meilensteininschriften sind die Kaisernamen gelegentlich so entstellt, daß z. B. statt *Afinio Veldumniano* einmal ANIFINIO VOLVMNIANO, statt *Licinio Gallieno* einmal LIINOIMIO GALLFNIO erscheint.³⁰ Im ganzen betrachtet läßt sich zwar sagen, daß das Latein die einheimischen Sprachen ganz oder weitgehend verdrängte; der allmähliche Fortschritt dieses Prozesses läßt sich z. B. an der allmählichen Abnahme einheimischer Personennamen in den lateinischen Inschriften von Noricum beobachten.³¹ In schwer zugänglichen Rückzugsgebieten sprach man jedoch gewiß auch noch am Ende der Kaiserzeit einheimische Sprachen.

Auch die urbane Entwicklung war in den einzelnen Provinzen von unterschiedlicher Stärke. In Dalmatia gab es ungefähr 60 autonome Städte, in Pan-

---

²⁹ Vgl. hierzu insbesondere die Verbreitungskarten der lateinischen Inschriften aus den südosteuropäischen Provinzen bei H. Mihăescu, La langue latine dans le sud-est de l'Europe, Bukarest–Paris 1978; für Noricum, das dort nicht erscheint, vgl. G. Alföldy, Noricum (Anm. 1), 18 mit der Verbreitungskarte römischer Inschriften mit einheimischen Personennamen, die auch für die Verbreitung des Gesamtmaterials repräsentativ ist. Die für Obermösien genannten Zahlen finden sich bei A. Mócsy, Moesia Superior (Anm. 1), 208.
³⁰ Noricum: CIL III 5246 = AIJ 58 (Celeia); Obermösien: Siehe die Beispiele bei A. Mócsy, Moesia Superior (Anm. 1), 208 Anm. 77, zum Latein in dieser Provinz im allgemeinen ebd. 212 ff. Zum Latein in den Donauprovinzen siehe ausführlich H. Mihăescu, a. a. O. (Anm. 29); ders., in: ANRW II 29.2, Berlin–New York 1983, 1107 ff.; J. Herman, ebd. 1089 ff.
³¹ G. Alföldy, Noricum (Anm. 1), 136 sowie in: L'onomastique latine (Anm. 8), 262.

nonia etwa 25, in der Moesia superior 13, in der Moesia inferior einschließlich der griechischen Poleis etwa 14, in Dacia 12, in Noricum 9, in Raetia außer Augsburg, dem einzigen gesicherten Municipium, höchstens noch zwei oder drei.[32] Ausgedehnte Gebiete blieben für immer ohne städtische Zentren, so etwa der östliche Teil Rätiens, das zentrale Bergland in Noricum mit seinen langen Flußtälern, die östlichen Teile Dakiens. Somit war die Stadtentwicklung in den meisten Teilen des Donauraumes bei weitem nicht so stark fortgeschritten wie etwa in Italien oder in einigen Mittelmeerprovinzen; zum Vergleich sei etwa die Baetica mit ihren offenbar weit mehr als 100 Städten – in einem Gebiet ungefähr von der Größe Rätiens oder Noricums – erwähnt. Nach einer natürlich sehr unverbindlichen Schätzung dürfte die Gesamtbevölkerung der donauländischen Provinzen um 200 n. Chr. vielleicht 3 bis 5 Millionen betragen haben;[33] in den rund 135 urbanen Zentren wohnten davon wohl weniger als ein Zehntel. Auch von diesen waren viele de facto Bauern, die von der Bebauung ihrer Felder auf dem Territorium lebten, vor allem die Einwohner der kleinen Agrarmunicipien. Die meisten Städte des Donauraumes dürften diesem Städtetypus, mit höchstens einigen Tausenden von Einwohnern, entsprochen haben, wie z. B. Solva in Noricum oder Sala in Pannonia; daneben gab es Bergbauzentren, wie Domavia in Dalmatia oder Ampelum in Dacia, und einige größere Städte, die zugleich als wichtige Verwaltungs-, Handwerks- und Handelszentren galten, mit mehreren Zehntausenden von Einwohnern, hauptsächlich Provinzhauptstädte wie vor allem Salona und die Doppelsiedlungen – mit Zivilsiedlung und *canabae* – neben den Legionslagern wie Carnuntum oder Aquincum.

Die gesellschaftliche Gliederung ist insofern ein Merkmal für den Grad der Romanisierung, als sich in den Provinzen, vor allem in denjenigen mit rückständigen nativen Strukturen, gewisse soziale Unterscheidungsmerkmale erst durch eine starke Angleichung an Roms soziopolitisches System herausbilden konnten. Insbesondere gilt dies für die niedrigsten und noch mehr für die höchsten Ränge in der gesellschaftlichen Hierarchie. So ist die Ausbreitung der Sklaverei in jenen Gebieten, in denen sie vor der römischen Eroberung überhaupt nicht heimisch war, aber auch ihre Festigung bei jenen Volksgruppen, die zumindest irgendwelche mit der antiken Sklaverei verwandte Formen der sozialen Unfreiheit gekannt hatten, als ein Zeichen der Romanisierung zu betrachten. Die Verteilung der inschriftlichen Zeugnisse, in welchen Sklaven oder – häufiger – Freigelassene erwähnt werden, macht deutlich, daß die Sklaverei in den Donauprovinzen vor allem dort eine größere Bedeutung besaß,

---

[32] Vgl. hierzu die in Anm. 28 zitierte Literatur.
[33] Die einzige konkrete Angabe in den Quellen, die als Ausgangspunkt für eine derartige Annahme gelten kann, ist die Notiz bei Velleius (2, 110, 3), daß die Zahl der Aufständischen in Illyricum in den Jahren 6–9 n. Chr. 800 000 betrug; vgl. dazu G. Alföldy, Dalmatien (Anm. 1), 24 und dazu Anm. 17.

wo die Romanisierung auch nach anderen Beobachtungen einen höheren Grad erreichte, so etwa in Dalmatia eindeutig an der Küste und nicht im Binnenland, in Noricum in den Städten und auf ihren Territorien, vor allem im Südosten der Provinz, aber auch auf dem fruchtbaren Territorium von Iuvavum, wo es zumindest in der späteren Kaiserzeit auch größere Güter gab.[34] Auf der anderen Seite sind hier die Senatoren und Ritter zu nennen, die aus den lokalen Gesellschaften in die Reichsaristokratie aufstiegen. Die vollständige Integration einer Provinz in das soziopolitische System Roms kam am allerdeutlichsten dadurch zum Ausdruck, daß die reichsten, angesehensten und einflußreichsten Angehörigen der lokalen städtischen Eliten von den Kaisern in den *ordo equester* oder sogar in den *ordo senatorius* einbezogen wurden; dadurch waren diese Provinzialen dazu qualifiziert, als Mitglieder der Führungsschicht an der Regierung und Verwaltung des Imperium Romanum beteiligt zu sein. Wann und in welchem Maße die Angehörigen der lokalen Eliten einer Provinz hierfür als 'reif' befunden wurden, ist ein sehr deutliches Merkmal für den Charakter des Romanisierungsprozesses. Nur von Dalmatia – und auch dort beinahe nur von der Küstenzone – läßt sich sagen, daß es dort zahlreiche Ritter und auch eine Anzahl von Senatoren gab, von denen die frühesten bereits zu Beginn der Kaiserzeit zu ermitteln sind. Die Zahl der nachweisbaren dalmatinischen Senatoren beträgt aber insgesamt, einschließlich der Frauen, nur 16, und auch von diesen stammten nicht alle mit Sicherheit aus Dalmatia. In den anderen Donauprovinzen ist das Bild noch viel ungünstiger. Die frühesten Ritter sind, wie in Noricum und Pannonien, seit dem Beginn des zweiten Jahrhunderts nachzuweisen, und der erste uns bekannte pannonische Senator stieg erst unter Mark Aurel – und auch dann nur wegen außergewöhnlicher Verdienste in den großen Kriegen an der Donau – in den Ersten Stand auf. Insgesamt kennen wir nur einige wenige pannonische und mösische Senatoren, einen einzigen Senator aus Dacia, maximal drei aus Noricum, keinen einzigen aus Raetia. Zum Vergleich sei hier nochmals auf die Baetica verwiesen: Dort zählte man bereits unter Augustus allein in der Stadt Gades (Cádiz) ähnlich wie in Italien in Patavium (Padova) nicht weniger als 500 Ritter, und die Zahl der uns bekannten Senatoren aus der Baetica beträgt beinahe 100.[35]

Schließlich: Kultur im höchsten Sinne des Wortes. Literatur und Wissenschaft wurden während der römischen Kaiserzeit in vielen Teilen des Impe-

---

[34] Dalmatia: Siehe die epigraphischen Belege bei G. Alföldy, Acta Ant. Hung. 9, 1961, 121 ff.; Noricum: Siehe L. Vidman, Listy Filol. 82, 1959, 207 ff. und ebd. 83, 1960, 64 ff., 229 ff.; G. Alföldy, Noricum (Anm. 1), 128 ff.; Nordwestnoricum nach den Kriegen Mark Aurels: ebd. 173 f.

[35] Zur spärlichen Rekrutierung der senatorischen Aristokratie aus den Donauländern vgl. jetzt W. Eck, in: Epigrafia e ordine senatorio II. Tituli 5, Rom 1982, 539 ff.; J. Šašel, ebd. 553 ff. (Baetica: C. Castillo, ebd. 465 ff.).

rium Romanum betrieben; Italien, Nordafrika, Süd- und Ostspanien, Südgallien, Griechenland, Kleinasien, Syrien waren Horte von Schriftstellerei, Dichtung, Philosophie, Redekunst, Fachwissenschaften. In den Donauprovinzen fehlte hiervon jahrhundertelang fast jede Spur. In diesem Teil des Imperiums sind es – abgesehen von Versinschriften mit einer gelegentlich holprigen Metrik, nur in Ausnahmefällen mit dem Nachklang philosophischer Lehren – nur wenige Hinweise auf die Existenz von Schulen oder Lehrern, die höhere Bildungsansprüche erkennen lassen. Es gab dort keine ähnliche kulturelle Atmosphäre, die anderswo solche hochgebildeten Männer wie etwa den älteren und den jüngeren Plinius, Tertullian, Seneca, Martial, Galenos oder Lukian hervorbrachte. Erst die – übrigens im Vergleich zu anderen Reichsteilen erheblich verspätete – Ausbreitung des Christentums schuf hier, zumindest durch den Ansporn zur wissenschaftlichen Beschäftigung mit der Theologie, teilweise neue Voraussetzungen, und die Späte Kaiserzeit konnte seit Victorinus von Poetovio, einem Zeitgenossen Diokletians, einige Kirchenväter aus den donauländischen Provinzen verbuchen. Der größte unter ihnen war am Ende des vierten und am Anfang des fünften Jahrhunderts der heilige Hieronymus, dieser ebenso gebildete wie schöpferisch veranlagte Geist; er hat aber seine Bildung nicht in seiner Heimat, in Stridon im dalmatinisch-pannonischen Grenzland, sondern in Rom erworben, auch ließ er sich für die Dauer nicht in Stridon, sondern in Bethlehem nieder – und von seinen Landsleuten, zumindest von der Landbevölkerung in seiner engeren Heimat, hatte er keine hohe Meinung: Ihr Gott ist nichts anderes als ihr Bauch, und sie leben von heute auf morgen vor sich hin (Ep. 7).

Ein derartiges Pauschalurteil über die Romanisierung der Donauländer wäre freilich fehl am Platze. Zusammenfassend betrachtet ist es zwar richtig, festzustellen, daß die Romanisierung der donauländischen Provinzen nicht so weit fortgeschritten war wie etwa diejenige Hispaniens und anderer Mittelmeerländer. Doch muß gleichzeitig auf zwei andere Tatsachen hingewiesen werden. Die eine ist, daß die Donauprovinzen im Hinblick auf die Romanisierung nicht über einen Kamm zu scheren sind: Vielmehr sind verschiedene Typen von Zonen der Romanisierung voneinander zu trennen. Diese sind erstens die völlig in mittelländischer Art strukturierte Küstenzone Dalmatiens, mit der in mancherlei Hinsicht auch die Küste der Dobrudscha samt den dortigen griechischen Städten verglichen werden könnte; weiterhin die Gebiete mit einer zumeist früh begonnenen und erfolgreichen Stadtentwicklung, gekennzeichnet durch einen beachtlichen römischen Einfluß, vor allem entlang einiger großer Straßen wie an der Linie Emona–Poetovio–Savaria–Scarbantia–Carnuntum, an der Hauptstraße im westlichen Dakien und entlang der Militärgrenzen an der Donau, außerdem auch in breiten Teilen von Noricum; schließlich die rückständigeren und weniger urbanisierten Gebiete wie vor allem einige Teile Rätiens, das nordbalkanische Bergland und die östlichen

Teile Dakiens. Zum anderen muß betont werden, daß die Romanisierung insgesamt gesehen in allen hier behandelten Provinzen erfolgreich genug war, um die früheren politischen, sozialen, wirtschaftlichen und ideologischen Strukturen – bei aller Kontinuität lokaler Traditionen – durch neue Strukturen zu ersetzen. Daß die heutige Bevölkerung im Gebiet der ehemaligen römischen Donauprovinzen, von einem kleinen Teil Rätiens und von Dacia sowie der Dobrudscha abgesehen, keine romanischen Sprachen spricht, ist ähnlich wie in den unmittelbar vergleichbaren germanischen und britannischen Provinzen Folge nicht einer nur schwachen oder gar nicht vorhandenen Romanisierung, sondern der großen ethnischen Umschichtungen während der Völkerwanderungszeit. Von diesen war auch Dakien nicht weniger als die Nachbarländer betroffen, wobei es bis heute umstritten ist, inwieweit die rumänische Sprache sich im Gebiet Dakiens entwickelte bzw. inwieweit sie von Zuwanderern aus den Gebieten südlich der Donau nach dem Norden verpflanzt wurde. Durch die Erschütterungen der Völkerwanderung konnte es in den Donauländern keine ähnliche Kontinuität von Städtewesen, Sprache und Kultur geben wie in Italien, in Frankreich oder auf der Iberischen Halbinsel. Doch starb hier Roms Erbe auch nicht so wie in Nordafrika, wo der prachtvolle Glanz der römischen Zivilisation die niederen Schichten der berberischen Landbevölkerung stets unberührt ließ und wo dann die Ausbreitung des Islams so gut wie jede Kontinuität abgeschnitten hat. In den Traditionen, in der Mentalität, in der Lebensart und in der Kultur der heutigen Völker in den einstigen Donauprovinzen des Imperium Romanum ist bis in die Gegenwart manches nur durch die römische Erbschaft, und das heißt durch die einstige Romanisierung der Donauländer, zu erklären.

DAS ZWEITE TRIUMVIRAT

Bemerkungen zu Mommsens Lehre
von der außerordentlichen konstituierenden Gewalt

Von Klaus Bringmann

Der Verfasser dieser Zeilen darf sich nicht schmeicheln, über die eigentümliche Stellung, die das ›Römische Staatsrecht‹ Theodor Mommsens in der Wissenschaftsgeschichte unseres Faches einnimmt,[1] etwas Neues sagen zu können, schon gar nicht einem so hervorragenden Sachkenner wie dem Jubilar. Aber vielleicht darf er es wagen, einige Bemerkungen vorzutragen, die geeignet sein könnten, die Mommsensche Lehre von der außerordentlichen konstituierenden Gewalt und das zweite Triumvirat des Jahres 43 zueinander in ein Verhältnis zu setzen, daß das eine wie das andere schärfere Konturen gewinnt. Der Verfasser kann nur hoffen, daß sein Versuch vor dem kritischen Auge Karl Christs zu bestehen vermag, und er bittet den Jubilar, das Folgende mit jenem kritischen Wohlwollen aufzunehmen, dessen er sich vor nunmehr 25 Jahren als sein erster Doktorand erfreuen durfte.

Die Amtsgewalt der *IIIviri rei publicae constituendae* hat Theodor Mommsen als eine unter mehreren historischen Erscheinungsformen einer einheitlichen als Rechtsbegriff gedachten Institution aufgefaßt und dieser die Bezeichnung der „außerordentlichen constituirenden Gewalt" beigelegt.[2] Er schreibt ihr die Aufgabe zu, „die Verfassung der Gemeinde nicht zu handhaben, sondern umzugestalten". Entstehungsgrund und Zweckbestimmung dieser Gewalt, die Abwehr eines Staatsnotstandes, bedingen das Fehlen aller sachlichen und zeitlichen Schranken, die alle übrigen Magistraturen in die Verfassungsordnung der *res publica* einbinden. Mommsen faßt ihr Wesen geradezu in

---

[1] Vgl. hierzu vor allem A. Heuß, Theodor Mommsen und das 19. Jahrhundert, Kiel 1956, 33 ff.: ›Mommsen als Jurist‹, sowie die grundsätzliche Auseinandersetzung mit den Positionen Mommsens, mit der J. Bleicken seine Untersuchung über Recht und Gesetz in der römischen Republik eingeleitet hat: Lex publica, Berlin–New York 1975; weiterhin K. Christ, Von Gibbon zu Rostovtzeff, Darmstadt 1972, 95 ff. und ders., Römische Geschichte und deutsche Geschichtswissenschaft, München 1982, 65 f. mit zusätzlichen Literaturangaben.

[2] Th. Mommsen, Römisches Staatsrecht II. 1, Leipzig ³1887, 702 ff.; ders., Abriss des Römischen Staatsrechts, Darmstadt 1974 (= ungekürzte Ausgabe der 2. Auflage 1907), 147.

ihrer „Schrankenlosigkeit", und diese tritt vornehmlich in einer Reihe von Spezialkompetenzen zutage wie in der Befugnis, ohne Zustimmung der Bürgerschaft Gesetze zu geben und Beamte zu ernennen, in der Verfügungsgewalt über den Grundbesitz der Bürger und der Gemeinde sowie in der Koerzitation und Judikation, die weder durch das Provokationsrecht noch durch irgendwelche Rechtsformen eingeschränkt sind. Zwar ist das Amt als solches ephemer, d. h., es ist seinem Wesen nach ein Ausnahmeamt, aber sein Träger ist weder dem Prinzip der Annuität unterworfen noch gilt für ihn eine andere zeitliche Begrenzung des Amtes als sie die sachliche Bewältigung der übertragenen Aufgabe bezeichnet. Demgegenüber haben, so Mommsen, gesetzlich fixierte Endtermine allenfalls deklaratorische Bedeutung, und es steht bei dem Inhaber des Amtes, diese zu ändern.

Da nach Mommsen das Staatsrecht die geordneten Institutionen zum Gegenstand hat, das Kennzeichen der außerordentlichen konstituierenden Gewalt jedoch die Schrankenlosigkeit ist, also die Negation verfassungsrechtlicher Ordnung, gehört sie einerseits strenggenommen gar nicht in die Darstellung des Staatsrechts. Andererseits stellt sie eine besonders eindrucksvolle Exemplifikation der „Allgewalt des Rechtsgedankens in Rom" dar, und zwar ist dies der Fall, weil sich aus den individuellen Verkörperungen der außerordentlichen konstituierenden Gewalt die den geschichtlichen Veränderungen entzogene 'reine' Rechtsfigur abstrahieren läßt:

Wenn es töricht erscheinen kann sie (sc. die außerordentliche konstituierende Gewalt) als staatsrechtlich feststehende Kategorie zu behandeln, so ist es vielleicht das großartigste Zeugniss von der Allgewalt des Rechtsgedankens in Rom, dass, wie weit auch die davon gemachten Anwendungen der Zeit wie der politischen Tendenz nach auseinander liegen, dennoch ein scharf ausgeprägtes Grundschema alle beherrscht und allen das Mass giebt.[3]

Dieses Grundschema, gewissermaßen die den geschichtlichen Ausprägungen zugrunde liegende Rechtsfigur, ist das bis zur äußersten Konsequenz gesteigerte *imperium*, wie es der gedanklichen Konzeption Mommsens entspricht: die höchste Amtsgewalt der römischen Republik, wenn sie weder dem Prinzip der Annuität noch der Kollegialität unterworfen, weder der Provokation noch der Interzession unterliegend gedacht wird und wenn die magistratischen Akte weder an eine Autorisierung durch den Senat noch an eine Zustimmung seitens der Volksversammlung gebunden sind. Aus der Aufhebung aller Beschränkungen aber resultiert die Allmacht: Der Träger der außerordentlichen konstituierenden Gewalt ist, so Mommsen, befugt, Gesetze zu geben, Magistrate zu ernennen, über Leben und Eigentum der Bürger nach eigenem Gutdünken zu verfügen, nach freiem Ermessen zu abdizieren oder das Amt ungeachtet etwaiger gesetzlich genannter Endtermine weiterzuführen . . .

---

[3] Th. Mommsen, RStR II. 1, 702.

Dieses klare, in sich geschlossene Bild einer außerordentlichen konstituierenden Gewalt hat seinen Eindruck nicht verfehlt, und ungeachtet aller Modifikationen im einzelnen steht noch die Darstellung der triumviralen Amtsgewalt, die Volker Fadinger im Jahr 1969 gegeben hat, ganz im Banne der Mommsenschen Konzeption.[4] Aber wie man längst weiß, ist diese alles andere als unproblematisch. Sie wurzelt bekanntlich in einer bestimmten Situation der Rechtsentwicklung des 19. Jahrhunderts. Zustande gekommen ist sie in der Weise, daß Mommsen die Methode der Pandektistik, wie sie vor allem G. F. Puchta übte, vom römischen Zivilrecht auf die römische Verfassung übertrug – mit dem Ziel, die Verfassungsgeschichte in ein Staatsrecht zu verwandeln. Das aber hieß: So wie der in den Digesten gesammelte Rechtsstoff von dem Schutt des bloß Geschichtlichen gereinigt, die reinen Rechtsfiguren wie Kauf, Miete, Besitz, Eigentum abstrahiert und diese dann in einem System verbunden wurden, das für das Rechtsleben der Gegenwart Gültigkeit beanspruchte, so versuchte Mommsen, einem nichtjuristischen Stoff durch Scheidung von Recht und Geschichte die Konzeption eines Staatsrechts der Römer abzugewinnen. Der einem solchen Verfahren zugrunde liegende logische und sachliche Fehler ist vor vielen Jahren von Alfred Heuß aufgedeckt worden,[5] und längst ist es zu einem Topos geworden, die bedenklichen aus der Isolierung der Verfassungsgeschichte von der politischen und der Sozialgeschichte resultierenden Konsequenzen der Mommsenschen Methode zu beklagen.[6] Den Chor solcher Klagen zu verstärken ist nicht die Absicht dieses Beitrags. Vielmehr soll anhand des speziellen Falls der triumviralen Amtsgewalt unter Heranziehung alter wie neugefundener Quellen der Nachweis geführt werden, daß und wie Mommsens Methode ironischerweise gerade verdeckt, was sie aufdecken will: die einer bestimmten Institution des römischen Staates zugrunde liegende Struktur.[7]

Unter den Rechtsbegriff der außerordentlichen konstituierenden Gewalt subsumiert Mommsen den Dezemvirat *consulari imperio legibus scribundis* des fünften Jahrhunderts, die Diktatur *rei publicae constituendae*, die unter Caesar und Augustus erwähnte *cura legum et morum*, den Triumvirat *rei publicae constituendae* des Jahres 43 sowie den für das Jahr 238 n. Chr. bezeugten Vigintivirat *rei publicae curandae*. Wie Mommsen selber zugibt, ist die *cura legum et morum* nie und nirgends als selbständiges Amt in Erschei-

---

[4] V. Fadinger, Die Begründung des Prinzipats. Quellenkritische und staatsrechtliche Untersuchungen zu Cassius Dio und der Parallelüberlieferung, Berlin 1969.

[5] A. Heuß, a. a. O. (s. o. Anm. 1), besonders 52 ff.

[6] Vgl. u. a. W. Kunkel, Magistratische Gewalt und Senatsherrschaft, ANRW I.2, 1972, 3 ff.

[7] Näheres hierzu demnächst in der Darmstädter Dissertation meines Schülers W. Rapp ›Die Triumvirn und die res publica. Untersuchungen zum Verhältnis von staatlicher Ordnung und magistratischer Gewalt in der späten römischen Republik‹.

nung getreten. Der Vigintivirat des Jahres 238 n. Chr. diente, der dürftigen Quellenangabe nach zu urteilen, der Ernennung von zwei Senatskaisern.[8] Ob das Gremium darüber hinaus irgendwelche Befugnisse zur Umgestaltung der Verfassung besaß, darf mit Fug und Recht bezweifelt werden. Was die Quellen über Amt und pragmatische Geschichte des Dezemvirats des fünften Jahrhunderts berichten, ist ein Produkt der sogenannten jüngeren Annalistik, dem nicht der Charakter der Authentizität zukommt.[9] Somit bleiben als historisch faßbare Ausprägungen einer außerordentlichen konstituierenden Gewalt im Sinne Mommsens die Diktaturen Sullas und Caesars sowie der zweite Triumvirat. Bei diesen Ausnahmegewalten handelt es sich allesamt um Produkte des Bürgerkriegs und des Zusammenbruchs des oligarchischen Regierungssystems, und dementsprechend sind sie in Zusammenhang mit der pragmatischen und der Verfassungsgeschichte der Zeit zu betrachten, in der sie entstanden sind.

Schon bei vordergründiger Betrachtung springt ins Auge, daß der Zweck, den Mommsen der Institution unterstellt, die Verfassung nicht zu handhaben, sondern umzugestalten, allenfalls in der Titulatur der Triumvirn zum Ausdruck zu kommen scheint. Weder der Diktator Caesar noch der Diktator Sulla haben den Zusatz *rei publicae constituendae* im Amtstitel geführt. Die erste Caesar im Jahr 49 übertragene Diktatur war eine durch die Umstände veranlaßte Wahldiktatur.[10] Die späteren Diktaturen, insbesondere die ihm auf zehn Jahre und schließlich auf Lebenszeit übertragenen Diktaturen sind für uns, wie Mommsen selber zugibt,[11] in ihrer formellen Kompetenz überhaupt nicht faßbar. Doch ist immerhin soviel sicher, daß die Diktatur Caesars nicht als Mittel zur Errichtung einer auf gesetzlicher Grundlage ruhenden Ordnung diente und somit nicht in dem Sinne ephemeren Charakter trug, daß sie den Zweck verfolgte, sich selbst überflüssig zu machen. Vielmehr war die Diktatur in diesem Fall das Instrument einer auf Dauer berechneten integralen Beherrschung von *res publica* und *Imperium Romanum*, und Mommsen war der letzte, der dies verkannt hätte.[12] Sulla hat freilich sein Amt so aufgefaßt, wie es der Mommsenschen Konzeption der außerordentlichen

---

[8] Zos. 1, 14; vgl. SHA Gord. 10, 14 Maxim. et Balb. 1, 2; Herodian 7, 10.

[9] Vgl. hierzu jetzt D. Gutberlet, Die erste Dekade des Livius als Quelle zur gracchischen und sullanischen Zeit (Diss. Göttingen 1983), Hildesheim 1985, 84 ff. mit Literaturhinweisen.

[10] Vgl. J. Jahn, Interregnum und Wahldiktatur, FAS 3, 1970, 185 f.

[11] Th. Mommsen, RStR II.1, 704 Anm. 4.

[12] Th. Mommsen, RStR II.1, 714 f.: „Bei Caesars Dictatur, obwohl sie nach dem Muster der sicher ephemeren sullanischen geschaffen ist, ist die offizielle Determination der letzteren *legibus scribendis et rei p. constituendae* nicht bloß nicht erweislich, sondern auch nicht mit der Lebenslänglichkeit verträglich, welche Caesar, wie gleich zu zeigen sein wird, schließlich der seinigen gab; und es ist wohl nicht zu bezweifeln,

konstituierenden Gewalt entspricht, und in diesem Sinne ist es berechtigt, in Anknüpfung an den inoffiziellen Sprachgebrauch der späten Republik und der Kaiserzeit[13] von Sulla als einem Diktator *legibus scribundis et rei publicae constituendae* zu sprechen. Nur sollte man sich bewußt bleiben, daß dies nicht Teil der offiziellen Titulatur war.

Einzig und allein die Triumvirn des Jahres 43 haben die Zweckbestimmung *rei publicae constituendae* in ihrem Amtstitel geführt – nicht in Anknüpfung an ein amtliches Vorbild, sondern als Reflex der für uns noch literarisch faßbaren Forderung der Zeit, daß zur Abwehr einer den Staat bedrohenden Ausnahmesituation eine diktatorische Ausnahmegewalt bestellt werden müsse. In Ciceros Somnium Scipionis vom Jahr 52 empfängt der jüngere Scipio Africanus in Hinblick auf die von Ti. Gracchus ausgelösten Erschütterungen der traditionellen Ordnung die Prophezeihung: *dictator rem publicam constituas oportebit.*[14] Daran knüpft die an die Adresse des Diktators Caesar im Jahr 46 gerichtete Mahnung Ciceros an: *in hoc elaborandum est, ut rem publicam constituas.*[15] Wie aus dem Kontext der Rede Pro Marcello hervorgeht, ist sie darauf gerichtet, Caesar zu veranlassen, die oligarchische Ordnung nach dem Vorbild Sullas neu zu ordnen und somit das außerordentliche Amt, das er bekleidete, überflüssig zu machen. Als nach Caesars Ermordung der Konsul Antonius ein Gesetz einbrachte, das die Diktatur abschaffte, bedeutete dies, wie Cicero berichtet, im Urteil der meisten nichts Geringeres als *constituta res publica.*[16] Indem die Diktatur, unter Caesar das Instrument der 'Tyrannei', für immer aus dem Kreis der republikanischen Magistraturen verbannt wurde, erhielt die neu gewonnene Freiheit eine Garantie ihrer Dauer, und die traditionelle Ordnung erschien durch die Beseitigung einer sie bedrohenden potentiellen Gefahr endgültig gefestigt. Mit anderen Worten: Was unter der Phrase *constituere rem publicam* verstanden werden sollte, hing von den Umständen und ihrer Interpretation ab. Vor welchen Gefahren die Triumvirn die *res publica* zu schützen vorgaben, läßt sich am besten aus den Briefen ablesen, die M. Antonius nach der Schlacht bei Philippi an den jüdischen Ethnarchen

---

daß er dieselbe, wenigstens nachdem sie für lebenslänglich erklärt worden war, als definitive Regierungsform gefaßt hat."

[13] Auf diese lateinische Formel führt die griechische Version bei App. B.C. 1, 99; eine offizielle Determination der sullanischen Diktatur stellt sie nicht dar, was Mommsen trotz der oben in Anmerkung 12 zitierten Bemerkung selbstverständlich wußte: vgl. RStR II.1, 703 Anm. 3.

[14] Cic. Rep. 6, 12.

[15] Cic. Marc. 27; zum Kontext der Stelle vgl. Verf., Untersuchungen zum späten Cicero, Hypomnemata 29, 1971, 79 ff.

[16] Cic. Phil. 2, 92; vgl. den Kommentar z. Stelle in: W. K. Lacey, Cicero, Second Philippic Oration, Warminster 1986, 224.

und Hohenpriester Hyrkan sowie an die Gemeinde von Tyros richtete.[17] Demnach waren Brutus und Cassius samt ihren Parteigängern Feinde der Triumvirn und des römischen Volkes, die als Usurpatoren eine ungesetzliche Gewaltherrschaft ausübten. Aufgabe der Triumvirn war es, überall Recht und Ordnung wiederherzustellen, und aus dieser einseitigen Parteisicht erklärt sich ohne weiteres der Sinn, den sie der Formel *rei publicae constituendae* beigemessen wissen wollten. Den Staat von der Bedrohung seitens illegaler Gewalthaber zu befreien und das von ihnen begangene Unrecht wiedergutzumachen ist gleichbedeutend mit der Wiederherstellung der traditionellen Ordnung, und zu dieser gab es bekanntlich keine denkbare und schon gar keine legitime Alternative.

Das aber heißt: Mit der Aufnahme der politisch-propagandistischen Formel *rei publicae constituendae* in den Amtstitel der Triumvirn war sicherlich nicht gemeint, daß sie beauftragt waren, eine Neuordnung des Staates auf der Grundlage einer umfassenden, systematischen Gesetzgebung vorzunehmen. Was von der Gesetzgebung der Triumviratszeit bekannt ist,[18] stützt diese Einschätzung voll und ganz. Von keinem einzigen Gesetz ist überliefert, daß es den Namen der drei Triumvirn trug. Selbst das Gesetz, das die Konsekration Caesars verfügte, wurde zwar von ihnen veranlaßt, aber möglicherweise von einem Volkstribun namens Rufrenus rogiert.[19] Das einzige Gesetz, das den Namen eines Triumvirn trägt, eine Lex Antonia, erteilte Koern Privilegien, weil sie in den Wirren des Partherkrieges Rom treu geblieben waren.[20] Überhaupt ist die Gesetzgebung jener Zeit, von Detailproblemen des Privat-, Amts- und Sakralrechts abgesehen, primär mit Fragen befaßt, die das Interesse der Dynasten, eines einzelnen oder aller drei, betreffen. Hierher gehören die Lex Pedia, die die gerichtliche Verfolgung der an der Verschwörung gegen Caesar Beteiligten anordnete, die Lex Titia, die den Triumvirn eine außer-

---

[17] Jos. A. J. 14, 309 und 316 sowie das an Tyros (und andere Judäa benachbarte Gemeinden) gerichtete Edikt bei Jos. A. J. 14, 320f.
[18] Vgl. hierzu G. Rotondi, LPPR, 435–441; F. Millar, Triumvirate and Principate, JRS 63, 1973, 53 sowie demnächst die Darmstädter Dissertation meines Schülers W. Rapp (s. o. Anm. 7).
[19] Dio 47, 18, 5 ff. (zur Sache vgl. H. Gesche, Die Vergottung Caesars, FAS 1, 1968, 42f.; 82ff.); ILS 73 (vgl. 73a): *divo Iulio iussu populi Romani statutum est lege Rufrena*: vgl. Diz. Epigr. s. v. *lex*, 730f.; A. Degrassi, ILLRP I², 409; in den Zusammenhang der für den vergöttlichten Caesar beschlossenen Ehrungen gehört auch das in Ephesos gefundene Bruchstück der griechischen Übersetzung eines Volksgesetzes: FiE IV. 3 (1951), nr. 24 = IvE VII. 2, nr. 4324.
[20] Das Gesetz wird in einer bisher unveröffentlichten Inschrift aus Kos erwähnt, über deren Inhalt R. Herzog an entlegener Stelle Mitteilung gemacht hat: Nikias und Xenophon von Kos, HZ 125, 1922, 212f. mit Anm. 2; vgl. S. M. Sherwin-White, Ancient Cos, Hypomnemata 51, 1978, 141.

ordentliche Amtsgewalt für die Dauer von fünf Jahren verlieh, und das Gesetz des Jahres 37, das ihre Amtsdauer nachträglich um weitere fünf Jahre verlängerte.[21] Aber auch die Gesetze, die Octavian bestimmte Ehren- und Sonderrechte verliehen oder die Grundlage für die Begnadigung oder Privilegierung von Einzelpersonen oder Gemeinden schufen, sind hierher zu rechnen. Eine Gesetzgebung, die wie die sullanische das Ziel verfolgte, die politische Ordnung auf eine neue Grundlage zu stellen oder wie die Caesars bestimmten sozialen und politischen Krisenerscheinungen mit dem Instrumentarium kasuistischer Reformmaßnahmen beizukommen, hat es unter ihrer Herrschaft nicht gegeben. Dieser Befund zeigt mit aller Deutlichkeit, daß die Triumvirn ihre Aufgabe nicht in erster Linie als eine gesetzgeberische aufgefaßt haben. Sie selber sind überhaupt nicht oder allenfalls einzeln und in Ausnahmefällen als Gesetzgeber aufgetreten. Soweit wir sehen, haben sie Gesetzgebungsinitiativen in aller Regel den Konsuln und den Volkstribunen überlassen. Der Senatsbeschluß vom Jahr 39 zugunsten der Doppelgemeinde Plarasa/Aphrodisias beauftragt die Konsuln, das Gesetz über die Gewährung eines *foedus* zu rogieren,[22] und das vor kurzem gefundene Fragment eines Senatsbeschlusses zugunsten der Grammatiker, Rhetoren und Ärzte hat offenbar den ordentlichen Magistraten anheimgestellt, einen das *senatus consultum* bekräftigenden Volksbeschluß einzuholen.[23]

Man sieht: Den in der Regel ganz konventionellen Gesetzesinhalten entspricht die Routine des traditionellen Gesetzgebungsverfahrens. Als Rogatoren erscheinen die Volkstribune P. Titius, ? Rufrenus und C. Falcidius sowie die Konsuln Q. Pedius, M. Aemilius Lepidus und L. Munatius Plancus, L. Marcius Censorinus und C. Calvisius Sabinus bzw. die Suffektkonsuln des Jahres 39, C. Cocceius Balbus und P. Alfenus Varus, und es ist klar, daß ihre Anträge erst mit der Zustimmung der Volksversammlung Gesetzeskraft erhielten. Selbst die Triumvirn haben sich, wenn nicht alles täuscht, an das übliche Gesetzgebungsverfahren gehalten und die Zustimmung der Volksversammlung eingeholt. Nach der Mitteilung zu urteilen, die R. Herzog hinsichtlich der die Lex Antonia betreffende Inschrift gemacht hat,[24] handelte es

---

[21] App. Ill. 1, 28; zur Authentizität des Gesetzes vgl. U. Wilcken, Der angebliche Staatsstreich im Jahre 32 v. Chr., SB Preuss. AdW 1925, 66 ff., in: W. Schmitthenner (Hrsg.), Augustus, WdF, Bd. 128, Darmstadt 1969, 44 ff.

[22] J. Reynolds, Aphrodisias and Rome, JRS Monographs 1, 1982, Document nr. 8, 89f. mit Kommentar z. Stelle.

[23] Editio princeps: D. Knibbe, ZPE 44, 1981, 1 ff. = IvE VII.2, nr. 4104; zur Rekonstruktion des lateinischen Originals vgl. Verf., Edikt der Triumvirn oder Senatsbeschluß?, Zu einem Neufund aus Ephesos, Epigraphica Anatolica 2, 1983, 57f. und 75 = SEG 31, 1981, nr. 952.

[24] Vgl. oben Anmerkung 20.

sich um ein rogiertes Volksgesetz, und zwar war der Gesetzesantrag *ex senatus sententia* gestellt worden.

Somit gibt es meines Wissens weder in der historiographischen Überlieferung noch in dem dokumentarischen Material irgendeinen Hinweis darauf, daß die Triumvirn auch nur in einem einzigen konkreten Fall ein souveränes Gesetzgebungsrecht ausgeübt hätten. Ein solches Recht aber schreibt ihnen Mommsen unter Berufung auf Cassius Dio allerdings zu. Die zwei allgemeinen Bemerkungen des Historikers, die hier herangezogen werden können, sind freilich nicht im Sinne der Mommsenschen These belastbar.[25] Die erste bringt zum Ausdruck, daß die Triumvirn eine diskretionäre Gewalt anstrebten, auf Grund derer sie ohne Befragung von Senat und Volk tun konnten, was ihnen beliebte. Diese für die spätrepublikanischen Notstandsmagistraturen typische diskretionäre Gewalt bedeutete jedoch keineswegs, daß in ihr die Funktionen von Senat und Volk aufgegangen wären, und der oben dargelegte empirische Befund zeigt denn auch deutlich, daß die Triumvirn nicht unter Umgehung der Beschlußkörperschaften regierten. Die zweite der aus Cassius Dio herausgezogenen Stellen berichtet, daß die drei Dynasten Gesetze teils abschafften, teils durch Neufassungen ersetzten. Was konkret gemeint ist, bleibt unklar. Insbesondere läßt sich nicht ermitteln, ob der Historiker meinte, daß die Triumvirn von einem formellen Gesetzgebungsrecht Gebrauch machten. Denkbar ist ja auch, daß die unterstellte Gesetzgebungstätigkeit der Triumvirn durch Rogation, eigene oder die der Konsuln und Volkstribune, erfolgte.

Es kommt nicht von ungefähr, daß Cassius Dio in der angeschnittenen Frage interpretatorisch nicht belastbar erscheint. Er war überhaupt nicht daran interessiert, ein genaues Bild der den Triumvirn übertragenen Kompetenzen zu geben. Ihm ging es um die Enthüllung einer brutalen *cupido dominandi*.[26] Er war überzeugt, daß unter den Triumvirn nichts gegen deren Willen geschah, und aus diesem Blickwinkel war es ihm verständlicherweise völlig gleichgültig, auf welchem Wege die Machthaber ihren Willen realisierten. Dem Geschichtswerk des Cassius Dio läßt sich somit die Struktur der triumviralen Amtsgewalt beim besten Willen nicht abgewinnen, und man wird sich davor zu hüten haben, an Cassius Dio die falschen Fragen zu stellen. Alle konkreten Einzelnachrichten über die Gesetzgebung der Triumviratszeit bezeugen demgegenüber das Weiterleben des traditionellen Gesetzgebungsverfahrens, und diese Zeugnisse haben größeres Gewicht als die

---

[25] Dio 46, 55, 3 (über die in Bononia getroffene Vereinbarung der Triumvirn): διωμολογήσαντο..., τά τε ἄλλα πάντα, κἂν μηδὲν ὑπὲρ αὐτῶν μήτε τῷ δήμῳ μήτε τῇ βουλῇ κοινώσωσι, διοικεῖν... und Dio 47, 15, 3: νόμους τε τοὺς μὲν ἀπήλειψαν, τοὺς δὲ ἀντενέγραψαν.

[26] Zu seiner Darstellung des 2. Triumvirats vgl. B. Manuwald, Cassius Dio und Augustus, Palingenesia 14, 1979, 65 f.

allgemeinen den Gesichtspunkt der Allmacht der Triumvirn betonenden Äußerungen eines Historikers der Severerzeit. Ähnlich ist der Befund hinsichtlich der von Mommsen den Triumvirn zugeschriebenen Spezialkompetenz der Beamtenernennung. Wiederum wird die Kompetenzzuschreibung auf bestimmte Bemerkungen der Historiographie der hohen Kaiserzeit gestützt.[27] Bei Cassius Dio heißt es, die Macht der Triumvirn habe so weit gereicht, daß sie Ämter und Ehren geben konnten, wem sie wollten. Damit ist freilich nicht gesagt, daß dies mittels eines Ernennungsrechts im strikten Rechtssinn geschah. Der fragliche Satz kann durchaus so interpretiert werden, daß ihr Einfluß bei den Wahlen entsprechend groß war und ihre Kandidaten in jedem Falle Berücksichtigung fanden. Daß er in diesem Sinne verstanden werden muß, beweist die ausdrückliche Bezeugung von Volkswahlen in der Triumviratszeit.[28] Eine neue Überprüfung des Quellenmaterials hat ergeben, daß die Triumvirn das Instrumentarium der Wahlsteuerung, das zur Zeit der Diktatur Caesars ausgebildet worden war, beträchtlich verfeinerten. Wahrscheinlich besaßen sie wie Caesar das Recht der Kandidatenempfehlung, und mit Sicherheit wurde das Wahlrecht in der Weise geändert, daß eine Designation der Konsuln für mehrere Jahre im voraus ebenso möglich wurde wie die Wahl zahlreicher Suffektmagistrate. Mit diesen Mitteln erreichten sie, daß sie ihre prominenten Gefolgsleute belohnen und die Rangklassen des Senats in Übereinstimmung mit ihrem Machterhaltungsinteresse auffüllen konnten. Eines formellen Ernennungsrechtes bedurften sie dazu nicht. Wenn Appian davon berichtet, daß die Triumvirn sich auf der Konferenz von Bononia darauf geeinigt hätten, für fünf Jahre die ordentlichen Magistrate zu benennen, so ist dies als eine private Verabredung über den Personenkreis zu verstehen, der nach dem Willen der Verbündeten in den nächsten Jahren die städtischen Ämter besetzen sollte. Aber es bedeutet nicht, daß das Prinzip der Volkswahl abgeschafft worden wäre. Das Recht der Beamtenernennung hätte den Triumvirn ohnehin nur ein Gesetz verleihen können. Gerade davon ist aber in der Berichterstattung über die Lex Titia, die die Amtsgewalt der Triumvirn definierte, nie die Rede. Schon die bloße Vermutung, daß das Gesetz das Wahlrecht der Komitien auf die Triumvirn übertragen haben könnte, verbietet sich angesichts des Umstandes, daß für die Zeit unmittelbar nach Verabschiedung der Lex Titia Wahlen in Rom bezeugt sind.

[27] Dio 46, 55, 4 (über die Vereinbarung von Bononia): διωμολογήσαντο ... τὰς ἀρχὰς τάς τε ἄλλας τιμὰς οἷς ἂν ἐθελήσωσιν διδόναι ... sowie App. B.C. 4, 2 (ebenfalls in dem Bericht über die Vereinbarung von Bononia): τοὺς δὲ ἀποφῆναι μὲν αὐτίκα τῆς πόλεως ἄρχοντας ἐς τὰ ἐτήσια ἐπὶ τὴν πενταετίαν.
[28] Vgl. F. Millar, JRS 63, 1973, 52f.; ausführlich hierzu die oben in Anmerkung 7 genannte Dissertation von W. Rapp sowie R. Frei-Stolba, Untersuchungen zu den Wahlen in der römischen Kaiserzeit, Zürich 1967, 80ff.

Nach Mommsens Lehre implizierte die außerordentliche konstituierende Gewalt darüber hinaus eine von der Provokation und allen rechtlichen Förmlichkeiten befreite richterliche Befugnis. Diese Lehre läßt sich nach den Untersuchungen von A. Heuß, J. Bleicken und W. Kunkel nicht mehr aufrechterhalten.[29] Die legalisierten Morde der Proskriptionen erfolgten ebensowenig wie der sogenannte Ligariusprozeß unter dem Diktator Caesar[30] auf der Grundlage einer der außerordentlichen konstituierenden Amtsgewalt inhärenten richterlichen Kompetenz, ja sie haben mit Rechtsprechung überhaupt nichts zu tun. Die Ermächtigung zu strafloser Tötung oder sonstiger Bestrafung beruhte in jedem Falle auf einer gesetzlichen Spezialattribution: Bei Sulla erfolgte sie durch die Lex Valeria, bei Caesar wahrscheinlich durch die Lex Hirtia, bei den Triumvirn durch die Lex Titia. Die betreffenden Gesetzesbestimmungen stellen Nutzanwendungen des Satzes dar, daß der Staatsfeind außerhalb der Rechtsordnung steht und er somit straflos getötet werden kann. Wenn die Lex Titia in der Bürgerkriegssituation des Jahres 43/42 die Triumvirn ermächtigte, ihre Feinde, die manifesten wie die potentiellen, zu proskribieren, so war damit eine situationsbedingte, aber keineswegs eine generelle Tötungserlaubnis gegeben. Anderenfalls ist nicht zu verstehen, daß die Triumvirn nach dem Vertrag von Brundisium im Jahr 40 Q. Salvidienus Rufus erst töten ließen, nachdem der Senat ihn unter Erklärung des Notstands zum Staatsfeind erklärt hatte.[31] Salvidienus Rufus hatte für Octavian das Kommando in Gallien geführt und in dieser Stellung den Übergang ins Lager des Antonius geplant, und er wurde nach der Verständigung der beiden Triumvirn in Brundisium wegen dieses Aktes gefährlicher Illoyalität beseitigt. Dies geschah bezeichnenderweise nicht unter Rückgriff auf jene Bestimmung der Lex Titia, die die Feinde der Triumvirn in der Bürgerkriegssituation des Jahres 43/42 zu Staatsfeinden erklärt und ihre Verfolgung ohne Richterspruch erlaubt hatte. Vielmehr bedienten sich Octavian und Antonius, da der Fall des Salvidienus schwerlich judikabel und jedenfalls ein vielleicht mögliches Gerichtsverfahren politisch inopportun war, eines Mittels, das zur Abwehr eines akuten Notstandes erfunden worden war: des *senatus consultum ultimum* und der *hostis*-Erklärung. Darin lag zweifellos ein Mißbrauch. Um so bemerkenswerter ist es, daß sie diesen Weg wählten. Hätten sie eine weder

---

[29] Vgl. A. Heuß, Die Entwicklung des Imperiums der römischen Oberbeamten, SZ. Rom. 64, 1944, 104 ff.; J. Bleicken, Ursprung und Bedeutung der Provokation, SZ. Rom. 76, 1959, 324 ff.; W. Kunkel, Untersuchungen zur Entwicklung des römischen Kriminalverfahrens in vorsullanischer Zeit, SB Bayer. AdW 1962, 21 ff.

[30] Vgl. dazu Verf., Der Diktator Caesar als Richter?, Hermes 114, 1986, 72 ff.

[31] Dio 48, 33, 2 f.; zur Beurteilung des Falles vgl. W. Kunkel, SZ. Rom. 81, 1964, 362 f. = Kleine Schriften, Weimar 1974, 327 f. gegen J. Bleicken, Senatsgericht und Kaisergericht, Abh. AdW Göttingen 1962, 22.; 32 f. sowie ders., Über die Entstehung des Senatsgerichts, SB Bayer. AdW 1969, H. 2, 13 = Kleine Schriften, 276.

durch Provokation noch durch irgendwelche rechtlichen Förmlichkeiten beschränkte richterliche Gewalt besessen, hätten sie sich den Umweg über das *senatus consultum ultimum* ersparen können.

Ausnahmeregelungen sind das Produkt von Ausnahmesituationen, und dieser Satz gilt ohne Einschränkung auch für die Ausnahmegewalten der späten Republik. Die sie begründenden Gesetze übertragen Einzelbefugnisse nach den Bedürfnissen der Situation, und sie definieren diese Befugnisse in Anknüpfung an die Verfassungsentwicklung der Zeit. Daß von dieser Seite her und nicht auf der Grundlage der 'Rechtsidee' einer außerordentlichen konstituierenden Gewalt der Zugang zu Wesen und Struktur einer Ausnahmemagistratur der späten Republik gewonnen werden muß, soll am Beispiel der triumviralen Amtsgewalt näher erläutert werden.

Die Triumvirn kamen in privater Verabredung überein, sich gemeinsam in Besitz der Staatsgewalt zu setzen, um der gemeinsamen Bedrohung durch die Caesarmörder im Osten Herr zu werden. Die Erfahrung, die sie in der Zeit gemacht hatten, als Cicero von Rom aus den Kampf für die Wiederherstellung des oligarchischen Regierungssystems organisierte und koordinierte, verwies sie auf die Notwendigkeit, ein umfassendes militärisches Kommando mit der sicheren Kontrolle der Regierung in Rom zu verbinden. Was das Militärkommando anbelangt, konnten sie an die außerordentliche, übergreifende prokonsularische Gewalt anknüpfen, wie sie seit der Lex Gabinia des Jahres 67 wiederholt in Erscheinung getreten war.[32] Zuletzt hatte Cicero dafür gesorgt, daß der Senat Brutus und Cassius im Osten mit solchen *extraordinaria imperia* ausstattete.[33] Auch war die Rechtskonstruktion, daß mehrere Provinzen dem Oberbefehl eines Oberfeldherrn unterstellt wurden, seine von ihm ernannten Gehilfen gleichwohl ein eigenes *imperium* besäßen, längst, und zwar durch die Lex Gabinia, erfunden worden. In dieser Beziehung konnte also die Lex Titia durchaus an Vorläufergesetze seit dem Jahr 67 anknüpfen. Ohne Vorbild war hingegen die von der Lex Titia vollzogene Übertragung der prokonsularischen Gewalt auf den Bereich *domi*. Die sogenannte Sullanische Ordnung beruhte zumindest faktisch auf einer Trennung der beiden Bereiche *militiae* und *domi*.[33a] An der Spitze der Provinzen standen die Inhaber eines promagistratischen *imperium,* die Regierungsgeschäfte in Rom (die terrible simplification der Kürze halber) leiteten die Konsuln, die an das Prinzip der Annuität und Kollegialität gebunden waren. Eine der Schwächen dieses Systems bestand in der Schwierigkeit der Koordination der in den beiden Bereichen *domi* und

---

[32] Vgl. hierzu B. Schleußner, Die Legaten der römischen Republik, Vestigia 26, 1978, 179 ff. und 199 ff. mit Quellenangaben und Literatur.

[33] Cic. Phil. 10, 26; 11, 30 f.

[33a] Rechtlich fixiert war dies freilich nicht: zum Problem vgl. A. Giovannini, Consulare Imperium, Schweiz. Beitr. z. Altertumswiss. 16, 1983, 73 ff.

militiae ausgeübten Regierungsgewalt, und dieses Problem wäre auch den Caesarianern in der Bürgerkriegssituation des Jahres 43 beinahe zum Verhängnis geworden. Ansätze zur Überwindung des Problems hatte es in den 50er Jahren gegeben. Damals verband Pompeius zweimal mit den ihm übertragenen Sonderkommandos der spanischen Statthalterschaft und der *cura annonae* das höchste stadtrömische Amt.[34] Diese Verbindung war aber ephemerer Natur und von einer organischen Verschmelzung der verschiedenen Amtsgewalten zu einer neuen *sui generis* weit entfernt. Immerhin war so die Richtung gewiesen, in der die Lösung des Problems gesucht werden mußte. Es blieb nur übrig, die Trennung der beiden Bereiche *domi* und *militiae* aufzuheben in einer umfassenden Amtsgewalt. Dies gelang, indem die Trennung von Amt und Amtsgewalt nach dem Vorbild der (außerordentlichen) prokonsularischen Gewalt im Bereich *militiae* auf die konsularische Amtsgewalt im Bereich *domi* ausgedehnt wurde. Die eigentliche verfassungsrechtliche Neuerung besteht in der Verleihung der konsularischen Befugnisse an die Träger einer außerordentlichen prokonsularischen Gewalt. In den von J. Reynolds vor einigen Jahren publizierten Inschriften von Plarasa/Aphrodisias kommt dies auch terminologisch in der Weise zum Ausdruck, daß in Hinblick auf die Triumvirn ausdrücklich von Promagistraten mit dem Recht, den Senat einzuberufen, die Rede ist.[35] In dem Auszug der jener Doppelgemeinde verliehenen Privilegien wird ihren Gesandten bevorzugter Zugang zum Senat mit folgenden Worten gewährt: τοῖς ἄρχουσιν, ἀντάρχουσιν / δήμου Ῥωμαίων τοῖς ἐξουσίαν ἔχουσιν σύγκλητον συναγαγεῖν ἐμφανίσωσιν ὅπως / σύγκλητος αὐτοῖς δοθῇ. Wie der Kontext zeigt, stand diese Formel wörtlich in dem Senatsbeschluß des J. 39, der die Rechtsstellung der Stadt endgültig definierte. Daß die Triumvirn das *ius agendi cum senatu* besaßen, war schon aus dem bei Gellius erhaltenen varronischen Verzeichnis der Magistrate bekannt, die dieses Recht besaßen.[36] Da es sich um eines der wichtigsten konsularischen Rechte handelt, ist Appian völlig im Recht, wenn er die triumvirale Amtsgewalt als ἴσον ἰσχύουσαν ὑπάτοις bezeichnet.[37] Die Neuerung der Lex Titia bestand also darin, daß die Promagistratur *cum imperio,* der von Haus aus das *ius agendi cum senatu* und, wie hinzuzufügen ist, *cum populo* durchaus fehlte, in den Bereich *domi* eingeführt und mit entsprechenden Rechten ausgestattet wurde.

Mit dem allumfassenden prokonsularischen *imperium* mußte, wenn es funktionieren sollte, das Recht der Vertretung des Amtsinhabers verbunden

---

[34] Vgl. M. Gelzer, Pompeius, München 1949, 168 ff.

[35] J. Reynolds, A&R (s. o. Anm. 22), Document nr. 9, 12 f.; vgl. nr. 8 *(SC de Aphrodisiensibus),* 80.

[36] Gell. 14, 7, 5: *item triumviros reipublicae constituendae causa creatos ius consulendi senatum habuisse.*

[37] App. B. C. 4, 2 und 7.

werden. Für den Bereich *militiae* konnte auf die Lösung zurückgegriffen werden, die die Lex Gabinia gefunden hatte: Gehilfen zu ernennen, sie abzurufen und ihnen Weisungen zu erteilen.[38] Im Bereich *domi* hatte die Verfassungsentwicklung der späten Republik nicht entsprechend vorgearbeitet. Gewiß wurde der Diktator bei Abwesenheit durch den *magister equitum* vertreten,[39] aber dieses Amt war durch die Lex Antonia des Jahres 44 abgeschafft worden. Für die in Aussicht genommene kollegiale Besetzung einer Notstandsmagistratur wäre die Diktatur auch gar nicht geeignet gewesen. Aber indem die triumvirale Amtsgewalt als umfassende Promagistratur konzipiert wurde, konnte das Prinzip der Stellvertretung auch auf den Bereich *domi* ausgedehnt werden. Einen urkundlichen Beleg für die Anwendung des Prinzips scheint die schon erwähnte unveröffentlichte Inschrift aus Kos zu bieten, über deren Inhalt vor vielen Jahren R. Herzog Mitteilung gemacht hat. Es handelt sich, wie gesagt, um Bruchstücke einer Lex Antonia, also eines Gesetzes des Triumvirn, das einer seiner bedeutendsten Gehilfen, C. Fonteius C. f., als sein Legat (?) *ex senatus sententia* zugunsten romtreuer Koer rogierte.[40]

Möglicherweise wirft die Inschrift auch neues Licht auf die Frage, auf welcher Rechtsgrundlage Maecenas bei Abwesenheit des Triumvirn Octavian als sein Stellvertreter in Rom fungierte. Gewiß kann man mit Mommsen es zweifelhaft finden, ob seine Stellung, *absentis Caesaris partibus fungi*, als Stadtpräfektur definiert war.[41] Aber daran kann kaum ein begründeter Zweifel bestehen, daß Maecenas seinen Mandanten im gesamten Bürgergebiet, in Rom und in Italien, vertrat, wo dieser die triumvirale Gewalt repräsentierte: *bellis civilibus Cilnium Maecenatem equestris ordinis cunctis apud Romam atque Italiam praeposuit*.[42] Nur in Vertretung eines Amtsinhabers konnte er, wie überliefert ist, amtliche Zahlungen anordnen, im Kriminalprozeß über Verhaftung und Bürgerschaftsstellung bestimmen und an das Militär die Parole ausgeben.[43] Einem Privatmann ohne verliehene Amtsgewalt wäre dies alles nicht möglich gewesen.

Die triumvirale Amtsgewalt läßt sich somit als ein die Amtsbereiche *domi*

---

[38] Vgl. hierzu F. L. Ganter, Die Provinzverwaltung der Triumvirn, Diss. Straßburg 1892 sowie demnächst die in Anm. 7 genannte Dissertation von W. Rapp.

[39] Vgl. Th. Mommsen, RStR II.1, 162 f.

[40] Vgl. oben Anm. 20; der Aufenthalt des C. Fonteius Capito in Italien fällt in das J. 37. Bezeugt ist seine Teilnahme an den Verhandlungen, die zum Vertrag von Tarent führten: Hor. Sat. 1, 5, 32.

[41] Th. Mommsen, RStR II.1, 729 (zu dem in den Text aufgenommenen lateinischen Zitat s. Sen. Epi. 114, 6).

[42] Tac. Ann. 6, 11; vgl. Vell. Pat. 2, 88, 2; App. B. C. 5, 99; 112; Dio 49, 16, 2.

[43] Belege in der Reihenfolge der Aufzählung: Plin. N. H. 37, 1, 10 (vgl. Hor. Sat. 2, 6, 38); App. B. C. 4, 50 und Sen. Epi. 114, 6.

et *militiae* umfassendes außerordentliches prokonsularisches *imperium* definieren. Erfunden wurde es zu dem Zweck, die Regierungsgewalt in Rom wie die Beherrschung des Reiches in der Hand eines Machtkartells zu vereinen, das vor der Notwendigkeit stand, sich in einem Bürgerkrieg zu behaupten. Die Lex Titia, die die Amtsgewalt der Triumvirn umschrieb, knüpfte an das Vorbild der außerordentlichen Militärkommandos der späten Republik an, aber sie entwickelte das Vorbild insofern schöpferisch weiter, als sie das Konzept der übergreifenden prokonsularischen Gewalt auf den Bereich *domi* ausdehnte. Hinzu kamen situationsbedingt gewisse Spezialattributionen: mit den eigenen *inimici* wie mit Staatsfeinden zu verfahren sowie das Territorium von achtzehn namentlich genannten Städten (ggf. auch Gebietsteile benachbarter Gemeinden) in Italien zu enteignen und an die eigenen Soldaten zu verteilen.[44] Vorbild war in dem einen wie dem anderen Fall die Lex Valeria, die Sulla mit entsprechenden Vollmachten ausgestattet hatte.[45] Wahrscheinlich wurden die Triumvirn auch ermächtigt, zur Abwehr des Notstandes die Wehrkraft und Ressourcen Italiens und der Provinzen auszuschöpfen. Eine derartige Spezialermächtigung war die logische Konsequenz der den Triumvirn erteilten Aufgabe. Vorbilder aufzuzählen erübrigt sich. Es sei lediglich daran erinnert, daß der Senat zuletzt im Frühjahr 43 auf Antrag Ciceros seinen Feldherrn im Osten und in Africa eine sehr weitgehende Dispositionsgewalt im Interesse einer effektiven Rüstung eingeräumt hatte.[46] Dieser Befund zeigt eines mit aller wünschenswerten Deutlichkeit: Die triumvirale Amtsgewalt ist nicht die Konkretisierung der Rechtsidee einer konstituierenden Gewalt im Sinne Mommsens, sie ist nach den Bedürfnissen der politischen Umstände und in Anknüpfung an das Notstandsrecht und an das übergreifende Militärkommando der späten Republik konzipiert und entsprechend komplex zusammengesetzt.

So groß die diskretionäre Gewalt der mit der Kriegführung gegen bewaffnete Staatsfeinde beauftragten Triumvirn auch war: Grundsätzlich standen die Dispositionen, die sie trafen, unter dem Vorbehalt einer Ratifikation durch Senat und Volk, wenn sie über ihre Amtszeit hinaus Bestand haben sollten. Insofern tragen ihre Verfügungen durchaus vorläufigen Charakter und sind nicht anders zu beurteilen als vergleichbare magistratische bzw. promagistratische Akte. Im Jahr 39 bestätigte der Senat die Verfügungen, die M. Antonius im Osten getroffen hatte,[47] und noch am Vorabend des Bruchs

---

[44] Vgl. neuerdings L. Keppie, Colonization and Veteran Settlement in Italy 47–14 B. C. British School at Rome 1982, 63 ff. mit weiterführender Literatur in Anm. 76.
[45] Die Quellen bei A. H. J. Greenidge – A. M. Clay, Sources for Roman History 133–70 B. C., Oxford ²1960, 203 f.
[46] Vgl. oben Anm. 33; daneben Fam. 12, 30, 4.
[47] App. B. C. 5, 75; Dio 48, 34, 1.

mit Octavian ersuchte er den Senat, seine *acta* zu ratifizieren.[48] Die von den Triumvirn vergebenen Privilegien an Privatpersonen und Gemeinden beruhten auf der Grundlage von Senats- und Volksbeschlüssen oder erfuhren nachträglich eine Ratifikation durch diese Beschlußkörperschaften.[49] Gewiß steht außer Frage, daß sich das politische Machtzentrum von den republikanischen *principes civitatis*, den Konsularen, auf die Triumvirn verlagert hatte. Sie nahmen entscheidenden Einfluß auf die Zusammensetzung des Senats und der Magistratskollegien, auf die Akte der Magistrate und auf die Beschlüsse von Senat und Volk. Aber formal vollzog sich die Routine der Regierungstätigkeit in den gewohnten Bahnen des Zusammenspiels der Organe der *res publica*. Die privilegierte Stellung der Doppelgemeinde Plarasa/Aphrodisias wurde auf Befürwortung der Triumvirn durch einen Senatsbeschluß sanktioniert, und an die Konsuln erging die Aufforderung, einen Volksbeschluß *ex senatus sententia* über das *foedus* herbeizuführen, das der Gemeinde gewährt werden sollte.[50] Ähnlich war das Verfahren vermutlich im Fall der Privilegierung der romtreuen Koer durch die Lex Antonia. Die Befreiung der Ärzte, Grammatiker und Rhetoren von den *portoria* erfolgte durch einen Senatsbeschluß, dessen erhaltener Wortlaut die Schlußfolgerung nahelegt, daß das traditionelle Zusammenspiel von Magistratur, Senat und Volksversammlung formal aufrechterhalten wurde. Selbst die Triumvirn werden in der üblichen Form zur Mitwirkung an der Realisierung des Beschlusses aufgefordert.[51] Nichts deutet darauf hin, daß ihr Amt die Verfassung außer Kraft gesetzt hätte oder gar zu dem Zweck eingesetzt worden wäre, die Verfassung umzugestalten. Eine Rechtsprechungsbefugnis besaßen sie ebensowenig wie ein Gesetzgebungs- und Beamtenernennungsrecht.

Indem Mommsen die triumvirale Ausnahmegewalt als eine der nach Zeit und politischer Tendenz geschiedenen Anwendungen einer im Kern dem Wandel der Zeit entzogenen 'Rechtsidee' auffaßte, verstellte er sich selber den Zugang zu einer Analyse der jener Amtsgewalt zugrunde liegenden spezifischen Struktur. Das Grundschema jener Rechtsidee ist die reine magistratische Gewalt – eine gedachte Rechtsfigur, die durch Abstraktion von allen konkreten Beschränkungen, denen die Magistratur im Zusammenspiel mit

---

[48] Dio 49, 41, 4.
[49] Begnadigung von Proskribierten auf der Grundlage eines oder mehrerer Konsulargesetze (App. B. C. 4, 37 und 193): vgl. G. Rotondi, LPPR, 437 und F. Hinnard, Les proscriptions de la Rome républicaine, Collection de l'Ecole francaise de Rome 83, 1985, nr. 66 und 122; Verleihung des römischen Bürgerrechts an verdiente Provinziale auf Grund einer Lex Aemilia Munatia: R. K. Sherk, RDGE, nr. 58 II, 10; zur Lex Antonia vgl. oben Anm. 20, über die Verleihung der Königswürde an Herodes: Jos. A. J. 14, 385.
[50] J. Reynolds, A&R (s. o. Anm. 22), Document nr. 8; 8a; 9, 1.
[51] SEG 31, 1981, nr. 952 (s. o. Anm. 23): Zeile 7–14.

den übrigen Organen der *res publica* unterlag, gewonnen ist. Fast versteht es sich von selbst, daß das Konstrukt dieser außerordentlichen konstituierenden Gewalt und die konkreten historischen 'Anwendungen', die von ihr gemacht worden sein sollen, durchaus inkommensurable Größen darstellen. Mommsens Vorstellung vom Zweck jener Gewalt ist von dem Gebrauch abgeleitet, den Sulla von seiner Ausnahmegewalt machte, aber sie paßt weder auf Caesar noch auf die Triumvirn. Das der außerordentlichen konstituierenden Gewalt zugeschriebene Gesetzgebungsrecht haben, wie Mommsen selbstverständlich nicht verborgen blieb,[52] weder Sulla noch Caesar ausgeübt. Für ein Gesetzgebungsrecht der Triumvirn glaubte er freilich, m. E. fälschlicherweise, Quellenbelege zu besitzen, und nach der Methode der Analogie nahm er es dann für die 'Rechtsseite' einer außerordentlichen konstituierenden Gewalt generell in Anspruch. Der unterstellte Zweck und die Kompetenz jener Gewalt waren auf diese Weise fraglos in ein logisch unanfechtbares Verhältnis zueinander gesetzt. Ironischerweise besteht das dem Verfahren Mommsens zugrunde liegende πρῶτον ψεῦδος in einer μετάβασις εἰς τὸ ἄλλο γένος: Was bei Cassius Dio als Illustration der faktischen Allmacht der Triumvirn vorgetragen wird, verwandelt Mommsen in einer Aussage über eine rechtliche Befugnis. Nicht das Recht wird also vom Schutt der Geschichte gereinigt, sondern ein politisches Urteil wird mit der Feststellung einer staatsrechtlichen Kompetenz verwechselt.

Das ganze Dilemma der Mommsenschen Konzeption wird in dem Abschnitt des Kapitels über die außerordentliche konstituierende Gewalt manifest, den er der Amtsdauer widmet. Diese ist, Mommsen zufolge, grundsätzlich an die Bewältigung der gestellten Aufgabe gebunden und insofern keiner festen zeitlichen Terminierung unterworfen. Damit sind auch hier der unterstellte Zweck und die Dauer eines seiner Natur nach ephemeren Amtes in eine logisch unanfechtbare Relation gebracht. Aber der empirische Befund ist von Einheitlichkeit und logischer Stringenz weit entfernt. Gewiß ist Sullas Einsetzung zum Diktator unter der Maßgabe erfolgt, daß der Zeitpunkt der Abdikation seinem Urteil über die Bewältigung der ihm übertragenen Aufgabe anheimgestellt wurde. Aber in den anderen Fällen wurde anders verfahren. Caesars Diktatur war seit dem Jahr 46 bzw. 44 gar nicht als zeitlich befristete Ausnahmegewalt konzipiert, sondern als Form eines Regierungsmonopols auf Lebenszeit. Sie paßt also strenggenommen gar nicht in das Schema einer außerordentlichen konstituierenden Gewalt. Mommsen hat dieses Dilemma sehr wohl gesehen, aber er versucht, sich den naheliegenden Konsequenzen mit dem gewundenen Argument zu entziehen, daß Caesars Diktatur insofern

---

[52] Th. Mommsen, RStR II.1, 726: „Nicht minder ist unter den organischen Gesetzen Sullas und Caesars keines, von dem es irgend sich wahrscheinlich machen ließe, daß es nicht durch die Comitien gegangen sei."

doch eine exzeptionelle Gewalt gewesen sei, als nach seinem Tod die Konsulatsverfassung wiederauflebte.[53] Was die Triumvirn anbelangt, so hatte die Lex Titia das Ende ihrer Amtszeit auf den 31. 12. 38 festgelegt.[54] Mommsen hilft sich aus der Schwierigkeit, indem er dem gesetzlich fixierten Endtermin nur deklaratorische Bedeutung beimißt: Er habe keine rechtlich zwingende Bedeutung und bringe lediglich die (unverbindliche) Absicht der Triumvirn zum Ausdruck, ihre Aufgabe innerhalb der bezeichneten Frist zu lösen. Dem naheliegenden Einwand, daß beides inkommensurable Größen sind und ein gesetzlich fixierter Endtermin aus der Not eines Systemzwangs in eine unverbindliche Absichtserklärung der Amtsträger verwandelt wird, versucht er mit dem Hinweis auf die Tatsache vorzubeugen, daß sie nach Ablauf des genannten Termins einfach in ihrem Amt verblieben. Wieder ist der logische Fehler der Argumentation evident. Sie setzt voraus, was erst zu beweisen wäre: daß ihr tatsächliches Verhalten in diesem Punkt in Übereinstimmung mit den Rechtscharakter des Amtes stand. Aber wie Mommsen sagt, ist das System seine eigene Wahrheit,[55] und von diesem Standpunkt aus sieht er sich der naheliegenden Frage überhoben, ob die Weiterführung des Amtes über den gesetzlichen Endtermin nicht ein durch die Umstände bedingter Akt der Usurpation war – ein Rechtsbruch, der nachträglich, als die Machthaber ihren Konflikt beigelegt hatten, durch ein Volksgesetz geheilt wurde.[56] Indem Mommsen die spezielle Regelung, die im Falle Sullas getroffen worden war, zu einer für die außerordentliche konstituierende Gewalt geltenden generellen Norm erhebt, interpretiert er die durch die Lex Titia festgelegte zeitliche Terminierung der Amtsdauer der Triumvirn in einer Weise, die mit Wortlaut und Sinn jener Terminierung absolut unvereinbar ist. Wiederum erscheint als ironische Konsequenz des Mommsenschen Verfahrens die Verwechslung von Recht und Politik: Der eigenen Intention nach will Mommsen die reine Rechtsidee aus dem Schutt der dem ständigen Wandel unterworfenen geschichtlichen Erscheinungsformen herausheben, tatsächlich aber läuft er Gefahr, den politisch bedingten Rechtsbruch als Ausdruck einer Rechtsidee mißzuverstehen.

---

[53] Th. Mommsen, RStR II.1, 715 und ders., Abriß RStR, 147.
[54] Fasti Colotiani zum Jahr 43: A. Degrassi, Inscr. Ital. XIII.1, 273 f.
[55] Th. Mommsens Äußerung aus dem J. 1845 ist hier nach der Mitteilung von A. Heuß, a. a. O. (s. o. Anm. 1), 48 wiedergegeben; dort auch das Nähere über die Zeitbedingtheit der prägnanten Formulierung.
[56] S. o. Anm. 21.

THE EMPEROR'S CHOICE OF *AMICI*

By P. A. Brunt

I

The Roman emperor was from the first as free as any absolute monarch ever has been to do as he pleased: the extent of his power could become more overt but not more complete.[1] But no more than any other autocrat was he able to govern without assistants. In practice he had to find his chief assistants among senators and Equites, and could hardly choose individuals of sufficient ability and fidelity, if he forfeited the goodwill of the orders to which they belonged. It was one of their constant demands that he should honour and employ men in accordance with their worth. This demand is even presupposed in the senatorial decree eulogizing the freedman Pallas, which Pliny reprobates for cringing adulation: it extols Claudius' *benignitatem promptissimam ad laudem praemiaque merentium;* of course the senate did not sincerely regard Pallas as a proper recipient of imperial favour: in its view high social status was comprised in worth. Helvidius Priscus would aver that *nullum maius boni imperatoris instrumentum quam bonos amicos esse.* The term *amici* is wide-ranging and ambiguous, but here it must denote the emperor's counsellors and chief officials. Helvidius thought that the accession of Vespasian was a moment at which the senate could assert its independence, and he wished it to mark out the individuals to whom the new ruler should give his confidence, but his lead was not followed.[2] No one else ever suggested that

---

[1] This study of one aspect of the system created by Augustus is offered in grateful appreciation of the contributions that Professor Christ has made not least to its general interpretation.

[2] Pallas: Pliny, ep. VIII 6, 13; naturally the decree makes out that he deserved his influence; similarly Vell. II 127 claims that Tiberius had chosen Sejanus as coadjutor, though a new man, for the exceptional abilities such as those which had earned Agrippa and Statilius Taurus the favour of Augustus, which a Princeps required in his assistants.

Helvidius: Tac., Hist. IV 7, 3, cf. Brunt, PBSR 1975, 28 ff.; J. Malitz, Hermes, 1985, 231 ff.

Amici: J. A. Crook, Consilium Principis, ch. III; F. Millar, The Emperor and the Roman World, 110 ff. *Civilitas* (n. 20) might cause an emperor to allow the designation to men of rank with whom his relationship was one of mere outward courtesy just as

the emperor was not to have full discretion in choosing his 'friends'. But the use he made of this discretion was one of the criteria by which he was judged. The relationship between the emperor and those whom Cassius Dio prefers to call his associates *(synontes)*, the principles on which they should be selected and the distribution of offices among them, fill two-thirds[3] of what remains of the speech in which Maecenas furnishes Augustus with a 'mirror for princes', the most remarkable treatise on politics that survives from the Principate. I take it to have been written after the accession of Severus Alexander; it is immaterial that not all Dio's proposals were adopted by that emperor. At any earlier period in Dio's life since 180 it would hardly have been safe for him to prescribe the policies that an emperor should adopt, still less to criticize by implication policies that Severus or Caracalla pursued. Herodian says that Alexander acted by the advice of sixteen eminent senators and conferred offices in accordance with men's juristic, rhetorical and military capacity; he was trying to revive the practice of Marcus Aurelius, whose clemency was also an example to him.[4]

For Dio the reign of Marcus, in which he was born, was a golden age succeeded by one of iron and rust (LXXI 36, 4). He had been the best of all emperors (34, 2), a view to which Pertinax, Septimius, Macrinus and Alexander subscribed or paid lip-service (n. 4). It was one characteristic of his government that he had sought the co-operation of the 'best men' *(infra)*. His successors had deviated from this policy. Commodus, corrupted by his 'associates' (LXXII 1), among whom Dio no doubt has in mind above all such freedmen as Cleander, destroyed most of Marcus' eminent friends (4, 2; 5) and all

---

Republican *principes* had done (Brunt, PCPS 1965, 1 ff.); it might also denote booncompanions (e.g. Tac., Ann. XV 50, 2) such as Caracalla's πάνυ ἑταῖροι (Dio LXXVIII 10, 3), quite distinct from the (official) 'friends in his company whom he treated with disregard' (LXXVII 18, 4), presumably men of rank, like those who boast on inscriptions of being the emperor's *amici* or *comites* (Crook 85).

[3] LII 14f.; 19–26; 31–35; 37f.

[4] On the debate between Agrippa and Maecenas see F. Millar, Study of Cassius Dio, 1964, 102 ff. and works there cited (add E. Gabba, St. Fanfani, 1962, 5 ff.) which treat of aspects with which I am not concerned. Millar's dating to Caracalla's reign, shown to be groundless by G. Bowersock, Gnomon, 1965, 469 ff., is incredible. Millar 28 ff. discusses some other passages in Dio relating to his conception of monarchy.

Alexander: Hdn VI 1, 2, 4 and 7. Pertinax, Septimius and Macrinus had also proclaimed Marcus as a model (II 4, 2; 14, 3; V 1, 4; 2, 4), but Pertinax soon fell, and neither Septimius nor Macrinus made good his professions. Throughout I make no use of the ›Historia Augusta‹; its fictions cannot be neatly segregated from statements derived from a factual source, which are themselves so often inaccurate that they always require and never furnish corroboration; its opinions may express fourth century ideas.

whose wealth, birth and talent provoked his suspicions (7, 3), though some found refuge in retirement (LXXIII 3, 2f.); he would prefer to a great military command one whose qualification lay in his mediocrity (LXXIV 6, 1). Septimius professed, perhaps early in his reign, to seek the genuine affection of the senate (LXXV 15, 2b), and Dio acknowledges in an obituary notice (LXXVI 17) that his conduct was laudable in some respects, but this does no more than qualify the judgement that after Albinus's defeat he showed that he had none of the virtues of a ruler (LXXV 7, 4). At that time he put to death one senator in twenty, extolled the cruelty of Sulla and the triumvirs, which Dio execrated (fr. 108–110; XLVII 3ff.), and restored the memory of Commodus (LXXV 7f.). Insolent words or imperial envy could encompass a man's ruin (LXXV 10, 2f.). The entire narrative of the misuse by Plautianus of the confidence that Septimius placed in him and of the executions which he brought about (LXXV 14) or which ensued on his fall (LXXVI 7f.) is an indictment of the ruler who had raised him up. Above all Dio imputes to Septimius the policy of relying on the soldiery rather than on the goodwill of his 'associates' in the higher orders (LXXIV 2, 3), a policy which Caracalla was to carry further, in pursuance of what Dio reports without disbelief as his father's death-bed advice (LXXVII 15, 2), with disastrous results both for military discipline and for state solvency.[5] Under Caracalla and Elagabalus too infamous men of low birth were advanced to the highest positions; the elevation of Macrinus to the purple was itself an evil consequence of this contempt for 'degree'. And once again men of distinction, including the emperor's nominal friends, so far from being given their due place in government, were the frequent victims of his suspicions or caprice.[6]

In effect Dio condemns these rulers as tyrants, just as he and all other ancient writers condemned Tiberius, Gaius, Claudius, Nero, and Domitian: each in his own way was unjust and oppressive towards the higher orders; individual and varying defects in character led them to abuse their absolute power. This interpretation has often appeared unsatisfactory to modern scholars, who prefer to hold that emperors had to repress opposition to the Principate as such or to policies adopted by the emperors, often for good reasons, which created antagonism, principally in the senate. They suppose that that body resented the increasing control over imperial administration

---

[5] Dio LXXVII 3, 1f.; 4, 1a; 9, 1; 10, 1 and 4; 13, 6; 20, 2; LXXVIII 4, 1; 6 (Caracalla's alleged failure to assure the loyalty of the troops, but cf. 9, 2; 17, 1; 19, 2); 11, 5; 28f.; 36; LXXIX 7; LXXX 4, cf. Petrus Patr. in Boissevain's ed. III 470, 16 ff. Hdn. (III 8; 13, 4; IV 4, 7; 7, 4–7; V 4, 2) makes much less of this theme, but the later conduct of the soldiery in the third century seems to bear Dio out.

[6] Men of low birth: LXXVII 8, 2; 17, 2; 18, 4; 21; LXXVIII 11; 13f.; LXXIX 4; 7; 15.
Executions: LXXVII 5f.; 11; LXXIX 4 and 11.

that the emperors acquired, or their elevation of Equites and freedmen to positions of dignity or influence, or the diminution of its own function as the great council of state.

They can cite for example Tacitus' assertion that Claudius annexed to himself all the powers of laws and magistrates (Ann. XI 5). But Tacitus had used similar language of Augustus (I 2, 2) whose establishment and aggrandisement of the powers of the Princeps never attracted opprobrium in the tradition. In particular, Augustus secured a general control over the administration of the city of Rome and over public finance, and in virtue both of his *imperium maius* and his position as the leading senator, was hardly less able to determine questions affecting 'senatorial' provinces than those affecting 'imperial'; [7] the encroachments that any successor could make in public administration were marginal. For instance, emperors had always been able to secure proconsulships for their nominees when they saw fit, and it was not of much significance that eventually they would appoint all proconsuls (Dio LIII 14, 3). The equestrian service was always growing, but for the most part it was entrusted with functions that senators had never performed and for which they could hardly have been employed. Advancement in public life at all times depended on imperial favour. However, no emperors ventured to confer the highest posts except on senators and Equites, and the former normally retained exclusive possession of the greatest military commands. It was only in a few reigns that freedmen dominated imperial counsels, and this was surely resented by Equites no less than by senators. Indeed Equites as well as senators were implicated in opposition to tyrants, and equestrian writers denounce them as harshly as senatorial.[8]

As for the collective function of the senate, Augustus and Tiberius in his earlier years submitted to it virtually all questions of moment, and perhaps genuinely wished to ascertain its views and within limits to conform to them.[9] At the outset of his reign, Nero promised to revert to the practice of Augustus and in particular to restore to the senate its responsibility for the supervision of Italy and the 'public' provinces; in fact Augustus had shared in this. According to Tacitus, in Nero's early years much was determined by the senate, but even before his rule deteriorated, it was only relatively trivial matters that it could decide for itself; important decrees, initiated from below, required imperial sanction. It was the same under Trajan, who was to be remembered as *optimus princeps*.[10] Probably the senate had never shown much

---

[7] F. Millar, JRS 1966, 156 ff.

[8] Brunt, JRS 1983, 42 ff., esp. 63 ff.

[9] Brunt, CQ 1984, 423 ff.

[10] Nero: Tac., Ann. XII 4f.; Suet., Nero 10. Trivialities: Ann. XIII 49. Imperial sanction: XIV 45; XV 20–22. In XII 50, 2 if *senatores* be retained (*contra* Koestermann *ad loc.*), it would in Tacitus' usage (unlike *patres*) denote individual senators, no doubt

independence. In Dio's day it had long been the custom that it should not examine any question except on the emperor's direction (LXXIX 19, 5). No doubt emperors continued to regard it as a forum in which they could appropriately explain their policies and justify legislative changes; transcribed in the public *acta* (Pliny, ep. V 13, 8), their communications to the senate would also find a wider audience. It is in this sense that we may understand Dio's statements that Vespasian and Hadrian used the senate to transact the most important public business (LXVI 10, 5; LXIX 7, 1). Its more memorable sessions were, however, devoted to political trials, which raised its self-respect when it was free to determine verdict and sentence, but were humiliating when it was a mere instrument of a despot's will. In analysing the English constitution, Walter Bagehot in 1867 distinguished between 'the dignified parts' of a political system, 'which excite and preserve the reverence of the population' and 'the efficient parts, those by which it in fact works and rules'.[11] That the senate belonged to the former category was true from the first, though this became more overt as time passed; only in exceptional circumstances, notably when it promoted the widespread revolt against Maximin in 238, could the reverence it still inspired be of some effect.[12]

However, individual senators and Equites belonged to 'the efficient parts' in their capacity as generals, administrators and members of the *consilium* in which genuine discussion of policy could take place,[13] and to which the emperor summoned whom he pleased. The competence and loyal collaboration of these men was essential to the work of government and to the emperor's security. There is no reason to think that he could find enough men of ability to do his will, if his injustice, cruelty and rapacity alienated the higher orders from whom they were necessarily drawn. It is significant that few men of rank perished as devoted adherents of a tyrant on Nero's fall, and none in the reactions that followed the assassinations of Domitian and Commodus (cf. n. 34). No doubt rulers of this type tried to select for high positions those whose birth or character made it least likely that they would dare to conspire or revolt. It was often alleged that they would not risk employing men of talent. Only when an emperor reconciled *res olim dissociabiles, principatum ac libertatem,* when *securitas publica* was established in conditions *ubi sentire*

---

speaking in the *consilium*. Cf. Mitteis, Chr. 370 III 10 ff. for lack of true discussion in the senate, probably under Claudius. Trajan: see e.g. Pliny, ep. III 20, 12, cf. II 11, 18; IV 12, 3; V 13, 7.

[11] The English Constitution, ch. 1.

[12] Cf. the importance to Otho of recognition by the senate (Tac., Hist. I 76, 2; 84, 3).

[13] Ann. XI 23 f.; a question deeply affecting the senate is in effect predetermined in the *consilium*.

quae velis et quae sentias dicere licet was the ruler himself safe, *gaudentibus gaudens securusque securis*.[14] Trajan was just as autocratic as Domitian, but refraining from unjust oppression of the higher orders, he could rely without fear or suspicion on their willing co-operation. Abstention from terroristic measures was a negative precondition of their approval: choice of *amici* whom they thought worthy of honour was the positive and correlative criterion.

II

Dio makes Maecenas urge upon Augustus the necessity of monarchy in the public interest as well as his own, in answer to Agrippa's plea for the restoration of *demokratia*. That term is Dio's appellation for the Republic;[15] he had previously treated Brutus, Cassius, and Cicero as its defenders (e.g. XLVI 16, 4; XLVII 20, 4); it is the system that Augustus professes to restore in 27 (LIII 5, 4) and which some senators thought of re-establishing in AD 41 (LX 3, 5). Dio was evidently so impressed by the power and turbulence of the people in the late Republic (e.g. XLIV 2) that he could view the old regime as in some measure democratic, and Maecenas' argument is thus directed in part against allowing the people any political rights; they may serve the state as soldiers, and are entitled to protection against the *potentiores*, who are equally to be safeguarded from their calumnies,[16] but that is all; government is to be reserved to the 'best men' (LII 14; 15, 4–6; 20, 3; 30, 2). In fact Agrippa too had shown no concern for any vestige of democracy. Monarchy on his view is no solution for Rome's ills because the monarch needs assistants in the work of government, and given that persons of low extraction would inspire no respect,[17] they must be found in the higher orders, whose loyalty can never be assured. The *isonomia* possessed by men of the same nature and race, brought up under identical institutions, with equality under the laws, and equally ready to serve the state, means that they will demand an equal share in political power (4); men of birth, wealth and talent will never readily accept subordination to one man (8). The monarch cannot win them over by

---

[14] Tac., Agr. 3; Hist. I 1; Pliny, Pan. 28, 3, cf. H. Instinsky, Sicherheit als politisches Problem des röm. Kaisertums 27 ff.

[15] See Boissevain's index *s.v.* In LIX 20, 4 σχῆμα τῆς δημοκρατίας renders *imago rei p.*

[16] LII 37, 7, cf. Cic., de offic. II 85; Arist., To Rome 65; [Ulp.] Opiniones I in Dig. I 18, 6, 2.

[17] LII 8. 8. Low birth was despised by soldiers and people cf. LXIII 8, 2; LXXVIII 20, 3. Septimius' affiliation of himself to Marcus was obviously designed to deceive and impress the vulgar.

patronage; too many will expect his favours, and some must be disappointed. If he seeks simply to reward merit, those whom he passes over will resent the depreciation of their worth; if he follows caprice, on finding that they are not rewarded for their deserts, men will no longer perform the functions incumbent on them. Thus the loss of liberty, in the sense of political power, will reduce patriotic zeal; the quality of public life will deteriorate, and the state, so far from benefiting from the monarch's wisdom, will suffer from the degradation of his servants (4, 6; 5, 2; 6, 2).[18] Such is the case that Maecenas has to rebut, and it is an essential part of his defence of monarchy that under Roman conditions the monarch can maintain true liberty, which subsists when all are justly honoured in accordance with their worth (14, 5), and so win the loyal collaboration of the higher orders, which he requires.

In stating that Augustus adopted Maecenas' advice, Dio adds that it was left to later emperors to implement some of his particular proposals (LII 41); in fact some were never implemented, and represent Dio's own notions of improvements, which he perhaps hoped would commend themselves to the government of Alexander Severus (n. 4). In general Maecenas' speech is a plea for a return after forty years of tyranny to the practices of the Antonines. But its place in the structure of his history shows that it is more than a tract for Dio's own times. Standing where it does, it helps to emphasize his sense of the revolutionary importance of the foundation of the Principate, and to indicate his interpretation of Augustus' work. Agrippa observes that it will be a particularly hard task for Augustus to subvert the freedom to which men had been accustomed in the Republic (LII 5). The problem of securing the willing cooperation of the higher orders, though continuous at all times, was never so acute as at the inception of the Principate. The advice that Augustus accepted was not simply to assume absolute power, but to exercise it in accordance with the principles that Maecenas propounds. Only so could he be secure (LII 18, 6). This was what Augustus in Dio's judgement did. He combined monarchy with *demokratia* (rather with the aristocratic features of the Republican system) and order with freedom (LVI 43, 4). He left according to Dio a posthumous injunction that the conduct of public affairs should be committed not to a single man but to all with the necessary understanding and practical ability.[19] Suetonius, who virtually treats him as a model for future emperors, extols his choice of friends of rank and his fidelity to them (Aug. 56, 2; 66). Curiously enough, he explains Augustus' multiplication of offices as enabling more men to share in public administration (37); and this

---

[18] Agrippa's case is partly implicit in Arist., Pol. 1287a 11–17; 1287b 8–35.

[19] LVI 33. A *libellus* additional to those mentioned by Suet., Aug. 101 is suspect. But perhaps this was one of several injunctions subjoined to the *breviarium totius imperii* (Syme, Tacitus 689).

corresponds to one of Maecenas' recommendations (LII 19, 4). For Dio the ideal Principate of Marcus' reign conformed in essence to the regime Augustus had devised.

The beginning of Maecenas' speech as well as the end of Agrippa's is lost, but we can assume that Maecenas insisted on the distinction between monarchy and tyranny which Agrippa had ignored. Maecenas' monarch, like the ideal king of philosophers, is endowed with virtue, and should be a model to his subjects.[20] So far from being as Agrippa contended friendless and isolated, the continual object of criticism and conspiracy, he will then command the affection of all (39, 3–5), or at least of the *bien pensants* (14, 2), all who have received the proper public education, which Maecenas requires for boys of senatorial and equestrian rank; this is one of Dio's novelties (26).

But Dio is too realistic to be content with the banalities of conventional moralizing on kingship. Human nature being what it is, his monarch must still take precautions against disloyalty. At Rome magistrates must have no troops (20) and command of the praetorian guard must be divided (24, 1); in the provinces power must be distributed among different officials (22, 2f.; 25, 3), their tenure limited (24, 2f.), and the size of any army under a single command restricted (22, 4). The emperor may have his spies, though he must critically examine accusations they bring, too often inspired by malice and self-seeking (37). Naturally armed revolt must be repressed (31, 10), as Marcus had put down Avidius Cassius, but if any criminal charges are brought against senators, or charges of treason against any one, they are to be tried by the senate, and to avoid reproach the emperor should refrain from influencing the proceedings,[21] except to mitigate the penalties (31, 3f. and 9f.).

No one will blame him for punishing overt treason, and he may also deny advancement to 'the wicked and ungrateful', but he should evince no envy or suspicion of men for their talent, nobility or wealth as such, but reward them for good service; otherwise they will regard a life of retirement as safer, and enjoy sympathy from the injustice done them, while the emperor will be deprived of useful servants and will discourage the energy needed in government (26, 3ff.; 37, 8). He should condone the misadventures of his generals and display no jealousy of their successes, jealousy which makes many prefer to incur reverses for their own safety (33, 8f.)! Clemency is enjoined except to incorrigible offenders, while good service should be honoured even beyond its due (34).

---

[20] LII 26, 6; 34, 1–3; a *topos,* see parallels assembled by A. J. Woodman in his Commentary on Velleius, *ad* II 126, 6; also Xen., Vect. I 1; Cic., Fam. I 9, 12; Livy V 25, 4; Tac., Ann. III 55, 4; Plut., Numa 20, 8.

[21] This advice is foreshadowed in Arist., Pol. 1315 a 8.

The emperor should never treat mere criticisms as an offence; to do so will further impair his reputation, and if the criticisms are justified, he should reform his own ways (31, 5 ff.). Good advice deserves commendation, bad can be ignored; in any event it should not harm the giver. Here Maecenas says that 'any one' should be free to tender it (33, 6f.), but it is clear that he did not mean to extend this liberty to the masses (14, 2). Similarly, it must be men of rank with whom the emperor should live on a level (39, 3f.); to this end he should not seek or accept extraordinary, especially divine, honours (39, 3f.). The members of his judicial *consilium*, senators and Equites, he should treat as his peers (*homotimoi*, 33, 2, cf. 15, 2). All this conforms to the ideal of imperial *civilitas* or *moderatio*, to which the higher orders always attached great value. Probably it did more than promote the amenity of personal relations if the emperor behaved as *unus ex nobis* (Pliny, Paneg. 2, 4); men would have easier access to him, and would feel readier to speak freely in his presence, if he did not surround himself with pomp and ceremony, or affect divine status.[22] Still Maecenas recognizes that the subjects might not dare to express their true opinions;[23] to be sure of obtaining their real affection, the emperor must be guided not only by his inner sense of what is right, but act as he would wish a ruler to act, if he were himself a subject, without enforcing his powers to the full (38f.).

The emperor is to choose all senators, magistrates and officials; how is he to make his choice? His associates in the government are to be 'the best' or 'the good', possessed of *arete* or excellence (e.g. 19, 1 and 4; 25, 5). These terms naturally suggest moral virtue, which is expressed in the loyalty that a virtuous ruler calls forth (26), though *arete* can also comprise the military, rhetorical or juristic talents, which emperors could be commended for recognizing in their appointments.[24] It was to be tested in practice. Maecenas

---

[22] Dio's language on divine honours recalls that of Tiberius (Ann. IV 38) and Trajan (Pliny, Pan. 55); for Marcus' views cf. Brunt, JRS 1974, 17. *Civilitas:* A. Wallace-Hadrill, JRS 1982, 32 ff. It was strongly exemplified by Pius and Marcus (Med. I 16f., esp. 17, 3; VI 30). A. Alföldi, Die monarchische Repräsention im röm. Kaiserreiche, sought to show that the emperors progressively surrounded themselves in pomp and were assimilated to gods, but his evidence, so far as it concerns their relations with the higher orders at Rome, comes from the reigns of the tyrants, whose practices were reversed on their fall. Provincials and Roman flatterers of course proclaimed the divinity of emperors, and of none more than Augustus: here too there is no development in the first two centuries of the Principate.

[23] Seneca, de benef. VI 32, was pessimistic about free speech under Augustus.

[24] See e.g. Tac., Ann. IV 6, 1; Hdn. VI 1, 4. Millar, The Emperor ... 83 ff. illustrates the value set on rhetoric and jurisprudence. Such accomplishments, together with good birth and character, are taken by Pliny (ep. II 13, 6f.; III 2; IV 4; VII 22), and Fronto (170; 177 N), to be qualifications for junior posts in the civil administration

envisages that in accordance with Roman rules men must reach a certain age before holding office (20), rise from post to post (21, 8; 24, 2), and retain provincial offices long enough to acquire knowledge of their specific functions (23, 2). They should be advanced for diligence and also for skill 'in devising something useful' (37, 6); I know of no parallel for this.[25] Maecenas does not ask for professionalism; the extent to which this existed either among senators or among Equites is too often exaggerated.[26] Half a dozen years in the camps qualified Agricola to command one of Rome's largest armies for seven years; and few consular legates, who unlike him held more than one such command, had longer total tenures; experience and success did not result in prolonged continuous employment. Few governors were legal experts, though most must have been mainly occupied in jurisdiction. Men were freely transferred from one post to another in different regions and with disparate functions. It seems to have been assumed that natural ability and industry would compensate for the lack of specialized training. Marcus looked for *conscientiam innocentiae diligentiae experientiae* in a procurator; perhaps more distinguished talents might be desired in holders of the highest offices.[27] Maecenas specifically refers only to diligence and experience, but *innocentia* is implicit in *arete*. It is more or less synonymous with *abstinentia* or *continentia*; eulogies on individuals for such qualities, whether or not justified, speak ill for the general level of integrity. The 'best men' were the least imperfect in a society in which moral standards were not high.

Excellence is also to be the criterion for advancing the emperor's freedmen. Maecenas implicitly recognizes that they are indispensable in the administration, but they must be kept under strict discipline and denied all real political power (37, 5 cf. 25, 5). Similarly Equites may be elevated to the senate for

and even in the army. Of course talent could be abused; men like Mucianus (Tac., Hist. I 10; II 84, 2; 95, 3), Eprius Marcellus (PIR² E 82) and Vibius Crispus (Hist. II 10) were condemned on moral grounds; it was no credit to Vespasian that Eprius and Vibius had by their eloquence obtained influence in his counsels (Dial. 8); Vibius, though less obnoxious, was not one *qui libera posset / verba animi proferre et vitam impendere vero* (Juv. IV 90).

[25] K. Hopkins, Death and Renewal 153: 'efficiency, for which there is no Latin word, was not the prime objective of Roman rule; innovations were a threat to the established order'.

[26] See Brunt, JRS 1975, 75 ff.; 1983, 47 ff.; R. P. Saller, JRS 1980, 44 ff., J. B. Campbell, The Emperor and the Roman Army 325 ff.

[27] AE 1962. 183. H.-G. Pflaum, Bonner Jahrb. 1971, 349 ff. adduces some parallels. The virtues ascribed by Tacitus to Agricola in performing his civil and military functions are those which Cicero eulogized in Pompey (Fronto N 219 thought the speech ›de imperio‹ furnished sufficient guidance on the subject for an emperor), enjoined on his brother (Qu.fr. I 1) and claimed for himself as governor of Cilicia.

merit, even if they have risen to equestrian rank from the centurionate, but not if they had once been common soldiers who had 'carried faggots and charcoal' (25, 6). Birth and wealth are no less requisite for a share in the government than excellence, and are indeed themselves forms of excellence (26, 4). The emperor should enrol the men foremost by these qualifications in the senate, and those who stand next to them in the equestrian order (19), though he should endow any good man with the property he may lack to sustain his rank (19, 2), a mode of liberality for which many emperors are commended in other sources.[28] Both orders should be recruited not only from Italy but among the provincial *élite*; the provinces will then be deprived of potential leaders in revolt,[29] and the subjects will feel that they are all partners in a *communis patria* (19). Dio is clearly thinking of the sentiments of the municipal oligarchies, not of the masses. It would be superfluous to demonstrate that riches and lineage were thought proper by all men of Dio's class for the exercise of local government. Nothing in Marcus' Stoic principles inhibited his regret that it was no longer possible to fill the Athenian Areopagus with persons who could at least show free birth for three generations.[30] Newcomers to the Roman senate were thus already imbued with aristocratic sentiments, and readily absorbed the traditions handed down by the older senatorial families. It added to their own dignity that they had become peers of the *posteri libertatis*, or as these survivors of Republican houses almost disappeared, of families that had possessed senatorial rank for generations under the Principate. Even *parvenus* like Seneca, Tacitus and Pliny approved of promotion for high birth as well as for talent.[31] Hadrian thought that the senate would welcome his choice of Pius as successor, not only because of Pius' character and experience (which was not great) but for his lineage (Dio LXIX 20); the third consular of a family sprung from Narbonensis now counted as an aristocrat. In fact all emperors had kept up the social standing of the higher orders, except in so far as ex-centurions could rise to equestrian positions.[32] But tyrants were too apt to accord the greatest influence to freedmen and other low-born favourites, or at least to senators and Equites who were not representative of their orders.

Maecenas prescribes that the majority and most important of public questions should be referred to the senate, 'since matters of common concern should be managed in common, and it is doubtless innate in all men to take pleasure in being esteemed by their superior as if his equals in rank and to

---

[28] H. Kloft, Liberalitas Principis 101 ff.

[29] Cf. Arist., To Rome 64.

[30] J. H. Oliver, Hesperia Suppl. 13, 1970, vv 57 ff.

[31] Sen., de Benef. IV 30 f. (with a justification); Tac., Ann. IV 6, 1 (the *Fasti* show that Tiberius as usual followed Augustus' practice); Pliny, Paneg. 69.

[32] Occasionally freedmen were given equestrian status.

approve as their own decisions those which any one makes in concert with them, as content as if they had decided for themselves' (LII 31, 1). In particular the senate should receive all embassies, since if it *appears* to have full authority, the solemnity of such occasions is enhanced. It is to legislate, and to try criminal charges affecting its own numbers, and all which are political in character. In this last capacity it is to be independent *(supra);* otherwise, Maecenas hardly suggests that its role is more than formal. It cannot then be of the senate that he is thinking earlier when Augustus is advised to take the government into his own hands and those of the best men, 'so that the most prudent may deliberate and military command may be exercised by those best qualified for it' (14, 3). With their assistance he should frame laws, conduct wars, choose officials and bestow honours and penalties. On military questions deliberations are to be in secret (15, 2f.); these assistants must then be members of the *consilium principis*. For judicial work it should include 'the most distinguished senators and Equites', afforced by ex-consuls and ex-praetors, summoned on a sort of roster, whose opinions, obtained individually in private, will be a test of their character and judgement and enable the emperor to discern their aptitude for provincial administration (33). No doubt on questions of high policy there would be no such afforcement; the emperor would then rely on the advice of the inner circle.

III

Augustus, as we have seen, exemplified in Dio's view the model of the wise Princeps. Tiberius, who sought to imitate him, degenerated into a tyrant. One mark of this was that the courtesy with which he had once treated his friends was succeeded by suspicion and dissimulation (Dio LVII 1, 2; 11, 7; LVIII 3). Suetonius alleges that he destroyed nearly all of them (Tib. 55). His retirement to Capri with only two advisers of rank, one of whom was to kill himself (Tac., Ann. IV 58; VI 26), isolated him from the higher orders. Moreover, though he raised men of noble birth and eminent talent to the consulship (Tac. Ann. IV 6), it was believed that for provincial commands with unusually long tenures he preferred mediocrities, like Poppaeus Sabinus, chosen *nullam ob eximiam artem, sed quod par negotiis neque supra erat* (VI 39); *neque enim eminentis virtutes sectabatur, et rursum vitia oderat: ex optimis periculum sibi, a pessimis dedecus publicum oderat* (I 80).

A similar charge against Claudius is implicit in Tacitus' comment on Nero's appointment of Corbulo to the eastern command: *videbatur locus virtutibus patefactus* (XIII 8); it could be construed as evidence that Nero would by contrast avail himself of honourable *amici* (ib. 6). The hope was ultimately to be disappointed. Corbulo and several others, some of high birth, were indeed for long to hold great commands, but Corbulo and the brothers Sulpicii Scribonii were in the end eliminated, and Ti. Plautius Silvanus was denied in Vespasian's judgement the honours that his achievements in Moesia merited (ILS 986). As early as 58 the legate of Upper Germany was deterred from an improvement in the Gallic river system by the warning that it would be *formidolosum imperatori, quo plerumque prohibentur conatus honesti* (Ann. XIII 53). Later the initiative of Barea Soranus in opening up the harbour of Ephesus was to be one of the proofs of the *iustitia atque industria* which were thought to have prejudiced Nero against him (XVI 23). Eight years legate in Tarraconensis, old Galba thought it prudent to lapse into torpor, on the plea that *nemo rationem otii sui reddere cogeretur* (Suet., Galba 9). The young Agricola was careful to pass through the lower urban magistracies *quiete et otio, gnarus sub Nerone temporum, quibus inertia pro sapientia fuit* (Tac., Agr. 6, 3): it was then as perilous to have a great as a bad reputation (5, 3). Memmius Regulus, however, lived on safely *quiete defensus,* as well as by his undistinguished lineage (Ann. XIV 47). Agricola's coeval, Cornelius Fuscus, soon to display his energy and ambition, at this stage abjured a senatorial career *quietis cupidine* (Hist. II 86). It could be urged that when senators like Thrasea deserted their public duties Equites would follow suit (XIV 27, 2). We may recall that *inertia* was for Maecenas the result of tyrannical envy and suspicion of talent.

Vespasian despite his admitted merits was hardly a model ruler; he was taxed with rapacity (Suet., Vesp. 16), like some of his most influential associates who were also hated on other counts (cf. n. 24). Titus, according to Suetonius, chose his friends so wisely that his successors regarded them as indispensable to themselves and the state (Titus 7, 2), whereas Dio alleges that they were persecuted by Domitian (LXVII 2); perhaps both generalized from one or two instances. Domitian is represented as the classic tyrant; he put the blame of military reverses on his generals and hated them for the successes for which he arrogated the credit to himself (Dio LVII 6, 4). In Tacitus' view Agricola's achievements in Britain, raising his reputation above the emperor's, inspired Domitian's envy and distrust, as did distinction in the civil arts (Agr. 39); *infensus virtutibus princeps* (41, 1), Domitian denied him full recognition for past services and further employment (40–42); he was recommended to *quietem et otium* (42, 1). So too Pliny asserts that in this reign prudence enjoined retirement from public affairs; good men were *otio ac situ abstrusi et quasi sepulti,* without always escaping imperial malice[33]; fear of imperial dis-

---

[33] Pliny, Paneg. 45, 2; 61, 4, cf. Tac., Hist. I 2, 3: *omissi gestique honores pro crimine, et ob virtutes certissimum exitium,* cf. Pliny, ep. IX 13, 3 (the younger Helvidius); Dio LXVII 13, 2 (Herennius Senecio). Suet., Dom. 8, 2 approves of Domitian's appointments, but perhaps without good evidence (Brunt, Historia 1961, 221);

pleasure paralysed army commanders (Paneg. 18); all talent was discouraged (44, 6) by an emperor who, *iners ipse alienisque virtutibus invidus* (14, 5), neither punished bad conduct nor rewarded good service (70, 7). Dio writes of the dissimulation with which he beguiled and ruined even his friends (LXVII 1); Suetonius furnishes a signal example (Dom. 11, 1). In the end he became suspicious of every one, and was killed by his own entourage (14, 4, cf. Suet. 14); Pliny doubtless had this in mind when he remarked how *detestentur malos principes etiam qui malos faciunt*.[34]

In all these passages Pliny is contrasting Domitian with Trajan, the *optimus princeps*, who showed the difference between *dominatio* and *principatus* not least by choosing his friends *ex optimis,* and by rewarding their virtues which his own example inspired (44f. cf. n. 20). In Dio's view too, just as Nerva had already governed by the advice of the foremost men (LXVIII 2, 3), so Trajan honoured and advanced all good men without exception, immune from fear or hatred of them (6, 4, cf. 5, 3); in particular Dio dwells on the public funeral and statue granted to Licinius Sura (15.3) and the statues set up for other generals (16, 2).[35]

In his third and to a less extent in his first discourse on kingship Dio of Prusa also insists at this time on the importance of friends to the true king, endowed with virtue (III 8). Each is in some degree a thinly veiled panegyric of the emperor whom Dio addressed, whether Nerva or Trajan, but the theme of the king's friends is not among the *topoi* recommended by Menander for encomia on rulers. No doubt lost treatises on kingship anticipated much, if not all, that Dio says on the subject.[36] Still the emphasis that he puts

the only detailed knowledge we have of administration in his reign, that of Rome's water supply, prompts an adverse judgement. Whatever their exaggerations, Tacitus and Pliny at least show what was expected of an emperor and what contemporaries would accept as credible; and the belief that he feared and envied the display of talent and energy must have inhibited it.

[34] Paneg. 44, 1. Cf. p. 43 above.

[35] Even tyrants could bestow such honours, e. g. Tac., Agr. 40, 1; Dio LXXII 11, 1. *Ornamenta triumphalia* were so freely granted as to have become a bagatelle (RE XVIII, 1121 f.). Second and third consulships were prized distinctions; more common after 70 than before, they had too often gone to men obnoxious to the higher orders, L. Vitellius under Claudius, and Eprius Marcellus and the like under the Flavians. Emperors were to be praised who conferred such honours on those whom the senate approved (Paneg. 61 f.).

[36] In fourth century works which doubtless influenced later treatises on Kingship there are occasional references to the king's relations with his friends (e.g. Xen., Cyrop. II 21; VIII 1, 45–48; 2; 7, 13; Hiero IIIf. (tyrants friendless); VI 13; Ages. VIII 2; Isocr. II 4; 19f.; 27f. (candour required of them); IX 44f. The theme is not prominent, whereas it takes up a fourth of Dio's third speech. Cf. O. Murray, JRS 1965, 176.

on it may reflect his awareness of its importance to the Roman governing class among whom he moved. Certainly it fits Roman preoccupation with imperial *civilitas* that his ideal king is 'comradely' (I 28; 44), resembling Zeus Hetaireios (I 39). At any rate Dio observes that to say nothing of the pleasure that the king like any human being will derive from intercourse with true friends (III 96 ff.), he cannot manage his affairs at all without fellow-workers, especially if his dominions are large (III 87), and Dio makes it clear that he is thinking of the Roman emperor, who can be said to rule all mankind (III 7). Their loyalty is more vital than his revenues, armies and other material sources of strength; they are his eyes and ears, a simile no doubt expanded from Xenophon's ›Cyropaedia‹ (VIII 2, 10), where, however, it refers specifically to espionage; he must be able to rely on their affection (I 32; III 86–95; 104–107; 116). He must therefore choose as friends the best men among all his subjects (I 17; III 128 ff.), or rather among those who are well-born (I 33); they will emulate his example of virtue and industry (cf. n. 20). As a lover of truth he will hate flattery (I 26; III 2 ff.); so they will speak their minds freely to him, giving praise when due and offering tactful criticisms when required (I 31), for in his presence they will feel reverence, not fear (I 25). By contrast the tyrant (like Domitian) is friendless, suspecting men like himself for their wickedness, and arousing the enmity of the good (III 116 cf. II 75). If a ruler fails to honour his associates, no one will covet his friendship, and by implication he will not obtain the service that he needs (I 30).

In almost all respects Trajan's conduct as emperor was always seen as exemplary. Hadrian's too is for the most part commended by Dio. Despite his jealousy and injustice towards those whose cultural attainments seemed to rival or overshadow his own (LXIX 3 f.)[37], he always consulted and consorted with 'the best men' and honoured them for their public services (LXIX 7; 18). But his reign was tarnished at the outset and the end by the executions of eminent consulars, and it was perhaps on this account, even though there was no continuous repression, or because his character inspired mistrust, that the senate hated him and tried to deny him apotheosis after death (LXIX 23; LXX 1).

For the principles on which Pius and Marcus sought to act we have the first-hand evidence of Marcus' ›Meditations‹, especially of his portrait of Pius, whom he must have understood well from long association in the government and whom he took as his own model (VI 30, 2). Pius, he says, would listen to all who could make any contribution to the public good and reward them impartially according to their deserts (I 16, 1). Free from envy and suspicion (VI 30, 2), which marked the tyrant, and which Marcus elsewhere abjures (I 11; III 4), he would honour without jealousy mastery of rhetoric and jurispru-

---

[37] Still remembered in Ammianus' day (XXX 8, 10).

dence and any other exceptional talent, presumably including military skill (I 16, 6); he would give no ear to flattery or slanders, and would tolerate criticism (I 16, 4; VI 30, 2). His unfailing courtesy (I 16, 2; VI 30, 2), and the *civilitas* with which he had imbued Marcus (I 17, 3), would in themselves have encouraged freedom of speech in his entourage, and Marcus had imbibed 'the idea of a commonwealth based on equity and freedom of speech and of a monarchy that set supreme value on the liberty of the subjects', such as Thrasea and Helvidius had exhibited (I 14). Marcus praises Pius too for his constancy to his friends (I 16, 2),[38] whom he had chosen after careful scrutiny of their conduct and character (VI 30, 2). This was evidently for Marcus himself a hard task; he was ever complaining of the prevalent moral obliquity, but Dio (whose account of Pius is lost) tells that he would condone faults and commend good services, just as Maecenas had advised, and employ men in the various ways in which they could best serve the state without regard to their other defects (LXXI 34, 3f., cf. LXXII 11, 2). He had to choose the least imperfect instruments for his purposes.[39]

IV

Refusing to found their government on terror, and placing their confidence in the most meritorious of the *élite*, the emperors between 96 and 180, unlike most of their predecessors since Augustus' death and their successors in the next generation, could count on the almost universal loyalty of the higher orders. But did they succeed in calling forth vigour and talents in the services of the state?

Tacitus at least suggests a pessimistic answer. On his own generation experience and recollections of tyranny, only briefly intermitted since Tiberius' reign, had left a deep mark. *Ingenia studiaque oppresseris facilius quam revocaveris; subit quippe etiam ipsius inertiae dulcedo, et invisa primo desidia postremo amatur* (Agr. 3). The liberty and felicity of the new age rested precariously on the life of a benevolent despot. No one could be sure whether they would be preserved by as yet unknown successors. It would therefore still be useful for men to study the annals of Tiberius and learn how they

---

[38] Dio makes him desiderate such constancy in his speech on Avidius Cassius' revolt (LXXI 24).

[39] On the character of the ›Meditations‹ see Brunt, JRS 1974, 1–7 and on Marcus' relations with his associates, ib. 10–14. When he writes of the genuine affection *(philostorgia)* and candour proper between friends (I 7, 3; 8, 2; 9, 1; 13; 14, 2), he is thinking of a relationship with a few kindred spirits, exhibited in his intimate correspondence with Fronto (cf. I 11), who hardly appears to have been one of his counsellors on affairs of state, cf. also Dio LXXI 36. 2.

should best comport themselves if similar conditions recurred (Ann. IV 33). The eminence that merit secured under one ruler could evoke the malignity of the next. The execution of four consulars who had gained distinction under Trajan at the outset of Hadrian's reign, though it was not the prelude to a continuous terror, could have reinforced such apprehensions. Some of Marcus' most trusted counsellors perished under Commodus. The great jurist, Papinian, praetorian prefect under Septimius, was one of the first victims of his son, and Fabius Cilo, one of Septimius' leading generals, barely escaped (Dio LXXVII 4).

The rewards of public life might seem incommensurate with its risks. Liberty in the sense of a fully independent share in political decision-making was lost. Montesquieu thought that in some monarchies it could be replaced as an incentive to effort by the pursuit of glory.[40] Even in the Republic Cicero could claim that it was this alone which stimulated men to undertake the burdens of state service (Arch. 26 ff.). By his own admission it was military glory that counted most. But the prospect of military glory was greatly restricted for imperial generals, not so much perhaps by the desire of emperors to appropriate it to themselves, as by other conditions. Except during the crisis of Marcus' reign the empire seemed safe against any external threat; and he apparently restored the defences for half a century. Men could believe that its eternity was guaranteed by divine providence, incarnate on some views in the monarch. At the same time hopes of its expansion had been abandoned by most emperors since Tiberius' accession. The opportunities given to Agricola in Britain were exceptional. *Beatos quondam duces Romanos;* so Corbulo could exclaim when restrained from offensive operations on the Rhine (Ann. XI 20); he was not much more fortunate in his later command in the east. What remained for the general or administrator was mostly dull routine.

In so far as men entertained the idea of progress, they did not look for its promotion to direct action by the state. Material improvements and the diffusion of culture were mainly the *indirect* effects of the Roman peace. Only some communities attracted endowments from emperors, which resembled those they might receive from private patrons, and are hardly to be treated as instances of public policy. This was directed chiefly to keeping things more or less as they were. But the maintenance of stability must have appeared to be assured without strenuous endevour. Few can have regarded it as a task that required incessant struggle in the knowledge that otherwise *omnia fatis in peius ruere ac retro sublapsa referri.* In any case, the ultimate responsibility lay with the emperor.

---

[40] De l'esprit des lois XI 7: when monarchies seek «la gloire des citoyens, de l'État et du prince ... il résulte un esprit de liberté qui dans ces États peut faire d'aussi grandes choses et peut-être contribuer autant au bonheur que la liberté même».

Pliny could contrast the conditions of his own life with those in the age of Cicero, his chosen model: *nos quam angustis terminis claudamur* (ep. IX 2, 3). While conscientiously discharging his duties, he professed to pine for a life of ease and to look forward to retirement; whether or not these longings were sincerely felt, he could expect his readers to sympathize with them.[41] They were alien to Cicero and his peers, who had only been ready to withdraw from political activity when they had no effective voice in decisions, that is to say, when they found themselves in the same situation as were most members of the *élite* under the most benevolent of emperors. It seems to be an inescapable conclusion from prosopographic data that a significant proportion of men of consular descent preferred not to enter on a public career at all.[42] Scions of the most aristocratic families who had the best chance of reaching the dignity of an ordinary consulship, would follow the most direct route, that of a succession of urban magistracies, hardly ever holding any post that was not a sinecure. Having evaded the hardships of the camp and the tedium of jurisdiction, they were not qualified for posts of higher responsibility, and seldom secured them. The emperors had to rely chiefly on new men who had been obliged to earn their promotion, and whose descendants would in turn display the same preference for leisured ease.[43] This process persists even in the long period in which the most cordial relations appear to have obtained between the emperors and the higher orders and cannot therefore be explained by a structural tension necessarily existing at all times between ruler and aristocracy.[44] It was after Dio's time, in the crisis of the third century, that it culminated. Senators almost ceased to hold high commands, and even the Equites who replaced them were commonly men of relatively humble origins, who had worked their way up through the army.[45] It was no longer possible for emperors to find their *amici* within the circle of the 'best men' as conceived by Dio. Dio's *élite* had abdicated their part in the real work of government. In the end the warning that he puts into Agrippa's mouth had come true: the Principate had failed to retain their active energies.

---

[41] Ep. I 9; 10, 9–11; II 8; 14, 1 and 4; III 1, 11f.; IV 23; IX 32. Senators could now retire when 60 or 65 (R. J. A. Talbert, Senate of Imperial Rome 152–154).

[42] K. Hopkins, Death and Renewal, ch. 3.

[43] G. Alföldy, Konsulat u. Senatorenstand unter den Antoninen. Ordinary consuls 138–180 (excluding iterations and members of the imperial family) numbered 64; of these 11 held 14 consular legateships out of 109 (rather over 50%) of those whose holders can be identified. Under Claudius and Nero of 48 such commands 12 were held by men of Republican lineage, (and traditions of active public service), who might have been the special objects of imperial suspicion.

[44] Hopkins, pp. 122f., 154, 170–172 seems to favour this explanation.

[45] See my brief remarks in JRS 1983, 66–68, cf. Hopkins 172.

DIE SPÄTANTIKE UND NACHRÖMISCHE ZEIT AM MITTELRHEIN, IM UNTERMAINGEBIET UND IN OBERHESSEN*

Von Helmut Castritius

Nur wenige Themen sind so sehr auf die interdisziplinäre Zusammenschau des mit den Schriftquellen arbeitenden Historikers der Spätantike und des Frühmittelalters einerseits und des Frühmittelalterarchäologen andererseits angewiesen wie das unsrige. Dabei sind die Berührungsängste durchaus virulent, wird man gerade von archäologischer Seite nicht müde zu betonen, wie problematisch, ja letztlich unmöglich es sei, archäologisch geschlossene Fundgruppen nach stammeskundlichen Aspekten einzuordnen und zu deuten.[1] Und in der Tat konstituieren relative Einheitlichkeit im Formenbestand der materiellen Hinterlassenschaft und Stabilität im Bestattungsbrauch nicht einen Stamm oder ein Volk, sondern zunächst einmal bewußtseinsmäßige Faktoren,[2] und ebenso läßt sich im Bereich der sozialen Systeme eine alter-

---

* Nur unwesentlich erweiterte und um die einschlägigen Quellenbelege und Literaturhinweise ergänzte Fassung eines Vortrags, der am 24. 1. 1985 vor dem Oberhessischen Geschichtsverein in Gießen und am 23. 1. 1986 vor dem Friedberger Geschichtsverein in Friedberg gehalten wurde.

[1] Zum Problem der ethnischen Identifikation archäologischer Fundgruppen vgl. R. Wenskus, Stammesbildung und Verfassung. Das Werden der frühmittelalterlichen gentes, Köln–Wien ²1977, 113–142; R. von Uslar, Stämme und Fundgruppen, Germania 43, 1965, 138–148, und die hyperkritischen Bemerkungen von M. Menke, Zur Ereignisgeschichte und Archäologie der Alemannen im nördlichen Teil ihrer Siedelgebiete (213–497), Protokoll d. 151. Sitz. Konstanzer Arbeitskreis, Sektion Hessen, vom 23. 11. 1985. (Der Vortrag von Menke wird in einem der Nationes-Bände erscheinen.)

[2] Die bahnbrechenden Forschungen von Wenskus (s. o. Anm. 1) zu den frühmittelalterlichen Ethnogenesen sind besonders von H. Wolfram in zahlreichen Arbeiten weitergeführt und ergänzt worden (vgl. bes. H. Wolfram, Geschichte der Goten. Von den Anfängen bis zur Mitte des 6. Jahrhunderts. Entwurf einer historischen Ethnographie, München ²1980); darauf aufbauend hat J. Jarnut, Aspekte frühmittelalterlicher Ethnogenese in historischer Sicht, in: Entstehung von Völkern und Sprachen. Akten d. 6. Symposions über Sprachkontakt in Europa, Mannheim 1984, hrsg. v. P. S. Ureland, Tübingen 1985, 83–91, ein interessantes Phasenmodell für die Evolution von Großgruppen entwickelt. – Zur ethnologischen Begriffsbildung in der Antike vgl. D. Timpe, in: Germanenprobleme in heutiger Sicht, hrsg. v. H. Beck, Berlin–New York 1986, 22–40 (Ergänzungsband 1 zum RGA²).

tümliche Grundschicht feststellen, die nicht nur den germanischen Stämmen gemeinsam war, sondern die Gesellungsformen der frühen Naturvölker insgesamt kennzeichnete.[3] Diesen großräumig ausgebildeten, starke Ähnlichkeit oder Gleichheit aufweisenden Erscheinungsformen treten andererseits aber auch kleinräumig stark variierende Verhältnisse an die Seite, die eine stammesmäßige Zuordnung gleichfalls nicht erleichtern. So nimmt es nicht wunder, daß in der unter Federführung eines Marburger Universitätsinstituts veranstalteten Ausstellung „Hessen im Frühmittelalter – Archäologie und Kunst" (Frankfurt a. M., Karmeliterkloster, 1984/85) und in dem die Ausstellung begleitenden Katalogband[4] die zum fünften und sechsten Jahrhundert präsentierten Funde und Befunde nur sehr vorsichtig und zurückhaltend den damals in Hessen siedelnden oder nach Hessen expandierenden Chatten, Alemannen und Franken zugewiesen werden. Dabei wird bereits für das vierte Jahrhundert herausgestellt, daß es auf der Basis der Funde und mit den archäologischen Methoden kaum möglich sei, alemannisches Material gegenüber fränkischer oder anderer stammgermanischer materieller Hinterlassenschaft auszusondern; für die Zeit der alemannisch-fränkischen Auseinandersetzungen am Ende des fünften und zu Beginn des sechsten Jahrhunderts sei dies noch viel weniger möglich.[5] Diese Skepsis und Zurückhaltung werden allerdings von den Prähistorikern und Archäologen nicht einhellig geteilt, es begegnen durchaus auch zuversichtliche Stimmen, was die Zuordnung und Bestimmung der Zeugnisse für die materielle Kultur etwa im Mittelrheingebiet betrifft. Indem man die bisherigen Kriterien – Beachtung der Bestattungssitten und des Grabbrauchtums, Vergleich des Formenbestandes in der Keramik etc. – dadurch ergänzt, daß man ein besonderes Augenmerk auf die Waffenkombinationen und überhaupt auf das gesamte Ensemble eines Grab- oder Siedlungsfundes legt, ist man sich ziemlich sicher, die Anwesenheit ostgermanischer und reiternomadischer Bevölkerungselemente in

---

[3] Vgl. R. Wenskus, Probleme der germanisch-deutschen Verfassungs- und Sozialgeschichte im Lichte der Ethnosoziologie, in: Historische Forschungen f. W. Schlesinger, hrsg. v. H. Beumann, Köln–Wien 1974, 19–46.

[4] Hessen im Frühmittelalter – Archäologie und Kunst, hrsg. v. H. Roth u. E. Wamers, Sigmaringen 1984.

[5] Vgl. H. Roth, in: Hessen im Frühmittelalter (wie o. Anm. 4) bes. S. 33, und die Bemerkungen von M. Menke und H. Ament lt. Protokoll der 151. Sitz. Konstanzer Arbeitskreis, Sektion Hessen (wie o. Anm. 1). Auch die Fundkarte zu den Fundgruppen der jüngeren Kaiserzeit, die R. von Uslar erstellt hat, macht deutlich, wie groß die Unsicherheit gerade bei der Zuordnung der Funde aus dem hessischen Raum – rhein-wesergermanische Gruppe oder südwestdeutsche Körpergräbergruppe nach der die Stammesnamen vermeidenden Terminologie der Prähistoriker – ist (R. von Uslar, Zu einer Fundkarte der jüngeren Kaiserzeit in der westlichen Germania libera, Prähist. Ztschr. 52, 1977, 121–147, bes. Beilage 5).

den Gebieten am Mittel- und auch Niederrhein im vierten und fünften Jahrhundert nachweisen zu können.[6] Es bleibt jedoch immer die Möglichkeit, das für die Ostgermanen und überhaupt die Reiternomaden spezifische Formengut, wenn es in weit von den Zentren dieser Stämme entfernt gelegenen Gebieten begegnet, als Kulturimport, als Auswirkung modischer Einflüsse, zu deuten und diesen Funden dann jeglichen Erkenntniswert zur ethnischen Herkunft ihrer Hersteller und Besitzer abzusprechen. Erschwerend im Hinblick auf die Auswertung archäologischer Quellen kommt hinzu, daß die verschiedenen zeitlichen Perioden mit auswertbarem archäologischen Material recht unterschiedlich ausgestattet sind. Das hängt nicht nur mit der z. T. ja recht zufälligen Forschungssituation zusammen, sondern ist ganz unabhängig von der Intensität der archäologischen Erforschung auch dadurch bedingt, daß sich die Reihengräberzivilisation erst nach 500 auch im südlichen und mittleren Hessen ausbreitete und daß zu dieser wohl keine ungebrochene, direkte Entwicklung von den Läten- und Föderatengräbern des vierten Jahrhunderts führte,[7] daß wir vielmehr mit längeren Übergangs- und Experimentierphasen zu rechnen haben, in denen noch andere, einfachere Verhältnisse die Lebensweise wie das Totenbrauchtum der Menschen bestimmten. Aber selbst wenn man alle in das vierte, fünfte und frühe sechste Jahrhundert gehörenden archäologischen Funde für unser Untersuchungsgebiet zusammentragen und eine Auswertung versuchen würde, ergäbe sich nur ein unzureichendes Bild dieser Periode des frühmittelalterlichen Hessen, in der – wie die Schriftquellen zeigen – gerade die Alemannen eine bestimmende Rolle spielten. Auswertung und Präsentierung von Bodenfunden können die Geschichte von Individuen und Sozialgruppen zwar anschaulich und bildhaft machen, indem sie vor allem deren Lebensbedingungen vorführen und uns damit die Möglichkeit zum Vergleich mit unseren eigenen Lebensumständen geben; die immer wieder erhobene und auch durchaus sinnvolle Forderung nach der Vergegenwärtigung des Vergangenen in einer eingängigen, nicht allzu viele Vorkenntnisse voraussetzenden Weise wäre damit eingelöst. Es kann jedoch kein Zweifel daran bestehen, daß uns ohne die schriftlichen Quellen wesentliche Vorgänge in der Vergangenheit, vor allem aber die geisti-

---

[6] Verwiesen sei auf Vorträge von K. Weidemann (22. 3. 1984 in Wiesbaden) und M. Schulze-Dörrlamm (17. 3. 1986 in Darmstadt), die aber u. W. noch nicht publiziert sind.

[7] J. Werner, Archaeologia Geogr. 1, 1950, 23–32 (vgl. auch dens., Bonn. Jhb. 158, 1958, 372–413) hatte noch einen sehr engen Zusammenhang zwischen den nordostgallischen sog. Laetengräbern und der merowingischen Reihengräberzivilisation gesehen; in der Nachfolge von K. Böhner, Zur historischen Interpretation der sog. Laetengräber, Jhb. RGZM 10, 1963, 139–167, ist man heute der Auffassung, daß die Zusammenhänge sehr viel komplizierter gewesen sind und daß man sie dementsprechend differenzierter behandeln muß.

gen Prozesse, die Ideen, Einsichten und Einstellungen der Menschen jener frühen Zeiten weitgehend verschlossen blieben. Um diesen Erkenntniszusammenhang zu verdeutlichen, sei folgendes Beispiel gegeben: Kluge und phantasiebegabte Prähistoriker und Archäologen hätten den Hildesheimer Silberschatz und eine massiert auftretende, aus Waffen bestehende materielle Hinterlassenschaft im Wesergebiet mit einer großen Schlacht zwischen Römern und Germanen in Verbindung bringen können, zu einer inhaltlichen Verdichtung dieses Themas hätten die archäologischen Befunde jedoch nicht ausgereicht. Der Bericht des römischen Historikers Tacitus über den Besuch des Schlachtfelds durch den römischen General Germanicus [8] und die ergänzenden Schilderungen anderer Historiker ermöglichen nicht nur die Rekonstruktion der Einzelheiten der Schlacht, sondern informieren uns auch über die Reaktionen darauf, über die politische und geistige Verarbeitung des Ereignisses, über seine ganze Wirkungsgeschichte also. Die unbestreitbaren Vorzüge der Schriftquellen kommen gerade auch in den Perioden zur Geltung, für die solche Zeugnisse nur in geringem Umfang zur Verfügung stehen, allerdings unter der Voraussetzung, daß man auch die scheinbar obskursten Überlieferungen wie Heiligenviten und Märtyrerlegenden mit einbezieht und Namenüberlieferung wie Dialektgeographie berücksichtigt. Dementsprechend sollen zu unserem Thema die literarischen und sprachlichen Quellen befragt und ausgewertet werden; die archäologischen Befunde werden hingegen nur insoweit einbezogen, als sie mit einer gewissen Wahrscheinlichkeit auf die aus den schriftlichen Quellen rekonstruierten Entwicklungen und Vorgänge bezogen werden können.

Das vom obergermanischen Limes geschützte römische Hessen – Rheingau, Taunus, Wetterau und das Gebiet zwischen unterem Main und unterem Neckar – wurde seit dem frühen dritten Jahrhundert durch sich ständig wiederholende Einfälle und Kriegszüge der Alemannen in seiner politischen und kulturellen Existenz bedroht. Über deren ethnische Herkunft und politische Verfaßtheit sei nur so viel gesagt, daß sie aus dem mitteldeutschen Raum kamen, also sog. Elbgermanen waren, und in lockeren, aus Reitergefolgschaften bestehenden Heerhaufen in die Gebiete jenseits des Limes einsickerten.[9] Nach landläufiger Meinung sollen sie 259/60 den Limes endgültig

---

[8] Tac. ann. I 61 f.; zur augusteischen Germanienpolitik vgl. K. Christ, Drusus und Germanicus, Paderborn 1956 und dens., Chiron 7, 1977, 149–205; vgl. jetzt auch K.-W. Welwei, Römische Weltherrschaftsideologie und augusteische Germanienpolitik, Gymnasium 93, 1986, 118–137. – Speziell zur Geschichte des hessischen Raums in der Kaiserzeit vgl. K. Christ, in: Aus Geschichte und ihren Hilfswissenschaften. Festschr. W. Heinemeyer, hrsg. v. H. Bannasch u. H.-P. Lachmann, Marburg 1979, 529–543.

[9] Zur Stammesbildung der Alemannen vgl. Wenskus (wie o. Anm. 1), 494–512; H. Jänichen–H. Steuer, Art. Alemannen, in: RGA I², 1973, 138 ff.; D. Geuenich, Zur Landnahme der Alemannen, Frma. Stud. 16, 1982, 25–44; W. Hartung, Süddeutsch-

überrannt und alle rechtsrheinischen Landschaften der Provinz Germania Superior, darunter also auch das römische Hessen, besetzt und gewissermaßen flächendeckend besiedelt haben. Dieser Auffassung vom Okkupations- und Landnahmeprozeß der Alemannen in dem Gebiet zwischen dem obergermanisch-rätischen Limes und dem Rhein steht aber der auffällige Befund eines vergleichsweise schwachen archäologischen Niederschlags des unterstellten Ansiedlungsvorgangs für die Zeit von der Mitte des dritten bis in die erste Hälfte des fünften Jahrhunderts entgegen,[10] so daß man in der Forschung zunehmend die Verwendung des Begriffs 'Landnahme' für die Expansion der Alemannen vermeidet oder ihn durch den Zusatz 'erste' bzw. 'zweite Landnahme' relativiert. Als wir erstmals ausführlich über die Alemannen informiert werden – durch den römischen Historiker, Zeitgenossen und Mitbeteiligten an den Ereignissen in der zweiten Hälfte des vierten Jahrhunderts Ammianus Marcellinus[11] –, hatten sie einen ersten Konzentrations- und Formierungsprozeß wohl bereits hinter sich und waren von einer erneuten Zusammenfassung ihrer Kräfte unter einer Zentralinstanz noch weit entfernt.[12] Ammianus Marcellinus vermittelt uns eine im großen und ganzen sicher zutreffende Vorstellung von der *gens Alamannorum* als einem Zweckbündnis verschiedener alemannischer *nationes* unter jeweils eigenen *reges* zur militäri-

---

land in der frühen Merowingerzeit. Studien zu Gesellschaft, Herrschaft, Stammesbildung bei Alamannen und Bajuwaren, Wiesbaden 1983, und Verf., Von politischer Vielfalt zur Einheit. Zu den Ethnogenesen der Alemannen, in: Typen der Ethnogenese. Symposion Stift Zwettl 1986, Beiträge 2. Teil (hektographiert; erscheint in den Denkschriften der Österr. Akad. Wiss., Veröff. d. Kommission f. Frühmittelalterforsch.).

[10] R. Roeren, Zur Archäologie und Geschichte Südwestdeutschlands im 3. bis 5. Jahrhundert n. Chr., Jhb. RGZM 7, 1960, 214–294; R. Christlein, Die Alamannen. Archäologie eines lebendigen Volkes, Stuttgart–Aalen ²1979; Steuer (wie o. Anm. 9), 142–163; Geuenich, Frma. Stud. 16, 1982, 38 ff. mit der älteren Lit.; im Zusammenhang der Vorbereitung und Ausgestaltung des Stadtjubiläums von Augsburg (2000-Jahr-Feier) ist auch die alemannische Landnahme behandelt worden, vgl. V. Bierbrauer, Alamannische Besiedlung Augsburgs und seines näheren Umlandes, in: Geschichte der Stadt Augsburg von der Römerzeit bis zur Gegenwart, hrsg. v. G. Gottlieb u. a., Stuttgart 1984, 87–100.

[11] Zu Ammian vgl. die Einleitung von G. Wirth, in: Ammianus Marcellinus. Das römische Weltreich vor dem Untergang, Bibliothek d. Alten Welt, Zürich–München 1974, 1–31 mit der älteren Lit. Auch der Rhetor und Politiker Symmachus war zeitweise Miterlebender und Mitbeteiligter an den Auseinandersetzungen Roms mit den Alemannen in den Jahren ab 369; seine Angaben sind im Vergleich zur äußerst informativen Darstellung Ammians sehr wenig konkret und tragen zur Ergänzung der Sicht der Situation, wie sie Ammian gibt, kaum etwas bei (G. Wirth, Symmachus und einige Germanen, in: Colloque Genévois sur Symmaque, hrsg. v. F. Paschoud, Paris 1986, 277–297).

[12] Vgl. Verf., Symposion Stift Zwettl 1986 (wie o. Anm. 9).

schen Bekämpfung der Römer, wozu jene aus Anlaß eines bevorstehenden Feldzugs aus dem Kreise ihrer (Klein-)Könige einen *dux* – Herzog – zur Führung des Oberbefehls im Kampf wählten. Aus Ammian ist auch erkennbar, daß diesen *reges* jeweils bestimmte Herrschaftsbezirke *(pagus, regnum, regio, plebs)* zugeordnet waren.[13] Aus den Landschaftsnamen dieser Herrschaftsbezirke sind wiederum Personengruppennamen alemannischer Kleinstämme wie *Lentienses, Brisigavi, Raetovarii* und die für unseren Raum besonders wichtigen Bukinobanten abzuleiten.[14] Es handelt sich bei diesen Namen alemannischer Kleinstämme also nicht um alte, etwa bereits aus dem elbgermanischen Mitteldeutschland mitgebrachte Stammesnamen, sondern um sekundär aus den Landschaftsnamen auf die dort Wohnenden oder sich Niederlassenden übertragene Benennungen. Diese Namen sind Ausdruck eines von Rom sicher kräftig geförderten Sonderbewußtseins, schließen aber andererseits keineswegs aus, daß sich diese Kleinstämme in einem übergeordneten Sinn als zu den berühmten Alemannen gehörig verstanden, ganz so wie es die römischen Quellen behaupten. Von den Bukinobanten sagt Ammian (29, 4, 7) im Zusammenhang seiner Schilderung des Herbstfeldzugs Kaiser Valentinians I. im Jahre 371 ganz unmißverständlich: *quae contra Mogontiacum gens est Alamannica*. Damals erzwang der Kaiser auch die Absetzung des Makrian als Stammeskönig und die Einsetzung eines gewissen Fraomar zu dessen Nachfolger. Der Versuch des Kaisers, des des Hochverrats verdächtigten Makrian – die Bukinobanten waren mit Rom föderiert – habhaft zu werden, mißlang jedoch. Valentinian I. ließ in der Gegend von Mainz eine Schiffsbrücke über den Rhein schlagen und führte eine Armee gegen den sich entziehenden Makrian zunächst in Richtung auf das heutige Wiesbaden (Aquae Mattiacae) und noch darüber hinaus, wobei das römische Heer das Land in einem Umkreis von 50 römischen Meilen verwüstete. Der König selbst jedoch konnte sich durch Benutzung eines schnellen Wagens hinter einer Kette von Bergen in Sicherheit bringen. Soweit Ammian (29, 4, 2–6). Makrian hatte sich also in die rückwärtigen, östlichen Gebiete des Bukinobantenlandes geflüchtet; eine Lokalisierung seiner Fluchtburg – Ammian (29, 4, 5) spricht von *angu-*

---

[13] Geuenich, Frma. Stud. 16, 1982, 32f.; E. Ewig, Der Raum zwischen Selz und Andernach vom 5. bis zum 7. Jahrhundert, in: Von der Spätantike zum frühen Mittelalter, hrsg. v. J. Werner u. E. Ewig, Vorträge u. Forsch. Bd. 25, Sigmaringen 1979, 272f.

[14] Zu den aus den Landschaftsnamen der Wohnsitze abgeleiteten 'neuen' Namen der alemannischen Teilstämme vgl. Wenskus (wie o. Anm. 1), 498, und Geuenich, Frma. Stud. 16, 1982, 33; schwieriger ist die Deutung des Namens der Bukinobanten (Wenskus, ebd. 502f.; E. E. Metzner, Namenkundliche Bemerkungen zu Franken und Alemannen im Rhein-Main-Gebiet, BNF N.F. 19, 1984, 56f.). Ein Sonderproblem stellt der Name *Cyuuari* (= *Ziuwarii*) der Alemannen um Augsburg dar: vgl. Wenskus (wie o. Anm. 1), 499, und H. Kuhn, Art. Alemannen, in: RGA I² 138.

stus aditus – wird man bei der derzeitigen Quellenlage jedoch zuverlässig nicht vornehmen können.

Unabhängig davon, ob die Bukinobanten ihrer Herkunft nach Alemannen waren und damit deren nördlichsten Zweig, die Nordalemannen, darstellten oder ob sie erst auf dem Wege über eine ethnische Selbstzuordnung zu Alemannen wurden,[15] bleibt die Etymologie ihres Namens schwierig. Es ist zu einfach und wohl auch falsch, den ersten Namensbestandteil von dem althochdeutschen Wort buoha = Buche abzuleiten und die Bukinobanten damit als Bewohner der für das Frühmittelalter belegten großen Waldlandschaft im östlichen Hessen, der Bochonia/Buconia, aufzufassen.[16] Dieses große Waldgebiet, das vom Kaufunger Wald im Norden über Knüll, Seulingswald, Vogelsberg und Rhön im Süden fast den Main erreichte, war weitgehend siedlungsleer, jedenfalls in der uns interessierenden Periode, so daß die Bukinobanten jedenfalls nicht von dieser Landschaft ihren Namen empfangen haben können (in Form von Selbst- oder Fremdbenennung). An diese nördlichsten Alemannen, die wir also zur Hauptsache im nordmainischen ehemaligen Limesgebiet zu lokalisieren haben, schloß sich im Süden zwischen Main und Neckar in der zweiten Hälfte des vierten Jahrhunderts das alemannische *regnum* des Hortar an, das später zeitweise auch von dem bereits genannten Makrian übernommen wurde.[17] Die Römer beanspruchten damals allerdings über alle diese rechtsrheinischen Gebiete die Suzeränität und brachten diese auch erfolgreich in Erinnerung,[18] dazu standen eine Reihe von rechtsrheinischen Brückenköpfen wie das heutige Wiesbaden und das heutige Ladenburg sogar unter direkter römischer Kontrolle. In den Mündungsbereichen der Flüsse und Bäche in den Mittel- und Oberrhein haben wir seit der Reorganisation der Rheinfront durch Valentinian I. bis in den Anfang des fünften Jahrhunderts hinein auf der rechten Rheinseite mit kleinen römischen Garnisonen zu rechnen, die quasi die Kastelle der Limitanbesatzungen auf dem linken Rheinufer in das rechtsrheinisch gelegene Alemannengebiet fortsetzten[19]

---

[15] Wenskus (wie o. Anm. 1), 502 f.; Metzner, BNF N.F. 19, 1984, 33 u. 55–57.

[16] E. E. Metzner hat eine andere Deutung des Bukinobanten-Namens angekündigt. – Zur Buchonia und zum möglichen Zusammenhang mit der *Bacenis silva* vgl. G. Neumann–R. Wenskus, RGA I², 1973, 572 f., und F. Schwind, Art. Buchonia, RGA I², 1981, 85–87.

[17] Ewig (wie o. Anm. 13), 272 f.

[18] Dazu vgl. Verf., Das 'Ende' der Antike in den Grenzgebieten am Oberrhein und an der oberen Donau, AHG N.F. 37, 1979, 9–32.

[19] Die rastlose Tätigkeit der Archäologen hat seit den 30er Jahren dieses Jahrhunderts gerade im rechtsrheinischen Mittel- und Oberrheingebiet einige dieser *burgi* freigelegt, andere stecken sicher noch im Boden (so nach der Vermutung von W. Jorns bei der Mündung des Schwarzbachs in den Rhein): vgl. H. Gropengießer, Spätrömischer Burgus bei Mannheim-Neckarau, Bd. Fundber. 13, 1937, 117 f.; W. Schleiermacher,

und damit integraler Bestandteil der im Mainzer Dukat[20] organisierten Verteidigung der Provinz Germania I waren.

Die nordalemannischen Bukinobanten begegnen uns auch sonst noch in den Quellen: Den Namen *Bucinobantes* trägt nämlich eine Eliteformation des spätrömischen Bewegungsheeres, ein sogenanntes *auxilium palatinum*. Diese Einheit war im Rahmen der Heeresvermehrung unter Valentinian I. im Anschluß an einen römischen Sieg über die Alemannen aufgestellt worden und begleitete dann den römischen Heermeister Theodosius, den Vater des späteren Kaisers Theodosius I., auf seinem Britannienfeldzug in den Jahren 368/69. Zusammen mit ihrer Zwillingseinheit, den *Raetovarii* – der Name weist aus, daß deren Soldaten aus den alemannischen Bewohnern des Ries bzw. aus Teilen Rätiens rekrutiert worden waren –, blieb die Bukinobanten-Truppe zunächst in Britannien (als Teil der dortigen kleinen Bewegungsarmee), im Jahre 388 wurden dann beide Formationen in das Ostheer eingegliedert.[21] Noch Valentinian I. hatte den bereits als König der Bukinobanten genannten Fraomar zum Befehlshaber der Bukinobanten-Einheit ernannt und ihn damit nach Britannien versetzt (Amm. Marc. 29, 4, 7), eines der vielen Beispiele dafür, wie willkürlich und machtbewußt Rom mit den barbarischen Klientelfürsten umging.[22]

Mit den Ereignissen der Jahre 406/7 wurden der Regierung in Ravenna die Fäden zunächst weitgehend aus der Hand genommen. Nicht der angebliche Abzug der römischen Truppen von der Rheinlinie durch Stilicho in den

---

Befestigte Schiffsländen Valentinians, Germania 26, 1942, 191–195; E. Gropengießer, Die nachrömischen Perioden, in: Die Stadt- und die Landkreise Heidelberg und Mannheim, Bd. I, 1966, 179–191; W. Jorns, Der spätrömische Burgus mit Schiffslände und die karolingische Villa Zullestein, Arch. Korr.bl. 3, 1973, 75 ff., und B. Heukemes, Der spätrömische Burgus von Lopodunum-Ladenburg am Neckar, Fundber. Baden-Württembg. 6, 1981, 433–473. – Besonders der Boden Ladenburgs erweist sich für die Erforschung der spätrömischen Zeit im Mittel-/Oberrheingebiet und der provinzialrömisch-alemannischen Symbiose als äußerst fruchtbar, vgl. B. Heukemes, Archäol. Ausgrab. Bad.-Württembg. 1985, 166 ff. (spätrömische Befestigung des 4. Jh.) und E. Schallmayer, ebd. 177 ff. (Grubenhaus am Rande einer alemannischen Siedlung). Alle kaiserzeitlichen und spätrömischen Befunde sind jetzt verzeichnet in: Lopodunum. Archäologischer Plan des römischen Ladenburg, Stuttgart 1986 (Wiss. Bearb.: B. Heukemes).

[20] Not. dign. occ. 41, 15–25; zur Grenzverteidigungsorganisation an Mittel- und Oberrhein vgl. D. Hoffmann, Die Gallienarmee und der Grenzschutz am Rhein in der Spätantike, Nass. Annalen 84, 1973, 1–18.

[21] Vgl. D. Hoffmann, Das spätrömische Bewegungsheer und die Notitia dignitatum, Bd. 1, Düsseldorf 1969, 87, 165–167, 482 u. 494.

[22] Einige instruktive Beispiele sind von D. Hoffmann, Mus. Helvet. 35, 1978, 307–318, behandelt worden.

Krisenjahren 401/2, sondern der Übergang einer Völkerkoalition bei Mainz am 31. 12. 406 über den Rhein und der daraufhin erfolgte Zusammenbruch der militärischen Einrichtungen in weiten Bereichen des Mainzer Grenzverteidigungskommandos [23] sind als ein bedeutender geschichtlicher Einschnitt für das Ober- und Mittelrheingebiet und dessen Bewohner zu betrachten. In die Kastelle zwischen Selz und Bingen und erst recht in die vorgeschobenen Befestigungen auf rechtsrheinischem Gebiet zogen fortan keine römischen Militäreinheiten mehr ein; Rom war vielmehr gezwungen, zu neuen Methoden der Sicherung der gallischen Kerngebiete gegen die nachdrängenden Stämme aus dem Osten und Südosten zu greifen. Immerhin konnte wenige Jahre später vor allem mit den Mitteln der Diplomatie verhindert werden, daß das allgemeine Chaos in den germanischen und gallischen Provinzen des Reiches, von dessen Auswirkungen selbst der heilige Hieronymus im fernen Bethlehem erschütternde Kunde erhielt, zu einem Dauerzustand wurde. Vielmehr wurde unter der Federführung zunächst regionaler Gewalten, die die Stelle der macht- und kopflosen Zentralgewalt zeitweise einnahmen, eine gewisse Konsolidierung erreicht. Durch Soldverträge wie auch durch Landzuweisungen wurde eine Reihe von Stämmen oder besser gesagt Stammesteilen zufriedengestellt und damit gleichzeitig in die Pflicht genommen. Das Burgunderreich um Worms entstand damals, Franken und Alemannen wurden durch neue Verträge für den Frieden mit dem Imperium gewonnen.[24] Mit der Behauptung von Mainz durch die Römer und möglicherweise einiger anderer befestigter Plätze rheinabwärts in dem Gebietsstreifen zwischen Mainz und Andernach konnte zudem die Verbindung zum römischen Trier und damit zu den trotz aller Bedrängnis noch funktionstüchtigen Verwaltungsorganen Galliens aufrechterhalten werden.[25]

Für die nächsten vier Jahrzehnte bis in die Zeit nach dem Attilazug (450/51) schweigen die Quellen bezüglich der Alemannen merkwürdigerweise nahezu vollständig. Daß die Namen der alemannischen Teilstämme nicht mehr begegnen, ist noch am ehesten erklärlich. Dies hängt wohl damit zusammen, daß neue ethnogenetische Prozesse in Gang kamen, die in der zweiten Hälfte

---

[23] D. Hoffmann, Nass. Annalen 84, 1973, 1 ff. mit der älteren Lit.; vgl. auch Verf. (wie o. Anm. 18) und dens., Das Untermaingebiet und der südhessische Raum im 5. Jahrhundert n. Chr., in: Arheilgen 1150 Jahre, 836–1986. Jubiläumsschrift, hrsg. v. E. Schmidt-Rohde, Darmstadt 1986, 16–20.

[24] Oros. VII 40, 4; Zosim. 6, 3, 2 f.; zu den Maßnahmen Konstantins III. vgl. Hoffmann, Nass. Annalen 84, 1973, 14 ff.

[25] Zum römischen Trier und den römisch-alemannisch-fränkischen Auseinandersetzungen im 5. Jahrhundert vgl. H. H. Anton, Trier im Übergang von der römischen zur fränkischen Herrschaft, Francia 12, 1984, 1–52, dessen Konstruktionen und Hypothesen – etwa seine Ansetzung von Franken am Neckar; vgl. auch u. Anm. 32 – in vielen Punkten nicht haltbar sind.

des fünften Jahrhunderts in eine Zusammenfassung und Konzentration aller alemannischen Kräfte in der Gestalt eines Groß- und Einheitskönigtums einmündeten. Das würde auch erklären, warum die J u t h u n g e n, die als einzige unter den alemannischen Teil- und Kleinstämmen einen alten Namen führten, letztmals zum Jahre 430 bezeugt sind.[26] Für die besagte Periode bis nach dem Attilazug ist mit einer Ausdehnung des alemannischen Siedel- und Herrschaftsgebietes in die linksrheinischen Kernräume der Germania I hinein noch nicht zu rechnen; erst die Versetzung bzw. Abwanderung der Burgunder und Alanen in den frühen 40er Jahren des fünften Jahrhunderts in die Sapaudia bzw. in die ländlichen Gebiete um die heutigen Städte Orléans und Valence und vor allem die Zerstörung der Reststrukturen römischer Herrschafts- und Verwaltungsorganisation durch den Hunnenzug Attilas boten die Gelegenheit, in weitgehend staats- und herrschaftsfreie Räume vorzustoßen und sich dort dauerhaft zu etablieren. Eine Quelle aus der Zeit bald nach 450 – die kleine Kosmographie des sogenannten Aethicus – stellt zum damaligen Zustand Germaniens lapidar fest: *Germania, ubi plurimam partem Suevi tenent.*[27] Seit der zweiten Hälfte des fünften Jahrhunderts war es auch völlig unstrittig, wer mit den Suevi/Suebi/Suavi in den Gebieten an der Donau und am Ober- und Mittelrhein gemeint war. Gregor von Tours hat – wenn auch in anderem Zusammenhang – einprägsam formuliert: *Suebi, id est Alamanni*[28], der Geograph von Ravenna setzte die *patria Suavorum* mit der *Alamannorum patria* gleich.[29] Es hat ganz den Anschein, als habe mit dem Abzug der Quaden/Sueben nach Spanien und der Auflösung der Markomannen/Sueben[30] der alte und berühmte Suebenname den Alemannen am Ober- und Mittelrhein sozusagen konkurrenzlos zur Verfügung gestanden.

In den Jahrzehnten bis zur Mitte des fünften Jahrhunderts befinden wir uns in einer Periode der alemannischen Geschichte, die nach neuesten Erkenntnissen der archäologischen Forschung[31] durch einen starken östlichen

---

[26] Hydat. c. 93; Chron. Gall. c. 106; Sid. Apoll. carm. VII 233; zum – alten – Namen der Juthungen vgl. Wenskus (wie o. Anm. 1), 298 u. 509 Anm. 533. Zur Vermutung von A. Radnóti (Die germanischen Verbündeten der Römer. Deutsch-Italienische Vereinigung, Heft 3, Frankfurt a. M. 1967), die Träger der mitteldeutschen Skelettgräbergruppe Haßleben-Leuna seien Juthungen gewesen, vgl. die überzeugende Widerlegung von J. Werner, in: Festschrift f. W. Schlesinger, hrsg. v. H. Beumann, Bd. 1, Köln–Wien 1973, 1–30.

[27] Cosmogr. II 21 (ed. Riese p. 95).

[28] Greg. Tur. Hist. Franc. II 2.

[29] Geogr. Rav. IV 26.

[30] Vgl. R. Syme, The End of the Marcomanns, in: Bonner Historia-Augusta-Colloquium 1977/78, Bonn 1980, 255–265; Fr. Lotter, Zur Rolle der Donausueben in der Völkerwanderungszeit, MIÖG 76, 1968, 275–298.

[31] S. o. Anm. 6.

– reiternomadischen – Einfluß auf die materielle Kultur gekennzeichnet sein soll. Man vermutet Zusammensiedlung mit eingesprengten hunnischen und ostgermanischen Bevölkerungselementen und unterstellt geradezu eine östliche Beherrschung der Alemannen. Leider weisen uns die Schriftquellen weder in diese noch in die gegensätzliche Richtung den Weg. Sie lassen zwar Einfluß und Macht des Hunnenkönigs über Thüringer und Franken deutlich erkennen; bei einem Thronstreit unter den rheinischen Franken intervenierte Attila zugunsten des einen der beiden Prätendenten, und bei seinem Zug nach Gallien, der in der berühmten Schlacht auf den Katalaunischen (besser mauriacensischen) Feldern kulminierte, waren unter seinen Hilfsvölkern auch Franken und Thüringer. Die Alemannen jedoch werden weder in den Völkerkatalogen, die Gegner wie Verbündete der Hunnen auflisten, genannt noch wird ihrer im Zusammenhang der Schilderung der Stationen des Attilazuges gedacht. Das ist ein wirkliches Rätsel, denn das hunnische Heer muß auf seinem Zug nach Gallien, gleich welche Route man im mittelrheinischen Bereich annimmt, alemannisches Siedlungsgebiet berührt und in Mitleidenschaft gezogen haben. Selbst bei Annahme einer nördlichen, d. h. rechtsmainischen Route müßten die Heerhaufen Attilas spätestens im unteren Maingebiet mit den sogenannten Nordalemannen in Berührung gekommen sein. Das nahezu zeitgenössische Zeugnis des Sidonius Apollinaris erlaubt jedoch eine einigermaßen zuverlässige Rekonstruktion der Marschroute des Attilaheeres im mittelrheinischen Bereich, und zwar dann, wenn man erkennt, daß es dem Autor bei seinen in Versen gekleideten Angaben nicht um die Festlegung der Wohnsitze der von ihm aufgeführten Stämme ging, sondern eindeutig und ausschließlich um die Kennzeichnung der Marschrichtung des hunnischen Heeres. Nach Sidonius Apollinaris[32] zogen die Hunnen und ihre Verbündeten vom Neckar (dabei muß es sich nicht unbedingt um das Neckarmündungsgebiet gehandelt haben) in das Gebiet nördlich von Mainz (Hercynia) und von dort aus vielleicht in die Gegend von Neuwied, wo sie mit Hilfe einer Schiffsbrücke den Rhein überquerten und sich anschließend auf der alten Römerstraße nach Trier und von dort nach Metz begaben. Mit den Alemannen müssen die Hunnen dabei eher recht intensiv in Kontakt gekommen sein, ebenso mit der provinzialrömischen Bevölkerung im Bereich von Mogontiacum/Mainz. Dazu würde die Notiz in einer allerdings sehr späten Quelle passen, der Mainzer Bischof Auraeus habe durch die Hunnen das Martyrium erlitten.[33] Was die damals also unvermeidbaren hunnisch-alemannischen

---

[32] Sid. Apoll. carm. VII 319–328; dazu jetzt H. H. Anton, Francia 12, 1984, bes. 16ff., der versucht, aus den angegebenen Völkernamen auch die Wohnsitze zu rekonstruieren. Der Dichter und Lobredner Sidonius Apollinaris wollte jedoch lediglich die Marschrichtung des Hunnenheeres in etwa nachzeichnen.

[33] E. Ewig, Die ältesten Mainzer Bischofsgräber, die Bischofsliste und die Theonestlegende, in: Universitas. Festschr. f. Bischof A. Stohr, Bd. 2, hrsg. v. L. Lenhart,

Kontakte betrifft, lassen uns die Schriftquellen völlig im Stich. Eine auch nur einigermaßen sinnvolle Erklärung dafür, die nicht darauf angewiesen ist, die Zufälligkeit der Überlieferung zu bemühen, fällt äußerst schwer. Waren die Alemannen in noch intensiverer Weise als andere Germanenstämme in den Herrschaftsverband der Hunnen integriert, so daß sich ihre spezielle Erwähnung unter den Hilfsvölkern Attilas erübrigte, oder aber lebten die Alemannen dieser Periode in einer derart engen Symbiose mit den verbliebenen provinzialrömischen Bevölkerungselementen und war der Prozeß der Formierung und Herrschaftsbildung bei ihnen noch längst nicht abgeschlossen, so daß sie den Hunnen als politische Kraft noch nicht auffallen konnten? Für die erste Hypothese könnte man immerhin ins Feld führen, daß ihre materielle Kultur deutliche Spuren hunnischen bzw. reiternomadischen Einflusses aufweist.

Nach dem Scheitern des Attilazuges und dem wenige Jahre später (454) erfolgten gewaltsamen Ende des fähigen weströmischen Generalissimus Aetius, durch dessen rastlose Tätigkeit und Energie wichtige Teile Galliens dem Reich bewahrt worden waren, konnten die Alemannen, wie aus Sidonius Apollinaris deutlich wird,[34] weite Gebiete links von Ober- und Mittelrhein besetzen; sie wurden dadurch zu unmittelbaren Nachbarn von (Rhein-)Franken und Burgundern und gerieten in das Spannungsfeld zwischen den römischen Interessen und dem politischen Wollen und Handeln der zahlreichen Barbarenvölker in Gallien, zu denen neben den bereits genannten noch die Westgoten, Alanen und seit dem letzten Viertel des fünften Jahrhunderts auch und besonders die salischen Franken gehörten. Daß mit dem unmittelbaren Nachfolger des Auraeus, einem gewissen Maximus, die Mainzer Bischofsliste endete bzw. für lange Zeit unterbrochen wurde,[35] ist sicher auch kein Zufall. Vielmehr mag das vorläufige Ende des Mainzer Bistums mit der endgültigen Etablierung der Alemannen im heutigen Rheinhessen ursächlich im Zusammenhang stehen. Gegen ein weiteres Vordringen aus dem alemannischen Kerngebiet heraus tief nach Gallien hinein richtete sich Ende der 60er Jahre des fünften Jahrhunderts ein rheinfränkisch-burgundisches Bündnis, anscheinend mit einigem Erfolg, denn in den frühen 70er Jahren hatte sich das Schwergewicht alemannischer Herrschaftsbildung in den Donau-Alpen-Raum verlagert. Als dort andere Kräftekonstellationen dieser Südostexpansion der Alemannen Einhalt geboten,[36] wandten diese sich erneut

---

1960, S. 20; zu den Hunnen in Südhessen vgl. Verf., Untermaingebiet (wie o. Anm. 23), 19.

[34] Sid. Apoll. carm. VII 373f.

[35] Ewig (wie o. Anm. 33), 20; K. Heinemeyer, Das Erzbistum Mainz in römischer und fränkischer Zeit, Bd. 1, Marburg 1979, 9f. u. 50f.

[36] Fr. Lotter, Die germanischen Stammesverbände im Umkreis des Ostalpen-Mitteldonau-Raumes nach der literarischen Überlieferung zum Zeitalter Severins, in: Die

Die spätantike Zeit am Mittelrhein, im Untermaingebiet und in Oberhessen 69

dem gallischen Raum zu und wurden für die ebenfalls expandierenden Franken zu einem fast unüberwindbar scheinenden Gegner. Eine dauerhafte Reichsgründung auf dem Boden des Imperium Romanum – und zwar vor bzw. anstelle der Franken – schien nur noch eine Frage der Zeit zu sein.

Was die Alemannen im Laufe des letzten Viertels des fünften Jahrhunderts vor ihren Schlachtenniederlagen gegen die Franken erreichten, ist durchaus beachtlich und wirft die Frage auf, ob die entscheidende Voraussetzung für diese Erfolge nicht in der Durchsetzung und Verfestigung einer einheitlichen politischen Führung in Form des Einheits- oder Großstammkönigtums gesehen werden muß. Die politischen und gesellschaftlichen Prozesse bei den Alemannen hätten sich im fünften Jahrhundert dann ähnlich gestaltet wie bei den anderen völkerwanderungszeitlichen Großstämmen, die Auffassung von einer Sonderentwicklung bei den Alemannen wäre also aufzugeben. Das ist auch immer wieder so gesehen, aber mindestens ebensooft – und gerade in jüngster Zeit – energisch bestritten worden.[37] Für eine Zusammenfassung der alemannischen Kräfte unter einem Heerkönig[38] läßt sich in den Quellen mit dem Namen und der Person des Königs Gibuld/Gebavult[39] eine konkrete Herrscherpersönlichkeit ausfindig machen, und in den Entscheidungskämpfen mit den Franken am Ende des fünften und zu Beginn des sechsten Jahrhunderts standen die Alemannen ebenfalls jeweils unter der Führung eines Königs, dessen Name uns allerdings nicht genannt wird. Expansion der Alemannen, ein fortgeschrittener Prozeß der Reichsbildung unter Einbeziehung weiter Gebiete im östlichen Gallien und einheitliche Führung unter einem Stammeskönig, der in Macht und Funktion den Heerkönigen anderer völkerwanderungszeitlicher Großstämme durchaus vergleichbar ist, müssen also in einem Bedingungszusammenhang gesehen werden, nur dann ergeben die zahlreichen Nachrichten über die alemannischen Aktivitäten und über die Ausdehnung des alemannischen Herrschaftsgebiets in jener Periode einen Sinn. Die Südostexpansion der Alemannen über die bereits besetzten Gebiete

---

Bayern und ihre Nachbarn, Teil 1, hrsg. v. H. Wolfram u. A. Schwarcz (Symposion Stift Zwettl 1982), Österr. Akad. Wiss., philos.-hist. Kl., Denkschr. 179. Bd., Wien 1985, bes. S. 50–54.

[37] Schon O. Feger, Zur Geschichte des alemannischen Herzogtums, Ztschr. f. württembg. Landesgesch. 16, 1957, 41 ff. hat den Nachweis geführt, daß sich auch bei den Alemannen ein Groß- und Einheitskönigtum herausgebildet hatte; Geuenich, Frma. Stud. 16, 1982, 34–37 vertritt die gegenteilige Auffassung, die aber u. E. unhaltbar ist.

[38] Zum Heerkönigtum der Völkerwanderungszeit, das als eine wesentliche Komponente des mittelalterlichen Königtums angesehen wird, vgl. W. Schlesinger, Über germanisches Heerkönigtum, in: Vorträge u. Forschungen Bd. 3, hrsg. v. Th. Mayer, Sigmaringen 1956, S. 105–141, und Wenskus (wie o. Anm. 1) S. 576–582.

[39] Zweifel an der Identität von Gibuld/Gebavult (so Geuenich, Frma. Stud. 16, 1982, 37) sind nicht angebracht, vgl. Lotter (wie o. Anm. 36), 52 f.

Rätiens hinaus hatte zur zeitweiligen Herausbildung eines Herrschaftsmittelpunktes in einer der dortigen Römerstädte, wohl in Regensburg,[40] geführt, in das zeitlich daran anschließende Stadium eines weiten Ausgreifens nach Westen bis tief nach Gallien hinein fielen die erfolgreichen Kämpfe mit den Burgundern[41] und die sich über Jahrzehnte hinziehenden, zunächst ebenfalls erfolgreichen Kämpfe mit den Franken.

Über die Dimensionen von Westexpansion und mit ihr einhergehender Herrschaftsorganisation und Reichsbildung der Alemannen in ja keineswegs herrschaftsfreien Räumen können wir uns eine größere Klarheit verschaffen als vielfach angenommen. Die Lokalisierung der beiden großen Schlachten gegen die Franken am Ende des fünften Jahrhunderts läßt den Schluß zu, daß das alemannische Herrschaftsgebiet an Mosel und Rhein unmittelbar an das rheinfränkische mit dem Zentrum Köln anschloß: in der Schlacht bei Zülpich (in der Nähe von Bonn) vielleicht noch in den 80er Jahren des fünften Jahrhunderts,[42] über deren Ausgang Gregor von Tours uns im Ungewissen läßt,[43] hatten es die Alemannen allein mit den Rheinfranken zu tun, in der mit der Bekehrung Chlodwigs verbundenen Schlacht von 496/7, die an einem unbekannten Ort unmittelbar am Rhein stattfand,[44] sahen sie sich den vereinigten Heeren von Rhein- und Salfranken gegenüber. Beide Schlachtorte dürften in den unmittelbaren Bereich der alemannischen Außenposten am Mittelrhein gehören[45] und nicht etwa Gebieten weit außerhalb des alemannischen Territoriums zuzuordnen sein. Neben diesen zugegebenermaßen eher schwachen Anhaltspunkten bezüglich einer geographischen Fixierung des alemannischen Herrschaftsgebiets am Ende des fünften Jahrhunderts spielt in der Forschung zu diesem Problem die Auseinandersetzung mit der Beschreibung der *Alamannorum patria* durch den anonymen Geographen von Ravenna eine zunehmend größere Rolle. Fr. Staab[46] hat überzeugend zeigen können, daß

---

[40] Lotter, ebd. 50.

[41] Dazu vgl. Ewig (wie o. Anm. 13), 280–284; Geuenich, Frma. Stud. 16, 1982, 36f.; Lotter (wie o. Anm. 36), 52f. und H. H. Anton, Francia 12, 1984, bes. S. 40–47.

[42] Frühdatierung der Schlacht: Fr. Staab, Ostrogothic Geographers at the Court of Theodoric the Great, Viator 7, 1976, 48 (Ende der 70er oder die 80er Jahre des 5. Jahrhunderts); H. H. Anton, Francia 12, 1984, 41 (Anfang 90er Jahre des 5. Jh.s). Sie ist auf jeden Fall auch zeitlich deutlich von der berühmten Schlacht von 496/7 abzusetzen.

[43] Greg. Tur. Hist. Franc. II 37.

[44] Zum Schlachtort vgl. Jonas Sus. vit. Vedastis episc. 2.

[45] E. Zöllner, Geschichte der Franken bis zur Mitte des 6. Jahrhunderts, München 1970, 34; Zöllner, ebd. 56f., unterscheidet deutlich zwischen der Schlacht von Zülpich und der Alemannenschlacht Chlodwigs (496/7) und hält auch eine dritte Alemannenschlacht um 506 für möglich, auf die dann der von Theoderich d. Gr. berichtete Schlachtentod des Alemannenkönigs zu beziehen wäre (ebd. 57 Anm. 1).

[46] Fr. Staab, Viator 7, 1976, 27–64, bes. 46ff. (zu Geogr. Rav. IV 24 u. 26; diese

der hier auf einer italogotischen Vorlage⁴⁷ beruhende Anonymus für den mittelrheinischen Bereich die neue Grenzziehung zwischen Alemannen und Franken als direkte Folge der alemannischen Niederlage von 496/97 wiedergibt.⁴⁸ Danach war das unmittelbare Mainmündungsgebiet damals bereits fränkisch, die Grenze verlief zwischen Worms und Mainz etwa bei Oppenheim und entsprach linksrheinisch vielleicht der späteren Diözesengrenze zwischen Worms und Mainz, rechtsrheinisch mag sie von Oppenheim aus irgendwo zwischen Frankfurt und Aschaffenburg über den Main nach Norden verlaufen sein (s. Karte S. 76). Uburzis/Würzburg zählte damals ebenfalls noch zum alemannischen Herrschaftsgebiet. Bei dieser Grenzziehung sollte es jedoch nur etwa ein Jahrzehnt bleiben. Wie wir aus der Korrespondenz des Ostgotenkönigs Theoderich zuverlässig erfahren, fiel wohl im Jahre 506 in einer weiteren Schlacht zwischen Franken und Alemannen der Alemannenkönig,⁴⁹ die nun endgültig geschlagenen Alemannen mußten weite Teile ihres Siedlungs- und Herrschaftsgebietes aufgeben und sich unter den Schutz des Ostgotenkönigs stellen. Das ganze rechtsrheinische Gebiet vielleicht bis zur Oos-Linie wurde von den Alemannen geräumt und von den nachrückenden Franken 'eingefrankt', was vor allem herrschaftlich organisiert und nicht ethnisch total in Besitz genommen heißt.

Schon die berühmte Chlodwigschlacht von 496/97 und ihre unmittelbaren Folgen bedeuteten für den größten Teil des alemannischen Gebietes nördlich des Mains, also für das alte Bukinobantenland, eine geschichtliche Zäsur. Damals haben die zurückgebliebenen Teile der Alemannen und andere Substratbevölkerungen⁵⁰ den Herren gewechselt, Mittelhessen – vielleicht noch ohne den Glauberg (s. Karte) – dürfte aber zunächst unter die Botmäßigkeit der Rheinfranken mit ihrem Zentrum Köln gekommen sein. Für die Annahme einer wenn auch nur ephemeren rheinfränkischen Periode im ehemals nord-

---

Angaben gehen auf ein um 500 am Hof von Ravenna verfaßtes geographisches Werk des Goten Athanarid zurück).

⁴⁷ Die italogotische Form der topographischen Bezeichnungen beim Geographen von Ravenna gerade in dem die *Alamannorum patria* betreffenden Abschnitt hat bereits F. Beyerle, Süddeutschland in der politischen Konzeption Theoderichs des Großen, in: Vorträge und Forschungen Bd. 1, Sigmaringen 1955, 65–81, bes. S. 72 ff., herausgearbeitet und die italogotische Vorlage des Anonymus Ravennas auf die Zeit vor 537 datiert.

⁴⁸ H. H. Anton, Francia 12, 1984, 44–48, datiert in Auseinandersetzung mit Staab die Angaben des Athanarid in die 1. Hälfte der 80er Jahre des 5. Jahrhunderts, ist sich aber durchaus bewußt, daß dieser frühe Ansatz Probleme aufwirft (S. 48).

⁴⁹ Cassiod. var. II 41, 2.

⁵⁰ Vgl. Fr. Staab, Untersuchungen zur Gesellschaft am Mittelrhein in der Karolingerzeit, Wiesbaden 1975, bes. S. 162–164 u. 200–220, und E. E. Metzner, BNF N.F. 19, 1984, bes. S. 55–61.

alemannischen Siedlungs- und Herrschaftsbereich spricht eine Notiz Gregors von Tours, daß der rheinfränkische König Sigibert durch von seinem eigenen Sohn Chloderich gedungene Mörder umgebracht wurde *cum ... per Buconiam silvam ambulare disponeret*.[51] Diese Mordtat ist um 508 und irgendwo im mittelhessisch/osthessischen Raum anzusetzen. Nur ganz kurze Zeit später wurde Chloderich selbst von Chlodwig beseitigt und gleichzeitig der Selbständigkeit des Kölner *regnum* ein Ende bereitet. Nach der Vernichtung des Thüringerreiches durch die Chlodwigsöhne erfolgte seit dem Ende des sechsten Jahrhunderts die friedliche Erfassung und Inkorporierung Nord- bzw. Althessens, jenes Raumes also, in dem die Nachfahren jener Leute lebten, die die kaiserzeitlichen Quellen Chatten nennen.

Welche sonstigen Zeugnisse gibt es für die hier vorgenommene, sich auf die literarischen Quellen stützende Rekonstruktion der Geschichte des mittleren und südlichen Hessens, die sich ergänzend und bestätigend heranziehen lassen? Hier sind in erster Linie die namenkundlichen Befunde zu nennen; es handelt sich dabei um Gau- und Orts-, aber auch um Flur-, Gewässer- und Personennamen, die mit den Alemannen in Verbindung gebracht werden können, die jedenfalls vorfränkisch sind. So haben neueste sprachwissenschaftliche Forschungen wahrscheinlich gemacht, daß die Flußnamen beinhaltenden untermainischen Gaunamen wie Rheingau, Maingau, Niddagau, Kinziggau, aber auch Wetterau (= ursprünglich Wetar-eiba) nicht etwa der fränkischen Verwaltungsorganisation verdankt werden, sondern älter sind und auf aus dem Nordosten vorstoßende wanderungszeitliche Namengeber zurückgehen.[52] Diese Namengeber wären am sinnvollsten mit den Trägern einer archäologisch faßbaren sogenannten südwestdeutschen Körpergräbergruppe des dritten und vierten Jahrhunderts[53] gleichzusetzen, die aus dem Elburstromtal in die Wetterau und das untere Maingebiet einwanderten, die römischen Ansiedlungen weiterbenutzten und wohl mit den aus den Schriftquellen gut bekannten Bukinobanten identisch sind. Die Gräberfelder des fünften Jahrhunderts von Eltville, Weilbach, Gonzenheim bei Bad Homburg, Massenheim und Eichen (Main-Kinzig-Kreis)[54] sind sicher ebenfalls dieser Bevölkerung elbgermanischer Herkunft zuzuordnen, ein Bevölkerungswechsel

---

[51] Greg. Tur. Hist. Franc. II 40.
[52] Metzner, BNF N.F. 19, 1984, bes. S. 54f.
[53] Voraussetzung dafür wäre, daß die Bukinobanten tatsächlich elbgermanischen Ursprungs waren; zur südwestdeutschen Körpergräbergruppe vgl. R. von Uslar, Prähist. Ztschr. 52, 1977, 132–134. Die germanische Stierfigur aus der Nähe Rüsselsheims (F. Maier, Eine germanische Stierfigur der späten Kaiserzeit aus dem Rhein-Main-Gebiet, Germania 59, 1981, 331–356) und die 3 Frauengräber von Groß-Gerau „Auf der Esch" (W. Jährling, Archäol. Korr.bl. 15, 1985, 391–395) wären den Trägern dieses Grabbrauchtums ebenfalls zuzuordnen.
[54] K. Böhner, Der Beginn des Mittelalters im Land zwischen Taunus und Main, in:

größeren Stils ist für das fünfte Jahrhundert nicht anzunehmen. An den mit den Alemannen-Bukinobanten in Verbindung zu bringenden Ortsnamen kann man darüber hinaus einen charakteristischen Unterschied zwischen dem linksrheinischen Gebiet (Rheinhessen) einerseits und den rechtsrheinischen Kleinlandschaften – Untermaingebiet, Taunusrand, Wetterau – andererseits ausmachen. In dem zuletzt genannten Raum sind eine ganze Reihe von mit -weil gebildeten Ortsnamen – und auch einige ähnlich gebildete Flurnamen – festzustellen, mit denen die namengebende Bevölkerung, die Alemannen, verlassene Römerstätten bezeichneten, in denen sie sich niedergelassen hatten; -weil ist nichts anderes als das germanische Lehnwort für *villa*, d. i. Landgut oder überhaupt jeder von den Römern hinterlassene Bau. Das Grundwort -weil ist übrigens häufig nur sehr schwer zu erkennen (z. B. Echzell aus Ahizuuila; Bad Vilbel aus Feluuila; aber vgl. Eltville aus Altavilla); daneben begegnen heute aber auch eindeutige -weil-Namen wie Dortelweil, Petterweil. Auf vorfränkische, ebenfalls vielleicht alemannische Besiedlung verweisen auch die zahlreichen -ingen-Namen, die sich im südlichen und mittleren Hessen in nicht geringer Anzahl finden und zudem noch breiter gestreut sind als die -weil-Namen, da sie nicht an eine ursprünglich römische Bebauung und deren Weiterbenutzung durch die Neusiedler gebunden sind. Auch in bezug auf die -ingen-Namen ist eine auffällige Aussparung des Gebiets links des Rheins und besonders Rheinhessens festzustellen, was man vielleicht damit erklären kann, daß die alemannische Besiedlung des rechten Rheinufergebiets früher begann als die des linken.[55]

Möglicherweise kann auch die Keramik die namenkundlichen Befunde und die daraus gezogenen Schlüsse bestätigen. Die geographische Verteilung handgemachter Töpfe im Mittelrheingebiet läßt wiederum den charakteristischen Unterschied zwischen dem Gebiet auf dem linken und dem auf dem rechten Rheinufer erkennen.[56] Wenn man die handgemachte Ware des fünften Jahrhunderts den Alemannen zuordnet, die in der römischen Tradition stehende scheibengedrehte Ware der gallorömischen Restbevölkerung, wobei die handgemachte Keramik im rechtsrheinischen Gebiet eindeutig vorherrscht, so bestätigt sich dadurch erneut die Auffassung, daß das alemannische Substrat im rechtsrheinischen Gebiet früher vorhanden und stärker ausgeprägt war. Auch wird man dort bereits für das vierte Jahrhundert eine Vermischung von alemannischer und provinzialrömischer Bevölkerung – soweit

---

Bad Homburg v. d. H. 782–1982, 1983, 9 ff.; vgl. auch Katalog ›Hessen im Frühmittelalter‹ (wie o. Anm. 4) unter den genannten Fundorten.
[55] Zu den namenkundlichen Befunden vgl. Staab (wie o. Anm. 50), 207–213, und Metzner, BNF N.F. 19, 1984, bes. 32 ff.
[56] Zu mit der Keramik verbundenen Problemen vgl. Staab, ebd. 214–219, dort auch die einschlägige Lit.

diese geblieben war – annehmen können, von einer Angleichung der Lebensweise und des Zivilisationsniveaus einmal ganz abgesehen. Für eine kulturelle und vielleicht auch ethnische Symbiose zwischen Alemannen und spätrömischer Restbevölkerung sprechen auch die Funde und Befunde auf dem Glauberg;[57] dort sind überraschend viele römische Altsachen zutage getreten, die wohl nicht nur auf intensiven Handelsverkehr mit den Gebieten links des Rheins zurückgehen, sondern dort ansässige Handwerksbetriebe ausweisen, in denen möglicherweise *Romani* – Galloromanen, wie die Forschung in der Regel sagt – gearbeitet haben. Mit aller Vorsicht könnte man diese Auffassung wieder durch einen namenkundlichen Beleg stützen wollen: ein kleiner Bereich in unmittelbarer Nähe des Glaubergs heißt Welschlache,[58] möglicherweise verweist der erste Namensbestandteil auf eine in der Umgebung des Glaubergs einmal ansässige römische Substratbevölkerung. Auch sonst sind Welsch-Namen im hessischen Raum relativ häufig.[59] Zusätzlich hat Staab[60] zeigen können, daß die mit -walah- gebildeten Personennamen auf 'welsches' Volkstum, auf provinzialrömische Restbevölkerung zurückgehen; Germanen (Alemannen, Franken) lebten demnach in enger Symbiose mit den *Romani*.

Wenn vom Glauberg bei Büdingen gesprochen wird, so darf auch der Dünsberg nordwestlich von Gießen nicht unerwähnt bleiben. Die Frühmittelalterarchäologie hat nachweisen können, daß der Berg zweimal, in der Spätlatènezeit und in der Periode, mit der wir uns beschäftigen, als befestigte Siedlung genutzt wurde.[61] Für diese jüngere Phase steht eine große Anzahl von Metall-

[57] H. Richter, Der Glauberg, Volk u. Scholle 12, 1934, 289–316; J. Werner, Zu den alamannischen Burgen des 4. u. 5. Jahrhunderts, Speculum Historiae. Festschr. J. Spörl, 1965, 439 ff.; Katalog Hessen im Frühmittelalter (wie o. Anm. 4), Nr. 168: S. 258 f.

[58] Auf der Karte bei Richter, ebd. 305, als „Wälschlache" zwischen Dorf Glauberg und der Glauburg in Fortsetzung des Annexwalles verzeichnet.

[59] Das Hessische Flurnamenarchiv Gießen hat mir eine Liste mit insgesamt 36 Belegen für Welsch-Namen zur Verfügung gestellt (mit Schreiben vom 13. 12. 1985), die jedoch möglicherweise um den einen oder anderen Beleg zu reduzieren ist. Die Welsch-Namen können jedenfalls nicht pauschal mit den frühmittelalterlichen Bevölkerungsverhältnissen in Verbindung gebracht werden, sondern man muß jedem einzelnen Beleg gesondert nachgehen und seine Überlieferungsgeschichte prüfen. – Vgl. G. Wiesenthal, Die alten Namen der Gemarkung Glauberg, Gießen 1936, 100; H. Kuhn, Welsch-Namen zwischen Weser und Rhein, BNF N.F. 8, 1973, 309–342; W. Kleiber, Probleme romanisch-germanischen Sprachkontakts, 528–545, u. M. Halfer, Germanisch-romanische Kontaktphänomene, 546–559, in: Gießener Flurnamen-Kolloquium 1984, hrsg. v. R. Schützeichel, Heidelberg 1985; W. Haubrichs–H. Ramge (Hrsg.), Zwischen den Sprachen. Siedlungs- und Flurnamen in germanisch-romanischen Grenzgebieten. Beiträge d. Saarbrücker Kolloquiums Okt. 1980, Saarbrücken 1983.

[60] Staab (wie o. Anm. 50), 19 f. u. 117.

[61] G. Jacobi, Die Metallfunde vom Dünsberg, Wiesbaden 1977; G. Mildenberger, Die germanische Besiedlung des Dünsberges, Fundber. Hess. 17/18, 1977/78, 157–163.

funden, vor allem Waffen (Schwerter, Äxte, Lanzen- und Pfeilspitzen). Es ist zwar strittig, ob diese Metallfunde eine durchgehende Benutzung des Berges etwa vom späten vierten bis zum frühen sechsten Jahrhundert dokumentieren oder ob sie auf zwei Phasen aufzuteilen sind, das Ende der Dünsbergsiedlung ist jedenfalls auf den Beginn des sechsten Jahrhunderts festzulegen, ähnlich also wie auf dem Glauberg (wo wohl erst wieder seit dem frühen siebenten Jahrhundert gesiedelt und gebaut wurde). Damit kämen wir exakt in die Zeit, in der nach den literarischen Quellen die Alemannen und vor allem die alemannischen Herren von den fränkischen Siegern vertrieben wurden und die herrschaftliche Durchdringung und Organisation des südlichen und mittleren Hessen ihren Anfang nahm. Dabei läßt die besondere Fundsituation auf dem Dünsberg der Phantasie und Spekulation freien Lauf, die auffälligen Waffenfunde könnten durchaus die letzten und stummen Zeugen eines dramatischen Vorgangs sein, den uns die schriftliche Überlieferung leider verschwiegen hat. Der Sieg der Franken bedeutete für die Höhensiedlungen und Burgen der alemannischen Herren[62] in unserem Raum einen deutlichen Bruch, während in den ländlichen Siedlungen, in denen die unteradligen Schichten der Alemannen zusammen mit anderen Substratbevölkerungen wohnten, das Leben ohne tiefgreifende Veränderungen, mehr oder weniger kontinuierlich, weiterging und man sich ohne große Hast und allzu große Repression seitens der neuen Herren darauf vorbereiten konnte, fränkische Neusiedler aufzunehmen und mit diesen eine Symbiose einzugehen. Das Mittelalter hatte endgültig begonnen.

---

[62] Man muß von einer größeren Anzahl befestigter alemannischer Höhensitze im mittel- und südhessischen Raum ausgehen, auch wenn solche Plätze bisher kaum nachgewiesen sind. Die Heuneburg (auch: Altscheuer) bei Lichtenberg, Kreis Darmstadt-Dieburg, gehört bestimmt dazu (E. Anthes, Germania 1, 1917, 151; G. Mildenberger, Germanische Burgen, Münster 1978, 100 f.; Katalog Hessen im Frühmittelalter [wie o. Anm. 4], Nr. 173: S. 262). Höhen, die vorgeschichtliche Ringwälle trugen, boten sich den Alemannen als Burgen und Herrschaftsmittelpunkte geradezu an: bisher lediglich als frühe fränkische Burgen nachgewiesene Plätze wie der Schiffenberg bei Gießen oder der Johannisberg bei Bad Nauheim, die vielleicht doch schon eine alemannische Vornutzung hatten. Zu den frühgeschichtlichen Befestigungen in Mittel- und Südhessen vgl. F.-R. Herrmann, in: Katalog Hessen im Frühmittelalter (wie o. Anm. 4), 64–66; zum Schiffenberg vgl. ebd. Nr. 170: S. 260 f., zum Johannisberg vgl. ebd. Nr. 169: S. 259 f. jeweils mit der weiterführenden Literatur.

Die Spätrömische und Nachrömische Zeit in den Gebieten am Mittelrhein

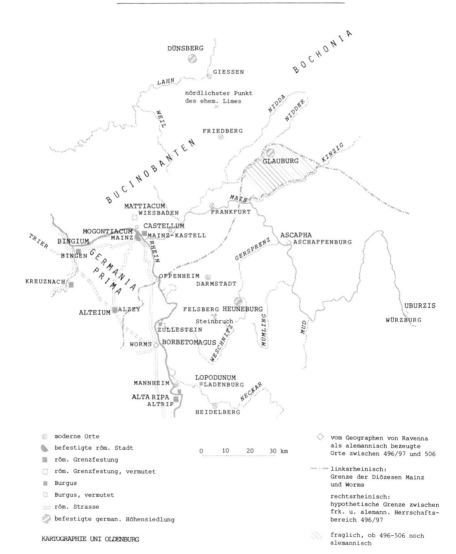

Die spätantike Zeit am Mittelrhein, im Untermaingebiet und in Oberhessen

Daten- und Ereignistabelle

seit 2. Hälfte 4. Jh. n. Chr.	Kämpfe Roms mit den Alemannen im Ober- und Mittelrheingebiet – 357 Sieg Kaiser Julians in der Schlacht bei Straßburg.
364–388	Valentinian I. stellt eine Eliteformation *(auxilium palatinum)* aus Bukinobanten ('Nordalemannen') auf, diese nimmt am Britannienfeldzug 368/9 teil, dann in das dortige Bewegungsheer integriert; Herbst 371 Feldzug Valentinians I. gegen die Bukinobanten in Mittelhessen; noch unter Valentinian I. wird der Bukinobantenkönig Fraomar als Befehlshaber der Bukinobanteneinheit nach Britannien 'versetzt'; zusammen mit ihrer Schwestereinheit wird die Bukinobantenformation 388 in das Orientheer eingegliedert.
401/2	Der Heermeister Stilicho zieht Einheiten des Bewegungsheeres aus den gallischen und germanischen Provinzen zur Bekämpfung der Goten (Alarich) in Italien ab.
31. 12. 406	Rheinübergang der Vandalen, Alanen und Quaden/Sueben bei Mainz, 406/7 auch Rheinübergang der Burgunder (vielleicht zwischen Worms und Mainz) – an den Verwüstungszügen weit nach Gallien hinein auch Alemannen beteiligt.
407/8	Soldverträge *(foedera;* keine Landzuweisungen) Kaiser Konstantins III. mit Franken, Alemannen, Burgundern und den Alanen König Goars; die Vandalen, die Quaden/Sueben und die Alanen unter Respendial sind nicht von den Römern zu gewinnen.
408	Die (Rhein-)Franken erleiden in römischem Dienst eine Niederlage durch Vandalen und die Alanen des Respendial (irgendwo im linksrheinischen Gebiet abseits vom Rheintal).
411	Burgunder und Alanen proklamieren Iovinus zum Kaiser, Franken und Alemannen schließen sich an.
413/14	Attribution des linksrheinischen Gebiets (ungefähr zwischen Selz und Bingen) an die Burgunder (Zentrum Worms) und an die Alanen Goars – ein Uferstreifen mit Mainz mit Verbindung zum römischen Herrschaftsgebiet um Trier bleibt römisch – neue *foedera* mit Franken und Alemannen.
440–443	Versetzung der Alanen nach Orléans und Valence, der Burgunder in die Sapaudia – Nachrücken der Alemannen.
450	Einfluß Attilas reicht über die Thüringer und Alemannen bis zu den Franken, der Hunnenkönig interveniert bei einem Thronstreit unter den letzten (wohl den rheinischen Franken).
451	Attila rückt zum Ober- bzw. Mittelrhein vor, Alemannen nicht unter seinen Hilfsvölkern genannt (wohl aber die Franken) – Rheinübergang bei Mainz oder erst im Neuwieder Becken – der Mainzer Bischof Auraeus soll durch die Hunnen das Martyrium erlitten haben.
454/55	Eindringen rhein. Franken in die Germania I, Landnahme der Alemannen im Linksrheinischen bezeugt (Sid. Apollinaris) – neue *foedera* Roms mit Franken u. Alemannen, Ende der Mainzer Bischofsliste.

ca. 480	Ende des Trierer Komitats des Arbogast, zu dem Mainz und der von den Römern behauptete Gebietsstreifen zwischen Mainz und Andernach gehörte.
ca. 490	Schlacht bei Zülpich: Abwehrerfolg der Rheinfranken unter König Sigibert gegen die Alemannen.
496/7	Die vereinigten fränkischen Heere (Rheinfranken unter Sigibert, Salfranken umer Chlodwig) schlagen die Alemannen in einer Schlacht (Weihnachten 497 oder 498 Taufe Chlodwigs).
497–506	Gültigkeit der neuen Grenzziehung zwischen Alemannen und Rheinfranken: zwischen Mainz und Worms in Richtung Untermain zw. Frankfurt und Aschaffenburg, die Gebiete nördlich von Rhein und Main gehören zum Herrschaftsgebiet der Rheinfranken (Residenz Köln).
506	Neuerlicher Alemannensieg Chlodwigs (und der Rheinfranken?), der Alemannenkönig fällt in der Schlacht, die Alemannen ziehen sich auf die Gebiete südlich der Oos zurück – Protektorat Theoderichs.
ca. 510	Chlodwig beseitigt das rheinfränkische Königtum.

DAS SCHISMA VON 418/19
UND DAS EINGREIFEN DER KAISERLICHEN GEWALT
IN DIE RÖMISCHE BISCHOFSWAHL*

Von Heinrich Chantraine

Das Œuvre Karl Christs ist so groß und vielseitig, daß es schwerfällt, zu seiner Festschrift etwas für den Forscher ganz Spezifisches beizusteuern. So konnte ich mich weit umsehen und habe schließlich ein Thema aus der Spätantike gewählt, von dem ich sicher bin, daß es das Interesse des Jubilars finden wird.

Am 26. Dezember 418 war nach nicht zweijährigem Pontifikat Bischof Zosimus gestorben. Es kam zu einem Schisma, indem die Diakone und einige Presbyter, von einem Teil des Volkes unterstützt, den Archidiakon Eulalius zum Nachfolger erkoren, die meisten Presbyter jedoch, angeblich etwa 70,

---

* Außer speziellen, in den Anmerkungen nachgewiesenen Arbeiten wurden benutzt:
F. Gregorovius, Geschichte der Stadt Rom im Mittelalter vom V. bis XVI. Jahrhundert, hrsg. von W. Kampf, Bd. I, Tübingen 1953.
H. Grisar, Rom beim Ausgang der antiken Welt (= Geschichte Roms und der Päpste im Mittelalter, Bd. I), Freiburg 1901.
O. Seeck, Geschichte des Untergangs der antiken Welt, Bd. VI, Stuttgart 1920 (= Seeck, Untergang).
E. Stein, Histoire du Bas-Empire I, Paris ^{2}1949.
A. H. M. Jones, The Later Roman Empire, 3 Bände, Oxford 1964.
St. I. Oost, Galla Placidia, Chicago 1968.
L. Duchesne, Histoire ancienne de l'Eglise, Bd. III, Paris ^{3}1910.
E. Caspar, Geschichte des Papsttums von den Anfängen bis zur Höhe der Weltherrschaft, Bd. I, Tübingen 1930.
G. Bardy, in: A. Fliche–V. Martin (Hrsg.), Histoire de l'Eglise, Bd. IV, Paris 1937.
J. Haller, Das Papsttum, Idee und Wirklichkeit, Bd. I, Stuttgart ^{2}1950.
F. X. Seppelt, Geschichte der Päpste von den Anfängen bis zur Mitte des 20. Jahrhunderts, Bd. 1, München ^{2}1954.
K. Baus, in: H. Jedin (Hrsg.), Handbuch der Kirchengeschichte, Bd. II 1, Freiburg 1973.
Wichtig für die Chronologie der Ereignisse sind nach wie vor:
Ph. Jaffé (–F. Kaltenbrunner), Regesta Pontificum Romanorum, Bd. I, Leipzig ^{2}1885.
O. Seeck, Regesten der Kaiser und Päpste für die Jahre 311 bis 476 n. Chr., Stuttgart 1919 (= Seeck, Regesten).

und eine große Zahl von Laien dem Presbyter Bonifatius die Sukzession antrugen. Beide wurden am folgenden Sonntag, dem 29. Dezember, in der Lateranbasilika bzw. in der Marcellus-Kirche ordiniert. Der Streit zog sich bis Anfang April 419 hin. Er stellte den Hof von Ravenna vor eine schwierige Entscheidung, da die Rechtmäßigkeit des Anspruchs auf den Stuhl Petri nicht so einfach zu ermitteln war, wie die Parteien behaupteten. Eine Synode zu Ravenna brachte kein Ergebnis, so daß eine zweite nach Spoleto einberufen werden sollte. Eine „elegante" Lösung des Problems ergab sich schließlich dadurch, daß Eulalius einen an beide Rivalen gerichteten kaiserlichen Befehl mißachtete und so Bonifatius die Gunst des Kaisers, aber anscheinend auch der Mehrheit des Volkes erwarb.

Wir sind über die damaligen Ereignisse recht gut unterrichtet, da in der ›Collectio Avellana‹ 23 Schriftstücke der Zeit vom 29. 12. 418 bis Mitte/Ende April 419 erhalten sind, die sich mit der Angelegenheit befassen.[1] Sie stammen vom damaligen *praefectus urbi* Symmachus, dem Kaiser Honorius, den Anhängern des Bonifatius, von Galla Placidia, ihrem Gatten Flavius Constantius und dem *proconsul Africae* Largus. Adressaten sind Kaiser Honorius, Flavius Constantius, die mit dem Schisma befaßte Synode zu Ravenna, der Senat von Rom, das römische Volk, der *proconsul Africae* Largus, die Bischöfe Achilleus von Spoleto, Paulinus von Nola, Aurelius von Carthago, Augustinus von Hippo, Alypius von Thagaste, Deuterius von Caesarea Mauretaniae, Donatianus von Thelepte, Euhodius von Vzali, Novatus von Sitifis und Silvanus, der *episcopus Summensis*.

Der erhaltene Bestand ist keineswegs komplett. So fehlen etwa das Einladungsschreiben an die Synodalen von Ravenna, die Einladung an die italischen und gallischen Bischöfe zur Synode von Spoleto mit Ausnahme eines wohl als Begleitbrief zu deutenden Schreibens an Paulinus von Nola, es fehlen die vorauszusetzenden Antworten der Bischöfe und eine „Vollzugsmeldung" des Largus.[2] Dazu sind manche Schriftstücke nicht vollständig überliefert, da zu Beginn der Schreiben oft die Anrede, die „Adresse" weggelassen ist und – wie schon das wiederholte Fehlen des Datums zeigt – der Schluß gleichfalls einer Streichung zum Opfer gefallen ist. Daraus erklärt

---

[1] Der Text in: Epistulae imperatorum pontificum aliorum inde ab a. CCCLXVII usque ad a. DLIII datae, Avellana quae dicitur collectio, ed. O. Günther, Wien 1885/98 (= CSEL XXXV). Einschlägig sind die Nummern 14–36. Zur Quelle s. B. Altaner–A. Stuiber, Patrologie, Freiburg [8]1978, 231.

[2] Aus Brief 15, 3 ist vielleicht auf eine erste (nicht erhaltene) Bittschrift der Anhänger des Bonifatius zu schließen. Dort spricht der Kaiser von *ammotae preces*. Sie können allerdings auch mündlich vorgetragen worden sein. – Die verbindenden Bemerkungen in der ›Collectio Avellana‹ – so vor Brief 14 und 21 – sind aus den Texten ableitbar, ebenso das Präskript zu Brief 29, so daß deshalb nicht auf weitere Verluste zwingend geschlossen werden kann.

Das Schisma von 418/19 und das Eingreifen der kaiserlichen Gewalt   81

sich, daß für die Briefe 25, 27 und 28 falsche Absender angegeben sind. Schließlich sind die manchen Briefen beigefügten „Anlagen" nicht erhalten.³ Dennoch bietet die Sammlung – jedenfalls für antike Verhältnisse – eine erfreulich breite Informationsbasis.

Sieht man von einer handschriftlichen Variante zu Prosper Tiro ab,⁴ so kommt als Quelle nur noch der ›Liber pontificalis‹ in seinen verschiedenen Versionen in Betracht.⁵ Sein Zeugniswert ist, wie auch sonst, von unterschiedlicher Qualität. Manches muß im Lichte der soeben genannten Korrespondenz als irrig betrachtet werden, anderes erfährt direkt oder indirekt eine Bestätigung.⁶ Ob ergänzende Informationen als gesichert gelten dürfen, steht dahin, ist aber hier ohne erhebliche Bedeutung.

Trotz der relativ guten Überlieferungslage bleiben einige Fragen offen. Hier sollen vornehmlich vier Problemkreise untersucht werden, nämlich: 1. die Parteilichkeit oder Unparteilichkeit des damaligen Vertreters des Kaisers in Rom, des *praefectus urbi* Aurelius Anicius Symmachus, 2. die Parteilichkeit oder Unparteilichkeit der Regierung in Ravenna, 3. die Ursachen des Schismas und – damit auf das engste verbunden – 4. die Motive des Eulalius zur Verletzung kaiserlicher Befehle.

Über Aurelius Anicius Symmachus, *praefectus urbi* vom 24. 12. 418 bis Januar 420, einen Verwandten des berühmten Redners, ist nur weniges bekannt.⁷ Seine Religionszugehörigkeit ist umstritten. Die Mehrzahl der Forscher hält ihn für einen Heiden,⁸ A. Chastagnol möchte in ihm einen Christen sehen,⁹ R. von Haehling erklärt dagegen mit Recht die Frage für nicht entscheidbar.¹⁰ Aus der Biographie und speziell der Religionszuge-

---

   ³ Brief 14, 8: *gesta acclamationum populi*; 16, 8: *quae populus Romanus publico gaudio diversis acclamationibus agens gratias maiestati vestrae credidit publicanda*; 19, 2: *haec omnia gestorum serie comprehensa*; 19, 3: *eadem quae optulerunt actis inserta*; 34, 4: *acclamationibus, quae subiectae sunt*.

   ⁴ Chronica minora, ed. Th. Mommsen, I 469 Apparat zu 1270.

   ⁵ Liber pontificalis, ed. L. Duchesne, I 86 ff.; 223 ff., vgl. III 84.

   ⁶ Abweichende Angaben des ›Liber pontificalis‹ werden hier weder notiert noch diskutiert.

   ⁷ Seeck, RE IV A, 1158 f. s. v. Symmachus Nr. 21; J. R. Martindale, Prosopography of the Later Roman Empire (= PLRE) II, Cambridge 1980, 1043 f.; A. Chastagnol, Les Fastes de la Préfecture de Rome au Bas-Empire, Paris 1962, 279–281; 291 f.; 294.

   ⁸ So Gregorovius I 85; Stein I 273; Jones I 210; Duchesne III 247; Caspar I 364; Haller I 130; Bardy IV 352; Seppelt I 154; H. Marot, Dictionnaire d'Histoire et de Géographie ecclésiastiques (= DHGE) XV 1385 s. v. Eulalius, Nr. 1.

   ⁹ A. Chastagnol, La Préfecture urbaine à Rome sur le Bas-Empire, Paris 1960, 175, und Les Fastes (wie Anm. 7), 281, vgl. PLRE II 1044 ("perhaps a Christian"). Gegen Chastagnols Argumentationsweise J. Bleicken, ZRG, Rom. Abt. 80, 1963, 448 mit Anm. 8.

   ¹⁰ R. v. Haehling, Die Religionszugehörigkeit der hohen Amtsträger des Römischen

hörigkeit läßt sich somit alles in allem kein Argument gewinnen, das bei der Untersuchung der Parteilichkeit oder Unparteilichkeit hilfreich sein könnte. Symmachus hat jedenfalls, als die Doppelwahl sich abzeichnete und schließlich durch die Ordination des Eulalius und Bonifatius das Schisma eingetreten war, die Ansprüche des Eulalius für die besseren gehalten. Er hat demgemäß die etwas später einsetzenden Bestrebungen zur Wahl des Bonifatius durch eindringliche Ermahnungen zu verhindern gesucht und seinen Bericht über die Ereignisse nach Ravenna entsprechend abgefaßt. „Gefärbt" sind wohl die erweckten quantitativen Vorstellungen, indem es heißt, Eulalius sei *a populo et a clericis* zur Lateranbasilika geführt *(adductus)* worden und habe dort *cum maxima multitudine* verweilt. Die opponierende Gruppe wird als *aliquanti presbyteri*, aber immerhin als ziemlich viele und nicht *pauci* oder *paucissimi* bezeichnet, die *collecto populo* aktiv geworden sei.

Aus dem Bericht folgerte der Kaiser, daß Eulalius „ordnungsgemäß" gewählt und ordiniert worden sei, wobei er die entscheidenden Formalia besonders heraushob: *... Eulalium ..., cui competens numerus ordinantum, legitimi sollemnitas temporis locique qualitas recte venerandi nominis apicem contulerunt. Cum autem Bonifatio constet omnia defuisse ...*[11] Die Kriterien sind also: ausreichende Zahl der weihenden Bischöfe (über die allerdings im Brief des Symmachus nichts steht, aber vielleicht aus den in § 8 genannten „Anlagen" einiges zu entnehmen war), die Förmlichkeit des vorgeschriebenen Zeitpunkts, hier die Wahl nach der Bestattung des Vorgängers und die Ordination am darauffolgenden Sonntag, die „Qualität" des Ortes, nämlich die damalige „Papstkirche", die Lateranbasilika.[12]

Reiches seit Constantins I. Alleinherrschaft bis zum Ende der Theodosianischen Dynastie, Bonn 1978, 408f.; in gleichem Sinne wohl Oost 156, Anm. 66. Dieser betrachtet, m. E. zu Recht, die Wendung in Brief 32, 3: *ne quis mihi aemulus faceret religionis invidiam*, mit der Symmachus seine Abwesenheit beim Sturm auf die von den Eulalianern besetzte Lateranbasilika entschuldigt, als ein schwerwiegendes Argument für das Heidentum des Symmachus. Das allgemein gehaltene *divinitas* in Brief 29, 5 könnte das bestätigen. Andererseits finden wir in Brief 14, 3 das *iudicium dei omnipotentis* als für die Bischofswahl konstitutiv genannt und in 34, 1 die Entscheidung des Kaisers für Bonifatius als *quaecumque deo auctore firmantur* apostrophiert, vgl. *praecepto dei* in 34, 4. Sind solche Wendungen lediglich einem christlichen Kanzlisten zuzuschreiben und ist die individuelle Begründung von Brief 32, 3 richtig verstanden und damit ausschlaggebend?

[11] S. auch Brief 15, 1: *... cum ... circa meritum Eulalii ordine subrogandi communi iudicio concinens multitudo sonuisset ac plena erga se omnia, quae regula catholicae posceret disciplinae, successoris confirmatio custodiret ...*

[12] Die kaiserlichen Schreiben liegen in englischer Übersetzung bei P. R. Coleman-Norton, Roman State and Christian Church, a Collection of Legal Documents to A.D. 535, London 1966, vor. Brief 15, um den es hier geht, steht dort S. 586ff. als Nr. 352.

Die Antwort des Symmachus (Brief 16) spricht einerseits von der durch den kaiserlichen Bescheid eingetretenen „totalen Ruhe" *(totius multitudinis quies),* berichtet dann aber von der Unbotmäßigkeit des Bonifatius und seiner Anhänger, von Tätlichkeiten gegen einen seiner Amtsdiener, der Internierung des Bonifatius, um schließlich mitzuteilen, daß *paene omnis multitudo* zu Eulalius stehe und der kaiserliche Befehl *totius laetitia civitatis* bewirkt habe. Ob man hierin Parteilichkeit für Eulalius sehen will, ist Geschmackssache, Gegenstand des Briefes ist jedenfalls vornehmlich die insgesamt positive Wirkung des kaiserlichen Entscheides.

Antwort auf die kaiserliche Verfügung (Brief 15) ist die Petition der Anhänger des Bonifatius (Brief 17). Sie will die formalen Defizite als nicht existent oder durch die Gegenpartei zu verantworten darstellen und die Person des Eulalius in Mißkredit bringen. Man ist gemäß *ipsa religionis disciplina* verfahren. Es waren *plures sacerdotes,* die zusammenkamen und *communi iudicio* handelten. Doch Eulalius habe die Bestattungsfeierlichkeiten für seinen Vorgänger „verachtet", was vorzeitiges Verlassen, aber auch Abwesenheit suggeriert, und mit (den?) Diakonen, *paucissimi presbyteri* und einer *multitudo turbatae plebis* beinahe *(paene)* alle Eingänge der Lateranbasilika verrammelt. Man wählte dann am Ort der ersten Zusammenkunft[13] in Einklang mit der *Christiana plebs* den durch Alter, Vertrautheit mit dem heiligen Gesetz und Sittlichkeit ausgezeichneten, dazu sich sträubenden *(invitus)* Presbyter Bonifatius *acclamatione totius populi et consensu meliorum civitatis.* Seine Ordination erfolgte mit Unterstützung von circa 70 Presbytern im „Beisein" von 9 Bischöfen ordnungsgemäß *(ordine* bzw. *omnia, quae sollemnitas exigebat, impleta sunt).* Ihre Wahl ist als *dei iudicium* zu werten. Umgekehrt steht es laut dieser Petition mit Eulalius: Er hat trotz Ermahnung, *ne quid sibi temere praeter conscientiam cleri maioris assumeret,* unterstützt von *paucissimi presbyteri* unter Berufung auf Bischöfe, darunter den von Ostia, der fast schon tot war und wie seine Krankheit lehrt, gegen seinen Willen herbeigeschleppt

---

Coleman-Norton konstruiert den Satz wie folgt: *legitimi sollemnitas temporis locique, qualitas recte venerandi nominis,* und übersetzt entsprechend. Ich halte das für falsch, doch führt das Textverständnis von Coleman-Norton zu keiner abweichenden Schlußfolgerung.

[13] D. h.: die Kirche der hl. Theodora. So ist doch wohl Brief 17, 2: *ad eandem ecclesiam, ubi prius ab omnibus fuerat constitutum,* zu verstehen. Nicht auszuschließen ist aber St. Marcellus, wo Bonifatius ordiniert wurde. Caspar I 361 bezieht die zitierte Wendung auf die Lateranskirche. Das widerspricht der expliziten Angabe in Brief 14, 4 und ist schon deshalb unwahrscheinlich, weil die Anhänger des Bonifatius damit die Möglichkeit erhalten hätten, die Basilika ihrerseits für die Ordinationsfeier in Besitz zu behalten. Oost 157 liest aus den eingangs zitierten Worten heraus, "that Eulalius had previously agreed that the election should take place in the Church of Theodora". Die *omnes* sind aber, wie die folgenden Worte lehren, alle Anhänger des Bonifatius.

worden war, eine ihm nicht zukommende Würde *(locus) incustodito religionis ordine per ambitum* an sich gerissen und versuche nun durch *homines disciplinae inscios ac religionis ignaros* seine Position zu behaupten. Der Kaiser sei durch eine *falsidica relatio* getäuscht worden.

Eine sachliche, „wahrhaftige" Darstellung der Ereignisse war die Petition nicht. Klar ist, daß von Anfang an beide Gruppen ihren Kandidaten durchbringen wollten, daß nicht auf der einen Seite eine *turbata plebs*, auf der anderen die *Christiana plebs* bzw. *totus populus* und *meliores civitatis* standen. Der Hinweis auf den *clerus maior* und seine Ansprüche sucht die Tatsache zu verdecken, daß die Diakone damals gleichfalls dem *superior ordo* zugeordnet wurden und schon einige Päpste aus ihren Reihen hervorgegangen waren.[14] Bonifatius soll, wie das Herkommen es erforderte, gegen seinen Willen *(invitus)* gewählt worden sein, Eulalius aus Ehrgeiz den Bischofsthron angestrebt haben. Im ersten Schreiben des Symmachus (Brief 14, 4) heißt es aber: *Eulalius ad ecclesiam Lateranensem de exequiis prioris episcopi a populo et a clericis ... adductus*, so daß sich über seine „Unfreiwilligkeit" trefflich streiten ließ und es sich fragt, worin die *impia contemptio* der Bestattungsfeierlichkeiten bestand. Die Gewalttaten der Bonifatianer ließen sich nicht bestreiten, also ist keine Rede davon, dagegen werden solche der Eulalianer angedeutet, wobei mit dem *obstrusis p a e n e omnibus ingressibus* der Laterankirche eine bemerkenswerte Einschränkung gemacht wird. Dennoch: der solenne Ort von Wahl und Weihe hatte durch die Machenschaften der Gegenpartei nicht zur Verfügung gestanden. Nicht leugnen ließ sich ferner, daß Eulalius von der erforderlichen Zahl von Bischöfen ordiniert worden und daß darunter der üblicherweise fungierende Bischof von Ostia war. Die Zahl wird nicht genannt – es mußten mindestens drei sein –, dagegen die neun *ordinantes* des Bonifatius unterstrichen.[15] Die Teilnahme des Ostienser Bischofes auf der Gegenseite wird mit einer diffamierenden Vermutung als in gröblichster Weise manipuliert dargestellt.

Die Petition schließt mit der Bitte, der Kaiser möge seine Entscheidung aufheben und nach Anhörung beider Parteien am Hofe endgültig sein Urteil fällen.

Honorius ist darauf eingegangen. Ob er selbst Zweifel am Bericht des Symmachus und seiner darauf fußenden Entscheidung bekommen hat oder die andauernde Störung der Ordnung in Rom ihn veranlaßte oder Kräfte am Hof ihn bewogen, wissen wir nicht. Brief 18 hebt auf das erste Moment ab.[16]

---

[14] S. dazu etwa J. Gaudemet, L'Eglise dans l'Empire Romain (IVe–Ve siècles), Paris 1958, 100 ff., oder Baus II 1, 278 ff.

[15] S. Gaudemet (wie Anm. 14), 339; Baus II 1, 296 ff.; und zur Rolle des Bischofs von Ostia Gaudemet 409.

[16] Er datiert vom 15. Januar 419, nicht vom 18. Januar, wie Caspar I 362 schreibt.

Beide Parteien sollen sich am 8. Februar 419 in Ravenna einfinden – einem Samstag, da die Synode mit einer Sonntagsmesse zu beginnen hatte – und dann *prolatis ecclesiasticae institutionis exemplis* ihr Vorgehen verteidigen und nachweisen, daß die Widersacher *magis in legem catholicam deliquisse ... praesumpta inmeriti electione.* Das Urteil solle von einer angemessenen Zahl *(competens numerus)* von Bischöfen aus verschiedenen Provinzen gefällt werden.

Symmachus meldete im nächsten Schreiben (Brief 19) die Weitergabe des Befehls, übersandte seine diesbezüglichen Anordnungen, berichtete von entstandenen Unruhen und vor allem darüber, daß beide Parteien gegen ihn verleumderische Behauptungen aufstellten, um sich selbst durch Lügen reinzuwaschen. Er legte auch diese Beschuldigungen bei und bat, *ut apud clementiam vestram nullius partis studiis famuli vestri appetatur absentia, qui ... me ab oppugnatione vel favore ambarum partium ut decebat credidi separandum* (19, 4). Ob Honorius Angriffe der Parteien auf Symmachus unterbunden oder diesen zur Verteidigung seines Vorgehens nach Ravenna beordert hat, ist unbekannt.

Während Gregorovius lapidar vermerkt: „... Symmachus begünstigte seinen Freund Eulalius"[17], drückt sich Duchesne vorsichtiger aus: «Il (Symmachus) prit parti pour Eulalius et écrivit en ce sens à Ravenne», eine Formulierung, die Spätere übernommen haben.[18] Der Eindruck ungerechtfertigter Parteinahme ist durch solche Wortwahl leicht erweckt. Er wäre falsch, ist jedenfalls aus den Quellen nicht abzulesen. Gewissermaßen das Leitmotiv aller Briefe des Symmachus wie auch des Kaisers ist die Bewahrung der Ordnung.[19]

Die Begriffe *quies, pax, securitas, tranquillitas* und *concordia* sowie deren Gegenteil: *furor, incentores, perturbare* bzw. *perturbatio, publicum bellum, seditio, strepitus, tumultus, turba* durchziehen von Anfang an die einschlägigen Schreiben. Des weiteren ist festzustellen, daß selbst eine Synode von Bischöfen zu keinem Urteil über die Rechtmäßigkeit bzw. Unrechtmäßigkeit der einen oder anderen Wahl kam. Die *exempla ecclesiasticae institutionis* waren anscheinend nicht so zahlreich und eindeutig, wie man gehofft hatte. Den wohl härtesten Streitpunkt bildete, so scheint es, die Bindung von Bischofswahl und Bischofsweihe an die Lateranbasilika.[20] Waren die Bischöfe

---

[17] Gregorovius I 85.
[18] Duchesne III 247. S. ferner G. Bardy, DHGE IX 895 s.v. Bonface, Nr. 9; H. Morat, ebd. XV 1385 s.v. Eulalius, Nr. 1; A. Amore, Enciclopedia Cattolica V 807 s.v. Eulalio; Seppelt I 154.
[19] Das betont richtig Bardy, DHGE a. O.
[20] In Brief 25 schreibt Galla Placidia, daß die eine Partei (die des Eulalius) *de praesumptis per vim parietibus existimet confidendum,* daß „sie glaube, auf die gewaltsam vorher in Besitz genommenen Wände vertrauen zu dürfen". Coleman-Norton (wie

in der Angelegenheit überfordert, so der *praefectus urbi* erst recht. Der Kaiser hat sich denn auch aus anderen Gründen schließlich gegen Eulalius entschieden, und er hat – trotz dieses Urteils – den Symmachus für ein weiteres Jahr in der Position des Stadtpräfekten von Rom belassen.

Die Behandlung des Schismas durch den Kaiser oder, sagen wir, den Hof, war zunächst unparteiisch. Auf die Petition der Bonifatianer hin konstatierte Honorius in Brief 18 eine *causa nobis non supervacuae deliberationis*, er suspendierte seine früheren Anordnungen, er bestimmte, daß Bonifatius und Eulalius, die beide als *religiosissimi viri* bezeichnet werden, sich am 8. Februar in Ravenna einzufinden hätten, dazu die jeweiligen *auctores utriusque ordinationis*. Fernbleiben sollte als Schuldbekenntnis gelten. Die Entscheidung war einer „angemessenen" Zahl[21] von Bischöfen verschiedener Provinzen vorbehalten, die in Gegenwart des Kaisers ihre Untersuchung führen sollten. Die frühere (zugunsten des Eulalius ergangene) Verfügung und sonstige Vorkommnisse sollten im Verfahren keine Rolle spielen: *de transactis sibi blandiri neminem decet*.

In seinem Schreiben an die Synode (Brief 20) legte der Kaiser Wert auf die *congrua ordinatio* des Verfahrens, er unterstrich, daß alle Bischöfe, die an den beiden römischen Bischofsordinationen beteiligt waren, *sine iniuria sui et manente reverentia* als befangen ausgeschieden worden waren, daß seine frühere Entscheidung kein Präjudiz darstellen dürfe und lediglich mit Gottes Hilfe die *Christianae legis integra reverentia* zu gelten habe.

Als die Synode in Ravenna ergebnislos abgebrochen und für den 13. Juni eine neue und größere in Spoleto anberaumt worden war, galt es, auch weiterhin keine der streitenden Parteien in irgendeiner Form zu begünstigen. Honorius spricht in Brief 21 von beiden Opponenten als *episcopi urbis aeternae*, er trug aber Sorge, daß keiner das Osterfest in Rom feiern dürfe. Die Ausrichtung wurde dem Bischof Achilleus von Spoleto, *quem a favore partium constaret alienum*, übertragen (vgl. Brief 22). Ähnlich, jedenfalls in der Sache nicht abweichend, formulierte er in Brief 23 und 24, Eulalius und Bonifatius sind jeweils beide *episcopi* genannt. Der Aufschub des Urteils resp. die Berufung der neuen Synode wurden ausdrücklich mit der Wichtigkeit der

---

Anm. 12), der den Brief als Nr. 359 aufgenommen hat, kommt mit dem Sinn nicht zurecht und meint daher S. 597: "The latter part of the causal clause seems to mean that Eulalius is confident that he can become pope, even if he must storm the walls to occupy the papal throne." Die *parietes* sind die Wände der Kirche, hier die Wände der Laterankirche, in der ja Eulalius gewählt und geweiht worden war. Zu *parietes* als Kirchenwände vgl. Lactanz, de mort. pers. 15, 7: *conventicula, id est parietes*.

[21] Die Zahl ist unbekannt. Ob der Angabe der 1. Auflage des ›Liber pontificalis‹ (I p. 89 Duchesne), 52 Bischöfe hätten Eulalius abgesetzt, ein Wert beizumessen ist und die Zahl sich auf die ravennatische Synode bezieht, muß offenbleiben.

Angelegenheit, die nicht übers Knie gebrochen werden dürfe, entschuldigt. Irgendwelche Voreingenommenheit schimmert auch nicht in Brief 26, der Einladung afrikanischer Bischöfe zum Konzil von Spoleto, durch.

Anders steht es dagegen mit den Briefen 25, 27 und 28, die von Galla Placidia bzw. aus deren Kanzlei stammen.[22] Formale Argumente, die ja auf der Synode zu Ravenna nicht zur Entscheidungsfindung geführt hatten, werden weithin durch moralische ersetzt. Brief 25, am 20. März oder kurz zuvor geschrieben – das Datum ist nicht überliefert –, ist an Paulinus von Nola gerichtet. Danach hatten auf der Ravennater Synode die *vitia* die Oberhand, es stand *prava et vetus ambitio* gegen den *benedictus vir sanctaeque vitae* im Kampf und glaubte, wider solche Vortrefflichkeiten apostolischer Tradition auf die gewaltsame Inbesitznahme der Laterankirche (wo Eulalius gewählt und geweiht worden war) vertrauen zu dürfen. Paulinus soll den Vorsitz der neuen Synode übernehmen. Laut Brief 27 hat *adversus papam urbis Romae ambitio reprehendenda* den Kampf aufgenommen und ist der Meinung, *sanctam vitam in episcopo ... non quaerendam (esse)*, und ähnlich heißt es in Brief 28: *adversus papam urbis Romae vitia cum castitate pugnare* und daß trotz einer so reich besuchten Synode *(tot sacerdotes) quibusdam dissentientibus nondum potuerit apostolica praeceptione firmata vita praeferri*. Die Briefe 27 und 28 sind Zusatzschreiben zu der kaiserlichen Ladung, die an acht afrikanische Bischöfe ergangen (Brief 26) und, wie wir gesehen haben, unparteiisch gehalten war. Brief 25 ist ähnlicher Natur: er steht in Zusammenhang mit der verlorengegangenen Einberufung der italischen Bischöfe. Das ist massive Stimmungsmache.[23]

[22] Daß die Briefe 27 und 28 von Galla Placidia stammen, ergibt sich aus der Bezugnahme auf *domni germani mei Augusti principis scripta* bzw. *sacra d. g. m. A. p.*, s. die Angaben O. Günthers im Apparat seiner Ausgabe. Lediglich Seeck, Regesten 340, möchte die Wendung auf Flavius Constantius deuten. Duchesne III 250 mit Anm. 1 hat erkannt, daß auch Brief 25 von Galla Placidia herrührt, vgl. dens., Liber pontificalis III, hrsg. von C. Vogel, Paris 1957, 84. Seeck, Regesten a. O., und Coleman-Norton (wie Anm. 12) 596f. zu seiner Nr. 359 übergehen diesen Sachverhalt. Zur Frage s. weiterhin etwa Caspar I 363 mit Anm. 4; W. Ensslin, RE XX 1918 s.v. Placidia, Nr. 1; Bardy IV 253 Anm. 1; H. Marot, DHGE XV 1385; Oost 158f. mit Anm. 67; 167; 268. – Vom Eingreifen der Galla Placidia weiß auch der Liber pontificalis (I p. 227 Duchesne).

[23] Oost 159 Anm. 67 wundert sich, daß in dem Schreiben des Honorius und denen der Galla Placidia an die Bischöfe (Briefe 25–28) nicht auf dogmatische Anliegen Bezug genommen wird. Bei dem Schisma von 418/19 ging es aber gar nicht um Fragen des Glaubens. Daß die „moralischen Argumente" mehr als konventionell waren, scheint mir sicher (s. o.). Sie mögen sich unter den *nascentes subinde causae* von Brief 24, 2 verbergen. Ein ganz wesentlicher Punkt muß dabei der *ambitus*, die *prava et vetus ambitio* gewesen sein, das dem Eulalius vorgeworfene Haschen nach der Bischofswürde, s. Brief 17, 4, 25, 1 und 27, 1.

Allgemein wird angenommen, daß Galla Placidia für Bonifatius Partei ergriffen habe. Anderer Meinung ist jedoch St. Oost.[24] Seine Gründe sind schwach: 1. möchte er nicht glauben, daß nach Aufhebung des Entscheides zugunsten des Eulalius Galla Placidia so offen für Bonifatius habe eintreten können. Nachdem aber die Entscheidung suspendiert und immer wieder eingeschärft worden war, daß sie kein Präjudiz bilden dürfe, war jede Parteinahme eine Brüskierung des Honorius. 2. Oost vermutet, Galla Placidia sei gleich ihrem Gatten eine Förderin des Bischofs Patroclus von Arles und seiner Ansprüche gewesen, während doch Bonifatius als Papst im Jahre 420 ihnen entgegentrat. Das ist jedoch eine Vermutung, die zudem aus einer Maßnahme des Jahres 425 abgeleitet wird. 3. Oost stellt fest, daß in den fraglichen Briefen viele Vorstellungen und Formulierungen begegnen, die sich in den Schreiben des Symmachus und Honorius vor der Widerrufung der Entscheidung zugunsten des Eulalius finden. Da es sich aber um einen begrenzten Kreis von terminologisch festgelegten Sachverhalten handelt und zudem „der Spieß umgedreht" werden sollte, ist ein solcher Befund ohne Gewicht. Dazu hat es Oost versäumt, Gehalt und Wendungen der Petition der Bonifatianer mit den Briefen Galla Placidias zu vergleichen. 4. Aus dem Ton des Symmachus-Briefes Nr. 29 und dem Schreiben des Constantius (Brief 30) schließt Oost, daß dieser (und Galla Placidia) für Eulalius eingenommen gewesen sei, ein, wie er selbst sagt, nicht eindeutiger Hinweis. 5. Oost fragt – und weiß selbst, daß verschiedene Antworten möglich sind –, weshalb Eulalius so hartnäckig dem kaiserlichen Befehl zuwidergehandelt habe. 6. Die Stellung des Eulalius zum Pelagianismus, von anderen Forschern ins Spiel gebracht, ist mangels Überlieferung nicht zu klären. Das ist richtig, stärkt aber nicht die Position Oosts. Nach alledem besteht kein guter Grund für die Annahme, Galla Placidia (und Constantius) sei für Eulalius und nicht für Bonifatius eingetreten.

Eine weitere Frage bildet die Parteilichkeit bzw. Unparteilichkeit des Constantius im damaligen Streit. Oost nimmt, wie wir sahen, Übereinstimmung mit seiner Gattin an. Zur Frage geben die Briefe 29 bis 32 allenfalls indirekte Auskunft. Zudem bleibt es unklar – hier sind weitere vorauszusetzende Schreiben oder mündliche Aufträge für uns nicht mehr faßbar –, weshalb sich Symmachus in Brief 29 und 32 an Constantius und nicht an Honorius wandte.[25]

---

[24] Oost 158 ff., bes. die Additional Note S. 167 f. A. Lippold, Gnomon 42, 1970, 796, spricht von „beachtlichen, doch nicht völlig überzeugenden Argumenten" Oosts.
[25] Brief 30 ist ein Begleitschreiben des Constantius zu dem kaiserlichen Befehl des Briefes 31. Brief 32 berichtet über den Vollzug der in Brief 31 angeordneten Maßnahmen, ist aber an Constantius gerichtet. Das könnte auf die Vermutung führen, daß es einen – nicht erhaltenen – parallelen Bericht an Honorius gab, aber auch, daß in dem verkürzt überlieferten Begleitbrief des Constantius Bericht an ihn befohlen worden war. Nicht übersehen werden sollte, daß der *cancellarius* Vitulus (weiter nicht

Nach dem Scheitern der Synode von Ravenna war Eulalius und Bonifatius verboten worden, nach Rom zurückzukehren.[26] Bischof Achilleus von Spoleto sollte das Osterfest in Rom feiern, *quoniam . . . nec in urbe sacratissima fas esset pascharum praesertim dies sine sacerdote celebrare*. Symmachus berichtet nun in Brief 29 von dem plötzlichen und ihm zunächst nicht bekannten Auftreten des Eulalius am 18. März in Rom. Seine Vermutung, Eulalius habe Spezialerlaubnis, erwies sich als irrig, da einige Stunden später ein Brief des Achilleus eintraf, der die getroffene Regelung mitteilte. Symmachus nennt den Eulalius *vir religiosus* oder gleich Achilleus auch *sanctus*. Symmachus bittet nun angesichts der entstandenen Unruhen und drohendem Blutvergießen um rasche Instruktion. Diese wurde ihm mit Begleitschreiben und Erlaß vom 26. März zuteil. Beide überbrachte laut Begleitbrief des Constantius (Brief 30) der *cancellarius* Vitulus, der für genauen Bericht zu sorgen hatte. Darüber hinaus wurde im Begleitschreiben rasche Umsetzung der Anordnung anbefohlen und Zuwiderhandeln mit schwerer Strafe bedroht. Der Erlaß des Honorius (Brief 31) stellt die Übertretung des Aufenthaltsverbotes durch Eulalius fest, der nun nicht mehr *episcopus* oder *sanctus* oder *religios(issim)us* genannt wird, und ordnet sofortige Entfernung aus Rom an, andernfalls gehe es nicht mehr nur um seine Stellung *(status)*, sondern sein Leben *(salus)*. Kapitale Strafen seien an unbotmäßigen Anhängern des Eulalius zu vollziehen, die Osterfeier durch Achilleus in der Lateranbasilika sicherzustellen. Der Stab des Präfekten wird unter Androhung schwerer Strafen für rasche Verbreitung und wirkungsvolle Durchführung des Erlasses verantwortlich gemacht. In Brief 32 meldet dann Symmachus die sofortige Ausführung der Befehle, namentlich die Vertreibung der Eulalianer aus der Lateránkirche, die Festsetzung des (selbstverständlich lediglich mit seinem Namen genannten) Eulalius an dem ihm angewiesenen Ort außerhalb Roms, die Verhaftung einiger seiner Anhänger aus dem Klerus und die Sicherung der Lateránkirche für die Osterfeier durch Achilleus.

Es läßt sich aus alledem kein Indiz dafür finden, daß Constantius von der Linie abgewichen wäre, die zum Schluß der Synode von Ravenna beschlossen worden war. Einen Gegensatz zu Honorius zu konstruieren, geht schon deshalb nicht an. Daß im Erlaß des Honorius (!) Nr. 31 dem Eulalius trotz Übertretung des Aufenthaltsverbotes noch eine Chance der Bewahrung seines *status* und seiner *salus* eingeräumt wurde, wenn er sofort Rom verließe, war keine Änderung der Marschroute, vielmehr der Versuch, die Situation zu entschärfen. Dabei muß offenbleiben, ob Eulalius durch sofortiges Verlassen

---

bekannt, s. PLRE II 1179) dieses Schreiben wie den kaiserlichen Befehl (Brief 31) überbrachte und genauestens nach Ravenna berichten sollte.

[26] Über den vorgeschriebenen Aufenthaltsort macht der ›Liber pontificalis‹ Angaben, s. I, p. 227 Duchesne, vgl. p. 229 und ergänzend dazu III, p. 84.

Roms seine Lage verbessert hätte. Daß er schließlich trotz hartnäckiger Obstruktion und Gewaltanwendung gegen die kaiserlichen Anordnungen nicht nur überlebt hat, sondern sogar andernorts Bischof geworden sein soll,[27] überrascht. Man darf bei einem solchen Befunde jedoch die in der Spätantike so häufige Diskrepanz zwischen Strafandrohungen und realem Vorgehen nicht übersehen. Einen eindrucksvollen Beleg dafür bilden die immer wieder für gleiche Tatbestände erlassenen und verschärften Gesetze. Die in Brief 33 mitgeteilte Entscheidung für Bonifatius liegt nach Art und Argumentation auf der von Anfang an eingeschlagenen Linie. Diese implizierte auch, daß von der Einberufung der zweiten, größeren Synode Abstand genommen wurde.

Von einem massiven Eingriff der kaiserlichen Gewalt in die kirchliche Sphäre zu sprechen, wäre fehl am Platze.[28] Angesichts einer nicht vorhandenen höheren kirchlichen Instanz blieb gar nichts anderes übrig, als daß in solchen Fällen die weltliche Macht entscheiden mußte. Sie hat das in aller Behutsamkeit zu tun versucht. Bonifatius zog die Konsequenz aus seinen Erfahrungen und bat Honorius um eine Regelung, die bei einer künftigen Doppelwahl die Gefahr eines Schismas bannen sollte.[29]

Kommen wir zu den Hintergründen des Schismas von 418/19 und der damit verbundenen Frage nach dem scheinbar merkwürdigen Verhalten des Eulalius. Das Schisma von 418/19 ist sicherlich ganz wesentlich durch die unglückliche Amtsführung des vorangegangenen Papstes, des Zosimus, bedingt. Die Meinung von B. Schimmelpfennig: „Dies war das erste Schisma in Rom, das lediglich aus der Rivalität zwischen Presbytern und Diakonen – also nicht aus politischen, doktrinären oder disziplinären Differenzen – entstand", reicht offensichtlich nicht aus, wenn auch festzustellen ist, daß auf der einen Seite die Diakone (wohl alle) und wenige Presbyter, auf der anderen Seite die Mehrheit der Presbyter stand.[30]

Papst Zosimus hatte in seinem Pontifikat mehrere Fehlentscheidungen getroffen: Er hatte im Pelagianischen Streit die Verdammung des Pelagius und seiner Anhänger durch seinen Amtsvorgänger Innozenz I. aufgehoben und sie dann schließlich, nachdem sich Honorius gegen den Pelagianismus ausgesprochen hatte, erneuern müssen. Er hatte dadurch erhebliche Verärgerung

---

[27] S. den Liber pontificalis I, p. 89 bzw. 227 Duchesne. Dort wird weiter behauptet, nach dem Tode des Bonifatius hätten *clerus* und *populus* die Rückkehr des Eulalius gewünscht, dieser habe jedoch abgelehnt.
[28] In diesem Sinne aber Seeck, Untergang VI 41, und Stein I 273f.
[29] S. Bonifatius, ep. 7 (= Migne, PL XX 765ff.) und den Entscheid des Honorius, Collectio Avellana Nr. 37 (= CSEL XXXV 1 p. 83f.). Vgl. dazu etwa Jones I 210f.
[30] B. Schimmelpfennig, Das Papsttum, Grundzüge seiner Geschichte von der Antike bis zur Renaissance, Darmstadt 1984, 33f. Grisar I 303 spricht pauschal von „unberufenen Bewerbern", die „aus Ehrgeiz und Herrschsucht" auftraten, wobei er deutlich für die obsiegenden Konkurrenten eintritt.

bei den maßgeblichen afrikanischen Bischöfen hervorgerufen, und nicht genug damit, er beanspruchte diesen gegenüber für den Bischof von Rom ein übergreifendes Appellationsrecht. Dieser Anspruch – vermeintlich begründet durch Canones von Nicaea, in Wirklichkeit von dem in Afrika nicht anerkannten Konzil von Serdica – stieß auf massive Ablehnung und war nicht durchzusetzen. Indem er dem Bischof Patroclus von Arles eine umfassende Metropolitangewalt für die Provinzen Viennensis, Narbonensis I und II verlieh und trotz lebhaften Protestes daran festhielt, entfremdete er sich darüber hinaus einen Teil des gallischen Episkopats – Bonifatius sah sich genötigt, die Privilegierung weitgehend wieder rückgängig zu machen. Die Stimmung in Rom war gegen Ende seines Pontifikates dadurch gekennzeichnet, daß gegen Zosimus intrigiert wurde und dieser durch Schreiben vom 3. Oktober 418 seinen in Ravenna befindlichen Presbytern und Diakonen mitteilte, er habe gewisse Presbyter, die sich *contra canones adversus se* an den Kaiserhof begeben hatten, exkommuniziert.[31] Es bestanden also beträchtliche Gegensätze, die nicht ohne Auswirkungen auf die Wahl des Nachfolgers bleiben konnten.

Nun war Eulalius der Archidiakon des Zosimus gewesen, damit sein engster Vertrauter, und er konnte zu Recht oder zu Unrecht als für dessen Fehlentscheidungen mitverantwortlich angesehen werden. Das gespannte Verhältnis des Zosimus zu manchen Presbytern mußte auch auf ihn übergehen. Zosimus wird ferner im ›Liber pontificalis‹ als „Grieche" bezeichnet, was auf Grund der Seltenheit des griechischen Namens Eulalius in Rom auch für diesen gelten könnte.[32] Auch so etwas mag eine Rolle gespielt haben. Offen muß es bleiben, ob er von Zosimus für die Nachfolge vorgesehen war und ob das einen Einfluß auf den Gang der Dinge hatte. Nicht vergessen werden darf schließlich, daß Bonifatius unter Zosimus' Vorgänger Innozenz I. sich als Vertrauensmann in diplomatischen Missionen bewährt hatte.[33]

---

[31] Zosimus, ep. 14 (= Migne, PL XX 678 ff.). Vgl. dazu Duchesne III 246 ff.; Caspar I 360; 362; Haller I 130; Bardy IV 251 f.; Seppelt I 154; Baus II 1, 270. Zu Zosimus siehe ferner K. Wegenast, RE X A 841 ff. s.v. Zosimos, Nr. 9. Für die gallischen Verhältnisse s. bes. G. Langgärtner, Die Gallienpolitik der Päpste im 5. und 6. Jahrhundert, eine Studie über den apostolischen Vikariat von Arles, Bonn 1964, 26 ff., und Jones II 889. Eine bequeme Übersicht über die Versuche des Zosimus, eine offensive Politik zu betreiben, bieten die Regesten von Jaffé (-Kaltenbrunner) I 49 ff. und Seeck 336 ff.

[32] Liber pontificalis I, p. 87 bzw. 223 Duchesne. H. Solin, Die griechischen Personennamen in Rom, ein Namenbuch, Berlin–New York 1982, verzeichnet für Rom 269 Belege des Namens Zosimus, dazu 185 für Zosima und 2 weitere einschlägige, bei denen Zosimus oder Zosima vorliegen kann. Eulalius kommt einschließlich des Bischofs nur 8mal vor (darunter 2mal in griechisch geschriebenen Inschriften), Eulalia 3mal, dazu gibt es 2 Belege, bei denen die Endung nicht erhalten ist. Dagegen wird Bonifatius im ›Liber pontificalis‹ a. O. als *natione Romanus* bezeichnet.

[33] S. Duchesne III 247.

Die skizzierte Situation beim Tode des Zosimus macht es verständlich, daß dessen Archidiakon von vielen nicht als Nachfolger gewünscht wurde. Daran änderte auch nichts die Besetzung der Laterankirche, um seine Wahl zu sichern. Im Gegenteil. Die Verärgerung der maßgeblichen afrikanischen und vieler gallischer Bischöfe durch Zosimus erklärt m. E. auch den Versuch des Eulalius, nach der ergebnislosen ravennatischen Synode die Lateranbasilika zu besetzen und dort die Osterfeier auszurichten.

Es ist nämlich wenig überzeugend, wenn Caspar meint, der Stolz der „Diakonenpartei" habe es nicht zugelassen, „tatenlos" dem Bischof von Spoleto die Möglichkeit zur Osterfeier in Rom einzuräumen, bzw. Eulalius habe „sich in römisch-kirchlichem Stolz gegen eine solche demütigende Behandlung (den Befehl, Rom unverzüglich zu verlassen)" aufgebäumt.[34] Nach Bardy war die Osterfeier ein «prétexte» für die Aktion.[35] Oost dagegen erwägt neben anderem – m. E. richtig –, das Vorgehen des Eulalius sei ein Akt der Verzweiflung und der Versuch gewesen, ein Fait accompli zu schaffen.[36] Auf diese Deutung führen die folgenden Überlegungen.

Die ergebnislose Synode von Ravenna endete vor dem 15. März, da die mit Datum überlieferten Briefe, die vom Scheitern berichten und das nächste Konzil ankündigen, auf die Iden des März datiert sind. Für Brief 25, das erste von Galla Placidia herrührende Schreiben, ist der Ausfertigungszeitpunkt nicht tradiert. Günther in seiner Ausgabe und andere nehmen den 20. März an, weil das nächste Schreiben mit überliefertem Datum, Brief 28, eines der Begleitschreiben[37] Galla Placidias zur kaiserlichen Ladung der acht afrikanischen Bischöfe (Brief 26), vom 20. März stammt und damit dieses Datum auch für die Briefe 26 und 27 sehr wahrscheinlich macht. Vorausgesetzt, daß die chronologische Anordnung der Briefe unseres „Dossiers" nicht gestört ist, läßt sich aber für Brief 25 lediglich folgern, daß er zwischen dem 15. und 20. März abgefaßt wurde. Eulalius ist gemäß Brief 29 am Mittag des 18. März unerlaubt nach Rom zurückgekehrt. Da die Briefe von Ravenna nach Rom und umgekehrt in der Regel drei Tage brauchten, kann Eulalius sofort nach Ende der Synode nach Rom aufgebrochen sein und/oder nachdem er Kenntnis von den Aktionen der Galla Placidia zugunsten des Bonifatius und damit von der zunehmenden Verschlechterung seiner eigenen Position erhalten hatte.

Wir sind jedoch für eine solche Auffassung nicht lediglich auf Brief 25, der zudem nicht der erste Vorstoß Galla Placidias gewesen sein muß, angewiesen.

---

[34] Caspar I 363 f.
[35] DHGE IX 896 s.v. Boniface, Nr. 9.
[36] Oost 168, wo diese Überlegung als "possible, but not cogent" bezeichnet wird.
[37] Der Brief Galla Placidias Nr. 28 trägt die Namen von sieben Adressaten, es handelt sich um sieben gleichlautende Schreiben, was in der Adressenangabe der ›Collectio Avellana‹ als *epistula uniformis* ausgedrückt wird.

Das große Konzil sollte neben italischen Bischöfen von Galliern und Afrikanern beschickt werden. Wir kennen für Gallien keinen der in Aussicht genommenen Teilnehmer, für Afrika sind acht bekannt, und das sind vermutlich alle, die vorgesehen waren. Es handelte sich dabei um den ranghöchsten afrikanischen Klerus, die maßgeblichen Männer der großen nordafrikanischen Synoden dieser Epoche: Aurelius von Carthago, der Primas von Afrika, Alypius von Thagaste, einer der prominenten Bischöfe Numidiens und in Korrespondenz mit Paulinus von Nola stehend, der hl. Augustinus, Deuterius von Caesarea Mauretaniae und Metropolit, Donatianus von Thelepte, 418 Praeses des Concilium Thelense und wohl Primas der Byzacena, Euhodius von Vzali, Novatus von Sitifis, wohl Primas der Mauretania Sitifensis, und Silvanus, *episcopus Summensis*, Primas von Numidien.[38] Für mehrere ist direkt bezeugt, daß sie im Streit mit Zosimus die Ansprüche der nordafrikanischen Kirche erfolgreich behauptet haben. Bei den gallischen Bischöfen wird man vor allem die Italien benachbarten, südgallischen Bischöfe vermuten dürfen, und das waren mehrheitlich diejenigen, die Zosimus durch seine Verfügungen zugunsten des Patroclus von Arles sich zu Gegnern gemacht hatte.

Eulalius muß wenigstens in den Grundzügen die vorgesehene Zusammensetzung der neuen Synode bekannt gewesen sein, und er konnte sich ausrechnen, wie die afrikanischen und gallischen Bischöfe mehrheitlich den Archidiakon des Zosimus beurteilen würden. Er ergriff also die Flucht nach vorne: ein Bischof von Rom, dessen Wahl und Weihe noch nicht für fehlerhaft erklärt worden war und der das Osterfest in Rom, in der Lateranbasilika feierlich begangen hatte, war so leicht nicht mehr aus dem Amt zu entfernen.

Läßt sich bei dieser Betrachtungsweise das Vorgehen des Eulalius, seine Mißachtung kaiserlicher Befehle als durchaus verständlich ansehen, so fragt sich, welche Überlegungen, welche Absichten die Regierung bei der Hinzuziehung gallischer und nordafrikanischer Bischöfe leiteten. War damit eine Verurteilung des Eulalius bewußt angelegt, und wer steckte dahinter? Lag eine andere Einschätzung als die hier vorgetragene vor, und suchten Honorius und Constantius durch ein derart besetztes großes Konzil weiter gesteckte politische und kirchenpolitische Ziele zu erreichen? Diese Fragen lassen sich nur stellen und lediglich durch Hypothesen beantworten. Festgehalten werden muß, daß die aus den Schreiben des Honorius und Constantius zu ersehende Verfahrensweise nicht dafür spricht, daß beide über die Zusammensetzung der neuen Synode die Verurteilung des Eulalius betreiben wollten.

---

[38] Zu diesen Bischöfen s. A. Mandouze, Prosopographie de l'Afrique chrétienne (= Prosopographie chrétienne du Bas-Empire I), Paris 1982, 105 ff. (Aurelius), 53 ff. (Alypius), 275 f. (Deuterius), 284 f. (Donatianus), 366 ff. (Euhodius), 783 f. (Novatus), 1082 f. (Silvanus).

Zusammenfassend läßt sich zum Schisma von 418/19 festhalten:
1. Der Stadtpräfekt Symmachus hat nicht bewußt oder fahrlässig zugunsten des Eulalius entschieden.
2. Honorius und Constantius haben in einer diffizilen Streitsache durch ein faires, an formalen Kriterien orientiertes Verfahren eine Entscheidung herbeizuführen gesucht. Dabei lag ihnen vor allem – was kein Gegensatz ist – an der Aufrechterhaltung der Ruhe in der Ewigen Stadt. Weitergehende und als aus kirchlicher Sicht unangemessen zu bezeichnende Ziele sind nicht erkennbar.
3. Galla Placidia hat aus uns unbekannten Gründen Partei für Bonifatius ergriffen und die Beurteilung und damit die Verurteilung auf moralische Kategorien gründen wollen.
4. Das Schisma ist vornehmlich auf die fehlgeschlagene Politik des Zosimus und die Tatsache zurückzuführen, daß Eulalius als dessen Archidiakon vor allem für die Presbyter nicht konsensfähig war, sich aber gleichwohl zum Bischof wählen und ordinieren ließ.
5. Die Politik der Galla Placidia und die wie auch immer motivierte, aber in der Auswirkung für ihn als negativ einzustufende Hinzuziehung gallischer und nordafrikanischer Bischöfe veranlaßten Eulalius zur Nichtbeachtung der kaiserlichen Anordnungen und führten damit zur Anerkennung des Bonifatius als Bischof von Rom.

›DIE SOZIALEN GRÜNDE DES UNTERGANGS
DER ANTIKEN KULTUR‹

Bemerkungen zu Max Webers Vortrag von 1896

Von Jürgen Deininger

Von allen Arbeiten Max Webers zur Antike ist wohl keine so bekannt und hat eine so weite Verbreitung gefunden wie die kurze Abhandlung ›Die sozialen Gründe des Untergangs der antiken Kultur‹ von 1896. Sie wurde zuerst im Mai jenes Jahres an einer eher etwas abgelegenen Stelle, nämlich in der in Stuttgart von dem freireligiösen evangelischen Theologen Christoph Schrempf herausgegebenen Halbmonatsschrift ›Die Wahrheit‹, veröffentlicht[1] und ging, wie Weber selbst vermerkte, auf einen „populären Vortrag in der Akademischen Gesellschaft in Freiburg i. B." zurück.[2] Der Vortrag hatte am 13. Januar 1896 in der Aula der Universität stattgefunden,[3] an der Weber in den Jahren 1894–1896 als ordentlicher Professor der Nationalökonomie wirkte.

Sosehr sich das von Weber aufgegriffene Untergangsproblem einer 'endgültigen' Lösung zweifellos entzog (und sich auch weiterhin entziehen dürfte) und sosehr die Berechtigung der einzelnen von Weber aufgestellten Thesen später angegriffen und bestritten wurde, ist der nach Weberscher Manier außerordentlich 'dichte' und konzentrierte Artikel, dem keine Quellen- oder

---

[1] Max Weber, Die sozialen Gründe des Untergangs der antiken Kultur, Die Wahrheit VI 3, 1. Maiheft 1896, 57–77; wiederabgedruckt in: Max Weber, Gesammelte Aufsätze zur Sozial- und Wirtschaftsgeschichte, Tübingen 1924, 289–311 (danach im folgenden zitiert als ›Soziale Gründe‹); ders., Soziologie, weltgeschichtliche Analysen, Politik, mit einer Einleitung von E. Baumgarten hrsg. v. J. Winckelmann, Stuttgart 1956, mehrere Nachdrucke, 1–26; eine englische Übersetzung z. B. in: M. Weber, The Agrarian Sociology of Ancient Civilizations, transl. by R. I. Frank, London 1976, 387–411; italienisch in: M. Weber, Storia economica e sociale dell'antichità. I rapporti agrari (übers. v. B. Spagnuolo Vigorita), Rom 1981, 371–393. – Die ›Wahrheit‹ erschien von Oktober 1893 bis September 1897 in insgesamt acht (außer dem letzten Halbjahres-)Bänden.

[2] Weber, Soziale Gründe 289.

[3] Vgl. Freiburger Zeitung vom 16. 1. 1896, S. 2, mit einem „mb." (Max Bittrich, Chefredakteur) gezeichneten, dreispaltigen Bericht, in dem auch die 'anregend frische Art' Webers gerühmt wird.

Literaturbelege beigegeben sind, doch bis heute von führenden Fachleuten immer wieder überaus positiv beurteilt worden. Karl Christ z. B. hat formuliert, daß Webers Darlegungen „in Gedankenreichtum und Prägnanz kaum mehr übertroffen worden" seien.[4] Für Alexander Demandt in seiner umfassenden Musterung der Theorien zum „Fall Roms" sind Webers Ausführungen bis heute der „eindrucksvollste Versuch einer sozialgeschichtlichen Erklärung"[5], und Santo Mazzarino schrieb 1959, auch nach mehr als 60 Jahren sei die Lektüre von Webers Vortrag eine „wahre Freude": Man habe nicht nur das Gefühl, er „könnte gestern geschrieben sein", sondern es sei überhaupt „Genialeres und Grundsätzlicheres über die wirtschaftliche Krise der alten Welt nie gesagt worden"[6]. So dürfte es wohl erlaubt sein, dieser Studie, der das Interesse des verehrten Adressaten dieser Festschrift wiederholt gegolten hat,[7] eine kleine Betrachtung zu widmen und dabei in einigen Punkten vielleicht etwas zu ihrem genaueren Verständnis beizutragen.

I

Dazu muß man sich freilich zunächst Webers Grundgedanken vergegenwärtigen. Ganz allgemein war nach Weber der Untergang der antiken Kultur eine Folge ihres essentiell städtischen Charakters, bzw., etwas präziser ausgedrückt: von tiefgreifenden Veränderungen im Verhältnis von Stadt und Land im späteren römischen Weltreich, wo die bisher dominierenden Städte gleichsam 'zurücksanken' und die ländliche Welt mit ihren ganz andersartigen Interessen mehr und mehr in den Vordergrund trat. Der die antike Kultur in den Niedergang ziehende Ruin des Städtewesens und die wachsende Dominanz der ländlichen Strukturen aber waren nach Weber ihrerseits die Folge des Versuchs des römischen Imperiums, die antike Kultur aus ihrem angestammten mittelmeerischen Bereich auf die von Rom eroberten, ausgedehnten Binnenlandsflächen West- und Mitteleuropas zu übertragen. Um zu verstehen, was damit gemeint ist, ist ein näherer Blick auf Webers Darlegungen erforderlich.

[4] K. Christ, Der Untergang ... (wie unten, Anm. 7), 16 (= Röm. Geschichte II ..., 187f.).
[5] A. Demandt, Der Fall Roms. Die Auflösung des römischen Reiches im Urteil der Nachwelt, München 1984, 288.
[6] S. Mazzarino, Das Ende der antiken Welt, dt. München 1961 (zuerst ital.: La fine del mondo antico, 1959), 145; 149. – Vgl. z. B. auch A. Momigliano, Sesto Contributo alla storia degli studi classici e del mondo antico, Rom 1980, 287 ("epoch-making essay").
[7] K. Christ (Hrsg.), Der Untergang des römischen Reiches, Darmstadt 1970, 13–16; ders., Römische Geschichte und deutsche Geschichtswissenschaft, München 1982, 108f.; ders., Römische Geschichte und Wissenschaftsgeschichte, Bd. II, Darmstadt 1983, 219f.

Äußerlich zerfallen sie, von Einleitung und Schluß abgesehen, in zwei Hauptteile, von denen der erste, kürzere, den Grundstrukturen der antiken Welt überhaupt gilt,[8] während in dem längeren zweiten die starken inneren Spannungen analysiert werden, die sich aus der Entwicklung des Römischen Reiches ergaben und die letztlich das Ende der antiken Kultur wie des einheitlichen Imperiums herbeiführten.[9]

Die antike Kultur ist nach Weber entscheidend durch drei Grundmerkmale bestimmt: Sie ist (1) städtische und außerdem (2) Küsten- und (3) Sklavenkultur, wobei sie sich durch die letzten beiden Kennzeichen zugleich wesentlich von der späteren mittelalterlichen Entwicklung abhebt.[10] Infolge des Küstencharakters der antiken Kultur ist der Handelsverkehr hier in erster Linie Seehandel. Die vor allem durch die unablässigen Kriege verursachte und in Gang gehaltene,[11] für die mittelmeerische Antike typische Sklavenwirtschaft führt zu einer Akkumulation von Unfreien im 'Oikos' bzw. in der Hausgemeinschaft, der wichtigsten wirtschaftlichen Betriebseinheit in der Antike, die zugleich eine Tendenz zur Autarkie bzw. zur verkehrslosen und naturalwirtschaftlichen Bedarfsdeckung verkörpert. Andererseits ermöglicht auch nur die mit Sklaven betriebene größere Wirtschaft eine Produktion für den Absatz bzw. Handel, der freilich bei aller tatsächlichen Bedeutung nach Weber quantitativ unerheblich bleibt.[12] Insgesamt wird durch das ökonomische Wachstum der antiken Küstenkultur vorzugsweise die Vermehrung der unfreien Arbeit innerhalb des Oikos gefördert.[13]

Langfristig ausschlaggebend für die Entwicklung der antiken Kultur wurde die Tatsache, daß Rom mit seiner politischen Expansion in der späteren Zeit weit über die mittelmeerischen Küsten hinausgriff und die damit verbundene Ausbreitung auch des antiken Sklaven-Oikos in die umfangreichen Binnenräume gleichsam dessen strukturelle Kapazität überforderte. Denn nun ergab sich eine zweifache Schwierigkeit: Einmal war im Binnenland der Verkehr (der als Landfernhandel mühsamer und kostspieliger war als der Seehandel) und damit der verkehrswirtschaftliche 'Überbau' von vornherein sehr viel schwächer als im mittelmeerischen Küstenbereich und umgekehrt das Gewicht des naturalwirtschaftlichen 'Unterbaus' entsprechend größer.[14] Außerdem wurde jetzt eine Eigenart der antiken Sklavenwirtschaft besonders fühlbar, nämlich ihre Abhängigkeit vom kontinuierlichen Sklavennach-

---

[8] Weber, Soziale Gründe 291–295.
[9] Ebd. 295–308.
[10] Ebd. 291–293.
[11] Ebd. 293.
[12] Ebd. 292f.; vgl. 296.
[13] Ebd. 293.
[14] Ebd. 295f.

schub.[15] Mit dem Ende der römischen Eroberungskriege etwa seit dem ersten Jahrhundert n. Chr. versiegte dieser, und damit mußte auch – und vollends im Binnenland – der als solcher an sich mit dem städtischen Markt verbundene landwirtschaftliche Sklaven-Oikos seine gesamte Struktur ändern: Vom teilweise marktorientierten Sklavenbetrieb verwandelte er sich im Laufe der Zeit in eine tendenziell autarke 'Grundherrschaft', indem einerseits die (bisher) ehelosen Sklaven vom Oikos 'abgeschichtet' wurden, also eine eigene Familie und einen eigenen Haushalt – letztlich zur Sicherung des Nachwuchses an Arbeitskräften – erhielten, während andererseits die ursprünglich freien, zur Ergänzung der Sklaven in zunehmendem Maße herangezogenen Kleinpächter zu schollengebundenen Kolonen herabsanken: so zeichnete sich in der Spätantike bereits der mittelalterliche 'Fronhof' ab.[16] Die damit notwendigerweise verbundene, wachsende Lösung der Güter von den Städten und ihrem Markt trug entscheidend zu deren Schwächung und damit auch zum Verfall der Kultur bei.[17] Zugleich führte das Wachstum der autarken Grundherrschaften zu einem immer stärkeren Gegensatz zwischen ihnen als dem naturalwirtschaftlichen Unterbau und dem schon wegen des Unterhalts der Beamten und der stehenden Heere notwendig in einem gewissen Umfang geldwirtschaftlichen Überbau der Reichsorganisation. Es war die 'feudale' Gesellschaft des Mittelalters, d. h. eine durch einen berittenen, grundherrlichen Kriegeradel geprägte Sozialstruktur, auf welche die durch die Umbildung des antiken Oikos zur Grundherrschaft verursachte Entwicklung zunehmend hinsteuerte, ohne doch im Rahmen des Imperiums sich wirklich durchsetzen zu können;[18] denn ein Ritterheer war – nach Weber – zwar für den Schutz eines begrenzten Territoriums, nicht aber zur permanenten Verteidigung eines Weltreiches wie des römischen imstande und konnte dessen stehendes (Sold-)Heer sowenig wie die Grundherren dessen (besoldetes) Beamtentum ersetzen.[19] An diesen Widersprüchen ist das Imperium als einheitliches politisches System auf die Dauer gescheitert: „Der Zerfall des Reichs war die notwendige politische Folge des allmählichen Schwindens des Verkehrs und der Zunahme der Naturalwirtschaft. Er bedeutete im wesentlichen nur den Wegfall jenes Verwaltungsapparats und damit des geldwirtschaftlichen politischen Überbaus, der dem naturalwirtschaftlichen ökonomischen Unterbau nicht mehr angepaßt war."[20] Die Entwicklung zum 'Feudalzeitalter' machte sich dann nach dem Ende des Reiches im Westen immer stärker

---

[15] Ebd. 298.
[16] Ebd. 297–301; 303.
[17] Ebd. 303 f.
[18] Ebd. 303; vgl. 308.
[19] Ebd. 304–308. Vgl. dazu Demandt, a. a. O. (oben Anm. 5), 290.
[20] Ebd. 308.

geltend, bis eine Art Endzustand im Reich Karls des Großen erreicht war, das strukturell gleichsam das Gegenbild zum antiken römischen Weltreich darstellte und die wesentlichen Veränderungen in aller Deutlichkeit erkennen läßt: Es war gegenüber dem antiken Weltimperium nicht nur flächenmäßig entscheidend reduziert, sondern hier dominierten das Land bzw. die ländlichen Grundherrschaften, war der 'internationale' Handel entsprechend geschrumpft und auch die ganze Kultur 'ländlich' geworden.[21] Erst später begann mit dem Aufstieg des mittelalterlichen Städtewesens eine neue, und zwar die in die Gegenwart führende moderne Entwicklung.[22]

II

Der Eindruck scheint sich aufzudrängen, daß gerade bei dem für Römisches und Handelsrecht habilitierten Max Weber[23] eine Erklärung des Untergangs der antiken Kultur, die wesentlich auf die Schwäche des Handels- und Güterverkehrs im Römischen Reich und speziell auch auf den Sklavenmarkt abhob, nicht ganz überraschend ist. Doch kann hier nicht die sachliche Berechtigung der im Detail überaus komplexen Thesen Webers erörtert werden. Die Bedeutung des wirtschaftlichen Gegensatzes von Küste und Binnenland ist in direkter Auseinandersetzung mit Weber 1909 und 1921 von Hans Delbrück und 1925 von Hermann Aubin heftig bestritten worden, die auf die vergleichsweise intensive verkehrsmäßige Erschließung auch der Binnenprovinzen des Imperiums hingewiesen haben;[24] gegen die Rolle des ausbleibenden Sklavennachschubs für den sozialen Strukturwandel von der 'Sklavenkaserne' zum Kolonat und zur Grundherrschaft, die Weber später, wenn auch nur graduell, abgeschwächt hat,[25] hat z. B. Mazzarino grundsätzliche Bedenken geltend gemacht – um nur weniges zu nennen.[26] Andererseits sind die Gesichts-

---

[21] Ebd. 308f.
[22] Ebd. 310f.
[23] Zur Habilitation Webers vgl. neuerdings J. Deininger, in: Max Weber-Gesamtausgabe (MWG) I/2, Tübingen 1986, 64ff.
[24] H. Delbrück, Geschichte der Kriegskunst im Rahmen der politischen Geschichte, II. Teil, Berlin ²1909, 242–249 (zugleich gegen die Ausführungen Webers in den ›Agrarverhältnissen‹ von 1909, unten Anm. 81); ebd., Berlin ³1921, bes. S. 248–252; H. Aubin, Küsten- und Binnenkultur im Altertum, Schmollers Jahrb. 49, 1925, 407–430; vgl. auch G. Wollheim, Aufstieg und Niedergang des Kapitalismus im Römerreich nach Max Weber und Michael Rostovtzeff, Jahrb. f. Nationalökon. u. Stat., 3. F., 83, 1933, 390–412, hier bes. S. 408f.; G. Abramowski, Das Geschichtsbild Max Webers, Stuttgart 1966, 110f.; K. Christ (wie Anm. 7), Der Untergang..., 15 (= Röm. Geschichte II..., 187).
[25] Vgl. unten S. 111.
[26] S. Mazzarino (wie oben Anm. 6), 150–152.

punkte Webers auch durch die seitherige Forschung nicht einfach hinfällig geworden; gerade Mazzarino hat sogar formuliert: „Alles, was später über die ökonomische Lage und Entwicklung der antiken Welt geschrieben worden ist, geht mehr oder weniger unmittelbar auf Webers Vision zurück."[27]

Hier sollen jedoch nur drei Feststellungen genereller Art zu Webers Ausführungen getroffen werden. Erstens bleibt zu beachten, daß Weber nicht den Anspruch erhebt, „die" Gründe des Untergangs der antiken Kultur zu erläutern, sondern es geht um die Gründe sozialer Art. Weber hat zu Beginn des Vortrags – wenn auch nicht in der gedruckten Version – auf diesem Punkt eigens insistiert, wie das Referat der „Freiburger Zeitung" zeigt: Er wolle, so heißt es da, „seinem Fach entsprechend, nur soziale Gründe berühren"[28]. Andererseits ist auch hier für Max Weber charakteristisch, daß er nicht einen einzelnen, dominierenden Faktor in den Vordergrund rückt, sondern daß die ‛sozialen Gründe' nur in Verbindung mit mehreren anderen Faktoren, vor allem mit bestimmten wirtschaftlichen (Oikos) und geographischen Verhältnissen (Küste–Binnenland) sowie politischem Handeln (römische Expansion) wirksam werden. Drittens schließlich bleibt zu berücksichtigen, daß es sich um einen „populären Vortrag" handelt. Wie wiederum dem Zeitungsbericht zu entnehmen ist, hatte Weber seinen Ausführungen ausdrücklich vorangestellt, er müsse, „um in der kurzen Zeit völlig verständlich zu werden, bei Einzelnem stark auftragen, ähnlich, wie man beim Zeichnen einzelne Züge übertreibe und doch dem Ganzen das Gepräge der Wirklichkeit gebe"[29]. Doch waren seine z.T. sehr pointierten Darlegungen alles andere als mehr oder weniger spontane Einfälle, sondern besaßen in sämtlichen Details ein überaus solides Fundament. In erster Linie beruhten sie auf der knapp viereinhalb Jahre zuvor erschienenen ›Römischen Agrargeschichte‹.[30] Doch hatte Weber seine Beschäftigung mit der antiken Wirtschaftsgeschichte seither offensichtlich fortgesetzt und dabei z. T. auch wichtige neue Gesichtspunkte gewonnen. In seiner großen Freiburger (und später Heidelberger)

---

[27] Ebd. 149. Zu den Fragen, „die mit hinreichender Sicherheit wohl niemals beantwortet werden können", die aber gleichwohl zu stellen seien, rechnet die nach der Entwicklung des verkehrswirtschaftlichen Unterbaus des Römischen Reiches L. Neesen, Untersuchungen zu den direkten Staatsabgaben der römischen Kaiserzeit (27 v. Chr.–284 n. Chr.), Bonn 1980, 177 f.

[28] Vgl. oben Anm. 3.

[29] Ebd.

[30] Max Weber, Die römische Agrargeschichte in ihrer Bedeutung für das Staats- und Privatrecht, Stuttgart 1891, jetzt in: MWG I/2. Vgl. auch Webers Feststellung in dem Handwörterbuchartikel von 1897 (unten Anm. 32), 18, er halte die Gesichtspunkte, die er in seiner ›Römischen Agrargeschichte‹ vorgetragen habe, „trotz mancher Jugendlichkeit im Einzelnen" doch „in allen Hauptpunkten für zutreffend"; ähnlich in der Fassung von 1898 (unten Anm. 79), 84.

Vorlesung ›Theoretische Nationalökonomie‹ hatte die Antike – und zwar nicht nur die römische, sondern auch die griechische – ihren festen Platz,[31] und mit dieser Behandlung der Antike in der Vorlesung ist zweifellos auch die Übernahme und Abfassung des Artikels ›Agrarverhältnisse im Altertum‹ für das ›Handwörterbuch der Staatswissenschaften‹ in Zusammenhang zu sehen, der sich in seinem Schlußteil aufs engste mit dem Vortrag von 1896 berührt. Er erschien erst 1897; doch scheint die Niederschrift mehr oder weniger gleichzeitig mit dem Vortrag über die ›Sozialen Gründe‹, zumindest der Abschluß noch vor der Veröffentlichung des Vortrags in der ›Wahrheit‹ erfolgt zu sein.[32] – Indes sollen im folgenden hauptsächlich zwei spezielle Probleme des Vortrags von 1896 herausgegriffen werden, und zwar dessen Verhältnis zu Eduard Meyers Schrift von 1895 über die wirtschaftliche Entwicklung im Altertum sowie die Frage nach den Wurzeln der in den ›Sozialen Gründen‹ niedergelegten Weberschen Theorien.

III

Zunächst zu Eduard Meyer. Weber nennt in seinem 'populären' Vortrag keinen Namen aus der zeitgenössischen historischen Forschung, keine „Literatur". Unter den eingangs von ihm anonym kritisierten Erklärungsversuchen (bei denen als „Neuester" am deutlichsten Otto Seeck zu erkennen ist[33]) findet sich insbesondere keine erkennbare Anspielung auf Eduard Meyer, obwohl es offenkundig sein dürfte, daß dessen berühmte, als Vortrag auf dem Historikertag 1895 in Frankfurt gehaltene und im gleichen Jahr als Zeitschriftenaufsatz und als eigene Broschüre veröffentlichte Arbeit ›Die wirtschaftliche Entwicklung im Altertum‹ den Hauptanlaß zu Webers Vortrag bildete und in vieler Hinsicht dessen wichtigsten Hintergrund darstellt.[34]

---

[31] Von dieser Vorlesung, die Weber unter geringfügig wechselndem Titel jedes zweite Semester (1894/95, 1895/96) in Freiburg und (ab Sommer 1896) in Heidelberg hielt, ist der gedruckte ›Grundriß‹ (Gliederung, Literaturangaben) für das Sommersemester 1898 erhalten (Kopie im Max Weber-Archiv, München); vgl. dort vor allem S. 9f. (Buch III, § 9: Die ökonomische Entwicklung der antiken Küstenkultur.)
[32] Max Weber, Art. Agrarverhältnisse im Altertum, in: Handwörterbuch der Staatswissenschaften, 1. Aufl., 2. Suppl.-Bd., Jena 1897, 1–18. Für die Abfassung zumindest vor der Veröffentlichung des Vortrags spricht vor allem, daß dieser – anders als in der 1898 erschienenen zweiten Fassung des Artikels (unten Anm. 79) – in den Literaturhinweisen S. 18 nicht genannt wird.
[33] Weber, Soziale Gründe 290; vgl. O. Seeck, Geschichte des Untergangs der antiken Welt, Bd. I, Berlin 1895.
[34] Ed. Meyer, Die wirtschaftliche Entwickelung des Altertums, Jahrb. f. Nationalökon. u. Stat., 3. F., 9, 1895, 696–750 (danach im folgenden zitiert); dass., Jena 1895;

Die Abhandlung Meyers richtete sich in erster Linie und mit einer gewissen Vehemenz gegen den Nationalökonomen Karl Bücher und dessen auf Johann Karl Rodbertus-Jagetzow zurückgehende Lehre von der antiken Wirtschaft als einer geschlossenen Hauswirtschaft.[35] In Gegensatz zu Bücher, der von der Antike bis zur Gegenwart eine progressive Stufenfolge von der Hauswirtschaft über die Stadtwirtschaft zur Volkswirtschaft zu erkennen glaubte, war für Meyer das Altertum keineswegs durch ein einziges und überdies längst überholtes, 'primitives' Stadium der wirtschaftlichen Entwicklung geprägt, sondern wies seinerseits einen eigenen „Kreislauf" von einfachen zu hochentwickelten und wieder zurück zu rudimentären ökonomischen Strukturen auf, demgegenüber die mittelalterlich-neuzeitlichen Wirtschaftsformen nicht eine höhere Stufe bildeten, sondern im wesentlichen als eine Art paralleler Entwicklungskreis zu verstehen waren, woraus Meyer auch auf die unmittelbare Bedeutung der Erkenntnis der antiken Wirtschaftsentwicklung für die Gegenwart schloß.[36] Im einzelnen ging es ihm vor allem um den Nachweis, daß die antike Wirtschaft nicht auf den Typus einer geschlossenen Oikenwirtschaft zu reduzieren war, sondern daß sie, ganz entsprechend der „fundamentalen Bedeutung des Handels und des Geldes in der alten Geschichte"[37], bereits im Alten Orient wie auch in Griechenland und der römischen Welt eine überaus starke Entwicklung des Verkehrs kannte. Dabei zitierte Meyer mehrfach ausdrücklich und zustimmend Webers ›Römische Agrargeschichte‹, und zwar sowohl dessen gegen Rodbertus gerichtete, grundsätzliche Feststellung, daß in der römischen Landwirtschaft der autarke Oikos entgegen der Rodbertusschen Theorie erst eine Erscheinung der Spätzeit gewesen sei, als auch Webers Erklärung der Entstehung des Kolonats.[38]

In seiner Schrift ging Meyer dann auch auf das Problem des „Untergangs" des Altertums bzw. des Römischen Reiches ein, den er als nicht von außen, d. h. durch die Völkerwanderung, verursacht, sondern als ein tief in der antiken Kultur wurzelndes Phänomen sah, als die „innere Zersetzung einer völlig durchgebildeten, ihrem Wesen nach durchaus modernen Kultur"[39]. Es sei die „Steigerung und allgemeine Verbreitung der antiken Kultur" gewesen, die ihr Absterben herbeiführte: Die Kultur werde nämlich – so ein „allgemeiner Er-

---

mit gelegentlichen Änderungen wiederabgedruckt (u. a.) in: ders., Kleine Schriften, Bd. I, Halle ²1924, 79–168.

[35] Vgl. K. Bücher, Die Entstehung der Volkswirtschaft (zuerst Tübingen 1893, zahlreiche spätere Auflagen); zu Rodbertus vgl. MWG I/2 (wie oben Anm. 23), bes. S. 19ff.; dazu Meyer, a. a. O. 696ff.
[36] Meyer, a. a. O. 699f.
[37] Ebd. 699, vgl. 700.
[38] Ebd. 697 Anm. 1; 737 Anm. 4; 742 Anm. 4.
[39] Ebd. 700, vgl. 731; 743.

fahrungssatz" – „je breiter desto flacher".⁴⁰ Dies hätte in der römischen Kaiserzeit dazu geführt, daß die Gebildeten die bis dahin von ihnen innegehabte Führung verloren, zunächst auf geistigem Gebiet, dann aber auch politisch und militärisch, was sich im einzelnen z. B. in der Provinzialisierung des römischen Heeres, dem Niedergang der städtischen Selbstverwaltung, dem Rückgang der Sklaverei und der Landwirtschaft, dem korrumpierenden Einfluß der Stadt auf das Land und dem damit zusammenhängenden Bevölkerungsrückgang gezeigt habe, bis schließlich der – demnach von rein immanenten Faktoren bestimmte – „Kreislauf" der antiken Entwicklung vollendet gewesen sei.⁴¹

Die grundlegenden Gemeinsamkeiten zwischen Webers Auffassungen und dieser Arbeit Eduard Meyers, der bei aller scharfen Kritik an den Nationalökonomen Bücher und Rodbertus sich so positiv über die ›Römische Agrargeschichte‹ geäußert hatte, wie auch die Divergenzen, die Webers eigenen Vortrag auslösten, sind damit wohl bereits deutlich. Einerseits ging auch Meyer davon aus, daß der „Untergang des antiken Staats"⁴² primär keine exogenen Ursachen gehabt hätte. Auch Meyers Sicht, daß die Hauptvoraussetzung dafür der Niedergang bzw. die „innere Zersetzung" der antiken Kultur gewesen sei, ließ Weber gelten und wiederholte sie in seinem Vortrag,⁴³ ebenso Meyers Auffassung der ganzen antiken Kulturentwicklung als eines „Kreislaufs".⁴⁴ Andererseits sind ganz erhebliche Unterschiede offensichtlich, zu denen vor allem Webers entschiedene Ablehnung der allzu weitgehenden modernisierenden Sicht der antiken ökonomischen Verhältnisse bei Eduard Meyer gehört. Offenbar direkt gegen Sätze Meyers wie den, daß man es bei der Krise der römischen Republik mit Vorgängen zu tun habe, „die auch ökonomisch von höchstem Interesse sind und noch für die Gegenwart eine tiefgreifende Bedeutung haben"⁴⁵, richten sich Webers z. T. als überraschend, ja etwas rätselhaft empfundene Sätze in der Einleitung des Vortrags, daß „wir ... für unsere heutigen sozialen Probleme ... aus der Geschichte des Altertums wenig oder nichts zu lernen" hätten, daß sich „ein heutiger Proletarier und ein antiker Sklave" sowenig verstünden wie ein Europäer und ein Chinese und daß der Untergang der antiken Kultur „nur ein historisches Interesse" besäße.⁴⁶ Der für historische Vergleiche immer besonders sensible Max Weber will hier

---

⁴⁰ Ebd. 734.
⁴¹ Ebd. 734 ff.; 743.
⁴² Ebd. 733.
⁴³ Vgl. Weber, Soziale Gründe, 291; 310 (die Formulierung: „Wehmütig berührt uns ..." scheint direkt von der sehr ähnlichen bei Meyer, a. a. O., 733 inspiriert zu sein).
⁴⁴ Ebd. 291; 309 (zu Meyer vgl. oben Anm. 41).
⁴⁵ Meyer, a. a. O. 731, vgl. auch 696.
⁴⁶ Weber, Soziale Gründe 291.

selbstverständlich nicht den Erkenntniswert der antiken Geschichte für die Gegenwart überhaupt bestreiten, sondern lehnt nur allzu vordergründige und in die Irre führende Gleichsetzungen von antiken und modernen Verhältnissen ab, wie sie für Eduard Meyers Abhandlung kennzeichnend waren.[47] Vor allem aber ging Weber im konkreten Fall weit über Meyer hinaus, als er dessen letztlich auf der vagen These einer notwendigen allgemeinen Kulturverflachung beruhenden „Erklärung" des Endes der antiken Kultur sein eigenes, sehr geschlossenes und zugleich außerordentlich differenziertes Bild der sozialen Zusammenhänge des kulturellen Niedergangs entgegenstellte und mit Kategorien wie: strukturelle Besonderheiten des antiken Sklaven-Oikos, Geld- und Naturalwirtschaft, Gegensatz Stadt–Land, Küste–Binnenland u. a. erheblich tiefer in die besonderen, von der neuzeitlichen Welt wesentlich abweichenden Verhältnisse der Antike eindrang. Insofern dürfte der thematische Hauptanstoß für Webers Vortrag deutlich sein, auch die besondere 'Stoßrichtung' von dessen Titel: Es ging Weber vor allem darum, gegen Eduard Meyer die von diesem nicht erfaßten „sozialen Gründe" des Untergangs der antiken „Kultur" klarzulegen, wie sie sich ihm aus seinen eigenen (und von Meyer ausdrücklich gewürdigten) Forschungen ergeben hatten und wie sie von ihm z. B. auch in der erwähnten – und gerade im Wintersemester 1895/96 gehaltenen – Vorlesung sowie in seinem Handwörterbuch-Beitrag vertreten wurden.[48]

IV

Worauf beruhten die in den ›Sozialen Gründen‹ niedergelegten Erkenntnisse? Zunächst ist wohl offensichtlich, daß die wichtigste Grundlage des Vortrags Ergebnisse der ›Römischen Agrargeschichte‹ von 1891 bilden, insbesondere von deren Schlußkapitel, dessen Gegenstand wesentlich der sich in der Kaiserzeit vollziehende Wandel von dem jedenfalls teilweise für den städtischen Markt produzierenden landwirtschaftlichen Sklavenbetrieb zur tendenziell autarken „Grundherrschaft" mit persönlich freien, aber schollengebundenen Kolonen war; aber auch der unmittelbar damit zusammenhängende Niedergang der Städte gegenüber dem Land war bereits ein Thema der ›Römischen Agrargeschichte‹ gewesen[49]. Ebenso hatte Weber sich dort bereits

---

[47] Besonders drastisch in dieser Beziehung Meyers jahrhundertweise Parallelisierung der europäischen Entwicklung des 14.–18. Jh. mit der des 7.–3. Jh. v. Chr.; vgl. a. a. O. 716; 730.

[48] Dazu vgl. oben Anm. 31 und 32. Auf einzelne Bezüge der Vorträge Meyers und Webers hat mit Recht bereits E. Narducci, Max Weber fra antichità e mondo moderno, Quaderni di storia 14, 1981, hier S. 35f., hingewiesen. Vgl. auch Momigliano (oben Anm. 6), 288.

[49] Vgl. MWG I/2, 338 ff.

zum Problem des Zerfalls des Reiches geäußert, und zwar vor allem am Schluß des III. Kapitels, wo von den Naturalabgaben im spätantiken Steuersystem die Rede war und er zu der Feststellung gelangte, daß eine „derartige Naturalwirtschaft bei einem Weltstaat mit den damaligen Verkehrsmitteln kaum möglich" gewesen sei: „Der antike Staat stand hier vor der gleichen Schwierigkeit, an welcher in Sachsen König Heinrich IV. scheiterte, und die Lösung war nur in dem Zerfall in territoriale Sondergebiete zu finden."[50]

Hier macht sich bei Weber ohne Zweifel der Einfluß des schon erwähnten Karl Rodbertus geltend, der in seiner Arbeit über die Geschichte der römischen Tributsteuern die naturalwirtschaftlichen Züge des spätantiken Steuersystems stark betont hatte. Bereits bei ihm findet sich auch der grundlegende Gedanke, daß die Naturalbesteuerung im Gegensatz zu den geldwirtschaftlichen Bedürfnissen des zum Orbis terrarum gewordenen Reiches gestanden habe und sich an sie mit das „Verderben des Staats (knüpfte), soweit dasselbe mit dem Finanzsystem zusammenhing"[51]. Etwas überraschend erscheint zunächst der Hinweis auf den deutschen Kaiser Heinrich IV. (1056–1106). Wie schon an anderer Stelle vermerkt,[52] geht diese Erwähnung des salischen Herrschers bei Weber offenbar auf die 1883–1885 erschienene ›Geschichte des Deutschen Volkes‹ von Karl Wilhelm Nitzsch zurück. Ganz ähnlich wie bei Rodbertus spielte auch für Nitzsch der Gegensatz zwischen Geld- und Naturalwirtschaft und die Auffassung, daß unter naturalwirtschaftlichen Verhältnissen eine territorial sehr ausgedehnte Reichsorganisation nicht möglich sei, eine große Rolle. Sie erscheint bei ihm geradezu als Grundlage seiner Erklärung der politischen Entwicklung des mittelalterlichen Reiches: Deutschland sei – nicht zuletzt aus Gründen seiner geographischen Lage – lange überwiegend naturalwirtschaftlich geprägt gewesen, und so sei es nicht zu einer geregelten Geldwirtschaft und einer darauf aufgebauten 'geordneten Steuerverfassung' und damit auch nicht zu einem starken Königtum (wie etwa in Frankreich und England) gekommen. Vielmehr hätte spätestens Heinrichs IV. vergeblicher Versuch einer verstärkten Zentralisierung des Reiches einen Wendepunkt in dessen Entwicklung bedeutet: Heinrich IV. sei gezwungen gewesen, für den in diesem Zusammenhang von ihm begonnenen Burgenbau im Harz und in Thüringen umfangreiche Naturalabgaben zu verlangen, wodurch ein praktisch permanenter Widerstand in Sachsen als einem Kernland des Reiches ausgelöst worden sei, durch den der Versuch einer Stärkung der Zentralgewalt in Deutschland zum Mißlingen verurteilt und langfristig

---

[50] Ebd. 291.
[51] J. K. Rodbertus, Untersuchungen auf dem Gebiete der Nationalökonomie des klassischen Altertums (1864–1867), in: ders., Gesammelte Werke und Briefe, hrsg. v. Th. Ramm, Abt. 3: Zur Wirtschaftsgeschichte, Osnabrück 1971 (danach im folgenden zitiert), 380.
[52] MWG I/2, 291 Anm. 80.

dem späteren Aufstieg der Territorien der Weg gebahnt worden sei.[53] Dies will Weber, gleichsam mit umgekehrten Vorzeichen, auf die Situation des spätantiken römischen Imperiums anwenden: So wie die Zentralisierung des mittelalterlichen Reiches im 12. Jahrhundert wegen seiner naturalwirtschaftlichen Grundlagen – nach Nitzsch – nicht möglich gewesen sei, sei umgekehrt das zentralistische spätrömische Reich an den Schwierigkeiten zugrunde gegangen, die Einheit eines so großen Staatswesens auf einer zunehmend naturalwirtschaftlichen Basis zu behaupten.

Wenn man nach diesen knappen, scheinbar eher beiläufigen Bemerkungen zum Zerfall des Römischen Reiches schon in der ›Römischen Agrargeschichte‹ sich nun den ›Sozialen Gründen‹ von 1896 zuwendet, so legt Weber hier eine gegenüber dem Buch von 1891 sehr detailliertere, zusammenhängende 'Erklärungsskizze' vor, in der zwar die spezielle Parallele mit Heinrich IV. aufgegeben erscheint, die aber doch schon insofern direkt an die ›Römische Agrargeschichte‹ anknüpft, als Weber mit zwei Grundkategorien arbeitet, die auch dort von Bedeutung sind und die beide bei ihm zweifellos auf Rodbertus zurückgehen. Es sind dies zum einen der Gegensatz von Geld- und Naturalwirtschaft und zum anderen der Oikos als eine für die Wirtschaftsstruktur der Antike entscheidende Einheit. So schlechthin fundamental diese Rodbertusschen Kategorien aber für Webers Untergangs-Theorie sind, so sehr erscheinen sie bei ihm doch zugleich in einer Weise verändert, die Weber selbst ebenfalls bereits in der ›Römischen Agrargeschichte‹ als Schlußfolgerung aus seinen eigenen Studien ausdrücklich formuliert hatte. Für Rodbertus stand die geschlossene, naturalwirtschaftlich geprägte „Oikos"-Wirtschaft am Anfang der Entwicklung und war die spätere römische Kaiserzeit charakterisiert durch die (seiner Auffassung nach u. a. in der Art der Besteuerung sich spiegelnde) Auflösung des einheitlichen Oikos und zunehmend geldwirtschaftliche Verhältnisse.[54] Eine Diskrepanz zwischen geldwirtschaftlichen Bedürfnissen und naturalwirtschaftlicher Realität, die zum „Verderben des Staates" führte, ergab sich für Rodbertus daraus, daß die ökonomischen Strukturen der antiken Welt hinter der politischen Entwicklung, wie sie durch das Römische Reich eingetreten war, zurückblieben und das angesichts des Beamtenapparates und des stehenden Heeres erforderliche Maß an Geldwirtschaft der an sich in diese Richtung gehenden Entwicklung zum Trotz nicht erreicht wurde.[55] Daher war für Rodbertus das römische Imperium der späteren Zeit „im tiefsten Grunde desorganisiert": „Auf einem ander(s)artigen Rumpf saß

---

[53] K. W. Nitzsch, Geschichte des Deutschen Volkes bis zum Augsburger Religionsfrieden, Bd. I, Leipzig 1883, 287–290; II, 1883, 70 ff. (= dass., ²1892, Bd. I, 309–312, Bd. II, 74 ff.). – Vgl. dazu noch ders., Die oberrheinische Tiefebene und das deutsche Reich im Mittelalter, Preußische Jahrb. 30, 1872, hier bes. S. 246.

[54] Vgl. Rodbertus, a. a. O. 160 f.; 163; 252 ff.; 334 ff.

[55] Ebd. 380 ff.

gleichsam ein ander(s)artiges Haupt, mit andern Zwecken, als auf welche der Körper angelegt war, mit einer andern Thätigkeit, als welcher dieser zu folgen vermochte, und andern Bedürfnissen, als welchen dieser zu genügen verstand."[56]

Auch wenn Weber, unter dem direkten Einfluß von Rodbertus, das Mißverhältnis zwischen Geld- und Naturalwirtschaft im spätrömischen Reich ebenfalls als entscheidenden Faktor für den Zerfall des Imperiums betrachtete, unterschied sich sein Erklärungsversuch im einzelnen doch deutlich von Rodbertus. Für ihn war nicht wie für Rodbertus die Autarkie des Oikos in der Spätzeit im Schwinden begriffen, sondern bildete sich umgekehrt erst dann aus und entzog dem Reich damit gleichsam mehr und mehr das auf Stadt und Geldwirtschaft beruhende Verkehrsnetz, auf das es für seinen Zusammenhalt angewiesen war und das auch, solange sein Schwerpunkt im Küstenbereich gelegen hatte, ausreichend gewesen war. In diesem Punkt hatte sich Weber von Rodbertus schon in der ›Römischen Agrargeschichte‹ klar distanziert: „Die Autarkie des ‚Oikos‘, auf welche Rodbertus in übrigens sehr geistvoller Ausführung den gesamten Gang der antiken Wirtschaftsgeschichte gründet, welche aber nach ihm mit der Kaiserzeit im Verschwinden begriffen sein müßte, war also auf den ländlichen Grundbesitzungen zum wesentlichen Teil erst Entwickelungsprodukt."[57]

Ganz in diesem Sinn schildert Weber nun in seinem Vortrag die agrarische Entwicklung vom Gutsbetrieb der späteren republikanischen Epoche Roms in Gestalt der marktorientierten „Sklavenkaserne" bis zur zunehmend autarken spätantiken „Grundherrschaft". Er akzentuiert dabei die Besonderheiten der antiken Sklavenwirtschaft weit über Rodbertus hinaus sehr stark. Doch finden sich nahezu sämtliche Einzelelemente seines Gesamtbildes bereits in der ›Römischen Agrargeschichte‹, die „Kaserne" der familien- und eigentumslosen Sklaven in der Landwirtschaft,[58] die Wirkungen des seit der Prinzipatszeit mehr und mehr ausbleibenden Sklavennachschubs,[59] die Entwicklung zu gemischten Sklaven-Kolonen-Gütern,[60] die im gleichen Zusammenhang stehende Wiedergewinnung von Haus und Familie durch die Sklaven[61] sowie ihr Aufstieg zu 'unfreien Fronbauern', dem freilich das Absinken der freien Kleinpächter, der Kolonen, zu 'hörigen Bauern' mit förmlicher Bindung an den Boden entsprach.[62] Hand in Hand damit ging – auch dies alles in der ›Römischen Agrargeschichte‹ bis ins einzelne vorgezeichnet und stellen-

---

[56] Ebd. 385.
[57] MWG I/2, 317.
[58] Ebd. 315 ff.; 345 ff.
[59] Ebd. 318; 347.
[60] Vgl. ebd. 323.
[61] Ebd. 348.
[62] Ebd. 334; 350; Soziale Gründe 303.

weise fast gleichlautend formuliert – die wachsende Selbstabschnürung der landwirtschaftlichen Produktion vom städtischen Markt (indem u. a. durch die 'Zergliederung der Sklavenkaserne in Bauernkaten' die Absatzproduktion notwendigerweise zusammenschrumpfte), der damit zusammenhängende, auch im Wandel der administrativen Strukturen zum Ausdruck kommende Niedergang der Städte mit einer gleichzeitig immer mehr obrigkeitlichen Stellung der ländlichen Grundherren,[63] der Rückgang der (städtischen) Kultur und schließlich der Zerfall des einheitlichen Reiches. Für den Staat selbst war nach Weber charakteristisch, daß er ebenfalls mehr und mehr zur naturalwirtschaftlichen Bedarfsdeckung gezwungen war, indem einerseits Beamtentum und stehendes Heer gerade im spätrömischen Imperium immer umfangreichere Mittel erforderten, andererseits aus den bereits genannten Gründen die Geldbesteuerung auf immer größere Schwierigkeiten stieß, daher der Anteil der Naturalleistungen und -lieferungen wie der vom Staat in eigener Regie und für den eigenen Bedarf hergestellten Güter stieg und damit wiederum die Bildung von Geldvermögen eingeschränkt wurde.[64] Insbesondere die „Rekrutennot" ist für ihn ein frühes Symptom der allgemeinen Entwicklungstendenzen des Reiches: Sie war auf der einen Seite mitverursacht durch den ausbleibenden Sklavennachschub, der zur vermehrten Heranziehung von Freien in der Landwirtschaft zwang; auf der anderen Seite zeigt die wachsende Rekrutierung der Truppen aus der jeweils von ihnen zu schützenden Region, bald auch die Heranziehung von „Barbaren" und deren teilweise ebenfalls naturalwirtschaftliche Entlohnung durch die Belehnung mit Land den allgemeinen Entwicklungstrend in Richtung auf kleinere, auf naturalwirtschaftlicher Grundlage existierende Territorien.[65]

Zu all diesen, bereits auf die ›Römische Agrargeschichte‹ zurückgehenden Gedankengängen kommt dann aber in dem Vortrag von 1896 noch ein wesentlicher neuer Gesichtspunkt, der weder bei Rodbertus noch in Webers Werk von 1891 begegnet, der jedoch für die Behandlung der Antike in der Vorlesung über ›Theoretische Nationalökonomie‹ wie auch für den 1897 erschienenen Handwörterbuchartikel charakteristisch ist: der Gegensatz von Küste und Binnenland. In der ›Römischen Agrargeschichte‹ hatte Weber dem Handel bereits im frühen Rom eine wichtige Funktion zugeschrieben,[66] auch die Entwicklung der Geldwirtschaft, ja, eines ausgeprägten „Kapitalismus" schon in der republikanischen Zeit in Rom konstatiert[67]: Wie war von daher der Rückgang der Geld- und Verkehrswirtschaft gerade im Verlauf der Prinzipatszeit, als Rom auf dem Höhepunkt seiner äußeren Macht stand, zu erklären? In sei-

---

[63] Vgl. ebd. 326 ff.; 341.
[64] Weber, Soziale Gründe 304 f.
[65] Ebd. 306 f.
[66] Vgl. MWG I/2, 101; 202 ff.
[67] Ebd. 101; 216 f., vgl. 239; 241, Webers Fußnote 53.

nem Vortrag stellte Weber – z. T. auch wieder in Korrektur der Ausführungen Eduard Meyers – zum einen klar, daß der „internationale Handel" der antiken Küstenstädte zwar ein „bedeutendes Gebiet und zahlreiche Gegenstände" umfaßt habe, aber zugleich doch seit jeher quantitativ unerheblich gewesen und auch nur einer „dünnen Schicht besitzender Klassen" zugute gekommen sei.[68]

Dazu treten in seiner Sicht zwei wichtige Besonderheiten der antiken Sklavenwirtschaft: einmal die Tatsache, daß die Entwicklung des 'internationalen' Verkehrs in der mediterranen Antike vor allem zur „Zusammenballung unfreier Arbeitskraft im großen Sklavenhaushalt" und damit im Ergebnis zur Verstärkung des 'Unterbaus mit verkehrsloser Bedarfsdeckung' geführt habe, zum andern aber die Abhängigkeit zumal der für den Markt produzierenden ländlichen Güter von einem stetigen Sklavennachschub.[69] Dessen bereits in der ›Römischen Agrargeschichte‹ hervorgehobenes Versiegen[70] allein reichte Weber jedoch zur Erklärung, warum in der späteren Kaiserzeit Stadt und städtische Kultur, Geld- und Verkehrswirtschaft im Römischen Reich sich in so starkem Maß gegenüber dem Vordringen des Landes und der Naturalwirtschaft immer weniger zu behaupten vermochten, wie es zu dem „naturalwirtschaftlichen Rückschlag"[71] im Imperium kam, nicht aus. Vielmehr erscheint in seinem Vortrag als ein weiterer entscheidender Faktor der Gegensatz von „Küste" und „Binnenland", die These, daß sich in der Antike Verkehrsbeziehungen in erster Linie als Seehandel im mittelmeerischen Küstengebiet und mit ihnen auch geldwirtschaftliche Strukturen entwickelt hätten, sie dagegen im Binnenland sehr viel schwächer und auf einem naturalwirtschaftlichen Niveau geblieben seien und dieser Gegensatz mit der enormen binnenländischen Expansion des Imperiums fatale Dimensionen angenommen hätte.[72] Der antike Sklaven-Oikos war nach Weber auch die einzig mögliche Form einer „allmählichen Einbeziehung" der von Rom eroberten binnenländischen Räume in den mittelmeerischen Kulturkreis,[73] wiewohl er nicht imstande war, diese Territorien ausreichend bzw. so zu durchdringen, wie dies im Fall der antiken Küstenkultur geschehen war. Es waren die verkehrsfeindlichen binnenländischen Territorien, welche die Tendenzen zur Autarkie, die ja dem Oikos ohnedies innewohnten, mit all ihren Folgen entscheidend verstärkten, und indem auf diese Weise die antike Kultur ihren Charakter als Küsten- und Sklavenkultur mehr und mehr einbüßte, hörte sie – so ließe sich Webers These zuspitzen – auch auf, städtische Kultur zu sein. Der Untergang der antiken

---

68 Weber, Soziale Gründe 292 f.; zu Meyer vgl. z. B. oben Anm. 37.
69 Ebd. 294 f.; 298 f.
70 Vgl. oben Anm. 59.
71 So in dem oben Anm. 31 erwähnten gedruckten ›Grundriß‹ von 1898, S. 10.
72 Weber, Soziale Gründe 292; 295 f.
73 Ebd. 296.

Kultur und der Zerfall des Römischen Reiches erklären sich somit wesentlich aus dem, wie Weber es ausdrückt, Versuch der antiken Kultur, ihren Schauplatz zu wechseln, bzw. aus der Ausdehnung des römischen Imperiums über die mittelmeerischen Küstengebiete hinaus in große Teile des europäischen Binnenlandes, von Spanien bis zu den Donauländern[74]: In der Expansion der römischen Herrschaft und ihrer besonderen 'antiken' Infrastruktur (d. h. der Sklaven-Oikoswirtschaft) in diese umfangreichen, küstenfernen Gebiete lagen die entscheidenden Keime des Untergangs der städtischen Zivilisation wie auch des Zerfalls des römischen Weltreichs.

V

Die zahlreichen Probleme, die Webers Vortrag aufwirft, können hier natürlich bei weitem nicht erschöpfend diskutiert werden. So scheint z. B. auch, was die Herkunft maßgeblicher Aspekte seiner „Untergangs"-Theorie betrifft, die Frage nahezuliegen, ob hier nicht doch, wie schon öfters vermutet, speziell der historische Materialismus bzw. Einflüsse von Marx eine wesentliche Rolle spielen.[75] Immerhin könnte es so aussehen, als ob nicht nur Ausdrücke wie „Proletarier", „Klassen", „Sklavenhalter", „Überbau" usw., sondern insbesondere die zentrale Bedeutung der Sklaverei für die antike Kultur in der Sicht Webers, die Ablösung der antiken Sklavenkultur durch die „feudale" Gesellschaft und überhaupt das Verständnis des Verhältnisses von Wirtschaft, Kultur und Politik in diese Richtung wiesen.[76] Die Frage kann hier nicht abschließend beantwortet werden; sie liegt vielleicht in manchem ein wenig anders als im Falle der ›Römischen Agrargeschichte‹ von 1891.[77] Zwei Gesichtspunkte, die hier schon aus Raumgründen nicht näher untersucht werden können, müßten jedoch in Betracht gezogen werden und lassen zumindest eine nennenswerte unmittelbare Beeinflussung durch den historischen Materialismus Marxscher Prägung zweifelhaft erscheinen: einmal die oft erheblichen Unterschiede in der Verwendung der genannten (im einzelnen ohnedies nicht spezifisch 'marxistischen') Begriffe und Konzepte bei Weber

---

[74] Vgl. ebd. 295.

[75] Vgl. (z. B.) K. Löwith, in: Club Voltaire. Jahrb. f. krit. Aufklärung 2, 1965, 137; K. Christ, Der Untergang . . . (wie oben, Anm. 7), 14 (= Röm. Gesch. II. . . ., 186).

[76] Vgl. bes. Weber, Soziale Gründe 309 f.; auch 300 („die ‚kommunistische' Sklavenkaserne"). – Auch die Verwendung des Begriffs 'feudal' (vgl. noch oben S. 98) ist für den Vortrag, die mehrfach erwähnte Vorlesung wie für die ›Agrarverhältnisse‹ von 1897 (dort S. 1 f. – allgemein –, 4 f.; 7 – Griechenland –, 9; 18 – Rom) neu gegenüber der ›Römischen Agrargeschichte‹.

[77] Dazu vgl. MWG I/2, 24, Anm. 54.

gegenüber Marx bzw. Engels, zum andern die Tatsache, daß so gut wie alle für die Argumentation Webers wichtigen historischen Details sich bereits in seiner ›Römischen Agrargeschichte‹ finden, wo ein solcher Einfluß nicht erkennbar ist, wie man überhaupt festzustellen hat, daß – abgesehen von dem (wiederum in keiner direkten Beziehung zum historischen Materialismus stehenden) Gegensatz von Küste und Binnenland – auch so gut wie alle „theoretischen", kategorialen Einzelelemente der „Untergangs"-Theorie bereits mehr oder weniger ausformuliert schon in der ›Römischen Agrargeschichte‹ faßbar sind.

Es bleibt zum Schluß noch die nicht unwichtige Feststellung, daß die in den ›Sozialen Gründen‹ von 1896 so prägnant formulierten Gesichtspunkte auch später bei Weber immer wieder eine Rolle spielten. Der Inhalt des Vortrags findet sich, wenn auch stark verkürzt, in praktisch identischer Form nicht nur in der erwähnten, ungefähr gleichzeitig entstandenen ersten Fassung der ›Agrarverhältnisse im Altertum‹ wieder;[78] im Jahre 1898, aus dem auch der gedruckte ›Grundriß‹ der Vorlesung über ›Theoretische Nationalökonomie‹ stammt, erschienen die Passagen über Rom und die römische Kaiserzeit unverändert neu[79], diesmal mit einem eigenen Hinweis auf den in der ›Wahrheit‹ veröffentlichten Vortrag.[80] Auch im Schlußteil der berühmten letzten Fassung des Artikels in der 3. Auflage des Handwörterbuchs von 1909 sind die Hauptgesichtspunkte der „Untergangs"-Theorie von 1896 wiederum enthalten,[81] auch wenn hier mit Rücksicht auf den von Weber geplanten, dann aber doch nicht von ihm verfaßten Artikel ›Kolonat‹ des Handwörterbuchs die Kaiserzeit nur partiell behandelt[82] und auch das Ende des Imperiums als solches nicht eigens besprochen wird. Selbstkritisch vermerkt Weber hier unter offenkundiger Anspielung auch auf die ›Sozialen Gründe‹, er habe das „Moment der Sklavenmarktverhältnisse früher etwas exklusiv überschätzt"; er warnt jedoch zugleich davor, es zu unterschätzen.[83] Wenn dann schließlich alle Hauptgesichtspunkte der ›Sozialen Gründe‹: der 'Verfall der Sklavenkaserne', die 'Einschränkung des Sklavenmarktes', das 'Hereinrücken der antiken Kultur in das Binnenland', das 'Sinken der Geldwirtschaft und des städtischen Wesens' und das Vordringen der Naturalwirtschaft erneut in Webers (aus Nachschriften rekonstruierter) Vorlesung ›Abriß der universalen

---

[78] Vgl. oben Anm. 32.
[79] Max Weber, Agrargeschichte: I. Agrarverhältnisse im Altertum, in: Handwörterbuch der Staatswissenschaften, Bd. I, Jena ²1898, 81–84.
[80] Ebd. 85.
[81] Max Weber, Agrarverhältnisse im Altertum, in: Handwörterbuch der Staatswissenschaften, Bd. I, Jena ³1909, 179f. (= ders., Gesammelte Aufsätze zur Sozial- und Wirtschaftsgeschichte, Tübingen 1924, 271–273).
[82] Vgl. Handwörterbuch, a. a. O. 171; 180.
[83] Ebd. 179 (= Gesammelte Aufsätze . . . 272).

Sozial- und Wirtschaftsgeschichte‹ aus dem Wintersemester 1919/20 erscheinen,[84] dürfte dies doch wohl ein gleichsam abschließender Beweis dafür sein, daß die Gedanken des Vortrags von 1896, weit entfernt, eine Art Außenseiterposition in seinen Arbeiten zur Antike einzunehmen, wie es manchmal vermutet wird,[85] tatsächlich ein festes, charakteristisches und nie aufgegebenes Element von Webers Sicht der historischen Entwicklung im Altertum bildeten.

---

[84] Max Weber, Wirtschaftsgeschichte. Abriß der universalen Sozial- und Wirtschaftsgeschichte, 3. Aufl. besorgt von J. Winckelmann, Berlin 1958, 83 f. (mit Hinweis auf den 'Untergang des Reiches'); vgl. 124.

[85] Vgl. A. Heuß, Max Webers Bedeutung für die Geschichte des Altertums, Hist. Zeitschr. 201, 1965, hier S. 555. Ähnlich z. B. A. Demandt (wie oben Anm. 5), 289; A. Zingerle, Max Webers historische Soziologie, Darmstadt 1981, 79 f.

WAS WÄRE EUROPA OHNE DIE ANTIKE?

Von Alexander Demandt

„Nichts!" höre ich den kundigen Leser denken. Hätte ich gefragt: Was verdankt Europa der Antike?, so hieße die Antwort eher „vieles" als „alles". Und dies letztere wäre die bessere Auskunft. Denn die Völker Europas stammen nicht von den Athenern und Römern ab. Was Europa diesen somit nicht verdankt, sind die Menschen. Das Erbe liegt nicht auf der Ebene des biologischen Lebens, sondern auf dem der Lebenskunst, der Kultur.

Was ist Kultur? Der Begriff „Kultur" steht in einer dreifachen Antithese. Er steht im Gegensatz zu „Natur" und grenzt die durch Sprache und Denken lenkbare, „vernünftige" Tätigkeit des Menschen vom organischen Geschehen ab. Er steht darüber hinaus im Gegensatz zu „Barbarei" und unterscheidet eine höhere von einer tieferen Stufe, zwar nicht der Sittlichkeit, aber der Gesittung. Er steht schließlich in einem inneren Gegensatz zu seinesgleichen. Denn spätestens seit Spengler sprechen wir von Kulturen in der Mehrzahl. Spengler dachte sich die Kulturen als eigendynamische Kollektivsubjekte, die selbst ihre Schöpfer schaffen und sich wesentlich unbeeinflußt von ihresgleichen entfalten.

Spenglers Einsicht in die Mehrzahl der Kulturen hat sich durchgesetzt. Widerspruch erfuhr und verdient seine Vorstellung von deren Geschlossenheit. Kulturen sind keine fensterlosen Monaden. Kulturen sind vielmehr Systeme sozialer Interaktion, die durch die Gestaltungskraft ihrer Träger und durch ihren dichteren Binnenverkehr einen eigenen Stil entwickeln, daneben Einflüsse von außen aufnehmen und selbst wieder nach außen ausstrahlen. Zwischen gleichzeitigen Kulturen besteht gewöhnlich ein Verhältnis des Nehmens und Gebens, zwischen nachzeitigen Kulturen ein Verhältnis des Aneignens, Umwandelns und Abstoßens. Im Formenschatz jeder Kultur mischt sich Eigenes und Fremdes, Altes und Neues auf je besondere Art.

Die europäische Kultur tritt im Verhältnis zu den außereuropäischen Kulturen vornehmlich als der gebende Teil in Erscheinung. So jedenfalls in der jüngeren Vergangenheit. Seit dem 16. Jahrhundert unterliegt die Welt einem Europäisierungsprozeß, der sich nicht auf den Export von Technik beschränkt, sondern ebenso die Gestaltung des politischen, ökonomischen und sozialen Lebens und Denkens außereuropäischer Völker beeinflußt. Das aber war nicht immer so. Europa war jahrhundertelang eher der nehmende Teil, und dies um so stärker, je weiter wir in unsere Geschichte zurückgehen.

In der Neuzeit finden wir Anregungen aus Schwarzafrika und der Südsee im Expressionismus, ostasiatische Vorbilder für den Jugendstil, indische Einwirkungen auf die Philosophie des 19. Jahrhunderts. All das bleibt aber oberflächlich. Das Mittelalter übernahm zahlreiche Errungenschaften aus der arabischen Kultur. Die jahrhundertelange Nachbarschaft der christlichen und der islamischen Völker, der bald kriegerische, bald friedliche Austausch an Waren, Menschen und Gedanken hat auch das Abendland bereichert, denn in vieler Hinsicht war die arabische Zivilisation dem europäischen Mittelalter überlegen. Dies gilt zumal für die Medizin, für die Chemie, für die Astronomie und für das Textilgewerbe. Das Kulturgefälle spiegelt sich im Wortschatz, denn die Wörter wandern mit den Waren. Die Wörter „Mütze", „Jacke", „Kittel" und „Schal" kommen von den Arabern. Zahlreicher als die arabischen sind die lateinischen Lehnwörter im Deutschen und in den übrigen germanischen und slawischen Sprachen. Nur bei ihnen läßt sich der antike Einfluß erkennen, bei den romanischen Sprachen gehört er zum Wesen.

Zunächst also stellt sich ein terminologisches Problem. Was heißt „Europa", was „Antike"? Geographisch ist der Begriff „Europa" definierbar, aber kulturhistorisch ist er kaum zu fassen. Wo lagen die Grenzen Europas zur Zeit Karls des Großen, des *rex Europae*? Können wir das christliche Byzanz, das muslimische Spanien, den türkischen Balkan dazurechnen? Wohin gehörten die Juden? Wo endet Europa heute im anglo-amerikanischen Westen, im kommunistischen Osten? Es gibt Autoren, die erklären, Los Angeles sei inzwischen europäischer als Magdeburg. Dabei ist der Marxismus, den wir aus Europa herausdefinieren wollen, doch wahrlich eine okzidentale Erfindung. Das Christentum, das wir zu den Wesensmerkmalen der europäischen Kultur zählen müssen, ist dagegen eine asiatische Religion. Paulus und die Evangelisten haben das Christentum hellenisiert, aber gibt es schon europäische Einflüsse auf die Lehre Jesu?

Dasselbe Problem stellt sich mit dem Terminus „Antike". Er hat keine Geltungsgrenze gegen den Namen „Europa". Wer von „europäischer Kultur" redet, schließt Rom und Athen allemal ein. Demnach wäre die Antike ein Teil der europäischen Kultur. So wie wir das Wort „Kultur" den Römern verdanken, so verdanken wir das Wort „Europa" den Griechen, die es ihrerseits als Bezeichnung für den „Westen" aus Kleinasien übernommen haben. Die gleichbedeutenden Ausdrücke „Europa", „Okzident" und „Abendland" sind stets im geographischen Kontrast zu „Asien", „Orient" und „Morgenland" gedacht, ohne daß dies als kulturhistorische Frontlinie verstanden werden dürfte. Wer den Alten Orient nicht zur antiken Kultur rechnet, muß doch zumindest den Raum des Imperium Romanum mit Nordafrika, Ägypten und Syrien hinzuzählen. Wesentliche Gebiete der antiken Kultur liegen außerhalb Europas, und das spricht dagegen, die Antike als Teil der „europäischen" Kultur zu betrachten.

Was wäre Europa ohne die Antike?

Die europäische Kultur läßt sich weder auf die Antike ausdehnen noch gegen sie abgrenzen. Wir besitzen keinen Namen für das nachantike Europa. Spengler hat dieses Dilemma durch den Begriff „faustisch" zu lösen versucht; daß er keine Nachfolge gefunden hat, liegt an der Weigerung der Deutschen, ihren Faust zum Symbol einer ganzen Kultur zu erheben. So schwierig es ist, die Begriffe Europa und Antike einzeln zu definieren, so klar ist, was sie synsemantisch bedeuten. Gemeint ist die griechisch-römische Mittelmeerkultur auf der einen Seite und die Kultur der Romanen, Germanen und Slaven seit der Völkerwanderung auf der andren.

Die Frage, was aus Europa ohne die Antike geworden wäre, beruht auf einer methodischen Fiktion, so als ob die antike Komponente aus dem nachantiken Europa herausgelöst werden könnte. Rein gedanklich ist das in gewissen Plausibilitätsgrenzen möglich (Demandt 1986, 40 ff.). Wegdenkbar sind insbesondere die christliche Religion und das römische Kaisertum. Die Entstehung des Christentums beruht auf der Kreuzigung Jesu, die im Ermessen des Pontius Pilatus stand. Die römische Kaiserzeit ist ohne Christentum vorstellbar. Die Germanen hätten in diesem Falle vermutlich statt der Bibel Vergil und Cicero rezipiert, statt des Gekreuzigten Mithras verehrt, statt der Kirchen Tempel und Capitole gebaut. Der Monotheismus hätte sich gewiß auch ohne das Christentum durchgesetzt, er ist die philosophischere Form der Weltbetrachtung; schon Platon vertrat sie. Das römische Kaisertum ist eine Schöpfung von Caesar und Augustus. Ohne sie wäre es vermutlich zu einer Aufteilung des Imperiums gekommen. In einem solchen Falle hätte es im Mittelalter statt der Kaiser nur Könige gegeben, der imperiale Gedanke hätte nicht die Entwicklung der Nationen verzögert.

Sehr viel unwahrscheinlicher, aber nicht geradezu undenkbar ist der Ausfall der griechisch-römischen Kultur überhaupt. Wenn infolge eines Sieges der Perser 490 v. Chr. bei Marathon oder einer Vernichtung Roms 387 v. Chr. durch die Kelten des Brennus oder durch Hannibal 216 v. Chr. oder durch einen Sieg Attilas 451 n. Chr. auf den Katalaunischen Feldern die griechisch-römische Kultur ausgelöscht oder abgeschottet worden wäre, hätten sich die Völker Mitteleuropas ohne die aus dem Süden kommenden Anregungen entwickeln müssen. Derartiges ist denkbar. Was uns die Bodenfunde und die Nachrichten von Herodot (IV 1–117) und Aristoteles (pol. 1327 b 25), von Caesar (BG I 31 ff.; VI 11 ff.) und Tacitus (Germ.) verraten, läßt vermuten, daß Skythen, Kelten und Germanen über ein eigenes Entwicklungspotential verfügten und ein höheres Niveau erreicht hätten als die von der Antike unberührten Lappen.

Dafür spricht ein anthropologischer Ausblick auf die fernöstlichen und die präkolumbianischen Kulturen Altamerikas. Die dort erreichte Zivilisationshöhe erlaubt die Folgerung, daß die Fähigkeit zur kulturellen Eigenentwicklung grundsätzlich vorgegeben ist und durch interkulturelle Einflüsse allenfalls beschleunigt oder gewandelt wird. Die Antike ist nicht die Wurzel, sondern die Schule Europas. Sie hat uns Erfahrungen vorweggenommen, die wir darum nicht selbst mehr machen mußten. Daß wir uns auch ohne die griechisch-römischen Lehrmeister irgendwie weitergebildet hätten, dürfen, ja müssen wir vermuten.

Bevor wir uns der Möglichkeit einer kulturellen Selbstbildung zuwenden, ist jedoch eine wahrscheinlichere Alternative zu erwägen. Die immer wieder bezeugte Bereitschaft der Germanen, von höheren Kulturen zu lernen, erlaubt die Annahme, daß sie bei einem Wegfall der griechisch-römischen Antike ihre Lehrmeister anderswo gesucht hätten: in Ägypten oder Mesopotamien. Die Expansion der altorientalischen Kulturen ist durch das Dazwischentreten von Persern, Griechen und Römern aufgehalten worden. Ohne diese Völker wäre mit einem orientalisch-germanischen Kontakt zu rechnen. Dann hätten wir unser orientalisches Erbe nicht durch die Antike gefiltert erhalten, sondern wären vielleicht sehr viel stärker orientalisiert worden. Unsere Denkform wäre nicht die logische Argumentation, sondern die symbolische Assoziation. Wir würden unsere Toten mumifizieren, nach dem babylonischen Zwölfersystem rechnen und unter einer asiatischen Despotie leben.

Wie unsere Geschichte ohne alle südlich-östlichen Einflüsse ausgesehen hätte, ist schwer zu sagen, denn auf den meisten Lebensgebieten sind die Völker des späteren Europa schon in der Antike vom klassischen Altertum und den durch Griechen und Römer übermittelten Orienteinflüssen abhängig, und je genauer wir hinsehen, desto deutlicher wird die Abhängigkeit. Das gilt nicht nur für die Kelten und ihre Entlehnungen von Griechen, Etruskern und Römern.

Die seit dem Aufkommen des Nationalismus im 19. Jahrhundert unternommenen Versuche, das „Germanische" als eigenständiges, von Antike und Christentum überfremdetes und verfälschtes Kultursubstrat zu fassen, haben wenig erbracht. Die „germanischen" Hünengräber erwiesen sich als Teil einer vorgermanisch-westeuropäischen Megalithkultur, die skandinavischen Runen stammen von einem nordetruskischen Alphabet griechischen Ursprungs, die frühmittelalterlichen Brakteaten verarbeiten spätantike Münzbilder (Hauck 1970, 300), die Kosmologie der Edda, das Muspilli, steht unter christlichem Einfluß, der ornamentale Tierstil des Osebergschiffs reicht von den irischen Kelten bis zu den Nomaden Südsibiriens, die altgermanischen Volksrechte sind durch das römische Vulgarrecht geprägt und so weiter. Das typisch Germanische besteht aus lauter ungermanischen Elementen; germanisch ist allenfalls die Mischung. Das Eigene liegt hier wie meist in der Um- und Ausformung übernommener Anregungen, selten in der kulturellen Urzeugung.

Damit müssen wir unsere Eingangsfrage nun doch umformulieren und nach dem fortlebenden Antiken in der Nachantike fragen. Dasselbe Phäno-

Was wäre Europa ohne die Antike?

men wird bisweilen als Wirkungsgeschichte, bisweilen als Rezeptionsvorgang bezeichnet. Die Rede von „Wirkungsgeschichte" erhebt die Antike zur quasiphysikalischen Kraft oder gar zum quasibiologischen Subjekt, was nicht gemeint sein sollte. Der Begriff Rezeption behandelt die Antike als Objekt. Er verlagert die Tätigkeit in den Aufnehmenden und sucht die Gründe für Art und Umfang der Rezeption im Rezipienten, was den Vorgang besser trifft. Denn anders wird nicht verständlich, daß die Nachwelt mit dem Erbe der Alten sehr unterschiedlich gewirtschaftet hat. Gerade die zahlreichen Umformungen und Mißverständnisse antiken Kulturguts lehren, wie wenig dieses selbst sein Weiterwirken bestimmt, wie sehr es vielmehr den jeweiligen Bedürfnissen und Fähigkeiten des „Schülers" angepaßt wird. Egon Friedell (1965, 786) erklärte in diesem Sinne 1928 die Antike zu einer „Erfindung" Winckelmanns.

Zwei Rezeptionsformen lassen sich unterscheiden. Die eine ist die kontinuierliche Weitergabe antiken Erbes von Generation zu Generation. Die andere Form ist der bewußte Rückgriff auf vergangenes und vergessenes Kulturgut, das Anknüpfen an abgerissene Stränge.

Die ungebrochene Tradition vom Altertum zum Mittelalter bestimmt das byzantinische Staatswesen in allen Bereichen und zeigt sich auf einzelnen Sachgebieten auch in den romanisch-germanischen Königtümern seit der Völkerwanderung. Auf eine Schwundstufe zurückgefallen, überlebten das Städtewesen, der Steinbau und die Geldwirtschaft; in Technik und Landbau bezeugen etwa 600 deutsche Lehnworte aus dem Lateinischen, was übernommen wurde: Ziegel und Zepter, Keller und Kohl, Pflaume und Pfirsich, Wanne und Wein (Schirmer u. Mitzka 1969, 53 ff.).

Ungebrochen ist gleichfalls die Tradition des Christentums, des Kalenders, der lateinischen Sprache und der Schriftlichkeit, wenn auch der Bildungsstand im frühen Mittelalter zunächst sehr bescheiden war. Im Staatsleben überdauerte ein Rest römischen Beamtentums und imperialer Verwaltungspraxis. In all diesen Punkten ist die kulturelle Überlieferung nie abgerissen.

Daneben weist die europäische Geschichte eine epochale Verdichtung von Wiederbelebungen antiken Gedankengutes am Ende des Mittelalters auf. Als sich die Neuzeit aus der Tradition des Mittelalters löste, hat ihr die Antike Geburtshilfe geleistet. Kolumbus bediente sich der Einsicht von Aristoteles (De caelo II 14), daß die Erde eine Kugel sei. Kopernikus bewies die These des Aristarch, daß die Sonne im Mittelpunkt des Planetensystems stehe. Luther entnahm Eusebius, daß die vorconstantinische Urkirche frei von jenen Mißbräuchen war, die es nun hinwegzureformieren gelte. Renaissance, Humanismus und Reformation eröffnen ein neues Zeitalter durch die Entdeckung eines alten.

Renaissance, Humanismus und Klassizismus sind indessen nicht jeweils einmalige Erscheinungen, sondern wiederholen sich in unterschiedlicher

Ausrichtung und Stärke seit der Karolingerzeit bis in unser Jahrhundert (Treadgold 1984). Jede Renaissance greift dabei nicht nur auf die Urbilder zurück, sondern setzt sich zugleich mit den vorangegangenen Renaissancen auseinander. Diese diskontinuierliche Rückwendung, dieser periodische Wetteifer mit den Werken der Alten ist für die Wirkungsgeschichte des Altertums beinahe noch wichtiger als die kontinuierliche Weiterführung und Weiterentwicklung antiker Errungenschaften. Die Antike ist eine Schule, in welche die Absolventen immer wieder zurückgekehrt sind, in der sie nie ausgelernt haben.

Derartige Rückgriffe auf die Antike galten den verschiedensten Lebensbereichen. Am augenfälligsten ist das in der bildenden Kunst, die in periodischen Wiederholungen klassisches Formengut erneuert hat (Benz 1948). Dieser Stilrhythmus ist bereits in der römischen Antike zu beobachten. Es gibt einen Klassizismus unter Augustus, einen weiteren in der Zeit zwischen Constantin und Theodosius, einen dritten unter Justinian. Die mittelalterlichen Renaissancen beginnen mit Karl dem Großen. Die Romanik, die ihren Namen eher verdient als der „barbarische oder gotische Stil" (Riedesel 1768/1940, 94), stand unter byzantinischem Einfluß; die italienische Renaissance baute christliche Kirchen in der Form römischer Tempel; der Barock, das Empire, der Klassizismus und die Architekten Mussolinis und Hitlers ließen sich von römischen und griechischen Bauten inspirieren. Die antikisierenden Stoffe in Malerei und Plastik reichen gleichfalls bis in unser Jahrhundert, dasselbe gilt für Themen der Literatur, des Films und Theaters.

Bekanntlich hat die europäische Wissenschaft bis ins 19. Jahrhundert von den antiken Autoren gezehrt (Buck u. Heitmann 1983). Die Astronomie fußt auf Aristarch, Hipparch und Ptolemäus; Geometrie und Mathematik auf Euklid und Boethius; die Physik auf Heron und Lucrez; die Geographie auf Plinius; die Pharmazie auf Dioskurides; die Medizin auf Hippokrates und Galen; die Biologie auf Aristoteles und Theophrast. Die Bedeutung des Stagiriten für die Philosophie des Mittelalters ist nicht zu überschätzen: so wie die Bibel das Buch schlechthin, Vergil der Dichter schlechthin war, so war Aristoteles der Philosoph schlechthin. 1849 hat der Wirtschaftswissenschaftler Wilhelm Roscher einen Aufsatz über das Verhältnis der Nationalökonomie zum klassischen Altertum geschrieben und darin erklärt, daß alle neueren Künste und Wissenschaften ihren Aufschwung dem Studium der Alten verdankten, selbst ein Volkswirtschaftler profitiere von Thukydides mehr als von vielen modernen Fachautoren (1849, 118).

Von immenser Bedeutung für die europäische Geschichte ist sodann das römische Recht (Wieacker 1961, 288 ff.). Als den Pisanern bei der Eroberung von Amalfi 1135 die Pandekten Justinians in die Hände fielen, war die Basis für die Wiederbelebung des klassischen römischen Rechts gegeben. Ausgehend von den Juristen im kaiserlichen Bologna, setzt dann die Rezeption des römischen Rechts ein, das die Jurisprudenz Europas geprägt hat. Ein Verzicht darauf, so Fuchsberger 1535, würde „die erste viehische Wildheit" erneuern, „darin die Menschen einsam in den Wäldern sich mit Eicheln speisten, ein jeder Stärkere den Schwächeren bezwang" (Koschaker 1966, 150). Der Grund für die Übernahme ergibt sich aus dem Vergleich. Mommsen (Ges. Schr. III 596f.) nennt es das „wunderbare, zugleich nationale und universelle, zugleich concrete und abstracte Recht des Altertums, das in Schlichtheit, Fülle und Feinheit schwerlich übertroffen werden kann". Wie die Künstler von den antiken Statuen, die Dichter von den antiken Texten gefesselt wurden, so die „neuerwachende Intelligenz der gegenwärtigen Culturperiode" durch die „Herrlichkeit und den Reichthum des römischen Rechtes". Seit Ulrich von Hutten ist strittig, ob die Rezeption zu begrüßen oder zu bedauern sei. Ersteres vertrat der „Romanist" Friedrich Karl von Savigny, letzteres der „Germanist" Georg Beseler 1835.

Ebenso geht das moderne Kriegswesen auf wiederentdeckte antike Vorbilder zurück (Hahlweg 1973). Wie das Kriegsbuch Graf Johanns VII. von Nassau-Siegen zeigt, haben die Oranier im späten 16. Jahrhundert die römischen Kriegsschriftsteller studiert und im Achtzigjährigen Krieg gegen die Spanier ihr „Landrettungswerk" geschaffen, das gegen Rittertum und Landsknechtswesen die allgemeine Wehrpflicht und den Volkskrieg erneuerte und die bürgerliche Kriegswissenschaft begründete. Noch Friedrich der Große und Hindenburg haben Schlachten nach antiken Mustern angelegt.

Besonderes Interesse verdienen die antiken Einflüsse auf das Staatsleben des nachantiken Europa. Die Völkerwanderung hat zwar das Imperium Romanum als Einheit und Vormacht zerschlagen, hat aber Kirche und Papsttum bestehen lassen, Reich und Kaisertum wurden erneuert. Karl der Große und Barbarossa wollten nicht deutsche, sondern römische Kaiser sein. Otto von Freising hat die Kaiser durchnumeriert, Heinrich V. war der 92. Imperator seit Augustus. Die Staufer haben einige Gesetze ins ›Corpus Iuris Civilis‹ aufnehmen lassen und sich damit in die Nachfolge Justinians gestellt.

Die wesentlichen Neuerungen im neuzeitlichen Staatsleben sind der Nationalismus, der Absolutismus und die demokratische Bewegung in ihren beiden Varianten. Der neuzeitliche Nationalismus stemmt sich gegen die mittelalterlichen Universalmächte mit dem Papst als oberstem geistlichen, dem Kaiser als oberstem weltlichen Herrn. Insofern beide in römischer Tradition standen, sollte man meinen, daß der Nationalismus aus der Antike nicht herzuleiten sei. Das aber trügt. Zwei Argumentationsfiguren spielen hier eine Rolle. Es ist zum ersten die Beschlagnahme antiken Ruhmes für die eigenen Vorfahren. Der Stolz auf die jeweilige Nation wird dadurch erhöht, daß man meint, sie stamme von antiken Völkern ab oder habe zu antiken Taten Erhebliches beigesteuert. Das geschah bereits im Mittelalter. Die Franken wurden von Pseudo-Fredegar (Chron. II 4; III 2) etymologisch mit den Phrygern verbunden und als Nachkommen der Trojaner zu Stammesverwandten der

Römer gemacht. Noch Johannes Aventinus († 1534) glaubte das. Die Sachsen leitete Widukind von Corvey (I 2 f.) von den Makedonen her und machte sie so zu Genossen Alexanders des Großen. Der Sachsenspiegel des Eike von Reppichau zeigt den toten Makedonen, dessen Mannen auf die Schiffe gehen, nach Deutschland fahren und sich hier in Sachsen verwandeln. Die Briten führten sich auf Brutus zurück und glaubten an die im Nekrologium zum Zeremonienbuch von Constantinus Porphyrogenitus festgehaltene Sage, Constantin stamme aus Britannien. Auf diese Weise wurde die Antike dem Nationalismus nutzbar gemacht.

Die zweite Form der nationalistischen Selbstaufwertung liegt in der Anknüpfung an die Widerstandskämpfer gegen das Imperium Romanum. Muster für Deutschland ist die Gestalt des Arminius. Sofern die Römer selbst ihre Hochachtung, zumindest ihren Respekt vor den Germanen immer wieder zum Ausdruck gebracht haben, konnte man antiken Autoren nationale Argumente abgewinnen. Als die Türken 1453 Konstantinopel erobert hatten, hat der italienische Humanist Aeneas Silvius Piccolomini, der spätere Papst Pius II., auf dem Frankfurter Fürstentag den Deutschen das Bild entgegengehalten, das Tacitus von ihnen entworfen hat, um sie zum Kampf gegen die Türken als die gemeinsamen Feinde der Christenheit anzuspornen. Die deutschen Humanisten haben dies rasch aufgegriffen und daraus gar einen Vorrang vor den Italienern abgeleitet. Konrad Celtis, Jacob Wimpheling und Ulrich von Hutten bekannten sich zu den Germanen als den stolzen Überwindern einer dekadenten Zivilisation.

Wie Arminius wurden dann auch andere Gegner Roms zu Heroen des Nationalismus: Vercingetorix in Frankreich, Decebalus in Rumänien, Viriathus in Portugal, Boudiccaa in England, Jugurtha in Tunesien und Bar Kochba in Israel. Das Imperium Romanum dient als Gegenbild des Nationalismus. Die Nation entstand aus dem Protest gegen das Imperium.

Während der neuzeitliche Nationalismus somit aus dem Widerspruch gegen den römischen Imperialismus erwachsen ist, hat der Absolutismus das Vorbild des imperialen Rom beschworen. Der Begriff Absolutismus beruht auf dem Satz: *princeps legibus solutus.* Er geht zurück auf die römischen Juristen der Zeit um 200 n. Chr. Ulpian meinte, daß die Aufgaben und die Würde des Kaisers mit der Bindung an die geltenden Gesetze nicht vereinbar seien, daß etwa die von Augustus erlassenen Ehegesetze, die kinderlose Senatoren benachteiligten, gegenüber kinderlosen Kaisern ungültig sein sollten (Ulpian, Dig. I 3, 31).

So gewiß das mittelalterlich-deutsche Kaisertum der Idee nach römischen Ursprungs ist, so gewiß läßt es sich nicht als absolutistisch bezeichnen. Zwei Gründe sprechen dagegen. Zum einen konnte der Papst als das Haupt der Kirche einen sündigen Kaiser aus der Gemeinschaft der Gläubigen ausschließen und damit dessen Untertanen von der Treuepflicht entbinden. Zum anderen standen die Fürsten zum König in einem Gefolgschaftsverhältnis, das nach germanischem Recht auch dem Gefolgsherrn gewisse Bindungen auferlegte. Die christliche und die germanische Komponente im mittelalterlichen Kaisertum verbieten, es absolutistisch zu nennen.

Im neuzeitlichen Absolutismus emanzipierte sich die Staatsgewalt aus den mittelalterlichen Bindungen. Das feudale Privilegienwesen, jenes Dickicht von orts-, berufs- und familienbezogenen Sonderrechten, wurde durch einen gleichgeschalteten Staatsbürgerverband ersetzt. Die personale Gefolgschaft verwandelte sich in eine institutionelle Untertänigkeit. Die Rechte der Ständevertretung wurden durch die Idee einer uneingeschränkten Souveränität der Krone aufgehoben. Die Monarchen hielten an ihrem traditionellen Gottesgnadentum zwar fest, aber die rationale Begründung ihrer Macht lieferte die *raison d'état*, die Staatsraison.

Die beiden bedeutendsten Vertreter des Absolutismus, Ludwig XIV. in Frankreich und Friedrich der Große in Preußen, knüpften an Traditionen des römischen Kaisertums an. Während bei Ludwig XIV. die autokratische Selbstdarstellung eines Domitian auflebt, verkörpert Friedrich der Große das stoische Herrschertum eines Marc Aurel. Friedrich hat sich mit seinem aufgeklärten Absolutismus an den römischen Stoikern orientiert. Ohne sie ist Friedrichs religiöse Toleranz nicht zu verstehen. Seine Überzeugung, der erste Diener seines Staates zu sein, in dem zwar nichts durch das Volk, aber alles für das Volk geschieht, enthält denselben Widerspruch, den Friedrichs Sympathie für die republikanisch denkenden Römer zeigt, für Cicero und Tacitus, ja für Cato und Brutus, für Paetus Thrasea und Helvidius Priscus, die stoischen Gegner der römischen Kaiser. Friedrich verglich in seinen Marginalien zu Montesquieu Deutschland gegenüber Frankreich mit Griechenland gegenüber Makedonien, er rühmte die geistige und politische Freiheit der Griechen und Römer (Boeckh 1859, 336 ff.) und erhob im ›Antimachiavelli‹ die englische Verfassung zum Musterstaat, wo das Parlament zwischen Volk und König als Schiedsrichter steht. Die gelungene Verbindung zwischen absolutistischer Form und republikanischem Geist ist Friedrich von den englischen und französischen Aufklärern, ja selbst von einem der amerikanischen Verfassungsväter bescheinigt worden. John Adams meinte 1787 in der Vorrede zur ›Defence of the Constitution‹, Friedrich hätte die Parlamentsmehrheit auf seiner Seite gehabt, hätte es in Preußen ein Parlament gegeben.

Antike Vorbilder haben wie den Nationalismus und den Absolutismus, so auch die demokratischen Bewegungen der europäisch-amerikanischen Neuzeit beflügelt. Sie beginnen ebenfalls im Humanismus. Das erste große Beispiel bietet Cola di Rienzo (Piur 1931). Geboren 1313 als Sohn eines Schankwirts in Rom, faßte ihn früh eine Begeisterung für die römische Geschichte, ihre Denkmäler und Inschriften. Im Gegensatz zum Feudaladel schloß er sich der Popularenpartei an, die ihn als Gesandten zum Papst nach Avignon schickte. Hier verkehrte er mit Petrarca, der gleichfalls vom republikanischen Rom begeistert war. Nach seiner Rückkehr begann Rienzo die römischen Inschriften zu sammeln. Dabei stieß er 1346 auf die sogenannte *lex regia*, genauer: die *lex de imperio Vespasiani*. Ihr entnahm er, daß die Kaisergewalt vom Senat an den Imperator verliehen worden war. Der Kaiser war nicht kraft Erbrecht oder von Gottes Gnaden oder durch päpstliche Krönung Herrscher, sondern Beauftragter des Volkes. Daraus leitete Rienzo ab, das römische Volk sei selbst die Quelle des Rechtes. Rienzo ließ sich 1347 zum „Tribun der Freiheit, des Friedens und der Gerechtigkeit" erheben und betrieb die Einigung Italiens unter republikanischen Vorzeichen. Gegen die klerikalen und feudalen Mächte, gegen Papst, Kaiser und Adel suchte er den Geist der antiken *res publica* zu erneuern. Gegen das Prinzip des Gottesgnadentums stellte er die Idee der Volkssouveränität. Mit einer solchen Politik konnte Rienzo verfahren, solange die überkommenen Gewalten uneinig waren. Sobald sich aber Kaiser und Papst verständigten, mußte er ebenso scheitern wie frühere und spätere Reformversuche dieser Art, wie Arnold von Brescia 1155 und Stefano Porcaro 1453 (Gregorovius IV 453; VI 223 ff.; VII 127 ff.).

Seit dem 16. Jahrhundert können wir unter den Gegnern des Absolutismus zwei demokratische Strömungen unterscheiden: eine radikale und eine gemäßigte. Man könnte auch von einer populistischen und einer demokratischen Bewegung sprechen. Der radikale Demokratismus stimmt mit dem Absolutismus darin überein, daß die Staatsgewalt ungeteilt und unverantwortlich sein müsse, aber nicht beim Fürsten, sondern beim Volk liege. Dieser demokratische Zentralismus verband sich mit der jüdisch-christlichen Eschatologie und der antiken Utopie. Die namhaftesten Versuche, neue Staatswesen in eschatologischem Geiste zu gründen, entstammen der reformatorischen Täuferbewegung. 1525 unternahm der „neue Moses" Thomas Müntzer in Mühlhausen einen sozialrevolutionären Umsturz. Den Fürsten, Klöstern und Städten wurde der Kampf angesagt, die allgemeine Freiheit von Mensch und Tier verkündet und das Privateigentum aufgehoben.

Kommunistische Ideen stehen dann auch hinter den Utopien der frühen Neuzeit. 1516 erschien das namengebende Buch des späteren Erzkanzlers Heinrichs VIII. von England, Thomas Morus. Es trug den Titel ›De optimo rei publicae statu deque nova insula Utopia‹. Morus kombinierte platonische und hellenistische Vorstellungen, sein Leitgedanke war die Aufhebung des Privateigentums, weil aus ihm alle Übel der Menschheit erwüchsen. Die Verteilung der Güter wird von staatlichen Behörden vorgenommen, desgleichen die Zuweisung der Aufgaben. Alle Bürger müssen täglich sechs Stunden arbeiten, die Berufe vererben sich, Frauen sind – wie schon bei Platon – gleichberechtigt und leisten Wehrdienst. Für die niederen Arbeiten werden Verbrecher und Kriegsgefangene herangezogen – also realer Sozialismus.

Die radikaldemokratische Strömung fand ihren wichtigsten Theoretiker in Jean-Jacques Rousseau. Er erneuerte in seiner 1762 erschienenen Schrift ›Du Contrat Social‹ die Lehre der Sophisten vom Gesellschaftsvertrag. Er wird aus einer an Platon orientierten Entwicklungsgeschichte des Staates abgeleitet. Das Vorbild Rousseaus ist die römische Republik. Der Staat dieses „freiesten und mächtigsten Volkes der Erde" wird als Testfall durchexerziert (IV 4 ff.), dabei erscheint allerdings nicht das Geflecht der Kontrollmechanismen, sondern das Prinzip der (angeblich) ungeteilten Volkssouveränität als das Wesentliche. Das Christentum habe dann einen dauernden Loyalitätskonflikt gebracht, das Imperium in eine Despotie verwandelt und sie schließlich untergraben. Auf dem Boden der christlichen Demut sei kein Staat zu fundieren; was Heinrich IV. zum Eintritt in die katholische Kirche bewog, müßte jeden anständigen Menschen zum Austritt bestimmen (IV 8).

Erheblichen Einfluß hatte Rousseau auf die Französische Revolution, zumal auf ihren radikalen Flügel. Auch der griff über die christliche Zeit auf die Antike zurück und trieb mit den Staatsdenkern und Freiheitshelden des Altertums einen regelrechten Kult (Parker 1937). In der Malerei dominierten römische Themen, wie Brutus und Cato Minor; dieselben Stoffe erschienen auf der Bühne. Robespierre und Baboeuf, Desmoulins und Danton begriffen sich als Volkstribunen, als Tyrannenmörder und schwärmten für die antiken Größen.

Die Begeisterung für die Antike erfaßte auch Napoleon, den Vollstrecker der Revolution. Altrömische Begriffe wie Konsulat, Plebiszit, Tribunal, Präfektur und Empire treten wieder auf, der Kunststil ist klassizistisches „Empire". Napoleons Staatsmodell war die plebiszitäre Diktatur, der Cäsarismus. Er träumte von der Wiederherstellung des Römischen Kaiserreiches. Am 17. Februar 1810 erklärte er Rom feierlich zur zweiten Stadt nach Paris und kündigte eine abermalige Kaiserkrönung in Rom an.

Den französischen Antikenkult traf der Spott von Karl Marx. Im ›Achtzehnten Brumaire‹ verhöhnte er 1852 das „wieder auferstandene Römertum – die Brutusse, Gracchusse, Publicolas, die Tribunen, die Senatoren und Caesar selbst". Für Marx war das Altertum eine längst vergangene, überwundene Gesellschaftsformation. Dennoch wußte er, daß auch seine eigene Lehre antike Wurzeln besaß. Dies gilt zunächst für die philosophischen Grundlagen, für Dialektik, Materialismus und Atheismus. Marx hat seine Auffassung der Dialektik von Hegel, und dieser fußt auf Heraklit. Seine Doktorarbeit widmete Marx den antiken Materialisten Demokrit und Epikur. Daneben schätzte Marx insbesondere Aristoteles, dem er seine Lehre von der Wertform verdankte. Aber auch das griechische Menschenbild schien Marx vorbildlich. „Die Griechen werden ewig unsere Lehrer bleiben", meinte er (MEGA I 1, 140). Die antike Sklaverei habe wenigstens einem edlen Zweck gedient, der Entfaltung der Individualität des Politen, während die gegenwärtige Maschinensklaverei bloß die schmutzigen Profite der Kapitalisten abwürfe.

Trotz seinem kämpferischen Atheismus ist Marx geschichtsphilosophisch von der christlichen Eschatologie abhängig. Seine Idee, daß die Weltrevolution nahe herbeigekommen sei, daß nach einer vorübergehenden Diktatur des Proletariats die klassenlose Gesellschaft entsprechend dem paradiesischen Urkommunismus komme, ist säkularisierte Heilsgeschichte. Friedrich Engels (MEW XXII 449) hat das selbst eingeräumt. Er meinte, die Endzeithoffnungen der frühen Christen seien religiöse Projektionen von Wünschen gewesen, die der Sozialismus nun in die Tat umsetzen werde.

Die bonapartistische Antikenrezeption setzt sich fort in den faschistischen Bewegungen unseres Jahrhunderts. Schon der Begriff „Fascismo" und sein Symbol entstammen der Antike. Mussolini führte die *fasces,* die sechs Ruten mit den eingebundenen Beilen, die von den Liktoren den römischen Magistraten vorangetragen wurden, wieder durch Rom, allerdings ohne die Beile herauszunehmen, wie es das römische Recht forderte. Der Duce hat mit seiner Abkehr von Marx zunehmend römische Ideale aufgegriffen. „Rom, das Zauberwort, das zweitausend Jahre Geschichte füllt", sagte er 1920 in Triest. „Das brillante Vorbild der fernen, römischen Vergangenheit begeistert den Faschisten zum Siege." Immer soll Mussolini eine Büste Caesars vor sich gehabt haben (Salvemini 1952, 192); den 21. April, Roms Geburtstag, hat er jährlich gefeiert. 1936 mit der Eroberung Abessiniens erklärte er das Imperium für wiederhergestellt. Die Restauration der römischen Ruinen, der neorömische Baustil, die gigantische 2000-Jahr-Feier für Augustus 1937 – all das bezeugt, welchen Einfluß altrömische Reminiszenzen auf das politische Denken Mussolinis besaßen.

Die antiken Komponenten im Nationalsozialismus zeigen Widersprüche. Generell eignete sich die Antike für die Hitlerbewegung als Vorbild aus zwei Gründen. Der erste liegt in dem Wunsch nach Monumentalität und Klarheit. Der zweite betrifft die Suche nach dem Säkularen, Vorchristlichen. Beide Momente ließen sich bei Griechen und Römern finden und gegen die Welt ausspielen, die man überwunden zu haben meinte. Die Vorliebe zu den Germanen verkörpert das romantische Element, die Neigung zu den Griechen dagegen die klassizistische Strömung im Nationalsozialismus. Hitler hielt von den Griechen mehr als von den Germanen, den „Maori aus Holstein" (›Tischgespräche‹ 4. II. 1942).

Gemäß der Rassenlehre Gobineaus entsprang nicht nur das Germanentum, sondern ebenso die griechische und römische Kultur dem indogermanischen Erbgut. Hitler verehrte das griechische Schönheitsideal und bewunderte die römische Staatskunst. „Römische Geschichte, in ganz großen Linien richtig aufgefaßt, ist und bleibt die beste Lehrmeisterin nicht nur für heute, sondern wohl für alle Zeiten." Der Führer empfahl den Schülern, tüchtig Latein zu lernen. Er hatte sich als Knabe – so wie Friedrich Engels und Richard Wagner – für Rienzo begeistert (Kampf 466; 470).

Die behandelten Denker waren sich, bei allem Trennenden sonst, einig darin, daß der Staat auf dem Willen des Volkes beruhen solle und daß dieser Wille unteilbar und unverantwortlich sei. Das Privatleben sei dem Staatsinteresse unterzuordnen. Dieser populistischen Radikalität steht eine gemäßigte, liberaldemokratische Strömung gegenüber, die zwar gleichfalls das Prinzip der Volkssouveränität verficht, aber größten Wert darauf legt, daß die Macht geteilt und überwacht werde. Das Privatleben dürfe unter dem Staatsinteresse nicht leiden. Hier ist nicht das Volk, nicht der Staat, sondern der Mensch das Maß.

Für die Geschichte dieses Stranges im neuzeitlichen Staatsdenken müssen wir wieder ins 16. Jahrhundert zurückkehren, zunächst nach Frankreich und in den französischen Sprachraum. Johann Calvin setzte in seiner Genfer Verfassung von 1535 dem absolutistischen Gottesgnadentum der Herzöge von Savoyen einen biblisch begründeten Republikanismus entgegen. Ohne an Römer Dreizehn und der paulinischen Gehorsamspflicht der Untertanen gegenüber der Obrigkeit zu rütteln, betonte er, daß es innerhalb der Obrigkeit *populares magistratus* geben müsse, die im Interesse des Volkes die Könige kontrollierten, wenn sie etwa ihre von Gott stammende Aufgabe, die *libertas populi* zu schützen, verletzten. Calvin weist diese Funktion den Ständeversammlungen zu und zieht als Parallelen die römischen Volkstribunen und die spartanischen Ephoren heran (Corp. Ref. XXX 1116). Insofern forderte Calvin eine Gewaltenteilung.

Eben dieses Problem behandelte Montesquieu in seinem Werk ›De l'Esprit des Lois‹ (1748). Es ist die gehaltvollste und einflußreichste Staatstheorie der französischen Aufklärung. Die drei reinen Herrschaftsformen der Demokratie, Aristokratie und der Monarchie werden unter dem Gesichtspunkt der Gewaltenregelung verglichen. Montesquieu unterscheidet in Anlehnung an Platons ›Nomoi‹ eine legislative und eine exekutive Gewalt, letztere unterteilt in außenpolitisch-militärische und innenpolitisch-rechtsprechende Gewalt. Die Anordnung, genauer: die Trennung dieser drei Gewalten entscheide über die politische Freiheit, die in einem Staate herrsche. Da wo sie in einer Hand vereinigt seien – wie im Sultanat –, gebe es keine politische Freiheit, dort seien die Bürger Heloten (XI 6).

Montesquieu bestreitet, daß eine Demokratie, wo der Volkswille unbeschränkt herrsche, ein freier Staat sei, er glaubt, jede Macht ohne Zügel ende im Mißbrauch. Darum lobt er die *gouvernements modérés* (XI 4), die gemäßigten, gemischten Verfassungen wie die römische Republik oder die germanische Stammesordnung, die Tacitus in der ›Germania‹ beschrieben hat (XI 6). Daraus leitete Montesquieu die von ihm besonders geschätzte Verfassung Englands her. Die Freiheit wurzelte in den germanischen Wäldern.

In England selbst hat der Gedanke an die germanischen und britannischen Vorfahren demokratische Strömungen begünstigt. Sie gewannen politisch

Bedeutung während der Puritanischen Revolution in den Levellers (so seit 1647). Als Vater des modernen Konstitutionalismus gilt John Locke mit seinen beiden Schriften von 1690 über die Regierung. Darin begründet er die Forderung, daß der König unter, nicht über dem Gesetz stehe, mit dem Prinzip der Volkssouveränität. Antike Autoritäten werden in diesem Werk kaum beschworen. Aber Locke betrachtete die Politik als Teil der Ethik, und deren Leseliste eröffnete er mit Aristoteles, dem "archphilosopher", gefolgt von Ciceros ›De officiis‹ und dem Neuen Testament. Die Bedeutung der Antike für die amerikanische Demokratie sei nur durch das Wort von Thomas Paine von 1792 beleuchtet: "What Athens was in miniature, America will be in magnitude" (1969, 202).

Stärker noch als die innere ist die äußere Politik Englands antiken Vorbildern gefolgt. Der bis in den Ersten Weltkrieg ohne abwertenden Sinn gebrauchte Begriff des Imperialismus verband die englische Herrschaft mit dem Imperium Romanum. Der letzte große Vertreter der britischen Weltmachtsträume war Winston Churchill. "What enterprise", fragte er, "is more noble and more profitable than the reclamation from barbarism of fertile regions and large populations, to give peace to warring tribes, to administer justice, where all was violence." In seiner Selbstbiographie nennt Churchill seine Devise: *parcere subjectis et debellare superbos,* jene Aufforderung Vergils (Aen. VI 853) an die Römer, die Welt ihrer politischen Ordnung zu unterwerfen. Churchill stellte bedauernd fest, daß die Römer ihm die besten seiner Ideen vorweggenommen hätten (Wells 1972, VIII). Die *pax Britannica* war eine moderne *pax Romana.*

Der Einfluß der Antike auf liberaldemokratische Strömungen war in Deutschland schwächer als bei unseren westlichen Nachbarn. Was die Griechen einem Winckelmann für die Kunst, einem Goethe für die Literatur, einem Humboldt für die Bildung bedeutet haben, blieb ohne politische Folgen. Der deutsche Philhellenismus war mit dem monarchischen Gedanken so wohl vereinbar, daß der Bauherr des Brandenburger Tores, das den Propyläen der Akropolis nachempfunden ist, einen Kant der Zensur unterwerfen, daß die Erbauer der Propyläen in München den ersten griechischen König stellen konnten.

Dennoch gibt es auch einen politischen Humanismus bei uns. Der früheste Anwalt des demokratischen Gedankens in Deutschland war Samuel von Pufendorf. In seinem Hauptwerk ›De iure naturae et gentium‹ (1688) wird das Naturrecht ciceronischer Prägung zur Grundlage politischer Ordnung gemacht. Ganz in antikem Sinne wird der Staat von unten her konstruiert. So heißt es, die Demokratie sei die älteste, erhabenste und angenehmste Verfassung der Menschheit. Es entspreche der Natur und der Vernunft, den Staat auf regelmäßig zu berufende Volksversammlungen zu gründen, wo die gemeinsamen Fragen mit Mehrheit entschieden und die Magistrate gewählt würden. Pufendorf stützt seine Theorie auf Cicero und Philon von Alexandria, jenen kosmopolitischen hellenisierten Juden, der platonische, stoische und biblische Ideen verschmolz und eine demokratisch-republikanische Weltregierung verfocht (Breitling 1977, 46f.). Pufendorf hat namentlich auf Locke gewirkt, der jenem seine wichtigsten Anregungen verdankt.

Der Dichter der Freiheit in der deutschen Aufklärung war Schiller. 1790 veröffentlichte er seine Schrift über ›Die Gesetzgebung des Lykurgus und Solon‹. Darin stellte er die militaristische Zwangsverfassung Spartas der bürgerlichen Freiheitsverfassung Athens gegenüber. Während in Sparta der Einzelne dem Ganzen geopfert, der kulturelle Fortschritt im „traurigen Egoismus" des Staats erstickt worden sei, blühte Athen in der Demokratie Solons auf. Die Souveränität des Volkes sicherte den Geist der Freiheit, „das edelste Vorrecht der menschlichen Natur ist, sich selbst zu bestimmen". Schiller sieht einen Vorzug der antiken Staaten darin, daß sie „den Bürger nie von dem Menschen trennen, wie wir", ihm die politische Verantwortung nicht abnehmen und die Selbstbildung durch die Öffentlichkeit und in der Öffentlichkeit erstreben. Das „Grundprincipium, worauf alle Staaten ruhen müssen", sei: „sich selbst die Gesetze geben". In diesem Sinne erklärte Kant 1795 im ersten Definitivartikel zum ›Ewigen Frieden‹: „Die bürgerliche Verfassung in jedem Staat soll republikanisch sein."

Schiller meinte, das „schwerste Problem, das die kommenden Jahrhunderte erst auflösen sollen", sei, die glückliche Mitte zu finden zwischen der Neigung der Masse unten zur Anarchie und der Tendenz der wenigen oben zur Despotie. Es ist das Grundproblem des Ausgleichs zwischen Freiheit und Ordnung, das Polybios und Cicero zu lösen suchten, indem die Gewalten geteilt, gemischt und ausgewogen würden. Die deutschen Verfassungen von 1848, 1919 und 1949 haben das Prinzip der Gewaltentrennung übernommen und Schillers Forderung zu erfüllen versucht.

Wenn die Antike die Schule Europas ist, so gab es in ihr, wie in jeder anderen Schule, gute und schlechte Lehrer, bessere und schlechtere Schüler. Es ist nicht das Amt des Historikers, *ex cathedra* Zensuren zu verteilen, das mag ein jeder halten, wie er will. Ebensowenig kann der Historiker entscheiden, ob wir die Schule der Alten noch immer benötigen. Die Frage „Was würde aus Europa ohne die Antike?" richtet sich an den Pädagogen. Der Historiker stellt einfach fest, daß sie alle bei den Alten in die Lehre gegangen sind: die Denker des Mittelalters und die der Neuzeit, die Absolutisten und die Demokraten, die Imperialisten und die Faschisten, die Kommunisten und die Liberalen. Wenn das Vokabular des Staatslebens der meisten europäischen Sprachen durch die klassische Tradition geprägt ist, wenn sich heute die Mehrzahl aller Staaten nach römischem Vorbild als Republik bezeichnet und nach griechischem Muster als Demokratie versteht, so zeigt dies, daß die politische Kultur der Neuzeit, trotz aller Unterschiede im einzelnen, dem Altertum entwachsen ist.

Die Frage, was aus Europa ohne die Antike geworden wäre, gestattet nur eine negative Antwort: Nicht das, was es geworden ist. Eine positive Antwort ist kaum möglich. Darum hat es auch wenig Sinn, den antiken Einfluß auf die europäische Kultur als Überfremdung zu bedauern. Wer das tut, steht vor einer doppelten Schwierigkeit. Denn zum ersten ist ein Kern ureigensten Form- und Gedankengutes zwar prinzipiell zu postulieren, aber aktuell schwer nachzuweisen. Und zum anderen müßte daraus das Phantasiebild einer wurzelechten Gegenkultur entwickelt werden, die der wirklichen überlegen wäre. Wer wollte das wagen?

Die biologistische Vorstellung vom kulturellen Keim, dessen Wachstum durch äußere Umstände bloß gefördert oder behindert, nicht aber geprägt wird, ist der Geschichte unangemessen. Passender ist die Metapher des Stromes, die dem Wort „Einfluß" zugrunde liegt: Kulturen sind Konglomerate.

Hätten die Nordeuropäer die mediterrane Hochkultur nicht vorgefunden, so hätten sie die zum Weiterbauen auf den vorgefundenen klassischen Grundlagen benutzten Kräfte selbst zuvor auf die Fundamente verwenden müssen, so wie die Völker des Altertums dies ihrerseits mußten. Hätten wir von Griechen und Römern nicht lernen können, hätten wir selbst zu Griechen und Römern werden müssen. Wo wir dann stünden? Vielleicht im Hellenismus, vielleicht in der Spätantike... Spengler und viele andere meinen, da stünden wir sowieso. Aber da gibt es doch gewisse Unterschiede.

Literatur

Benz, R.: Wandel des Bildes der Antike in Deutschland, 1948.
Boeckh, A.: Gesammelte kleine Schriften, II 1859.
Breitling, R.: Zur Renaissance des Demokratiebegriffs im 13. Jh., in: Res Publica. Studien zum Verfassungswesen. Dolf Sternberger zum 70. Geburtstag, 1977, 37–52.
Buck, A., u. K. Heitmann (Hrsg.): Die Antike-Rezeption in den Wissenschaften während der Renaissance, 1983.
Demandt, A.: Ungeschehene Geschichte. Ein Traktat über die Frage „Was wäre geschehen, wenn...?", ^{2}1986.
Friedell, E.: Kulturgeschichte der Neuzeit, 1927–1931/1965.
Gregorovius, F.: Geschichte der Stadt Rom im Mittelalter, I–VIII 1859/1910.
Hauck, K.: Goldbrakteaten aus Sievern, 1970.
Hitler, A.: Mein Kampf, 1927/39.
Koschaker, P.: Europa und das römische Recht, 1966.
Paine, Th.: Rights of Man (1792), ed. H. Collins, II 1969.
Parker, A. T.: The Cult of Antiquity and the French Revolutionaries, 1937.
Picker, H.: Hitlers Tischgespräche im Führerhauptquartier 1941–1942, 1963.

Piur, P.: Cola di Rienzo, 1931.
Riedesel Freiherr zu Eisenbach, J. H.: Randbemerkungen über eine Reise nach der Levante, 1768/1940.
Roscher, W.: Über das Verhältnis der Nationalökonomie zum klassischen Alterthume. Ber. d. sächs. Ges. d. Wiss. Phil.-hist. Kl. 1, 1849, 115–134.
Rüdiger, H.: Die Wiederentdeckung der antiken Literatur im Zeitalter der Renaissance. In: H. Hunger (u. a.), Die Textüberlieferung der antiken Literatur und der Bibel, 1961, 511 ff.
Schirmer, A., u. W. Mitzka: Deutsche Wortkunde, 1969.
Spengler, O.: Der Untergang des Abendlandes, I/II 1923.
Treadgold, W. (ed.): Renaissances Before the Renaissance, 1984.
Voigt, G.: Die Wiederbelebung des classischen Altertums oder Das erste Jahrhundert des Humanismus, I ^{2}1880, II ^{2}1881.
Wells, C. M.: The German Policy of Augustus, 1972.
Wieacker, F.: Vom Römischen Recht, 1961.

AUSSAGEFÄHIGKEIT EPIGRAPHISCHER STATISTIK UND DIE BESTATTUNG VON SKLAVEN IM KAISERZEITLICHEN ROM[1]

Von WERNER ECK

Moderne Sozialgeschichte ist ohne statistische Aussagen kaum denkbar. Ganz im Gegensatz dazu hat man sich im Bereich der griechischen und römischen Geschichte mit einem fast „statistiklosen" Zustand abgefunden. Freilich wird man, wo immer möglich, auch hier statistisches Material heranziehen, was indes, soweit es sich um Massenphänomene handelt, fast ausschließlich eine Beschränkung auf epigraphische, papyrologische und numismatische Quellen mit sich bringt.[2]

Speziell die ungeheure Menge der Grabinschriften hat immer wieder zu Versuchen eingeladen, daraus Aussagen zu gewinnen,[3] nicht immer mit wirklichem Erfolg, wie etwa die zahlreichen Arbeiten zur Lebensalterstatistik zeigen.[4] Zwar ist man sich heute weitgehend darüber einig, daß unser vorhandenes, möglicherweise statistisch auswertbares Material nur repräsentativ sein kann für den Bestand an ehemaligen Grabinschriften, nicht jedoch unbedingt

---

[1] Einige der hier folgenden Überlegungen werden auch in meinem Beitrag: Römische Grabinschriften. Aussageabsicht und Aussagefähigkeit im funerären Kontext, in dem Kolloquiumsband: Römische Gräberstraßen, hrsg. von H. v. Hesberg und P. Zanker, München 1987, 61 ff. behandelt.

[2] Vgl. etwa G. Pereira Menaut, Probleme der globalen Betrachtung der römischen Inschriften, BJ 175, 1975, 141 ff.; W. Eck, Sozialstruktur des römischen Senatorenstandes der hohen Kaiserzeit und statistische Methode, Chiron 3, 1973, 375 ff.; ders., Die fistulae aquariae der Stadt Rom, Epigrafia e ordine senatorio 1, Rom 1982 [1985], 197 ff. Ferner weitere Literatur bei P. Huttunen, The Social Strata in the Imperial City of Rome. A Quantitative Study of the Social Representation in the Epitaphs Published in the Corpus Inscriptionum Latinarum, Volumen VI, Oulu 1974, 9 ff.; F. G. Maier, Römische Bevölkerungsgeschichte und Inschriftenstatistik, Historia 2, 1953/4, 318 ff.

[3] Vgl. z. B. J.-M. Lassère, Ubique populus. Peuplement et mouvements de population dans l'Afrique romaine de la chute de Carthage à la fin de la dynastie des Sévères, Paris 1977; R. P. Saller–B. D. Shaw, Tombstones and Roman Family Relations in the Principate: Civilians, Soldiers and Slaves, JRS 74, 1984, 124 ff.; dazu die Kritik zu einer wichtigen methodischen Überlegung Sallers und Shaws durch J. C. Mann, Epigraphic Consciousness, JRS 75, 1985, 204 ff.

[4] Siehe dazu die mit Recht sehr kritische Übersicht von M. Clauss, Probleme der Lebensalterstatistiken aufgrund römischer Grabinschriften, Chiron 3, 1973, 395 ff.

für die einstmalige Bevölkerung, aus der heraus die epigraphischen Texte geschaffen wurden.[5] Im einzelnen wird freilich diese grundsätzliche Erkenntnis bei der Auswertung immer wieder übersehen, und es werden Schlüsse gezogen, die keine gesicherte Grundlage haben. So schien sich die Aussage des Tacitus, in der Zeit Neros habe die Zahl der Sklaven und Freigelassenen die der freigeborenen Bürger in Rom selbst bereits überstiegen,[6] durch die stadtrömischen Inschriften zu bestätigen. Denn dort wäre, insbesondere wenn man grundsätzlich eine soziale Einstufung auf Grund der Namen, d. h. insbesondere der Cognomina, vornehmen dürfte, tatsächlich ein erhebliches Übergewicht von Freigelassenen nachweisbar.[7] Eine gewisse Berechtigung wird dieser Beobachtung durchaus zukommen; doch ist hier nicht die volle Realität erfaßt, ja sie kann gar nicht erfaßt sein, wie auch die folgenden Ausführungen zeigen sollen.

Inschriften werden bei Untersuchungen dieser Art als isolierte Zeugnisse genommen. Der konkrete Zusammenhang, d. h. das Grab oder die Grabanlage, spielt keine Rolle, kann es auch gar nicht, weil er in den meisten Fällen heute nicht (mehr) bekannt ist. Die Masse der Grabinschriften ist ohne diesen Kontext gefunden worden; aber selbst wenn dieser bei der Entdeckung vorhanden war, ist er in den Publikationen kaum je exakt wiedergegeben. Zahlreiche Ausgrabungsberichte über stadtrömische Grabkomplexe in den Notizie degli Scavi des späten 19. und frühen 20. Jahrhunderts sind dafür Zeugnis.[8] Insbesondere fehlen zumeist alle Hinweise, wo genau die Inschriften gefunden wurden, ferner wird fast nie eine Angabe darüber gemacht, wie viele Grabplätze etwa ein Mausoleum oder ein ummauerter Bezirk im Verhältnis zu den Inschriften enthielt. Doch auch ohne präzise Angaben wird aus den einschlägigen Publikationen immer wieder einigermaßen deutlich, daß die Zahl zumindest der gefundenen epigraphischen Texte und der auf ihnen bezeichneten Toten in keiner Relation zu den tatsächlichen Bestattungsmöglichkeiten stand;[9] d. h., diese letzteren waren erheblich zahlreicher als die inschriftlich erfaßten Toten, was vermutungsweise Auswirkungen auf die Aussagefähigkeit des Gesamtbefundes haben kann.

Zwei größere Grabkomplexe aus Rom bzw. von der Isola Sacra lassen jedoch zumeist sehr präzise Relationen erkennen und ermöglichen damit Schlußfolgerungen über die Aussagefähigkeit der Inschriften. Bei allen Grabbauten handelt es sich um Mausoleen, die häufig mit einem von einer Mauer

---

[5] Pereira Menaut (oben Anm. 2), 141 ff.
[6] Tac., ann. 4, 27, 2; 13, 27, 1.
[7] Siehe z. B. T. Frank, AHR 21, 1915/16, 689 ff. und beispielsweise die Kritik von Maier (oben Anm. 2) passim.
[8] Vgl. auch unten Anm. 10.
[9] Vgl. z. B. NSc 1919, 314 f.: Im Grabtitulus werden drei Personen namentlich genannt; im Mausoleum waren 18 Grabplätze sowie zwei weitere für Urnen vorhanden.

umschlossenen Grabbezirk verbunden waren. Ohne Ausnahme wurden sie im Verlauf des zweiten Jahrhunderts, zumeist während der ersten Hälfte dieses Jahrhunderts erbaut, dienten allerdings im allgemeinen über mehr als ein oder zwei Jahrhunderte als Grabstätten.

1. *Isola Sacra* [10]:

Grab 13: Titulus über dem Eingang; erwähnt ist der Grabgründer, sein Sohn sowie allgemein die Freigelassenen beiderlei Geschlechts. Im Innern: 3 Arkosolgräber, 33 *ollae*, kein epigraphischer Text.

Grab 15: Titulus über dem Eingang; erwähnt ist die Grabgründerin, der Mann und die nicht näher bezeichneten Freigelassenen beiderlei Geschlechts. Im Innern: 3 Arkosolgräber, mindestens 30 *ollae;* kein epigraphischer Text.

Grab 55: Titulus über dem Eingang; erwähnt sind als Grabgründer Scantia Salvina und M. Sulpicius Fortunatus, ferner die Tochter von Scantia Salvina; daneben werden allgemein *liberi* sowie *liberti* und *libertae* genannt. Im Innern: 3 Arkosolgräber und mindestens 48 *ollae;* kein epigraphischer Text.

Grab 64: Titulus an einer Außenwand; erwähnt werden die Grabgründerin und ihr Mann, sodann *liberti* und *libertae*. Im Innern: mindestens 26 *ollae;* kein epigraphischer Text.

Grab 76: Titulus über dem Eingang zum gesamten Grabbezirk; erwähnt werden der Grabgründer sowie *liberti et libertae* und *posteri eorum*. Über dem Eingang des eigentlichen Mausoleums ist ein weiterer Titulus angebracht, der nur auf der rechten Seite beschrieben ist; genannt wird hier ein M. Antonius Pius, der für eine Aemilia Maiorica, einen Cominius Silvanus und *liberti et libertae* den rechten Teil des Mausoleums zugestanden erhielt. Im Innern: 3 Arkosolgräber und etwa 68 *ollae*, im Vorraum weitere 108 *ollae;* kein epigraphischer Text.

Grab 77: Grabtitulus über dem Eingang verloren. Im Innern: 3 Arkosolgräber, 3 Urnenplätze und 35 *ollae;* insgesamt sind 21 kleine marmorne *tabellae* entweder *in situ* erhalten, oder es sind zumindest noch die Abdrücke im Verputz sichtbar; doch sind alle *tabellae*, soweit erhalten, unbeschrieben, auch Farbspuren fehlen.

Grab 78: Titulus über dem Eingang; erwähnt werden der Grabgründer, seine Frau, *liberi* sowie *liberti et libertae* und *posteri eorum*. Im Innern: mindestens 46 *ollae;* kein epigraphischer Text.

---

[10] G. Calza, La necropoli del porto di Roma nell' Isola Sacra, [Rom] 1940, 285 ff. Die Beobachtungen über die genaue Zahl der Grabplätze beruhen fast ausschließlich auf Autopsie, da Calza darauf kaum je eingeht.

Grab 79: Titulus über dem Eingang; erwähnt werden neben dem Grabgründer die Frau, die *liberi*, die *liberti et libertae* sowie *posteri eorum*. Im Innern: 42 *ollae;* kein epigraphischer Text.

Grab 87: Ein im Wortlaut identischer Titulus ist über dem Eingang zum Grabbezirk und zum Mausoleum erhalten. Neben zwei Grabgründern werden deren Patronin sowie die *liberti et libertae* und *posteri eorum* ohne namentliche Spezifikation erwähnt. Im Innern: insgesamt etwa 50 *ollae;* eine Inschrift unter der Hauptnische nennt die Patronin nochmals eigens; weitere vier Marmortäfelchen waren angebracht, die beiden heute noch vorhandenen sind unbeschrieben.

Thylander, der die Inschriften von Portus gesammelt hat,[11] führt unter insgesamt 279 Texten von der linken Seite des Kanals, der von Portus zum Tiber führte, d. h. aus der Gegend, zu der auch die Isola Sacra gehörte, 85 Inschriften an, die Grabgründungsinschriften sind in der Art wie die oben angeführten Beispiele. Allein aus den Verhältniszahlen 85:194 ergibt sich, daß, bei der gegebenen Zahl von Grabplätzen in den zumeist zugehörigen Mausoleen, nur ein sehr kleiner Teil der Bestatteten überhaupt eine individuelle Inschrift erhalten haben konnte.[12]

2. Nekropole unter St. Peter in Rom[13]:

Mausoleum B: Titulus ist nicht erhalten. Im Innern muß man mit rund 68 *ollae* rechnen, die auch vor dem Umbau des dritten Jahrhunderts keine Inschriften aufwiesen.

Mausoleum C: Titulus über dem Eingang; namentlich erwähnt werden vier Personen: neben den Eltern, die das Grab errichteten, Sohn

---

[11] H. Thylander, Inscriptions du Port d'Ostie, Lund 1952, 19 ff.

[12] In CIL VI findet sich allein die Formel *libertis libertabusque* mindestens in rund 2700 Fällen; fast stets handelt es sich dabei um Grabgründungsinschriften, deren Zahl, wenn andere Arten, wie z. B. mit alleiniger Nennung der *sui* oder *posteri*, mit einbezogen werden, erheblich höher lag.

[13] Das Material, auf das hier Bezug genommen wird, ist bisher nirgends vollständig zusammengefaßt, da eine umfassende Publikation noch nicht vorliegt. Mit Hilfe der Deutschen Forschungsgemeinschaft wurde eine Gesamtveröffentlichung des östlichen Teils der Nekropole unter St. Peter vorbereitet. Der erste Faszikel ist bereits erschienen: H. Mielsch–H. v. Hesberg, Die heidnische Nekropole unter St. Peter in Rom. Die Mausoleen A–D, Atti della Pontificia Accademia Romana di Archeologia, Ser. III, Memorie, vol. XVI 1, Rom 1986. Die Angaben im Text über die Bestattungsplätze beruhen ebenfalls auf Autopsie. Die meisten Inschriften finden sich bei J. M. Toynbee–J. Ward Perkins, The Shrine of St. Peter and the Vatican Excavations, London–New York–Toronto 1956, 118 f. und bei W. Eck, Inschriften aus der Vatikanischen Nekropole unter St. Peter, ZPE 65, 1986, 245 ff.

und Tochter, ferner ohne Namen deren Kinder sowie die Freigelassenen aller vorher Genannten. Im Innern: Von Anfang an waren wohl 69 Aschenplätze vorgesehen; zwei Aschenaltäre tragen Inschriften für Sohn und Tochter.

Mausoleum D: Titulus ist verloren. Im Innern: 34 *ollae;* kein epigraphischer Text.

Mausoleum E: Titulus ist verloren. Im Innern: Bei Errichtung des Mausoleums waren 68 Grabplätze vorgesehen; davon sind 28 mit kleinen Inschriftenplatten versehen, doch nur 4 sind beschrieben; ob zwei weitere nicht *in situ* gefundene Texte zu bestimmten *ollae* gehören, ist nicht zu entscheiden.

Mausoleum F: Titulus ist nicht erhalten. Im Innern: Rund 120 ursprünglich vorhandene Grabplätze; zu diesen gehören höchstens 6 der insgesamt 13 Inschriften, die in diesem Mausoleum gefunden wurden.

Mausoleum G: Titulus ist verloren. Im Innern: Mindestens 46 Grabplätze; es war offensichtlich nie eine Inschrift angebracht.

Mausoleum H: Titulus über dem Eingang; erwähnt werden neben dem Grabstifter die Frau, die Tochter und der Sohn, ferner die *liberti et libertae* und *posteri eorum*. Im Innern: 8 Arkosolgräber sowie rund 160 *ollae*, die zur ursprünglichen Anlage gehören. Von den 27 im Mausoleum gefundenen epigraphischen Texten sind insgesamt 20 an Gräbern angebracht gewesen, davon 14 an von Anfang an vorgesehenen Grabplätzen (darunter sind 4 Graffiti); die anderen 6 Texte waren mit nachträglich angelegten Gräbern verbunden, deren genaue Zahl jedoch heute nicht mehr zu eruieren ist.

Mausoleum Φ: Titulus ist nicht erhalten. Im Innern: 2 Sarkophage, die Inschriften tragen; 10 Arkosolgräber ohne epigraphischen Text. Dieses Grab ist später als alle vorher genannten errichtet; vermutlich nicht vor Ende des zweiten, Anfang des dritten Jahrhunderts.

Alle diese Mausoleen des zweiten Jahrhunderts haben ein gemeinsames Charakteristikum: Sie enthalten jeweils zahlreiche Grabplätze, teilweise weit über 100; diesen entsprechen jedoch nur sehr wenige inschriftliche Nennungen von konkreten Toten. Überwiegend ist sogar der Titulus die einzige Inschrift, die an solchen Grabbauten angebracht wurde. Soweit es heute noch festzustellen ist, waren alle Plätze in diesen Bauten auch belegt worden; in den vatikanischen Mausoleen läßt sich jedenfalls mit Sicherheit nachweisen, daß die Arkosolia und *ollae* auch heute noch mit den Überresten von Toten gefüllt sind. Damit kommt man im „günstigsten" Fall, nämlich im Mausoleum H unter St. Peter, bei der Relation von tatsächlich Bestatteten und andererseits inschriftlich erwähnten Personen auf ein Verhältnis von 12:1; im Mausoleum F beträgt es 20:1 und im Grab 76 von der Isola Sacra 60:1. Daraus ist der unumgängliche Schluß zu ziehen, daß in den Mausoleen, wie sie für das zweite Jahrhundert n. Chr. unter St. Peter und auf der Isola Sacra bis heute erhalten sind, lediglich ein winziger Bruchteil der Verstorbenen überhaupt einmal auf einer Grabinschrift genannt war; die Masse aller Toten jedoch, die in solchen Grabbauten beigesetzt wurden, hat niemals Eingang in eine epigraphische Dokumentation gefunden und ist damit in der Überlieferung auch nicht präsent.

Dieser Befund ist auch deshalb von erheblicher Bedeutung, weil die Repräsentativität unserer Überlieferung davon nicht unwesentlich betroffen ist. Denn es scheint, daß durch die höchst seltene epigraphische Nennung der einzelnen Toten an ihrem konkreten Platz in einem Mausoleum zwei große Gruppen der Bevölkerung in Rom und Ostia-Portus unterrepräsentiert sind:
1. Freigeborene
2. Sklaven

Dabei braucht kaum eigens betont zu werden, daß nicht sie allein von der spezifischen Überlieferungssituation betroffen sind, doch sind sie es wohl in besonderem Maß.

1. Zahlreiche Grabgründungsinschriften für eine größere Anzahl von Personen, vor allem unter Einschluß der *liberti et libertae*, nennen einerseits die *liberi* bzw. die *sui*, andererseits die *posteri* der Freigelassenen. In beiden Fällen muß man davon ausgehen, daß es sich üblicherweise um Freigeborene handelte. Wenn jedoch außer denjenigen, die das Grab erbaut haben, kaum jemand sonst namentlich noch in einer eigenen Grabinschrift (abgesehen vom Grabtitulus) genannt wird, muß die Gruppe der Freigeborenen in unserem Material besonders unterrepräsentiert sein.

2. Es gibt eine nicht geringe Anzahl von Sklaven, denen Grabinschriften eigens gesetzt oder die neben anderen Verstorbenen im selben Text genannt wurden.[14] Für die Stadt Rom hat P. Huttunen, dessen statistische Aussagen auf 'samples' aus dem gesamten epigraphischen Material von CIL VI basieren, unter den Verstorbenen 4,9% Sklaven feststellen können, deren Status eindeutig gesichert ist. Hinzu kommen nach ihm 18,8%, für die der Status als Sklave nur zu erschließen ist.[15] In die 'samples' von Huttunen sind allerdings auch die Inschriften einbezogen, die eindeutig aus den großen Columbarien des ersten Jahrhunderts v. und n. Chr. stammen.[16] Für diese Columbarien

---

[14] Eine spezielle Arbeit zur Bestattung von Sklaven in der Kaiserzeit scheint es bisher nicht zu geben. Hinweise finden sich bei F. Bömer, Untersuchungen über die Religion der Sklaven in Griechenland und Rom IV, Wiesbaden 1963, 138 ff.
[15] Huttunen (oben Anm. 2), 16 ff. 193.
[16] Vor allem CIL VI 3926 ff.

galten aber, worauf noch zurückzukommen sein wird, spezifische Notwendigkeiten der Dokumentation der Verstorbenen. Untersucht man eine repräsentative Anzahl der stadtrömischen Inschriften ohne diese spezielle Kategorie, dann ergeben sich erheblich geringere Prozentsätze, nämlich 3,1 % bzw. 5,7 %.[17] Das schon erwähnte Material von Portus erwähnt in insgesamt 279 Texten mit rund 440 namentlich angeführten Verstorbenen nur 11 Sklaven und Sklavinnen jeweils als Einzelpersonen, also nur rund 2,5 %.[18] Auch die Inschriften aus den Mausoleen unter St. Peter, die oben im einzelnen aufgeführt sind, nennen kaum Sklaven, lediglich einen *Caesaris servus* in Mausoleum E und eine Frau in Mausoleum H, die mit großer Wahrscheinlichkeit Sklavin war; d. h., 2 unter insgesamt 48 namentlich bekannten Verstorbenen besaßen Sklavenstatus.[19]

Diese Zahlen können in keiner Weise den realen Verhältnissen entsprochen haben. Dagegen spricht vor allem die weit höhere Zahl von nachweisbaren Freigelassenen unter den bezeugten Toten. Diesen muß natürlich ein entsprechender „Unterbau" an Sklaven entsprochen haben; bei der Lebenserwartung des Einzelnen in römischer Zeit hat man aber notwendigerweise dann mit mehr Fällen zu rechnen, in denen Sklaven auch vor ihrer Freilassung gestorben sind, einmal ganz abgesehen von denen, die nie dieses Privileg erhielten.

Der statistische Befund dürfte, zumindest teilweise, seine Erklärung in der konkreten epigraphischen Praxis der Familienmausoleen gerade von der zweiten Hälfte des ersten Jahrhunderts bis ins dritte Jahrhundert n. Chr. hinein finden. Es wurde eben schon darauf hingewiesen, daß die großen Columbarien der späten Republik und der frühen Kaiserzeit, teilweise von senatorischen oder sonstigen reichen Familien, aber auch von *collegia* eingerichtet, erheblich mehr Sklaven auch als Einzelpersonen in Grabinschriften aufweisen.[20] Dies ist einfach aus der Notwendigkeit zu erklären, dort jeden Bestattungsplatz rechtlich zu kennzeichnen, gerade wegen der massenhaften Uniformität der *loculi* in den Grabkammern.[21] Auch für den Grabkult, soweit er durchgeführt wurde, mußte die konkrete Stelle, wo die Überreste eines Verstorbenen beigesetzt waren, gekennzeichnet sein, zumal in diesen Columbarien Menschen auch höchst unterschiedlicher „familiärer" Abkunft ihre

---

[17] Die untersuchten Texte sind die ersten 3000 Inschriften in CIL VI Suppl. 3, Nr. 15127–18126.
[18] Thylander Nr. A 96. 101. 102. 127. 191. 214. 221. 233. 251. 256. 261.
[19] A. Ferrua, Bull. com. 70, 1942, 100; ders., Civiltà cattolica 93, 1942, 4, 235.
[20] Es genügt, etwa auf das Monumentum der Statilier hinzuweisen (CIL VI 6213 ff.), oder auch auf das der Volusier (CIL VI 7281 ff.).
[21] Informativ dafür CIL VI 4418 = Dessau 7880: *[S]er. Lentul. Malug., Q. Iunio cos. [Oct]avio Silanioni quinquennal. [I]ulio Orpheo Pyladis l. cur. iter. ollae distributae [et] inscriptae sunt d. [d.].*

letzte Ruhe fanden. In den Familiengräbern, wie sie sich unter St. Peter oder auf der Isola Sacra erhalten haben, war die Situation erheblich verschieden. Der Personenkreis, der hier bestattet werden sollte und konnte, gehörte im allgemeinen zu einer einzigen Familie, war also insgesamt überschaubar; eine rechtliche Kennzeichnung des einzelnen Grabplatzes war nicht notwendig. Das galt grundsätzlich eigentlich für alle Personen, doch wurden, wenn jedenfalls die Beispiele der Nekropole unter St. Peter eine gewisse Aussagekraft besitzen, die konkreten Stellen für die Grabgründer bzw. engste Angehörige manchmal noch eigens bezeichnet.[22] Doch bei der Masse der Verstorbenen unterblieb dies. Und es unterblieb wohl besonders bei den Sklaven der Familie, die in einem derartigen Mausoleum bestattet wurden. Daß Bestattungen von Sklaven dort überhaupt in größerer Anzahl erfolgten, ist zwar nirgends direkt überliefert, doch mit einiger Plausibilität zu erschließen.

Fast stereotyp enthalten die Grabtituli der Mausoleen der hier behandelten Zeit die Formel *libertis libertabusque posterisque eorum*. Der Patron räumte damit dieser Personengruppe allgemein das *ius sepulchri* ein.[23] Dies war deswegen notwendig, weil ohne eine solche Regelung Freigelassene nur mit jeweiliger Einzelerlaubnis der Grabinhaber dort hätten bestattet werden können. Doch sollte ja gerade über die Selbstverständlichkeit der Bestattungsmöglichkeit das Interesse der Freigelassenen bzw. ihrer Nachkommen an der Erhaltung des Grabbaues und der Fortführung des Grabkultes geweckt werden. Den Sklaven wird dagegen in solchen Familiengräbern im allgemeinen kein Grabrecht zugesprochen. Dies war auch gar nicht möglich, da den Sklaven dazu die Rechtsfähigkeit fehlte. Es war aber wohl im allgemeinen auch nicht nötig. Denn für die Bestattung war ohnehin der Herr zuständig.[24] Wo aber hätte er dann den verstorbenen Sklaven eher bestattet als in einem schon vorhandenen Familienmausoleum?[25] Dies ergibt sich auch aus dem sozialpsychologisch fließenden Übergang zwischen *dominus* bzw. *patronus* und *servus* bzw. *libertus*. Eine Inschrift aus Verona lautet: *Gavia Q.l. Prima sibi et Polyclito sive servo sive liberto meo.*[26] Ob die Herrin in diesem Fall durch

---

[22] Dies gilt beispielsweise für Mausoleum C teilweise, und besonders für Mausoleum H in der Nekropole unter St. Peter; vgl. die oben in Anm. 1 zitierte Arbeit S. 69 ff.

[23] Zur rechtlichen Problematik vgl. M. Kaser, ZSS (rom. Abt.) 95, 1978, 48 ff.

[24] Vgl. W. W. Buckland, The Roman Law of Slavery, Cambridge 1908 (ND 1970), 74. Dies heißt natürlich nicht, daß es auch stets geschah, vgl. die Lex collegii funeraticii Lanuvini, pag. II (= FIRA III^2 p. 103).

[25] K. Hopkins, Death and Renewal, Cambridge 1983, 229 Anm. 36 meint, "Slaves seem often excluded from small family tombs". Doch lassen sich dafür keine antiken Nachrichten anführen. Die vorgetragenen Überlegungen weisen für größere Teile zumindest der *familiae urbanae* tendenziell in eine andere Richtung.

[26] CIL V 3630 = Dessau 8552; vgl. V 5172 = Dessau 8553. Vgl. z. B. Le iscrizioni

irgendeinen spezifischen Grund, etwa aus den augusteischen Gesetzen resultierend, gehindert war, Polyclitus schon unmittelbar freizulassen, ist nicht zu erkennen. Es wird nur klar, daß der Rechtsstatus hier bei einer eventuellen Bestattung keine Rolle spielte. Gerade eine Situation, daß rechtliche Bestimmungen eine Freilassung noch nicht möglich machten, obwohl der *dominus* bzw. die *domina* dazu bereit waren, wird immer wieder eingetreten sein.[27] Dann aber wäre es völlig unverständlich, wenn dem Verstorbenen, der in Kürze als *libertus* ein Bestattungsanrecht in einem Familienmausoleum gehabt hätte, die faktische Bestattung verweigert worden wäre, weil der Freilassungsakt noch nicht vollzogen war. Man wird vielmehr davon ausgehen dürfen, daß recht häufig eine allgemein menschliche Bindung zwischen Herrn und Sklaven ausreichte, um ein Begräbnis innerhalb der Familiengrabstätte, vor allem wenn dort den Freigelassenen beiderlei Geschlechts ein *ius sepulchri* eingeräumt war, auch für Sklaven zu gewährleisten.

Daß Sklaven allerdings noch weniger als andere Personengruppen innerhalb der Mausoleen eine eigene Grabinschrift erhielten und damit als Individuen in die Überlieferung eingehen konnten, ist leicht erklärlich. Die Kennzeichnung des einzelnen Grabplatzes war in den Familiengräbern des zweiten Jahrhunderts offensichtlich ohnehin nicht recht üblich. Warum hätte dies dann bei Sklaven erfolgen sollen? Dazu bedurfte es sicher besonderer Umstände, etwa außergewöhnlicher Anlässe oder recht enger Bindungen zum Herrn. Typischerweise sind unter den namentlich bekannten Sklaven in Grabinschriften besonders viele *vernae* bzw. *alumni*, wodurch häufig ein starkes emotionales Moment ausgedrückt ist.[28] Und gerade die besonders jung verstorbenen *vernae* sind in diesem Quellenmaterial zahlreich vertreten. Fast ausnahmslos erscheinen sie in Grabinschriften, auf denen nur sie selbst genannt sind, die also auch speziell für diese jüngeren Sklaven gesetzt wurden. In den Grabtituli, die überwiegend die einzige Form der epigraphischen Dokumentation an den Familienmausoleen gewesen sind, finden sich *servi*

---

della necropoli dell' autoparco Vaticano, Acta Inst. Rom. Finlandiae VI, Rom 1973, 50f., Nr. 40 und 43: ein *dominus* bestattet einen seiner Freigelassenen und einen seiner Sklaven.

[27] Vgl. die Bestimmung bei Gaius 1, 18.

[28] Unter den für die hier behandelte Frage untersuchten 3000 stadtrömischen Inschriften (oben Anm. 13) mit mindestens 4800 genannten Verstorbenen finden sich unter 149 sicher bezeugten Sklaven 46, die als *vernae* bezeichnet werden. Bei 29 von diesen *vernae* wird das Lebensalter angegeben; von diesen sind 25 in einem Alter gestorben, das zwischen wenigen Monaten und 10 Jahren lag. Dies läßt eine besonders enge persönliche Bindung erkennen. Zumindest für diesen Personenkreis trifft die Bemerkung von F. de Martino, Wirtschaftsgeschichte des alten Rom, München 1985, 295, „allein besser gestellte Sklaven" würden in Grabinschriften erscheinen, nicht zu.

dagegen kaum.²⁹ Damit aber war für Sklaven nur selten eine Chance gegeben, in die inschriftliche Überlieferung einzugehen.

Treffen diese Überlegungen zu, dann ergeben sich daraus zwei Schlußfolgerungen:

a) Bei der Dominanz der Familienmausoleen in Rom und Ostia seit dem späten ersten Jahrhundert n. Chr. darf man im allgemeinen davon ausgehen, daß Sklaven der jeweiligen Familie zu einem nicht geringen Teil dort bestattet wurden. Sie verblieben also auch nach dem Tod im engeren „Familienverband". Die *puticuli*, wie sie für die späte Republik auf dem Esquilin gefunden wurden, also Massengräber, in die die Sklaven vorzugsweise geworfen worden wären, waren später keine allgemeine Realität mehr.³⁰

b) Die Beobachtungen hinsichtlich der epigraphischen Praxis lassen zunächst erkennen, daß, um es extrem zu formulieren, die individuelle Nennung von Verstorbenen in Inschriften der stadtrömischen und ostiensischen Familienmausoleen eine Ausnahme war. Die Normalität war die Namenlosigkeit.³¹ Dieser Befund läßt mit großer Wahrscheinlichkeit die Repräsentativität unseres Materials dadurch insoweit als erheblich defekt erscheinen, weil auf diese Weise bestimmte Personengruppen, die nicht zu den Grabgründern gehörten, im wesentlichen aus der Dokumentation herausfielen.³² Dies gilt insbesondere für Sklaven; denn einen Platz im Titulus eines Familienmausoleums haben sie, natürlicherweise, kaum je gefunden.

---

²⁹ Von den 149 Sklaven (oben Anm. 28) findet sich nur ein einziger in einer Inschrift, die als Grabtitulus gelten kann: CIL VI 16000. Sklaven zusammen mit Anderen, zumeist „Familienangehörigen" erwähnt, sind ebenfalls höchst selten: CIL VI 15338. 15561. 16832. 16833. 17253. 17369. 17744. 18054. In CIL VI 36632 wird *[serv]is et libertis* ergänzt; dies ist wohl fast ausgeschlossen, schon allein wegen der Reihenfolge. Vermutlich ist *[su]is* oder *[liber]is* oder eine ähnliche Formulierung einzusetzen. Möglich wäre vielleicht auch *[vernis su]is et . . .* wie in CIL VI 38761.

³⁰ Hor. sat. 1, 8, 8 ff.; Front. grom. 55, 9; R. Lanciani, Ruins and Excavations, London 1897, 334 f.; Bömer (oben Anm. 14), IV 1704; Hopkins (oben Anm. 25) 208 ff. Vgl. auch J. Le Gall, La sépulture des pauvres à Rome, BSAF 1980/81, 148 ff.

³¹ Insoweit ist die Bemerkung von Hopkins (oben Anm. 25), 211, man könne nicht sagen, welcher Anteil der römischen Toten in Massengräber kam oder eine Inschrift erhielt oder in einem namenlosen Individualgrab bestattet wurde, wohl mit einer Tendenz zum letzten Satzglied zu sehen.

³² Vgl. M. Beard, JRS 76, 1986, 142: "The gap between recording practice and 'social reality' must remain a problem for all work of this kind."

ASPECTS OF ROMAN ACCULTURATION IN THE EAST UNDER THE REPUBLIC

By ROBERT MALCOLM ERRINGTON

When Horace wrote his famous phrase, *Graecia capta ferum victorem cepit,* he had in mind, as he makes clear, in particular the field of literature:

et post Punica bella quietus quaerere coepit
quid Sophocles et Thespis et Aeschylus utile ferrent.[1]

When we translate this literary influence into concrete social terms it is clear that Horace was referring to the Roman literary classes, the leisured, therefore the rich, those who in the political terminology of the late Republic constituted the equestrian and senatorial *ordines*. From these classes came the people who dabbled in literature, philosophy and rhetoric, who from the third century B.C. onwards travelled in ever increasing numbers in the East, many on public business and at public expense. These men were culturally receptive enough to accept and even rejoice at the inevitable widening of their cultural horizons which resulted from the contacts which they made at the highest levels of society in the Greek cities and from the entertainment which they enjoyed there; these were the people who made the Greek language and Greek cultural activity a desirable and respectable pastime for Roman society at their own level.

The Upper Classes are thus a centrally important aspect of the cultural acclimatisation of the Romans to Greek ways and to their Greek empire. From the time of the earliest political contacts Upper Class Romans visiting the East had tried to experience as many of 'the sights' of Greece as they could (and very soon they began to transport many of the more transportable objects back to Italy).[2] But there were untransportable things, perhaps most prominent for their prestige and influence the famous religious festivals, the Eleusinian Mysteries and the great Panhellenic Games at Olympia, Delphi, or the Isthmos, which required the physical presence at the right time of those wishing to experience them. It was, for instance, self-evidently plausible to that Roman senator, consul and historian of the third century A.D., Cassius

---

[1] Ep. 2, 1, 156f.
[2] Cf. G. Waurick, Kunstraub der Römer. Untersuchungen zu seinen Anfängen anhand der Inschriften, Jahrb. d. röm.-germ. Zentralmuseums 22, 1975, 1 ff.

Dio, that when he wrote about the Roman ambassadors, who travelled around certain Greek cities after the so-called 'First Illyrian War' (229/228) he recorded that a Roman, with the unlikely name Plautus, won the Stadion at the Isthmian Games, and that the ambassadors went on to Athens, where they were initiated into the Eleusinian Mysteries.³ Even though the historical truth of this account is uncertain – particularly the name of the Stadion-winner seems to betray a joke somewhere along the line of transmission – the invention (if it be one) took place against the accepted Upper Class cultural background of the time when, for instance, in the first century B.C. L. Cornelius Sulla the Dictator or two generations later the emperor Augustus went through the initiation ceremonies for the Mysteries.⁴ Indeed, the Mysteries enjoyed such prestige that the emperor Claudius considered having them transferred to Rome.⁵ As for the Panhellenic Games, Nero's famous example on his Greek tour of 67 A.D., when he insisted that as many games as possible, including all the most famous Panhellenic ones, should be held out of their usual cycle in the year of his visit in order to accommodate his imperial wish to participate may suffice here as an example.⁶ Against this background it is little wonder that Cassius Dio found Plautus' win in the Isthmian Stadion of 228 to be plausible.

Games could be, and were from a very early period, also used by Roman representatives and diplomats in Greece for the purpose of Roman policy. T. Quinctius Flamininus, who initiated the policy of trying to keep the Greeks subordinate by keeping them happy followed the example of his predecessors of 228 when he chose the Isthmian Games in 196 and the Nemean Games in 195 for the two most important pronouncements of his policy.⁷ L. Aemilius Paullus, after defeating Perseus in 168, went on a tour of famous sites, as many had done before him, and collected large amounts of antiquarian and artistic souvenirs. But he also then chose to celebrate his victory in Greece by organising games at Amphipolis.⁸

The phenomenon of the Greek acculturation of the Roman Upper Classes is however well-known and well-investigated, and I do not want to say more about it here, except to point out that in individual cases it might be distinctly superficial, as the case of C. Memmius suggests. Memmius, when exiled in 52 B.C., chose to live in Athens, and when Cicero passed through the city in 51 B.C. Memmius had just bought up the house and garden of Epicurus.

---

³ Zonaras 8, 19 (from Dio).

⁴ Plut. Sulla 26; Suet. Augustus 93; cf. R. Bernhardt, Athen, Augustus und die Eleusinischen Mysterien, AM 90, 1975, 233 f.

⁵ Suet. Claudius 25.

⁶ Suet. Nero 23.

⁷ Polyb. 18, 46; Plut. Flamininus 10; 12.

⁸ Polyb. 30, 10, 3 f.; Liv. 45, 27 f.; Plut. Aem. Paullus 28.

Not, alas, because he admired his philosophy so much, but because he was planning to tear the old house down and build himself a smart modern mansion on the site.[9] The main point of this paper is to draw attention to a quite different group of people, to those Romans and Italians (who after the citizenship laws of 89 B.C. were all Roman citizens) who took up residence for longer or shorter periods in Greek cities East of the Adriatic. These were the people whom the Greeks called Romaioi, a description which happily begs the largely irrelevant question of whether they had Roman citizenship or not, and which I shall therefore also use for them in this article. Excluded here are those non-Greeks resident in the Greek cities of Italy and Sicily, as well as those Greek citizens of the Greek cities of southern Italy and Sicily who are attested in Greek cities in the East, since the acculturation problems of these people were different in kind because the contacts were already well established in the third century and, in the case of Greeks from Magna Graecia, traditional and of long standing.[10] The class of people whom I wish to focus on are those who, when the sources mention their activities at all, are usually businessmen of one kind or another, traders, salesmen, perhaps in the later period local representatives of Roman tax-farming companies (*navicularii, negotiatores, mercatores, publicani* or in Greek ναύκληροι, πραγματευόμενοι, τραπεζίται, τελῶναι), people who, when there were enough of them in any one place, could be described as a group by the local Greeks as 'those Romaioi doing business at x' (οἱ ἐν ... πραγματευόμενοι Ῥωμαῖοι).[11]

Romaioi are known from the inscriptions of the Greek world from the third century B.C. onwards in ever increasing numbers, identifiable by their names: according to Polybius, the chief reason that the Roman Senate gave for the first trans-Adriatic military adventure in 229/228, the 'First Illyrian War', was that the activities of Italian traders had been disastrously affected by the spread of Illyrian piracy.[12] It does not matter for this purpose whether this was a real or indeed the whole reason for the war. It certainly offers an acceptable literary confirmation of the isolated inscriptional material, that

[9] Cic. ad Fam. 13, 1.

[10] J. Hatzfeld, in his pioneer work, Les Trafiquants italiens dans l'Orient hellénique, Paris 1919, to which all who work in this field are highly indebted, deliberately included citizens of the cities of Magna Graecia in his investigation, whom he regarded as being a motor of the whole development. Further investigation suggests that he exaggerated their role cf. A. J. N. Wilson, Emigration from Italy in the Republican Age of Rome, Manchester 1966, 152 f. From my point of view of investigating cultural assimilation, the Greeks of Magna Graecia are in any case irrelevant. Only non-Greeks are here significant.

[11] See Hatzfeld, 193 f.

[12] Polyb. 2, 8, 1.

there was from a relatively early period a certain amount of private business activity by non-Greek Italians in the trans-Adriatic Greek world. Another case, to be sure, of trade going before the flag. But it was the flag which gave a major and continuing impetus in the second century B.C. The Roman system of supplying their armies through private contractors meant that wherever an army went not only military personnel was present but also a horde of representatives of the supply companies; and what they saw in the East seems to have pleased many of them. In particular we shall have to reckon with ever larger numbers of such people in connection with the Second Macedonian War (200–194), the Aetolian and Antiochene Wars (191–188) and in particular after the Third Macedonian War (after 168), as Greece became increasingly dominated politically by Rome. Particularly important was the stimulus of the Roman creation of the free harbour at Delos, which led to the settlement, often on a long-term basis, of many traders, not just on Delos itself but, as a kind of spin-off effect, also in the cities of the Greek mainland and other islands. Finally in Asia Minor it was of course the death of Attalos III of Pergamum in 133 and the letting of the tax-farming of the Asia Provincia by C. Gracchus ten years later that led to Asia Minor's being overrun by profit-hungry Italian investors and their agents.[13]

Now the activities of this group of non-noble Romaioi in the economic exploitation of the Greek world is so well-known in general as to be quite notorious. The main emphasis and interest of previous investigations has been however in economic, in particular in trading aspects, in what these πραγματευόμενοι actually did for a living and how widely they spread.[14] It is now clear that they turned a hand to pretty well anything that could bring in a nice profit and can appear almost anywhere, where reasonably ordered commercial conditions could be found. In this respect the Italians behaved little differently (though they operated under different and more favourable general political conditions) than Greek traders had themselves behaved for countless generations. This type of trading activity by non-citizen residents, even by non-Greek residents, was not in principle new to Greek cities—we know of large numbers of resident aliens of various sorts in all the major Greek trading cities—e. g. in Athens or Rhodes, where information has been

---

[13] In general see M. Rostovtzeff, Social and Economic History of the Hellenistic World, Oxford 1941, II 762 f. On Delos see the collection of material by Hatzfeld, Les italiens résidant à Délos mentionnés dans les inscriptions de l'île, BCH 36, 1912, 5 ff.; P. Roussel, Délos, colonie athénienne, Paris 1916.

[14] Fundamental is Hatzfeld, Trafiquants, followed but not equalled by Wilson (n. 10, above). See also e.g. Rostovtzeff, Hellenistic World II 762 f.; Chr. Delplace, Publicains, trafiquants et financiers dans les provinces d'Asie Mineure sous la République, Ktema 2, 1977, 233 f.; Chr. Le Roy, Richesse et exploitation en Laconie au 1er siècle av. J.-C., Ktema 3, 1978, 261 f.

collected—[15] long before Rome became politically dominant in the eastern Mediterranean. It is the acculturation of the Romaioi against this traditional background, which I wish to explore. It certainly happened, must indeed have occurred almost inevitably. Its intensity was not everywhere the same but varied from place to place, depending on local conditions and on the nature and adaptability of the individual Romaioi who made up the resident community of Xenoi.

On the temple-island of Delos, for instance, where after 167 the largest body of Romaioi in the Greek world was present and where the pre-existing small population had been largely expelled by the new Athenian administration, there is little sign of more than a superficial participation in Greek life. Delos was however no longer an independent city with a civic life of its own, into which the foreign residents (or some of them) might be integrated. Despite the fame of the Apollo-temple, which dominated the island, dedications by Romaioi to the traditional gods of the island and in traditional forms, are relatively rare.[16] The Romaioi on Delos, whether slaves, *liberti* or *ingenui*, were numerous enough between 167 and 88 (the Mithridatic War) to form a fairly exclusive society of expatriates ('colonials', if one will). They show many of the social characteristics of such isolated and relatively homogeneous groups, which we know better *mutatis mutandis* from modern European colonies. In particular the Delian inscriptions provide evidence for characteristic club activities (κοινά): the Hermaistai, Poseidoniastai and Apolloniastai seem to have played quite as important a part in the social life of these foreign residents on Delos as the Church of England and the local District Club for their later brothers (and sisters) in distant and luxurious separation from home, the British in India or Africa. It should however be noted that on Delos the Romaioi were by no means alone in this respect: the Poseidoniastai of Berytos and the Herakleastai of Tyros were directly parallel socio-religious organisations of the resident traders from Phoenicia.[17]

Delos is however quite exceptional. Because of the uniquely favourable trading conditions there, Delos became between 167 and 88 the main centre of Romaioi resident in the East. Here the residents of Italian origin certainly

---

[15] E.g. D. Whitehead, The ideology of the Athenian Metic, Cambridge 1977; D. Morelli, Gli stranieri in Rodi, SCO 5, 1956, 126f.

[16] Cf. P. Bruneau, Recherches sur les cultes de Délos à l'époque hellénistique et à l'époque impériale, Paris 1970, 659f., and under the individual cults.

[17] Cf. e.g. Roussel, Délos 75ff. The formalistic question, whether the *magistrei* who are named in the parallel Latin dedications represent separate koina or in some way a formal or informal *conventus* of all the Romaioi on Delos is irrelevant for the general point which I wish to make. I see however no reason for rejecting the *prima facie* implication of the inscriptions, which know nothing of a *conventus*. See also Wilson, Emigration 113f.; Bruneau, Cultes 586f.

outnumbered any remaining resident Delians and probably the resident Athenians as well (if one may judge from the proportions of the youths attending the Delian ephebate),[18] who, however, were themselves living a deracinated life on the little island. The social structure of the Delian community at this period was therefore massively lop-sided, in the East quite unique and therefore totally atypical. I shall therefore exclude Delos from further examination here, though I am well aware that there was no solid frontier between the Romaioi resident on Delos and the Romaioi resident in other Greek cities. Many families are known from several places. In other cities both the civic conditions and the total numbers of aliens involved were of quite a different order from Delos. Whatever the nature of their business Romaioi outside of Delos, in the last resort, had to live amicably together with the citizens in the cities where they resided and with whom they did business. They were, with rare exceptions, inevitably cut off from regular daily contact with more than at most a few other families of Romaioi. Of course not only the traders themselves but also their families had to accommodate themselves to their new environment and way of life. Where, for numerical reasons, cultural and local political domination was impossible, there remained simply the choice between ignoring what was going on in local civic life–which, given the traditionally intimate connection between wealth and civic life in Greek cities could only be extremely bad for business–or trying to adapt to it. A great number of families seems to have done just that.

The evidence comes normally from inscriptions, which can only rarely be accurately dated, but (I think) adequately enough for my purpose. There are also technical difficulties unrelated to the dating in the interpretation of many inscriptions, since we are very often, especially in Athens, confronted with mere single names (Praenomina) preserved in lists of various kinds, and inevitably the largest body of information comes from Athens. As a practical (though by no means fool-proof) criterion for this period I have assumed in such cases that someone with an Italian name, whose father also bears an Italian name–like the Γάιος Γαίου Πειραιεύς or Γάιος Μαάρκου Μελιτεύς, ephebes in the Archonship of Demetrios (123/122 B.C.)[19]–are people of Italian origin, who have been granted (or whose fathers have been granted) local citizenship. But the problem of exotic mode-names is also real and causes uncertainties. It is easily distinguishable in cases where one name is Greek (like

---

[18] Inscr. Dél. 1922 ff. Members of the Athenian cleruchy however presumably retained the choice of attending the much better established and attended Ephebate in Athens, a consideration which makes conclusions from these inscriptions particularly difficult to draw.

[19] IG II² 1006. On this problem in general see also the remarks of E. Kapetanopoulos, Romanitas and the Athenian Prytaneis, AE 1981, Chron. 24 f.

Markos, son of Plutarchos, who was Prytanis in Athens around 60 B.C.)[20] or Menodoros son of Gnaios, the successful Athenian wrestler in the second century B.C.[21] Fashion was not of course restricted to Roman names: the Athenian strategos in the second century B.C., Seleukos son of Markos of Marathon[22] may serve as a prime example of the modish eclecticism of one prominent family's choice of names for children over two generations. Where both names are Italian, however, certainty is impossible, since fashionable naming in two succeeding generations or a citizenship grant would produce the same impression in the inscriptions. A further difficulty is that the common Roman name Lucius is also, in the form in which the Greeks chose to transliterate it, Λεύκιος, a rarer but well-enough attested Ionian name. Leukioi have therefore to be treated with especial suspicion: familiarity with the Roman name has clearly caused the numbers of pure Greek Leukioi in the inscriptions from the second century onwards to proliferate, though some of them will certainly be real Italians who have received local grants of citizenship. In any individual case, where only the name is preserved, certainty is impossible.

Despite such difficulties the inscriptions nevertheless show regular participation by men and boys with Italian names in a wide range of festivals and games of different kinds in a range of Greek cities. The earliest (though the accident of discovery doubtless accounts for the fact) seems to be a list of victors from the Athenian Theseia from about 142 B.C. Here a young man, whose own name is unfortunately lost but whose father's name was Marcus, represented the Athenian tribe Aias and won the classical Hoplomachia with shield and spear of the second age group.[23] This young man must have had Athenian citizenship, a general point to which I shall return. A little later, perhaps about the turn of the century, we have more similar examples. At the Herakleia at Chalkis in one single year Romaioi won no less than five disciplines: the boys' and the young men's boxing (L. Castricius L. f. and M. Herennius M. f.), the wrestling for ephebes (P. Horarius D. f.), the men's Stadion (A. Cornelius A. f.) and the characteristically Greek heavyweight contest, the running race in full hoplite armour (P. Quinctius T. f.).[24] At a celebration of the Hermaia at the same city in the last years of the second century at least one young Romaios M. Marcius M. f., served as one of τῶν παίδων ἱεροποίοι.[25] Neighbouring Eretria also offers similar information.

---

[20] B. D. Meritt and J. S. Traill, The Athenian Councillors (Agora XV), Princeton 1974, no. 267.
[21] L. Moretti, Inscr. Ag. Gr. no. 51.
[22] IG II² 2866 cf. 958, 74.
[23] IG II² 960, 32f. (ὁπλομαχῶν τῆς δευτέρας ἡλικίας ἐν ἀσπιδίωι καὶ δόρατι).
[24] IG XII 9, 952.
[25] SEG 29, 1979, 806. The Λεύκιος Λα[...]ος (line 14), if Pleket's probable supplement Λα[ίλι]ος is correct, will be a second Romaios boy participant.

There resident Romaioi (τῶν Ῥωμαίων οἱ παρεπιδημοῦντες) took part in a festival of Hermes [26] and two festivals of Isis at about the same time saw several Romaioi performing the functions of navarchs.[27]

In Koroneia in Boiotia similar participation by the Castricius family was clearly associated with long-term investment there. At a celebration of the Pamboiotian Games around the turn of the century (II/I B.C.), A. Castricius won the Diaulos for foals.[28] Now the family is also known from Delos [29] but also from Chalkis, where the winner of the boys' boxing mentioned above was a Castricius; and a freedman of the family, Heras Castricius, presented the local temple of Koroneios in Koroneia with a new door.[30] Now this was clearly a well-endowed family with a landed estate. Nobody who is merely temporarily resident maintains a racing stable. And the same conclusion can be drawn from an agonistic inscription from Xanthos of about the same time, which records the winners at the federal Lykian festival, the Romaia. C. Octavius C. f. Pollio who, the inscription says, was a Romaios who had himself announced as a citizen of Telmessos (ὃς καὶ ἀνεγόρευσεν ἑατὸν Τελμησσέα) won one of the major horse races (τελείῳ κέλητι). He clearly also had longer-term economic and social interests in the area.[31]

A little later, probably in the 70s B.C., two Romaioi won the boys' javelin-throwing (L. Valerius L. f.) and the boys' Diaulos (A. Titinius A. f.) at the Amphiareia Romaia in Oropos.[32] In Thessaly at no less than five meetings of the local festival in celebration of Thessalian freedom, the Eleuthereia or Stena, of which records survive from first century B.C., Romaioi won prizes. In the best-preserved list from the later part of the century Romaioi took four prizes: M. Arruntius in the Taurotheria, C. Clodius C. f. the boys' Stadion, C. Clodius C. f. (doubtless the same boy), the horseback torch race (ἀφιππόλαμπας) and C. Occius Q. f. in the ἐγκωμίον λογικόν;[33] at another meeting one Sempronius won the boys' boxing;[34] at another P. Titius P. f. the boys' Stadion and the Greek freedman of the Occii, C. Occius Φρόντωνος, doubtless represented his ex-master's stable when he won the race for foals.[35]

---

[26] IG XII 9, 234 = Syll.² 935.

[27] IG XII Suppl. 557; 565 = P. Bruneau, Le sanctuaire et le culte des divinités égyptiennes à Érétrie, 1975, Nos. VIII & X.

[28] IG VII 2871.

[29] See Hatzfeld, BCH 36, 1912, 5 ff.

[30] IG VII 2873.

[31] SEG 28, 1978, 1246 (cf. L. Robert, RA 1978, 277 f. for *editio princeps* with the usual extensive commentary).

[32] IG VII 416 lines 34 and 50.

[33] IG IX 2, 531.

[34] IG IX 2, 532.

[35] Theocharis, AD 16, 1960, p. 185.

Two further inscriptions are less well preserved, but nevertheless record in one case the victory of a Romaios, son of Gaios[36] and in the other the victories of one Alfius, of P. Titius P. f., and of L. Atinius C. f.[37] The most successful of the Romaioi as a sporting competitor must surely have been the Γαῖος Ῥωμαῖος who at the Olympic Games in 72 B.C. ran a dead heat in the long-distance race (δολίχος) and had to share the title with another competitor.[38] Even if this Gaius was probably virtually a professional competitor it is significant that at this date a Romaios felt it worth his while to train professionally to be able to participate successfully in major Greek athletic festivals: he must surely have belonged to one of the resident families. Particularly fascinating from the point of view of the adoption of Greek culture by the Romaioi is the victory of P. Occius P. f. in the competition for the ἐγκωμίον λογικόν. This intellectual achievement has a parallel around the turn of the century (II/I B.C.) in Tanagra, where at the Sarapeia one Publius Romaios won the second prize in a competition of tragedies.[39] It may be that this man was also a professional, as probably were the L. Furius L. f. Celsus μύθων ὀρχηστής and the – Babyllius T. f. κωμοιδός who received the proxeny (Furius was also granted a golden garland in the theatre) at Gortyn in the first century B.C.[40]

The others who won prizes at the provincial festivals were certainly not professionals; and the same can be maintained for the doubtless still larger number of those who merely participated and did not have the good fortune to win–we have no lists of mere participants. Their participation shows very clearly the willingness of large numbers of resident Romaioi to share in and even excel in traditional Greek pursuits, whether sporting or intellectual. These pursuits had in effect no practical or social function outside such festival competitions in the Greek world; and the readiness of these Romaioi to undertake the necessary amount of training and learning required to participate successfully is an indication of the depth of their private commitment to their Greek social environment. Particularly interesting is to notice how often Romaioi won the competitions for the young men and the boys, who must therefore have participated fully in the training procedures of the local gymnasion. This leads to the conclusion that young resident Romaioi will therefore presumably have regularly participated in the normal Greek educa-

---

[36] IG IX 2, 534.

[37] See B. Helly, Les italiens en Thessalie, in: Les Bourgeoisies municipales italiennes aux IIe et Ier siècles av. J.-C., Paris–Naples 1983, 355 ff., esp. p. 364.

[38] Phlegon of Tralleis (FgrHist No. 257) F 12, 2. The odd record of two winners in this event seems best explained in this way. For other attempts see Jacoby's commentary ad loc.

[39] Ch. A. Chrestos, AE 1956, 34 f. line 35 (cf. IG VII 540).

[40] Inscr. Cret. 4. 222.

tional procedures, of which the gymnasion training was a major part. The better-off young Greeks usually also still went through some kind of formalized military training (at Athens, the Ephebate), which had however long since changed from the militaristic training of classical Athens into a socially acceptable traditionalist finishing school for better-off boys (at least at Athens, but presumably elsewhere also).[41] Romaioi, whatever their social status in Italy might have been–and for many of the foreign residents of the smaller Greek cities it was doubtless not the highest–seem to have been largely successful in making money, and their sons will therefore have attended the local Ephebate, for which youth, money and possibly local citizenship were perhaps the only practical qualifications. Such attendance by Romaioi can be demonstrated at Athens,[42] Pergamon,[43] Naxos,[44] Larissa[45] and of course Delos,[46] can probably therefore be assumed for most other places where an Ephebate or similar institution existed. This, together with the associated festival participation, suggests an extremely widespread participation by resident Romans in what was in effect the upper section of the local public school system.

As so often the most extensive information comes from Athens. The Ephebate there had been restricted until about 120 B.C. to Athenian citizens, since it was historically descended from the compulsory military training of the young citizens of the classical period. After this restriction was lifted the Ephebate experienced a significant level of participation by non-citizens. The evidence comes from the preserved lists, some of which belong to the period immediately after 120 B.C., when the presence of non-Athenians was new enough for them to be listed separately (as Ξένοι). The earliest such list, from the Archonship of Hipparchos (119/118 B.C.) has seventeen non-Athenians, of whom only one is Romaios (the list contained 123 Athenian names).[47] The rest are all Greeks, from nine different cities (Paros, Sikyon, Kerkina, Herakleia, Laodikeia, Berytos, Thespiai, Antioch, Soloi). The largest known number of Romaioi in one year is from 107/106 when there were five of them (from 24 non-Athenians from thirteen different cities (Smyrna, Adramyttion, Oroanda, Neapolis, Apameia, Tarsos, Berytos, Herakleia, Antiocheia,

---

[41] See e.g. Ch. Pélékidis, Histoire de l'éphébie attique des origines à 31 avant Jésus-Christ, Paris 1962; H. I. Marrou, A History of Education in Antiquity, London 1956, 105 f.
[42] See next paragraph.
[43] MDAI (A) 32, 1907, 438 no. 303; see for other Xenoi ib. p. 435; MDAI (A) 35, 1910, 422 no. 11; also Robert, BE 1980, 94; SEG 30, 1413.
[44] IG XI 5, 39.
[45] IG IX 2, 1057.
[46] Inscr. Dél. 1922 ff.
[47] IG II² 1008.

Laodikeia, Miletos, Kartheia, Opous).[48] The largest proportion of Romaioi was reached between 90 and 80 B.C. when in one year four Romaioi from fourteen non-Athenians participated (from Pergamon, Temnos, Salamis, Miletos, Seleukeia, Karystos, Thebes, Odessa, Eretria).[49]

These figures make clear that there was no question at this period, even in Athens, of the social and educational institutions of the state being swamped by masses of culture-hungry Italian youths streaming into them. On the other hand they also allow the conclusion that the Italian residents in Athens (or Delos) acted no differently from their Greek non-citizen co-residents and equally encouraged their male children of the appropriate age to participate in the normal educational and social procedures of the cities where they resided. There is no reason to believe that at this period boys were sent to Athens from abroad in any numbers specifically to participate in the Ephebate. The relatively modest numbers suggest precisely the adaption to local conditions of the resident foreign population. And if this is valid for Athens it was doubtless also true for more remote and less prestigious places.[50]

---

[48] IG II² 1011.

[49] IG II² 1031. Lists of the documents from this period in Pélékidis p. 184; Marrou p. 384.

[50] Marrou, 384 n. 7 is seriously misleading for the Republican period when he asserts that 'it seems quite certain . . . that the great majority of these foreign ephebes were not the sons of foreigners who had settled in Attica or its dependencies but were students who came to Athens for the purpose of completing their education'. This generalisation stems from his conflating the republican material with the massive evidence from the imperial period, where conditions were quite different. There is likewise no evidence for Rostovtzeff's imaginitive assertion (Hellenistic World III 1505 n. 12) that 'it is evident that the Athenian aristocracy was forced to yield to the pressure of the Delian plutocracy of Syrian and Italian merchants'. If the Greek cities of Antioch and Laodikeia are excluded here as not being 'Syrian' i.e. non-Greek in the same sense as the Romaioi are non-Greek (each have 3 ephebes in IG II² 1008, the first year for the separate listing of Xenoi) the Syrian and Italian elements among the Xenoi is reduced to two ephebes (one from Berytos, one Romaios); even with the young Greeks from Antioch and Laodikeia the 'Syrians' come to seven from seventeen Xenoi. In this case however the usefulness of the term 'Syrian', apart from in a purely geographical sense, must be seriously questioned. Later lists show proportionally even fewer 'Syrians' (e.g. IG II² 1009: 2 (Laodikeia, Antiocheia) and 2 Romaioi from 12 Xenoi; IG II² 1011: (Apameia) (1) (but possibly Phrygian Apameia Kibotos) Berytos (2), Antioch (4), Laodikeia (1), Romaioi (4) from 24 Xenoi; IG II² 1028: Askalon (1), Antioch (4), Laodikeia (2), Arados (1), Tripolis (2), Romaioi (3) from 36 Xenoi; IG II² 1031: Seleukeia (1), Romaioi (4) from 14 Xenoi; IG II² 1043: Antioch (1), Sidon (3), Romaioi (5) from 36 identifiable Xenoi–the list originally included 64 names).

A further source of information about the integration of resident Romaioi into their Greek host communities is the body of honorary inscriptions. It is well known that in Greek cities of this time, rich citizens, even–perhaps especially–rich foreign residents, were placed under a certain social pressure to use their wealth not just for private but also for municipal purposes. If they did so with sufficient generosity they received one or more of the standard honours, which Greek cities always had available for those whom they regarded as their benefactors, above all proxeny, proedria, ateleia, enktesis, perhaps a statue, but in any case a public inscription, pour encourager les autres.[51] The nature of these inscriptions is such that we do not always know precisely why the recipients were honoured, since the published inscription is often the mere decree listing the honours voted. But since no resident of a Greek city, particularly not an alien, was honoured for doing nothing, we must assume in each case that some concrete activity of the person honoured had given reason for the vote. Obviously as time went on the effectiveness of resident Romans in dealing with specific Roman problems under the given political circumstances was much greater, their influence as benefactors therefore proportionately higher than that of other residents. The honours for residents are however not just trivial and formal, but in each single case a serious indication of long-term personal association of the foreign resident with the host community.[52]

Already in the third century B.C. such honours for Romaioi are known: two Romaioi, P. Aurelius Cotta and one Antonius received the proxeny at Eresos on Lesbos;[53] around 260 B.C. L. Volceius L. f. became proxenos of the Aetolian League.[54] But these are exceptions, though an inscription from Itanos suggests that the activities of Romaioi in the East even in the third century should not be underestimated: one Lucius L. f. Romaios, who had entered the service of the Ptolemaic kings, served as garrison commander at Itanos under Philopator, to whom and to Queen Arsinoe he dedicated a Nymphaion and the necessary water supply which he had

---

[51] See now the excellent discussion and analysis by Ph. Gauthier, Les cités grecques et leurs bienfaiteurs, BCH Supplément XII, Paris 1985.

[52] The situation was clearly different in the case of honours voted for proconsuls and other officials and members of the political class, who succeeded to the position vis-à-vis the cities of the political class of the hellenistic monarchies, who had usually been honoured in a different way and for different reasons from the normal resident alien (see Gauthier, Bienfaiteurs 39 ff.). Therefore all honours for Romaioi do not have the same cause and should not be lumped together. I therefore ignore here the many honours known for members of senatorial families, since they contribute nothing to my subject.

[53] IG XII 3 Suppl. 127.

[54] IG IX 1^2 17.

built. This activity was clearly primarily for the benefit of the local community.⁵⁵

From the second century onwards such documents are much more frequent. C. Flavius C. f. Apollonius and his son C. Flavius C. f. Bucco received the proxeny at Gonnoi;⁵⁶ at Chyretiai the resident Romaios S. Orfidienus M. f. received the same honour.⁵⁷ The Akarnanian League made P. and L. Acilius P. f. proxenoi around the middle of the century,⁵⁸ at Akraiphiai M. Norcinius L. f. became proxenos.⁵⁹ Abdera thanked M. Vallius in the second century and somewhat later C. Apustius M. f. and his son Publius, who however seem to have been resident in Thessaloniki, for help in difficult times.⁶⁰ On Tenos C. Pandusinus Cn. f. had already previously received the proxeny when he presented the town with a statue-group of Nikai and Erotes, which he dedicated to Poseidon and Amphitrite.⁶¹ Rather later, also on Tenos, L. Aufidius Bassus received honours for helping the city when it had experienced serious financial difficulties after the Mithridatic Wars;⁶² at about the same time a well-known inscription shows the resident brothers Numerius and Marcus Cloatius helping Gytheion by reducing their own financial demands on loans, entertaining and offering lodging to Roman officers when they passed through on public business and interceding with them in the interests of their city of residence.⁶³

These instances are merely examples, and I make no claim to completeness. But it is clear that all such honours demonstrate the basic identity of interest

---

⁵⁵ Inscr. Cret. III 115 no. 18. See also, a century or more later, another Italian mercenary in Egypt: SEG 20, 509.

⁵⁶ B. Helly, Gonnoi II no. 42.

⁵⁷ Arvanitopoulos, AE 1917, 2 no. 301.

⁵⁸ IG IX 1² 208.

⁵⁹ BCH 1899, 92 no. 3.

⁶⁰ BCH 37, 1913, 124f. For the Apustii see Holleaux, Études 1, 277f., who together with Ad. Wilhelm, Neue Beiträge VI, 21–35, would like to date these events to the first century B.C.

⁶¹ IG XII 5, 917. His father was perhaps the businessman Cn. Pandusinus whose interests in Thisbe played a part in the S.C. de Thisbensibus during the Third Macedonian War (Sherk, RDGE 2). See also Münzer, RE s. v. Pandusinus 552–553.

⁶² IG XII 5, 860.

⁶³ Syll.³ 748. cf. Le Roy, Ktema 3, 1978, 261f. It is perhaps worthwhile reminding readers here that the inscriptions from Messene relating to the ὀκτώβολος εἰσφορά (IG V 1, 1432–3), which A. Wilhelm, JÖAI 17, 1914, 1ff. dated to the end of the C II B.C. and which have been widely and influentially used as evidence for the economic situation of the S. W. Peloponnese and the activities of Romaioi there (see e.g. Rostovtzeff, Hellenistic World II, 750ff.) belong to the reign of Claudius: A. Giovannini, Rome et la circulation monétaire en Grèce au IIᵉ siècle avant Jésus-Christ, Basel 1978, 115f.

between Romaioi and the Greek community in which they resided and where they did business–even if their actual activity at times seems to come perilously close to merely preserving sheep for later shearing–which is important for understanding the "Grass Roots" development of the Roman Empire in the East. Their activity is essentially no different in kind from similar activities of non-Roman foreign residents; nor did the Greek cities treat their Romaioi differently from other non-citizen residents, who performed similar acts of generosity. These are however people who deliberately forfeited the possibility of social life and a local political career in their Italian home towns and preferred to live among the Greeks. These resident Romaioi were therefore by no means all merely parasites who extravagantly exploited the provincials under the shield of Roman provincial administration, though for instance in the early years of the province of Asia this seems frequently to have been the case. But at other places, or at other times–though even in Asia we must not exclude the possibility of sympathetic and symbiotic residence existing parallel with brutal exploitation by others–they sent their children to the local gymnasia, encouraged them to participate in Greek festivals, where many of them also competed themselves, even in characteristically Greek competitions; they adapted themselves to Greek social conventions and invested their energies as well as their wealth and influence in activities which would bring them honour and respect only within their host communities. Finally–and this is the last aspect which I wish to touch on here–they accepted local citizenship in the host communities and performed services there which citizens alone might perform.

For the general situation we have a literary source. Cicero, speaking in defense of Balbus in 56 B.C., asserted that there were indeed Roman citizens who had themselves registered in the tribes and citizenship lists at Athens and then let themselves be appointed as judges or even as Areopagites: Cicero's point is that in his view these people, by accepting a 'foreign' citizenship, had forfeited their Roman citizenship, a situation which Balbus had deliberately avoided by abandoning his Gaditane citizenship on becoming *civis Romanus*. The passage is worth quoting in full: *Itaque in Graecis civitatibus videmus Atheniensis, Rhodios, Lacedaemonios, ceteros undique adscribi multarumque esse eosdem homines civitatum. Quo errore ductos vidi egomet non nullos imperitos homines, nostros cives, Athenis in numero iudicum atque Areopagitarum, certa tribu, certo numero, cum ignorarent, si illam civitatem essent adepti, hanc se perdidisse nisi postliminio reciperassent. Peritus vero nostri moris ac iuris nemo umquam, qui hanc civitatem retinere vellet, in aliam se civitatem dicavit.*[64] For precisely the reasons which Cicero here brings forward, his good friend Atticus had refused the

[64] Pro Balbo 30.

offer of Athenian citizenship, and thus followed the opinion of his learned friend.[65]

Now Cicero's conservative view about the implications for the *civitas* of accepting the citizenship in a Greek city may or may not have been correct, it certainly seems not to have been universally accepted and in practice no longer did justice to the complex constitutional and practical legal problems which the Roman dominance in the Greek world and the settlement of numerous Roman citizens in many Greek cities created. His statement that many Roman citizens accepted a Greek citizenship and indeed took office in Greek citics can be proved from the inscriptions. On the one hand we have some formal citizenship grants to Romaioi. S. Cornelius M. f. became citizen of Herakleia Trachinia, perhaps already in the second century B.C.[66] Cn. Tudicius M. f. Aquila and his Greek wife, Megos daughter of Dionysios, received citizenship in Olus in Crete, also around the turn of the century II/I B.C.[67] On the other hand Romaioi as holders of offices, which only citizens might hold, are also well attested. Whether these people received citizenship on application or whether it was always granted as an honour is quite uncertain. The latter seems improbable. We know, from the accident that the emperor Augustus forebade the practice, that some people at Athens at least could receive the citizenship by paying money for it.[68] We do not know how this procedure functioned in practice, but it is unlikely to have been a permanent super-market situation, where anybody with sufficient money could buy Athenian citizenship. Perhaps, as in certain countries today, the price was payable by those whom the state in any case was prepared to accept, after it had examined their credentials. The practice may have been thought up as a cash-raiser in the crisis of the civil-war period. Similar arrangements, usually it seems part of a short-term financial crisis-management, are known or can be inferred from a sizeable number of Greek cities from widely differing periods.[69] This means that we cannot exclude that the Athenian Romaioi of the second and earlier first centuries B.C. had applied for and perhaps paid for their Athenian citizenship, which would however in any case suggest a subjectively closer commitment to their new home than if they had received the citizenship as a grant.

---

[65] Nepos, Atticus 3.1. Cicero's opinion was however not just constructed ad hoc to suit the case of Balbus. He had already expressed it in Pro Caecina 100. On this question see A. N. Sherwin-White, The Roman Citizenship, Oxford ²1973, 291 f.

[66] IG IX 2, 1.

[67] SEG 23, 551.

[68] Cass. Dio 54. 7. 2.

[69] See L. Robert, Sur un dicton relativ à Phasélis. La vente du droit de cité, Hellénica I, 1940, 37 f., where the examples are collected.

However that may be, these people were indeed present in Athens as Cicero spoke the ›Pro Balbo‹ in Rome. Two Prytaneis of about this time, M. Braccius and M. Cornelius are attested;[70] one M. Fulvius from Besa was also treasurer of the tribe Antiochis.[71] To become a member of the Areopagus, which Cicero explicitly mentions in the ›Pro Balbo‹, a man had to have spent a year, just as in the classical period, in one of the nine chief magistracies, as Archon, Basileus, Polemarchos or Thesmothetes. The absolute top was reached by Quintus son of Quintus of Rhamnous, who precisely in the year of Cicero's ›Pro Balbo‹ reached the highest office of Eponymous Archon and gave his name to the year 56/55 B.C.[72] In the same year one Lucius son of Decimus from Piraeus belonged to the board of Thesmothetai.[73] Both men will thereafter have become members of the council of the Areopagus. Other Athenian magistrates with Italian names are known: in 60/59 one D. Aufidius and in the following year P. Ofrius performed some unknown office, perhaps as some kind of treasurers.[74] There is also a range of other cases which, for technical reasons cited above, I prefer to regard as uncertain, though some of the uncertain names will doubtless belong to real Romaioi. These officials, whose names appear on lists of magistrates in Athens itself, are of course the highest in the state. What offices Romaioi held at lower levels of the administration, or in social and religious groupings, can only be guessed at, though a group of unidentified lists of names in which Romaioi are mentioned and some modest dedications by Romaioi suggest that participation at this level might have been very widespread.[75]

It was not just at Athens, of course, that Romaioi settled and lived, even though the relatively easily accessible city with active cultural life and 'big-city' facilities and traditions may in particular have attracted a rentier class, who did not have to earn a living. But the citizenship grants from Herakleia Trachinia and from Olus, as well as the crop of Romaioi in Greek offices from the largely unexcavated province show that the spread of information is quite accidental. On the island of Tenos three Romaioi are known who performed the function of Agoranomos: D. Rubius D. f., P. Lutatius A. f. and M. Popil-

---

[70] Meritt-Traill, Councillors no. 272 & no. 273. Additionally there are some other Roman-type names in contemporary lists, but they are inadequately preserved, so that certainty is impossible. On Romaioi among the Prytaneis see the complete list of 'Roman' names in Kapetanopoulos AE 1981, Chron. 25 f.

[71] Meritt-Traill, Councillors, no. 301.

[72] IG II² 1717 cf. 1716. For reasons given above I prefer not to count the Λεύκιος who was Eponymous Archon in 59/8.

[73] IG II² 1717 line 13.

[74] IG II² 1716.

[75] E.g. IG II² 2336 line 235; 2338; 2360; 2451; 2460; 2461; 2462; 2463; 3426; 3895; 3897; 4708.

lius M. f.[76] L. Rustius L. f. became Strategos;[77] and one Quintus M. f. was elected Praktor, which must have been some kind of financial office.[78] At Magnesia on the Meander a Romaios who earned his living there as a fuller, P. Patulceius L. f. from the tribe Dias, was elected Proboulos.[79] In Akraiphiai in Boiotia, for the first celebration of the Soteria after the Mithridatic War a certain P. Cornelius allowed himself to be elected to the expensive post of Agonothetes.[80] It is possible that he did not necessarily have to be a citizen for this function, but since his family had longstanding connections with Akraiphiai–one ancestor, P. Cornelius L. f. had been honoured for services to the city during the Third Macedonian War nearly a century before[81]–we should probably put P. Cornelius the Agonothetes in the same general context as the other citizen office holders. Last but not least would be to mention that the administrators of the Pythian Games fully recognised the important role of several Romaioi in Greek cities when, sometime after the middle of the second century no less than three of them were appointed Delphic Thearodokoi. It goes without saying that the persons so selected must have belonged to the culturally acclimatised group of Romaioi and that they will have been honoured to represent their cities in fulfilling this traditional function. The three are: M. Cornelius C. f. in Same on Kephallenia, one Aulus in Phalanna on Crete and L. Octavius in a place unknown.[82]

I have tried to demonstrate in this paper that peaceful penetration of Greek social and state institutions by Romaioi is an aspect of Roman expansion in the East which had not only economic consequences for the Greek communities and the traders themselves, but also had significant social implications for the resident guests, who often remained in their chosen Greek city so long and lived there with such enthusiasm that they obtained local citizenship, whereby, it seems, if we believe Cicero, they even ran the risk of losing their Roman citizenship. They did this not merely in prestigious cities like Athens, but also in many smaller cities, where they occupied magistracies, even at quite a modest level. From the point of view of the Greek communities, who absorbed these guests from Italy and their families, they presented in principle a problem no different in kind from that of absorbing other non-citizens, Greek or non-Greek, a problem which was as old as the Greek city itself. The conditions which resident foreigners faced in Greek cities had always varied from city to city and within each city from time to

---

[76] IG XII 5, 880; 881.
[77] IG XII 5, 885.
[78] IG XII 5, 886.
[79] Inscr. Magnesia 111.
[80] IG VII 2727.
[81] SEG 15, 331.
[82] Plassart, BCH 1921, 1f. col. II 146; col. III 117; col. V 14.

time, were always dependent in practice on the prevailing political and economic circumstances and on the composition of the groups of non-citizens. In a sense therefore the phenomenon which I have tried to outline, however important as a basis on which political relations between Rome and individual Greek cities could be developed, is merely another example of the ability of Greek cities to adapt to changing circumstances. But it is also, I believe–and here we come full circle–a rather neglected area within which, in a particularly intense way, the conquered Greeks captured their wild conquerors.

BEMERKUNGEN ZU DEN NEUEREN THEORIEN ÜBER DEN URSPRUNG DES PATRIZIATS

Von ENDRE FERENCZY

Die große Bedeutung, die durch die althistorische Forschung seit langem dem Ursprung des römischen Patriziats beigemessen wird, zeigt die fast unübersehbare Anzahl von Werken zu diesem Problem. Hier soll natürlich nicht die Menge der diesbezüglichen Forschungen kritisch überprüft werden; wir haben die Absicht, uns mit den Resultaten auseinanderzusetzen, die die Untersuchungen über die Herkunft des Patriziats in den letzten Jahrzehnten erbrachten. Mit den früheren Forschungen werden wir uns nur in dem Maße beschäftigen, wie es die Beziehungen der hier geprüften Theorien zu den älteren verlangen.

Die Hypothesen über die Herkunft des Patriziats aus den letzten Jahrzehnten können aufgrund ihrer Resultate im allgemeinen in drei Kategorien eingeteilt werden, obwohl in den einzelnen Kategorien auch wesentliche Unterschiede bestehen.

Zur ersten Kategorie gehören die Werke, die laut der antiken Tradition behaupten,[1] daß das Patriziat als Gesellschaftsklasse schon in der Königszeit entstanden ist und seine Machtstellung – wenn auch mittels Kompromissen – bis zur Lex Hortensia bewahrte.[2]

In die zweite Kategorie können die Werke jener Historiker eingegliedert werden, die – mittelbar oder unmittelbar – unter dem Einfluß jener Doktrin stehen, die der große italienische Althistoriker G. De Sanctis über den Ursprung des Patriziats in seiner monumentalen ›Storia dei Romani‹ entwickelt

---

[1] Liv. I 8, 7; Dion. Hal. II 7–8; Plut. Rom. XIII 2. Vgl. Gai. I 3; Gell. VIII 20, 5; Fest. 233 L.

[2] Vgl. L. Pareti, Storia di Roma I, Turin 1952, 285 ff.; F. De Martino, Storia della costituzione romana I, Neapel ²1972, 64 ff., bes. 73 ff.; Storia economica di Roma antica I, Florenz 1972, 22 ff.; Intorno all' origine della repubblica romana e delle magistrature, ANRW I. 1, 1972, 272 ff.; G. Grosso, Lezioni di storia del diritto romano, Turin ⁵1965, 42 ff.; M. Kaser, Röm. Rechtsgeschichte, Göttingen ²1967, 30 f.; K. Christ, Die Römer. Eine Einführung in ihre Geschichte und Zivilisation, München 1979, 16; J. Ellul, Histoire des institutions, Paris ⁴1972, 254; G. Dulckeit–Fr. Schwarz–W. Waldstein, Röm. Rechtsgeschichte, München ⁷1981, 20 ff.; J. Gaudemet, Institutions de l'Antiquité, Paris ²1982, 261 ff.; L. Capogrossi, Lineamenti di storia del dir. rom., Mailand 1979, 59 f.

hat.³ Nach dieser These bestanden Patrizier und Plebejer schon zur Königszeit, bildeten jedoch damals noch keine geschlossenen Klassen. Die Herkunft des Sammelnamens der Mitglieder der römischen Aristokratie *patres* und *patricii* wurde durch De Sanctis so erklärt, daß die Mitglieder des Rates des Königs *patres* genannt wurden; ursprünglich stammten sie nur aus der Aristokratie, und von ihnen ging dieser Name auch auf die anderen Mitglieder des römischen Adels über. Die Überlegenheit der Patrizier zeigte sich bald auch auf anderen Gebieten, vor allem im Kriegsfall und im Wirtschaftsleben. Nach dem Sturz des Königtums hatten die Patrizier, vor allem die aristokratischen Amtsträger, die Führung des Staates in der Hand und monopolisierten die Staatsgewalt. Nach der These von De Sanctis sonderten sich jedoch die Klassen weder zur Königszeit noch am Anfang der Republik scharf voneinander ab. In dieser Zeit konnten sich die reichen Plebejerfamilien in den Rang des Patriziats erheben und als solche anerkannt werden. Dieser Prozeß stützt sich auf die verdächtige Angabe der Tradition, nach der der Senat von Tarquinius Priscus durch Vertreter der Plebejer ergänzt wurde, was einen Rangunterschied zwischen den alten und neuen *patres* hervorrief.⁴ Zur scharfen Trennung zwischen Patriziat und Plebs *(serrata)*, d. h. zur Absonderung des Patriziats zur geschlossenen Klasse (Kaste), kam es erst seit den 80er Jahren des fünften Jahrhunderts v. Chr., und am deutlichsten wird die strenge Scheidung der Klassen durch das Eheverbot des Zwölftafelgesetzes.⁵

Diese These über die Herkunft des Patriziats, die der große italienische Gelehrte am Anfang unseres Jahrhunderts entwickelt hatte, übte einen bedeutenden Einfluß auf die folgenden Generationen der Althistoriker aus, deren Mehrheit die Doktrin von De Sanctis im allgemeinen – und oft auch ohne die Erwähnung des Autors – übernommen oder sich ohne wesentliche Abänderungen zu eigen gemacht hat.⁶ Eine besondere Beachtung verdient

---

³ Storia dei Romani I, Turin ²1956, 224 ff.

⁴ Cic. De rep. II 20, 36; Ad fam. IX 21, 2; Liv. I 35, 5; Suet. Aug. 2.

⁵ Cic. De rep. II 37; Liv. IV 4. 5. Vgl. De Sanctis, Storia I, 228 f. Über die Glaubwürdigkeit der Tradition für den Beginn der Republik: R. Werner, Der Beginn der röm. Republik, München–Wien 1963; E. Gabba, Considerazioni sulla tradizione letteraria sulle origini della repubblica, Entretiens XIII, Genf 1967, 135 ff.; J. Heurgon, Rome e la Méditerranée occidentale, Paris ²1969, 261 ff.; G. Poma, Gli studi recenti sull' origine della repubblica romana, Bologna 1974.

⁶ Vgl. Fr. Münzer, Röm. Adelsparteien u. Adelsfamilien, Stuttgart 1920, 50 ff.; M. Gelzer, RE XII, 446 ff.; Fr. Altheim, Epochen der röm. Geschichte I, Frankfurt a. M. 1934, 130 ff.; Röm. Geschichte II, Frankfurt a. M. 1953, 176 ff.; Fr. Cornelius, Untersuchungen zur frühen röm. Geschichte, München 1940, 50 ff.; E. Kornemann, Röm. Geschichte I, Stuttgart ²1954, 79; U. v. Lübtow, Das röm. Volk, sein Staat u. sein Recht, Frankfurt a. M. 1955, 90 ff.; A. Heuß, Röm. Geschichte, Braunschweig ²1964, 165 ff.; G. Giannelli, Trattato di storia romana I, Florenz ³1965, 105 ff.; J. Heurgon,

die Studie von H. Last, die die These von De Sanctis dabei zu erneuern suchte, sie auch mit neuen Angaben ergänzte und deren Bedeutung zu steigern trachtete.[7]

Zur dritten Kategorie können jene Werke gerechnet werden, die sich trotz Ähnlichkeiten und sogar Übereinstimmungen mit den Resultaten aus den ersten zwei Kategorien von diesen dennoch in wesentlichen Punkten unterscheiden.

Vor allem möchte ich mich mit den neuen Theorien beschäftigen, die eine Verwandtschaft mit der Theorie von De Sanctis zeigen, sie jedoch mit neuen Elementen ergänzen. Die These von Alföldi vertritt die Ansicht, daß der Kern des Patriziats sich schon in der Königszeit ausgebildet hat, aus dem sich der Patriziat als Gesellschaftsklasse dann am Anfang der Republik entfaltete. Nach dem großen ungarisch-amerikanischen Gelehrten wurde aus den *equites* (Reiter), die als Elite der Gesellschaft die Leibgarde der Könige bildeten, nach dem Fall des Königtums die vornehmste Schicht der Republik, die Patrizier.[8] Diese Annahme stützt sich auf die Beobachtung, daß die Standesabzeichen der Patrizier und der Senatoren im allgemeinen und der Ritter im besonderen auf die Tracht der adligen Reiter der Königszeit zurückgehen.

An die These Alföldis knüpft die Theorie von A. Momigliano an. Der ständige Antagonist der Thesen von Alföldi entwickelt die Meinung, daß die Klassengliederung in der römischen Gesellschaft schon in der Königszeit begann, wogegen es erst später zum Kampf zwischen den Klassen kam.[9] Gegen Alföldi äußert Momigliano die Meinung, daß die Ahnen der Patrizier nicht die Ritter (Reiter) der Königszeit waren, sondern die schwerbewaffnete Infanterie *(classis).*[10]

Die Mitglieder des königlichen Rates, des Senats, führten den Namen *patres*, doch wurden nicht alle Nachfolger der Senatoren als Patricii anerkannt, sondern nur die Abkömmlinge der höchsten Würdenträger (*interrex, rex*

Rome et la Méditerranée occidentale 198f.; H. Bengtson, Grundriß d. röm. Geschichte I, München ²1970, 54; R. E. A. Palmer, The Archaic Community of the Romans, Cambridge 1970, 197ff.; G. Alföldy, Röm. Sozialgeschichte, Wiesbaden ²1979, 6ff.

[7] H. Last, The Servian Reforms, JRS 35, 1945, 30ff.

[8] Vgl. A. Alföldi, Der frührömische Reiteradel und seine Ehrenabzeichen, Baden-Baden 1952; Die Herrschaft der Reiterei in Griechenland und Rom nach dem Sturz der Könige, Festschrift K. Schefold, 1967, 33ff.; Zur Struktur des Römerstaates im 5. Jahrhundert, Entretiens XIII, 1967, 226ff.; (Centuria) procum patricium, Historia 17, 1968, 457; Das frühe Rom und die Latiner, Darmstadt 1977, 271.

[9] An Interim Report on the Origins of Rome, JRS 53, 1963, 95ff. = Terzo Contributo alla storia degli studi classici II, Roma 1966, 545ff.

[10] Quarto Contributo... 437ff.

sacrorum usw.).[11] Eine interessante, leider nicht beweisbare Behauptung Momiglianos ist, daß am Anfang der Republik eine transitorische Gesellschaftsschicht, die *conscripti*, zwischen Patriziat und Plebs existierte und aus dieser die nichtpatrizischen Consulnamen stammten, die sich in dem ältesten Abschnitt der Fasti finden.[12]

Im wesentlichen folgt der Ansicht Momiglianos auch J.-Cl. Richard in seinem ausgezeichneten Werk, in dem er den Ursprung der Plebs untersucht.[13] Obwohl die zuletzt erwähnten Arbeiten die Entwicklung des Patriziats als Gesellschaftsklasse in die frühe Republik legen, sehen sie seine ersten Anfänge im Zeitalter des Königtums. Ihnen gegenüber nimmt A. Magdelain,[14] dem auch sein Schüler P. Ch. Ranouil[15] folgt, die Entstehung des Patriziats zur Zeit der Republik an. Demnach hat sich der Patriziat in der ersten Hälfte des fünften Jahrhunderts v. Chr. aus den Nachkommen der Obermagistrate gebildet, die ein mit *imperium* bekleidetes Amt innehatten (Consulat, Militärtribunat). Diesen Würdenträgern, den *patres*, gebührten die *auspicia populi Romani* in der Zeit des Interregnums. Die Zahl der Imperiumträger vermehrte sich einerseits aufgrund der militärischen Bedürfnisse der Stadt, andererseits durch die Zunahme der nach der Macht strebenden Mitglieder der Oberschicht. Die Erstarkung bzw. Festigung des Patriziats erfolgte, als neue Namen unter den Obermagistraten in den Fasti erscheinen. Zu den *maiores gentes* der Patrizier gehörten jene, deren Ahnen Obermagistrate schon vor 480 waren, zu den *gentes minores* jene, deren Vorfahren vor 433 die Obermagistrate bekleideten.[16]

Die neueste Theorie, die den Ursprung des Patriziats an den Anfang der Republik setzt und auch einen genauen Zeitpunkt für die *serrata* des Patriziats angibt, stammt von dem ausgezeichneten englischen Forscher E. Stuart Staveley.[17] Seine Theorie ist in ihrem Kern eine Weiterbildung der These von De Sanctis, von der er jedoch in zahlreichen wesentlichen Punkten abweicht. Staveley steht jedoch auch den Theorien ablehnend gegenüber, die wie dieser die Herkunft der Patrizier auf den Beginn der Republik zurückführen und annehmen, daß die Keime der Klasse des Patriziats in der Königszeit schon

---

[11] Quarto Contributo . . . 437 ff.; Osservazioni sulla distinzione fra patrizi e plebei, Entretiens XIII, 197 ff.
[12] Entretiens XIII, 204 ff.
[13] Les origines de la plèbe romaine (B.E.F.A.R. 232), Rom 1978, 235 ff.
[14] Auspicia ad patres redeunt. Hommages à J. Bayet (Collection Latomus LXX), Bruxelles–Berchem 1964, 426 ff.; Recherches sur l'imperium. La loi curiate et les auspices d'investiture, Paris 1969.
[15] Recherches sur le Patriciat (509–366 avant J.-C.), Paris 1975.
[16] P. Ch. Ranouil, a. a. O. 61 ff.; R. E. A. Palmer, a. a. O. 197 ff. setzt den Zeitpunkt der Sperrung des Beitritts zum Patriziat vor 367 v. Chr.
[17] The Nature and Aims of the Patriciate, Historia 32, 1983, 24 ff.

bestanden (Momigliano, Richard). Im allgemeinen ist charakteristisch für Staveleys Theorie, daß sie jede Verbindung zwischen den Institutionen des Königtums und der Republik in Abrede stellt und dementsprechend die Entstehung der von den antiken Quellen als uralte Privilegien der Patrizier anerkannten Einrichtungen in die Frühzeit der Republik verlegt.

Staveley akzeptiert die Ansichten von Last[18] und Bernardi[19], nach denen es in der römischen Gesellschaft vor der *serrata*, d. h. der Sperrung des Beitrittes zum Patriziat (485 v. Chr.), keine Klassen gab und so an allen Institutionen des Königtums und der frühesten Republik neben dem Adel auch die Plebejer beteiligt waren. Dementsprechend hält Staveley die im ältesten Abschnitt der Consularfasten vorkommenden Plebejernamen für authentisch und vertritt die Ansicht, daß alle Vorrechte der Patrizier erst nach 485, d. h. seit der *serrata*, entstanden, nachdem der Patriziat als eine geschlossene Kaste die Staatsgewalt erwarb bzw. monopolisierte.[20]

Staveleys Ansicht weicht auch bei der Erklärung des Begriffes 'Patriziertum' von der der antiken Quellen wie auch von der der modernen Forscher ab. Nach seiner Meinung haben die Patrizier mit den *patres* des königlichen Rates nichts zu tun, er weist jedoch auch alle Meinungen zurück, die Patrizier als Abkömmlinge der gewesenen Obermagistrate zu betrachten. Nach Staveley stammen die Patrizier von den *patres familiae* der voretruskischen *gentes* ab, also aus derselben Adelsschicht, die die alte Monarchie der Latiner schuf.

Staveley weist auch die Authentizität der Angaben zurück, nach denen die Vorrechte der Patrizier, vor allem die Berechtigung zur Bekleidung der Würde des *interrex* und der *auctoritas patrum* aus der Königszeit stammen.[21]

Was die *patrum auctoritas* betrifft, kann der Ansicht von Staveley zugestimmt werden, daß dieses Vorrecht der Patrizier erst in der Zeit der Republik und nicht zur Königszeit entstand. Es war nämlich das Ergebnis eines Kompromisses in dem Ständekampf zwischen Patriziern und Plebejern, das darin bestand, daß der Senat sich verpflichtete, die Beschlüsse der Volksversammlung als Gesetze anzuerkennen, wenn auch die patrizischen Mitglieder des Senats ihnen zugestimmt hatten.[22] Beim *interregnum* ist die Situation dagegen nicht so eindeutig. Schon der Name des Begriffes zeigt, daß er aus dem Zeitalter des *regnum* stammt, doch hat Staveley recht damit, daß sich das *interre-*

---

[18] JRS 45, 1945, 30 ff.
[19] Patrizi e plebei nella costituzione della primitiva repubblica romana, Istituto Lombardo di scienze e lettere, Rendiconti, LXXIX, Fasc. l., 1945–46; Dagli ausiliari del «rex» ai magistrati della «respublica», Estratto dall' Athenaeum, N.S. 30, 1952.
[20] Historia 32, 1983, 34 ff.
[21] Vgl. Cic. De domo 38, Ad Brut. 1, 5, 4; Liv. 4, 7, 7; Dion. Hal. 8, 90; Dio Cass. 46, 45.
[22] Vgl. darüber eingehend: E. Ferenczy, From the Patrician State to the Patricio-Plebeian State, Budapest–Amsterdam 1976, 34, bes. 59 ff.

gnum als politische Institution zur Zeit der Republik entwickelte. Wie darauf Magdelain als erster hingewiesen hat, war das Amt des *interrex* zur Königszeit eine Würde religiöser Natur;[23] das *interregnum* bekam erst zur Zeit der Republik politische Füllung, als es eine wichtige politische Institution im Falle eines Hiats der Regierung wurde.[24] Jedoch macht eben der erwähnte uralte Ursprung religiöser Natur des Interregnums wahrscheinlich, daß dieses Amt auch zur Zeit der Republik von Patriziern bekleidet wurde. Zur politischen Bedeutung der *patrum auctoritas* und noch mehr des Interregnums gehört untrennbar die Rechtsfähigkeit zur Ausübung der *auspicia* hinzu. Aus den Quellen geht unzweifelhaft hervor, daß diese Kompetenz – vor der vollkommenen Einschmelzung der plebejischen Nobilität in die herrschende Klasse – allein den patrizischen Magistraten gehörte. Wie Magdelain überzeugend bewies, zeigten und bedeuteten die *auspicia* die Beziehungen der römischen Könige und dann ihrer Rechtsnachfolger, der Obermagistrate, zu Iuppiter, dem Hauptgott der Römer. Ohne die göttlichen Zeichen betreffs der Tätigkeit der Obermagistrate, die durch die *auspicia* erforscht und genehmigt wurden, konnten keine wichtigen kriegerischen oder politischen Aktionen von den Obermagistraten angeregt werden.[25] Wenn wir beachten, daß die Plebs am Anfang der Republik andere Gottheiten als der Patriziat verehrte, wie es anläßlich der Secession sichtbar wurde,[26] erscheint die Annahme Staveleys und seiner Vorgänger unbegründet, die für die Authentizität der plebejischen Consuln in den ältesten Partien der Fasti eingetreten sind. Wie schon gezeigt wurde, kann die Identität der Namen einiger Consuln in der ältesten Phase der Konsularfasten mit plebejischen Familiennamen in der mittleren Republik nicht als Beweis gegen die patrizische Herkunft der ältesten Oberbeamten herangezogen werden.[27]

Trotz der verlockenden und interessanten Gedankenführung von Staveley kann seine Annahme, daß der Patriziat im Jahr 485 die politische Macht mit Verfassungsumwälzung erworben hatte, nicht angenommen werden. Sein Hauptargument, daß die Patrizier, die nach dem Fall des Königtums den

---

[23] Cinq jours épagomènes à Rome?, REL 40, 1962, 201 ff.; Auspicia ad patres redeunt, Hommages à J. Bayet 449 ff.
[24] Vgl. U. v. Lübtow, Die lex curiata de imperio, ZRG 69, 1952, 154 ff.; Das röm. Volk 190; E. Ferenczy, Über das Interregnum, Festgabe U. v. Lübtow, Berlin 1980, 45 ff.
[25] A. Magdelain, Hommages à J. Bayet 449 ff. Vgl. P. Catalano, Contributi allo studio del dir. augurale, Turin 1960, 73 ff.
[26] J.-Cl. Richard, a. a. O. 50 ff.; 123.; M. A. Levi, Il tribunato della plebe, Mailand 1978, 3 ff.
[27] Vgl. L. R. Taylor, The Voting Districts of the Roman Republic, Amer. Acad. in Rome, Papers and Monographs XX, 1960, 35 ff.; A. Alföldi, Ager Romanus antiquus, Hermes 90, 1962, 187 ff.; Das frühe Rom und die Latiner, Darmstadt 1977, 269 ff.

militärischen Oberbefehl (als *praetores*, wie anfänglich die Consuln genannt wurden) innehatten, sich nicht mehr auf den Senat stützen wollten, dessen durch die etruskischen Könige ernannte Mitglieder sie entfernten, sondern auf eine neue politische Körperschaft, die von ihnen geschaffenen *comitia centuriata*, ist eine kühne Hypothese. Dafür existieren einerseits keine Stützen in den Quellen, andererseits steht es im Gegensatz zur allgemeinen politischen Situation dieses Zeitalters. Daß es während des Königtums keinen rechtlichen Unterschied zwischen Patriziern und Plebejern gegeben haben soll, d. h., daß eine Gesellschaft ohne Klassen existierte, ist völlig unwahrscheinlich. Als das Königtum in Rom entstand, war die römische Gesellschaft kein primitives, unorganisiertes Zusammenleben der städtischen Bevölkerung mehr, und was noch wichtiger ist, es bestand kein Königtum in der Weltgeschichte, Rom natürlich eingeschlossen, ohne Existenz des Adels. Auch wenn die Regierung des letzten Tarquinius tatsächlich ein tyrannieähnliches Regime war, das die Adligen verfolgte, geht aus den Quellen eindeutig hervor, daß der römische Adel das Zeitalter der Tyrannei überlebte und nach dem Fall des Königtums die Regierung übernommen hat. Die überragende politische Stellung des Adels in der frühen Republik ergibt sich auch daraus, daß die Mehrheit der am Anfang der Republik organisierten Landtribus ihre Benennung von den vornehmen Adelsgeschlechtern erhielt, weiterhin, daß die Erhebung bzw. die Sonderorganisation der Plebejer zweifellos gegen die harte Regierung des Adels gerichtet war.[28]

Auch die Annahme des englischen Gelehrten, daß die Centuriatcomitien samt der *serrata* durch die die Staatsgewalt ergreifende Adelsschicht organisiert wurden, hat wenig Wahrscheinlichkeit für sich. Wenn die Plebs die Chance besessen hätte, mit den Patriziern an derselben Körperschaft teilzunehmen bzw. ihre Rechte auszuüben, hätte sie die Separation bzw. die politische Abschließung schon vor dem Dezemvirat aufgehoben. Die Tatsache, daß die erste authentische Angabe über den *comitiatus maximus* (= Centuriatcomitien) erst in den 12 Tafeln vorkommt,[29] macht wahrscheinlich, daß dieses wichtige Verfassungsorgan nur durch die Reformtätigkeit der Dezemvirn als Konzession an die Plebs eingerichtet wurde, wie auch der Geist der 12 Tafeln eine Annäherung der herrschenden Klasse an die Plebs zeigt.

Die literarischen Zeugnisse, die das Eheverbot zwischen Patriziern und Plebejern anführen bzw. es den zweiten Dezemvirn zuweisen, verdienen – meiner Meinung nach – geringe Glaubwürdigkeit. Die unhistorischen Elemente in der Darstellung des zweiten Dezemvirats sind so zahlreich, daß die Authentizität dieser Kommission nicht nur durch die Repräsentanten der

---

[28] Vgl. J. Bleicken, Das Volkstribunat der klass. Republik, Zetemata 13, ²1968, 5ff.; A. Guarino, La rivoluzione della plebe, Neapel 1975, passim; M. A. Levi, a. a. O. 3ff.
[29] S. Riccobono, FIRA I, Tab. IX.

rationalistisch-kritischen Richtung der Altertumsforscher,[30] sondern auch durch die zur konservativen Quellenkritik neigenden Historiker bestritten wurde.[31] Die *aequatio iuris* der Stände, die die Kommission der Dezemvirn als Ziel aufstellte, steht in krassem Gegensatz zum Gesetz über das Eheverbot, das die Separation der Patrizier und Plebejer zu verstärken versuchte. Die Anregung zu einem solchen Gesetz durch die zweiten Dezemvirn scheint um so unwahrscheinlicher, als auch Plebejer sich unter den Mitgliedern dieser Kommission befanden. Es spricht mehr für die Vermutung, daß das angebliche Eheverbot als eine Erfindung eines anticlaudischen Annalisten (Fabius Pictor?) in die dezemvirale Tradition eingefügt wurde.

Wie aus den dürftigen Quellen hervorgeht, haben die Ereignisse der 480er Jahre keine bedeutende Wende für das Schicksal der Ausgestaltung der republikanischen Verfassung herbeigeführt. Nicht die angenommene Umgestaltung der Verfassung, die in diesem Zeitraum noch am Anfang ihrer Entwicklung stand, verdiente wahre Beachtung, sondern der harte Wettstreit der Geschlechter, der auch durch die Quellen bestätigt wird. Die sieben nacheinander folgenden Consulate eines einziges Geschlechtes, der Fabier (485–479 v. Chr.),[32] widersprechen geradezu einer Reform, die der Adel zur Stabilisierung seiner Positionen vorgenommen hätte. Die Vorherrschaft eines Geschlechtes zeigt, daß der Kampf um die Staatsführung sich unter den großen Geschlechtern fortsetzte, ein Kampf, der die Lage des von Feinden umgebenen und mit der Plebs hadernden Adelsstaates überaus gefährdete. Eben dieser Kampf an zwei Fronten, den die Rivalität der großen *gentes* erschwerte, zwang den Adel zum Kompromiß mit den Forderungen der Plebs. Der Adel hat endgültig aufgegeben, die Plebs in Abhängigkeit (Klientel?) herabzudrücken, und wenngleich er in der Sphäre der Politik sich seine Überlegenheit bewahrte, gab er auf dem Gebiet des Zivilrechts der Gleichheit der Plebejer seine Zustimmung. Mit den 12 Tafeln wurde der patrizisch-plebejische Staat noch nicht verwirklicht, jedoch seine Grundlage gelegt.[33]

Wie sich aus den vorstehenden Ausführungen ergibt, konnte die neuere Forschung, die den Ursprung des Patriziats zu erklären versuchte, obwohl sie bedeutende Fortschritte auf diesem schwierigen Gebiet machte, eine beruhigende Lösung dieses vieldiskutierten Problems wegen des dürftigen Quellenmaterials nicht vorlegen. Die Tatsache jedoch, daß der Patriziat als Gesellschaftsklasse seine endgültige Ausgestaltung erst zur Zeit der Frührepublik vollzog und die Mehrheit der sogenannten uralten patrizischen Vorrechte aus

---

[30] Vgl. E. Pais, Storia di Roma III, Roma ³1927, 253 ff.; K. J. Beloch, Röm. Geschichte, Berlin–Leipzig 1926, 242 ff.

[31] G. De Sanctis, Storia dei romani II, Florenz ²1960, 42 ff.; H. Bengtson, Grundriß der röm. Geschichte I, München ²1970, 55; M. A. Levi, PP 211, 1983, 241 f.

[32] Fr. Münzer, RE VI, 1873 ff., Röm. Adelsp. u. Adelsf. 53.

[33] Vgl. E. Ferenczy, From the Patrician State … 33 ff.

der Zeit der Republik und nicht aus der des Königtums stammt, haben die neueren Forscher überzeugend bewiesen. Weniger erfolgreich war das Bestreben einiger Forscher, das Bestehen einer Gesellschaft ohne Klassen in der Königszeit und am Anfang der Republik darzustellen, bzw. den Nachweis zu führen, daß vor den 480er Jahren v. Chr. Patrizier und Plebejer als gleichberechtigte Bürger nebeneinander in Rom lebten. Die Vorherrschaft der patrizischen Geschlechter ist in Rom nach dem Sturz des Königtums eine unwiderlegbare historische Tatsache, die nicht nur durch die Zeugnisse der diesbezüglichen Quellen, sondern auch durch die Resultate der vergleichenden Rechtsgeschichte bestätigt wurde. Dieser These gegenüber stützt sich die *serrata*-Theorie auf grundlose Hypothesen, die allein auf unbedeutenden und zweifelhaften Namensähnlichkeiten beruhen, die zwischen patrizischen und plebejischen Familien bestanden.[34]

---

[34] Vgl. E. Ferenczy, Zur Verfassungsgeschichte der Frührepublik, Festschrift Fr. Altheim I, Berlin 1969, 145f.; F. De Martino, Storia della costituzione romana I², 227.

TACITUS ÜBER HERKUNFT UND VERBREITUNG DES NAMENS GERMANEN

Von Dieter Flach

Der 'Namensatz', wie Eduard Norden c. 2,3 der ›Germania‹ des Tacitus „der Kürze halber" nannte,[1] stellt die Forschung bis heute vor Rätsel, obwohl sie sich in zahllosen Aufsätzen und Abhandlungen darum bemühte, seinen Inhalt zu erschließen. In ihrer Ratlosigkeit glaubten viele, dem eindeutigen Befund der Handschriften mißtrauen zu müssen. Statt sich auf die bewährten Grundsätze der Textkritik zu besinnen, tasteten sie den einhellig überlieferten Wortlaut bereitwilliger an als die nachträgliche Satzeinteilung der Herausgeber. Dem Einfallsreichtum scheinen mittlerweile keine Grenzen mehr gesetzt zu sein. In den letzten Jahrzehnten schossen Konjizierfreude, Streichwut und Wortmagie dermaßen ins Kraut, daß selbst die gesichertsten Erkenntnisse verschüttet zu werden drohen. Wie die älteren Anläufe, so mußten auch die jüngeren Vorstöße schon deswegen scheitern, weil verkannt blieb, daß die gängige Zeichensetzung den Zugang zum Verständnis des sogenannten Namensatzes von vornherein verbaut.

Über Herkunft und Verbreitung des Namens 'Germanen' äußert sich Tacitus in dem Zusammenhang, daß er zu den beiden Streitfragen Stellung nimmt, ob die Germanen Ureinwohner oder Einwanderer waren und ob sie sich mit fremden Stämmen vermischt oder ihre Eigenart unverfälscht bewahrt hatten.[2] Nach der geläufigeren Ansicht, der er selbst zugeneigt zu haben scheint, leitete sich ihr Name von Mannus, dem Sohn des „erdentsprossenen" Gottes Tuisto, her; Mannus wiederum, dem „Urvater und Gründer ihres Volkes", wiesen sie, die Verfechter dieser Ansicht, „drei Söhne zu, nach deren Namen die Stämme an der Nordseeküste Ingaevonen, die in der Mitte Herminonen und die übrigen Istaevonen" geheißen haben sollen.[3] Manche, vielleicht sogar nur ein Gewährsmann, wenngleich Tacitus auf „einige" verweist,[4] widersprachen ihnen jedoch: *quidam, ut in licentia vetustatis, pluris*

---

[1] E. Norden, Die germanische Urgeschichte in Tacitus' Germania, Darmstadt ⁴1959, 312.

[2] Tacitus, Germ. 2, 1; 4.

[3] Tacitus, Germ. 2, 2.

[4] Zu dieser sattsam bekannten Zitierweise vgl. D. Flach, Die Überlieferungslage zur Geschichte des Vierkaiserjahres, AncSoc 4, 1973, 169 ff.

deo ortos plurisque gentis appellationes 'Marsos', 'Gambrivios', 'Suebos', 'Vandilios' affirmant, eaque vera et antiqua nomina. Diese Minderheit behauptete, von weiteren gottgeborenen Söhnen zu wissen, nach denen sich als weitere Völkerschaften oder Stammesgruppen die Marser, Gambrivier, Sueben und Vandilier benannt hätten, „und dies seien echte, alte Namen". Ihre Gegenmeinung verwirft Tacitus nicht geradezu, wenn er sie mit dem Hinweis einführt, solche Abweichungen seien „bei dem Spielraum, den die Vorzeit läßt", nur natürlich. Doch stellt er damit hinlänglich klar, daß er sich für ihre Richtigkeit nicht verbürgen möchte. Zu Meinungsverschiedenheiten über so weit zurückliegende Anfänge nahm der antike Geschichtsschreiber am liebsten gar nicht oder nur vorsichtig Stellung.[5] „Wenn nun allerdings Sagengut dazwischengeraten ist", meint Lukian[6] in seiner Anleitung ›Wie man ein Geschichtswerk verfassen soll‹, „soll man es anführen, nicht aber vollauf bestätigen, sondern die Entscheidung in der Schwebe lassen, daß die Leser darüber urteilen können, wie sie wollen. Du aber setze dich keiner Gefahr aus und sieh zu, daß sich die Waagschale nicht zu sehr nach einer von beiden Richtungen neigt!"

Der oder die Vorläufer, die versichert hatten, noch weitere Völkerschaften bzw. Stammesgruppen hätten ihre Herkunft auf gottgeborene Söhne zurückgeführt, bestritten damit zugleich, daß der Name des Gesamtvolkes auf Tuistos Sohn Mannus zurückgehe[7]: *ceterum Germaniae vocabulum recens et nuper additum, quoniam qui primi Rhenum transgressi Gallos expulerint, ac nunc Tungri, tunc Germani vocati sint.* „Davon abgesehen", so gibt jedenfalls Tacitus ihren Standpunkt zu dieser Frage wieder, „sei die Bezeichnung 'Germanien' jung" und dem Land erst „unlängst beigelegt"[8] worden. Als Begründung fand er angeführt, „die Männer, die als erste den Rhein überschritten und Gallier vertrieben hätten, hätten – wie jetzt Tungrer – damals Germanen geheißen" oder besser: „habe man – wie jetzt Tungrer – damals Germanen genannt". Denn nach den vorangehenden Darlegungen müßten sie selbst sich noch – je nachdem, wo sie ursprünglich gesessen hatten – nach ihrem Stammvater Ingaevonen, Hermi(n)onen oder Istaevonen genannt haben, als sie über den Rhein setzten. Hätten sie schon zu diesem Zeitpunkt Germanen gehei-

---

[5] Vgl. Livius, praef. 6: „Was sich begeben haben soll, bevor Rom gegründet bzw. zu gründen war – Überlieferungen, die dichterischen Erzählungen besser zu Gesicht stehen als unverfälschten Aufzeichnungen der Geschehnisse –, dies beabsichtige ich weder zu bestätigen noch zurückzuweisen."

[6] Lukian, De hist. conscr. 60.

[7] Tacitus, Germ. 2, 3.

[8] Zu diesem Gebrauch des Wortes *addere* vgl. Vergil, Aen. 1, 267f. *(at puer Ascanius, cui nunc cognomen Iulo additur)*, Varro, De ling. Lat. 7, 82 *(ille ait ideo nomen additum Andromach<a>e, quod* ἀνδρὶ μάχεται*)* und Tacitus, Hist. 1, 62, 2 *(nomine Germanici Vitellio statim addito Caesarem se appellari etiam victor prohibuit).*

ßen, diesen Namen also über den Rhein mitgebracht, konnte davon schlecht hergeleitet werden, daß die Bezeichnung 'Germanien' jung sei.[9]

Die Behauptung, sie sei dem Land erst „kürzlich beigelegt" worden, stützte sich freilich nicht allein auf die Begründung, daß die Gallier zunächst nur die ersten Eindringlinge Germanen genannt hätten. Der Nachsatz *quoniam qui primi Rhenum transgressi Gallos expulerint, ac nunc Tungri, tunc Germani vocati sint* eröffnete nur den Beweisgang. Abgeschlossen wird er mit der Feststellung, bald hätten alle sich auch selbst als Germanen bezeichnet. Denn bevor sich die Bezeichnung für das Land einbürgern konnte, mußte sich, sofern die Minderheitsmeinung zutraf, der Stammesname *Germani* zum Volksnamen fortentwickelt haben. Wie lange sie erst in Gebrauch war, kann nur vom Ende dieses Prozesses an gerechnet sein. Sonst hätte Tacitus tatsächlich, wie viele meinen,[10] nur davon sprechen dürfen, daß sie 'verhältnismäßig jung', nicht aber, daß sie „jung" gewesen sein soll. Nachzuvollziehen ist seine Gedankenführung mithin durchaus, wenn sie auch nicht gerade geschlossen wirkt. Gustav Leue, Wilhelm Reeb und jüngst wieder Egil Kraggerud versuchten vergebens, sie mit dem Eingriff zu glätten, daß sie den Begründungssatz *quoniam ... tunc Germani vocati sint* zu dem nachfolgenden *ita nationis nomen ... evaluisse paulatim ut omnes ... Germani vocarentur* hinüberzogen.[11] Ihre Zeichensetzung zerstört den Beweisgang, den Tacitus knapp skizzierte. „Weil die ersten siegreichen Eindringlinge *Germani* hießen bzw. genannt wurden", mußte sich die Bezeichnung *Germani* keineswegs vom Stammes- zum Volksnamen fortentwickeln.[12]

Zu ändern ist die gängige Zeichensetzung allerdings, aber nicht schon vor, sondern erst in dem *quoniam*-Satz. Noch immer verkennen die Herausgeber, daß er seinerseits mit z w e i Nebensätzen, dem Relativsatz *qui primi Rhenum transgressi Gallos expulerint* und dem verkürzten Vergleichssatz *ac nunc*

---

[9] Dies zu Norden, Die germanische Urgeschichte[4] 389 ff.; R. Much, Der Namenssatz der Germania, Anzeiger der Akademie der Wissenschaften in Wien, Phil.-hist. Klasse 65, 1928, 281 ff.; H. Drexler, Bericht über Tacitus für die Jahre 1913–1927, Bursians Jahresbericht 224, 1929, 325; J. Perret, Tacite. La Germanie, Paris 1949 (ND 1967), 101 f.; W. Steinhauser, Der Namenssatz im Cap. 2 der Germania des Tacitus samt einer Kritik der wichtigsten neueren Ansichten über den Germanennamen, Rheinische Vierteljahrsblätter 20, 1955, 15, und W. Theiler, Drei Vorschläge zum Namenssatz der taciteischen Germania, MH 28, 1971, 118.

[10] So zuletzt noch A. A. Lund, Neue Studien zum Verständnis der Namenssätze in der Germania des Tacitus (2, 2 und 2, 3), Gymnasium 89, 1982, 308.

[11] G. Leue, Die neun Rätsel der berühmtesten Germaniastelle, Gotha 1928, 12; W. Reeb–H. Klenk, Tacitus' Germania (mit Beiträgen von A. Dopsch, H. Reis und K. Schumacher), Leipzig–Berlin 1930, 19, und E. Kraggerud, Der Namenssatz der taciteischen Germania. Eine philologische Analyse, Det Norske Videnskaps-Akademi, II. Hist.-Fil. Klasse Skrifter, N.S. 16, Oslo 1981, 9 ff.

[12] So jedoch Kraggerud, Der Namenssatz 11.

Tungri sc. *vocentur*, verschachtelt ist. Wie Tacitus die Minderheitsmeinung begründet fand, gibt man nur richtig wieder, wenn man den Halbsatz *ac nunc Tungri* mit „wie jetzt Tungrer" übersetzt. So stört die Einsparung des Prädikats nicht im geringsten, ja, scheint sie aus stilistischen Gründen ebenso geboten wie in dem Satzgefüge *ut olim virtutis modestiaeque, tunc procacitatis et petulantiae certamen erat*.[13] Damit erledigt es sich von selbst, den verkürzten Vergleichssatz *ac nunc Tungri* zu streichen[14] oder seine stillschweigend zu ergänzende Satzaussage nachzutragen.[15] Auf so abwegige Vorschläge konnten Alfred Gudeman, Egil Kraggerud und Josef Delz nur verfallen, weil sie verkannten, daß *ac* hier für *ut* steht. Soweit sich *atque* und *ac* nicht mit Wörtern wie *aeque, idem, par, pariter* oder *perinde* verbinden, kommen sie in der Bedeutung von 'wie' zwar seltener vor als in der von 'und'. Eindeutig belegen läßt sich jedoch auch dieser Sprachgebrauch. Bei Terenz, Andria 841, liest man: *nescio qui <i>d tibi sum oblitus hodie, a c volui, dicere* („Ich weiß nicht, weshalb ich dies dir heute, wie ich wollte, zu sagen vergaß"); von dem Juristen Paulus findet man in den Digesten 5,4,5 die Rechtsauskunft angeführt: *habebit haesitationem, numquid adire non possit, atque qui in testamento portionem suam nescit* („Er wird Bedenken tragen, ob er eine Erbschaft nicht antreten kann wie der, der im Testament seinen Anteil nicht kennt"). Darüber sahen jene Herausgeber hinweg, die das zuverlässig überlieferte *ac* opferten, um nach dem alten Berichtigungsversuch im Codex Leidensis Perizonianus *ut* an seine Stelle zu setzen.[16] Der Lösung kamen sie aber immerhin näher als die Herausgeber, Übersetzer und Erklärer, die den Vergleichssatz *ac nunc Tungri* sc. *vocentur* dem Relativsatz *qui primi Rhenum transgressi Gallos expulerint* zuschlugen, als sei *ac* reihend gebraucht.

Nicht nach einem gemeinsamen Urvater, sondern nach einem Stamm, so hatten die Verfechter der Gegenmeinung behauptet, benannten sich die Ger-

---

[13] Tacitus, Hist. 3, 11, 2.
[14] So jedoch A. Gudeman, P. Cornelii Taciti de Germania, Berlin 1916, 58, und wieder Kraggerud, Der Namensatz 13 ff., sowie A. A. Lund, Besprechung zu der Germaniaausgabe von A. Önnerfors, Gymnasium 91, 1984, 364.
[15] Dies zu J. Delz, Der „Namensatz" und weitere korrupte Stellen in den kleinen Schriften des Tacitus, MH 27, 1970, 225 f. Verfehlt auch Lund, Gymnasium 89, 1982, 321; seinem Einwand, auf die Tungrer könne kein Vergleichssatz hingewiesen haben, weil *sic* fehle, entzieht die Historienstelle 3, 11, 2 den Boden.
[16] So G. A. Ruperti, C. Cornelii Taciti opera, Bd. 4 (Opera minora), Hannover 1832, p. 13; L. Troß, C. Cornelii Taciti de origine, situ, moribus ac populis Germanorum libellus, Hamburg 1841, p. 3; M. Weishaupt, C. Cornelius Tacitus de Germania, Solothurn 1844, p. 3; F. Ritter, Cornelii Taciti opera, Bd. 4, Cambridge–London 1848, p. 7; K. Halm, C. Cornelii Taciti opera quae supersunt, Bd. 2, Leipzig 1851, p. 192; F. Haase, Cornelii Taciti opera, Bd. 2, Leipzig 1855, p. 196, und K. Nipperdey, Cornelius Tacitus, Bd. 4 (Agricola. Germania. Dialogus de oratoribus), Berlin 1876, p. 26.

manen. Wollte Tacitus den Kern der Auffassung freilegen, die sie vertreten hatten, mußte er diesen Unterschied so scharf herausarbeiten, wie er ihn mit dem nächsten Satz hervorkehrt: *ita nationis nomen, non gentis, evaluisse paulatim, ut omnes primum a victore, ob metum mox et a se ipsis invento nomine Germani vocarentur.* „In der Weise", fährt er somit folgerichtig fort, „habe sich der Name eines Stammes, nicht eines Volkes, allmählich durchgesetzt, daß alle zunächst nach dem Sieger benannt worden seien" und „bald darauf auch sich selbst, nachdem sie zu ihrem Namen gekommen seien, als Germanen bezeichnet hätten." Als Ableitungen der Stammwörter *nasci* und *gignere* von Haus aus sinnverwandt, überlappten sich die Begriffe *natio* und *gens* in der Bandbreite von 'Stamm' und 'Volk' an sich durchaus; wollte Tacitus den ersten Begriff auf die Bedeutung von 'Stamm' einengen, mußte er ihn dem zweiten so gegenüberstellen, daß seine Wortwahl jedes Mißverständnis ausschloß. Gleichwohl wußten Heinrich de Marées, Franz Ritter und jüngst wieder Egil Kraggerud mit seinem klärenden Zusatz *non gentis* so wenig anzufangen, daß sie ihn kurzerhand tilgten.[17] Ihr Eingriff verbietet sich ebenso wie der, den verkürzten Vergleichssatz *ac nunc Tungri* zu streichen.

Mit *ita* setzt Tacitus den Begründungszusammenhang zweifellos fort, jedoch nicht so, wie Eduard Norden es sich vorstellte.[18] Von einem doppelten Bezug, daß *ita* einerseits noch auf den vorausgehenden Begründungssatz zurückweist, andererseits aber schon auf das folgende *evaluisse* hinzielt, kann keine Rede sein. Den Wortinhalt von „unter solchen Umständen" oder „in Verfolg dieses Vorgangs" schließt *ita* sowenig ein, wie es den Grad bezeichnet, in dem der Name *Germani* erstarkt sein soll. Tacitus betont nicht, wie sehr sich dieser Name ausbreitete, sondern schildert, in welcher Weise er sich allmählich einbürgerte oder durchsetzte.[19] Das Wort *evalescere* verwendet er hier in dem gleichen Sinne wie Quintilian, Inst. or. 1, 5, 57 (*plurima Gallica – sc. verba – evaluerunt ut 'raeda' ac 'petorritum', quorum altero tamen Cicero, altero Horatius utitur*), 8, 6, 32 (*...atque 'laureati postes' pro illo 'lauru coronati' ex eadem fictione sunt, sed hoc feliciter evaluit*) und 9, 3, 13 (*...iam evaluit 'rebus agentibus'*).[20] Mit *ita* leitet er also dazu über, die Art und Weise zu erläutern, wie sich der Name *Germani* in zwei Schritten – zunächst

---

[17] H. de Marées, Noch einige Worte über Tacit. German. 2.7, Neue kritische Bibliothek für das Schul- und Unterrichtswesen 4, 1822, Bd. 1, 185; F. Ritter, P. Cornelii Taciti opera, Leipzig 1864, p. 629; Kraggerud, Der Namensatz 19 ff., 41 ff.
[18] Norden, Die germanische Urgeschichte[4] 314 Anm. 1; verfehlt auch F. Knoke, Die Herkunft des Namens Germanen, Mannus 17, 1925, 337.
[19] Klargestellt von H. Heubner, Neues zum 'Namenssatz' des Tacitus (Germ. 2, 2), Gymnasium 69, 1962, 428, gegenüber W. Hartke, Der retrospektive Stil des Tacitus als dialektisches Ausdrucksmittel, Klio 37, 1959, 191 ff.
[20] Bekräftigt von H. Koch, Zum Verständnis des 'Namenssatzes' in Tacitus' Germania, Gymnasium 82, 1975, 438 f.

durch Fremdbenennung, dann durch Selbstbenennung – vom Stammesnamen zum Volksnamen entwickelt haben soll.

Wie die beiden Satzglieder *a victore* und *a se ipsis* zu verstehen sind, erfaßte Eduard Norden demgegenüber genau. Mit Recht trat er für die Auffassung ein, daß *a se ipsis* zwar mit „von ihnen selbst", *a victore* jedoch mit „nach dem Sieger" zu übersetzen sei. Neidlos erkannte er an, daß der Holländer Marcus Zuerius Boxhorn das Ergebnis seiner eigenen Bemühungen bereits 1643 vorweggenommen und neun weitere Gelehrte ungefähr den gleichen Standpunkt wie er selbst vertreten hatten.[21] Sein Verdienst, die zeitweilig verschütteten Erkenntnisse seiner Vorläufer wieder hervorgeholt und abgesichert zu haben, wurde davon nicht geschmälert. Mit schlagenden Belegen wies er nach, daß die lateinische Präposition *a* oder *ab* selbst in einem und demselben Satz von dem Wortinhalt des kausativen ὑπό zu dem des derivativen ἀπό überwechseln kann, wenn sie sich mit *vocare, nominare, appellare* oder anderen Ausdrücken desselben Wortfeldes verbindet.[22] „Nach sich selbst" kann die Gesamtheit ebensowenig benannt worden sein wie „von dem Sieger".[23] Otto Hirschfeld, Rudolf Henning, Friedrich Knoke, Per Persson, Ludwig Schmidt, Ernst Kalinka, Friedrich Focke, Bengt Melin, James J. Tierney, Wolf Steidle, Johanna Schmidt, Josef Delz, Konrad Kraft, Tuomo Pekkanen und Allan A. Lund bestritten grundlos, daß Tacitus von der Möglichkeit des zeugmatischen Bedeutungswechsels Gebrauch machte.[24] Bei formalem Gleichlauf die

---

[21] Norden, Die germanische Urgeschichte⁴ 349f.

[22] Norden, Die germanische Urgeschichte⁴ 343f., mit Berufung auf so beweiskräftige Stellen wie Varro, De ling. Lat. 6, 58; Festus, s.v. *Roma*, p. 329 (Lindsay); Frontin, De limit., Schriften der römischen Feldmesser, Bd. 1, p. 29f. (= Thulin, Corpus agrimensorum Romanorum, Bd. I 1, p. 13), und Plinius, Nat. hist. 3, 86; 3, 120; 4, 97; 4, 120; 5, 22. Weiterführend H. Schmeja, Der Mythos von den Alpengermanen, Wien 1968, 71 ff., und H. Koch, *a victore* (Tac. Germ. 2, 3), Gymnasium 79, 1972, 32 ff.

[23] So jedoch Leue, Die neun Rätsel der berühmtesten Germaniastelle 9f.; B. Melin, Zum Namensatz der Germania, Eranos 61, 1963, 158f., und T. Pekkanen, Tac. Germ. 2, 3 and the name *Germani*, Arctos N.S. 7, 1972, 114ff., obwohl Norden, Die germanische Urgeschichte⁴ 337ff., schlüssig nachgewiesen hatte, daß *a se ipsis* der griechischen Herkunftsangabe ὑφ' ἑαυτῶν nachgebildet ist. Pekkanen widerlegte zwar Melin, verkannte aber seinerseits, daß *a se ipsis* nicht soviel wie "after their physical characteristics" heißen kann.

[24] O. Hirschfeld, Der Name Germani bei Tacitus und sein Aufkommen bei den Römern, Festschrift für H. Kiepert, Berlin 1898, 263 (= Kleine Schriften, Berlin 1913, 355f.); R. Henning, Besprechung zu Norden, Die germanische Urgeschichte, Anzeiger für deutsches Altertum und deutsche Litteratur 41, 1922, 6f.; Knoke, Mannus 17, 1925, 337ff.; P. Persson, Kritisch-exegetische Bemerkungen zu den kleinen Schriften des Tacitus, Uppsala–Leipzig 1927, 88; L. Schmidt, *Germaniae vocabulum* – Germanische Agrarverfassung, Philologische Wochenschrift 47, 1927, 61; E. Kalinka, Der Namensatz der Germania, Anzeiger der Akademie der Wissenschaften in Wien, Phil.-

Blickrichtung zu verschieben vertrug sich durchaus mit seinem Stilgeschmack.[25] Wenngleich er die Präposition *a(b)* zunächst derivativ, dann kausativ verwandte, brauchten römische Ohren den Parallelismus nicht einmal als vorgetäuscht zu empfinden. Nach lateinischem Sprachempfinden gab sie beidemal den Ausgangspunkt an, ging die zunehmende Verbreitung des Namens *Germani* vom Sieger, wenn auch ohne sein Zutun, aus, ehe er selbst und die übrigen Stämme ihn ihrerseits aufgriffen.

„Nach dem Sieger" heißt soviel wie 'nach dem siegreichen Stamm, der als erster den Rhein überschritt und die dort ansässigen Gallier vertrieb'.[26] Die Einzahl stört hier sowenig wie in der aus anderen Gründen gleichermaßen mißdeuteten Aussage[27]: „Wo mit der Faust gehandelt wird, fallen 'Selbstbescheidung' und 'Redlichkeit' unter den Rechtstitel des Überlegenen" – *ubi manu agitur, 'modestia' ac 'probitas' nomine superioris sunt*.[28] Unter dem Überlegenen, dem *superior,* verstand Tacitus dabei nicht nur den einzelnen, sondern einen ganzen Stamm. Nur ein überlegener Stamm konnte es sich nach seiner Erfahrung erlauben, sich gegenüber seinen Nachbarn maßvoll und redlich zu verhalten. Zum Beweis führte er den der Chauken an: „Frei von Besitzgier, frei von Herrschsucht, friedlich und abgeschieden, fordern sie keine Kriege heraus, verheeren sie nicht auf Raub- oder Beutezügen fremden Boden. Dies vornehmlich ist der Beweis ihrer Kriegstüchtigkeit und

hist. Klasse 65, 1928, 23 f.; F. Focke, Der Namensatz, in: Satura. Festschrift für O. Weinreich, Baden-Baden 1952, 31 ff.; Melin, Eranos 61, 1963, 156 f.; J. J. Tierney, A victore ob metum, RhM 107, 1964, 377; W. Steidle, Tacitusprobleme, MH 22, 1965, 85 Anm. 27; J. Schmidt, Der Namensatz in Tacitus' Germania. Lösung einer ethnisch-philologischen Kontroverse, Onoma 14, 1969, 150; Delz, MH 27, 1970, 227 f.; K. Kraft, Zur Entstehung des Namens 'Germania', Sitzungsberichte der Wiss. Ges. a. d. Johann Wolfgang Goethe-Universität Frankfurt a. M., Bd. 9, 1970, 48 (= Gesammelte Aufsätze zur antiken Geschichte und Militärgeschichte. Kleine Schriften, Bd. 1, Darmstadt 1973, 117); Pekkanen, Arctos N.S. 7, 1972, 113 ff.; A. A. Lund, De Germaniae vocabulo (Taciti Germaniae 2, 5), Glotta 55, 1977, 98 ff.
[25] Näher ausgeführt von Schmeja, Der Mythos von den Alpengermanen 73 ff., und Koch, Gymnasium 79, 1972, 34 ff.
[26] Darüber am ausführlichsten und einleuchtendsten Koch, Gymnasium 79, 1972, 40 ff.
[27] Mißverstanden schon von K. Büchner, Tacitus. Die historischen Versuche, Stuttgart ²1963, 307 ff., und: *Nomine superioris,* in: Tacitus und Ausklang. Studien zur römischen Literatur, Bd. 4, Wiesbaden 1964, 68 ff., vollends aber von K. Wellesley, Besprechung zu Büchner, Tacitus und Ausklang, Gnomon 37, 1965, 702, und: Tacitus, *Germania* 36.1, CQ N.S. 20, 1970, 371; Delz, MH 27, 1970, 232 f., und H. Heubner, Tacitus über die Katastrophe der Cherusker, RhM 117, 1974, 318 ff.
[28] Tacitus, Germ. 36, 1; zur Übersetzung von *nomine* vgl. Tacitus, Ann. 1, 1, 1 (... *cuncta discordiis civilibus fessa nomine principis sub imperium accepit* sc. Augustus) und Julian, Dig. 18, 4, 18 (... *pecuniam hereditario nomine datam eo manifestius est*).

Stärke, daß sie es nicht durch Übergriffe erreichen, die Rolle der Überlegenen spielen zu können."[29]

Leitete sich auch der Name *Germani* von dem Sieger, dem siegreichen Stamm der jetzigen Tungrer, her, so hatte er ihn sich doch erst beigelegt, nachdem die Besiegten, die vertriebenen Gallier, ihn eingeführt hatten, um ihre Bezwinger zu benennen. Daß alle 'von dem Sieger' als Germanen bezeichnet worden seien, kann Tacitus schon deswegen nicht gemeint haben, weil er mit *omnes* sämtliche Germanen erfaßte. Da er auch die ersten Eindringlinge der Gesamtheit, dem Volk der Germanen, zurechnete, hätte er sonst lediglich davon sprechen dürfen, daß der Sieger alle ü b r i g e n genauso benannt habe, müßte er also unter *omnes* zunächst alle anderen und dann erst wirklich alle verstanden haben.[30] Ja, selbst in dem unwahrscheinlichen Fall, daß er sich so ungeschickt ausgedrückt hätte, fragte es sich noch immer, weshalb ein Stamm, der sich doch am ehesten, jedenfalls eher als Gallier oder Römer, seiner Eigenart bewußt gewesen sein wird, seinen Namen auf andere Stämme übertragen haben sollte.

Soweit bestätigt die Prüfung der Wortwahl, daß Eduard Norden die Auskünfte zur Ausbreitung des Namens *Germani* richtig entschlüsselte. Geirrt hat er sich nur in einem, allerdings wichtigen Punkt, der Zuordnung des Satzglieds *ob metum*. Wie alle Herausgeber, Übersetzer und Erklärer übersah er, daß es den Beweggrund für die Selbstbenennung der Germanen angibt. Obwohl er einräumte, aus dem einschlägigen Schrifttum kein einziges Vergleichsbeispiel dafür zu kennen, daß ein fremdes Volk „aus Furcht" einen Stammesnamen zu einem Volksnamen erweitert haben soll,[31] zog er diese Angabe nach der ebenso zählebigen wie sinnwidrigen Zeichensetzung sämtlicher Ausgaben zu *a victore* hinüber. Aus gutem Grund wandte er sich zwar gegen Mutmaßungen, nach denen der Bezeichnung *Germani* „von Anfang an etwas Schreckhaftes angehaftet habe". Doch rang auch er vergeblich mit der Schwierigkeit, wie er den Durchbruch vom Stammes- zum Volksnamen mit der Angst der Besiegten erklären sollte. Belegen konnte er nur, daß vergleichbare Sprachvorgänge auf das Ansehen, den Ruhm, die Kriegstüchtigkeit oder die Machtfülle des Stammes zurückgeführt wurden, dessen Name sich über die Grenzen seines Siedlungsraums hinaus ausbreitete.[32] Sobald er aber zu

---

[29] Tacitus, Germ. 35, 2: *sine cupiditate, sine impotentia, quieti secretique, nulla provocant bella, nullis raptibus aut latrociniis populantur. id praecipuum virtutis ac virium argumentum est, quod, ut superiores agant, non per iniurias assequuntur.*

[30] Gesehen von Much, Anzeiger der Akademie der Wissenschaften in Wien, Phil.-hist. Klasse 65, 1928, 294; wiederaufgegriffen von R. Much–W. Lange–H. Jankuhn, Die Germania des Tacitus, Heidelberg ³1967, 67, und Kraft, Kleine Schriften, Bd. 1, 128 Anm. 1.

[31] Norden, Die germanische Urgeschichte⁴ 415.

[32] Norden, Die germanische Urgeschichte⁴ 415 f.

enträtseln suchte, welche Rolle die Angst der Besiegten gespielt haben könnte, geriet er in Nöte. „Mag nun aber auch", gestand er sich widerstrebend ein, „der Motivierung eine richtige Beobachtung zugrunde liegen: ihr Erfinder ist in seinem Bestreben psychologischer Begründung hier doch über die Grenze des tatsächlich Erkennbaren etwas hinausgegangen. Eine primäre oder gar einzige Bedeutung kommt dem 'Furcht'-Motive schwerlich zu: die Machtfülle des fremden Nachbarstammes bot genügend Anlaß, seinen Namen auf das Volksganze, dem er angehörte, auszudehnen." „Vielleicht", schloß er, werde es sich empfehlen, „die psychologische Begründung 'aus Furcht' in eine allgemeinere 'infolge der Machtausdehnung' aufgehen zu lassen, die wir auf Grund zahlreicher Beispiele als einen 'onomatologischen Völkergedanken' glaubten bezeichnen zu dürfen."[33]

Mit einer so verworrenen Auskunft, die sein eigenes Unbehagen dermaßen deutlich ausdrückte, durfte Eduard Norden das letzte Wort nicht behalten. Doch halfen die nachfolgenden Bemühungen ebensowenig aus der Verlegenheit heraus, daß die Begründung *ob metum* nicht zu passen schien. Statt die Zeichensetzung zu prüfen, zogen viele es vor, gegen den eindeutigen Befund der Handschriften anzukämpfen. James J. Tierney und Josef Delz vermuteten einen Wortausfall,[34] Ernst Bickel, Hans Haas, Giovanni Forni und Erich Koestermann eine nicht mehr heilbare Textverderbnis,[35] Willy Theiler eine Wortverstellung.[36] Johanna Schmidt, Rudolf Meißner, Konrad Kraft und Allan A. Lund verwandelten das einhellig bezeugte *victore* in *victo re*,[37] *viciniore*,[38] *pictore*[39] bzw. *auctore*,[40] nachdem Marc Antoine Muret *victis*,[41]

---

[33] Norden, Die germanische Urgeschichte⁴ 421 f.

[34] Tierney, RhM 107, 1964, 378, und Delz, MH 27, 1970, 229 f. Während Delz vorschlug, *victis e* zwischen *a* und *victore* einzuschieben, meinte Tierney, *a victis victoris* lesen zu müssen.

[35] E. Bickel, Die Glaubwürdigkeit des Tacitus und seine Nachrichten über den Nerthuskult und den Germannamen, BJ 139, 1934, 17 f.; H. Haas, Cornelius Tacitus, Germania, Heidelberg 1952, p. 29; G. Forni–F. Galli, Taciti de origine et situ Germanorum, Rom 1964 (ND 1984), 65, und E. Koestermann in seiner Teubnerausgabe der kleinen Schriften, Leipzig ³1970, p. 7.

[36] Theiler, MH 28, 1971, 121 (mit dem Verbesserungsvorschlag, *ut omnes a victore primum ob metum* zu lesen).

[37] J. Schmidt, Der Namensatz in Tacitus' Germania, Beiträge zur Namenforschung 5, 1954, 269 ff., und: Onoma 14, 1969, 149 ff.

[38] R. Meißner, *A victore ob metum*. Zum Namensatz der *Germania* des Tacitus, RhM 88, 1939, 379 ff.

[39] Kraft, Kleine Schriften, Bd. 1, 96 ff., bes. 125 ff.

[40] A. A. Lund, *Germaniae vocabulum*, Museum Tusculanum 28–29, 1976, 79 f.; ders., Glotta 55, 1977, 93 ff., bes. 109 ff., und: Gymnasium 89, 1982, 316 ff., 322.

[41] M. A. Muret, nach J(akob) Gronov, C. Cornelii Taciti opera quae exstant, Utrecht 1721, p. 375, und Ruperti, Taciti opera, Bd. 4, p. 25.

Johann Friedrich Gronov *victrice*,[42] August Ferdinand Lindau *vicino ore*,[43] Johann Gottlieb Huschke *fictore*,[44] Jacob Grimm – nach Gottfried Wilhelm Leibniz – *victo*[45] und Otto Hirschfeld *victo reor*[46] als Verbesserungen vorgeschlagen hatten. Die jüngere Forschung trat dabei verschiedentlich nur in die Fußstapfen der älteren. Die Vermutung, zwischen *a* und *victore* sei *victis e* ausgefallen, äußerte Josef Delz, ohne zu wissen, daß Peter Voss sie längst vorweggenommen hatte.[47] Den Gedanken, *victis* sei zu *victore* verschrieben, griff Egil Kraggerud wieder auf,[48] obwohl schon Philipp Clüver, Justus Christoph Dithmar, Johann Karl Weikert, Karl Hermann Weise und Gustav Stümpel damit nicht durchgedrungen waren.[49] Den Einfall, *victore* in *victo re* zu zerlegen, hatten schon Ernst Anton Ludwig Möbius und Georg Heinrich Walther,[50] nicht erst Johanna Schmidt. Zu greifbaren Fortschritten verhelfen diese Vorstöße sowenig wie die übrigen Anläufe aus neuerer Zeit. Mit der Notwendigkeit von Texteingriffen zu rechnen führt im Gegenteil vollends vom richtigen Zugang ab. Verstehen kann man die Angabe *ob metum* erst, wenn man das entscheidende Deutungshindernis beseitigt. Beseitigt ist es, wenn man den Beistrich, der sie gewaltsam von der zweiten Hälfte des Folge-

---

[42] J. F. Gronov, C. Cornelii Taciti opera quae exstant, Bd. 2, Amsterdam 1685, p. 583, und bei J(akob) Gronov, Taciti opera, p. 376.

[43] A. F. Lindau (= Alf.), Besprechung zu F. Passows Neuauflage der Bredowschen Germaniaausgabe (Breslau ²1817), Jenaische Allgemeine Literatur-Zeitung 15, 1818, Bd. 4, 267.

[44] J. G. Huschke, Über eine Stelle des Tacitus in der Schrift Germania c. 2, Kritische Bibliothek für das Schul- und Unterrichtswesen 3, 1821, Bd. 1, 409 ff.; widerlegt von F. Passow, Über eine Stelle in Tacitus Germ. c. 2, Neue kritische Bibliothek 4, 1822, Bd. 1, 178 ff.

[45] J. Grimm, Geschichte der deutschen Sprache, Leipzig ⁴1880 (ND Hildesheim–New York 1970), 786 (545 f.). Zuvor schon erwogen von G. W. Leibniz, Scriptores rerum Brunsvicensium, Bd. 1, Hannover 1707, p. 9 Anm. f; gebilligt von K. Trüdinger, Studien zur griechisch-römischen Ethnographie, Basel 1918, 154 Anm. 2.

[46] Hirschfeld, Kleine Schriften 357 f.

[47] P. Voss, Kritiske Bemerkninger til Tacitus, Tidskrift for Philologi og Paedagogik 7, 1866/67, 103 ff., bes. 107 f.

[48] Kraggerud, Der Namensatz 33 ff., 41.

[49] Ph. Clüver, Germania antiqua, Bd. 1, Leiden 1616, 87; J. Chr. Dithmar, C. Cornelii Taciti de situ, moribus & populis Germaniae libellus, Frankfurt a. d. Oder 1725, p. 17 f.; J. K. Weikert, C. Cornelii Taciti opera, Bd. 1, Leipzig 1813, p. 5; K. H. Weise, C. Cornelii Taciti opera quoad extant, Bd. 2, Leipzig 1846, p. 247; G. Stümpel, Name und Nationalität der Germanen, Klio Beiheft 25, 1932, 59 f.

[50] A. Möbius, Kritische Bemerkung über V. 46 des *Pervigilii Veneris*, und über des Tacitus *German*. Kap. 2, am Ende, Athenäum. Humanistische Zeitschrift, Bd. 1, 1816, H. 1, 160 f.; G. H. Walther, Auch noch ein Wort über Tacit. Germ. c. 2, Allgemeine Literatur-Zeitung Halle 36, 1820, Bd. 3, 703 f.

satzes abtrennt, vorversetzt, den Einschnitt bereits hinter *a victore* legt. Ohne den überlieferten Wortlaut anzutasten, gewinnt man ihm damit eine verständliche Begründung ab. Nach dieser Satzeinteilung wurden „zunächst alle nach dem Sieger benannt" und bezeichneten „bald darauf wegen der Furcht", die man vor ihm empfand, des *metus Germanicus* der Besiegten, „auch sie selbst sich als Germanen".

Bei der bekannten Doppelbedeutung des Wortes *metus*, die Quintilian und Gellius hinlänglich bestätigen,[51] kommt selbstverständlich ebenso in Betracht, an die Furcht zu denken, die der siegreiche Stamm oder schon allein sein Name verbreiteten. Davon wird jedoch nicht das Ergebnis berührt, daß sich nach Meinung des Gewährsmannes oder der Gewährsleute, denen Tacitus hier das Wort gibt, schließlich alle Stämme Germanen nannten, weil sie sich von der Angst vor dem Sieger, der Furcht vor seinem Stammesnamen, einen psychologischen Vorteil versprachen. So oder so gibt *ob metum* den Beweggrund, nicht den Zweck ihrer Selbstbenennung an. Der kausalen Umstandsbestimmung den finalen Sinn von *ob metum incutiendum* zu unterlegen läuft ohnehin dem taciteischen Sprachgebrauch zuwider.[52] Darauf konnte Rudolf Much nur verfallen, weil er sie falsch zuordnete.[53]

Eine so einfache, naheliegende Lösung fordert naturgemäß die Frage heraus, weshalb sie nicht schon längst gefunden wurde. Stößt sie vielleicht doch auf sprachliche Einwände, die schwer zu entkräften sind?

Die beiden Bedenken, denen sie am ehesten begegnen könnte, sind leicht abzuweisen. Ihr „künstlerisches Gepräge" behält die „Architektonik" des 'Namensatzes' auch, wenn der Beistrich vorversetzt, der Einschnitt zwischen *a victore* und *ob metum* gelegt wird. So ausgewogen, wie Eduard Norden es sich vorstellte,[54] bietet sich der Periodenbau dann zwar nicht mehr dar; doch

---

[51] Quintilian, Inst. or. 6, 2, 21: '*metum*' *tamen duplicem intellegi volo, quem patimur et quem facimus*; Gellius, Noct. Att. 9, 12, 12: '*metus*' *quoque et* '*iniuria*' *atque alia quaedam id genus sic utroqueversum dici possunt: nam* '*metus hostium*' *recte dicitur et cum timemus hostes et cum timentur*.

[52] Zum taciteischen Sprachgebrauch vgl. Agr. 5, 1 und 24, 1 (*ob formidinem*), Hist. 2, 49, 4 und 2, 65, 2, Ann. 1, 1, 2 und 1, 68, 2 (*ob metum*), Ann. 3, 40, 2 (*ob egestatem ac metum*), Ann. 12, 51, 2 (*ob metum hostilem*), Ann. 15, 73, 1 (*ob invidiam aut metum*) sowie Hist. 3, 86, 3 (*ob pavorem magistratuum*).

[53] Much–Lange–Jankuhn, Die Germania des Tacitus³ 67; so auch schon de Marées, Neue kritische Bibliothek 4, 1822, Bd. 1, 184; J. C. W. Petiscus, Nachtrag zu den Bemerkungen über Taciti German. 3, 6, Neue kritische Bibliothek 4, 1822, Bd. 1, 186; F. Knoke, Bemerkungen zu dem Sprachgebrauch des Tacitus, Berlin 1925, 33 f.; E. Sievers, *Germaniae vocabulum*, Beiträge zur Geschichte der deutschen Sprache und Literatur 49, 1925, 433; Persson, Kritisch-exegetische Bemerkungen 88 f., und viele andere.

[54] Norden, Die germanische Urgeschichte⁴ 313.

verfängt dieses Argument, das ohnehin auf einen Zirkelschluß hinausläuft, weil es die Zeichensetzung von fremder Hand zur Grundlage nimmt, bei einem so eigenwilligen Stilisten wie Tacitus am allerwenigsten.

Schwerer scheint auf den ersten Blick der mögliche Einwand zu wiegen, *ob metum* werde zu stark betont, wenn es den zweiten Abschnitt des Folgesatzes einleitete. Bei genauerem Hinsehen verkehrt er sich jedoch in sein Gegenteil. An *a victore* angehängt, klappte die Angabe *ob metum* so sehr nach, daß Gabriel Brotier, Georg Ludwig Walch, Ludwig Troß und Jacques Perret sich veranlaßt sahen, sie in Beistriche einzuschließen.[55] Von *a victore* abgesetzt, gewinnt sie das Gewicht, das ihr zukommt. Nach der Satzstellung liegt der Ton auf *omnes*, nicht auf *primum*. Hätte Tacitus ihn auf *primum* legen wollen, hätte er den Folgesatz mit *ut primum omnes a victore* einleiten und mit *deinde* fortsetzen müssen. So aber hob er den Gesichtspunkt der zunehmenden Verbreitung des Namens *Germani* stärker hervor als den der Reihenfolge, in der sie sich vollzogen haben soll. Solange nur die Besiegten „alle" als Germanen bezeichneten, dehnte sich der Geltungsbereich des Namens ohne Zutun der Namensträger aus. Einen Beweggrund mußte Tacitus erst dafür angeben, daß auch der Sieger und alle stammverwandten Völkerschaften rechts des Rheins den Namen annahmen, den ihnen die vertriebenen Gallier verliehen hatten. Diesen zweiten Schritt zu erklären war wichtig genug, um zu rechtfertigen, daß Tacitus die Begründung an den Anfang stellte. Den ersten brauchte er nicht zu begründen, weil der Sieger von sich aus nichts dazu getan hatte, daß die Besiegten ihn Germanen nannten.

Die Minderheitsmeinung, die er der verbreiteteren Ansicht gegenüberstellte, daß sich der Name *Germanus* von Tuistos Sohn Mannus herleite, gab Tacitus mithin wie folgt wieder: *ceterum Germaniae vocabulum recens et nuper additum, quoniam qui primi Rhenum transgressi Gallos expulerint, ac nunc Tungri, tunc Germani vocati sint – ita nationis nomen, non gentis, evaluisse paulatim, ut omnes primum a victore, ob metum mox et a se ipsis invento nomine Germani vocarentur.* – „Davon abgesehen sei die Bezeichnung 'Germanien' jung und (dem Land) erst unlängst beigelegt worden, da doch die, die als erste den Rhein überschritten und die Gallier vertrieben hätten, wie jetzt Tungrer, damals Germanen genannt worden seien – in der Weise habe sich der Name eines Stammes, nicht eines Volkes, allmählich durchgesetzt, daß alle zunächst nach dem Sieger, wegen der Furcht vor ihm bald auch von ihnen selbst, nachdem sie den Namen bekommen hätten, als Germanen bezeichnet worden seien."

---

[55] G. Brotier, C. Cornelii Taciti opera, Bd. 4, Mannheim 1781, p. 4; G. L. Walch, Tacitus' Germania, H. 1, Berlin 1829, 4; Troß, Taciti de origine, situ, moribus ac populis Germanorum libellus, p. 3; Perret, Tacite. La Germanie 71.

Je länger der Meinungsstreit über das richtige Verständnis des sogenannten Namensatzes Seiten und Bücher füllt, desto augenfälliger wächst er sich zu einem eigenen Lehrstück der Wissenschaftsgeschichte aus. In dem Bemühen, seinen Wortlaut zu entschlüsseln, trieb die Forschung einen Aufwand, der kaum noch in einem vernünftigen Verhältnis zu seinem Ertrag steht. Ihre Irrwege laden förmlich dazu ein, über den gelehrten Zugang zur lateinischen Kunstprosa nachzusinnen. Das Ergebnis solcher grundsätzlichen Betrachtungen stimmt, vorsichtig gesagt, nachdenklich.

Zunächst einmal schreckt das Gespenst einer wiederkäuenden Fachgelehrsamkeit, die sich selbst genügt. Durchaus angebrachte Zusätze wie *ac nunc Tungri* und *non gentis* hatten schon Alfred Gudeman, Heinrich de Marées und Franz Ritter gestrichen, ehe Egil Kraggerud wieder dafür eintrat, sie zu tilgen. Das einhellig bezeugte *victore* hatte schon Marc Antoine Muret zu *victis* abgeändert und Georg Heinrich Walther in *victo re* zerlegt, bevor Egil Kraggerud und Johanna Schmidt darauf zurückkamen. Den Nebensatz, den *quoniam* einleitet, koppelte nicht erst Egil Kraggerud, sondern schon Wilhelm Reeb von der Behauptung ab, zu deren Begründung Tacitus ihn anfügte.

Von solchen Beobachtungen ernüchtert, wird sich der rückschauende Betrachter kaum noch wundern, wenn er sieht, wie oft sich auch die Scheinargumente wiederholen. Die Möglichkeit, daß die Präposition *a* oder *ab* in einem und demselben Satz zunächst derivativ, dann kausativ gebraucht sein könnte, schloß schon Friedrich Günther voreilig aus, weil er seine Muttersprache zum Maßstab nahm.[56] Ohne nach dem lateinischen Sprachempfinden zu fragen, verglich er den 'Namensatz' in seiner handschriftlich überlieferten Fassung mit einer so sinnwidrigen Aussage wie: „Sie wurden von Luther anfänglich aus Haß Lutheraner, nachher von Allen mit diesem Namen benannt." Derart unbekümmert setzte er das lateinische mit dem deutschen Sprachempfinden gleich, als er seine Leser davon zu überzeugen suchte, daß *a se ipsis* zu *apud ipsos* verbessert werden müsse.

So weit hätte Friedrich Günther den überkommenen Wortlaut nicht zu verlassen brauchen, wenn ihn die Doppelverwendung der Präposition *a* störte. Um jeglichem Mißverständnis von vornherein vorzubeugen, hätte er lediglich *a victore* zu *e victore* abwandeln müssen. Dafür sprachen sich indessen erst wieder Franz Passow und Franz Ritter aus, obwohl es nähergelegen hätte, den als sperrig empfundenen Parallelismus mit so geringem Aufwand aufzuheben.[57] Wenn es überhaupt etwas zu berichtigen gäbe, verdiente ihr Verbes-

---

[56] F. Günther, Noch ein Wort über Tacit. Germ. c. 2, Allgemeine Literatur-Zeitung Halle 36, 1820, Bd. 3, 423 f.

[57] Passow, Neue kritische Bibliothek 4, 1822, Bd. 1, 181 f., und Ritter, Taciti opera, p. 629. So auch schon der namentlich nicht genannte Gelehrte, auf den bereits der Verfasser eines handschriftlichen Zusatzes – zu Huschkes Beitrag mit dem Verbesserungsvorschlag *fictore* – in der Kritischen Bibliothek 3, 1821, Bd. 1, 413, verwiesen hatte.

serungsvorschlag am ehesten in Betracht gezogen zu werden. Setzten sie sich auch über den eindeutigen Befund hinweg, daß Tacitus durchweg dem gängigen Sprachgebrauch folgt, die Präposition *ex* nur dann zu Herleitungen zu verwenden, wenn er den Ursprung auf einen Sachbegriff, nicht auf eine Person zurückführt,[58] so sahen sie doch wenigstens davon ab, Sinn und Inhalt des 'Namensatzes' tiefgreifend zu verändern. Otto Hirschfeld, James J. Tierney, Josef Delz, Konrad Kraft und Allan A. Lund bereiteten weitaus einschneidendere Texteingriffe mit der Behauptung vor, die Präposition *a* oder *ab* könne ihre neusprachliche Bedeutung nicht mitten im Satz gewechselt haben. Statt einen geringfügigen, wenngleich glanzlosen zu übernehmen, wie ihn wieder Franz Passow und Franz Ritter vorgeschlagen hatten, gaben sie lieber eindrucksvollere Proben ihres philologischen Scharfsinns, so bedenklich sie sich damit auch von den Maßstäben abkehrten, die Johannes Vahlen und Otto Jahn für behutsamen Umgang mit handschriftlicher Textüberlieferung gesetzt hatten.

Zu ihren Berichtigungsversuchen hätten sie sich gewiß nicht so leicht verleiten lassen, wenn sie sich vergegenwärtigt hätten, daß die Präposition *a* in beiden Fällen, in dem von *a victore* wie auch dem von *a se ipsis*, den Ausgangspunkt angibt. Das Schubfachdenken, zu dem systematisch angelegte Grammatiken leicht verführen, verdeckt, daß das lateinische Sprachgefühl nicht so sehr zwischen 'derivativ' und 'kausativ' unterschied als vielmehr die gemeinsame Wurzel beider Bedeutungen im Bewußtsein behielt. Auf dieses Sprachverständnis konnte Tacitus bauen, wenn er die Herkunft des Namens *Germani* aus dem Blickwinkel betrachtete, daß seine Träger ihn ohne ihr Zutun erworben hatten, ehe sie ihn sich auch selbst zulegten.

Die ursprüngliche Bedeutung schimmert auch dann durch, wenn die Präposition *a(b)* im Deutschen verschieden wiedergegeben werden muß. Besser vielleicht noch als an *appellari a(b)*, *nominari a(b)* oder *vocari a(b)* ist an der sinnverwandten Verbindung *nomen invenire a(b)* abzulesen, daß der Römer Mitteilungen darüber, wonach Menschen oder Dinge benannt wurden, als Antwort auf die Frage 'woher' verstand. Nach gängigem Sprachgebrauch

---

[58] So Tacitus, Ann. 4,55,3 *(et ducum e nominibus indita vocabula illis per Asiam, his in Italia; auctamque adhuc Lydorum opulentiam missis in Graeciam populis, cui mox a Pelope nomen)* und 4, 65 *(... montem eum ... Caelium appellitatum a Caele Vibenna, qui dux gentis Etruscae ... sedem eam acceperat a Tarquinio Prisco seu quis alius regum dedit ... magnas eas copias per plana etiam ac foro propinqua habitavisse, unde Tuscum vicum e vocabulo advenarum dictum)*. Richtig von Melin, Eranos 61, 1963, 151 ff., falsch von Knoke, Bemerkungen zu dem Sprachgebrauch 34 f., und: Mannus 17, 1925, 341 f., beurteilt. Daß *a Caele Vibenna* derivativ, nicht kausativ zu verstehen ist, bestätigt die Rede des Kaisers Claudius über das *ius honorum* für die Gallier, CIL XIII 1668, col. I 17–22: *Servius Tullius ... montem Caelium ... a duce suo Caelio ita appellita<vi>t{us}*.

hieß *nomen invenire* 'zu dem Namen kommen', 'den Namen erhalten', und wurde die Auskunft, wonach jemand oder etwas ihn bekam, mit *a(b)* eingeleitet, ganz gleich, ob sein Träger ihn zufällig erlangt oder durch eigenes Verdienst erworben hatte.[59] Solche Auskünfte müssen als Herkunftsangaben gegolten haben, da Plinius regelmäßig mit der Wendung *inde nomine invento* schloß, wenn er einen Namen herleitete.[60] Dessenungeachtet verdeutschten Arno Mauersberger, Karl Büchner, Manfred Fuhrmann, Gottfried Härtel und Josef Lindauer[61] *nomine invento* im 'Namensatz' mit „nachdem der Name einmal aufgekommen war" – ein schönes Beispiel für die unerschütterliche Eintracht bequemer Übersetzer.

Der Drang, den lateinischen Wortbestand nach starren Vorstellungen zu rastern, verwehrte nicht nur die Einsicht, daß die Gleichförmigkeit der Herleitungen *a victore* und *a se ipsis* das römische Sprachgefühl keineswegs zu verletzen brauchte. Die wachsende Neigung, einzelne Wörter in Schubfächer einzuordnen, stellt neuerdings auch gesicherte Erkenntnisse der älteren Forschung in Frage. Jahrhundertelang hatte kaum jemand angezweifelt, daß Tacitus *non gentis* zu *nationis nomen* hinzusetzte, um klarzulegen, daß ein Stammes-, nicht ein Volksname gemeint sei.[62] Eduard Norden glaubte sogar, davon ausgehen zu dürfen, daß sich die Erklärer in diesem Punkt einig seien.[63] In neuerer Zeit aber mehren sich die Stimmen derer, die selbst daran rütteln möchten.[64]

Konrad Kraft behauptete, *natio* müsse „auf die Heimat", *gens* hingegen „auf die blutsmäßige Herkunft" gehen, da Tacitus kurz zuvor erst von *gentis*

---

[59] So etwa Cicero, Or. 62 (*. . . Theophrastus a divinitate loquendi nomen invenit*) und Varro, De ling. Lat. 5, 149 (*. . . ab eo* – sc. Curtio – *lacum invenisse nomen*).

[60] So z. B. Plinius, Nat. hist. 21, 39 (*hesperis noctu magis olet, inde nomine invento*) oder Nat. hist. 33, 68 (*vagantur hi venarum canales per latera puteorum et huc illuc, inde nomine invento*).

[61] A. Mauersberger, Tacitus, Germania (lateinisch und deutsch), Leipzig 1942 (ND Bremen 1957), 7; K. Büchner, Tacitus. Die historischen Versuche[2] 150; A. Mauersberger, Tacitus, Germania (zweisprachig), Leipzig 1971 (ND Frankfurt 1980), 27; M. Fuhrmann, Tacitus, Germania (lateinisch und deutsch), Stuttgart 1972 (ND 1980), 7; G. Härtel bei C. Woyte, Publius Cornelius Tacitus, Germania (lateinisch und deutsch), überarbeitete Neuauflage Leipzig 1982, 9; J. Lindauer, Tacitus, Germania. Bericht über Germanien, München 1983, 15; K. Büchner–R. Häußler, Tacitus, Agricola – Germania – Dialogus. Die historischen Versuche, Stuttgart [3]1985, 150.

[62] H. Kothe, *Nationis nomen, non gentis. Das Furchtmotiv im Namensatz der Germania*, Philologus 123, 1979, 242 ff.

[63] Norden, Die germanische Urgeschichte[4] 314 ff.

[64] Kraft, Kleine Schriften, Bd. 1, 99 ff.; Pekkanen, Arctos N.S. 7, 1972, 121 mit Anm. 3, 122, 137; Lund, Museum Tusculanum 28–29, 1976, 76 ff., und: Glotta 55, 1977, 104 ff.; Kothe, Philologus 123, 1979, 245 ff.; Kraggerud, Der Namensatz 19 ff.; Lund, Gymnasium 89, 1982, 312 ff., 322.

appellationes gesprochen und mit diesem Ausdruck „Benennungen nach der blutsmäßigen Abstammung" bezeichnet habe.[65] In seiner Annahme glaubte er sich bestärkt durch die Begriffsbestimmung des spätantiken Grammatikers Charisius, nach der *natio* „Heimatboden erfordert", „nach dem Heimatland fragt", *gens* „eine Ahnenreihe entrollt", „über die Ahnenreihe Auskunft gibt".[66] Doch darin täuschte er sich. Tacitus deutet mit keiner Silbe an, daß er die Begriffe *natio* und *gens* nach den Merkmalen des Charisius unterscheidet. Nach den Gesichtspunkten 'Heimat' und 'Herkunft' kann er sie schon deswegen nicht gegeneinander abgegrenzt haben, weil in der Beweisführung des Gewährsmannes oder der Gewährsleute, denen er das Wort gibt, keine der beiden Vorstellungen eine Rolle gespielt hatte. Die Meinungen gingen darüber auseinander, ob sich der Name *Germani* von einem „Volksgründer" oder einem Stamm herleitete. Den Gegensatz zwischen heimatlichem Boden und blutsmäßiger Abstammung an *nationis nomen, non gentis* heranzutragen geht von vornherein fehl. Darauf konnte sich Konrad Kraft nur versteifen, wenn er den Ausdruck *gentis appellationes* mißdeutete. Dem Sprachgebrauch nach kann Tacitus darunter nur 'Benennungen der *gens*' oder 'Bezeichnungen für die *gens*' verstanden haben; dem Zusammenhang nach muß er von weiteren 'Stammesgruppenbenennungen' gesprochen haben. Dem Begriff *gens* verlieh er damit zwar einen anderen Inhalt als in dem verdeutlichenden Zusatz *non gentis*; doch gebrauchte er ihn in Verbindung mit *appellationes* genau in dem Sinne, in dem er ihn auch in seinen Darlegungen über die Sueben, c. 38–39, verwandte. Wenngleich sie in selbständige Stämme mit eigenen Namen zerfielen, wurden sie nach seiner Kenntnis in ihrer Gesamtheit dennoch Sueben genannt, weil sie sich als Stammesgruppe verstanden und zu erkennen gaben. Zum Beweis führt er an, daß sie als gemeinsames Merkmal, *insigne gentis,* einen Haarknoten trugen und sich auf gemeinsame Anfänge, *initia gentis,* beriefen.[67] In beiden Verbindungen kann er mit *gens* nur die Gesamtvölkerschaft der Sueben gemeint haben, die er bereits in c. 2, 2 mit dem Begriff *gens* neben den Marsern, Gambriviern und Vandiliern als Stammesgruppe eingeführt hatte.

Obwohl sich Konrad Kraft über den Sprachgebrauch ebenso kühn hinweggesetzt hatte wie über den Zusammenhang, widerlegte ihn die nachfolgende Forschung nur unzureichend. Willy Theiler und Hans Koch verteidigten zwar die herkömmliche Ansicht, nach der sich in dem sogenannten Namensatz *natio* zu *gens* wie 'Stamm' zu 'Volk' verhält, pflichteten aber Konrad Kraft darin bei, daß das Wort *gens* in dem Zusatz *non gentis* denselben Inhalt

---

[65] Kraft, Kleine Schriften, Bd. 1, 105.
[66] Charisius, Ars grammatica 5, p. 397, 26–27 (Barwick): '*natio*' *solum patrium quaerit,* '*gens*' *seriem maiorum explicat.*
[67] Tacitus, Germ. 38, 2 und 39, 2.

haben müsse wie in dem Ausdruck *gentis appellationes*. Nur meinten sie, daß es hier wie dort mit 'Gesamtvolk', nicht mit 'Geschlecht' wiederzugeben sei.[68] Die Marser, Gambrivier, Sueben und Vandilier galten indessen nicht als 'Gesamtvölker', sondern als 'Völkerschaften' oder 'Stammesgruppen'. Unter den *gentis appellationes* kann Tacitus mithin nur 'Stammesgruppenbenennungen' oder 'Völkerschaftsbezeichnungen' verstanden haben. Dieses Hindernis glaubte Hans Koch umgehen zu können, wenn er den Ausdruck *gentis appellationes* mit „Namen innerhalb des Gesamtvolkes" übersetzte.[69] Schlüssig zu belegen vermochte er diesen Sprachgebrauch jedoch nicht, sosehr er sich auch darum bemühte. Die Wortzusammenstellung wie auch der Zusammenhang zwingen vielmehr dazu, *gens* im ersten Fall zu 'Völkerschaft' oder 'Stammesgruppe', im zweiten zu 'Volk' zu verdeutlichen.

Dessenungeachtet bestritt auch Allan A. Lund wieder, daß Tacitus im 'Namensatz' die Begriffe *natio* und *gens* in dem Wortsinn von 'Stamm' und 'Volk' einander gegenübergestellt habe. Wenngleich er von Konrad Kraft darin abwich, daß er *victore* zu *auctore*, nicht *pictore* abwandelte,[70] folgte er ihm doch in der Deutung des Ausdrucks *gentis appellationes* und des Zusatzes *non gentis*.[71] Den Gegensatz zwischen *natio* und *gens* verschob auch er wieder auf die Ebene, daß *gens* „hier die rein lineare Abstammung" bezeichne, „während *natio* in rein territorialer Bedeutung verwandt worden" sei.[72] Den Beweis für seine Behauptung blieb er jedoch ebenso schuldig wie vor ihm Konrad Kraft. Der Typus *Suebus natione*, auf den er sich berief, gibt jedenfalls für seine Auffassung nicht das geringste her.

Egil Kraggerud schließlich verfing sich vollends in dem Geäst widersprüchlicher Forschungsmeinungen, als er versuchte, sich einen Weg zwischen den Fronten zu bahnen. Zwar sah er durchaus, „mit welch unbeschwertem Mangel an terminologischer Präzision" Tacitus das Wort *gens* in seiner Germania verwendet.[73] Doch zog er aus seiner richtigen Beobachtung den voreiligen Schluß, daß der Zusatz *non gentis* getilgt werden müsse, weil er den Ausdruck *nationis nomen* nicht präzisieren könne.[74] Klarstellen mußte Tacitus, daß die Verfechter der Minderheitsmeinung den Namen 'Germani' als „Namen eines Stammes, nicht Volkes" betrachtet hatten. Wie hätte er ihren Standpunkt besser verdeutlichen sollen, da doch beide Begriffe, *natio* wie auch *gens*, das Bedeutungsfeld des deutschen Wortes 'Völkerschaft' in der Bandbreite von 'Einzelstamm' bis hin zu 'Stammesgruppe' und 'Gesamtvolk' voll

---

[68] Theiler, MH 28, 1971, 119f.; Koch, Gymnasium 82, 1975, 431 ff.
[69] Koch, Gymnasium 82, 1975, 434.
[70] Lund, Glotta 55, 1977, 103f., 108ff., und: Gymnasium 89, 1982, 316f.
[71] Lund, Glotta 55, 1977, 104f., und: Gymnasium 89, 1982, 322.
[72] Lund, Gymnasium 89, 1982, 312.
[73] Kraggerud, Der Namensatz 20.
[74] Kraggerud, Der Namensatz 26.

abdeckten? Wenngleich *nationis nomen* natürlich auch für sich allein richtig hätte verstanden werden können, so berechtigt doch nichts dazu, den verdeutlichenden Zusatz *non gentis* für überflüssig zu erklären. Erst mit diesem Zusatz gab Tacitus dem Kern des Meinungsstreits, von dem er berichtete, das gebührende Gewicht.

Die spitzfindige Besserwisserei, die selbst die gesichertsten Erkenntnisse der älteren Forschung zu verdrängen droht, könnte mit wenigen Sätzen abgetan werden, beruhte sie nicht auf einem folgenreichen Grundirrtum. Die Forderung terminologischer Genauigkeit und Geschlossenheit entspringt einem wissenschaftlichen Bedürfnis, das einem antiken Schriftsteller wie Tacitus von Natur aus fremd sein mußte. Fällt es schon der Geschichtswissenschaft schwer, Begriffe wie 'Volk', 'Nation', 'Stamm' und 'Völkerschaft' so scharf zu umreißen, daß Mißverständnisse oder Überschneidungen ausscheiden, wäre er in noch größere Verlegenheit geraten, wenn er sich um eine geschlossene Begrifflichkeit bemüht hätte. Bei dem ohnehin begrenzten Wortschatz der lateinischen Sprache war er weitaus stärker als ein Historiker unserer Zeit darauf angewiesen, die Begriffe, die er wählte, mit Geleitwörtern zu umgeben, die ihnen ihre Vieldeutigkeit nahmen. Welchen Inhalt er ihnen jeweils gab, muß daher von Fall zu Fall aus dem Zusammenhang erschlossen werden. Selbst wenn ein und dasselbe Wort in kurzen Abständen wiederkehrt, ist damit nicht entschieden, daß es dasselbe ausdrückt. Vergebens suchte Anne K. G. Kristensen nachzuweisen, daß die hundert Gerichtsbeisitzer, die den Gerichtsherrn berieten, mit den Gefolgsleuten gleichzusetzen seien, die den Gefolgsherrn auf seinen Zügen begleiteten.[75] Nennt Tacitus auch die Gefolgsherren wie die Gerichtsherren *principes* und die Gerichtsbeisitzer wie die Gefolgsleute *comites*,[76] so besagt seine Wortwahl doch keineswegs, daß er hier wie dort von derselben Einrichtung gesprochen haben muß.

Vergebens auch bemühten sich Pierre Beguin und Jürgen Kroymann, die Begriffe *fatum, fors* und *fortuna* in ein weltanschauliches Raster einzupassen.[77] Mit seinen Darlegungen zur Frage der menschlichen Willensfreiheit – Ann. 6, 22 – gibt Tacitus deutlich genug zu verstehen, daß er sich einer bestimmten Weltanschauung sowenig verschrieb wie einem festen Begriffssystem. Nicht von ungefähr war es ein Historiker, Ronald Syme, der nüchtern feststellte, die Wortuntersuchungen über diese Begriffe hätten nicht viel erbracht.[78] Jeder, der sich lange genug mit literarischen Quellen auseinanderge-

---

[75] A. K. G. Kristensen, Tacitus' germanische Gefolgschaft, Kopenhagen 1983, 25 ff., 30 f., 40 ff., 47 ff., 53 ff., 71.

[76] Tacitus, Germ. 12, 2; 13, 2.

[77] P. Beguin, Le «Fatum» dans l'œuvre de Tacite, AC 20, 1951, 315 ff.; J. Kroymann, *Fatum, fors, fortuna* und Verwandtes im Geschichtsdenken des Tacitus, in: Satura. Festschrift für O. Weinreich, 71 ff.

[78] R. Syme, Tacitus, Bd. 2, Oxford 1958, 527 Anm. 2.

setzt hat, weiß aus Erfahrung, wie leicht der Historiker den Sinn eines Wortes oder Satzes verfehlt, wenn er Begriffe, deren Inhalt nur der Zusammenhang klären kann, im Banne einer vorgefaßten Meinung zu einseitig belastet. Strenge Wortgläubigkeit kann ihm dieses Risiko nicht nehmen. Je strenger sie sich gebärdet, desto mißtrauischer sollte er sein.

Q. OTACILIUS POLLINUS: INQUISITOR III GALLIARUM

Von Regula Frei-Stolba

Im Zentrum der folgenden Untersuchung aus einem Karl Christ nahestehenden Arbeitsgebiet steht die von Joyce Reynolds wiederhergestellte und neu ergänzte Inschrift für Q. Otacilius Pollinus.[1] Sie lautet nach der Darlegung der Autorin:

Q(uinto) Otacilio Quir(ina tribu) Pollino Q(uinti) Otacil[ii] / Ceriali[s] filio omnibus honoribu[s / apu]d suo[s fun]c[t]o t[er] immunit[ate] / a divo [Had]r[iano] don[at]o inquis[itori] / III [Gallia]r(um) pa[tron]o vena[licior(um) corp(oris)] / Ci[s]a[lpi]no[rum et] Transalpinorum / ite[m na]u[tar(um) Arari]co[r(um) Rho]danicor(um) / o[b adfectionem r]ar[issima]m ergaq(ue) / sin[gulos uni]verso[sque me]r[it]a / Helve[tii publice] pon[i iusserunt]

Da H. E. Herzig und H. Lieb diese auf den ersten Blick recht kühne Ergänzung in ihren wichtigsten Grundzügen anhand weiterer Fragmente im Museum bestätigen[2] und insbesondere die hier interessierende Ergänzung zum *inquisitor III Galliarum* sichern konnten,[3] ist zweifelsfrei ein weiterer Inhaber eines Amtes des gallischen Landtages belegt. Schlußfolgerungen aus die-

---

[1] Hans Lieb, Schaffhausen, und Heinz E. Herzig, Bern, danke ich für kritische und hilfreiche Hinweise.

J. Reynolds, Q. Otacilius Pollinus of Aventicum, BPA 20, 1969, 53–57, mit Tafeln 14–16 (= AE 1972, 352). Erste Publikation von W. Wavre, Nouvelles inscriptions romaines d'Avenches, ASA n.s. 4, 1902/3, 138 ff., 140; verbessert in BPA 9, 1907, 46 f., so in CIL XIII 11480 übernommen. Nach CIL XIII 11480 aufgenommen und kurz kommentiert von E. Howald–E. Meyer, Die römische Schweiz, Zürich 1940, Nr. 212. Verbesserte Lesung von A. Alföldi, La corporation des Transalpini et Cisalpini à Avenches, US XVI, 1952, 3–9 mit Ill. (= AE 1952, 205 und 40. BerRGK 1959, Nr. 43, Lieb). Reynolds entdeckte, daß die Inschrift nachträglich aufgesetzt wurde, nachdem die Blöcke von 3 m × 0,90 m bereits angebracht worden waren; einige Buchstaben gingen über die Ränder der Blöcke hinaus, so daß die Fragmente besser in bezug auf ihre Stellung im Schriftfeld eingeordnet werden können.

[2] H. E. Herzig, Die Familie der Otacilier in Aventicum, JBMH 53–54, 1973–74 (ersch. 1977), 35–41, bes. 35 mit Anm. 16.

[3] Herzig (Anm. 2), 36 mit Anm. 18. Gefunden wurde nach der Untersuchung von J. Reynolds ein Fragment mit *III* sowie eines mit *R PA*, was die Lesung *III [Gallia]r(um) pa[tron]o* bestätigt. Hingegen scheint die Schlußformel *o[b adfectionem r]ar[issima]m ergaq(ue) / sin[gulos uni]verso[sque me]r[it]a* aus verschiedenen Gründen noch nicht gesichert, s. Herzig, 36 Anm. 19 (Kritik am zweimaligen *-que*).

sem neuen Befund sind, soweit ich sehe, erst sehr wenige gezogen worden;[4] deshalb sollen im folgenden drei Problemkreise im Anschluß an diese Inschrift erörtert werden, nämlich die Zusammensetzung des gallischen Landtages, die Laufbahn des *inquisitor Galliarum* Q. Otacilius Pollinus und die bemerkenswerte dreimalige Verleihung der *immunitas* durch Kaiser Hadrian.

1. Die am Landtag in Lyon vertretenen 'civitates'

Das Problem der am Landtag in Lyon vertretenen *civitates* ist bekanntlich mit der Schwierigkeit behaftet, daß die beiden antiken literarischen Zeugnisse, nämlich Strabo und Tacitus, nicht übereinstimmen,[5] indem Strabo von 60 *civitates*, Tacitus dagegen von 64 *civitates* spricht. Auch ist daran zu erinnern, daß die moderne Forschung sich nicht einig darüber ist, ob die römischen Gründungskolonien, nämlich Lyon, Nyon und Augst, ebenfalls am Landtag anwesend waren oder nicht. C. Jullian und in seiner Nachfolge weitere Autoren bestreiten dies; die übrige Forschung, repräsentiert etwa durch J. Deininger, nehmen eine Teilnahme an.[6] Was zudem noch die Zulassung der Helvetier zum gallischen Landtag betrifft, so sind bis in jüngste Zeit Zweifel geäußert worden, die nun dank der Inschrift des Otaciliers dahinfallen.[7] Interessanterweise haben sich übrigens die Autoren der Geschichte der Schweiz in römischer Zeit recht wenig um diese Fragen gekümmert. Bei F. Staehelin

---

[4] Bekannt ist mir nur J. F. Drinkwater, A note on local careers in the Three Gauls under the Early Empire, Britannia 10, 1979, 89–100, bes. 96. Für die jüngsten zusammenfassenden Darstellungen der Kaiserpriester in Lyon erschien die Publikation der Inschrift von Reynolds wohl zu spät oder an zu entlegener Stelle, vgl. H. Durand, Le culte impérial dans la province de Lyonnaise, Thèse du 3e cycle sous la direction de M. Le Glay, Université de Paris X, Nanterre 1976, Kap. 2 (keine Erwähnung); L. Maurin, Saintes antique, Lille 1981, bes. 201, wo er den Fall der Helvetier, ohne Kenntnis der Otacilier-Inschrift, diskutiert. L. Cracco Ruggini, Les structures de la société et de l'économie lyonnaise au IIe siècle, par rapport à la politique locale et impériale, in: Les martyrs de Lyon (177), Colloques intern. du CNRS, no. 575, Paris 1978, 69 Anm. 1 nennt Q. Otacilius Pollinus, kennt aber nur die ältere Edition der Inschrift.

[5] E. Kornemann, Die Zahl der gallischen civitates in der römischen Kaiserzeit, Klio 1, 1901, 331–348; H. Bellen, Das Drususdenkmal und die 60 civitates Galliarum, JRGZM XXII, 1984, 385–396.

[6] C. Jullian, Histoire de la Gaule, Bd. IV, Paris 1924, 432–451; A. Audin–J. Guey–P. Wuilleumier, Inscriptions latines découvertes à Lyon dans le pont de la Guillotière, REA 56, 1954, 297–346, bes. 321; Maurin (oben Anm. 4), 199, 201. Dagegen J. Deininger, Die Provinziallandtage der römischen Kaiserzeit von Augustus bis zum Ende des dritten Jahrhunderts n. Chr., München 1965, 141, 125 mit Hinweis auf R. Etienne, Le culte impérial dans la péninsule ibérique d'Auguste à Dioclétien, Paris 1958, 145 ff.

[7] Maurin (Anm. 4), 201, der einen Einbezug der Helvetier bestreitet.

findet sich ein einziger knapper Hinweis im Zusammenhang mit einer fragmentarischen Inschrift aus Augst,[8] bei E. Meyer eine Bemerkung im Kommentar zu einer Inschrift aus Avenches,[9] ohne daß er die Frage generell angeschnitten hätte, und neuestens bei R. Etienne eine Erörterung der Formen des Kaiserkultes, aber nur auf der Ebene der Kolonie Aventicum.[10]

Die Probleme müssen offenbar getrennt behandelt werden, indem zuerst der Aufbau des Provinziallandtages in Gallien, dann die Frage des Kaiserkultes hinsichtlich der römischen Gründungskolonien und schließlich der Fall der Helvetier untersucht werden. Als Grundlage für die Beurteilung aller Probleme wird man auf die Geschichte der Provinziallandtage zurückgreifen müssen, die zeitlich und regional recht stark zu differenzieren sind, wie D. Fishwick gezeigt hat.[11] Augusteische Regelungen sind von jenen des Tiberius, und diese wiederum von jenen des Claudius und Vespasian zu trennen, um nur einmal das erste kaiserzeitliche Jahrhundert näher zu betrachten. Auszugehen ist zweifellos von der Regelung, die Octavian im Winter 30/29 v. Chr. für die Provinzen Asia und Bithynia getroffen hat.[12] Bekanntlich erlaubte der Prinzeps den Hellenen der Provinzen Asia und Bithynia, ihm zusammen mit der Thea Rhome einen Tempel zu errichten und kultisch zu verehren. Diese Form des Kaiserkultes in Verbindung mit dem Kult der Göttin Roma dürfte in Lyon, im zeitlich darauffolgenden Provinziallandtag, noch stärker und reiner zum Durchbruch gelangt sein, indem hier an einem Altar die beiden Gottheiten, nämlich *Roma et Augustus*, unter Hervorhebung der griechischen Gottheit *Dea Roma*, verehrt wurden,[13] folgerichtig die Titulatur

---

[8] F. Staehelin, Die Schweiz in römischer Zeit, Basel ³1948, 117 Anm. 3 zu CIL XIII 5274, wo Th. Burckhardt-Biedermann, Die Wohnsitze der Rauraker und die Gründung ihrer Kolonie, ZGO N.F. 24, 1909, 390–429, bes. 426 ff. einen Kaiserpriester gesehen hatte.

[9] Meyer (Anm. 1), Nr. 208 (= CIL XIII 5072) zum Titel *all(ector? ectus?)*. Zum letzteren s. auch TLL I (1900), 1662, offenbar *allectus* auf Ämter in Lyon beschränkt.

[10] R. Etienne, Un complexe monumental du culte impérial à Avenches, BPA 29, 1985, 5–26, bes. 16 ff.

[11] D. Fishwick, The Development of Provincial Ruler Worship in the Western Roman Empire, ANRW II, 16, 2, 1978, 1201–1253; ders., The Federal Cult of the Three Gauls, in: Les martyrs de Lyon (Anm. 4), 33–45 (mit Diskussion); ders., The Temple of the Three Gauls, JRS 62, 1972, 46–52. Zu Recht weist A. J. Christopherson, The Provincial Assembly of the Three Gauls in the Julio-Claudian Period, Historia 17, 1968, 351–366 auf die politische Dimension des gallischen Landtages hin. Sie zeigte sich erstmals bei der 8 v. Chr. beschlossenen *supplicatio* der gallischen *civitates* am Drususdenkmal in Mainz, so Bellen (Anm. 5), 387.

[12] Vgl. Fishwick (Anm. 11), 1206; D. Kienast, Augustus, Prinzeps und Monarch, Darmstadt 1982, 203 und 378 ff.; Audin et al. (Anm. 6), 323–327.

[13] Fishwick (Anm. 11), 1207 f. Zur Dea Roma s. C. Fayer, Il culto della Dea Roma, Pescara 1976; R. J. Mellor, The Goddess Roma, ANRW II, 17, 2, 1981, 950–1030, bes.

der Kaiserpriester in Lyon immer *sacerdos* und nie *flamen* lautete und der *sacerdos*, ebenso folgerichtig in dieser Konzeption, keine Priesterin neben sich hatte. Parallel dazu, aber mit bezeichnenden Abweichungen, erließ der Prinzeps Bestimmungen für die in den Provinzen Asia und Bithynia lebenden Römer *(conventus civium Romanorum)*, die ihre Loyalität gegenüber dem Kaiserhaus mit der Errichtung eines Tempels in Ephesos und Nikaia für die Göttin Roma und den *Divus Julius* bezeugten.[14] Die Inschriftenfunde des Jahres 1953 mit der Weihung der *cives Romani in tribus provinciis Galliis consistentes* haben die Übertragung der Aufgabe des Kaiserkultes an diese Institution wohl auch im Westen belegt mit dem einen Unterschied freilich, daß im griechischen Osten die Stätte der Verehrung der beiden Gruppen, Hellenen und Römer, zuerst getrennt war, in Lyon sich dagegen offenbar von Anfang an am gleichen Ort befand.[15] Von Tiberius ist bekannt, daß er in der Tarraconensis und Lusitanien je einen Tempel für den vergöttlichten Augustus *(divus Augustus)* gestattete, dessen Kult einem *flamen,* wohl ursprünglich einem *flamen Augustalis* oblag. Nach der Vergöttlichung der Livia gesellte sich zum *flamen* eine *flaminica* mit der Aufgabe des Kultes der vergöttlichten Kaiserin. Die von Augustus geschaffenen Institutionen in Lyon blieben unverändert, außer daß C. Iulius Rufus, Kaiserpriester 19 n. Chr., ein kleines Amphitheater erbauen ließ.[16] Die Einführung des Kaiserkultes in Britannien durch Claudius sowie die großen Neuerungen des Vespasian, der den Kaiserkult stark ausbaute und nun die regierenden Kaiser in die Verehrung mitein-

---

984 ff. (dort auch die Hinweise auf frühere, thematisch verwandte Arbeiten desselben Autors). Mellor 987 betont zu Recht, daß man in den *Tres Galliae* nicht von einer spontanen Schaffung des Kaiserkultes von seiten der Provinzialen sprechen könne.

[14] Kienast (Anm. 12), 203; Fishwick (Anm. 11), 1206; dazu eingehend St. Weinstock, Divus Julius, Oxford 1971, 403.

[15] Zu den *cives Romani ... consistentes* s. Audin et al. (Anm. 6), 323–327; zum ursprünglichen Aufstellungsort der Inschrift der *cives Romani in tribus provincis Gallis consistentes*, die verbaut im Brückenpfeiler des Pont de la Guillotière gefunden wurde, s. ebd. 298–302. Die Übertragung dieser Form des Kaiserkultes in den Westen dürfte nur für Lyon gelten, zu den späteren Formen in Spanien s. Etienne (Anm. 6), 223.

[16] J. Guey–A. Audin, L'amphithéâtre des Trois Gaules à Lyon, Gallia 20, 1962, 117–145; Gallia 21, 1963, 125–154; Gallia 22, 1964, 37–61; s. bes. Gallia 21, 1963, 152 zur Chronologie. Die neueren Ausgrabungen haben vor allem die Annahme einer Erweiterung des Baues im 2. Jh. nahegelegt, s. A. Audin–M. Le Glay, L'amphithéâtre des Trois Gaules à Lyon: Première campagne de fouilles, Gallia 28, 1970, 67–100; auch A. Audin, L'amphithéâtre des Trois Gaules à Lyon, nouvelles campagnes de fouilles (1971–1972, 1976–1978), Gallia 37, 1979, 87–98. Zur Bauinschrift des C. Iulius Rufus (ILTG 217) s. bes. Guey–Audin, Gallia 22, 1964, 39f. und W. Seston, Les donateurs de l'amphithéâtre des Trois-Gaules, in: Hommages à Albert Grenier, Coll. Latomus 58, Brüssel 1968, Bd. III, 1407–1417.

schließen ließ, um seiner Dynastie den notwendigen Rückhalt nach dem Bürgerkrieg zu fördern, betrafen die Formen des Kaiserkultes in Lyon nicht.[17] Erst Hadrian formte den Kult der vergöttlichten Kaiser und den Kult der Roma wesentlich um, indem er augenscheinlich nun in Lyon ebenfalls die divinisierten Kaiser in die Verehrung einschließen ließ und indem wohl auf seine Anregung hin der mit dem Provinziallandtag verbundene Tempel erbaut wurde.[18] Ebenfalls wurde zu seiner Zeit[19] und vermutlich auch auf seinen Wunsch das Amphitheater wesentlich erweitert, so daß nun neben den *legati* der *civitates* und den Priestern weitere Kreise zugelassen wurden.[20]

Vor diesem nach D. Fishwick gezeichneten Hintergrund müssen die besonderen Probleme der Kolonien und *civitates* im Raume der Schweiz in römischer Zeit gesehen werden, wobei die Frage der Vertretung der Kolonien ausgeweitet werden muß auf die komplexe Frage der Anwesenheit römischer Bürger am Sitz des Provinziallandtages. Offenbar müssen hier verschiedene Fälle voneinander unterschieden werden, die noch nicht alle eingehend untersucht worden sind, so daß im folgenden mehr nur Vermutungen geäußert werden können. Was die persönliche Rechtsstellung der von den *civitates* entsandten und vom Provinziallandtag gewählten Oberpriester betrifft, so scheinen sie, im Osten wie im Westen, römische (Neu-)Bürger gewesen zu sein;[21]

---

[17] S. Fishwick (Anm. 11), 1219–1233; Mellor (Anm. 13), 992–997. Claudius hielt sich in Britannien offenbar an die Grundzüge, die sich herausgebildet hatten, nämlich: Verehrung der Dea Roma und des regierenden Kaisers durch einen *sacerdos* am Altar einerseits und Verehrung der vergöttlichten Kaiser und Kaiserin durch einen *flamen* bzw. *flaminica* im Tempel; zu Vespasian s. bes. T. Kotula, L'épigraphie latine et le culte impérial au Ier siècle de l'empire, Gerion I, 1983, 215–218.

[18] Fishwick (Anm. 11), 1236 ff., bes. ders., The Temple (Anm. 11), 51. Möglicherweise ist der Tempel auf einer Applique dargestellt, s. A. Alföldi, Ein Festgeschenk aus den Töpfereien des römischen Rhônetales, in: Helvetia Antiqua, Festschrift Emil Vogt, Zürich 1966, 247–252; Fishwick, The Federal Cult (Anm. 11), 39.

[19] Der Erweiterungsbau des Amphitheaters wird durch das Inschriftenfragment des C. Iulius Celsus, bestimmbar durch die Erwähnung des seltenen Amtes eines *curator viae Lignariae Triumphalis*, datiert, s. Guey–Audin (Anm. 16), Gallia 22, 1964, 47–49.

[20] Noch nicht publiziert sind m. W. die Inschriften der Sitzstufen, die die *Glanici*, Delegierte der Stadt Glanum in der Gallia Narbonensis, und die Metzgercorporation nennen, s. die beiläufige Erwähnung bei Audin–Le Glay, Gallia 28, 1970, 87 mit Anm. 25.

[21] Für den griechischen Osten s. G. W. Bowersock, Augustus and the Greek World, Oxford 1965, 117 f. mit Anm. 5 sowie M. Rossner, Asiarchen und Archiereis Asias, StudClas 16, 1974, 101–142; für Lyon s. Maurin (Anm. 4), 203 f.; für die später eingerichteten Provinziallandtage gilt dies ohnehin, s. etwa Etienne (Anm. 6), 150 f. und G. Alföldy, Flamines Provinciae Hispaniae Citerioris, Anejos de AEA VI, Madrid 1973, 61 ff.

davon zu trennen sind anscheinend für die ersten Provinziallandtage die *cives Romani ... consistentes* mit eigener Organisation,[22] sowie wohl auch die römischen Gründungskolonien. In Kleinasien, dem Ursprung der gesamten Institution, waren die letzteren offenbar nicht miteingeschlossen und hatten dafür nach Meinung von D. Magie eigene Kaiserkulte.[23] Für die *Tres Galliae* weisen die literarischen Quellen in die gleiche Richtung, insofern als Strabo wie Cassius Dio den gallischen Charakter des Provinziallandtages betonen, in welchem es für die römischen Gründungskolonien vorerst keinen Platz gab.[24] Die Inschriften bestätigen diese Feststellung, lassen aber eine Entwicklung erahnen. Für alle drei römischen Gründungskolonien, Lyon, Nyon und Augst, sind Kaiserpriester und Kaiserpriesterinnen auf der Ebene der Kolonie nachgewiesen.[25] So belegen einige zum Teil recht ausführliche Munizipallaufbahnen in Nyon das Priesteramt eines *flamen Augusti*, wobei die einzige Schwierigkeit bei einigen Inschriften in der Zuschreibung der Laufbahnen zu Nyon *(colonia Iulia Equestris)* oder zu Vienne besteht.[26] Kaiserpriester am Altar in Lyon sind hingegen für Nyon bis jetzt keine bekannt. Der Fall der Kolonie Augst ist insofern etwas komplexer, als hier die Überlieferung sehr

[22] Wie lange sich die Trennung in Asien gehalten hat, wird unterschiedlich beurteilt, s. E. Kornemann, RE IV, 1901, Sp. 1187, s.v. *conventus,* und Mellor (Anm. 13), nach denen der Unterschied zwischen beiden Bevölkerungsgruppen bald verschwunden sei und im Westen nie bestanden habe; Bowersock (Anm. 21), 117 zeigt, daß bereits für Paphlagonien 3 v. Chr. diese Trennung nicht mehr aufrechterhalten wurde. S. R. F. Price, Rituals and Power, The Roman imperial cult in Asia Minor, Cambridge 1984, äußert sich nicht zu diesem Problem.

[23] Nach D. Magie, Roman Rule in Asia Minor to the End of the Third Century after Christ, Princeton 1950, Bd. II, 1294 Anm. 54, aus der offiziellen Anrede an die Mitglieder des Provinziallandtages zu schließen. Zu den Kulten in den Kolonien s. Magie a. a. O. Anm. 53 mit Hinweis auf CIL III 6980 aus Sinope, wo ein *C. Nummius Sp. f. Qui(rina) Primus* unter anderem auch *sacerd(os) Imper(atoris) Caesaris Aug(usti)* war. Zu den Kulten der römischen Kolonien, s. Price (Anm. 22), 88f.; B. Levick, Roman Colonies in Southern Asia Minor, Oxford 1967, 88. D. Ladage, Städtische Priester- und Kultämter im Lateinischen Westen des Imperium Romanum zur Kaiserzeit, Köln 1971, 32ff. Wichtig ist die Zusammenstellung von Rossner (Anm. 21), 112ff., nach der kein Oberpriester aus Alexandreia Troas oder Parium stammt.

[24] Strabo 4, 3, 2, zur Textverderbnis Deininger (Anm. 6), 99f.; R. Turcan, L'Autel de Rome et d'Auguste *Ad Confluentem,* ANRW II, 12, 2, 1982, 607–643, bes. 608ff. Dio 54, 32, 1. S. auch J. C. Wilmanns, Die Doppelurkunde von Rottweil und ihr Beitrag zum Städtewesen in Obergermanien, ES 12, 1981, 1–182, bes. 86.

[25] Bei diesen Aussagen stütze ich mich weitgehend auf L.-A. Gysler, Le Flaminat municipal; Prêtrise officielle du culte impérial à travers les témoignages épigraphiques de la Province des Trois Gaules, Mém. de licence, Lausanne 1985.

[26] Flamines Augusti: CIL XIII 5009, 5010; AE 1978, 567; CIL XII 2606, 2608 (möglicherweise Vienne); CIL XII 2614. Flaminicae: CIL XIII 5002; CIL XII 2616 (vermutlich Nyon); ILGN 366, 367 (möglicherweise Nyon).

schlecht und die Abgrenzung zum kleinen Stamm der Rauriker schwierig ist.[27] Immerhin läßt sich auch der munizipale Kaiserkult mit einem *flamen*[28] belegen, und in der sehr zerstörten Inschrift CIL XIII 5274 wird man eher auch einen Munizipalpriester zu sehen haben.[29] Die jüngsten Ausgrabungen in Lyon schließlich haben einen Tempel des munizipalen Kaiserkultes zutage gefördert, der aufgrund einer fragmentarischen Inschrift sowie durch archäologische Belege auf die Zeit des Tiberius datiert werden kann[30] und der die bisher bekannten Inschriften von Priestern und Priesterinnen des munizipalen Kaiserkultes ergänzt.[31] Schwierigkeiten bereitet nun aber der jüngste Fund, eine fragmentarische Inschrift für *M. Bucc[onius]*, der offenbar als Bürger von Lyon neben einem munizipalen Priesteramt das Priesteramt am Provinziallandtag innegehabt haben muß.[32] Damit wäre die Möglichkeit gegeben, daß gegen das Ende des zweiten Jahrhunderts auch ursprüngliche Gründungskolonien ihre Delegierten an den Provinziallandtag von Lyon entsandt hätten, was vielleicht mit der oben erwähnten beträchtlichen Erweiterung des Amphitheaters und Vergrößerung des Kreises der Zugelassenen unter Hadrian zusammenhängt.[33]

---

[27] Vgl. H. Lieb, Zur zweiten Colonia Raurica, Chiron 4, 1974, bes. 423, der nach den Belegen *Colonia ... Raurica*, dann *Rauricorum* auf eine mögliche Verwaltungsänderung hinweist. Anders Wilmanns (Anm. 24), 94.

[28] CIL XIII 5273 (= HM 342): ---]tio Qui[r(ina) / Gem]ello fla[m(ini) / (duo)] viro co[l(oniae) / p]atron[o]

[29] CIL XIII 5274: --- T Aur ii(?) ---/--- om et au ---, was zu *flamen Rom(ae) et Augusti* oder zu *sacerdos Rom(ae) et Augusti* ergänzt werden kann, ohne die Entscheidung zwischen Munizipalpriester und Kaiserpriester am Provinziallandtag vorwegzunehmen. Burckhardt (Anm. 8), 426f. ergänzt *sacerdos* und nimmt zugleich einen Kaiserpriester in Lyon an. Als Munizipalpriester aufgefaßt von Staehelin (Anm. 8), 117 Anm. 3 und Meyer (Anm. 1), 305. Die Kaiserkulttempel in Nyon und Augst sind noch nicht schlüssig identifiziert.

[30] J. Lasfargues–M. Le Glay, Découverte d'un sanctuaire municipal du culte impérial à Lyon, CRAI 1980, 394–414.

[31] CIL XIII 2181 *flaminica Augustae*; das Priesteramt gehört nach Lyon. CIL XIII 1927 ergänzt durch Hirschfeld mit *flaminis Romae / et Divi Aug(usti)*, s. aber Le Glay (Anm. 30), 407. AE 1966, 252: Inschrift für Tiberius Aquius Apollinaris, der unter anderem *flamen Divorum* gewesen ist, s. auch A. Bruhl und A. Audin, Inscription du Lyonnais Tiberius Aquius Apollinaris, Gallia 23, 1965, 267–272, antoninische Zeit. AE 1952, 23 (neue Behandlung AE 1979, 403), s. M. Christol und D. Fishwick, A priest of the three Gauls at Valentia, RAN 12, 1979, 281–286, severische Zeit.

[32] AE 1952, 23 (= AE 1979, 403), s. vorherige Anm. Maurin (Anm. 4), 193 folgt dieser Interpretation nicht.

[33] Umgekehrt dürfte die (latinische) Kolonie Trier Kaiserpriester nach Lyon entsandt haben, s. J. Krier–L. Schwinden, Die Merscher Inschrift CIL XIII 4030, TZ 37, 1974, 126 zu Ber. RGK 17, 1927, Nr. 322 und AE 1968, Nr. 321 (dazu G. Alföldy, Die

Die Frage schließlich nach dem Einbezug der Helvetier in den Kreis der *civitates*, die sich um den Kaiseraltar in Lyon versammelten, ist durch die Inschrift des Q. Otacilius Pollinus beantwortet worden. Die Helvetier sind hier gleichbehandelt worden wie die Lingonen und die Sequaner, von denen ebenfalls Kaiserpriester, von den Sequanern zusätzlich noch ein *inquisitor*, inschriftlich belegt sind.[34] Was den Rechtsstatus der genannten *civitates* betrifft, so haben die Sequaner wie die Lingonen mindestens das *ius Latii* erhalten; im Falle der Helvetier gehen die Meinungen bekanntlich auseinander.[35] Die Zugehörigkeit zum gallischen Landtag wurde jedoch von diesen Statusänderungen naturgemäß nicht berührt.

Hingegen sind, wie L. Maurin und in anderem Sinn R. Etienne gesehen haben, die Kaiserpriesterämter der Helvetier in Aventicum selbst recht schwierig zu interpretieren.[36] Ohne nun auf die Einzelheiten der Formen der Kaiserverehrung vor und nach der Koloniegründung sowie der Titulaturen der Priester einzugehen, die eine eigene Darstellung erfordern würden, kann man jedenfalls feststellen, daß die Koloniegründung hier einen großen Einschnitt bedeutete und nicht nur eine neue bauliche Anlage, sondern auch eine neue Organisation des Kaiserkultes zur Folge hatte.[37]

Hilfstruppen der römischen Provinz Germania Inferior, ES 6, 1968, 188; H. Wolff, Civitas und Colonia Treverorum, Historia 25, 1977, 204 ff. und J. Krier, Die Treverer außerhalb ihrer Civitas, Mobilität und Aufstieg, TZ Bh 5, 1981, 92 ff.). Zu Trier auch H. Heinen, Auguste en Gaule et les origines de la ville romaine de Trèves, Hommages à Lucien Lerat, Bd. I, Annlitt Besançon 294, Paris 1984, 329 ff., bes. 339 Anm. 36. Anders Mellor (Anm. 13), 988, der die Kaiserpriester aus Trier der *Ara Ubiorum* zuweist.

[34] S. Maurin (Anm. 4), 197: Sequaner: CIL XIII 1674/75, Q. Adginnius Martinus, der in die Zeit Vespasians zu datieren ist, s. Fishwick, The Temple (Anm. 11), 48 mit M. Torelli, JRS 68, 1958, 170–175; CIL XIII 5376 (frg.); Lingonen: CIL XIII 5679 (frg.). Inquisitor: CIL XIII 1695, s. Anm. 53.

[35] S. Wilmanns (Anm. 24), 91 ff.; zur Kolonie Avenches, s. zuletzt wieder D. van Berchem, Avenches colonie latine?, Chiron 11, 1981, 221–228, jetzt in: Les routes et l'histoire, Lausanne 1982, 141 ff.

[36] Maurin (Anm. 4), 201; Etienne (Anm. 10).

[37] Etienne (Anm. 10) versteht die berühmte Cigognier-Anlage als Kaiserkulttempel, dessen Konzeption auf die flavische Zeit zurückgehe; die Inschriften nach der Koloniegründung belegen eine Neuordnung der Priesterämter: CIL XIII 5102 (= HM 203), CIL XIII 5103 (= HM 204), CIL XIII 5104, Neulesung durch Th. Pekary, Inschriften von Avenches, BPA 19, 1967, 49 ff.: *flamen Augusti* und – nur hier im Bereich des CIL XIII nachgewiesen – *sacerdos perpetuus;* unsicher die Interpretation von *primus omnium*, s. Etienne 16; CIL XIII 5064 (= HM 169): *flaminica prima Augustae*.

2. Die Laufbahn des Q. Otacilius Pollinus

Für die Person und die Laufbahn des Q. Otacilius Pollinus kann auf die Untersuchungen von A. Alföldi, J. Reynolds und H. E. Herzig zurückgegriffen werden.[38] Die Erwähnung der abgeschlossenen Munizipalkarriere (*omnibus honoribus apud suos functus*) ist nicht auffällig, sondern diese wird bei allen Beamten des gallischen Landtages vorausgesetzt.[39] Hingegen bedürfen die Patronate der Wirtschaftsorganisationen einiger Bemerkungen. Wie bereits J. Reynolds bei ihrer Ergänzung einräumte, ist es nicht klar, ob die Sklavenhändler (*venalicii*) ein eigenes *corpus* gebildet haben oder ob sie den *Cisalpini et Transalpini* angeschlossen waren.[40] Unbestritten scheint jedenfalls, daß vom Fragment *vena-* das Wort *venalicius* in irgendeiner Form ergänzt werden muß;[41] damit wird die Inschrift aber zu einem der seltenen epigraphischen Zeugnisse für den Nachweis von Sklavenhändlern, wobei der Begriff *venalicius* in der Inschrift des Otacilius für den Bereich Gallien und Germanien überhaupt erstmals belegt wird[42] und weitere Zeugnisse sehr unsicher sind.[43]

[38] Alföldi (Anm. 1); Reynolds (Anm. 1), 56; Herzig (Anm. 2), 38f.

[39] Ausdrücklich genannte, abgeschlossene Munizipalkarriere der Kaiserpriester: Arverni: CIL XIII 1463; Cadurci: AE 1955, 212 (= ILTG 223); CIL XIII 1541; Carnutes: CIL XIII 1694; Haedui: CIL XIII 1714; CIL XIII 2870; AE 1965, 341; Lemovices: CIL XIII 1698 (= ILTG 220); Nervii: CIL XIII 1702; Segusiavii: CIL XIII 1711; Senones: CIL XIII 2940; Sequani: CIL XIII 1675; Tricasses: CIL XIII 1691; anonym: CIL XIII 1710; CIL XIII 1718 und (Lyon): AE 1952, 23 = AE 1979, 403. *Iudices Arcae Galliarum:* CIL XIII 1686; 1707; 1708. *allecti:* CIL XIII 1688; die *inquisitores* s. unten Anm. 51, zur Frage der Formulare s. Anm. 52.

[40] Reynolds (Anm. 1), 56. Herzig (Anm. 2), 38f. nimmt drei Patronate und damit auch drei *corpora* an.

[41] Wörter, die auf *vena-* beginnen, sind nicht sehr zahlreich und hängen alle mit der Wurzel „ven" „Kauf" und „Verkauf" zusammen, so daß *venalis, venalicius, venaliciarius* in Frage kommen. *venalis* kann in bestimmten Redewendungen eine verengerte Bedeutung haben, häufiger ist zweifellos *venalicius* (Sklavenhändler) oder *venaliciarius* mit gleicher Bedeutung. Die Wörter sind vor allem aus den ›Digesten‹ bekannt. Der epigraphische Nachweis ist sehr viel dünner und beschränkt sich auf CIL VI 33813: *mercator venalicius, venalicius* CIL VI 9633, vier Weihungen an den *genius venalicii* (des Sklavenmarktes): CIL VI 396, 397, 398, 399, s. Harris (nächste Anm.), 130.

[42] Der räumlich nächste Beleg stammt aus Nîmes, CIL XII 3349: *venaliciarius graecarius,* s. W. V. Harris, Towards a Study of the Roman Slave Trade, MAAR 36, 1980, 117–140, bes. 130; O. Schlippschuh, Die Händler im römischen Kaiserreich in Gallien, Germanien und den Donauprovinzen Rätien, Noricum und Pannonien, Amsterdam 1974, 66, und K. R. Bradley, Slaves and Masters in the Roman Empire, Coll. Latomus 185, Brüssel 1984, 114f.

[43] Sehr zu diskutieren sind die bisher angeführten Belege für Sklavenhändler mit dem Begriff *mango,* der ein breiteres Wortfeld umfaßt und vor allem peiorativ ist, so auch Bradley, 114; RE XIV, 1928, Sp. 1107, Hug, und die Belegstellen in: TLL VIII,

Somit scheint es wahrscheinlicher, daß die Sklavenhändler nicht selbständig gewesen waren und daß Q. Otacilius Pollinus als Mitglied der *Cisalpini et Transalpini* auch noch gegebenenfalls mit Sklaven handelte.[44] Die neuesten Untersuchungen zum Wirtschaftsraum von Lyon haben dagegen deutlicher die Bedeutung der Transportgesellschaft der *Cisalpini et Transalpini* sowie vor allem der Schiffergilden herausarbeiten können.[45] Freilich werden wichtige Probleme hinsichtlich der Stellung und der Tätigkeit dieser *corpora* noch immer diskutiert, wobei vor allem der Begriff des *corpus* in Abgrenzung zu Formulierungen wie *nautae Rhodanici* oder zum Begriff *collegium* eine wesentliche Rolle spielt.[46] Offenbar waren die in Gallien vorwiegend belegten *corpora* der Flußschiffer mit und ohne Bezeichnung der transportierten Handelsware[47] vom Staat zugelassen und ausdrücklich in der Rechtsform des *cor-*

1937, Sp. 300, Deicke. Darüber hinaus ist Mango als Cognomen und *nomen peregrinum* belegt, so H. Lieb briefl.: So sicher in CIL V 4600, 4879, wahrscheinlich in CIL VI 34082 und auch in der Inschrift aus Köln CIL XIII 8348, dazu B. u. H. Galsterer, Die römischen Steininschriften aus Köln, Köln 1975, Nr. 321 mit Taf. 70. Ob in Inscr. It. XI, 1, n. 65 (= HM 82 und G. Walser, Summus Poeninus, Beiträge zur Geschichte des Großen St. Bernhard-Passes in römischer Zeit, Historia ES 46, Wiesbaden 1984, 93 mit Ill.) ein Sklavenhändler zu sehen ist, ist nicht gesichert.

[44] Harris (Anm. 42), 129f. zeigt gegen W. L. Westermann, The Slave Systems of Greek and Roman Antiquity, Philadelphia 1955, 86ff., daß die Belege für Sklavenhändler auch deshalb so selten sind, weil dieser Handel wenig angesehen war und offenbar oft nebenher betrieben wurde, womit die Annahme eines eigenen *corpus* bereits aus diesem Grunde wegfallen dürfte. Hinzu kommt die unten zu behandelnde rechtliche Definition des *corpus* als eine zum öffentlichen Nutzen dienende Berufsvereinigung, vor allem von Nahrungsmittelproduzenten und Nahrungsmittelhändlern.

[45] S. zuletzt J. Rougé, Aspects économiques du Lyon antique, in: Les martyrs de Lyon (Anm. 4), 47–63; Cracco Ruggini (Anm. 4), 69ff. und in der Diskussion 92.

[46] Zu den Begriffen *corpora* und *collegia* sowie der Frage ihrer Beziehung zum Staat, insbesondere der *nautae Rhodanici* (usw.) s. J. Rougé, Recherches sur l'organisation du commerce maritime en méditerranée sous l'empire Romain, Paris 1966, bes. 465ff.; L. Cracco Ruggini, Le associazioni professionali nel mondo romano-bizantino, in: Sett. stud. centro italiano di studi sull' Alto Medioevo XVIII, Artigianato e tecnica nella società dell' alto medioevo occidentale (2–8 aprile 1970), Spoleto 1971, Bd. I, 59–193, bes. 64–77.; dies., Stato e associazioni professionali nell' età imperiale romana, Akten des VI. Intern. Kongr. für Gr. u. Lat. Epigraphik, München 1972, Vestigia 17, 1973, 271–311; F. M. de Robertis, Storia delle corporazioni e del regime associativo nel mondo romano, Bari 1972, bes. Bd. II, 93ff.; A. Graeber, Untersuchungen zum spätrömischen Korporationswesen, Europ. Hochschulschr. III, 196, Frankfurt 1983, 8ff.

[47] Auffallend ist der Unterschied in der Verwendung der beiden Begriffe zwischen Italien und den verschiedenen Provinzen des römischen Reiches: Die *Tres Galliae* kennen mit einer Ausnahme nur *corpora*, s. die Materialsammlung bei G. Clemente, Il patronato nei *collegia* dell' impero romano, SCO 21, 1972, 142–229; Cracco Ruggini

pus anerkannt. J. F. Drinkwater nimmt an,[48] daß das *corpus* der Rhône- und Saôneschiffer direkt dem Kaiser verantwortlich war und möglicherweise, wie die *navicularii*[49], ebenfalls – aber nicht ausschließlich – mit dem Transport der *annona* beauftragt war. Auch wenn diese Frage aufgrund der wenigen Zeugnisse nicht schlüssig beantwortet werden kann, wird man doch einen Zusammenhang dieser Flußschiffer mit dem Transport wichtiger Güter etwa zu den Rheinlegionen herstellen dürfen, wobei der römische Staat in dieser Zeit noch je nach Bedarf auf freiwillige Leistungen der Transportgesellschaften zurückgriff, die er abzugelten pflegte. So wäre es möglich, die Stellung des Otacilius als Patron dieser Transportgesellschaften mit der Verleihung der *immunitas* zu verbinden.[50]

Schließlich zeigt ein Vergleich der Laufbahn des Otacilius mit jenen anderer *inquisitores* des gallischen Landtages[51] Berührungspunkte. Während für L. Cassius Melior, L. Lentulius Censorinus, Paternius Urso und C. Suiccius Latinus[52] außer dem Hinweis auf eine abgeschlossene Munizipallaufbahn keine anderen Angaben gemacht werden, hat offenbar der Sequaner Q. Iulius

---

(Anm. 4), 67 Anm. 5, 68. Als *corpora* sind belegt, s. J.-P. Waltzing, Etude historique sur les corporations professionelles chez les Romains, Löwen 1899, Bd. III, 558–578, die *negotiatores vinarii*, die *nautae Ararici et Rhodanici* (und weitere Formulierungen), die *utriclarii* und in Lyon selbst die *centonarii*.

[48] J. F. Drinkwater, The Rise and Fall of the Gallic Iulii: Aspects of the Development of the Aristocracy of the Three Gauls under the Early Empire, Latomus 37, 1978, 817–850, bes. 844 ff. Dies im Gegensatz zu den sicherlich nur auf die Stadt Lyon beschränkten *centonarii* (CIL XIII 1961).

[49] Zu den *navicularii* von Arles s. zuletzt M. Christol, Les naviculaires d'Arles et les structures du grand commerce maritime sous l'empire Romain, PH 32, 1982, 5–14; dazu die Lit. oben Anm. 46. Zu den Rechtsproblemen, vor allem auch im Hinblick auf die verschiedenen kaiserlichen Vergünstigungen gegenüber den *navicularii*, s. A. Palma, L'evoluzione del navicularioato tra il I ed il III sec. d. C., AAN 86, 1975, 7–31.

[50] Jedenfalls fällt auf, daß bereits Hadrian den *navicularii*, die die *annona* nach Rom transportierten, die *immunitas* gewährte. Dig. L 6, 6 (5) 5, 5: *Divus Hadrianus rescripsit immunitatem navium maritimarum dumtaxat habere, qui annonae urbis serviunt.*, dazu Palma (Anm. 49), 20 und bes. zu Otacilius Pollinus Herzig (Anm. 2), 39.

[51] S. Maurin (Anm. 4), 198 und Durand (Anm. 4), 77 ff. Außer Q. Otacilius Pollinus sind fünf *inquisitores* überliefert: L. Cassius Melior (CIL XIII 1690, *Suessio*); Q. Iulius Severinus (CIL XIII 1695, *Sequanus*); L. Lentulius Censorinus (CIL XIII 1697, *Pictavus*); Paternius Ursus (CIL XIII 1703, *Turo*; diese Inschrift ist verloren, so daß man über das fehlende Pränomen nichts aussagen kann); C. Suiccius La[tinus] (CIL XIII 3528, *Viromanduus*).

[52] Die ersten drei Inschriften haben sich am Ort des Provinziallandtages gefunden, die letzte am Heimatort des Geehrten. Es fällt auf, daß es offenbar weder für die gallischen *sacerdotes* noch auch für die *allecti* und *inquisitores* verpflichtende Formulare für

Severinus eine ähnliche Laufbahn wie Q. Otacilius Pollinus hinter sich gebracht: Auch dieser war nach Abschluß der Munizipalämter Patron der Rhône- und Saône-Schiffer und anschließend *inquisitor Galliarum*.[53] Der Tätigkeitsbereich der *inquisitores Galliarum* muß freilich weiterhin offenbleiben, da keine ausführlichen Belege vorliegen; immerhin zeigen diese beiden Laufbahnen, daß die Inhaber dieses Amtes wie im übrigen auch die *allecti arcae Galliarum* und die Oberpriester über einen beträchtlichen Reichtum verfügen mußten.[54]

3. ter immunitate a divo Hadriano donato

Die Interpretation der bis jetzt einmal bezeugten dreimaligen Gewährung der *immunitas* ist nun zweifellos das schwierigste Problem für das genauere Verständnis der Laufbahn des Otaciliers. Bereits oben ist auf einen möglichen Zusammenhang mit den Patronaten über die Transportgesellschaften und die Schiffergilden hingewiesen worden. Im allgemeinen hat die frühere Forschung in der Gewährung der *immunitas* eine Folge der allgemeinen wirtschaftlichen Verdienste gesehen und als übliche Form der Ehrung interpretiert,[55] wobei J. Reynolds, die sich mit den epigraphischen Einzelheiten auseinandersetzte, zu Recht in der *immunitas* eine Privilegierung des Kaisers in bezug auf Steuerverpflichtungen gegenüber dem Reich sieht.[56] Es würde nun freilich zu weit führen, die Geschichte der verschiedenen Privilegien, von denen die

---

die Textgestaltung der Statuenbasen gegeben hat, im Gegensatz etwa zu jenen der Oberpriester der Gallia Narbonensis oder der Hispania Citerior, zu den letzteren s. Alföldy (Anm. 21), 10f., 15.

[53] CIL XIII 1695: *Q(uinto) Iulio Severino / Sequano omnib(us) / honoribus in/ter suos functo / patrono splendi/dissimi corporis / n(autarum) Rhodanicor(um) et / Arar(icorum) cui ob innoc(entiam) / morum ordo civi/tatis suae bis statuas / decrevit inquisito/ri Galliarum tres / provinciae Gall(iae)*. Eine verwandte Karriere weist auch der *allectus ark(ae) Gall(iarum)* L. Tauricius Florens (CIL XIII 1709) auf, s. J. Rougé, Les rapports de Lyon avec l'ouest-nord-ouest gaulois: A propos de trois inscriptions, RAE 25, 1974, bes. 141 ff.

[54] Zum Amt des *inquisitor* s. bes. außer Deininger (Anm. 6), 102f. E. Cuq, Etude d'épigraphie juridique, Bibl. Ecoles fr. d'Athènes et de Rome 21, 1881, 9 ff.

[55] Herzig (Anm. 2), 39. Zur Textgestaltung s. Reynolds (Anm. 1), 55: Die Ergänzung *donato* anstelle von *honorato* aus Platzgründen; Beginn von Z. 5 Name des Kaisers beginnend mit *a divo*, hier Fragment mit \ DIV, mit Spuren eines V, das den unteren Rand von V in Z. 4 APUD darstellt.

[56] Reynolds (Anm. 1), 54 mit Aufzählung der wenigen Belege. Die Immunität im Hinblick auf die Reichssteuer bereits von Theodor Mommsen, bei Wavre, Nouvelles inscriptions (Anm. 1), 141 postuliert.

immunitas auf Reichsebene nur einen Ausschnitt darstellt, hier nachzeichnen zu wollen.[57] Eine Durchmusterung der sich nur auf diese Reichssteuer beziehenden Parallelbeispiele[58] zeigt nun aber, daß der Gewährung der *immunitas* doch mehr Gewicht beigemessen werden muß und daß diese Auszeichnung offenbar seltener gewesen ist, als aus der bisherigen Behandlung des Kursus des Otaciliers sichtbar wird. Die Beispiele sind nämlich nicht so zahlreich, und die Immunitas-Verleihung läßt sich beinahe immer auf ganz genau umschriebene Gründe zurückführen. Ohne nun ausführlich auf die Spätrepublik zurückzugehen, wo Asklepiades und seine Gefährten im Jahre 78 v. Chr. und Hermodoros von Oropos im Jahre 73 v. Chr. die Immunität allein[59] sowie Antipater, der Vater des Herodes, 47 v. Chr. von Caesar *civitas* und *immunitas*[60] erhielten, zeigen die Zeugnisse seit der Zeit Octavians, daß

[57] Eine neuere zusammenfassende Darstellung der *immunitas*-Verleihungen in Zusammenhang mit weiteren Privilegien gibt es m. W. nicht, s. älter Mommsen, StR III 751 mit Anm. 1; DS III, 1, 1900, 416, Jullian; DE IV 36 ff., bes. 40; A. Berger, Encyclopedic dictionary of Roman Law, New York 1952, 492; A. Nicoletti, Immunità, Novissimo Digesto Italiano VIII, Turin 1962, 192–193 vor allem im Hinblick auf die *excusatio tutelae*; L. Neesen, Untersuchungen zu den direkten Staatsabgaben der römischen Kaiserzeit (27 v. Chr.–284 n. Chr.), Bonn 1980, 121 mit Anm. 1, wo eine sehr umfassende Zusammenstellung der Zeugnisse und Darlegung der Probleme gegeben wird. F. Millar, The Emperor in the Roman World (31 BC–AD 337), London 1977, 491 ff. A. Sherwin-White, The Roman Citizenship, Oxford ²1973, 298–396. Neben und mit der *immunitas*, die sich auf die Reichsebene wie auch auf die lokale Steuerpflicht beziehen konnte, ist die *militiae munerisque publici vacatio* zu nennen, so bereits in der Lex Acilia Repetundarum, s. Bruns, 7. Aufl., Nr. 10, Z. 77 (84) und F. Grelle, *Munus publicum*, terminologia e sistematiche, Labeo 7, 1961, 308–329, bes. 310.

[58] Ein anderes Problem wird mit der Frage umrissen, ob die zu Neubürgern gewordenen Einheimischen von den kommunalen Lasten befreit waren oder nicht; damit beschäftigen sich bekanntlich die berühmten Edikte des Augustus von Kyrene, s. F. de Visscher, Les édits d'Auguste découverts à Cyrène, Löwen 1940 (ND Osnabrück 1965), 103 ff.

[59] *SC de Asclepiade*, 78 v. Chr.: IG XIV 951; Bruns, Fontes, 7. Aufl., no. 41; Riccobono, FIRA I, no. 35; R. K. Sherk, Roman Documents from the Greek East, Baltimore 1969, no. 22. Dazu s. J. Gallet, Essai sur le sénatus-consulte de Asclepiade sociisque, RHDF 1937, 389 ff. und A. J. Marshall, Friends of the Roman people, AJPh 89, 1968, 39–55. Zu Hermodoros von Oropos, 73 v. Chr. im Rechtsstreit zwischen den *publicani* und dem Amphiaraos-Heiligtum: IG VII, 413; SIG 3. Aufl. 747; Bruns, Fontes, 7. Aufl., no. 42; Riccobono, FIRA I, no. 36, dazu Marshall, 52f. und R. Bernhardt, Polis und römische Herrschaft in der späten Republik (149–31 v. Chr.), Berlin 1985, 195.

[60] A. Gilboa, L'octroi de la citoyenneté romaine et de l'immunité à Antipater, père d'Hérode, RHDF 50, 1972, 609–614. Das Zeugnis: Jos. Bell. Jud. I, 194: πολιτεία τε αὐτὸν τῇ Ῥωμαίων ἐδωρήσατο καὶ ἀτελείᾳ, und Ant. XIV, 137. Weitere frühere Fälle bei Marshall (Anm. 59), 51 Anm. 26.

einerseits ganze Bevölkerungsgruppen, nämlich die Veteranen, andererseits ausgewählte Einzelpersonen, die sich um den Kaiser und den römischen Staat verdient gemacht hatten, in den Genuß der Immunität kamen. Während die Gruppe der Veteranen als Sonderfall beiseite gelassen werden kann,[61] interessieren hier mehr die Einzelfälle: So verlieh Octavian dem Nauarchen Seleukos für seine Verdienste im Bürgerkrieg 41 v. Chr. das römische Bürgerrecht und die *immunitas*,[62] ebenfalls offenbar aus ähnlichen Gründen, die nicht mehr sichtbar werden, die *civitas* und die *immunitas* einem C. Iulius Vepo,[63] sowie auch seinem Leibarzt M. Antonius Musa für dessen Hilfeleistungen, wobei die Immunität für den ganzen Berufsstand galt.[64] Daß *civitas* und *immunitas* bereits im Falle von Neubürgern getrennt werden konnten, zeigt auch die Anekdote, nach der sich Augustus weigerte, einer Bitte der Livia um Erteilung der *civitas* an einen Gallier nachzugeben, ihm jedoch die *immunitas*[65] erteilte, die sich hier ausdrücklich auf die Reichssteuer bezog. Auch eine

[61] Edikt des Triumvirn Octavian, bekannt durch ein Zitat in einem Papyrus des 1. Jh. n. Chr. (BGU II 628 verso II), s. L. Wenger, Die Quellen des römischen Rechtes, Wien 1953, 401 mit Anm. 92; Riccobono, FIRA I, 315 ff.; CIL XVI 10. Zu diesem und zu späteren Privilegien s. R. F. Renz, The Legal Position of the Soldier and Veteran in the Roman Empire, Ph. Diss. 1972 (Univ. Microfilms Ann Arbor), 146 ff. und J. Gaudemet, Privilèges constantiniens en faveur des militaires et des vétérans, Studi in onore di Cesare Sanfilippo, Mailand 1982, Bd. II, 177–190.

[62] P. Roussel, Un Syrien au service de Rome et d'Octave, Syria 15, 1934, 33–74; Riccobono, FIRA I, no. 55, Sherk (Anm. 59), no. 58.

[63] CIL III 5232, Celeia: *C(aius) Iulius Vepo donatus / civitate Romana viritim / et inmunitate ab divo Aug(usto) / vivos fecit sibi et / Boniatae Antoni fil(iae) coniugi / et suis*, dazu J. Šašel, C. Iulius Vepo, ZAnt 4, 1954, 346–363, zeigt, daß der Name der Frau offensichtlich einheimisch war, meint aber, daß C. Iulius Vepo, weil die Angabe der Tribus fehle, nur das latinische Recht erhalten habe; anders zu Recht G. Alföldy, Noricum, London 1974, 76 mit Anm. 92; P. Kneissl, Zur Entstehung der Provinz Noricum, Chiron 9, 1979, 260–273 vermutet plausibel 269 einen ursächlichen Zusammenhang mit den Ereignissen in Pannonien.

[64] Zu M. Antonius Musa s. Millar (Anm. 57), 491 mit Anm. 1: Dio LIII 30, 3: καὶ διὰ τοῦτο καὶ χρήματα παρά τε τοῦ Αὐγούστου καὶ παρὰ τῆς βουλῆς πολλὰ καὶ τὸ χρυσοῖς δακτυλίοις (ἀπελεύθερος γὰρ ἦν) χρῆσθαι τήν τε ἀτέλειαν καὶ ἑαυτῷ καὶ τοῖς ὁμοτέχνοις, οὐχ ὅτι τοῖς τότε οὖσιν ἀλλὰ καὶ τοῖς ἔπειτα ἐσομένοις, ἔλαβεν. Millar a. a. O. macht zu Recht darauf aufmerksam, daß man nicht weiß, wer unter den Ärzten ebenfalls privilegiert wurde und worin im einzelnen diese Privilegierung bestand, die sich auf die Reichssteuer oder aber auf lokale Steuern beziehen konnte. Zu den Privilegien der Ärzte und Professoren s. R. Herzog, Urkunden zur Hochschulpolitik der römischen Kaiser, SBPreuß. Akad. d. Wiss. phil.-hist. Kl. 1935, 967 ff.

[65] Suet. Aug. 40, 4: *et Liviae pro quodam tributario Gallo roganti civitatem negavit, immunitatem optulit affirmans facilius se passurum fisco detrahi aliquid, quam civitatis Romanae vulgari honorem.* Tiberius scheint diesbezüglich zurückhaltender gewesen zu sein, s. Suet. Tib. 49, 2.

zeitliche Befristung der *immunitas* ist nicht unbekannt, da Claudius 44 n. Chr. den Bürgern von Volubilis für ihre Hilfe im Krieg gegen Haedemon die *civitas Romana*, das *conubium* mit peregrinen Frauen sowie eine *immunitas* für 10 Jahre und die *bona vacantia* zusprach.[66]

Als Schlußfolgerung für die Beurteilung der Karriere des Helvetiers wird man aus diesen Gründen in der dreimaligen Gewährung der *immunitas* doch eine hohe, nicht ganz selbstverständliche Auszeichnung sehen dürfen. Ebenfalls ist die Schlußfolgerung zulässig, daß sich Q. Otacilius Pollinus wohl mit irgendeiner persönlichen Leistung um den römischen Staat und die Öffentlichkeit im weitesten Sinn verdient gemacht hat, wobei eine unmittelbare Begegnung mit Kaiser Hadrian nicht auszuschließen sein dürfte.[67] Wenn man sich fragt, zu welchem Zeitpunkt und in welchem Zusammenhang der Munizipalbeamte aus Aventicum mit Kaiser Hadrian in Kontakt kam und damals oder später eine Leistung erbrachte, die diesem Herrscher auffallen mußte, so ergibt sich aus dem ziemlich genau bekannten Ablauf der Regierungszeit Hadrians unter Einschluß seiner Reisen eigentlich nur ein einziges wahrscheinliches Datum,[68] nämlich der zweimalige Aufenthalt Hadrians auf seiner ersten Reise durch Gallien und Germanien in Lyon im Jahre 121 n. Chr., mit welcher Stadt Q. Otacilius Pollinus durch seine Patronate und sein Amt als *inquisitor III Galliarum* verbunden war. Somit ergeben sich verschiedene Möglichkeiten, die im folgenden mit aller Zurückhaltung angedeutet werden können, ohne daß angesichts der Quellenlage eine eindeutige Aussage möglich wäre. So ist einerseits bereits oben beim Überblick über die Formen des Kaiserkultes in Lyon darauf hingewiesen worden, daß es vermutlich Hadrian

---

[66] ILM 116, bes. Z. 8–17: Inschrift für *M. Val(erius) Bostaris f(ilius) Severus*, darin *ob me/rita erga rem pub(licam) et legatio/nem bene gestam qua ab divo / Claudio civitatem Ro/manam et conubium cum pere/grinis mulieribus immunitatem / annorum X incolas bona civium bel/lo interfectorum quorum here/des non extabant suis impetra/vit*, s. ebenfalls ILM 56 *c(ivitate) R(omana) et conubio et oneribus remissis* und ILM 57: *Volubilitani civitate Romana ab eo donati*, dazu J. Gascou, Municipia civium Romanorum, Latomus 30, 1971, 136–141; L. Châtelain, Le Maroc des Romains, Etude sur les centres antiques de la Mauretanie occidentale, Paris 1944, 143 ff. Zu den *bona vacantia* J. Gascou, La succession des bona vacantia et les tribus romaines de Volubilis, AA 12, 1978, 109–124; zusammenfassend J. Gascou, La politique municipale de Rome en Afrique du Nord I. De la mort d'Auguste au début du IIIe siècle, ANRW II, 10, 2, 1982, 139–229, bes. 148.

[67] Millar (Anm. 57), 275 ff., 363 ff., 465 ff. zeigt, wie das römische Regierungssystem trotz der sich allmählich entwickelnden Bürokratie sehr stark auf persönlichen Beziehungen beruhte, in denen Empfehlungen über Freunde (der Freunde) eine wesentliche Rolle spielten.

[68] S. W. Weber, Untersuchungen zur Geschichte des Kaisers Hadrianus, Leipzig 1907, 98 ff.; zum Aufenthalt in Gallien bes. M. Labrousse, Note sur la chronologie du premier voyage d'Hadrien, Mél. soc. Toulous. d'Etudes Classiques 2, 1948, 130–135.

war, der einen Tempel erbauen und die *divi* in den Kult einschließen ließ, wobei er wohl den Anstoß zu diesen und weiteren Erweiterungsbauten während seines Aufenthaltes in Lyon 121 n. Chr. gegeben hatte.[69] Das Amphitheater ist ebenfalls unter Hadrian, aber gegen Ende seiner Regierungszeit, etwa in den Jahren 130–136, durch C. Iulius Celsus vergrößert worden.[70] Ein Bezug zu diesem Bauprogramm, etwa in dem Sinne, daß sich Q. Otacilius Pollinus in seiner Stellung als *inquisitor* oder später sehr großzügig zeigte und dafür vom Kaiser belohnt wurde, ist nicht auszuschließen.

Andererseits haben die Untersuchungen zum Wirtschaftsraum von Lyon die Bedeutung der Handelsgesellschaften und der Schiffergilden hervorgehoben und im Zusammenhang mit der Versorgung von Rom bereits eine Privilegierung der *navicularii* durch Hadrian belegt.[71] Eine persönliche Immunitätsverleihung an den Patron dieser Transportgesellschaften bei einer besonderen, nicht mehr zu nennenden Leistung wäre ebenfalls möglich. Jedenfalls ist Q. Otacilius Pollinus bisher neben C. Iulius Camillus[72] der einzige Bürger dieser Gemeinde gewesen, der auf irgendeine Weise mit einem Kaiser in näheren Kontakt trat.

---

[69] Fishwick, The Temple (Anm. 11), 50 setzt ebenfalls den Aufenthalt Hadrians 121 mit dem Tempelbau in Beziehung. Zudem hat Hadrian wohl die Säulen mit den Victoriastatuen durch Säulen aus Syenit ersetzt, die noch heute in der Basilika St. Martin in Ainay erhalten sind, s. A. Audin–P. Quoniam, Victoires et colonnes de l'autel fédéral des Trois Gaules, données nouvelles, Gallia 20, 1962, 103–116.

[70] Fishwick, The Temple (Anm. 11), 51, dazu die Lit. oben Anm. 16.

[71] Dig. L, 6, 6 (5) 5, 5, s. oben Anm. 50.

[72] CIL XIII 5093 (= HM 199): *[C(aio)] Iul(io) C(aii) f(ilio) Fab(ia) Camillo / [s]ac(rorum) Aug(ustalium) mag(istro) trib(uno) mil(itum) / [l]eg(ionis) IIII Maced(onicae) hast(a) pura / [e]t corona aurea donato / [a] Ti(berio) Claudio Caesare Aug(usto) / [i]ter(um) cum ab eo evocatus / [i]n Britannia militasset / [C]ol(onia) Pia Flavia Constans / Emerita Helvetior(um) / ex d(ecreto) d(ecurionum)*, s. auch R. Syme, Helvetian Aristocrats, MH 34, 1977, 129–140. Man darf festhalten, daß die Otacilier wohl nach Aventicum eingewandert waren, s. Herzig (Anm. 2), während die Camiller romanisierte Helvetier gewesen waren, s. van Berchem, La fuite de Decimus Brutus (Anm. 35), 55–65. Zu dieser Veränderung in der gallischen Oberschicht, die man aber nicht zu stark verallgemeinern sollte, s. Drinkwater (Anm. 48).

ADAM FERGUSON E LA STORIA DI ROMA

Di Emilio Gabba

I

La riflessione filosofico-morale e storica di Adam Ferguson ha attirato di recente una rinnovata attenzione anche in Italia, sia per gli sviluppi delle indagini sociologiche, sia per il riconoscimento dell'influenza che Ferguson aveva esercitato su Marx.[1] L'esame che qui intendo condurre ha lo scopo di ribadire la constatazione che in nessun altro momento dell'età moderna la riflessione sul mondo antico ha avuto nella coscienza contemporanea una funzione così profondamente vitale come nel secolo XVIII. Con l'›Essay on the History of Civil Society‹ (1767), Ferguson è sicuramente uno dei fondatori moderni dell'indagine sociologica.

Con il termine Civil Society – il cui significato si presta ad ambiguità, e che è andato acquistando valori differenti – Ferguson intendeva una società civilizzata, che era passata attraverso le fasi della società naturale e di quella primitiva o selvaggia.[2] Come è stato ben detto «Ferguson ha la coscienza di una vita sociale prepolitica – costituita da rapporti collettivi che hanno un'organizzazione e una vita loro propria e articolata in classi – cui soltanto in prosieguo di tempo si sovrappone lo stato». Ferguson studia empiricamente e delinea i passaggi delle forme sociali umane attraverso i vari stadi e le continue differenziazioni fino a giungere alla fase finale della nascita e dello sviluppo delle istituzioni politiche; le quali, a loro volta, sorte come sono dalla forza delle circostanze e non da programmi, sono connesse agli sviluppi della realtà sociale ed economica. In questa riflessione Ferguson viene di fatto, positivisticamente, a prospettare delle leggi generali di svolgimento.

Come si sa, specialmente nella parte dedicata alla "History of Rude Nations" Ferguson si avvale della riflessione etnografica e antropologica degli

---

[1] Mi riferisco in primo luogo al volume di Pasquale Salvucci, Adam Ferguson. Sociologia e filosofia politica, Ristampa, Urbino 1977. Si veda anche Adam Ferguson, Saggio sulla storia della società civile. A cura di P. Salvucci. Bio-Bibliografia ragionata di M. Massi, Firenze 1973.

[2] N. Bobbio, Sulla nozione di 'società civile', De Homine, 24–25 (1967–68), 19–36; nella stessa rivista: L. Colletti, Rousseau critico della 'società' civile', 123–176. Le citazioni dell'›Essay‹ nel corso di questo lavoro seguono l'edizione a cura di Duncan Forbes, Edinburgh 1966.

antichi (Cesare e Tacito) sulle popolazioni a quel tempo barbare come Germani e Galli, e dei ragionamenti metodologici in Tucidide, ed anche dei resoconti degli etnografi e geografi moderni sulle tribù barbare contemporanee (specialmente Arabi e Indiani Americani): con questi mezzi egli costruisce le fasi più antiche della storia umana. Questa ricostruzione tiene conto, in modo personale, della teoria, già antica ma largamente diffusasi fra Seicento e Settecento, che distingueva le fasi dell'incivilimento secondo i quattro fondamentali modi di sussistenza.[3]

Un momento epocale in questo svolgimento è rappresentato dal sorgere della proprietà privata, che è quindi uno dei fattori principali del progresso sociale ed economico. Punto più alto in una società moderna avanzata sono le attività commerciali. Ferguson sa bene che nella società moderna questo grande avanzamento, frutto di energie intellettuali e di capacità economiche, comporta il rischio gravissimo di una rottura interna della società civile e delle istituzioni. I cittadini, assorbiti dalla ricerca del profitto o strumentalizzati nella frantumazione delle attività di lavoro, si dissociano dalla partecipazione politica, che era prima indistinta dall'attività professionale. Viene meno lo spirito pubblico e con esso il senso comunitario della vita associata. Dalla spoliticizzazione nasce inevitabilmente il dispotismo. Dalla analisi sociologica Ferguson trapassa così alla riflessione filosofico-politica, attento all'evoluzione della realtà storica del suo tempo ed ai suoi caratteri.

Quello che io vorrei ora indicare è che all'indagine sociologica e alla riflessione filosofico-politica è strettamente connessa anche la ricerca storiografica. Mi pare che la ›History of the Progress and Termination of the Roman Republic‹ (tre volumi in 4°, London 1783) sia spesso trascurata da chi esamina il pensiero di Ferguson. Anche Friederich Meinecke, nella ›Entstehung des Historismus‹, la liquida con poche frasi e la considera opera fondamentalmente fallita.[4] Per anticipare le conclusioni della mia analisi, credo si possa affermare con buona sicurezza che la ›History‹, alla quale Ferguson lavorò a lungo,

---

[3] R. L. Meek, Social Science and the Ignoble Savage, che cito dalla traduzione italiana: Il cattivo selvaggio, Milano 1981, spec. 106–110; ma per le fondamentali premesse antiche di questa teoria: G. Bodei Giglioni, Dicearco e la riflessione sul passato, Rivista Storica Italiana 88, 1986, 629–652.

[4] F. Meinecke, Le origini dello storicismo, trad. ital., Firenze 1954, 211–216. La valutazione negativa di B. Croce, Bibliografia vichiana, Napoli 1947, I 375–376, è in relazione ad un confronto con Vico (rimasto ignoto al Ferguson). Un giudizio completamente negativo aveva già formulato B. G. Niebuhr, Lectures on the History of Rome (edited by L. Schmitz), London ²1849, III, p. LXXXVIII (Ferguson non è uno studioso). Sono naturalmente qui presupposti i saggi di A. Momigliano, Eighteen-century Prelude to Mr. Gibbon (1976), ora in Sesto Contributo, Roma 1980, 248–263 (testo italiano in Sui fondamenti della storia antica, Torino 1984, 312–327), e Il contributo di Gibbon al metodo storico, in Sui fondamenti della storia antica, 294–311.

vuole fornire la prova storica del progresso e del declino di una società avanzata antica, quali erano già stati individuati e delineati nell'›Essay‹. Le due opere sono in certo senso complementari, o meglio sono inserite in una circolarità di pensiero per cui l'›Essay‹ delinea, anche sul fondamento di un ripensamento di testi, problemi e teorie antichi, il quadro generale di uno svolgimento storico, che poi la ›History‹ intende documentare concretamente per una fase molto importante dell'età antica. È in questa prospettiva che il metodo storiografico di Ferguson va considerato.

In pagine bellissime dell'›Essay‹ Ferguson ha indicato il passaggio, nelle attività letterarie dello spirito umano, dalla poesia alla storia. Dal linguaggio poetico, con cui al principio si esprimono la fantasia, le passioni e i sentimenti dell'uomo, si passa alla riflessione sul passato, dominata dalla ragione. Siamo di fronte ad una richiesta nuova della società: non più soltanto curiosità, ammirazione, o anche amore per il divertimento: "When men become occupied on the subjects of policy, or commercial arts, they wish to be informed and instructed, as well as moved. They are interested by what was real in past transactions" (175). Come sapeva bene Ecateo (non Ellanico, come afferma Ferguson citando a memoria dal ›De elocutione‹ di Demetrio),[5] questo passaggio alla storia comporta, nella narrazione storiografica, l'eliminazione del mito, che non è controllabile criticamente, vale a dire di tutta la fase arcaica della storia dei popoli non documentata in modo attendibile. Di fatto Ferguson eliminerà poi tutta la tradizione leggendaria sulle origini di Roma. Tuttavia in un altro passo dell'›Essay‹, importante dal punto di vista metodologico (76–77), egli avverte che la favola e il mito non sono "authorities in matter of fact relating to the history of mankind; but they may, with great justice, be cited to ascertain what were the conceptions and sentiments of the age in which they were composed, or to characterise the genius of that people, with whose imaginations they were blended". È sulla conoscenza del passato che i cittadini interessati alla politica fondano "the reflections and reasonings they apply to present affairs, and wish to receive information on the subject of different pursuits, and of projects in which they begin to be engaged. The manners of men, the practice of ordinary life and the form of society, furnish their subjects to the moral and political writer" (175). Più avanti Ferguson afferma che la trattazione di questi argomenti, con capacità inventiva, giustezza di sentimenti ed esposizione corretta è un merito letterario.

In altri termini l'indagine storiografica deve sempre approdare ad una riflessione filosofico-politica. È naturalmente difficile stabilire una priorità concet-

---

[5] È il frammento 1 a in Jacoby FGrHist 1 = Demetr. De eloc. 12. Le considerazioni di Ferguson vennero citate in esteso e con approvazione dal Grote, History of Greece, I 436 (ediz. London 1869), nel cap. XVI: Grecian Mythes, as understood, felt and interpreted by the Greeks themselves.

tuale e temporale rispetto a questo tipo di riflessione. L'indagine sul passato, che è intesa come narrazione, risponde ad una finalità pratica nel senso che suggerisce ragionamenti politici e morali utili per intendere la situazione contemporanea e anche per intravedere taluni sviluppi nel futuro. Per converso da questa riflessione si può meglio comprendere lo stesso passato nelle sue linee di sviluppo. Questa interazione fra presente e passato sollecita la riflessione e, in certe occasioni, si traduce in ripensamento storiografico, che è quindi cosa ben diversa dalla fredda e non vitale indagine antiquaria. Questa riflessione, oltre e più che fissare gli avvenimenti, intende capire altri aspetti della vita degli uomini in società; è essa stessa un momento e un aspetto di questo impegno sociale comune.

L'importanza della conoscenza si estende ad ogni settore e attività della società civile: la scienza della natura, la morale, la politica, la storia sono collocate su un medesimo livello. Quello che soprattutto importa è che la società stessa vale come scuola; l'esercizio degli affari concreti è una lezione. È la vita attiva, non la suggestione dei libri che spinge alla storia (176). Se così è, le lezioni sono necessariamente diverse secondo il tipo di società, come dimostrano Sparta e Atene e Roma. Le attività letterarie non sono stimolate dall'isolamento o dall'agio. In una società libera e attiva, dove i cittadini sono capaci di ogni iniziativa nel bene e nel male, la letteratura, e quindi anche la storiografia, si fanno eco di questo spirito vivace e vitale. In queste situazioni di felicità politica anche l'utilizzazione di modelli letterari esterni (come, del resto, delle invenzioni in ogni altro campo) non si configura come semplice e ripetitiva imitazione, ma è un aspetto di una spontanea e vitale appropriazione di un qualchecosa che si inserisce armonicamente in uno svolgimento di progresso e di perfezionamento.

Da queste pagine dell'›Essay‹ si può intendere la genesi dell'›History‹. Basterà aggiungere alle tematiche sopra indicate (costumi degli uomini, pratiche della vita comune, forma della società) le altre problematiche che Ferguson stesso indica nel seguito dell'›Essay‹: i fattori di forza e di progresso di una nazione, le sue istituzioni, e soprattutto le ragioni del possibile declino sociale e politico.

II

Se teniamo presente questo pur breve quadro introduttivo e se intendiamo la ›History‹ come una verifica del ripensamento sociologico e filosofico-politico di Ferguson, appare chiaro che siamo su di un piano completamente diverso nella stessa impostazione rispetto alla ›History of the Decline and Fall of the Roman Empire‹ di Edward Gibbon, il cui primo volume era uscito nel 1776. Come si sa, Gibbon non cita mai l'›Essay‹ del Ferguson, anche se da molte coincidenze sembra certo che egli ne ha tratto spunti anche importanti.⁶ E tuttavia i due autori si sono posti il problema della decadenza – che era del resto tipico per la riflessione storiografica del 700: basti pensare alle ›Considérations‹ del Montesquieu, che fu modello per entrambi – in modo diverso. La diversità non è soltanto nell'individuazione del momento della decadenza: Gibbon ricostruisce criticamente la storia dell'Impero dall'età degli Antonini fino alla caduta di Costantinopoli: un quadro grandioso che abbraccia romanità, impero medievale, Bisanzio. Ferguson è interessato al problema specifico del progresso e del declino della repubblica romana, anche se l'opera si conclude con un significativo capitolo sull'età imperiale. In realtà Gibbon è l'erede di una tradizione storiografica che da S. Agostino attraverso Bossuet e Voltaire era giunta fino a lui: la decadenza dell'Impero romano era per Gibbon un problema storico-culturale, tanto più che il suo interesse era piuttosto centrato sul Medioevo. Ferguson invece è interessato, nell'›Essay‹ e nella ›History‹, alla creazione e poi alla verifica storiografica di modelli sociologici elaborati con un consapevole impegno politico: il suo è un discorso in realtà più molto generale, perché è rivolto ad individuare le ragioni e le fasi tanto dei progressi quanto del declino di differenti forme sociali e di istituzioni politiche.

Gibbon e Ferguson non sono neppure vicini sul piano della metodologia storica. Come ha mostrato A. Momigliano, il grande merito del Gibbon è stato quello di aver saputo fondere mirabilmente nella sua ricostruzione critica storia filosofica e studi antiquari; la sua interpretazione della decadenza dell'Impero risulta, in definitiva, dalla giustapposizione delle spiegazioni che egli aveva già trovato nelle sue fonti. Anche Ferguson conosce e in qualche caso discute i dati dell'antiquaria (ma solo nei primi capitoli), per la quale dichiaratamente non ha interesse e simpatia; in genere egli resta strettamente aderente alla tradizione delle fonti storiografiche antiche, alla quale, in punti cruciali, inserisce la sua riflessione: ma l'esposizione, apparentemente ripetitiva della tradizione, si fonda sulla riflessione problematica dell'›Essay‹ e da essa riceve validità e significato.

Il concetto dell'esemplarità della storia di Roma è ribadito, con lo stesso scopo di ricavarne norme di valore generale, nell'›Essay‹ e nella ›History‹. È all'inizio di quest'opera che si trova la celebre frase che conoscere bene la storia di Roma significa conoscere l'umanità (I 3). In un altro punto fondamentale (II 110) l'unicità degli insegnamenti offerti dal modello romano è ripetuta con forza; e così altrove. È ancor più significativo che nella parte dell'›Essay‹ dedi-

---

⁶ G. Giarrizzo, Edward Gibbon e la cultura europea del Settecento, Napoli 1954, 437. Ma Gibbon aveva recensito l'›Essay‹: 218–222. Per confronti fra l'›Essay‹ e la ›History‹ del Gibbon vd. i riferimenti nell'indice alla voce Ferguson. Lettere di Ferguson a Gibbon in Ed. Gibbon, Miscellaneous Works. New edition in five volumes, II, Letters, London 1814, 160–161 e 162–164; risposta di Gibbon alla prima: J. E. Norton (ed.), The Letters of Ed. Gibbon, II, New York 1956, 100–101 (nr. 335).

cata al declino delle nazioni sia proprio la storia di Roma repubblicana e imperiale a fornire i paradigmi privilegiati sui quali è condotta la riflessione del Ferguson. Anzi nell'›Essay‹ si insiste con maggior ampiezza sulle cause del declino dell'Impero. Le ragioni sono comprensibili: in questa tematica Ferguson è ancora nella scia di una tradizione sulla quale poco dopo si inserirà anche Gibbon; inoltre la decadenza imperiale per Ferguson è già una conseguenza scontata che ha il suo inizio e le sue cause prime ben addentro il periodo repubblicano. Sarà appunto sulla fase del trapasso dalla repubblica all'Impero che Ferguson intende condurre la sua analisi più profonda ed originale.

Per Ferguson il declino di una nazione inizia quando viene meno l'unità della partecipazione alla vita politica e della attività professionale svolta nella società. Le ragioni di questo distacco sono molte e vi è una sostanziale differenza fra le nazioni progredite antiche, che a noi qui interessano, e quelle commerciali moderne. Quando viene meno il senso della comunità, con tutti i valori che esso porta con sé, e che è il connotato principale della società civile, insorgono le spinte individuali necessariamente egoistiche e anche le migliori istituzioni politiche vacillano. Anche in questo caso il mondo antico ha fornito a Ferguson alcuni modelli emblematici. Si tratta delle piccole repubbliche greche, e poi anche di Roma fino alla Seconda Guerra Punica. È soprattutto l'Atene di Pericle che offre l'esempio e anche il testo migliore: si tratta del discorso di Pericle in Tucidide per commemorare i caduti nel primo anno della guerra peloponnesiaca, un testo che ha avuto una gran parte nella valutazione positiva della democrazia ateniese. L'elogio di Atene contiene la frase (II 40, 2): "We see in the same persons . . . an equal attention to private and public affairs; and in men who have turned to separate professions, a competent knowledge of what relates to the community; for we alone consider those who are inattentive to the state, as perfectly insignificant." Questo concetto esprime il senso più profondo dell'intuizione basilare di Ferguson. Certamente anche l'esempio spartano (dove la virtù era uno scopo dello stato) interviene nello stesso senso, ma Ferguson sa mettere in chiaro due limiti gravi: in quello stato l'eguaglianza economica, nella proprietà della terra, era piuttosto una sopravvivenza di costumi "that prevail among simple nations before the establishment of property" (158); inoltre ci si dimentica troppo facilmente, parlando della grandezza e della nobiltà d'animo dalla classe superiore spartana, dell'esistenza degli Iloti, che con il loro lavoro permettevano agli altri di essere liberi (185–186). Come è ben noto, il mito di Sparta nel 700 si ripresenta con valutazioni opposte,[7] e dall'osservazione del Ferguson non è

---

[7] L. Guerci, Libertà degli antichi e libertà dei moderni. Sparta, Atene e i «philosophes» nella Francia del 700, Napoli 1979; G. Cambiano, L' Atene dorica di K. O. Müller, Annali Scuola Normale Sup. Pisa XIV, 1984, 1045–1067.

troppo difficile trarre la conseguenza (come taluno allora fece) che la schiavitù è un necessario correlato dell'eguaglianza democratica.

La perfetta fusione di pubblico e di privato caratterizza la vera democrazia: essa si mantiene per lo spirito di sostanziale eguaglianza che vi domina e che realizza la libertà: una libertà diversa dalla nostra, che si fonda sulla protezione che la legge accorda alla persona e alla proprietà.

Nel caso della società romana repubblicana, almeno fino al II sec.a.C., eguaglianza va intesa come limitazione della concentrazione della ricchezza, come sapeva già Montesquieu; il senso della moderazione e dell'equità era mantenuto anche dalle leggi suntuarie, e anche la minaccia sempre incombente della legge agraria, mai realizzata, era un mezzo per frenare le tendenze verso una troppo accentuata diseguaglianza economica. In ogni caso, come Montesquieu sapeva bene, e prima di lui pensatori antichi, la democrazia poteva realizzarsi soltanto in stati territorialmente piccoli. È qui che la partecipazione diretta può veramente avvenire. Partecipazione significa in primo luogo discussione e anche dissenso, che anche per Ferguson, come per Machiavelli e Montesquieu (ma anche qui vi sono già precedenti classici), sono fattori di libertà e di vitalità politica.

Le repubbliche greche, piccole e rissose, avevano la grande vitalità che derivava dal vivace contrasto di idee; e si spiega così anche la grande fioritura letteraria greca. Quando le strutture statali bloccano questo movimento vitale, anche con le migliori intenzioni, inizia inevitabilmente il declino. È in questa visione di una attività sociale e politica retta sempre da una forte tensione morale e da un costante impegno, che si colloca anche la teoria di processo autonomo di adattamento della società, e quindi delle sue istituzioni, alle varie e sempre modificantesi contingenze storiche. Ferguson rifiuta la tradizione antica sui legislatori. Così come egli vede negli accadimenti storici gli esiti di azioni umane, ma non di decisioni umane (è la nota teoria delle conseguenze involontarie, sulla quale giustamente insiste Ronald L. Meek).

Quando in una nazione gli interessi privati non sono più subordinati a quello comunitario e prendono il sopravvento, quando l'individuo per migliorare la propria fortuna personale si allontana dalla comunità, allora si ha la vera corruzione e inizia il declino di quella nazione. Le circostanze storiche nelle quali queste condizioni si verificano sono varie: nelle società moderne commerciali è soprattutto la divisione esasperata del lavoro, con la conseguente spoliticizzazione e disumanizzazione, che conduce a questo esito. Nelle società antiche il caso è differente: la prevalenza del privato è piuttosto una conseguenza dell'ingrandimento dello stato. Le conquiste territoriali fino ad un certo punto hanno indubbiamente portato ad un accrescimento di forza, anche nel senso di capacità economica generale; al di là di un certo limite le conseguenze cessano di essere positive. Questa teoria, già sviluppata dal Montesquieu, ha noti precedenti antichi e proprio riguardo a Roma la storiografia di età imperiale, da Tacito a Cassio Dione, aveva connesso la necessità del regime monarchico (e quindi della fine della libera repubblica) con l'accresciuta estensione dell'impero. In Ferguson, nell'›Essay‹, il ragionamento è molto chiaro. In un grande stato territoriale la tranquillità e la pace necessariamente dominano e favoriscono il prevalere dell'interesse personale e il disinteresse politico. Vengono meno il dibattito interno e la spinta vitale che animavano le piccole democrazie, naturalmente a prescindere dal differente funzionamento delle istituzioni: la pace come pericolo è motivo già antico e storiograficamente operante.

Ferguson, opponendosi ad una tradizione che va almeno da Eusebio a Bossuet, polemizza contro le concezioni imperiali universalistiche; egli quasi riprende le motivazioni di S. Agostino nel ›De civitate Dei‹ a favore dei piccoli stati in emulazione vitale e fruttuosa fra di loro.

L'esempio storico di Roma dimostrerà che è in queste condizioni di scarsa tensione politica e morale, di prevalere dell'interesse privato e di sfaldamento interno, che può intervenire la corruzione, che da un punto di vista politico finisce per coincidere con il dispotismo. Il concetto di corruzione va precisato. Ferguson, sulla scia di Montesquieu, rielabora parecchi motivi della decadenza morale che si trovano in Sallustio, ma egli è lontano da una concezione moralistica che faceva coincidere la corruzione con il lusso ('luxury'). La vera corruzione stava nel distacco dalla politica: come era ovvio per chi aveva insistito sulla vitalità dei contrasti politici interni. Tuttavia tanto nell'›Essay‹ (244) quanto nella ›History‹ (I 369) Ferguson con espressioni molto simili distingue i vari significati del vocabolo 'luxury' e le diverse interpretazioni possibili del concetto. È abbastanza ovvio che per lui, come per molti altri pensatori intervenuti nella famosa polemica illuministica sul lusso, questo, connesso alle attività commerciali, è piuttosto fattore di progresso ed è quindi valutato positivamente. Inoltre, proprio perché Ferguson distingue le società antiche da quelle commerciali moderne nelle quali l'arricchimento con il commercio è fattore irrinunciabile, egli accetta solo parzialmente gli spunti della tradizione antica, che collegava direttamente la corruzione morale e la politica all'afflusso di ricchezza. È notevole che Ferguson parli poco, o nulla, delle attività commerciali a Roma. Il crescere del benessere è inteso nei suoi riflessi politici, come spinta al rilassamento, per il venir meno delle tensioni ideali e anche delle sollecitazioni materiali, come acquiescenza nei risultati raggiunti. La nazione diventa statica, gli individui perdono gli interessi politici, vi è predisposizione al dispotismo.

Anche se Ferguson rifiuta il confronto fra la vita dell'individuo e quella delle nazioni, e quindi respinge la concezione biologica della storia, tuttavia vi è un certo aspetto di inevitabilità nel declino progressivo degli stati così delineato. E tuttavia è proprio dal dramma del pericolo esterno, che sopravviene di norma insieme alla decadenza interna, che può nascere lo stimolo ad una rinascita morale e politica negli uomini. Ferguson sembra avvicinarsi, forse sotto l'influenza di Polibio, ad una concezione ciclica della storia, anche se il suo pensiero non è qui del tutto chiaro.

III

La riflessione di Ferguson è condotta largamente con l'appoggio di modelli antichi, e da quanto si è fin qui detto noi in certo senso conosciamo già come egli intenda il progresso e la fine della repubblica romana. La società romana, e di riflesso le sue istituzioni, all'origine e per molto tempo, sono state rette da un principio di eguaglianza, vale a dire da una sostanziale limitazione della concentrazione della ricchezza. Si erano andate sviluppando forme di subordinazione e si era venuto stabilendo un predominio di certi gruppi, ed era nata bensì una certa diseguaglianza, ma questa era fondata sul merito e sul prestigio personali, non su una maggiore capacità economica. Il Ferguson intende il contrasto fra patrizi e plebei, appunto, come il tentativo di difendere posizioni di privilegio di questo tipo e come volontà, per contro, di rivendicare certi diritti; il contrasto si risolse in una sorta di 'equality', nel senso che ognuno ebbe da allora eguali diritti di avanzamento e di onori. La costituzione romana dopo le Leggi Licinie-Sestie del 367 a. C. riflettè questo raggiunto stato di generale conciliazione; stato che è vicino a quello felice nella sua maturità, che è descritto da Polibio.

Va dato rilievo a due punti fondamentali nella visione del Ferguson. Egli ritiene che questo spirito di eguaglianza, che rifiuta le distinzioni dovute alla ricchezza, e questa situazione fortunata siano durati fino alla metà del II sec.a.C. L'emergere di grandi personalità di rilievo è unicamente dovuta, fino allora, ai meriti e alle capacità personali. Lo spirito democratico del popolo accetta l'autorità di pochi, non la loro preminenza. Fin qui Ferguson è ancora entro lo schema di Sallustio in alcuni passi famosi. In secondo luogo Roma era ancora, fino a quel momento, una nazione non del tutto civilizzata. Questo è dimostrato soprattutto dal tardo sorgere di un'attività letteraria. Roma non ha più le arcaiche ballate epiche, delle quali parlava Catone, ma non ha ancora una letteratura; alla storiografia esemplata sui modelli greci si giungerà attraverso la *laudationes funebres*. Questo stato di sostanziale arretratezza è confermato da molti indizi e specialmente dal permanere di superstizioni barbare accanto a genuino spirito religioso e da caratteri di rusticità anche negli strati sociali più alti. Cronologicamente è in questo stesso periodo che Roma ha conquistato il dominio mondiale. Il popolo, lo stato romano sono in realtà un esercito; ed è discutibile se l'ordinamento stesso romano sia civile o piuttosto militare. Soltanto dopo il 146 a.C. Roma cessa di essere una 'military station' (I 172 ss.; 272).

È allora più che naturale che le virtù romane si assommino nello spirito di conquista, che anima tutto il popolo e che lo coinvolge nella politica di guerra e di espansione. Ma ad un certo momento lo spirito di conquista portò a superare quel tale limite oltre il quale la democrazia si corrompe: limite di ampiezza territoriale ed anche di capacità di resistenza morale. Lo spirito di conquista diventa fattore di debolezza: secondo un concetto ben diffuso, la troppa conquista rovina non meno i vinti che i conquistatori; gli uni e gli altri finiscono per perdere la libertà. Il discorso di Ferguson è a questo punto complesso. Egli non ha elaborato una teoria per spiegare l'imperialismo romano; non mancano alcuni accenni di sapore sallustiano: la corruzione interna dovuta all'espansione esterna, all'ostentazione della ricchezza, a contrasti per ragioni di interesse ('avarice'), al decadere del senso del bene pubblico. Tuttavia i motivi di corruzione sono piuttosto considerati negli aspetti politici. È in questa fase storica che inizia la cattiva amministrazione delle province; l'acquisizione delle province è in sé elemento di progresso perché da esse affluiscono a Roma ricchezze pubbliche e private, mentre si allontana il pericolo del nemico esterno, ma nelle province i magistrati sono sollecitati ad agire in modo incontrollato mentre il benessere conduce, come sappiamo, ad un rilassarsi delle energie civili e militari. Incominciano ad manifestarsi anche gli svantaggi della milizia cittadina, che non può combattere per anni lontano da casa e si creano le premesse perché di lì a non molti anni Caio Mario debba ricorrere al deleterio rimedio di arruolare i proletari, vale a dire cittadini di fatto disinteressati alla politica e allo stato (I 350).

Un'altra osservazione è ancora più importante. Dalla concordia ed eguaglianza fra i nobili, i cavalieri e la plebe si passa ora ad una fase nella quale l'esercizio del potere diventa lucrativo (I 276). Sotto la spinta dell'interesse individuale ora i cittadini aspirano alle cariche, mentre i cavalieri, confinati in attività commerciali e volti soltanto al guadagno, appaiono al Ferguson estraniati dalla politica. I nobili sono quindi in grado di accumulare proprietà terriere che gestiscono con l'impiego degli schiavi: a ragione, secondo Ferguson, che accetta alcuni argomenti proposti dagli oppositori di Tiberio Gracco. Infatti non era possibile che i ricchi proprietari affidassero la conduzione delle proprie terre a cittadini impegnati militarmente e politicamente, e quindi di continuo costretti ad assentarsi dal lavoro dei campi. Il sorgere della diseguaglianza economica porta ad un distacco delle classi alte dal resto del corpo civico; la massa diventa populace e si concentra a Roma, dato che è venuta meno la politica precedente di colonizzazione.

Ferguson si trova a questo punto ad affrontare l'episodio di Tiberio Gracco e la sua proposta di legge agraria, che è interpretata come un tentativo di più egalitaria distribuzione della ricchezza (I 281 ss.). È qui necessaria una osservazione preliminare. Come si sa, fino allo Heyne e a Niebuhr era stato assolutamente frainteso il significato delle leggi de modo agrorum e agrarie romane.⁸ Confondendo fra proprietà e possesso si era sempre inteso che queste leggi intervenissero a limitare e a redistribuire la proprietà privata. Anche Ferguson cade in questo gravissimo errore, che lo costringe anche in seguito ad affermazioni contraddittorie. Quando Ferguson parlava di una certa quale eguaglianza economica a Roma ancora nel III sec. a. C., o meglio, noi diremmo, della non esistenza di forti dislivelli sociali, egli enunciava, seguendo anche qui Montesquieu, una sostanziale verità; tuttavia la sua riflessione era fondata sull'idea errata che la legge agraria Licinia Sestia del 367 a. C. avesse stabilito un limite di 500 iugeri alla proprietà privata della terra, e non, come dicono i testi, alla *occupatio* dell'*ager publicus* (I 80, n. 26). Quella legge in quell'età e in uno stato territorialmente non vasto sarebbe servita a mantenere la democrazia egalitaria. Ma il nostro storico sostiene e teorizza che in uno stato di notevole ampiezza, come è ormai Roma nel 133 a. C., quella prassi sociale e politica non era più praticabile. La distinzone fra ricchi e poveri era ormai necessaria, così come una distinzione di compiti fra chi deve lavorare e chi deve governare (perché ben governi): le due categorie sociali hanno ora due funzioni diverse. L'aristocrazia di un impero deve essere fondata, oltre che sulle qualità personali e sugli onori pubblici, sulla ricchezza. In tale situazione il programma di Tiberio Gracco, inteso come limitazione della proprietà terriera e anche come blocco della commerciabilità della terra (così egli deve fraintendere l'inalienabilità dei lotti che sarebbero stati assegnati ai proletari), è fuori tempo e infelice: sarebbe un ritorno ad una fase storica superata; i poveri non possono diventare eguali a coloro che sono 'inured' a condizioni sociali migliori. L'errore tradizionale, nel quale anche Ferguson cade, lo mette completamente fuori strada nell'interpretazione del fatto storico, ma è per noi prezioso in quanto gli consente di esporre un lucido ragionamento politico e sociologico. Ferguson non è però un reazionario, e si rende ben conto che gli argomenti dei poveri hanno una certa plausibilità. Vi é del giusto nella richiesta che ogni cittadino deve partecipare alla divisione della terra conquistata. La risposta dello storico è duplice: sul piano del paradosso egli fa proprio il ragionamento polemico riferito da Cicerone nel ›De re publica‹ (che egli conosce per il tramite di Lattanzio), che per seguire un ideale di assoluta giustizia Roma avrebbe dovuto restituire le conquiste fatte e tornare ad essere un piccolo villaggio. Ma l'argomento serio è che in uno stato grande si devono riconoscere e adottare come naturali e necessarie le disparità sociali.⁹

⁸ A. Heuss, B. G. Niebuhrs wissenschaftliche Anfänge, Abhandl. Akad. Wiss. Göttingen, Phil.-hist. Kl., Dritte Folge, 114, 1981, 153 ss.; 188 ss.; per Ferguson: 257 ss.

⁹ Val la pena di ricordare che l'interpretazione di Ferguson sui cambiamenti della società romana nell'età dei Gracchi venne accettata pochi anni dopo, nel 1787, da John Adams nella sua ›Defence of the Constitutions of Government of the Unites States‹ (I 358–361: cito dall'edizione di Philadelphia 1797) per essere applicata a spiegare la

Con il che è naturalmente implicito il declino della democrazia e della libertà, intese come partecipazione spontanea, sentita e viva del popolo alla vita politica. Oramai si è portati ad adagiarsi sulle conquiste che gli avi avevano conseguito con la loro attività; la vita politica si va concentrando nelle sole classi alte (la massa deve lavorare). E nella massa si diffonde la più completa indifferenza, che è la premessa necessaria per la sua strumentalizzazione da parte di coloro che aspirano ad un potere personale: di qui il dispotismo.

IV

Proprio perché la libertà discende da un'intima esigenza e consapevolezza, non sono certo le istituzioni che la possono dare o garantire. Ma nella Roma del I secolo le istituzioni non funzionano, non possono funzionare del tutto. Ferguson ha l'acuta intuizione che il meccanismo costituzionale romano, che era ancora aderente alla realtà sociale e politica alla metà del II sec. a. C., si era poi totalmente inceppato, senza possibilità di rimedio. Egli sa che si tratta di un caso assolutamente unico nella storia dell'umanità e quindi molto istruttivo; non si erano escogitati modi di partecipazione politica che sostituissero in uno stato grande la democrazia diretta, tipica del piccolo stato. La contraddizione fra l'ideale di conservare mentalità e costumi che inevitabilmente devono condurre alla rovina dello stato, e l'impossibilità pratica di mantenere quel tipo di stato, era nella realtà stessa di Roma alla fine della repubblica. Le cause di questo mancato funzionamento dello stato, che finisce nella ingovernabilità, sono parecchie: ma una è la prevalente. Ferguson aveva già criticato le troppo ampie e numerose concessioni della cittadinanza romana nel corso del II sec. a. C.; ora l'immissione generalizzata degli Alleati Italici nella cittadinanza dopo la Guerra Sociale (91–89 a. C.) ha messo le strutture politiche romane e soprattutto i comizi nell'impossibilità pratica di funzionare: i comizi sono ridotti ad espressione della plebe urbana, che non rappresenta nulla (I 403). Ferguson non è ovviamente interessato alle altre forme di creazione del consenso che sono per esempio indicate da Cicerone nella ›Pro Sestio‹.

L'unico organo, in teoria, ancora dotato di una qualche possibilità di intervento contro il prepotere degli avventurieri politici sarebbe il Senato; di fatto però anch'esso è esautorato. Naturalmente la simpatia di Ferguson va a quei

---

struttura sociale dei Tredici Stati e la necessità dell'ineguaglianza sociale e di una differente collocazione politica delle classi. La stessa teoria rappresenta, come è noto, anche il punto focale dell'articolo 10 in The Federalist, scritto da Madison, che in certo senso ha dato origine all'interpretazione economica della costituzione americana: Ch. A. Beard, An Economic Interpretation of the Constitution of the United States (1913), seconda edizione 1935.

politici romani che si rendevano conto di questa inadeguatezza delle istituzioni e cercavano un qualche rimedio. L'esempio migliore è quello di Silla, che per Ferguson è completamente legittimato nel suo pur sanguinoso tentativo di restaurare il governo senatorio, amputando chirurgicamente la parte malata per salvare quella sana (I 457–458). Due punti nella valutazione storiografica e politica del Silla di Ferguson meritano attenzione. Il primo è la funzione che la dittatura ha di ristabilire la legalità costituzionale in momenti eccezionali. Il secondo è che Ferguson, che non era certamente un reazionario, riconosceva che quando un partito nella lotta politica agisce in modo da compromettere la stessa stabilità istituzionale e i principi di subordinazione che la società ha raggiunto, si ha il dovere di intervenire con ogni mezzo a disposizione per combattere questi tentativi con lo scopo di ristabilire la legalità. Durante la prima guerra civile la situazione romana era così seria che i più violenti rimedi, al di là di quanto è conosciuto nella storia dell'umanità, furono invocati (I 458). Quando una cancrena si spande in un tale corpo, come lo stato romano, il coltello del chirurgo è giusto che sia impiegato. La giustificazione dell'agire di Silla è tanto chiara quanto impressionante.[10] Ferguson

[10] Il traduttore francese di questa parte dell'opera di Ferguson, Jean Nicolas Démeunier, l'editore dell'›Encyclopédie méthodique‹, amico di Th. Jefferson (F. Venturi, Settecento riformatore, IV 1, Torino 1984, 115–117), si sentì estremamente imbarazzato di fronte a questa giustificazione dell'azione di Silla e a questo punto inserì una delle pochissime note sue al testo dello storico scozzese, prendendo le dovute distanze. Egli si chiese se non valeva meglio abbandonare la repubblica alla sua sorte piuttosto che usare di questi mezzi e se propriamente non vi erano altri espedienti per salvarla, tanto più che essi non erano sortiti alcun buon effetto. La nota ricompare pari pari anche nella traduzione italiana (Venezia 1793). Ancora nel 1792 Ferguson ribadiva con forti espressioni la stessa teoria (a giustificazione dell'azione violenta contro il dispotismo) nei ›Principles of moral and political Science‹ II 497 (testo delle sue lezioni all'Università di Edinburgh fino al 1785, anno delle sue dimissioni). Tuttavia, pochi anni dopo, nel 1799, apparve una seconda edizione della ›History‹ in cinque volumi, 'revised and corrected', specialmente nello studio delle operazioni militari antiche controllate sul posto (Preface XXIV). Il giudizio su Silla è rimasto nel complesso il medesimo, ma l'aspra frase sull'operazione chirurgica non c'è più. La storia dell'umanità aveva conosciuto più violenti rimedi che non quelli impiegati da Silla! (II 208–209). A proposito della traduzione francese (opera del Démeunier e di J. Gibelin) va notato che apparentemente esistono due edizioni apparse nello stesso anno presso Nyon l' Ainé, a Parigi. Si tratta, a quel che sembra, di due frontespizi e di due prefazioni sullo stesso testo. Una edizione, forse la prima, ha per titolo ›Recherches historiques et critiques sur les causes des progrès et de la chûte de la république romaine‹: l'opera dovrebbe servire da supplemento alla storia del Rollin e del Crevier. È su questa edizione che venne condotta la traduzione italiana. L'altra edizione ha per titolo: ›Histoire des progrès etc.‹ ed è immaginata precedere la Storia del Gibbon, che si afferma scritta 'dans les mêmes vues'. La traduzione francese del Gibbon era uscita presso lo stesso editore.

aveva naturalmente illustri predecessori nell'antichità: Platone aveva già parlato della «malattia della città» (Prot. 322 D). Cicerone in un passaggio della ›Pro Sestio‹, 135, ritiene che sia necessario intervenire sulla parte malata dello stato. Lo stesso punto di vista è sostenuto da Dionigi d'Alicarnasso in un discorso che riguarda proprio la storia della dittatura romana (VII 56, 2). In ogni caso, la consapevole abdicazione di Silla alla dittatura consente di giudicarlo positivamente e di non considerarlo un usurpatore. Purtroppo non è possibile restaurare la legalità con la violenza e anche Ferguson ha una riflessione analoga a quella di Sir Ronald Syme: Sulla could not abolish his own example.

La storia dell'ultimo secolo della repubblica è ricca di contraddizioni. Mentre all'interno le contese fra le parti degenerano nella guerra civile, all'esterno continua la politica di espansione. Fra i due fenomeni per Ferguson vi è un nesso stretto. Le discordie interne sono intese come una palestra delle capacità individuali, anche se contro la regola. Le operazioni militari all'esterno dipendono sempre più dal valore dei singoli generali e politici, nutriti in questo clima di contese, e non dai poteri politici (II 15–16). Due punti sembrano chiari nella storia della rivoluzione romana: le contese politiche si svolgono all'interno delle classi alte e contribuiscono a distruggerle; esse sono anche la grande occasione per manifestazioni contropposte dello spirito umano e dei caratteri umani. Vi è la tentazione di essere grandi criminali, oppure integri e onesti.

Ferguson rielabora la potente contrapposizione fra Cesare e Catone che Sallustio aveva già considerato come emblematica del suo tempo, e di un'intiera età storica, nella ›Coniuratio Catilinae‹. Lo spunto era già presente nell' ›Essay‹ (133–135); viene svolto nella ›History‹ (II 110 ss.). Il contrasto è inteso da Ferguson come uno scontro culturale fra le due dottrine filosofiche greche che dominavano il ceto dirigente romano: Epicureismo e Stoicismo. Certamente già Montesquieu nelle ›Considérations‹ (cap. X) aveva visto nella penetrazione dell'epicureismo a Roma una delle cause della corruzione dello spirito romano: la ragione stava, da un lato, nell'aver tolto il timore degli Dei, nell'aver indebolito il sentimento religioso inscindibilmente unito all'amore per la patria; dall'altro nella crescita delle fortune private, per cui era divenuto difficile essere un buon cittadino. Il problema del significato politico del fatto religioso non preoccupa molto Ferguson. La dottrina epicurea è pericolosa perché sollecita al godimento della prosperità nazionale ora raggiunta; perché significa rifiuto delle virtù austere e negazione della Provvidenza; perché dà scarso rilievo alle distinzioni fondate sul merito e sugli onori; perché considera il bene pubblico un'impostura per defraudare di quello privato. Nella polemica ciceroniana gli Epicurei sono i teorici del disimpegno politico. Tutto l'opposto vale per la dottrina stoica. Il bene e il male dipendono da nostre scelte e devono condizionarle; la Provvidenza è una realtà; la vita umana deve essere retta dalla giustizia; i principi umani non sono risolvibili nel solo piacere; il bene pubblico coincide con quello privato. Scopo finale dell'azione umana deve essere il bene dell'umanità; non per niente il volume II della ›History‹ nella prima edizione finisce con la morte di Catone, eroe dell'umanità.

Cesare e Catone sono rappresentativi di queste due opposte mentalità: il contrasto loro è uno scontro di culture, che si traducono in opposti comportamenti politici, in contrapposte visioni dello stato. Ferguson nota come nel corso della storia di Roma le due posizioni politiche contrapposte siano andate mutando nei loro caratteri (II 238–239). Patrizi e plebei non avevano avuto interessi personali: la contesa era stata fra i due ordini. Poi la competizione di personaggi alla testa di partiti aveva avuto come fine un governo aristocratico e uno popolare: pur sacrificando pace e onori pubblici ai propri scopi, essi non avevano perseguito un potere personale. Ora con Crasso, Pompeo e Cesare i grandi capi delle fazioni sono indifferenti ad ogni interesse pubblico; essi hanno il deliberato progetto di impadronirsi dello stato e hanno dei seguaci che badano solo al potere e all'arricchimento. Se poi, come nel caso di Cesare, interviene anche (come Ferguson crede) un elemento caratteriale come la vanità, questo è soltanto un particolare che va aggiunto alla spinta verso il potere assoluto, le cui radici sono nella realtà storica del tempo.

Ne discende l'inevitabilità storica del dispotismo militare. Da questo punto di vista, la scusa migliore per l'agire di Pompeo e di Cesare è l'impossibilità di mantenere il regime repubblicano (III 324). Ferguson dubita che nel mezzo delle guerre civili qualcuno si sia posto il problema politico se era preferibile la repubblica o la monarchia. Una volta riconosciuta l'inevitabilità del regime monarchico, Ferguson, malgrado la sua simpatia per Catone e le sue intenzioni, è costretto ad ammettere l'inutilità storica dei suoi tentativi per salvare lo stato repubblicano: l'esito della lotta era ormai scontato. Uno dei limiti dell'indagine sociologico-storiografica è che, stabilite certe leggi generali, le conseguenze ne discendono inevitabili e si riduce la problematicità del fatto storico stesso.

V

Venendo a trattare le guerre civili della fine della Repubblica, il tono della narrazione cambia. Specialmente nel volume I non erano mancati interessanti accenni di critica, a proposito del valore e dell'attendibilità della tradizione storica: nulla di eccezionale, considerando le ampie discussioni che specialmente in Francia si erano avute sulla credibilità della tradizione sui primi secoli di Roma. Ferguson ha di fatto completamente eliminato la storia arcaica della città, ridotta a notazioni di storia costituzionale. Dovendo poi comporre per tutto il II sec. a. C. e fino alla Guerra Sociale un discorso storico basato su fonti diverse e disparate, può sembrare che il suo personale sforzo di rielaborazione e di riflessione incida maggiormente sul carattere stesso della narrazione e sulla sua problematicità, secondo lo schema già delineato nell'›Eassay‹. Con il I sec. a. C. Ferguson ha di fronte ampie tradizioni storiografiche conservate e comunque un materiale documentario infinitamente più ricco: si pensi alle opere letterarie e filosofiche di Cicerone e al suo epistolario.

La narrazione dello storico si fa allora più minuziosa per quanto riguarda gli accadimenti interni e esterni, politici e militari. È quasi totalmente assente ogni riferimento a problemi culturali e letterari, già trascurati dalle sue fonti. Il testo segue, fin dove è possibile, l'andamento dei modelli storiografici antichi: Appiano nei libri delle ›Guerre Civili‹, le corrispondenti biografie di Plutarco, poi e soprattutto Cassio Dione e infine Tacito, e ne risente ovviamente il tono della narrazione. Naturalmente Ferguson si rende conto che questa tradizione è spesso partigiana e non va accettata in toto. È in questi capitoli che si avverte maggiormente la distanza dalla ricostruzione e dal metodo di Gibbon, che sapeva valersi del grande lavoro critico della ricerca antiquaria e poteva così staccarsi dal tono e dall'impostazione delle fonti antiche. In taluni casi Ferguson riporta anche alcuni discorsi riferiti dalle fonti, pur essendo consapevole dei dubbi sulla loro genuinità, ma fiducioso che essi potessero riportare idee e ragionamenti del tempo nel quale sono collocati (III 186). Egli è anche disposto a credere alla realtà storica di una consultazione di Augusto con Agrippa e Mecenate sulla forma istituzionale da dare allo stato, secondo il famoso libro LII di Cassio Dione (III 344). In un altro caso, a proposito di un importante discorso di Cesare Ottaviano, egli affaccia la possibilità che Cassio Dione lo abbia potuto leggere negli archivi del Senato (III 356–357).

Il fatto è che la tradizione storiografica che egli seguiva gli era congeniale, in quanto era largamente congruente con le tendenze del suo stesso impianto narrativo. Essa infatti dipendeva a sua volta in buona parte da storici dell'età tardo-repubblicana o dell'inizio dell'Impero, di tono per lo più filosenatorio e comunque dominati dal tragico problema delle guerre civili. Come tale essa era, di norma, ostile ai Triumviri e metteva in chiaro le ambizioni dei capifazione, l'impotenza del Senato e la prepotenza delle soldatesche. Di conseguenza l'inevitabilità, se non altro come minore dei mali, del regime monarchico era generalmente ammessa (anche da Tacito); spesso, anzi, si dava del regime imperiale, in quanto apportatore di pace, una valutazione positiva (come in Appiano e Cassio Dione). Quest'ultimo, seguendo più antichi modelli, distingueva nel regno di Augusto due fasi, la seconda delle quali riscattava la prima, rivoluzionaria e sanguinosa. Infine, in più casi, la narrazione era già accompagnata, specialmente con la tecnica dei discorsi, da riflessioni sugli avvenimenti e i personaggi. Ferguson poteva agevolmente inserire questa impostazione di fondo, con la quale concordava, nello schema del dispotismo e della decadenza delle nazioni elaborato nell'›Essay‹; la narrazione storica acquistava, così, un senso in parte diverso rispetto agli originali. In un passo significativo egli difende questo suo sistema di lasciar parlare le fonti e di stabilire così i fatti, e solo in circostanze eccezionali, per esempio dopo Azio, si riserva di intervenire con un proprio bilancio critico (III 319 ss.).

Ne viene la conseguenza che il suo giudizio complessivo su Augusto, e già prima su Cesare Ottaviano, è nel complesso molto più positivo che quello su Cesare: Ottaviano operava già in base ad un qualche diritto ereditario, non era già più un semplice avventuriero politico; inoltre il suo uso delle virtù e delle tradizioni era certamente abile e utile (III 327).

Già trattando della repubblica Ferguson aveva raccolto tutti i dati tradizionali che servivano a dare un'idea quantitativa dello stato romano: popolazione, eserciti, tassazione. Si trattava di argomenti che la ricerca antiquaria aveva già esaminato ampiamente, ma sui quali il nostro storico riflette autonomamente. Ora, all'inizio dell'età imperiale, egli segue Cassio Dione nel libro LIII[11] e indugia a lungo sulla struttura amministrativa dell'impero e sulla nuova realtà delle province.

Ci si deve chiedere a questo punto perché mai Ferguson dedichi larga parte del suo terzo volume della ›History‹ alla prima età imperiale. In un certo senso, entrato nella narrazione della storia imperiale con Augusto egli sembrerebbe essere fuori dal suo tema. In realtà non è così. Il declino della repubblica andava studiato nel suo momento di trapasso al regime imperiale. Questo, con la sua tendenza ad una razionalizzazione del sistema politico, era già diverso dal dispotismo militare cesariano. Ferguson vuole ancora verificare storiograficamente la verità del suo assunto, espresso nell'›Essay‹, e qui ribadito nel capitolo finale della ›History‹, che anche gli sforzi del migliore monarca, un Tito o un Antonino, sono inutili. I buoni imperatori finiscono per considerare loro compito primario quello di far ubbidire i sudditi alle norme che essi hanno stabilito per il loro bene, e di applicare la giustizia. Vi è una fondamentale contraddizione (Essay 264–266) fra la libertà, della quale i sudditi dovrebbero godere, e il potere assoluto, anche quando questi si prefigge come scopo il bene nazionale. La libertà è da rivendicare, non può essere concessa dall'alto, né si fonda sulle istituzioni politiche, anche se queste sono, o sembrerebbero essere, indipendenti dalla volontà umana. La libertà discende dallo spirito che la impone. Si ritorna al concetto della necessità di una continua tensione morale e politica per la vitalità di una democrazia. La storia imperiale serve appunto a dimostrare come il raggiungimento e il mantenimento di questo ideale siano irrealizzabili in uno stato territorialmente vasto e quindi necessariamente dispotico, anche se illuminato. Non è neppure completamente vero che l'agire dispotico realizzi meglio nella rapidità e nella segretezza l'esecuzione della decisione politica e sia più adatto a procurare la

---

[11] Che non soddisfaceva Gibbon, History I 206, n. 19 (ediz. Smith, London 1862).

felicità degli uomini, in quanto questo ordine politico è statico ed è privo di movimento vitale (Essay 268). Nel ribadire nella ›History‹ questo concetto per lui basilare Ferguson intende anche contrapporsi a Gibbon.

L'ampiezza raggiunta dallo stato imperiale pone il problema dei rapporti fra centro e periferia, fra Roma e la province. Il pensiero di Ferguson sembra a questo proposito indicare qualche ondeggiamento. Egli riconosce che con la monarchia chi ha perduto sono i cittadini di alto rango di Roma: noi diremmo la classe dirigente tradizionale, ma in cambio hanno guadagnato i sudditi (III 469). Che con l'impero vi sia stato un grande miglioramento nell'amministrazione provinciale rispetto all'età repubblicana appare indubbio; ma Ferguson non è convinto che il nuovo regime abbia rappresentato un incremento effettivo delle capacità economiche provinciali che la mala amministrazione precedente aveva compromesso. Ponendosi poi il problema, pur senza un preciso approfondimento, dell'economia imperiale nel suo complesso, egli ritiene che la ricchezza globale dello stato non fosse pari alla somma delle ricchezze delle singole separate componenti (III 372). L'argomentazione è importante. Ferguson nota che la politica commerciale di Roma era limitata principalmente al vettovagliamento di Roma e dell'Italia e al trasferimento delle produzioni provinciali al tesoro imperiale per di più tramite compagnie appaltatrici, interessate al proprio utile. In questa prospettiva è affrontato anche il problema delle rendite imperiali e della tassazione (III 372–374). Il giudizio è nel complesso limitativo, in congruenza con l'idea generale che il regime imperiale non poteva fare la felicità dei sudditi. Tuttavia, più avanti (III 470–471), quasi tracciando un bilancio del regno di Augusto, si riconosce che le province, diverse per posizione, clima e suolo, si erano avvantaggiate della pace imperiale, che garantiva facili comunicazioni e commercio fiorente (il motivo è notoriamente già presente in autori greci di età imperiale). Il drenaggio dei surplus produttivi verso la capitale aveva messo a disposizione dei privati quei mezzi economici che si erano tradotti in splendide dimostrazioni di opulenza, se non di utilità, a Roma e in tutto l'Impero. Vi era stata una generale fioritura dell'agricoltura; lo sviluppo urbano e edilizio era stato grande.

Che vi sia una certa contraddizione non risolta con i giudizi precedenti è abbastanza evidente, anche se là si insisteva piuttosto sul significato politico generale del regime imperiale. La spiegazione si trova forse nella necessità che Ferguson ha sentito di confrontarsi con la ›History‹ di Gibbon, nella quale il capitolo II è dedicato ad una descrizione viva e positiva della floridezza provinciale nel II sec. d. C. per lo sviluppo dell'agricoltura e dei commerci. Tuttavia anche Gibbon accoglieva, forse anche per influenza dell'›Essay‹ di Ferguson, il concetto del pericolo insito nella lunga pace, quando viene meno lo spirito militare e ci si adagia nell'indifferenza della vita privata.[12] Più avanti

---

[12] I 193–194.

il Ferguson (III 471) giudicherà di nuovo positivamente il valore del mutuo influsso derivato dall'incontro dei rozzi e attivi romani con i più colti, ingegnosi e deboli sudditi, specialmente i greci. L'incontro era stato suscitatore di energie nel campo delle arti, delle tecniche e della cultura, in entrambe le direzioni, anche se aveva finito per obbliterare i connotati tipici delle singole nazioni.

In ogni caso Gibbon e Ferguson sono molto lontani dal quadro cupamente negativo sugli esiti della conquista e del dominio romano, che era stato tracciato da W. Robertson nel famoso saggio che apre la ›History‹ di Carlo V (›A View of the Progress of Society in Europe from the Subversion of the Roman Empire to the Beginning of the Sixteenth Century‹, 1769). Per Robertson l'oppressione di Roma aveva stroncato nelle popolazioni soggette lo spirito di indipendenza, l'abitudine e la capacità di agire e di decidere autonomamente; il dominio romano, come quello di ogni grande impero, aveva degradato e avvilito la specie umana. Non so se Gibbon e Ferguson non abbiano anche voluto reagire a questa valutazione, se pur in modo diverso.[13]

La resistenza della compagine imperiale al declino inevitabile durò a lungo, finché rimasero i riverberi della saggezza civile, politica e militare dell'età repubblicana (III 570). Con una osservazione che avrebbe permesso l'avvio di una differente tendenza storiografica, Ferguson nota che nelle province, e non al centro, la macchina imperiale resistette meglio al processo di decadenza, perché là erano state meglio apprezzate la pace e l'ordine. (È da scorgere in queste riflessioni un qualche riferimento alla situazione nelle ex-colonie americane?) Lo sviluppo del diritto fu un aspetto di questo regno della pace, anche come garanzia della proprietà. Il prevalere della dottrina stoica sull'epicurea (si pensi a Marco Aurelio) è inteso come un ritorno al senso del dovere da parte delle classi alte, esautorate dal potere e alla ricerca di appoggio e consolazione. L'età degli Antonini può sembrare "a period in the history of this empire, during which the happiness of mankind may have been supposed complete. This however is but a fond and mistaken apprehension" (III 573). Questo giudizio erroneo sarà abbastanza esplicitamente imputato al Gibbon. Un popolo può ricevere protezione dalla giustizia e dall'umanità di singoli uomini; ma non può ricevere indipendenza, vigore e tranquillità di spirito che da sé stesso. Non bastarono una felice successione di principi e virtù individuali a impedire un destino oramai segnato. Per Ferguson il problema storico della decadenza e della fine prima della repubblica e poi dell'impero trovava una soluzione che discendeva necessariamente da precise premesse, che non

---

[13] Robertson è citato alcune volte nella ›History‹ di Gibbon; particolarmente significativa la citazione a VII 349, n. 69, insieme con Hume e A. Smith quali autori di opere insigni sui progressi della società in Europa, nel clima dell'Illuminismo scozzese.

erano l'accettazione supina della volontà spesso imperscrutabile di Dio, come nel ›Discours‹ di Bossuet. Quelle premesse toccavano nella loro grandiosa generalità i rapporti fra i cittadini e chi esercita il potere, poi fra i sudditi e l'autorità imperiale. Esse erano state elaborate dal Ferguson in norme generali, mediante una riflessione filosofica e politico-morale sulla storia della società umana, nelle sue varie forme e nelle sue istituzioni politiche. Quella riflessione non era stata sollecitata da una pur sensibile curiosità intellettuale, come era stato in fondo il caso di Gibbon, ma da un profondo impegno politico e morale.

La narrazione storiografica veniva a confermare e a verificare quelle premesse con l'esempio più insigne offerto dalla storia dell'umanità.

PAX CAUDINA

Di Antonio Guarino

1. I fatti sono noti. Giusta la narrazione di Livio, che è quella di gran lunga piú articolata,[1] corre il 321 a.C. e i Romani dei consoli T. Veturio Calvino e Sp. Postumio Albino, essendo stati intrappolati dai nemici Sanniti nelle gole di Caudio, mandano messi al sannita C. Ponzio per chiedergli una pace equa, o altrimenti per provocarlo allo scontro. Ponzio ribatte che ormai l'esercito romano è da considerare già sconfitto e che egli ne sottoporrà gli appartenenti all'umiliazione del giogo: la pace sarà concessa ai Romani solo a patto che si allontanino dal Sannio e ritirino le colonie che vi hanno dedotte. Dopo qualche tergiversare, i consoli si recano a colloquio con Ponzio e concludono con lui non un vero e proprio trattato di pace *(foedus)*, che non hanno il potere di negoziare, ma una promessa solenne nelle forme della *sponsio*, la quale li impegna, unitamente ad altri *sponsores*, a *foedus ictum iri*. La *sponsio* viene peraltro giudicata disonorevole dal Senato e dal popolo romano, i quali, su incitamento dello stesso Postumio, decidono che non sia osservata e che coloro che l'hanno stipulata vengano consegnati dai feziali ai Sanniti. Ponzio respinge la *deditio* e, conservando presso di sé i 600 *equites* ricevuti a suo tempo in ostaggio dai consoli, riapre le ostilità. Solo dopo alcuni anni, nel 316 a. C., i Romani conquisteranno Nuceria Alfaterna, riprendendosi gli ostaggi e aprendosi la via alla decisiva vittoria sui Sanniti.[2]

È solo Livio a parlare inequivocamente di una *sponsio* delle Forche caudine. Secondo Claudio Quadrigario, citato dallo stesso Livio,[3] e secondo altri autori,[4] la *pax Caudina* non fu oggetto di *sponsio*, ma fu materia di *foedus*, salvo ad essere presto infranta dalla *deditio* dei suoi responsabili, ed in particolare dei consoli.[5] Quanto alla *deditio*, non mancano studiosi moderni che la pongono in dubbio, ritenendo che la pace con i Sanniti sia durata sino all'epoca della ripresa degli ostaggi e supponendo che tutto il racconto relativo sia stato inventato dall'annalistica pre-liviana sulla falsariga del notissimo episodio di

---

[1] Liv. 9, 4–12.

[2] Liv. 9, 13–15.

[3] Liv. 9, 5, 2: *Itaque non, ut volgo credunt Claudiusque etiam scribit, foedere pax Caudina sed per sponsionem facta est.*

[4] Fonti in H. H. Schmitt, Die Staatsverträge des Altertums, 3. Die Verträge der griechisch-römischen Welt von 338 bis 200 v. Chr., München 1969, 27 ss.

[5] Cic. de off. 3, 30, 109.

deditio del console Ostilio Mancino ai Numantini ed a giustificazione dello stesso.[6] D'altra parte, la *deditio* degli *sponsores*, una volta che se ne ammetta la storicità, è stata ritenuta di difficile comprensione sul piano giuridico anche per il fatto che si sarebbe trattato di una dazione nossale derivante da inadempimento di un'obbligazione assunta (inadempimento ‹contrattuale›) e non, come di regola, da responsabilità *ex delicto* (‹extracontrattuale›).[7]

2. L'ipotesi secondo cui la *deditio* ai Sanniti sarebbe il frutto di una anticipazione storica, è ipotesi indubbiamente azzardata e da respingere. Non si vede, infatti, perché l'idea di scaricarsi di ogni responsabilità mediante la *deditio* debba essere venuta solo ai contemporanei di Ostilio Mancino o, prima ancora, a quelli di M. Claudio.[8] Il precedente può ben esservi stato ed è verosimile che vi sia stato. Volerlo negare è ipercritica.[9]

Riconosciuta la storicità dell'episodio, resta il problema della giustificazione della *noxae deditio*. Non vi è dubbio che il fine politico dell'iniziativa fu quello di liberarsi in qualche modo dall'impegno assunto sul campo dai consoli e dagli altri notabili romani, ma è presumibile che i Romani non abbiano davvero trascurato, per dirla con parole messe da Livo in bocca a C. Ponzio,[10] di imporre *aliquam fraudi speciem iuris*. E a questo proposito il discorso si trasferisce sulla *sponsio*. Valida o invalida la *sponsio*?

Secondo la tesi di Postumio, sposata dai suoi concittadini, la *sponsio* fu invalida: *Nec a me nunc quisquam quaesiverit quid ita spoponderim, cum id nec consulis ius esset nec illis spondere pacem quae mei non erat arbitrii, nec pro vobis qui nihil mandaveratis possem.*[11] Secondo la tesi esposta inizialmente dai tribuni della plebe L. Livio e Q. Medio[12] e ritenuta piú tardi fondata da C. Ponzio,[13] la *sponsio* fu invece validissima e, a volerne contestare l'effetto, si sarebbe dovuto riportare l'esercito romano nelle gole di Caudio, attuandosi una vera e propria *restitutio in integrum*.[14]

Posto che i Romani abbiano considerato invalida, ma vincolante per la repubblica, la *sponsio foedus ictum iri*, non può piú sorprendere, contrariamente

---

[6] C. P. Burger, Der Kampf zwischen Rom und Samnium bis zum vollständigen Siege Roms um 312 v. Chr., in: Verhandl. koninkl. AK. van Wetenschappen Amsterdam 1898, 24 ss.; K. J. Neumann, s. v. Foedus, in RE 6, 2, 1909, 2822 ss.

[7] F. De Visscher, La deditio internationale et l'affaire des Fourches Caudines, St. Riccobono 2, 1936, 11 ss.; id., Le régime romain de la noxalité, 1947, 90 ss.

[8] Val. Max. 6, 3, 3.

[9] H. Nissen, Der Caudinische Friede, in Rh. Mus. 25, 1870, 1 ss.

[10] Liv. 9, 11, 7.

[11] Liv. 9, 9, 9.

[12] Liv. 9, 8, 13–15.

[13] Liv. 9, 11.

[14] Cfr. F. La Rosa, Sulla ‹sponsio› delle Forche caudine, Iura 1, 1950, 285.

a quanto ha pensato il De Visscher,[15] la *noxae deditio* dei suoi promittenti ai Sanniti. La *noxa* arrecata a questi ultimi non consisté nell'inadempimento di una *sponsio* valida, ma nella stessa conclusione di una *sponsio* invalida, contratta *iniussu populi*. Il che è limpidamente riflesso nella formula di *deditio* che, secondo Livio,[16] fu pronunciata dai feziali: *Quandoque hisce homines iniussu populi Romani Quiritium foedus ictum iri spoponderunt atque ob eam rem noxam nocuerunt, ob eam rem quo populus Romanus scelere impio sit solutus hosce homines vobis dedo.*

3. L'obiezione che potrà muoversi alla tesi sopra esposta è che la *sponsio* internazionale era prevista e ammessa, come trattato di (futura) pace, dall'ordinamento giuridico romano.[17] Avevano dunque ragione i tribuni della plebe e C. Ponzio nel sostenere che, a non eseguirla, si sarebbe incorsi in un inadempimento contrattuale.

Senonché, a parte il fatto che Livio presenta come opinione abbracciata in definitiva dai Romani quella della invalidità della *sponsio* contratta *iniussu populi*, va replicato che ben poco sappiamo della *sponsio* internazionale piú antica[18] e che non probante per l'età repubblicana (quella, per intenderci, anteriore al principato) è l'insegnamento di Gaio,[19] secondo cui in un solo caso il peregrino è ammesso alla pronuncia del verbo *spondere*, e cioè *veluti si imperator noster principem alicuius peregrini populi de pace ita interroget: pacem futuram spondes?, vel ipse eodem modo interrogetur*. Qui Gaio si riferisce al *princeps civitatis* dei suoi tempi, i cui poteri sono tali da non esservi bisogno del *iussus populi* perché egli possa trattare la pace.[20]

D'altra parte, fu davvero conclusa una *sponsio* alle Forche caudine? Lo sforzo di Livio per dimostrarlo, e per negare la conclusione di un *foedus*, si basa su tre argomenti: la mancanza del *iussus populi*, la mancanza dei feziali e il ricordo del nome di venti *sponsores*, in luogo di quello di due feziali.[21] Ora, se è vero che non intervennero feziali all'atto,[22] è vero anche che il *iussus populi*, come abbiamo or ora visto, era indispensabile per la *sponsio* non meno che per il *foedus*. E non si dica che Livio si basava su un documento offertogli dall'archivio dei feziali, cioè sulla formula relativa alla *deditio* degli *sponsores*,

---

[15] Retro nt. 7.
[16] Liv. 9, 10, 9.
[17] F. De Martino, Storia della costituzione romana, ²1973, 39 ss.; K.-H. Ziegler, Das Völkerrecht der römischen Republik, ANRW 1, 2, 1972, 93.
[18] Cfr. P. Frezza, Le forme federative e la struttura dei rapporti internazionali nell'antico diritto romano, SDHI 4, 1938, 363 ss., 5, 1939, 161 ss.
[19] Gai. 3, 94.
[20] Cfr. A. Guarino, Gli aspetti giuridici del principato, ANRW 2, 13, 1980, 3 ss.
[21] Liv. 9, 5, 1–5.
[22] V. però Cic. de invent. 2, 30, 91, ove si parla del sacrificio rituale del porco.

perchè questa formula è chiaramente da lui ricostruita a complemento della argomentazione intesa a negare la conclusione di un *foedus*.

In realtà, alle Forche caudine non intervennero né un *foedus*, né una *sponsio*. Come fa intendere la dazione degli ostaggi,[23] intervenne un accordo informale concluso sul campo,[24] in base al quale i consoli e gli altri notabili romani, ingannando la buona fede di C. Ponzio, dettero come sicuro, sulla loro personale responsabilità, che il *foedus* sarebbe seguito.

4. Ne consegue che la *pax Caudina*, concordata con un atto comunque invalido, è solo un modo di dire per intendere la tregua ottenuta dai Romani. Una tregua interrotta dalla *noxae deditio*, ma perdurata di fatto sino alla presa di Nuceria Alfaterna.

---

[23] Liv. 9, 5, 6.
[24] Cfr. K.-H. Ziegler, Kriegsverträge im antiken römischen Recht, ZSS 102, 1985, 53.

FRAGMENT EINES INVENTARS

(P. bibl. univ. Giss. Inv. 141)

Von Hans Georg Gundel

In den älteren Ausgaben der ›Propyläen-Weltgeschichte‹ (1931, 1940) fand der Leser im Abschnitt über den Hellenismus eine ausgezeichnete Farbtafel eines in Kairo aufbewahrten und 1925 publizierten „Kleiderverzeichnisses" des Zenon aus der Zeit um 250 v. Chr. mit einer überzeugend illustrierten Übersetzung des Textes. Schon während meines Studiums beeindruckte mich dieser Papyrus, nicht nur wegen seines sehr guten Erhaltungszustandes, sondern auch wegen der sachlichen Ergebnisse, die aus einem solch trockenen Text zu gewinnen waren. Denn diese führten zwar in den privaten Lebensbereich der damaligen Menschen, aber doch über den – gelegentlich leider abschätzend eingestuften – Bereich der „Privataltertümer" so weit hinaus, daß dieser Papyrus exemplarisch in eine Gesamtdarstellung des Hellenismus eingereiht werden konnte.

Verzeichnisse von Gegenständen, Inventare, Listen – oder wie immer man solche Aufzeichnungen nennen möchte – gibt es zahlreiche in den bis heute edierten Papyrusurkunden und aus verschiedenen Zeiten. Sie sind stets individuell stilisiert, entbehren daher eines gewissen Schematismus und können bei lückenhaftem Erhaltungszustand kaum durch irgendwelche Formeln glaubhaft ergänzt werden. Ein neues, freilich stark fragmentiertes und überdies z. T. sehr schwer lesbares Bruchstück aus der Teilsammlung der „Papyri der Gießener Universitätsbibliothek", die zusammen mit den „Papyri Gissenses" und den „Papyri Jandanae" in den Papyrus-Sammlungen der Universitätsbibliothek Gießen aufbewahrt werden, sei dem Jubilar als bescheidener Gruß mitgeteilt.

Der Papyrus

Faijûm   14,5 × 23 cm   2. Jh. n. Chr.(?)
P. bibl. univ. Giss. Inv. Nr. 141

Kräftiges, mittel- bis hellbraunes Papyrusfragment mit vielen Lücken und zahlreichen Löchern (Wurmfraß). Die Höhe beträgt im linken Blattdrittel 12,7 cm, in der Mitte 11 cm, rechts 8,5 (am Rand 7) cm, die Breite 22–23 cm. Rechts unten fehlt ein größeres Stück des Blattes. Die Beschriftung verläuft

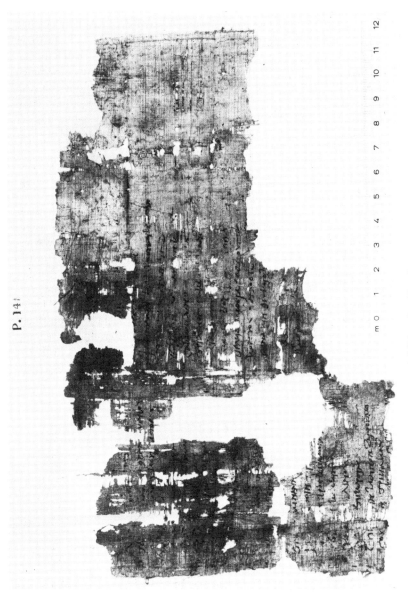

parallel zur Faserrichtung, die Rückseite ist leer. Zwei Kolumnen sind durch einen Zwischenraum von 1,5 cm und mehr getrennt; die 2. Kolumne füllt etwa die Blattmitte, in ihr ist eine Klebung feststellbar. Freie Ränder oben (ca. 1,5 cm), links (ca. 1,2 cm) und rechts (ca. 7 cm); unten z. T. ab- bzw. ausgebrochen, unter der 1. Kolumne wohl Reste des ursprünglichen Randes.

Das Blatt ist im Jahre 1912 durch das Deutsche Papyruskartell zusammen mit anderen Stücken als Kauf 36 von einem unbekannten Händler mit dem Herkunftsvermerk „Aus der Provinz Faijûm" erworben worden und dann auf dem Wege über die damals übliche Verlosung in die Papyrussammlung der Gießener Universitätsbibliothek gelangt. Konserviert und unter Glas gelegt wurde der Papyrus von Dr. h. c. Hugo IBSCHER in Berlin. (Vgl. H. G. GUNDEL, Papyri bibliothecae universitatis Gissensis, eine Einführung, Kurzberichte aus den Gießener Papyrus-Sammlungen 27, 1968, 5; ein anderes Fragment dieser Gruppe ist von mir in Chiron 1, 1971, 319–324 ediert worden.) Nach dem Einmarsch der Amerikaner in Gießen (28. 3. 1945) war auch dieser Papyrus durch Grundwasser stark gefährdet, so daß 1946 eine Neuverglasung erforderlich wurde, vgl. Aegyptus 23, 1953, 249; Libri 6, 1955, 50f. Wasserschäden sind nicht erkennbar, mit möglichen kleineren Materialverlusten muß aber gerechnet werden. Der linke Teil des Papyrus, der offenbar bei den Rettungsarbeiten 1946 in Unordnung geraten war, wurde 1986 neu montiert.

Geschäftsschrift des 1. oder 2. Jahrhunderts n. Chr. (besonders Beta in der charakteristischen Form der Kaiserzeit, o mitunter sehr klein bzw. nur flüchtig angedeutet). Der Text ist infolge von Materialverlusten und Abreibung stark fragmentiert. Um Lesung und Ergänzung hatten sich bereits Prof. Dr. Dr. Karl KALBFLEISCH (1868–1946) und sein Schüler Dr. Hans KLING (geb. 1893) vor 1933 bemüht; ihre Vorarbeiten sind berücksichtigt.

Col. I

1 λ[όγος εἰ]δῶγ Ἰουλίου
2 Π . [. .] . [.] . . . . δουπλικαρίου
3 . . . .] . . ιου κουράτορος
4 . . . . αι . . . . . ου
5 . . . [. . .] . . . . . και αγ[
6 . . . . ων καινῶν[
7 . . . [. . . . .] κοτύλιν
8 . . [. . . . . .] ων μικρὰ μ[
9 . [. .] . [. . .] ους [ὀν]ύχινος
10 . . . . . . ἄλλη
11 . . . . γος ἄλ[λος
12 [. . . . . . .] εις ζ

13 [. . . . σακ]κία λινᾶ ϑ̅ αὐλ[ικά
14 . ω[. . .] . γ καινόγ[
15 . [. . . . .] λευκή[
16 οὐ̣[λ]ί[ριον φι]μινάλιν
17 . . [. . . .] . αριν πρ[
18 . [. . . .]ν προσκάλαιον . . . [
19 . [. . . .]ν κόκκινον
20 ο̣ . . ο[. .]ο̣ς λινοῦς
21 λινοῦ[ν] ἐπικάρσιν
22 ἐπι[κάρ]σιν καινὸν ζήστουπλο ’μ΄
23 σου[δάρι]ν τριβακόν

1 Der Name von Kalbfleisch gelesen. 3 . . αρίου oder . . λλοίου möglich. 7 υην oder]την (αὐτὴν?). 8 μ vielleicht Zahl (40) oder μ[έτρα. 13 ϑ̅ oder β̅ möglich. 16 oder ὀστ[ρ]ί̈[νον. 18 lies προσκ⟨εφ⟩άλαιον.

Col. II

24 φ . [. . . .]λιν λε[υ]κ[ὸ]γ[. . . . .]ν
25 ἐπικάρσιν τ[απ] ἤτιν
26 φιμινάλιν καὶ ἀκόλουθον κοῦγλιν
27 στημ[εῖ]α απαν . αια . ̄
28 ἔφιππον . . . . αὐηρον κ . . . . .
29 σάκκοι λινοῖ ̄ . . . .
30 τρίχινος σάκκος παλαιός
31 χιλώματα ̄
32 λω . ιξ βου[.]ρ[.] . [. .] ιππου
33 βέλη δημόσια δ . . . [.] ους β̅
34 κοντὸς α̅, ἄλλος κα . . [. .] . . . [.] .
35 πινάκιν, ϑύσκη, ὀξύ[βαφον
36 . . . . [
37 ἄλλη . . . . . ̄[
38 ὁμοίως . δα –[

24 erg. φι[μινά]λιν oder φα[κιά]λιν oder φα[ινό]λιν. 25 τ oder π. 26 κουγλιν? Kalbfleisch. Am Zeilenschluß schwache Striche erkennbar, vielleicht von gelöschten Buchstaben. 27 Anf. ε für σ, ν für τ, υ (oder οι) für η möglich. στημ[εῖ]α = στημία erg. Kalbfleisch. ἄπαν[τ]α? Strich über (verlorener) Zahl. 32 lies λῶ[δ]ιξ (oder λῶ[δρ]ιξ). βου oder κου. 38 Strich in Höhe der Buchstabenfüße (vor ihm noch ein Buchstabe?). Schlußstrich? (Kontrollstrich?)

Zum Inhalt

Da eine Übersetzung des Textes infolge des lückenhaften Gesamtzustandes kaum möglich ist, darf für die erkennbaren Einzelheiten auf den Kommentar verwiesen werden. Es handelt sich um ein Verzeichnis der Gegenstände des Julius P. . ., eines *duplicarius* und Kurators (eines nicht genannten Aufgabenbereichs). Unbekannt bleiben der Zweck der Aufstellung sowie der Ort und die Art der Aufbewahrung. Wahrscheinlich waren zunächst Geräte genannt, dann Textilien und schließlich nochmals Gerätschaften, die vielleicht einen besonderen Verwendungszweck (kultischer Art?) hatten.

Verzeichnisse ähnlicher Art sind zahlreich vorhanden. Das erwähnte Kleiderverzeichnis des Zenon mag nochmals als frühes (hier genanntes) Beispiel erwähnt sein: P. Cairo Zen. I 59092 ed. C. C. EDGAR (Abb. auch bei O. MONTEVECCHI, la papirologia, Mailand 1973, Taf. 14). Aus dem 2. Jh. n. Chr. stammt die Liste geraubter Gegenstände im P. Hamb. 10, der Paul M. MEYER 1911 einen ausführlichen Kommentar widmete (ebd. S. 36ff.). In dasselbe Jahrhundert führt das Inventar P. Lond. 402v (ed. F. G. KENYON 1898), in das 2. oder 3. Jh. das Verzeichnis Stud. Pal. XX 67 R (Haushalts-Gegenstände, ed. C. WESSELY, abgedruckt bei M. DAVID – B. A. VAN GRONINGEN, Papyrological Primer, Leiden ⁴1965, Nr. 87, S. 166ff.), in das späte 3. Jh. das Verzeichnis verschiedener Gegenstände in zwei „Seesäcken" P. Oxy. XIV 1657 (ed. B. P. GRENFELL – A. S. HUNT 1920), während die andersartige Liste P. Oxy. 1658 aus dem 4. Jh. stammt. Im Archiv des Theophanes (1. H. 4. Jh.) ist eine ausführliche Liste erhalten: P. Ryl. 627, die C. H. ROBERTS und E. G. TURNER (vol. IV, Manchester) 1952 ediert haben. Eine kleine Kleiderliste aus dem späteren 4. Jh., die auf P. Sorbonne 2142 stark fragmentiert erhalten ist, hat A. BATAILLE in den ›Symbolae Raphaeli Taubenschlag‹ (Eos 48, 1956, fasc. 2, 83–88) veröffentlicht. Einige Wiener Fragmente mit Verzeichnissen von Gegenständen und Kleidern aus dem 6. und 7. Jahrhundert sind von J. M. DIETHART, Neue Papyri zur Realienkunde, in Z. P. E. 64, 1986, 75–78 herausgegeben worden. Damit möge die Reihe solcher Beispiele abgeschlossen sein.

Aus derartigen Listen sind zahlreiche neue Wörter bekannt, andere selten bezeugte bestätigt worden. Einzelheiten z. B. über die Bekleidung sind in Auswertung dieser Texte noch nicht zusammenfassend untersucht worden (vgl. O. MONTEVECCHI, la papirologia, 1973, 243), und dies soll auch nicht in dieser Edition versucht werden, die sich ohnehin in mancher Hinsicht lediglich als „Wartetext" verstehen möchte.

Fragment eines Inventars (P. bibl. univ. Giss. Inv. 141)

Anmerkungen
zum Text des Papyrus

Col I 1 λόγος εἰδῶν „Verzeichnis der Besitzgegenstände", z. B. P. Oxy. I 109, 1, vgl. Fr. PREISIGKE, Wörterbuch II 30. – Der Eigentümer Iulius ist nicht zu identifizieren, zumal zahlreiche Namensträger für uns faßbar sind und der erste Buchstabe des Cognomens nicht weiterhelfen kann, vgl. Fr. PREISIGKE, Namenbuch 150, Daniele FORABOSCHI, Onomasticon alterum papyrologicum, Mailand 1971, 164 ff., bes. 148. – In einem anderen Inventar, P. Oxy. VII 1051, 23 ist der Eigentümer erst am Schluß – und nicht wie hier am Anfang des Textes – genannt.

2 „Duplikarios", lat. *duplicarius*, ist ein Soldat, der zum Lohne doppelten Sold erhält, vgl. Thes. ling. Lat. V 1, 2272. Die von LIDDELL – SCOTT, A Greek-English Lexicon, Oxford 1958, 436 auf Papyri genannte Form διπλοκάριος ist längst auch – wie hier – in der buchstabengetreuen Graezisierung belegt, vgl. PREISIGKE, WB III 206 und dazu z. B. P. b. u. G. Inv. 282, 2 (ed. H. G. GUNDEL 1940) = Sammelbuch (SB) VI Nr. 9202, S. DARIS, Documenti per la Storia dell'Esercito Romano in Egitto, Mailand 1964, Nr. 46, oder Robert O. FINK, Roman Military Records in Papyrus, The Amer. Philol. Ass. Monogr. 26, 1971, Nr. 85, p. 346.

3 Unklar muß bleiben, worauf sich die Betreuung des Kurators erstreckte, vgl. Ludw. MITTEIS, Grundzüge und Chrestomathie der Papyruskunde, II 1, 1912, 250 (Graezisierung des lat. terminus für den Pfleger im Gebiet des römischen Personalrechts).

7 κοτύλιν (die Lesung ist nicht unbedingt gesichert!) für κοτύλιον (Becher oder Schälchen) mit der Endungsvereinfachung, die in dem folgenden Text bei einer ganzen Anzahl von neutra vorliegt: Col. I **17. 21. 22. (23)**, Col. II **24. 25. 26. 35**. Zu diesen Bildungen vgl. Edwin MAYSER, Grammatik der griechischen Papyri I § 59,6 (S. 260 f.) = I 2, 1938, 15 f. Fundgrube sind besonders Inventare mit angestrebter Gleichartigkeit des Klanges, wie z. B. P. Oxy. 1051 mit zahlreichen Beispielen.

16 *Feminalia* (gen. -ium), „Binden um die Oberschenkel", Hosen, vgl. Thes. ling. Lat. VI 1 p. 464 s. wird im Griechischen zu φιμινάλια (vgl. Suidas s. v. ἀναξυρίδας : φιμινάλια, βρακία, also wohl eine Art Hosen) und bildet dann metaplastisch den sg. φιμινάλιον, hier φιμινάλιν (s. zu Z. 7). (Ähnlich φακιάλιν facialia, Halstücher.) Bei PREISIGKE, WB und bei LIDDEL – SCOTT noch nicht erwähnt. – Zu der Ergänzung des Attributs in Text und Fußnote vgl. P. Oxy I 109.

17 χιτὼν οὐλίριος („aus dicker Wolle") bzw. ebd. 109,5 ὀστρῖνον κολόβιον („purpurne Unterjacke").

18 Zu προσκάλαιον für προσκεφάλαιον (προσκεφάλαιον λινοῦν im Inventar P. b. u. G. I 10, Col. II 7), vgl. die meist wohl auf Versehen beruhenden verkürzten Schreibungen bei MAYSER, Gramm. § 57 Anm. 2, S. 246f. = I 1², § 56,2, S. 218f.

19 κόκκινος „scharlachrot", vgl. z. B. P. M. MEYER zu P. Hamb. 10, 24, S. 40.

21 ἐπικάρσιν ein „mit Querstreifen gemustertes Tuch", vgl. LIDDELL – SCOTT 636.

22 Das Wort am Zeilenende ζήστουπλομ entspricht jedenfalls lat. *sescuplum*, „anderthalbmal soviel". Gegenüber dem Tuch in Z. 21 wird hier ein weiteres verzeichnet, aber als „neu" und von 1½mal soviel Stoff. Von verwandten lateinischen Wörtern findet sich in den Papyri σησκουπλικιάριος, vgl. B. MEINERSMANN, Die lateinischen Wörter und Namen in den griechischen Papyri, in: Studien zur Papyruskunde und Epigraphik, H. 1, 1927, 55. WB III 210 (und z. B. auch P. b. u. G. Inv. 282,3 = SB 9202). Der Ersatz von Sigma durch Zeta ist schon ptolemäisch belegt (vgl. MAYSER, Gramm. I 1², § 43, S. 176f.), aus röm. Zeit z. B. Ζωτηρίς für Σωτηρίς in P. Lond. II 156, 60, p. 250 oder Zeta für lat. s in Οὐλούζιος (Volusius) SB 3565.

23 σουδάριν τριβακόν „abgenutztes, abgetragenes Schweißtuch", vgl. PREISIGKE, WB II 474.

Col II, 24 φακιάλιν wäre ein „Halstuch" (s. o. zu Col. I 16), φαινόλιν ein „Mäntelchen".

25 ἐπικάρσιν ταπήτιν „mit Querstreifen gemusterte Bettdecke".

26 ἀκόλουθον κούγλιν (statt κούκλι‹ο›ν), eine (vielleicht mit dem Beinkleid) „übereinstimmende, zugehörige Kapuze".

27 στημεῖα für στημία; στημίον von στήμην abgeleitet, „Garn", wie schon στήμων („Kettfaden") nach Theodor REIL, Beiträge zur Kenntnis des Gewerbes im hellenistischen Ägypten, Diss. Leipzig 1913, 94, allgemein das „Garn" zu bedeuten scheint.

28 ἔφιππον „Pferdedecke", so handschriftlich bei Cass. Dio 63, 13, 3, noch nicht auf Papyrus bezeugt, dafür aber ἐφίππιον, vgl. WB I 632.

30 τρίχινος σάκκος „härener Sack" – oder sollte es sich um ein „Haarsieb" wie P. Hamb. S. 41, 39 handeln. (Doch vgl. die Kritik WB II 619.)

31 χίλωμα „Futter", vgl. P. Lond. 190, 45. Auch an χείλωμα „Kasten, Koffer, Schachtel" wäre wohl zu denken, vgl. P. Oxy. X 1294, 5 und 12 (mit der Bemerkung der Herausgeber B. P. GRENFELL und A. S. HUNT).

32 λῶδιξ „gewebte Decke, Manteltuch", lat. *lodix*, vgl. REIL, a.a.O. 118. Liest man hier λῶρις, „Panzer" mit einem für δ eingetretenen ρ, so könnte diese Form unter dem Einfluß von λωρῖκα (vgl. PREISIGKE, WB II 44) entstanden sein, das wohl auch bei der ungedeuteten Vokabel λώρεικος (PREISIGKE, WB) = λῶδιξ Pate gestanden hat (ein psychologisches, nicht schreibmechanisches Versehen). Der dritte Lesungsvorschlag λῶδριξ für λῶδιξ würde, wenn nicht bloße Verschreibung vorliegt, die Entwicklung eines ρ unter dem Einfluß des vorausgehenden Lambda zeigen: ähnliche Liquidenentfaltung bei Mayser, Gramm. I 187f. besonders als Mißformen, u. a. μάραθρον = μάραθον (Fenchel, vgl. P. b. u. G. 10, II 17 ed. Kling, S. 23 z. St.); in der Neuauflage I 1² (bearb. von H. Schmoll, 1970) § 36, 2, S. 160 etwas gekürzt. Fr. Th. Gignac, A Grammar of the Greek Papyri I, Mailand 1976, S. 102f.

33 βέλη δημόσια sind aus dem Zusammenhang heraus kaum zu erklären.

34 κοντός „Spieß, Stange".

35 πινάκι‹ο›ν „Täfelchen" als Schreibgerät oder „Platte, Schale" als Tischgerät? – θύσκη „Räuchergefäß", vgl. Oxy. XIV 1657, 13. – ὀξύβαφον „Essignapf".

38 ὁμοίως wie P. Oxy. VII, 1026, 11 oder P. Grenf. II 111, 9.

ZUR WIRTSCHAFTSSTRUKTUR DES RÖMISCHEN REICHES: DAS BEISPIEL GALLIEN

Von Peter Kneissl

Wie die Struktur der antiken Wirtschaft und darin eingeschlossen die des römischen Reiches beschaffen war, ist bekanntlich Gegenstand einer lebhaften Kontroverse, und dies nicht erst seit jüngerer Zeit. Vor allem die Bedeutung der gewerblichen Produktion und des Handels innerhalb der antiken Wirtschaft wird unterschiedlich beurteilt. Es stehen sich zwei im Grundsatz konträre Auffassungen gegenüber, für die sich die plakativen Bezeichnungen 'modernistisch' und 'primitivistisch' einzubürgern scheinen.[1]

Die Vertreter der ersten Richtung, die auf Ed. Meyer zurückgeht, sprechen der antiken Wirtschaft einen modernen Charakter zu; marktorientierte Produktion und ein marktwirtschaftlich organisierter Handel seien die Kennzeichen der antiken Glanzepochen. Beide Faktoren, Handel und gewerbliche Produktion, für die ein kapitalistischer Zuschnitt angenommen wird – man gebrauchte sogar den Terminus 'Industrie' –, hätten in dem antiken Wirtschaftsgefüge eine sehr erhebliche Rolle gespielt. Auf das römische Reich der frühen Kaiserzeit bezogen, gelangte M. Rostovtzeff zu der Feststellung, daß die städtischen Oberschichten ihren Reichtum in erster Linie dem Handel verdankten.[2] Anders die Gegenseite, sie hebt hervor, daß dem Gewerbe und dem Handel in der Antike lediglich eine untergeordnete, ja minimale Bedeutung zukam und ökonomisch ausschlaggebend die Landwirtschaft gewesen sei. Zugleich wird die weite Verbreitung der Subsistenzwirtschaft betont. Moderne Begriffe wie 'Marktwirtschaft' würden den antiken Gegebenheiten in keiner Weise gerecht. Die griechische und römische Wirtschaft unterscheide sich strukturell grundsätzlich von der modernen. Auch diese Richtung vermag eine lange, auf K. Bücher und M. Weber zurückreichende Tradition für sich in Anspruch zu nehmen. Als ihre führenden Vertreter in der jüngeren Vergangenheit dürfen A. H. M. Jones und M. I. Finley gelten.[3]

[1] Vgl. K. Christ, Römische Geschichte und deutsche Geschichtswissenschaft, München 1982, 103; L. Neesen, Gnomon 57, 1985, 316 ff.; K. Hopkins, in: P. Garnsey – K. Hopkins – C. R. Whittaker (Hrsg.), Trade in the Ancient Economy, London 1983, IX.

[2] M. Rostovtzeff, Gesellschaft und Wirtschaft im römischen Kaiserreich, Leipzig 1931 (Neudruck Aalen 1985), I 128.

[3] Einen knappen, aber instruktiven forschungsgeschichtlichen Überblick bietet

Ihre den Handel und das Gewerbe der Antike betreffenden Grundthesen lassen sich wie folgt skizzieren[4]: Die hohen Kosten für Transporte auf dem Landweg und die Armut der großen Masse der Bevölkerung bewirkten, daß der Umfang des überregionalen Handelsaustausches sehr gering blieb. Eine Ausnahme bildete lediglich der Handel mit bestimmten Luxusgütern, für die als Käufer jedoch nur ein kleiner Kreis von Besitzenden in Betracht kam. Nicht zuletzt wegen dieser geringen Bedeutung des Handels gehörten die meisten Kaufleute den unteren sozialen Schichten an. Ihrem Status nach zählten sie zu den sogenannten kleinen Leuten. Das gleiche gilt für die gewerblichen Produzenten, die in der Regel mit Familienangehörigen und einigen wenigen Sklaven in kleinen Werkstätten auf Bestellung und nur für einen begrenzten lokalen Markt arbeiteten. Der erwirtschaftete Gewinn hielt sich somit in engen Grenzen: Handwerk und Handel bildeten selten die Quelle von Reichtum. Hohe Erträge wurden, wenn sie ausnahmsweise anfielen, nicht für betriebliche Investitionen benutzt, sondern in Landbesitz angelegt. Den Angehörigen der landbesitzenden Oberschicht war ökonomisches Denken weitgehend fremd; planvolle Investitionen zur Steigerung der Produktion und des Ertrags blieben die Ausnahme. Ihr Ideal war es, genügend Land zu besitzen, das es ihnen gestattete, ein aufwendiges, standesgemäßes Leben zu führen, und hierzu gehörten vor allem ostentative Ausgaben zum Wohle ihrer Heimatstädte, zur Steigerung ihres eigenen sozialen Prestiges und ihres politischen Einflusses.

Mit ihren verdienstvollen Forschungen üben Jones, Finley und ihre zahlreichen Schüler derzeit einen maßgebenden Einfluß aus; Hopkins spricht in diesem Zusammenhang zu Recht von einer 'new orthodoxy'.[5] Es ist jedoch nicht zu übersehen, daß seit einigen Jahren ihr Lehrgebäude einer kritischen Überprüfung unterzogen wird. So akzeptiert Hopkins zwar das Modell Finleys als das zur Zeit beste, er verweist allerdings auf die Veränderungen und Fortschritte, die im Laufe der antiken wirtschaftlichen Entwicklung eintraten und die zu einem ökonomischen Wachstum führten. Außerdem habe nach seiner Ansicht im römischen Reich ein überregionaler Handel von beträchtlichem Umfang existiert.[6] Desgleichen widersprachen W. O. Moeller und

H. Schneider, in: ders. (Hrsg.), Sozial- und Wirtschaftsgeschichte der römischen Kaiserzeit, Darmstadt 1981, 1 ff. Vgl. auch Christ, a.a.O. 103 ff.; Hopkins, a.a.O. IX ff.; F. De Martino, Wirtschaftsgeschichte des alten Rom, München 1985, 529 ff. Zu Rostovtzeff und Finley siehe J. H. D'Arms, Commerce and Social Standing in Ancient Rome, Cambridge, Mass. – London, 1981, 11 ff.

[4] Es ist gewiß problematisch, die zentralen Positionen Jones' und Finleys in wenigen Sätzen wiederzugeben. Der Kürze halber sei hier auf das zurückgegriffen, was Hopkins, a.a.O. XI ff. (XIV), als 'bare bones' der Vorstellungen Finleys beschreibt.

[5] Hopkins, a.a.O. XI.

[6] Hopkins, a.a.O. XIV ff.; ders., Economic Growth and Towns in Classical Anti-

M. W. Frederiksen der These Finleys von der geringen Bedeutung des Handels.[7] Auch De Martino setzt sich in seiner umfassenden und ausgewogenen Darstellung der römischen Wirtschaftsgeschichte kritisch mit Kernpunkten der 'primitivistischen' Richtung auseinander und bezieht vielfach eindeutige Gegenpositionen.[8] Das gleiche gilt für F. Kolb, der die große Bedeutung des Gewerbes und insbesondere des Handels für die Wirtschaft des Imperium Romanum unterstreicht.[9]

Es sei jedoch klargestellt, daß bei aller Kritik an den Thesen Jones' und Finleys heute niemand dazu aufruft, zu einer modernisierenden Sicht – etwa Rostovtzeffs – zurückzukehren, deren Fragwürdigkeit außer Zweifel steht.[10] Als vordringliche Aufgabe wird eine differenzierte Betrachtungsweise angesehen, welche die unterschiedlichen wirtschaftlichen Entwicklungen und Veränderungen in den einzelnen Epochen und Regionen der antiken Welt gebührend berücksichtigt, um so der Gefahr eines neuen Schematismus vorzubeugen.[11] Vor allem strukturelle Wandlungen, die in der mehr oder weniger idealtypischen Konzeption Finleys nur eine untergeordnete Rolle spielen,[12] sollten stärker als bisher in den Blickpunkt gerückt werden. Einen Versuch, die strukturellen Unterschiede im Wirtschaftsgefüge der gallischen Provinzen (Narbonensis, Tres Galliae) zu verdeutlichen, stellt der folgende Beitrag dar. Grundlage der Erörterungen bildet eine Analyse der inschriftlichen Zeugnisse.

Der Befund, den die Inschriften der römischen Kolonien in der südlichen Narbonensis für das erste Jahrhundert n. Chr. liefern, entspricht dem, was wir über die Wirtschaftsstruktur der Städte Italiens wissen. Für sie gilt als kennzeichnend, daß – abgesehen von wenigen Bereichen wie der Keramik-

---

quity, in: Ph. Abrams – E. A. Wrigley (Hrsg.), Towns in Societies, Cambridge 1978, 37 ff. Zu Hopkins vgl. Schneider, a. a. O. 14 f. – Auch D'Arms (Anm. 3) hält im grundsätzlichen an Finley fest, wenngleich er nicht unwichtige Korrekturen vornimmt.

[7] W. O. Moeller, The Wool Trade of Ancient Pompeii, Leiden 1976; M. W. Frederiksen, Theory, Evidence and the Ancient Economy, JRS 65, 1975, 164 ff.

[8] De Martino, a. a. O. 529 ff.

[9] F. Kolb, Die Stadt im Altertum, München 1984, 239 ff. – D. Metzler, MBAH 4, 2, 1985, 116 f., sieht in den Darlegungen und Argumenten Kolbs „die fällige Kritik an der modischen Minimalisierung des Anteils des Handels an der antiken Wirtschaft".

[10] „Finleys Sicht der Dinge kommt der Wahrheit näher als diejenige Rostovtzeffs", so Th. Pekáry, Zur Bedeutung des Handels in der Antike, in: G. A. Ritter – R. Vierhaus (Hrsg.), Aspekte der historischen Forschung in Frankreich und Deutschland, Göttingen 1981, 39.

[11] Z. B. De Martino, a. a. O. 534, 549; Th. Pekáry, Die Wirtschaft der griechischrömischen Antike, Wiesbaden ²1979, 4; Neesen, a. a. O. (Anm. 1), 320 f.; Schneider, a. a. O. 13 f. Ähnlich auch Hopkins, a. a. O. XIV, XXI f.

[12] Vgl. P. Spahn, Die Anfänge der antiken Ökonomik, Chiron 14, 1984, 303.

oder Glasherstellung und sonstigen gelegentlichen Ausnahmen – im allgemeinen die Kleinproduktion vorherrscht. Das Wirtschaftsleben der italischen Städte wird durch eine Vielzahl kleiner und spezialisierter handwerklicher Unternehmen geprägt, die überdies ihre Erzeugnisse direkt an die Verbraucher absetzten. Herstellung und Verkauf waren in einem Betrieb vereinigt, so daß man von Produzentenhandel sprechen kann.[13] Selbst in einer Stadt wie Ostia, die durch ihren bedeutenden Hafen und ihre Lage in der unmittelbaren Nähe Roms an sich günstige Voraussetzungen für das Entstehen größerer gewerblicher Unternehmen geboten hätte, dominiert die Kleinproduktion eindeutig.[14] Ferner kann kein Zweifel bestehen, daß der Anteil der Sklaven und Freigelassenen an dem städtischen Handwerk und Handel außerordentlich hoch war.[15] Das Vorherrschen der *liberti* hat, wie G. Alföldy überzeugend darlegte, sehr plausible Gründe.[16] Einem Sklavenbesitzer brachte es durchaus wirtschaftliche Vorteile, wenn er seine Sklaven freiließ, sobald sie ein bestimmtes Alter erreicht hatten. Die nahezu regelmäßigen Freilassungen kamen einem wirtschaftlichen System gleich, das lediglich eine modifizierte und für den Sklavenbesitzer rentablere Form der Sklaverei darstellte. Auf diese Wirtschaftsform dürfte in hohem Maße die Zunahme der gewerblichen Produktion und des Handels in der frühen Kaiserzeit zurückzuführen sein.[17]

Diesen skizzierten Grundzügen der italischen Wirtschaft entsprechen die Aussagen der Inschriften des ersten Jahrhunderts n. Chr. aus den Städten der südlichen Narbonensis ziemlich genau, und insbesondere gilt dies für die

---

[13] T. Frank, An Economic Survey of Ancient Rome, vol. V: Rome and Italy of the Empire, Paterson, New Jersey 1959 (1940), 216, 260; R. MacMullen, Roman Social Relations 50 B.C. to A.D. 284, New Haven–London 1974, 98 f.; A. H. M. Jones, The Roman Economy. Studies in Ancient Economic and Administrative History, ed. by P. A. Brunt, Oxford 1974, 38 f.; M. I. Finley, Die antike Wirtschaft, München 1977, 174. – Vgl. ferner H. v. Petrikovits, Die Spezialisierung des römischen Handwerks, in: H. Jankuhn u. a. (Hrsg.), Das Handwerk in vor- und frühgeschichtlicher Zeit, Teil I (= Abh. d. Akad. Wiss. Göttingen, phil.-hist. Kl. 122), Göttingen 1981, 63 ff.; M. Wissemann, Die Spezialisierung des römischen Handels, MBAH 3, 1, 1984, 116 ff.; P. Kneissl, *Mercator-negotiator*. Römische Geschäftsleute und die Terminologie ihrer Berufe, MBAH 2, 1, 1983, 73 ff.

[14] R. Meiggs, Roman Ostia, Oxford ²1973, 270 ff.

[15] T. Frank, An Economic Survey of Ancient Rome, vol. I: Rome and Italy of the Republic, Baltimore 1933, 379; S. Treggiari, Roman Freedmen during the Late Republic, Oxford 1969, 95 f., 160 f.; E. Lepore, Orientamenti per la storia sociale di Pompei, in: Pompeiana. Raccolta di studi per il secondo centenario degli scavi di Pompei, Napoli 1950, 161, 164 f.; MacMullen, a. a. O. (Anm. 13), 126.

[16] G. Alföldy, Die Freilassung von Sklaven und die Struktur der Sklaverei in der römischen Kaiserzeit, jetzt in: ders., Die römische Gesellschaft. Ausgewählte Beiträge, Stuttgart 1986 (= HABES 1), 310 ff.

[17] Alföldy, a. a. O. 312.

Provinzhauptstadt Narbo, für die die meisten Zeugnisse vorliegen. Die Inschriften verzeichnen das gleiche breite Spektrum spezialisierter Gewerbe, das für die Städte Italiens charakteristisch ist.[18] Sie verweisen ferner auf einen weitverbreiteten Produzentenhandel. In vielen der belegten Gewerbe werden derart spezielle Waren hergestellt, daß ein davon getrennter, selbständiger Handel aus Gründen der Wirtschaftlichkeit kaum vorstellbar ist.

Die Inschriften der südgallischen Städte liefern keinen Hinweis auf größere gewerbliche Unternehmen, Manufakturen oder ähnliches.[19] Nur wenige Zeugnisse verweisen auf einen Warenverkehr, der über weite Entfernungen abgewickelt wurde und der die engen Grenzen eines Produzentenhandels überschritt. Hier wären vier *navicularii* aus Narbonne zu nennen (CIL XII 4493. 4494. 4495. 5972), vielleicht ein *mercator Cordubensis* (ILGN 586) und ein *olearius* aus Aix-en-Provence, der sich in Rom aufhielt (CIL VI 9717). Auffallenderweise werden auf den Inschriften der Narbonensis für das erste Jahrhundert n. Chr. keine *negotiatores*,[20] also keine größeren Kaufleute oder Unternehmer erwähnt und auch keine *nautae*, welche die Rhône und ihre Nebenflüsse befuhren. Damit steht in Einklang, daß die nicht gerade wenigen Inschriften, die aus den südgallischen Städten für das erste Jahrhundert n. Chr. überliefert sind, keine Hinweise auf Handelsbeziehungen mit Innergallien enthalten.

Diese Feststellungen bedeuten freilich keineswegs, daß es einen überregionalen Warenaustausch nicht gegeben habe. Allein die Existenz der Häfen von Arles und Narbonne, aber auch die vielerorts in dem archäologischen Fundmaterial enthaltenen Importstücke, vor allem solche aus Italien wie Amphorenreste, Keramik und Bronzewaren, setzen weitreichende Handelsverbindungen voraus, die zudem nicht erst seit der Kaiserzeit bestanden.[21] Nicht zuletzt müssen die Resultate der Unterwasser-Archäologie berücksichtigt werden. Eine Diskrepanz zwischen den Angaben der Inschriften und dem archäologischen Befund ist also nicht zu leugnen. Man sollte jedoch bedenken, daß die mehr oder weniger zufälligen archäologischen Funde über das

---

[18] Vgl. M. Gayraud, Narbonne antique des origines à la fin du IIIe siècle, Paris 1981, 483 ff., 530 ff., 545 ff., 552.

[19] Auch Gayraud, a.a.O. 555, stellt fest, daß «entreprises importantes» – abgesehen vom Seehandel – fehlen.

[20] Zum Terminus *negotiator* siehe Kneissl, a.a.O. (Anm. 13), 73 ff. Die Angabe *negotia* [. . .] des Fragments CIL XII 4496 add. aus Narbonne ist nicht eindeutig, sie bezieht sich anscheinend auf eine Frau und kann somit eine Sklaventätigkeit bezeichnen, vgl. Kneissl, a.a.O. 81.

[21] Vgl. Y. Roman, De Narbonne à Bordeaux. Un axe économique au Ier siècle avant J.-C., Lyon 1983; J. Ramin, Les enseignements de Strabon et de Pline concernant l'économie Gauloise, Caesarodunum 12, 1977, tome I 31 ff. Zum Handel, der mit dem Hafen von Narbonne zu verbinden ist, siehe Gayraud, a.a.O. 536 ff.

tatsächliche Volumen eines vorauszusetzenden Fern- und Großhandels nur wenig aussagen.[22] Der überregionale Handel mit speziellen Waren, oft mit ausgesprochenen Luxusgütern, wird in seiner Auswirkung auf die Gesamtwirtschaft vielfach überschätzt. Man darf ferner nicht übersehen, daß, wie soeben bemerkt, auf den Inschriften Südgalliens aus dem ersten Jahrhundert *negotiatores* fehlen, während sie zur gleichen Zeit am Rhein, im Gebiet der Mediomatriker und in der Schweiz begegnen, und zwar nicht als Einzelpersonen, sondern in Zusammenschlüssen organisiert, mithin sogar in größerer Zahl.[23] Vollends sind sie dann für Mittelgallien und die Rheinzone im zweiten und frühen dritten Jahrhundert erstaunlich häufig belegt. Entsprechendes gilt für das Transportgewerbe, d. h. für die *nautae* und *utriclarii*;[24] auch sie werden auf den Inschriften der südlichen Narbonensis für das erste Jahrhundert nicht erwähnt. Daraus läßt sich mit einiger Berechtigung folgern, daß in der Region der römischen Kolonien Südgalliens der Handel, der in größerem Umfang und über weite Strecken betrieben wurde, in seiner Bedeutung gegenüber der beschriebenen gewerblichen Produktion und dem damit verbundenen städtischen Kleinhandel zurückblieb.

Die für Italien getroffene Feststellung, daß im städtischen Handwerk und Handel in großer Zahl Sklaven und Freigelassene tätig waren, gilt in gleicher Weise für die Städte der südlichen Narbonensis. So verzeichnen die Inschriften des ersten Jahrhunderts aus Narbo 60 Berufsangaben, mit denen sich Personen in Verbindung bringen lassen. Von ihnen sind 43 Freigelassene, für 4 ist unfreie Herkunft zu vermuten. Der Anteil der Gewerbetreibenden unfreier Herkunft würde somit 78 % betragen.[25] Diese Zahl gibt natürlich nicht die tatsächlichen Verhältnisse wieder, sie ist zweifellos zu hoch. Wenn Freigelassene häufig ihren Beruf nennen, so kommt darin ihr gesteigertes Repräsentationsbedürfnis zum Ausdruck. Aus dem gleichen Grund waren sie offensichtlich auch stärker als die *ingenui* der städtischen *plebs* bestrebt, für sich und

---

[22] Wie problematisch eine Quantifizierung ist, zeigt der Versuch Tchernias, den Umfang der italischen Weinexporte nach Gallien (Amphoren Dr. 1) zu bestimmen, A. Tchernia, Le vin de l'Italie romaine. Essai d'histoire économique d'après les amphores (= BEFAR 261), Rom 1986, 85 ff.

[23] CIL XIII 6797: *manticulari negotiatores*; CIL XIII 4481: *neg. qui consistunt vico ... CIL XIII 5221: neg salsari leguminari*.

[24] P. Kneissl, Die *utriclarii*. Ihre Rolle im gallo-römischen Transportwesen und Weinhandel, BJ 181, 1981, 169 ff. Eine andere Beurteilung: H. v. Petrikovits, Römischer Handel am Rhein und an der oberen und mittleren Donau, in: K. Düwel u. a. (Hrsg.), Untersuchungen zu Handel und Verkehr der vor- und frühgeschichtlichen Zeit in Mittel- und Nordeuropa, Teil I (= Abh. d. Akad. Wiss. Göttingen, phil. hist. Kl. 143), Göttingen 1985, 327.

[25] Die Angaben und Listen bei Gayraud, a. a. O. (Anm. 18), 473 ff., 483 ff., 530 f., 545 ff., 554, bestätigen dieses Bild.

ihre Angehörigen Grabsteine zu setzen.[26] Man kann jedoch solche Zahlen in die Erörterung einbeziehen, indem man sie mit den Werten anderer Regionen und Zeitabschnitte vergleicht. Für die übrigen Städte der Narbonensis liegen wesentlich weniger Inschriften mit Berufsbezeichnungen vor, so daß die ermittelten Zahlen nur eine geringe Aussagekraft besitzen. Jedoch zeigen die Inschriften insgesamt auch hier den für Italien typischen Standard, d. h., der Anteil der Freigelassenen bewegt sich – anders als etwa in Africa und in den schwächer romanisierten Regionen Galliens – häufig zwischen 10 und 20%.[27]

Das Wirtschaftsleben der südgallischen Städte wurde demnach im ersten Jahrhundert, sieht man von dem sicherlich ausschlaggebenden Agrarbesitz der Oberschicht sowie der angesiedelten römischen Bürger und Veteranen ab, weitgehend von der gewerblichen Kleinproduktion und einem entsprechend dimensionierten Handel bestimmt. In beiden Bereichen waren vorwiegend Freigelassene und Sklaven tätig. Somit entsprach die Wirtschaftsstruktur der südlichen Narbonensis der Italiens, und sie zeigt darüber hinaus jene Charakteristika, die nach Jones und Finley die antike Wirtschaft auszeichneten. Die Übereinstimmungen zwischen der Narbonensis und Italien wurden bereits von den Zeitgenossen erkannt. So urteilt der ältere Plinius (nat. 3, 31) über die Narbonensis: *Italia verius quam provincia.*

Demgegenüber weist die *terra sigillata*-Herstellung von La Graufesenque, die zu Beginn des ersten Jahrhunderts n. Chr. einsetzte, einen völlig anderen Zuschnitt auf. Der Ort liegt zwar ebenfalls in Südgallien, aber außerhalb der alten Provinz und weit ab von römischen Städten. Hier existierten genossenschaftlich organisierte Werkstätten, die im großen Stil produzierten. H. v. Petrikovits spricht von 'Handwerker-Kooperativen' bzw. von einer 'kooperativen Betriebswirtschaftsform', die „eine selbständige Leistung der Gallier gewesen zu sein (scheint)".[28] Überaus bedeutsam ist, daß im Gegensatz zu Arezzo, wo man Sklaven einsetzte, in La Graufesenque die Produktion von freien, überwiegend einheimischen Handwerkern getragen wurde. Bereits Grenier und neuerdings De Martino sehen gerade hierin den wichtigsten Grund für die Überlegenheit der südgallischen *terra sigillata*-Herstellung

---

[26] Vgl. L. R. Taylor, Freedmen and Freeborn in the Epitaphs of Imperial Rome, AJPh 82, 1961, 129f.; P. Zanker, Grabreliefs römischer Freigelassener, JDAI 90, 1975, 284, 312; G. Zimmer, Römische Berufsdarstellungen, Berlin 1982, 53.

[27] Vgl. G. Pereira Menaut, El número de esclavos en las provincias romanas del Mediterráneo occidental, en el Imperio, Klio 63, 1981, 373 ff.; A. Daubigney–F. Favory, L'esclavage en Narbonnaise et Lyonnaise, in: Actes du colloque 1972 sur l'esclavage, Paris 1974, 330. Hierzu demnächst P. Kneißl und L. Wierschowski mit einer auch diesen Aspekt berücksichtigenden Auswertung der Inschriften Galliens, die das vollständige Zahlenmaterial liefert.

[28] H. v. Petrikovits, a.a.O. (Anm. 13), 81 f.

gegenüber der von Arezzo, die bis dahin führend war.[29] Die weite Verbreitung dieser südgallischen Keramik setzt einen Großhandel und feste Fernhandelsverbindungen voraus.[30] Zweifellos begegnet in La Graufesenque, aber auch in den späteren Zentren der gallischen Keramikproduktion, ein Wirtschaftsstil, der sich von den ökonomischen Gegebenheiten der römischen Kolonien in der Narbonensis deutlich unterschied.

Auch die Inschriften des ersten Jahrhunderts aus den anderen gallischen Provinzen – Aquitania, Lugdunensis und Belgica – enthalten keine nennenswerten Hinweise auf wirtschaftliche Verhältnisse, wie sie in der südlichen Narbonensis anzutreffen sind. Das italische Wirtschaftssystem, welches das Kerngebiet der Narbonensis kennzeichnet, war an das Vorhandensein römischer Städte gebunden. Es setzte eine starke Romanisierung voraus und beruhte zudem auf einer zahlenmäßig vollentwickelten Skaverei. Diese Bedingungen waren im ersten Jahrhundert für die Tres Galliae nicht gegeben. So zeigen die Untersuchungen von A. Daubigney und F. Favory, daß die Anzahl der Inschriften, die Sklaven und Freigelassene nennen, im ersten Jahrhundert in der Narbonensis höher ist als in der Lugdunensis, und zwar nicht nur absolut, sondern auch im Verhältnis zur Gesamtzahl der inschriftlichen Zeugnisse. Läßt man die kaiserlichen Sklaven und Freigelassenen unberücksichtigt, die von Daubigney und Favory einbezogen wurden, so wird der Unterschied noch deutlicher.[31] Der Schlußfolgerung der beiden Autoren, daß die Sklaverei in der Lugdunensis weniger entwickelt war als in der Narbonensis, ist daher ohne weiteres zuzustimmen. Die Wirtschaftsstruktur des Nordens weicht damit erheblich von der des Südens ab. Man könnte dem zwar entgegenhalten, daß die inschriftlichen Zeugnisse der Sklaven und Freigelassenen für den Norden nur deshalb zahlenmäßig geringer seien, weil diese aufgrund anderer Bedingungen nicht in der Lage waren oder kein Interesse hatten, Grabinschriften zu setzen. Aber selbst in diesem Falle bliebe ein Unterschied zwischen der Narbonensis und dem übrigen Gallien bestehen, der nur mit einer abweichenden Wirtschafts- und Sozialstruktur zu erklären wäre.

Die Inschriften des zweiten Jahrhunderts lassen für die Narbonensis sowohl Übereinstimmungen als auch Veränderungen gegenüber der früheren Zeit sichtbar werden. So begegnen zwar auf den Inschriften des zweiten

---

[29] A. Grenier, La Gaule Romaine, in: T. Frank (Hrsg.), An Economic Survey of Ancient Rome, vol. III, Baltimore 1937, 562; F. De Martino, a.a.O. (Anm. 3), 341, 539.

[30] H. v. Petrikovits, a.a.O. 82; J. Kunow, Der römische Import in der Germania libera bis zu den Markomannenkriegen. Studien zu Bronze- und Glasgefäßen (= Göttinger Schriften zur Vor- und Frühgeschichte, Bd. 21), Neumünster 1983, 43, mit weiterer Literatur.

[31] Daubigney–Favory, a.a.O. (Anm. 27), 317ff., 326, Annexe I und II (330f.), Annexe X (340).

Jahrhunderts wiederum *navicularii*, aber keine *negotiatores*, also keine Kaufleute und Unternehmer, die Geschäfte in größerem Umfang betrieben. Eine Ausnahme bilden vier *negotiatores vinarii*; sie sind jedoch dem Wirtschaftsgebiet des Nordens zuzurechnen, und zwar ein *negotiator vinarius* aus Vienne und damit aus dem Umkreis von Lyon, sowie drei Weinhändler aus Lyon selbst.[32] Letztere erhielten in Nîmes bzw. Alba eine besondere Auszeichnung, indem sie zu *decuriones ornamentarii* ernannt wurden. Auf Weinbau und Weinhandel ist mit Sicherheit die wichtige Veränderung zurückzuführen, welche die späteren Inschriften der Narbonensis gegenüber dem ersten Jahrhundert erkennen lassen, nämlich die häufige Erwähnung der *nautae* und *utriclarii*.

Seit Beginn des ersten Jahrhunderts n. Chr. wurden die Weinanbauflächen im südlichen Gallien vergrößert, der Weinbau drang weiter nach Norden in das mittlere Rhônetal und nach Westen bis Bordeaux vor. Ein wichtiges Zentrum des Weinbaus entstand im Gebiet der Allobroger um Vienne.[33] Ein bedeutender Weinort war ferner Alba Helviorum im heutigen Département Ardèche.[34] Gallien erlangte, was Weinbau und Weinhandel betrifft, bereits am Ende des ersten Jahrhunderts eine führende Stellung.[35] Der italische Export nach Gallien und den angrenzenden Regionen wurde empfindlich getroffen. Der Weinhandel verlief sogar in umgekehrter Richtung, gallischer Wein wurde nach Italien ausgeführt.[36]

Die wachsende Bedeutung des Weinhandels im Rhônetal wird inschriftlich durch die *negotiatores vinarii* dokumentiert, die seit dem zweiten Jahrhundert begegnen, sowie durch die *nautae* und *utriclarii*. Die Transportgewerbe waren auf den Inschriften des ersten Jahrhunderts lediglich durch vier *navicularii* aus Narbonne vertreten (oben S. 238); Belege für Flußschiffahrt und Transporte auf dem Landweg fehlten. Jetzt aber werden in größerer Zahl *nautae Rhodanici* und *nautae Ararici* erwähnt. Obgleich sie ihren Sitz in Lyon hatten, ist ihre Tätigkeit auch für den Süden nachgewiesen.[37] Bezeugt sind sodann *nautae*, welche die Flüsse Durance, Ardèche und Ouvèze befuhren.[38] Weit verbreitet waren im zweiten Jahrhundert in der Narbonensis desgleichen die *utriclarii*, die auf Packtieren oder Wagen Wein und vermutlich auch Öl in

---

[32] CIL XII 1896; CIL XIII 1954; ILGN 423, 424.

[33] R. Dion, Histoire de la vigne et du vin en France des origines au XIXe siècle, Paris 1959, 118 ff.; vgl. auch Tchernia, a. a. O. (Anm. 22), 146.

[34] Plin. nat. 14, 43. M. Leglay, Autour des corporations d'Alba, BSAF 1964, 140 ff.

[35] Zum Edikt Domitians zuletzt Tchernia, a. a. O. 221 ff.

[36] Die ersten Belege in Rom spätestens Mitte des 1. Jhs., Tchernia, a. a. O. 246.

[37] CIL VI 29722; CIL XII 1005 (Bezug zu Arles). 1797. 3316. 3317 (Bezug zu Nîmes). CIL XIII 1688. 1695. 1709. 1911 (11 179). 1918. 1954 (Bezug zu Alba). 1960. 1966. 1967. 1972. 1996. 2002. 2009. 2020. 2028. 2041. 2494. 5489.

[38] CIL XII 721. 731. 982. 3316. 3317. 4107.

Lederschläuchen beförderten.³⁹ *Nautae* und *utriclarii* hatten sich zu *corpora* und *collegia* zusammengeschlossen, was die wirtschaftliche Bedeutung ihrer Tätigkeit unterstreicht. Korporationen dieser Art fehlten auf den Inschriften des ersten Jahrhunderts. Wie die Häufung der epigraphischen Zeugnisse zeigt, war im Süden Arles das vorrangige Ziel der Weintransporte. Als ein weiteres Zentrum des Weinhandels, aber auch des Weinbaus, kommt offensichtlich Nîmes in Betracht. Darauf verweist bereits die große Zahl von Werkstätten, in denen Amphoren hergestellt wurden.⁴⁰ Hier betätigten sich nicht nur die *negotiatores vinarii* aus Lyon, die ebenfalls eine Korporation bildeten (ILGN 423.424), auch die *nautae Rhodanici* und *Ararici* sowie die *nautae* der Ardèche und Ouvèze unterhielten in Nîmes oder in der näheren Umgebung Niederlassungen.⁴¹

Nach Ausweis der Inschriften konzentrierte sich der Weinhandel auf die Städte des Rhônetals einschließlich Lyon. Er dürfte ferner in der Hauptsache nach Norden orientiert gewesen sein.⁴² Dies ist zum einen den Aktivitäten der *negotiatores vinarii* aus Lyon in den Anbaugebieten des Südens (Nîmes, Alba) zu entnehmen, zum anderen betätigten sich von den vier namentlich bekannten *negotiatores vinarii*, deren *corpus* in Lyon ansässig war, drei zugleich als *nautae Ararici*, Saône-Schiffer, darunter auch der mit Alba in Beziehung zu bringende Weinhändler. Zwei von ihnen bezeichnen sich als Treverer, stammten also aus Trier oder Umgebung.⁴³ Sie setzten demnach den Wein, den sie im Süden aufkauften, wohl teils in Lyon ab, teils brachten sie ihn auf der Saône weiter nach Norden. Es kann kein Zufall der Überlieferung sein, daß auf den Inschriften der Narbonensis zwar zahlreiche Transporteure, aber keine *negotiatores vinarii* begegnen, die aus dieser Provinz selbst stammen, sondern nur die Mitglieder jener Korporation, die in Lyon ihren Sitz hatte, – mit Ausnahme des einen Weinhändlers aus Vienne, einer Stadt, die jedoch bereits dem Wirtschaftsgebiet Lyons zuzurechnen ist (CIL XII 1896). Die Schlußfolgerung scheint berechtigt, daß Unternehmer aus dem Norden den Weinhandel des südlichen Rhônetals weitgehend kontrollierten und daß Lyon sich seit dem zweiten Jahrhundert zum Zentrum und Ausgangspunkt des nach Norden orientierten Weinhandels entwickelte. Wie die erhaltenen Namen oder in dem einen Fall die Angabe *Trever* zeigen, gehörten die *negotiatores vinarii* aus Lyon und auch der aus Vienne der einheimischen,

---

³⁹ Siehe S. 239 Anm. 24.
⁴⁰ J.-L. Fiches, L'archéologie et la transformation des rapports sociaux dans la cité de Nîmes au Haut-Empire, in: Archéologie et rapports sociaux en Gaule (= Centre de recherches d'histoire ancienne, vol. 54), Paris 1984, 220, 222.
⁴¹ Sie verfügten im Amphitheater von Nîmes über 40 bzw. 25 eigene Sitzplätze (CIL XII 3316. 3317).
⁴² So auch Tchernia, a.a.O. (Anm. 22), 147.
⁴³ CIL VI 29 722; CIL XIII 1911 (11 179). 1954. 2033.

gallischen Bevölkerung an. Sie waren keine Nachkommen der Italiker, die einst in den Kolonien angesiedelt wurden; es handelt sich bei ihnen auch nicht um Freigelassene, vielmehr in vier Fällen um Angehörige der lokalen Oberschichten, so ein *decurio* aus Vienne, einer aus Trier, ein *eques Romanus* aus Lyon und ein *patronus equitum Romanorum* gleichfalls aus Lyon.[44] Angehörige des Dekurionenstandes, die auf den Inschriften ihre wirtschaftliche Tätigkeit vermerken, sind für das erste Jahrhundert nicht nachzuweisen.

Im Laufe des zweiten Jahrhunderts trat in der Narbonensis allem Anschein nach eine wichtige Veränderung ein, die das Wirtschaftsgefüge einiger Städte nachhaltig beeinflußte. Wie der Rückgang der inschriftlichen Belege anzeigt, dürfte die Zahl der Sklaven und Freigelassenen in der Mehrzahl der Städte des Südens und in der Provinz insgesamt abgenommen haben, wodurch die Institution der Sklaverei an ökonomischer Bedeutung verlor.[45] Aus verständlichen Gründen muß hier verzichtet werden, die vielerörterte Frage des Rückgangs der Sklaverei ausführlich und mit umfassender Argumentation zu behandeln. F. De Martino, der sich in seiner ›Wirtschaftsgeschichte des alten Rom‹ eingehend mit diesem Problem befaßt, gelangt zu dem Ergebnis, daß die Zahl der Sklaven im Imperium Romanum ständig abnahm.[46] Auch G. Alföldy stellt einen Rückgang der Sklaverei seit dem zweiten Jahrhundert fest und sieht hierin wie De Martino und bekanntlich schon Max Weber zu Recht eine Ursache der großen ökonomischen und allgemeinen Krise, die im dritten Jahrhundert offen ausbrach, sich aber bereits im zweiten Jahrhundert prozeßhaft ankündigte.[47]

Die Gründe der sich abzeichnenden Krise sind nach Alföldy „vor allem in den Strukturschwächen der auf den Städten und ihren Territorien basieren-

---

[44] CIL XII 1896; CIL XIII 1911 (11 179); CIL VI 29 722; CIL XIII 1954. – Bereits das Beispiel dieser *negotiatores vinarii* dürfte die Lyon betreffenden Aussagen Finleys und Jones' als unzutreffend erweisen, vgl. Finley, a.a.O. (Anm. 13), 62, und A. H. M. Jones, Das Wirtschaftsleben in den Städten des römischen Kaiserreiches, in: H. Schneider (Hrsg.), Sozial- und Wirtschaftsgeschichte der römischen Kaiserzeit, Darmstadt 1981, 71.

[45] Einen Rückgang der Sklaverei in der Narbonensis seit dem 2. Jh. konstatieren mit der genannten Begründung Daubigney–Favory, a.a.O. (Anm. 27), 319, 325f., 332; vgl. auch Gayraud, a.a.O. (Anm. 18), 473.

[46] 294ff.: Kap. XXI – Die Arbeitskräfte; 631ff. die wichtigste Literatur; siehe auch ebd. 419.

[47] Alföldy, a.a.O. (Anm. 16), 299, 313ff., 317f.; ders., Römische Sozialgeschichte, Wiesbaden ³1984, 135f. – M. Weber, Die sozialen Gründe des Untergangs der antiken Kultur (1896), in: ders., Soziologie, Weltgeschichtliche Analysen, Politik, hrsg. J. Winckelmann, Stuttgart ³1964, 12f. Siehe hierzu den Beitrag von J. Deininger in diesem Band.

den Wirtschaft zu erblicken", die sich unter anderem daraus ergaben, daß der Rückgang der Sklaverei einen Mangel an Arbeitskräften verursachte.[48] Letzteres führte zu Schwierigkeiten in der Landwirtschaft und betraf insbesondere die mittleren Güter der Dekurionen, was wiederum die Wirtschaft der Städte beeinträchtigte. Die sinkende Zahl der zur Verfügung stehenden Sklaven wirkte sich in den Städten auch in unmittelbarer Weise aus. Die Wirtschafts- und Sozialstruktur der Städte Italiens und der stark romanisierten westlichen Provinzen, zu denen die südliche Narbonensis zählte, wurde durch die Institution der Sklaverei und damit verbunden durch einen hohen Anteil von Freigelassenen unter den Gewerbetreibenden bestimmt. Dieses Wirtschaftssystem und vor allem die modifizierte Form der Sklaverei mit ihren beinahe regelmäßigen Freilassungen konnte nur so lange funktionieren, wie Sklaven in ausreichender Zahl vorhanden waren. Es mußte unweigerlich in eine Krise geraten, sobald die Ergänzung des Sklavenbestandes erschwert oder nicht mehr in dem erforderlichen Umfang vorgenommen werden konnte. Auch dürfte der Rückgang der Sklavenzahlen die Anschaffungspreise erhöht und damit die Kosten für unfreie Arbeit verteuert haben, so daß auf Dauer jene Wirtschaftsform in vielen Bereichen an Rentabilität verlor.[49] „Die Folgen waren sehr weitreichend: Die Umstellung auf ein ganz neues Produktionssystem konnte das römische Wirtschaftsleben nicht ohne eine schwere Krise bewältigen."[50]

Daß solche wirtschaftlichen Schwierigkeiten im zweiten Jahrhundert in einigen Städten der Narbonensis zutage traten und es in Gallien zu einer Verschiebung der ökonomischen Zentren kam, wurde in der Forschung mit unterschiedlichen Argumenten bereits öfters vermutet.[51] Auf eine Veränderung der allgemeinen wirtschaftlichen Lage in der Narbonensis verweist meines Erachtens die Beobachtung, daß in einer Reihe von Städten, wie die beigefügte Graphik verdeutlicht, die Zahl der Grabinschriften seit dem zweiten Jahrhundert abnimmt.[52] Der Umfang des epigraphischen Materials, das aus einer Stadt bekannt ist, und damit im Normalfall auch die Anzahl der einstmals vorhandenen Inschriften werden, abgesehen von der Einwohnerzahl und dem Grad der Romanisierung, durch die jeweiligen wirtschaftlichen

---

[48] Alföldy, a. a. O. (Anm. 47), 135 f.
[49] Zu den Preisen vgl. De Martino, a. a. O. (Anm. 3), 306 ff.
[50] Alföldy, a. a. O. (Anm. 16), 318.
[51] Vgl. Daubigney–Favory, a. a. O. (Anm. 27), 326 und die dort Anm. 2 genannte Literatur; ebd. 327: «A partir du IIe s. l'esclavage est en régression dans les villes du Midi Méditerranéen dont les activités semblent stagner»; ebd. 328: «... au déclin de l'esclavage correspond l'affaiblissement de l'économie urbaine».
[52] Das Diagramm erstellte L. Wierschowski. Zu den Datierungskriterien in Kürze in der oben S. 240 Anm. 27 angekündigten Studie.

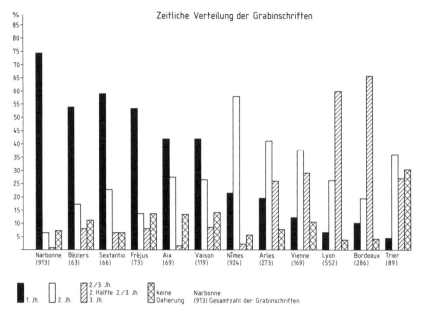

Verhältnisse bestimmt, denn das Setzen von Grabsteinen war mit gewissen Kosten verbunden.⁵³

Am auffälligsten verringert sich die Zahl der Grabinschriften des zweiten Jahrhunderts und der aus späterer Zeit in Narbonne, Béziers, Sextantio, der antiken Vorgängersiedlung des heutigen Montpellier, und in Fréjus. Bei Extremwerten wie im Falle Narbonne sind Verzerrungen nicht auszuschließen, die auf ungewöhnliche Überlieferungsbedingungen zurückgeführt werden könnten. Denn sehr viele der erhaltenen Inschriftensteine dienten als Baumaterial für die Befestigungsanlagen, die in Narbonne seit Ende des dritten Jahrhunderts einander ablösend bis in die Neuzeit errichtet wurden.⁵⁴ Beim Bau der ersten Stadtmauer hat man möglicherweise vor allem die Grabsteine der älteren Nekropolen aus dem ersten Jahrhundert abgetragen, die sich in unmittelbarer Nähe der Stadt befanden. Die jüngeren Abschnitte der Gräberstraßen kamen dabei weniger in Betracht, weil sie vermutlich weiter entfernt lagen. Dieser Umstand könnte, falls es sich tatsächlich so verhielt, dazu beigetragen haben, daß der Anteil der Grabinschriften des ersten Jahrhunderts in Narbonne derart hoch ist. Wenn Narbonne die einzige Stadt wäre, in der die Grabinschriften des ersten Jahrhunderts stark überwiegen, müßte man bei

---

⁵³ Zu den Preisen für Grabmonumente siehe R. Duncan-Jones, The Economy of the Roman Empire. Quantitative Studies, Cambridge ²1982, 79 ff., 127 ff.

⁵⁴ Gayraud, a. a. O. (Anm. 18), 284 ff., 411 f.

der Beurteilung etwas vorsichtiger sein. Jedoch zeigen die epigraphischen Zeugnisse der benachbarten Stadt Béziers und des ebenfalls nicht weit entfernten Ortes Sextantio eine mit Narbonne übereinstimmende Zusammensetzung. Der Befund von Narbonne ist also keineswegs atypisch für den südwestlichen Küstenstreifen der Narbonensis.

Betroffen von dem Rückgang der Grabinschriften sind auch Aix-en-Provence und Vaison. In all den genannten Städten nahm offensichtlich die Zahl derjenigen Einwohner ab, die die Kosten für Grabmonumente aufbringen konnten, was auf eine allgemeine Verschlechterung der wirtschaftlichen Situation schließen läßt. Der Rückgang der Grabinschriften kann nicht mit einem Mentalitätswandel erklärt werden, daß man sozusagen bewußt und freiwillig – aus welchen Gründen auch immer – auf Grabsteine mit Inschriften verzichtete, denn in Nîmes und Arles begegnen sie weiterhin in großem Umfang. In Nîmes wirkten sich offenkundig die wirtschaftlichen Veränderungen noch nicht aus, ja die Stadt scheint im zweiten Jahrhundert geradezu eine Blüte erlebt zu haben, die auf die überregionale Bedeutung des dortigen Weinbaus und -handels zurückgeführt werden könnte (siehe oben S. 243). Zudem ist mit einem starken einheimischen Element innerhalb der Oberschicht dieser Stadt zu rechnen.[55] Im letzten Datierungszeitraum geht jedoch auch für Nîmes die Zahl der Grabinschriften zurück. Von den Städten der südlichen Narbonensis bildet lediglich Arles eine Ausnahme. Es hat seine wirtschaftliche Vorrangstellung bis in die Spätantike aufgrund seiner überaus günstigen Verkehrslage bewahren können. Die Stadt liegt im Schnittpunkt der wichtigsten Straßen Südgalliens, sie besaß einen Flußhafen und direkten Zugang zum Meer. Einen mit Arles vergleichbaren Befund liefert Vienne, die nördlichste Stadt der Narbonensis im Rhônetal, die bereits zu dem engeren Wirtschaftsraum des nahegelegenen Lyon gehörte und Mittelpunkt eines berühmten Weinanbaugebietes war (siehe oben S. 242).

Hinsichtlich der Zusammensetzung des Inschriftenbestandes unterscheiden sich Lyon, Bordeaux und Trier, die Zentren der drei anderen gallischen Provinzen von den Städten der Narbonensis in auffallender Weise. Die geringe Anzahl von Grabinschriften des ersten Jahrhunderts überrascht nicht, sie läßt sich mit der später einsetzenden Romanisierung erklären. Entscheidend ist vielmehr, daß im Gegensatz zur Narbonensis so zahlreiche Inschriften auf den letzten Datierungszeitraum, also auch noch auf das dritte Jahrhundert entfallen. Die wirtschaftliche Entwicklung dieser Städte muß anders verlaufen sein als in den römischen Kolonien des Südens. Die wesentlichen Unterschiede ließen bereits die *terra sigillata*-Produktion von La Graufesenque und der von Lyon ausgehende Weinhandel erkennen. In beiden Wirtschaftsbereichen gab es einen ausgesprochenen Fern- und Großhandel; statt

---

[55] Fiches, a. a. O. (Anm. 40), 221.

der Freigelassenen begegnen als Unternehmer freie Einheimische und sogar Angehörige der lokalen Oberschichten.

Das Bild gewinnt noch schärfere Konturen, wenn man die Verhältnisse in Lyon selbst näher betrachtet.[56] Für Lyon sind seit dem zweiten Jahrhundert neben den schon erwähnten Korporationen der *nautae Rhodanici* und *Ararici* sowie der *negotiatores vinarii* weitere nicht minder wichtige bezeugt: das *corpus splendidissimum* der *negotiatores Cisalpini et Transalpini*, das der *diffusores olearii ex Baetica*, ein *corpus* der *utriclarii* und eines der *sagarii*.[57] Darüber hinaus begegnet eine Vielzahl von *negotiatores*, die meist durch einen nachgestellten Zusatz ihre genaue Tätigkeit vermerken.[58] Die speziellen Bezeichnungen verweisen auf folgende Produkte und Handelswaren: Keramik, d. h. in erster Linie wohl *terra sigillata*, Textilien, silbernes Tafelgeschirr, Kosmetika und Nahrungsmittel wie Getreide, Öl, Fischsaucen. Wie ihre Namen zeigen, handelt es sich bei diesen *negotiatores* – von zwei nicht eindeutigen Fällen abgesehen (CIL XIII 2025. 2030) – um Einheimische, um romanisierte Gallier. Nur für einen einzigen von ihnen ist aufgrund seines griechischen Cognomens unfreie Herkunft zu vermuten (CIL XIII 2025). Die *negotiatores* bilden in dieser Hinsicht keine Ausnahme. Unter den über 40 Personen, welche auf den Inschriften Lyons des zweiten und dritten Jahrhunderts ihren Beruf angeben, befinden sich lediglich zwei, für die der Freigelassenenstatus vorausgesetzt werden kann.[59]

---

[56] Zur wirtschaftlichen Bedeutung Lyons siehe J. Rougé, Aspects économiques du Lyon antique, in: Les Martyrs de Lyon (177). Colloques internationaux du CNRS, Nr. 575, Paris 1978, 47 ff.; L. Cracco Ruggini, Les structures de la société et de l'économie Lyonnaises au IIe siècle, par rapport à la politique locale et impériale, ebd. 65 ff.; dies., Nuclei immigrati e forze indigene in tre grandi centri commerciali dell'impero, in: J. H. D'Arms – E. C. Kopff (Hrsg.), The Seaborne Commerce of Ancient Rome: Studies in Archaeology and History, MAAR 36, 1980, 55 ff.

[57] *Neg. Cisalpini et Transalpini:* CIL XIII 2029. 11 480 (= AE 1952, 205; AE 1972, 352. Vgl. hierzu den Beitrag von R. Frei-Stolba in diesem Band); CIL V 5911. Belegt ist ihre Anwesenheit für Lyon, Mailand und Avenches; vermutlich waren sie auch in Trier tätig, da ein *praefectus* dieses *corpus* aus Trier stammte. – *Diff. olearii ex Baetica*: CIL VI 29 722. Sie sind unter Umständen identisch mit den *diff(usores)* aus dem Amphitheater von Arles (CIL XII 714,1). Zu ihrer Funktion im Handel mit spanischem Öl siehe S. Panciera, Olearii, in: The Seaborne Commerce of Ancient Rome (Anm. 56), 241 ff. – Die Belege für die *utriclarii* bei Kneissl, a. a. O. (Anm. 24), 201 f. – *Sagarii*, Hersteller eines *sagum* genannten Kleidungsstückes: CIL XII 1898. Die Inschrift stammt zwar aus Vienne, die Berufsangaben der in ihr genannten Personen sind jedoch auf Lyon zu beziehen.

[58] CIL XIII 1906. 1948. 1966. 1972. 1996. 1999. 2018. 2023. 2025. 2030. 2033. 2035.

[59] Die Zugehörigkeit zu den *seviri Augustales* von Lyon liefert anders als in Italien und auch in der Narbonensis keinen sicheren Hinweis auf unfreie Herkunft.

Die überragende Rolle, die Lyon im Wirtschaftsleben Galliens spielte, geht auch daraus hervor, daß zahlreiche auswärtige Kaufleute und Unternehmer sich in dieser Stadt aufhielten, darunter solche, die ihre Geschäfte in größerem Stil abwickelten. Zwar sind Fremde auch an anderen Orten nachzuweisen, aber mit Abstand die meisten auswärtigen Unternehmer verzeichnen die Inschriften Lyons. Es begegnen neben zwei Bürgern aus dem benachbarten Vienne (CIL XIII 1918. 2009) drei Treverer (1911. 2029. 2033), zwei Sequaner (1983. 2023), ferner Angehörige von fünf weiteren gallischen *civitates* (1998. 2008. 2018. 2020. 2035) und ein *civis Germanicianus* (1945), der aus einer der beiden germanischen Provinzen stammte und nicht, wie gemeinhin angenommen wird, aus der syrischen Stadt Germanicia. Aus entfernteren Gebieten kommen ein *sevir Augustalis Luguduni et Puteolis*, der seine Herkunft mit *domo Roma* angibt (1942), weiter ein *civis Carthaginensis, natione Afer* (2000), ein Syrer aus Canotha (2448) und ein zweiter aus Laodikeia.[60] Umgekehrt können auch mehrere Geschäftsleute und Gewerbetreibende aus Lyon nachgewiesen werden, die auswärts tätig waren.[61] Hier ist vor allem jener *eques Romanus* aus Lyon zu nennen, der vermutlich auf einer Geschäftsreise in Rom starb (CIL VI 29722). Er war Mitglied und darüber hinaus *curator* und *patronus* der in Lyon ansässigen *corpora* der *negotiatores vinarii*, der *nautae Ararici* sowie der *diffusores olearii ex Baetica*.

Die Mobilität und die weitreichenden Aktivitäten der Kaufleute und Unternehmer aus Gallien, für die es in den Städten der südlichen Narbonensis – mit Ausnahme der *navicularii* von Narbonne und Arles – nichts Vergleichbares gibt, werden auch durch Berufsbezeichnungen wie *negotiator Britannicianus* belegt (z. B. CIL XIII 634), ferner durch gallische Textilhändler in Oberitalien (CIL V 5929. ILS 7576) und nicht zuletzt durch die zahlreichen Treverer, die außerhalb Triers begegnen. Aus keiner gallischen *civitas* sind so viele Angehörige außerhalb ihres Heimatgebietes durch Inschriften bezeugt wie im Falle der Treverer.[62]

Die in Lyon ansässigen Geschäftsleute betätigten sich auffallend häufig in mehreren Branchen zugleich. Für die Narbonensis liegt lediglich ein einziges Beispiel dieser Art vor: ein *utriclarius* aus Arles, der auch das Gewerbe eines *nauta Druenticus* ausübt (CIL XII 731). Für Lyon hingegen enthalten die Inschriften zehn Belege. Dabei werden von zwei Ausnahmen abgesehen stets

---

[60] C. P. Jones, A Syrian in Lyon, AJPh 99, 1978, 336 ff., siehe auch L. R. Bessigneul, À propos des Orientaux en Gaule romaine aux trois premiers siècles de notre ère, in: Actes du colloque franco-polonais d'histoire. Les relations économiques et culturelles entre l'Occident et l'Orient, Nice–Antibes 1980 (1981), 181 ff.

[61] CIL VI 9998; CIL XIII 1954. 2602; ILGN 423. 424; ILTG 87.

[62] Hierzu umfassend J. Krier, Die Treverer außerhalb ihrer Civitas. Mobilität und Aufstieg, Trier 1981; auf der Karte S. 12 werden allerdings auch die Soldaten berücksichtigt. Ferner E. M. Wightman, Roman Trier and the Treveri, London 1970, 49.

Handel und Transport verknüpft.⁶³ Die Tätigkeit in zwei oder mehr Wirtschaftszweigen und vor allem die Verbindung von Handel und Transport begünstigten zweifellos das Entstehen von größeren Unternehmen und konnten auf die Dauer zu einer wirtschaftlichen Überlegenheit führen. So ist bezeichnend, daß es auch Angehörige der Oberschicht waren, die auf diese Weise in Erscheinung traten.

Eine Steigerung der wirtschaftlichen Aktivitäten kann auch aus der Existenz der zahlreichen Korporationen abgeleitet werden. Zusammenschlüsse von Handel- und Gewerbetreibenden, die ausdrücklich als *corpora* oder *collegia* bezeichnet wurden, waren auf den Inschriften des ersten Jahrhunderts nicht nachzuweisen; für die spätere Zeit begegnen sie in großer Zahl. Auch sie konzentrieren sich im Norden. Lyon mit sieben Korporationen dieser Art bildet wiederum den Schwerpunkt (siehe oben S. 248).

Während sich in weiten Teilen der Narbonensis wirtschaftliche Schwierigkeiten einstellten, erlebte das mittlere und nördliche Gallien seit dem zweiten Jahrhundert offenkundig eine ausgesprochene Blütezeit. Wirtschaftliches Zentrum Galliens wurde Lyon, unter auffallend starker Beteiligung von Geschäftsleuten aus der *civitas Treverorum*. In den prosperierenden Wirtschaftsraum einzubeziehen ist die Region um Bordeaux, wie die Anwesenheit von Treverern nahelegt,⁶⁴ die sich von dort aus auch am Handel mit Britannien beteiligten. In erster Linie ist hierbei an die Ausfuhr von Wein zu denken. Bordeaux, seit dem zweiten Jahrhundert Hauptstadt der Provinz Aquitania, war Zentrum eines Weinbaugebiets an der unteren Garonne und der Gironde, das wohl nicht die gleiche Bedeutung besaß wie der Weinbau im Rhônetal, dessen Erzeugnisse jedoch in der Kaiserzeit Berühmtheit erlangten.⁶⁵ Diese wirtschaftliche Stellung von Bordeaux im zweiten und dritten Jahrhundert kommt auch in der zeitlichen Verteilung der dortigen Grabinschriften zum Ausdruck.

Man wird sich fragen, worauf jener wirtschaftliche Aufschwung seit dem zweiten Jahrhundert im mittleren und nördlichen Gallien zurückzuführen ist. Abgesehen von den natürlichen Ressourcen bildete die günstige Lage Lyons und Triers eine unerläßliche Voraussetzung. Beide Städte lagen an dem wichtigen Verkehrsweg, der das Mittelmeer mit dem Rhein verband. Hierbei konnten über weite Strecken die Möglichkeiten der Flußschiffahrt genutzt werden. Bereits in augusteischer Zeit wurde mit dem Ausbau der Straßen begonnen, die zunächst parallel zu Rhône und Saône verliefen und weiter über Langres, Metz und Trier zum Rhein führten. „Dieser kombinierte Fluß- und Landweg, der in seiner ganzen Erstreckung von der Rhônemündung über

---

⁶³ CIL VI 29 722; CIL XIII 1911. 1954. 1966. 1972. 1996. 1998. 2009. 2023. 2033.
⁶⁴ CIL XIII 542 (*vestiarius*). 633. 634 (*neg. Britannicianus*). 635.
⁶⁵ Dion, a.a.O. (Anm. 33), 121 ff.

Lyon bis an den Rhein verlief, war militärisch, wirtschaftlich und politisch die eigentliche Lebensader des östlichen Gallien einschließlich der heutigen Rheinlande."[66]

Der Ausbau dieser Verkehrsachse, von der insbesondere in Lyon und Chalon-sur-Saône weitere wichtige Straßen abzweigten, erfolgte zunächst aus militärischen Gründen. Auf ihr gelangte ein Großteil der Versorgungsgüter für die am Rhein stationierten Legionen und Auxiliareinheiten von Italien und Gallien nach Norden. Bedeutung gewannen später nach der Eroberung Britanniens auch die von Lyon zur Kanalküste führenden Verkehrswege. Die Anlieger dieser Verbindungs- und Nachschublinien profitierten direkt von dem durchziehenden Verkehr, indem sie die Verpflegung und Beherbergung des Transportpersonals, die Fütterung der Zugtiere und gelegentlich wohl auch Transporte selbst übernahmen und eigene Erzeugnisse absetzten. Willkürliches Requirieren darf man für Friedenszeiten ausschließen.[67] Auf Dauer gesehen erleichterten die vom 'Staat' geöffneten Verkehrswege einen überregionalen Handelsaustausch, zumal sie neue wirtschaftlich zu erschließende Provinzen mit dem Mittelmeer verbanden. Der ökonomische Aufschwung wurde zweifellos auch dadurch gefördert, daß man von dem Gebiet um Lyon aus über die Saône nach Überwindung kurzer Landstrecken den Anschluß an die Loire und Seine sowie ihre Nebenflüsse herstellen konnte, von denen selbst die kleineren in römischer Zeit als Wasserwege genutzt wurden. Für Lyon ist außerdem zu berücksichtigen, daß sich am Zusammenfluß von Rhône und Saône der Sitz des gallischen 'Provinziallandtags' mit dem zentralen Kaiserkult für die Tres Galliae befand. Hier versammelten sich alljährlich die Vertreter der 60 gallischen *civitates*.

Die günstigen Verkehrsverhältnisse und die politische Bedeutung Lyons erklären freilich nicht alles. Man wird die handwerklichen Fähigkeiten und das hohe technologische Wissen in Rechnung zu stellen haben, über das die keltische Bevölkerung seit der La-Tène-Zeit verfügte, und nicht zuletzt eine besondere, auf Steigerung des Gewinns und Expansion bedachte Wirtschaftsgesinnung. Die Träger der positiven wirtschaftlichen Entwicklung waren nicht die Bewohner römischer Städte, d. h. die Nachkommen von angesiedelten Italikern, sondern Einheimische. Der Aufstieg einer einheimischen, in Produktion und Handel tätigen 'Bourgeoisie' ist unverkennbar.[68] L. Cracco

---

[66] H. Heinen, Trier und das Trevererland in römischer Zeit. 2000 Jahre Trier, Bd. 1, Trier 1985, 35 f.; ebd. 141 ff. eingehend und mit umfangreicher Bibliographie (399 ff.) zur wirtschaftlichen Entwicklung der *civitas Treverorum* in der Kaiserzeit.

[67] H. v. Petrikovits, a. a. O. (Anm. 24), 321.

[68] Vgl. Heinen, a. a. O. (Anm. 66), 168 ff.; Krier, a. a. O. (Anm. 62), 186; J. F. Drinkwater, The Rise and Fall of the Gallic Iulii: Aspects of the Development of the Aristocracy of the Three Gauls under the Early Empire, Latomus 37, 1978, bes. 835 ff.

Ruggini hat diese Schicht, die vor allem durch die Inschriften Lyons und die Reliefs der Grabmonumente des Trierer Landes faßbar wird, treffend beschrieben: «In contrasto con la debole e parassitaria economia di tante città occidentali coeve (specialmente italiche), Lione vantava dunque la presenza d'innumerevoli e ben organizzati corpora di mestiere, i cui membri (poco sensibili sia all'evergetismo megalomane e paternalistico di altre aristocrazie professionali e municipali, sia all'inserimento nelle carriere imperiali) miravano unicamente al successo economico e alla promozione sociale della propria famiglia ...»[69]

Das an wirtschaftlichem Erfolg orientierte Denken dieser Schicht kommt auch darin zum Ausdruck, daß ihre Angehörigen nur in geringem Ausmaß als Stifter auftraten.[70] Die Zahl der inschriftlich belegten Stiftungen, wie sie in Italien so häufig vorkommen, ist für die Tres Galliae wesentlich niedriger als für die Narbonensis.[71] Es wäre keineswegs verwunderlich, wenn jene erfolgreichen gallischen Geschäftsleute und Unternehmer sich nicht auch durch eine hohe soziale Wertschätzung der gewerblichen Tätigkeit ausgezeichnet hätten.[72] Hierauf könnten neben der Art der Selbstdarstellung auf den Reliefs die zahlreichen mit *ars* gebildeten Berufsbezeichnungen nicht nur der *negotiatores* verweisen, die seit der zweiten Hälfte des zweiten Jahrhunderts begegnen und sich ausschließlich auf das mittlere Gallien, die beiden germanischen Provinzen und das westliche Rätien beschränken.[73]

Die Mentalität der einheimischen Kaufleute und Handwerker äußert sich auch in der Bereitschaft, weit entfernt vom Heimatort unternehmerisch tätig zu werden, und in einer konsequenten Ausnutzung sich bietender ökonomischer Möglichkeiten. Letzteres zeigt vor allem die *terra sigillata*-Herstellung.[74] Man kopierte die bis dahin führenden Erzeugnisse aus Arezzo, verdrängte sie rasch aus den Absatzgebieten in Gallien und nördlich der Alpen und exportierte schließlich sogar nach Italien. Die gallische *terra sigillata*-Produktion verlagerte sich bekanntlich im Laufe der Zeit weiter nach Norden und rückte damit geradezu planmäßig immer näher an die Abnehmer im mittleren und nördlichen Gallien, in der Rheinzone, in Britannien und im Donaugebiet heran. Eine ähnliche Entwicklung vollzog sich im Weinbau; auch er drang weiter nach Norden vor, bis er im zweiten Jahrhundert etwa eine Linie erreichte, die von der Gironde zum Genfer See verlief.[75] Nördlich

---

[69] Cracco Ruggini, Nuclei immigrati (Anm. 56), 65; entsprechend dies. auch in Les structures de la société (Anm. 56), 83.
[70] Cracco Ruggini, Les structures de la société (Anm. 56), 85f.
[71] R. P. Duncan-Jones, The Wealth of Gaul, Chiron 11, 1981, 218f.
[72] Vgl. Heinen, a. a. O. (Anm. 66), 168.
[73] Vgl. Kneissl, a.a.O. (Anm. 13), 80.
[74] Siehe Grenier, a.a.O. (Anm. 29), 562.
[75] Dion, a.a.O. (Anm. 33), 134, 136.

davon existierte bis weit in das dritte Jahrhundert hinein kein Weinbau von wirtschaftlicher Relevanz.[76]

Dem Wein und der *terra sigillata* kommt eine entscheidende Bedeutung zu. Beide Handelswaren dürften in erheblichem Maße zu dem wirtschaftlichen Aufschwung Galliens beigetragen haben. *Terra sigillata* und Wein gehörten, wie ihre weite Verbreitung zeigt, zu den Wirtschaftsprodukten, deren Verkaufspreise die hohen Transportkosten ausglichen. Der nach Norden gerichtete Handel mit Wein und Keramik hatte zwangsläufig zur Folge, daß nun auch für Transporte in südliche Richtung ausreichender Frachtraum zur Verfügung stand. Denn die *nautae* und *utriclarii* waren gezwungen, mit ihren Flußkähnen und Fuhrwerken wieder nach Süden zurückzukehren; sie mußten sich gegebenenfalls mit niedrigen Frachtraten begnügen, wollten sie nicht auf Ladung verzichten. Damit war im Gegensatz zu den allgemeinen Verkehrsverhältnissen im römischen Reich nicht nur ausreichender, sondern auch billiger Frachtraum vorhanden. Diese günstige Situation wurde von einheimischen Unternehmern längs der wichtigen Straßen durchaus erkannt und genutzt. So betätigte sich ein in Lyon ansässiger *utriclarius*, der die Straße von Chalon-sur-Saône zur Kanalküste befuhr, zusätzlich als Leinenhersteller und -händler.[77] Für die andere wichtige Fernhandelsstraße, die von Chalon-sur-Saône über Besançon nach Augsburg führte, ist ein weiterer *utriclarius* aus Lyon belegt, der dieses Gewerbe mit dem eines Textilhändlers verband.[78] Auch die Reliefs der bekannten Grabmonumente des Trierer Landes zeigen ein auffallendes Nebeneinander von Weinhandel und -transport einerseits und Textilhandel andererseits.[79] Ferner kann längs des großen Verkehrsweges von Lyon zur Mosel und zum Rhein eine ungewöhnliche Häufung inschriftlicher Zeugnisse festgestellt werden, die auf das Textilgewerbe verweisen.[80]

---

[76] Dion, a.a.O. (Anm. 33), 137f., 147; Kneissl, a.a.O. (Anm. 24), 183, 192ff.; Rougé, a.a.O. (Anm. 56), 57; A. H. M. Jones, a.a.O. (Anm. 44), 70. – Für einen früheren Beginn des Weinbaus an der Mosel, nämlich bereits im 2. Jh., spricht sich Heinen aus, a.a.O. (Anm. 66), 145, 400. Sein Hinweis auf die von A. Neyses untersuchten Weinkelterhäuser im Moselgebiet besagt allerdings wenig, da deren Zeitstellung nicht zu präzisieren ist.

[77] CIL XIII 1998. Hierzu J. Rougé, Les rapports de Lyon avec l'ouest-nord-ouest Gaulois: À propos de trois inscriptions, RAE 25, 1974, 140ff.; Kneissl, a.a.O. (Anm. 24), 185.

[78] CIL XIII 2023; Kneissl, a.a.O. 188.

[79] Zuletzt Heinen, a.a.O. (Anm. 66), 147ff.; J. F. Drinkwater, Die Secundinier von Igel und die Woll- und Textilindustrie in Gallia Belgica: Fragen und Hypothesen, TZ 40/41, 1977/78, 107ff.

[80] Aus Trier CIL XIII 3705, ein *vestiarius*; AE 1928, 183, ein *negotiator cervesarius artis offecturae*, Besitzer einer Bierbrauerei, der zugleich eine Färberei betrieb. – Kreuznach: CIL XIII 7553, ein *offector*, Färber. – Marsal (dép. Moselle): CIL XIII 4564, ein *vestiarius ex Germania Superiore*. – Langres: CIL XIII 5705. 11597, *ves-*

Als Produkte, die in südliche Richtung verhandelt werden konnten, boten sich anscheinend in erster Linie Textilerzeugnisse an, seien es Stoffe oder Fertigwaren. Die Voraussetzungen, Schafzucht und Flachsanbau, waren in den fraglichen Gebieten überall gegeben. Zum anderen konnten Textilien leicht und risikolos transportiert werden. Die Textilprodukte des nördlichen Galliens gelangten überwiegend als Rückfracht der Weintransporteure wohl zunächst nach Lyon. Die Existenz des dortigen *corpus* der *sagarii* steht damit in Einklang. Die Textilwaren wurden teils vom innergallischen Handel aufgenommen, teils exportiert, so auch nach Italien. Die Ausfuhr nach Italien, wo gallische Textilerzeugnisse wegen ihrer Qualität geschätzt wurden, wird nicht nur durch literarische Quellen bestätigt, sondern auch durch zwei inschriftlich belegte gallische Textilkaufleute in Mailand und Pola.[81] Der *sagarius Romanensis* aus Vienne, also aus dem engeren Wirtschaftsgebiet um Lyon, dürfte ebenfalls mit dem Textilexport nach Italien in Verbindung stehen (CIL XII 1928), desgleichen vermutlich die erwähnten *negotiatores Cisalpini et Transalpini*, deren Handelstätigkeit sich freilich nicht auf eine einzige Warengattung beschränkte.

Der Anteil der drei Wirtschaftszweige – Produktion und Handel mit *terra sigillata*, Wein und Textilien – an dem ökonomischen Fortschritt Galliens kann nicht hoch genug eingeschätzt werden. Jedoch auch die Bedeutung anderer Bereiche wie der Herstellung und Ausfuhr von Bronzegefäßen in das freie Germanien zeichnet sich immer klarer ab. Hier tritt der gleiche Vorgang ein, der schon bei Keramik und Wein beobachtet werden konnte: Die gallischen Erzeugnisse verdrängen die italischen. „Mit dem Übergang zur jüngeren Kaiserzeit kommen kaum noch italische Exporte in die Germania libera; die gallischen Werkstätten und die neuen Produktionszentren des Rheingebiets beherrschen jetzt fast konkurrenzlos den Markt."[82] Auch in Pannonien scheint sich eine entsprechende Entwicklung vollzogen zu haben.[83]

Die deutlichen Unterschiede sind nicht zu übersehen, die zwischen der Wirtschaftsstruktur der Narbonensis, insbesondere ihres südlichen Teils, einerseits und dem seit dem zweiten Jahrhundert prosperierenden mittleren und

---

tiarius und *sagarius*. – Lyon: CIL XIII 2008; CIL XII 1898, ein einzelner *sagarius* und ein *corpus* der *sagarii*.

[81] CIL V 5929; ILS 7576. Die literarischen Belege bei H. Blümner, Die römischen Privataltertümer, München ³1911, 239f.

[82] Kunow, a.a.O. (Anm. 30), 68. Vgl. auch K. Godłowski, Der römische Handel in die Germania libera aufgrund der archäologischen Quellen, in: K. Düwel u. a. (Hrsg.), Untersuchungen zu Handel und Verkehr der vor- und frühgeschichtlichen Zeit in Mittel- und Nordeuropa, Teil I (= Abh. Akad. Wiss. Göttingen, phil. hist. Kl. 143), Göttingen 1985, 337ff.

[83] Kunow, ebd. Anm. 566.

nördlichen Gallien andererseits bestehen. Für die Narbonensis war jene hauptsächlich auf Sklaverei basierende italische Wirtschaftsform bestimmend. Sie geriet aus den dargelegten Gründen in eine Krise, so daß in den meisten Städten des Südens seit dem zweiten Jahrhundert sich wirtschaftliche Schwierigkeiten einstellten. Von dieser Krise konnte das übrige Gallien nicht betroffen werden, weil es wirtschaftlich anders strukturiert war. Hier spielte die Institution der Sklaverei nicht diese ausschlaggebende Rolle, hier gab es größere Unternehmensformen, einen ausgesprochenen Groß- und Fernhandel, der genügend Abnehmer im Lande selbst, in den benachbarten Provinzen sowie im Donaugebiet und im freien Germanien fand. Für die Träger der wirtschaftlichen Aktivitäten, d. h. die einheimische Bevölkerung, darf zudem eine Wirtschaftsgesinnung angenommen werden, die sich der italischen dieser Zeit als überlegen erwies. Die Folge war, daß die wirtschaftliche Blüte dieses Teils Galliens, wie auch die große Zahl der späten Grabinschriften nicht nur aus Lyon zeigt, erst im dritten Jahrhundert endete, und zwar herbeigeführt durch die instabile Lage in der Rheinzone und die folgenden ständigen Germaneneinfälle. Es waren also keine inneren, strukturellen Schwierigkeiten wie im Süden, sondern politisch-militärische Vorgänge, die hier einen wirtschaftlichen Niedergang bewirkten.

Um abschließend auf die eingangs skizzierte Diskussion über die Grundzüge der antiken Wirtschaft zurückzukommen: Gerade die ökonomische Entwicklung im mittleren und nördlichen Gallien beweist die Notwendigkeit differenzierter Untersuchungen. Die wirtschaftlichen Gegebenheiten der Narbonensis dürften im großen und ganzen die Thesen Jones' und Finleys bestätigen, die des anderen Gallien jedoch kaum.

ASPEKTE DER NATIONALSOZIALISTISCHEN
GERMANENIDEOLOGIE

Von VOLKER LOSEMANN

Die folgenden Ausführungen stehen im Zusammenhang mit Untersuchungen des Verfassers zum Verhältnis von Nationalsozialismus und Antike und zum Stellenwert der römisch-germanischen Auseinandersetzung im deutschen Geschichtsbild.* Dessen Entstehung ist bekanntlich eng mit der Rezeption der taciteischen ›Germania‹ verknüpft. Dieses Werk des Tacitus, das dem deutschen Volk als „Patengeschenk in die Wiege seiner vaterländischen Geschichte" gelegt wurde, spielt auch in der nationalsozialistischen Germanenideologie eine wichtige Rolle.[1] Mit der Bemerkung, daß man „all das, was sich im 19. und 20. Jahrhundert im Umkreis der Beschäftigung mit der taciteischen Schrift abgespielt hat, als die gigantische *Extrapolation zweier Grundpositionen betrachten* (kann), die sich schon während der ersten Hälfte des 16. Jahrhunderts abgezeichnet hatten", hat Manfred Fuhrmann die Sachlage treffend gekennzeichnet.[2] Diese Blickrichtung führt in unserem Zusammenhang zu speziellen Aspekten der nationalsozialistischen Germanenideologie. Bevor diese Spuren aufzunehmen sind, ist der angesprochenen Entwicklungslinie folgend zunächst ein kurzer Blick auf die Frühphase der ›Germania‹-Rezeption und bestimmte Ausformungen im 19. Jahrhundert zu werfen. Erst im Anschluß daran werden Aspekte der NS-Germanenideologie behandelt, die in einem teils engeren und teils weiteren Bezugsrahmen mit der politischen Wirkungsgeschichte der ›Germania‹ verbunden sind.

Die wichtigsten Entwicklungsstufen der deutschen Germanenideologie hat Klaus von See vom Humanismus bis hin zur Gegenwart untersucht.[3] In

---

* Mein Interesse an beiden Themenbereichen hat – diese persönliche Bemerkung sei hier gestattet – Karl Christ letztlich in seinem Hauptseminar „Probleme der römisch-germanischen Auseinandersetzung" im Wintersemester 1965/66 geweckt, an das ich gerne zurückdenke. Der Jubilar wird um Nachsicht gebeten, wenn ihm hier auch ganz alte Bekannte begegnen – ich bin ihm auch heute noch für diese Anregungen sehr dankbar.

[1] Ed. Norden, Die germanische Urgeschichte in Tacitus' Germania, Leipzig–Berlin 1920, 5.

[2] M. Fuhrmann, Einige Dokumente zur Rezeption der taciteischen 'Germania', Der altsprachliche Unterricht 21, 1978, 45.

[3] K. v. See, Deutsche Germanen-Ideologie vom Humanismus bis zur Gegenwart, Frankfurt am Main 1970.

engerer Verbindung mit der taciteischen ›Germania‹ sind diese Linien von M. Fuhrmann mehrfach aufgenommen worden, während Luciano Canfora in einer neueren Studie die Spannweite von nationalkonservativen bis zu genuin nationalsozialistischen ›Germania‹-Interpretationen umrissen hat.[4] Diese Arbeiten machen auch deutlich, daß von Problemen der Germanenideologie die Interessen zahlreicher Disziplinen aus den Bereichen der Geschichts-, der Altertumswissenschaften und der Germanistik tangiert sind. Das gilt letztlich auch für die Aspekte der nationalsozialistischen Germanenideologie, die im folgenden beleuchtet werden sollen.

Zu den wenigen Belegen für die Beschäftigung mit Tacitus im frühen Mittelalter, von der hier auszugehen ist, zählt die ›Translatio Sancti Alexandri‹ des Mönchs Rudolf von Fulda aus dem neunten Jahrhundert.[5] Dieser schildert die Überführung der Gebeine des Märtyrers als Reliquie von Rom zu den Sachsen. In dieser Schrift nimmt Rudolf von Fulda mit seiner Gleichsetzung von den taciteischen und den späteren Germanen bereits die Identifikation von Altgermanen und Deutschen durch die frühen Humanisten vorweg.[6] In Anlehnung an das 4. Kapitel der ›Germania‹, jedoch ohne seine Quelle zu nennen, beschreibt er zunächst die Sachsen als unverdorbenes Naturvolk *(tantum sui similis gens)*, um dann unter Hinweis auf Götzendienst, Aberglauben und kultische Gebräuche (Kap. 9, 10 u. 11) ein Bild barbarischen Heidentums zu entwerfen. Von diesem Gegenbild her rechtfertigt sich dann die Erlösung von heidnischem Irrglauben, die Einführung des Christentums bei den Sachsen, unter denen jetzt die Alexanderreliquie ihre segensreiche Wirkung entfalten soll.[7] Die Gegensatzpaare Heidentum/Vergangenheit – Christentum/Gegenwart werden hier also mit den gewissermaßen negativ ausgeschriebenen ›Germania‹-Kapiteln voneinander abgehoben.

Die ›Germania‹-Rezeption des italienischen Humanismus setzt mit dem Jahr 1455 ein, in dem der Kodex, der die Opera minora des Tacitus und Teile von Suetons ›De viris illustribus‹ enthielt, von Deutschland nach Rom ge-

---

[4] L. Canfora, La Germania di Tacito da Engels al nazismo, Neapel 1979. Vgl. auch die einleitenden Bemerkungen von D. Timpe, Zum politischen Charakter der Germanen in der ›Germania‹ des Tacitus, in diesem Band S. 502 mit Anm. 1.

[5] Rudolf von Fulda, Translatio S. Alexandri, ed. G. H. Pertz, in: MGH, SS., Bd. 2, Hannover 1829, Repr. Stuttgart 1963, 673–681.

[6] Vgl. M. Fuhrmann, Die Germania des Tacitus und das deutsche Nationalbewußtsein, in: ders., Brechungen. Wirkungsgeschichtliche Studien zur antik-europäischen Bildungstradition, Stuttgart 1982, 122.

[7] „Generis quoque ac nobilitatis suae providissimam curam habentes, nec facile ullis aliarum gentium vel sibi inferiorum conubiis infecti, propriam et sinceram et tantum sui similem gentem facere conati sunt." Vgl. Translatio S. Alexandri, ed. G. H. Pertz, 675 und L. Krapf, Germanenmythos und Reichsideologie. Frühhumanistische Rezeptionsweisen der taciteischen „Germania", Tübingen 1979, 6.

langt war. Bereits 1458 verfaßte der Kardinal Enea Silvio de' Piccolomini, der spätere Papst Pius II., in Anlehnung an Tacitus die Schrift ›De situ, ritu, moribus et conditionibus Teutoniae descriptio‹, die 1496 im Druck erschien.[8] Er antwortete damit auf einen Beschwerdebrief von Martin Mair, dem Kanzler des Erzbischofs von Mainz, über die hohen Abgaben, welche die römische Kurie von Deutschland forderte. Der Klage über die gegenwärtige Verelendung des im Mittelalter einst so glanzvollen Reiches setzt Enea Silvio in seiner großangelegten Antwort den Vergleich zwischen mittelalterlicher Vergangenheit und germanischer Frühzeit entgegen („ostendendum est imprimis, quenam fuerit olim Germania et que sit hodie").[9] Mit diesem Kunstgriff soll der Beschwerde Mairs der Boden entzogen werden, denn jetzt hebt sich vom Bild germanischer Barbarei der zivilisatorische Fortschritt der Renaissancegegenwart, der etwa an der Siedlungskultur ablesbar ist, wirkungsvoll ab.[10]

Es ist dies ein Fortschritt, der in der Sicht der Kurie wiederum der Einführung des Christentums, d. h. vor allem der römischen Kirche verdankt wird. Auch in diesem Zusammenhang fällt Tacitus, ebenso wie anderen antiken Gewährsmännern Enea Silvios, eine Funktion in einem negativ gestalteten Germanienbild zu.

Ganz andere Möglichkeiten der Benutzung der taciteischen Schrift offenbart ein Dokument, das ebenfalls aus dem Umkreis der römischen Kurie kommt und ein weiteres bekanntes Beispiel der ›Germania‹-Rezeption des italienischen Humanismus darstellt. Es handelt sich um die ›Oratio in conventu Ratisponensi dicta ad exhortandos principes Germanorum contra Turcos‹ von Giovanni Antonio Campano (1429–1477).[11] Die Rede war für den Reichstag in Regensburg von 1471 konzipiert, kam dort aber nicht zum Vortrag. Als päpstlicher Gesandter hatte Campano wie andere kuriale Reichstagsredner vor ihm den Auftrag, die deutschen Fürsten zum Einsatz gegen die Türken zu mobilisieren. Unter Rückgriff auf Tacitus werden jetzt aber positive Eigenschaften der Germanen, vor allem ihr Kampfesmut, ins Bild gerückt. Wie L. Krapf bemerkt, hat Campano dabei seine Vorlage „erkennbar militarisiert"[12]. Das geschieht nun nicht in dem Sinne, daß die Germanen vor allem als naturwüchsige barbarische Krieger dargestellt werden, vielmehr verleiht Campano ihnen in dem alles dominierenden militärischen Bereich etwa

---

[8] So der Titel der Leipziger Druckausgabe von Wolfgang Stöckel. Vgl. L. Krapf, Germanenmythos 49.
[9] Aeneas Silvius Germania und Jakob Wimpfeling „Responsa et Replicae ad Eneam Silvium", ed. A. Schmidt, Köln–Graz 1962, 46 (= c. 2, 1).
[10] Vgl. L. Krapf, Germanenmythos 51 f. und K. v. See, Germanen-Ideologie 14.
[11] Vgl. M. Fuhrmann, Dokumente 42 f.
[12] L. Krapf, Germanenmythos 59.

mit der Erfindung von Waffen kulturschöpferische Züge. Bemühte sich Enea Silvio darum, möglichst scharfe Kontraste zwischen Vergangenheit und Gegenwart herauszuarbeiten, so versuchte Campano im Sinne seiner Parole „Die Kriegstüchtigkeit eurer Ahnen, deutsche Fürsten, verpflichtet euch zum Kampf gegen die Türken!" gerade die Verbindungslinien zu den germanischen Ahnen möglichst stark auszuziehen.[13]

Nicht zuletzt die „topische barbaries Anschuldigung" (Krapf) der italienischen Humanisten, die bei Enea Silvio faßbar ist, hat die ›Germania‹-Rezeption im frühen deutschen Humanismus inspiriert, die erst relativ spät nach dem Erscheinen der Editio princeps (1470) einsetzt. Hierbei spielt von allem Anfang an eine antirömische bzw. antiitalienische Komponente, eine Haltung, die sich zum antirömischen Affekt steigert, eine wichtige Rolle. Nach einer Bemerkung von Paul Joachimsen hat Enea Silvio „sehr wider seinen Willen ... die Deutschen zur Rivalität mit Italien (erzogen)"[14].

Bei der Abwehr des Barbarenvorwurfs lösen sich die frühen deutschen Humanisten schrittweise von der Vermittlung des taciteischen Werkes durch die italienischen 'Vorgänger'. So wird etwa in der ›Epithoma rerum Germanicarum‹ des Schlettstädters Jakob Wimpfeling von 1505 Tacitus als Zeuge für die Gastfreundschaft, die Freigebigkeit und andere germanische Tugenden wie Treue, Keuschheit, Gerechtigkeit und Lauterkeit bemüht.[15] Es geht Wimpfeling und anderen darum, negative Eigenschaften wie die der germanischen Trunksucht zu kompensieren und das Verhältnis zwischen germanischen Kultgebräuchen und dem Christentum zu harmonisieren. Vor allen Dingen aber möchte man im europäischen Rahmen zumindest den Anspruch der Gleichwertigkeit der Deutschen erheben und sichern.

Mit Hilfe der taciteischen ›Germania‹ versuchten die frühen deutschen Humanisten nicht nur Wesenszüge ihres eigenen Volkes zu bestimmen, mit ähnlichen Argumentationsformen untermauerten sie gelegentlich auch territoriale Ansprüche gegenüber unmittelbaren Nachbarn. Jakob Wimpfeling tritt in seiner 1501 entstandenen ›Germania‹ franzosenfreundlichen Kreisen in Straßburg mit der Ansicht entgegen, daß im Elsaß seit Augustus Deutsche gelebt hätten. Er stützte sich dabei u. a. auf die von Tacitus im 28. Kapitel gebrauchte Bezeichnung *Germani* für linksrheinische Stämme.[16] Theobald Bieder zählt ihn deshalb aus der Befangenheit der ›Germania‹-Rezeption des 20. Jahrhunderts in seiner ›Geschichte der Germanenforschung‹ zu den „auf

---

[13] Vgl. L. Krapf, Germanenmythos 60 und M. Fuhrmann, Dokumente 13 (Beilage).

[14] P. Joachimsen, Der Humanismus und die Entwicklung des deutschen Geistes, Deutsche Vierteljahrsschrift 8, 1930, 436. Vgl. K. v. See, Germanen-Ideologie 14.

[15] J. Wimpfeling, Epithoma rerum Germanicarum ad nostra tempora, Straßburg 1505, c. 70: ›De nobilitate Germanorum‹; cap. 71: ›De liberalitate Germanorum‹. Dazu und zum Folgenden L. Krapf, Germanenmythos 104.

[16] Vgl. M. Fuhrmann, Dokumente 44.

treuer Wacht gegen die von Westen her drohende Überfremdung stehenden Posten des Deutschtums"[17].

Eine besondere Stellung in der frühhumanistischen ›Germania‹-Rezeption „zwischen Politik und Propaganda" (Krapf) nimmt der Tübinger Professor für Poesie und Rhetorik Heinrich Bebel ein. In der ›Oratio ad Maximilianum de eius atque Germaniae laudibus‹ von 1501 zeichnet er ein geradezu panegyrisches Wesensbild in das Germanen und Deutsche eingeschlossen sind. Tacitus zitiert er als Zeugen für die Kriegstüchtigkeit der Germanen. Darüber hinaus entnimmt er der ›Germania‹ auch die Motive von der Ureinwohnerschaft und der „Rassenreinheit" der Germanen, die Tacitus in den Kapiteln 2 und 4 behandelt hat, die im übrigen von den frühen Humanisten häufig aufgegriffen wurden.[18]

Gerade von der Panegyrik Bebels her lassen sich auf den ersten Blick leicht Verbindungslinien zum modernen Nationalismus ziehen. Darin darf man freilich, wie L. Krapf zeigt, nicht nur ein „Zeichen eines mitunter in Chauvinismus umkippenden Nationalismus" sehen, hier spiegelt sich vielmehr „die verzweifelte Lage der Reichspublizistik angesichts der massiven Bedrohung von außen". In diesem Sinne liest Heinrich Bebel die ›Germania‹ „nicht zuerst als pro-germanisches, sondern als antirömisches Dokument"[19]. Unter Hinweis auf die Rolle der Germanen im Imperium Romanum will er Wege aus der Krise der Gegenwart aufzeigen, das Imperium Romanum war im Prinzip verwundbar: Deswegen zitiert er z. B. Tacitus' ironische Bemerkung zur römischen Germanienpolitik im ersten Jahrhundert n. Chr.: *triumphati magis quam victi sunt* (c. 37).[20]

Die Möglichkeiten einer einläßlichen Interpretation dieser Texte, die sich damit andeuten, können in unserem Zusammenhang nicht ausgeschöpft werden. Hier sollte in einem summarischen Überblick die Ausgangslage, die Grundpositionen der frühhumanistischen ›Germania‹-Rezeption skizziert werden.

Bereits in der Frühphase der ›Germania‹-Rezeption ist der Gegensatz zwischen barbarischem Heidentum auf der einen und dem Christentum auf der anderen Seite als ein wesentliches Element christlich gebundener Auseinandersetzung mit diesem Text in ganz unterschiedlichen historischen Konstellationen faßbar. Im Zusammenhang mit der Abwehr des Barbarenvorwurfs verfestigt sich auf deutscher Seite ein überwiegend positiv akzentuiertes Wesensbild des Germanen, das sehr stark auf das Gegenbild des Römers

---

[17] Th. Bieder, Geschichte der Germanenforschung, T. I: 1500–1806, Leipzig–Berlin ²1939, 28 (1. Aufl. 1921).

[18] So z. B. auch von Conrad Celtis (1459–1508) und J. Wimpfeling. Vgl. M. Fuhrmann, Dokumente 44 und 15 (Beilage).

[19] L. Krapf, Germanenmythos 106 f.

[20] Vgl. a. a. O. 107.

fixiert ist. Die ›Germania‹ des Tacitus kann – auch das dürfte deutlich geworden sein – für sehr unterschiedliche, z. T. gegensätzliche Anliegen historischer Argumentation eingesetzt werden, die Reihe solcher Interpretationsmuster ließe sich leicht vermehren.

Die Gründe dafür liegen, wie man längst gesehen hat, in der „Struktur der antiken Rezeptionsvorgabe" (Krapf) selbst: In der Strenge ihrer moralischen Verhaltensformen hebt Tacitus z. B. die Germanen äußerst positiv von der korrupten römischen Gegenwart ab. Nicht weniger deutlich aber verleiht er seinem Abscheu über ausgesprochen barbarische Bräuche und Gewohnheiten Ausdruck.[21] Das „primitive" Naturvolk eröffnet dem römischen Leser so unterschiedliche Vergleiche. Dieses „antithetische Vorstellungsschema" bietet im Verlauf der ›Germania‹-Rezeption vielfältige Möglichkeiten wechselnder Aktualisierungen.[22]

Wenn einleitend auf den Zusammenhang zwischen der ›Germania‹-Rezeption und der Konstituierung des nationalen deutschen Geschichtsbildes einzugehen war, darf wenigstens ein Hinweis auf eine zweite Entwicklungslinie dieses Geschichtsbildes nicht fehlen: Sie beginnt mit dem Arminius-Dialog Ulrich von Huttens von 1517 (Druck 1529), der sich dazu durch die Lektüre der ›Annalen‹ des Tacitus hatte anregen lassen. Das Thema der Befreiung Germaniens von den Römern wird nun übertragen in den Aufruf zur Befreiung von der Tyrannei des Papstes und der Pfaffen. Hutten wird damit zum Begründer eines Arminiuskultes, der in unterschiedlichsten Ausprägungen seinen Gipfel – aber noch nicht den Endpunkt – im 19. Jahrhundert erreicht.[23] In engster Verbindung mit der ›Germania‹-Rezeption wird der Arminiuskult zu einem wesentlichen Element des nationalen deutschen Geschichtsbildes.

In den folgenden Jahrhunderten verläuft die deutsche ›Germania‹-Rezeption in den gleichen Entwicklungskurven wie das nationale Denken, das von ihr in aller Regel ebenso wie vom Arminiuskult gestützt wird. M. Fuhrmann spricht von zwei Phasen der deutschen ›Germania‹-Rezeption – der humanistischen in der ersten Hälfte des 16. Jahrhunderts und einer zweiten, die vom Napoleonischen Zeitalter bis 1945 reicht. Dazwischen liegt ein Abschnitt von zweieinhalb Jahrhunderten, in dem das Interesse an der ›Germania‹ u. a. im Zusammenhang mit der Aufklärung deutlich zurückgeht.[24] Speziell für die ›Germania‹-Rezeption mag diese Einteilung zutreffen, im weiteren Bezugsrahmen der deutschen Germanenideologie wird dieser Einschnitt aber nicht

---

[21] L. Krapf, Germanenmythos 47f.

[22] Vgl. K. v. See, Germanen-Ideologie 10. Grundlegend dafür F. Wolff, Das geschichtliche Verstehen in Tacitus' Germania, in: H. Oppermann (Hrsg.), Römertum, Darmstadt 1962, 299ff.

[23] H. Callies, Arminius – Held der Deutschen, in: G. Engelbert (Hrsg.), Ein Jahrhundert Hermannsdenkmal 1875–1975, Detmold 1975, 39f.

[24] Vgl. M. Fuhrmann, Dokumente 47.

so klar. So wären wohl auch in der engen Verbindung von „Germanenbild und Patriotismus in der deutschen Literatur des 18. Jahrhunderts"[25] oder in dem von Th. Bieder besprochenen Bereich der „Germanenforschung" im Zeitraum von 1500–1806 deutliche Spuren der ›Germania‹-Rezeption aufzunehmen.[26]

Dennoch ist es keine Frage, daß sich im 19. Jahrhundert nicht zuletzt unter dem Einfluß der Romantik und des Ringens um einen deutschen Nationalstaat eine neue Lage ergab. Die Vorgaben des 19. Jahrhunderts, die für die Entwicklung der NS-Germanenideologie wichtig geworden sind, kann man, wenn der Begriff nur weit genug gefaßt wird, in den Rahmen des „politischen Germanismus" einordnen.[27] Fichtes ›Reden an die deutsche Nation‹ liefern nur einen Beleg dafür, welche Wirkungsmacht diese Strömung gerade in ihrer Verknüpfung „mit analogen philologischen, juristischen, historischen Anschauungen" besaß.[28]

In enger Verbindung damit steht – wobei „sich Rassismus und Germanismus gegenseitig stützten" – die Entfaltung der biologisch motivierten Rassenlehre, die in Deutschland wesentlich von der Gobineau-Rezeption getragen wird.[29] Wenn Gobineau in seinem ›Essai sur l'inégalité des races humaines‹ bemerkt, daß von den Ariern die Germanen ihre rassenspezifische Art am meisten von fremden Beimischungen freigehalten hätten, ist das nicht nur ein Hinweis auf die wichtige Rolle, die Gobineau den Germanen in seiner Konzeption zuweist.[30] Er stützt sich mit dieser Feststellung natürlich auch auf die ›Germania‹ des Tacitus. Gobineaus Werk ist bekanntlich auf einen pessimistischen Grundton gestimmt, am Ende der Geschichte steht der unausweichliche Rassenverfall. Bezeichnenderweise versuchte Ludwig Schemann, der die Verbreitung der Gedanken Gobineaus in Deutschland entscheidend gefördert hat, durch den Hinweis auf die Züchtungsmöglichkeiten den Pessimismus Gobineaus zu überwinden. In diesem Sinne ist von ihm dann auch das Germanenbild Gobineaus modifiziert worden.[31]

---

[25] Vgl. K. Düwel–H. Zimmermann, Germanenbild und Patriotismus in der deutschen Literatur des 18. Jahrhunderts, in: H. Beck (Hrsg.), Germanenprobleme in heutiger Sicht, Berlin–New York 1986, 358–395, insbes. 369.
[26] Vgl. Th. Bieder, Geschichte der Germanenforschung, T. I, 45 ff.
[27] Grundlegend dazu H. Gollwitzer, Zum politischen Germanismus des 19. Jahrhunderts, in: Festschrift für H. Heimpel, Bd. 1, Göttingen 1971, 282–356. G. warnt zu Recht vor einer zu engen Fixierung des Phänomens am Nationalsozialismus (283).
[28] H. Gollwitzer, Politischer Germanismus 284.
[29] H. Gollwitzer, Politischer Germanismus 319.
[30] J. A. Gobineau, Versuch über die Ungleichheit der Menschenrassen, Bd. 1, Stuttgart ⁵1939, 280. Vgl. auch P. v. z. Mühlen, Rassenideologien. Geschichte und Hintergründe, Berlin–Bonn ²1979, 52 ff.
[31] Vgl. Verf., Rassenideologien und antisemitische Publizistik in Deutschland im

Grundlegende Bedeutung für die Ausbildung der NS-Germanenideologie kommt schließlich dem Werk Houston Stewart Chamberlains zu. Auch er zitiert bei der Bestimmung des Begriffs „Germane" die „intuitiv richtige Einsicht" des Tacitus, daß die Germanen „seit jeher ein besonderes, unvermischtes Volk bilden, welches nur sich selber gleicht (Germania, 4)".[32] Die abendländische Geschichte läuft für ihn als Rassenkampf ab, in dessen Verlauf die Germanen das „Erbe der Alten Welt" antreten. Im Ringen um die Freiheit der „Rassenseele" tragen die Germanen im „Völkerchaos" der untergehenden Antike erbitterte Kämpfe mit der Kirche aus. Der wichtigste Gegner des Germanen – und darin liegt wohl die eigentliche Sprengkraft dieser Konzeption – ist der Jude. Zwischen Germanentum und Judentum tobt – so endet der erste Band der „Grundlagen des 19. Jahrhunderts" – ein Kampf „auf Leben und Tod".[33]

Diese wenigen Hinweise zeigen, in welcher Weise H. St. Chamberlain das Terrain der NS-Germanenideologie vorbereitet hat. Gerade Alfred Rosenberg, einer ihrer Hauptvertreter, hat immer wieder darauf hingewiesen, wie stark sein Germanenbild von Chamberlain geprägt worden war: „Und was Chamberlain über das Germanentum sagt", so notierte er 1935, „begründete bei mir, was ich beim Lesen germanischer Sagen erlebt hatte."[34] Im ›Mythus des 20. Jahrhunderts‹ korrespondiert mit Rosenbergs geradezu exzessiver Germanenverehrung eine ausgesprochen „kulturkämpferische Anti-Romhaltung", die vor allem in seinen Angriffen auf die katholische Kirche zum Ausdruck kam.[35]

Die Ahnen- bzw. Germanenverehrung stellte auch für Heinrich Himmler eine Art Religionsersatz dar. „Die Geschichte eines herrlichen, guten Volkes echter Germanen" war ihm nicht nur durch die Lektüre von Felix Dahns ›Ein Kampf um Rom‹, sondern auch durch die ›Germania‹ des Tacitus vermittelt worden.[36] Zu den Hauptträgern der NS-Germanenideologie zählt schließlich

---

19. und 20. Jahrhundert, in: Th. Klein u. a. (Hrsg.), Judentum und Antisemitismus von der Antike bis zur Gegenwart, Düsseldorf 1984, 144 und K. v. See, Germanen-Ideologie 58.

[32] H. St. Chamberlain, Die Grundlagen des 19. Jahrhunderts, Bd. 1, München ^{17}1933, 551.

[33] H. St. Chamberlain, Grundlagen Bd. 1, 632.

[34] A. Rosenberg, Wie der Mythus entstand (Ungedruckte Niederschrift 1935). Zitiert nach R. Bollmus, Das Amt Rosenberg und seine Gegner. Studien zum Machtkampf im nationalsozialistischen Herrschaftssystem, Stuttgart 1970, 21.

[35] K. v. See, Germanen-Ideologie 93.

[36] Zitiert nach J. Ackermann, Heinrich Himmler als Ideologe, Göttingen 1970, 35. Himmler hat als Präsident der Forschungs- und Lehrgemeinschaft „Das Ahnenerbe" nicht nur die „Germania-", sondern auch die „Germanenforschung" gefördert. Th. Bieders, Geschichte der Germanenforschung, T. 1 (vgl. oben Anm. 17), erschien

R. Walther Darré, der „Verkünder der Idee von Blut und Boden", der in seinen Programmschriften ›Das Bauerntum als Lebensquell der nordischen Rasse‹ (1928) und ›Neuadel aus Blut und Boden‹ (1930) das Bauerntum nicht nur idealisierte, sondern auch Pläne zur „Wiederaufnordung des deutschen Volkes" verfolgte.[37]

Die Germanenverehrung Rosenbergs, Himmlers und Darrés trug, wie K. v. See bemerkt hat, pseudoelitäre und sektiererische Züge.[38] Ein gutes Beispiel für die gefühlsbetonten Diskussionen in den „Kreisen" und Zirkeln der Nordischen Bewegung bietet ein Beitrag „Hellenen, Germanen und wir", den Darré 1929 unter einem Pseudonym in der Zeitschrift ›Die Sonne. Monatsschrift für nordische Weltanschauung und Lebensgestaltung‹ erscheinen ließ. Es handelt sich dabei um einen sehr verkrampften Versuch, zwischen den Positionen der „Griechenbegeisterung" und „Germanenverehrung" zu vermitteln.[39]

Auch wenn man die Probleme dieser Kreise heute kaum noch verstehen kann, so zeigt sich auf einer ganz anderen Ebene, mit welchen Emotionen die Bewertung der germanischen Vorfahren über die Zirkel einer sektiererischen Germanenverehrung hinaus in dieser Zeit belastet war: Als 1920 Eduard Norden in seinem Werk ›Die germanische Urgeschichte in Tacitus Germania‹ auf die Abhängigkeit des taciteischen Germanenbildes von ethnographischen Vorläufern hinwies und damit die Frage der „Glaubwürdigkeit" aufgeworfen war, reagierten patriotische Kreise mit beträchtlicher Beunruhigung.[40] Die Aufregung ergriff insbesondere auch Philologen und Schulmänner. Die Diskussion über Nordens These, die hier nicht weiter verfolgt werden kann, geriet 1933 schließlich auch in das antisemitische Fahrwasser.[41]

Nach der Machtübernahme der Nationalsozialisten ergab sich eine neue Lage. Die Germanenideologen vom Schlage Rosenbergs, Himmlers und Darrés rückten in Führungspositionen ein, Rosenberg schien sogar eine Schlüsselposition in weltanschaulichen Fragen einzunehmen.[42] Gemessen an dem Lärm und dem Aktivismus, mit dem man nun vorging, schien die Furcht vor

---

1939 in zweiter Auflage in der Reihe Deutsches Ahnenerbe R. A. Unterstützt wurden auch R. Tills Handschriftliche Untersuchungen zu Tacitus' Agricola und Germania. Vgl. Verf., Nationalsozialismus und Antike. Studien zur Entwicklung des Faches Alte Geschichte 1933–1945, Hamburg 1977, 121.

[37] Vgl. Verf., Nationalsozialismus und Antike 23f.
[38] K. v. See, Germanen-Ideologie 89.
[39] Verf., Nationalsozialismus und Antike 24f.
[40] Vgl. E. Norden, Germanische Urgeschichte, Vorwort 2. Aufl. 1921, XII und K. v. See, Der Germane als Barbar, Jahrbuch für internationale Germanistik 13, 1981, 42f.
[41] K. v. See, Der Germane als Barbar 42 Anm. 5. – Ausführlich dazu auch L. Canfora, La Germania 34ff. Vgl. insbes. 38f.
[42] Vgl. R. Bollmus, Amt Rosenberg 154ff.

der Totalrevision des deutschen Geschichtsbildes zunächst durchaus berechtigt. In den einschlägigen „Programmdiskussionen" erhoben gerade die Anhänger Rosenbergs maßlose Ansprüche im Hinblick auf die „Ausweitung des deutschen Geschichtsbildes" und die „Umwertung der deutschen Geschichte".[43] Es waren die Parolen, die aus Rosenbergs Mythus schon längst bekannt waren, denen nun aber im ›Völkischen Beobachter‹, in den ›Nationalsozialistischen Monatsheften‹ und anderen Organen der NS-Publizistik mit großer Breitenwirkung der Charakter offizieller Verlautbarungen verliehen wurde. Ein ganz zentrales Anliegen dieser Richtung war es, ganz einfach gesagt, in verschiedensten Bereichen den Germanen nun zu ihrem „Recht" zu verhelfen.

Die wissenschaftspolitischen Aspekte dieser Auseinandersetzung sind schon weitgehend aufgehellt worden. Angegriffen sahen sich die Klassischen Altertumswissenschaften, insonderheit die klassischen und provinzialrömischen Archäologen, gegen die jetzt „antirömisch" argumentiert wurde, weil sie sich der Erforschung „fremder" Kulturkreise widmeten.[44] Zu erwähnen sind hier vor allem die Kampagnen des Rosenberg-Schützlings Hans Reinerth, der einen „Kampf um die deutsche Vorgeschichte" führte und sie im Sinne von Gustaf Kossinna als eine „hervorragende nationale Wissenschaft" betrieben wissen wollte.[45] In den Sog dieser Entwicklungen gerieten z. T. auch die nicht weniger unmittelbar von „Germanenfragen" betroffenen germanistischen Disziplinen, die sich mit dem nach der Machtübernahme etablierten „neuen, ekstatischen Germanenbild" (v. See) konfrontiert sahen.[46] Dabei werden in den Diskussionen über „Verwerfung und Rettung" fachspezifischer Inhalte sehr unterschiedliche Reaktionen der betroffenen Fachvertreter erkennbar.[47]

Betroffen von dieser Entwicklung waren freilich auch andere Bereiche als die der Wissenschafts- und Schulpolitik. Der neu entbrannte „Streit um die Kulturhöhe der Germanen" hatte auch eine kirchenpolitische Dimension, wobei in der aktuellen Diskussion, die jetzt behandelt werden soll, wiederum

---

[43] Vgl. Verf., Programme deutscher Althistoriker in der Machtergreifungsphase, Quaderni di storia 11, 1980, 35 f.
[44] R. Bollmus, Amt Rosenberg 153 ff.
[45] G. Kossinna, Die deutsche Vorgeschichte eine hervorragende nationale Wissenschaft, Würzburg 1912. Zu Kossinna jetzt H. Jankuhn, Das Germanenproblem in der älteren archäologischen Forschung, in: H. Beck (Hrsg.), Germanenprobleme 298–309.
[46] Vgl. K. v. See, Das ‘Nordische’ in der deutschen Wissenschaft des 20. Jahrhunderts, Jahrbuch für internationale Germanistik, 15, 1985, 36 (und generell).
[47] R. Herzog, Antike-Usurpationen in der deutschen Belletristik seit 1866 (mit Seitenblicken auf die Geschichte der Klassischen Philologie), Antike und Abendland 23, 1977, 19 ff. und Verf., Programme.

der ›Germania‹ des Tacitus eine Schlüsselrolle zufiel. Es geht dabei um eine Auseinandersetzung der Germanenideologen mit dem Münchener Kardinal Faulhaber. Der Streit entzündete sich an der Silvesterpredigt des Kardinals vom 31. 12. 1933 zum Thema „Christentum und Germanentum", die am Schluß einer Reihe von vier stark beachteten Adventspredigten Faulhabers stand.[48]

Im Verhältnis der katholischen Kirche zum Nationalsozialismus belegen „Faulhabers Adventspredigten den fließenden Übergang zu einer neuen Linie"[49]: Auch der in völkischen Kreisen bereits 1923 als „Judenkardinal" verschriene Münchener Erzbischof hatte ganz im Sinne der Politik des deutschen Episkopats, die vom Abschluß des Konkordats zwischen Hitler und dem Heiligen Stuhl bestimmt war, noch im April 1933 seinen „Willen zur Mitarbeit" bekundet. Am Ende eines Jahres „trügerischer Hoffnungen" schien sich diese Position zu ändern.[50]

Den konkreten Anlaß für die Auseinandersetzung des Kardinals mit diesem Thema gaben Befürchtungen, daß ein „nordisch-germanisches Bekenntnis" an die Seite der beiden christlichen Konfessionen treten sollte.[51] Angesichts der Gefahr einer „Rückkehr zum alten heidnischen Germanentum" stellte Faulhaber zunächst die Frage: „Wie es bei den alten Germanen in ihrer vorchristlichen Zeit ausgesehen hat." In einer kurzen Vorbemerkung sprach er – die Zielrichtung war deutlich – von der Gefährdung der Geschichtswissenschaft und Altertumskunde durch „Romanschreiber und Märchendichter" und warnte vor der Interpretationsrichtung, „das Günstige in der vorchristlichen Germanenzeit über alles zu loben, dagegen die späteren Entartungen dem Christentum auf Rechnung zu schreiben".[52] Gleichzeitig hob er den besonderen Wert der ›Germania‹ des Tacitus hervor, an die er sich bei seinen Ausführungen halten wollte.

In einer rhetorisch wirkungsvoll aufgebauten Reihe, die immer wieder mit der Formel „Tatsache ist, daß ..." eingeleitet wurde, entwickelte Faulhaber sein Germanenbild: Germanisches Heidentum war geprägt – damit begann

---

[48] Abgedruckt in: Kardinal Faulhaber, Judentum, Christentum, Germanentum. Adventspredigten gehalten in St. Michael zu München 1933, München o. J. (1934), 101–124 (zitiert als Faulhaber).

[49] R. Baumgärtner, Weltanschauungskampf im Dritten Reich. Die Auseinandersetzung der Kirchen mit Alfred Rosenberg, Mainz 1977, 141.

[50] Vgl. R. Baumgärtner, Weltanschauungskampf 141 Anm. 13b und K. Scholder, Die Kirchen und das Dritte Reich, Bd. 1, Berlin 1977, 660f.

[51] Faulhaber, 102, bezog sich ausdrücklich auf den Entwurf einer neuen Kirchensteuerordnung, in dem dem nordisch-germanischen Bekenntnis öffentlich-rechtlicher Charakter in Aussicht gestellt worden sei. Vgl. auch R. Baumgärtner, Weltanschauungskampf 141.

[52] Faulhaber, 104.

die Reihe – durch Verehrung einer „Vielheit von Göttern". Menschenopfer, wilder Aberglauben, Kriegslust, Blutrache, Sklaverei, Faulheit und Trunksucht waren weitere negative Stichworte, die Faulhaber unter Hinweis auf einzelne Kapitel der ›Germania‹ hervorhob.[53]

Ein „günstiges Bild" boten die Altgermanen in den drei Punkten der „Mannentreue", der „Gastfreundschaft" und der „hohen Auffassung von der Ehe", die sich in der besonderen Verehrung der Frau äußerte. „Über dieses leuchtende Bild" fiel – und bemerkenswerterweise gerade damit endete erst einmal Faulhabers Germanencharakteristik nach Tacitus – „freilich ein tiefer Schatten: An sich war es verboten, nachgeborene Kinder zu töten (K. 19), in Wirklichkeit aber konnten krüppelhafte oder ganz arme Kinder ausgesetzt werden".[54]

Mit dem Hinweis auf die Aussetzung krüppelhafter und armer Kinder, der der üblichen Kommentierung der Stelle folgt, ging Faulhaber über die taciteische Vorlage hinaus und verschärfte somit die negative Akzentuierung.[55]

Dementsprechend zog er unmittelbar anschließend eine vernichtende Bilanz: „*Von einer eigentlichen Kultur* der vorchristlichen Germanenzeit kann nach Tacitus nicht die Rede sein."[56] Soweit die wichtigsten Punkte der unmittelbar auf die ›Germania‹ bezogenen Argumentation Faulhabers.

Im weiteren Verlauf seiner Predigt verfolgte der Kardinal die Etappen der Christianisierung und wies dem Christentum die entscheidende Rolle bei der „Volkwerdung" der Germanen zu. Umgekehrt mußte nach Meinung Faulhabers „eine Rückführung dieses Volkes in das germanische Heidentum ... mit der gleichen Sicherheit die völkische Auflösung einleiten"[57]. Wie stark die Befürchtungen hinsichtlich der Einführung eines nordisch-germanischen Bekenntnisses ausgeprägt waren, mag man der folgenden Abgrenzung aus einem anderen zeitgeschichtlichen Blickwinkel entnehmen: „Dazu hat uns Gottes Gnade nicht vor dem russischen Heidentum bewahrt, um uns jetzt in einem germanischen Heidentum versinken zu lassen."[58]

Die erste Reaktion auf diese Predigt, die hier erst einmal kurz skizziert wurde, ist in einem Artikel ›Geschichtlicher Irrtum‹ in der ›Bayerischen Staatszeitung‹ vom 2./3. Januar 1934 zu fassen. Ganz im Sinne der Rosenbergschen Argumentation hob man dort auf die „ganz außerordentliche Höhe", ja geradezu eine „mystische Höhe" der altgermanischen Kultur ab. Kritisiert

---

[53] Angesprochen waren die Kapitel 9, 39, 40, 10, 37, 21, 41, 15 und 22. Vgl. Faulhaber, 104 ff.
[54] Faulhaber, 108. Vgl. M. Schmidt, Hephaistos lebt – Untersuchungen zur Frage der Behandlung behinderter Kinder in der Antike, Hephaistos 5/6, 1983/4, 133–161.
[55] Vgl. R. Much, Die Germania des Tacitus, Heidelberg ³1967, 293.
[56] Faulhaber, 108.
[57] Faulhaber, 113.
[58] Faulhaber, 123.

wurde schließlich, daß Faulhaber seiner Predigt nicht auch die ›Edda‹ zugrunde gelegt habe.[59]

In einer rasch verfaßten Erwiderung verwies Faulhaber einmal auf den unterschiedlichen „quellengeschichtlichen Wert", der zwischen einem Geschichtsschreiber des ersten Jahrhunderts und einer „Liedersammlung" aus dem 13. Jahrhundert bestehe. Zum anderen habe er in seiner Predigt „unter der 'eigentlichen Kultur' die religiöse Kultur verstanden und unter diesem Gesichtspunkt den Vergleich zwischen der altgermanischen und frühchristlichen Kultur durchgeführt". Weiter meinte der Kardinal, daß man von einer christlichen Predigt „für die 'mystische Höhe' des Heidentums und seines Götterwahns ... allerdings kein Verständnis" erwarten dürfe.[60] Zu einem Abdruck dieser Erwiderung kam es freilich nicht. Laut einer Anordnung des bayerischen Staatsministers Esser, der im Einvernehmen mit Goebbels handelte, sollte in der gesamten bayerischen Presse über die Adventspredigten Faulhabers und ähnliche Äußerungen von kirchlicher Seite nicht mehr berichtet werden.[61]

Der Versuch, mit den Mitteln der Presselenkung eine weitere öffentliche Diskussion zu verhindern, scheiterte schon daran, daß, nachdem die in hoher Auflage erschienenen Separatdrucke der einzelnen Predigten rasch vergriffen waren, alle fünf Ansprachen in der Broschüre ›Judentum, Christentum, Germanentum‹ herausgebracht wurden.[62] Das beste Zeugnis für die in der Tat „ungeheure Resonanz", die Faulhaber fand, liefert ein vom Chef des Sicherheitsdienstes des Reichsführers SS erstellter geheimer Lagebericht vom Mai/Juni 1934.[63] Die Predigten werden darin unter den Stichworten „Herabsetzung der germanisch-deutschen Geschichte, Eintreten für das Judentum, Protestantismus als Bundesgenosse, Vorgehen gegen deutsche Glaubensbewegung" eingeordnet.[64] Man sprach ausdrücklich von der „aufhetzenden Wirkung ... besonders seiner Silvesterpredigt über Germanentum" und fuhr fort: „Wenn die Adventspredigten noch als Verteidigung gegen Angriffe auf

---

[59] Im übrigen hielt man „die Hereinziehung derartiger Themen in die Predigttexte der Kirchen für sehr ungeeignet". Vgl. Bayerische Staatszeitung Nr. 1 v. 2./3. Januar 1934, S. 6.

[60] Aufzeichnung Faulhabers v. 5. 1. 1934. Zitiert nach L. Volk, Akten Kardinal Michael von Faulhabers I (1917–1934), Mainz 1975 (= Veröffentl. d. Komm. f. Zeitgeschichte R.A, Bd. 17), 835f.

[61] Vgl. L. Volk, Akten Faulhabers 835 Anm. 5.

[62] L. Volk, Der Bayerische Episkopat und der Nationalsozialismus 1930–1934, Mainz ²1966 (= Veröffentl. d. Komm. f. Zeitgeschichte R.B, Bd. 1), 171.

[63] In: H. Boberach, Berichte des SD und der Gestapo über Kirchen und Kirchenvolk in Deutschland 1933–1944, Mainz 1971 (= Veröffentl. d. Komm. f. Zeitgeschichte R.A, Bd. 12), S. 3ff.

[64] Vgl. H. Boberach, Berichte 6f. und 41.

das alte Testament verständlich sind, so kann man die wissenschaftlich unhaltbaren Behauptungen über das Germanentum, wie überhaupt die Themastellung für eine Jahresschlußfeier, nur als politischen Mißbrauch der Kanzel bezeichnen." Ferner stellte man fest, daß Kardinal Faulhaber „allgemein als der geistige Führer des katholischen Widerstands gegen den nationalsozialistischen Staat angesehen (wird), besonders in der Auslandspresse". Vermerkt wurde schließlich ebenfalls unter Berufung auf ausländische Presseorgane ein geradezu reißender Absatz der Buchausgabe der Predigten. Trotz vereinzelter Versuche, die Verbreitung über den Buchhandel zu verhindern, waren dennoch schon im Februar 1934 250 000 Exemplare verkauft worden.[65] Wenn „keine Kritik an der nationalsozialistischen Weltanschauung ... während des Dritten Reiches so viel polemischen Aufwand auf sich gezogen (hat) wie die Adventspredigten Faulhabers"[66] bietet das allein schon Anlaß genug, sich mit den Reaktionen auf die Silvesterpredigt von nationalsozialistischer Seite, die freilich nur in einem Ausschnitt erfaßt werden können, auseinanderzusetzen.[67]

Das Thema „Altgermanische Kulturhöhe" war im parteiamtlichen ›Völkischen Beobachter‹ im Zusammenhang mit Rosenbergs „Kampf um die Vorgeschichte" auch ohne Bezug auf die Predigt Faulhabers in zahlreichen Varianten behandelt worden.[68] Auf Faulhabers Äußerungen reagierte man dort aber erst, als die Predigten schon im Druck erschienen waren. Thilo von Trotha, Leiter des „Nordischen Amtes" und damals Hauptschriftleiter der ›Nationalsozialistischen Monatshefte‹, polemisierte in dem Artikel ›Vorgeschichte in zweierlei Beleuchtung‹ gegen die Ansicht des Kardinals, „daß das Volk der großen Kaiser, der unsterblichen Dichter, Musiker und Denker nicht tausend Jahre vor Goethes Geburt wie ein Kannibalenstamm in Wäldern und Sümpfen sein Unwesen getrieben habe"[69]. v. Trotha sah durch solche Ausführungen insbesondere die positiven Ansätze „unserer Vorgeschichte und Rasseforschung" gefährdet, habe doch das deutsche Volk „dank einer irregeleiteten Wissenschaft ... lange genug unter völkischem Minderwertigkeitsgefühl gelitten". Faulhabers Versuch, die Quellen „einer uralten heldischen Überlieferung ... unbewußt oder wissentlich zu trüben" wurde gar als „geistiger

---

[65] H. Boberach, Berichte 21.
[66] So L. Volk, Episkopat 171 f.
[67] Nicht zugänglich war mir ein Manuskript Faulhabers vom Herbst 1936, in dem er sich mit Kritikern seiner Adventspredigten auseinandersetzte. Vgl. L. Volk, Episkopat 172 Anm. 47.
[68] Vgl. z. B. die Artikel ›Germanen und Hellenen‹ und ›Staat und Gesellschaft der heidnischen Germanen‹, Völkischer Beobachter v. 27. 10. 1933 (Berliner Ausgabe).
[69] Völkischer Beobachter v. 30. 1. 1934 (Süddeutsche Ausgabe; danach werden auch die folgenden VB-Artikel zitiert!).

Defaitismus" qualifiziert.⁷⁰ In diesen Zeilen – insofern kommt ihnen exemplarische Bedeutung zu – spiegelt sich die übergroße Empfindlichkeit der „Germanomanen" gegenüber jeder Kritik an den Vorfahren.

Eben mit dieser Haltung, „mit dem etwas komischen Eifer, die frühgeschichtlichen Germanen in Schutz zu nehmen gegen ihre 'Kulturlosigkeit'", setzte sich gut einen Monat später der Heidelberger Professor Eduard Heyck in dem Beitrag ›Die Kulturhöhe der Germanen‹ auseinander.⁷¹ Heyck, der sich ganz offenbar auf den Artikel v. Trothas bezog, schien diese „Rettung" jetzt entbehrlich. Er distanzierte sich auch in anderen Passagen von dem übersteigerten Germanenkult der Richtung Rosenbergs. Vor allen Dingen aber machte Heyck klar – und das trifft wohl den Kern –, daß hier auf beiden Seiten, bei Faulhaber und seinen Gegnern, Klischeevorstellungen eine starke Rolle spielten: „Man erwehrt sich nicht ganz des Verdachts", spottete Heyck, „die jetzt so angenehm erstaunten Kulturretter unserer Ahnen könnten selber noch bis vorgestern noch einigermaßen in der Vorstellung des bekannten Bierverses gelebt haben – die übrigens auch Herrn Kardinal Faulhaber beseelt –: wie die alten Germanen zu beiden Ufern des Rheins auf Bärenhäuten lagen, usw. usw."⁷² Heyck selbst steuerte Belege für die Kulturhöhe der Germanen aus dem Bereich der germanischen Rechtsgeschichte bei. Diese Ausführungen entsprachen wohl kaum den Erwartungen der völkischen Germanenideologen, sie lagen eher auf der von Goebbels und Hitler vertretenen Linie, die sich einer radikalen Germanisierung der deutschen Geschichte widersetzten.⁷³

Nur wenige Tage später folgte ebenfalls aus der Feder Heycks der Artikel ›Kardinal Faulhaber und die Germanen‹, der diesmal keine Spitzen gegen die nationalsozialistische Germanenverehrung enthielt.⁷⁴ Kritisiert wurde vor allem – das hatte auch v. Trotha ausführlich getan – die ausschließliche Benutzung der ›Germania‹ des Tacitus als Quelle. Als Zeugnis für die „Kulturhöhe der Germanen" bleibe Tacitus „sehr ergänzbar".

Heyck sprach dabei auch die Darstellungsweise des Tacitus an, der als „altrömischer Rousseau" den Römern einen Spiegel habe vorhalten wollen. In

---

[70] Ebd. Zu v. Trotha vgl. H.-J. Lutzhöft, Der Nordische Gedanke in Deutschland 1920–1940, Stuttgart 1971, 42.

[71] Völkischer Beobachter v. 9. 3. 1934. E. Heyck (1862–1941), Archivrat a. D., ab 1890 a. o. Prof. in Freiburg, dann in Heidelberg für das Gebiet „Kulturgeschichte und Kulturerscheinungen". Heyck trat im ›Völkischen Beobachter‹ vom März 1933 bis November als Verfasser einschlägiger Artikel in Erscheinung.

[72] Ebd.

[73] Vgl. G. Franz, Das Geschichtsbild des Nationalsozialismus und die deutsche Geschichtswissenschaft, in: O. Hauser (Hrsg.), Geschichte und Geschichtsbewußtsein, Göttingen 1981, 95 ff.

[74] Völkischer Beobachter v. 14. 3. 1934.

diesem Zusammenhang, der Rückgriff ist außerordentlich aufschlußreich, bedauerte Heyck, „daß der gelehrte Münchner Prälat wohl nie die translatio sancti Alexandri gelesen hat", und zitiert Rudolf von Fulda, der ein Bild „von den Altsachsen in ihrer Heidenzeit ... unberührt von Römern und Kirche" geliefert habe. Freilich konnte auch Heyck nicht die entscheidende Korrektur des Fuldaer Mönchs an dem Bild „wahrhaft glücklichen Daseins" übersehen, die sich daraus ergab, daß die Sachsen eben Heiden waren. Was aber bei Heyck nicht zum Ausdruck kommt, ist der Umstand, daß auch die Sachsenschilderung Rudolfs von Fulda der taciteischen Vorlage und ihrem Darstellungsschema verpflichtet war.[75]

Weiter ging es Heyck darum, die These Faulhabers zurückzuweisen, daß das Christentum den Germanen „Ackerbau, Handwerk, richtige Ansässigkeit, auch den rechten Anstoß zum Kulturschöpferischen" gebracht habe. In diesem Zusammenhang wird schließlich auch der religionspolitische Aspekt dieser Auseinandersetzung angesprochen und Faulhaber als „defensor fidei des Katholizismus" bezeichnet. Auch Heyck zeigte sich schließlich, wie übrigens alle nationalsozialistischen Kritiker des Kardinals, besonders betroffen von Faulhabers Vergleich zwischen bolschewistischem und germanischem Heidentum.[76]

Zieht man eine vorläufige Bilanz dieser Auseinandersetzung, so hat man sich zunächst einmal zu vergegenwärtigen, daß Faulhabers Predigt eine Reaktion auf Angriffe gegen die katholische Kirche – insbesondere die „antirömischen Kampagnen" aus dem Umkreis Rosenbergs – darstellt. Faulhaber hatte für sich den Anspruch erhoben, eine Verteidigungsrede für das Christentum halten zu wollen, sein Maßstab, an dem germanische Sitten gemessen werden, ist daher auch der der christlichen Lehre.[77] Wenn Faulhaber mit Tacitus historisch gegen verschiedene Erscheinungsformen des Heidentums im 20. Jahrhundert argumentiert, so setzt er dabei ganz bewußt scharf akzentuierte Klischeevorstellungen von den germanischen Barbaren bzw. Heiden ein. Die Ansatzpunkte eines positiven Germanenbildes, an die eine nationalistische ›Germania‹-Interpretation anknüpfen konnte, werden zwar nicht ganz unterdrückt, aber in dem Argumentationszusammenhang Faulhabers stark relativiert.

Die Frage, ob Faulhaber die translatio sancti Alexandri wirklich nicht gekannt hat – dagegen spricht die größere Wahrscheinlichkeit –, ist hier nicht zu klären. Es unterliegt aber kaum einem Zweifel, daß sich das Argumentationsschema des Kirchenfürsten stark mit dem Rudolfs von Fulda und Enea Silvios berührt. Die Kritik Heycks an dieser einseitig auf Tacitus gestützten

---

[75] Vgl. oben S. 257.
[76] E. Heyck, Kardinal Faulhaber und die Germanen, Völkischer Beobachter v. 14. 3. 1934.
[77] Faulhaber, 103.

Argumentationsform ist z. T. durchaus berechtigt. Faulhabers Korrektur am stilisierten Germanenbild des Nationalsozialismus war, wie Ludwig Volk bemerkt hat, in der Tat „von grobem Zuschnitt"[78]. Allerdings hätte sich die Kritik Heycks auch wesentlich konsequenter gegen die Einseitigkeit der nationalsozialistischen Germanenverehrung wenden müssen.

Die Aufmerksamkeit, die dem Streit um die Kulturhöhe der Germanen in den Spalten des ›Völkischen Beobachters‹ gewidmet wurde, offenbart das Ausmaß der Betroffenheit, die die Reaktionen auf Faulhabers Predigten bei den offiziellen Stellen ausgelöst hatten. Daß es bei diesem „Frontalangriff auf den braunen Kult und Zeitgeist" (L. Volk) um mehr ging als um die Germanendarstellung des Tacitus, belegt aus der Vielzahl ähnlicher „Antworten" die Broschüre ›Der Kardinal und die Germanen‹, mit der sich im März 1934 Johann von Leers zu Wort meldete.[79] Der Verfasser zählte sich selbst zu denen, die „aus dem Erlebnis des Kampfes um die Wiedererweckung der nordischen Seele, aus dem Ringen gegen Judengeist und Judentum kommen"[80]. Wie zutreffend diese Selbstcharakteristik war, bestätigt ein Blick auf die Publikationsliste dieses Mannes, der zu den aggressivsten Vertretern antisemitischer NS-Publizistik gerechnet werden muß.[81]

In seiner Auseinandersetzung mit dem Germanenbild Faulhabers begegnen zunächst die uns schon bekannten Argumente, d. h. vor allem der Vorwurf einer einseitigen Quellenauswahl und einer geradezu „haarsträubenden Unkenntnis einfachster Dinge der deutschen Vorgeschichte"[82].

Nach ausführlicher Würdigung aller „Tatsachenfeststellungen" Faulhabers kam v. Leers zu folgendem Ergebnis bzw. zur Widerlegung:

Fassen wir so die von Kardinal Faulhaber gegebenen Charakteristiken der schlechten Charaktereigenschaften der Germanen zusammen, so erscheint ihr religiöses Leben weder geborgt noch als plumpe Vielgötterei, abergläubische Gebräuche nicht häufiger als bei anderen Völkern, ihre 'Kriegslust' als geschichtlich notwendige Wehrhaftigkeit, die Blutrache als durch die Form ihres auf dem selbstverantwortlichen Freibauerntum beruhenden Verfassungslebens erklärlich, ihre 'Sklaverei' als eine sehr milde Form der Hörigkeit und zugleich offenbar als Rassenschranke in den einfachen Formen jener Zeit, ihre Faulheit als Verständnislosigkeit des römischen Beobachters für ihre Wirtschaftsform – es bleibt lediglich der Vorwurf, daß sie gelegentlich zuviel tranken.[83]

---

[78] L. Volk, Episkopat 171.
[79] Erste und zweite Aufl. Hamburg 1934 (zitiert als v. Leers).
[80] v. Leers, 7.
[81] v. Leers war Dozent an der Deutschen Hochschule für Politik, vgl. Kürschners Gelehrten-Kalender 1934, und ferner L. Poliakov/J. Wulf, Das Dritte Reich und seine Denker. Dokumente, Berlin 1959, 57–59. Vgl. J. v. Leers, Juden sehen Dich an!, Hamburg 1933, und ders., Geschichte auf rassischer Grundlage, Hamburg 1934.
[82] v. Leers, 35 bezog sich indirekt auf die „Glaubwürdigkeitsdiskussion".
[83] v. Leers, 28.

Im Hinblick auf altgermanische Mannestreue, Gastfreundschaft und die hohe Auffassung von der Ehe war man sich einig, denn „hier" – so v. Leers – „werden die Berichte des Tacitus im wesentlichen auch von den übrigen Quellen gedeckt"[84]. Von der Ausgangslage her war es wenig verwunderlich, daß v. Leers einem anderen Germanenklischee verpflichtet war als Faulhaber. Seine 'Interpretation' – das Muster ist, wie die Bemerkungen M. Fuhrmanns zu Heinrich Bebel zeigen, in der ›Germania‹-Rezeption durchaus geläufig – „insistierte auf den positiven Aussagen der Germania; die ungünstigen Züge wurden meist verschwiegen, oder man versuchte sie durch den Rekurs auf andere Quellen zu widerlegen"[85].

Eine besondere Interessenlage und Betroffenheit dieses Kritikers, damit kommen wir zu weiteren Implikationen der NS-Germanenideologie, wird in seiner Reaktion auf die Bemerkungen Faulhabers über die barbarische Praxis der Aussetzung von krüppelhaften und armen Kindern deutlich. v. Leers räumt zunächst ein, daß diese Praxis „für unser heutiges Sittlichkeitsempfinden" anstößig sei, will in dieser Haltung aber keinen Ausdruck und kein Ergebnis christlicher Morallehre sehen. Entscheidend für ihn ist, daß „der Zweck, den die Aussetzung dieser Kinder, insbesondere der krüppelhaften ... verfolgte, heute menschlicher gefördert wird"[86]. Er verwies auf Parallelen bei den Spartanern, den Persern und in der römischen Frühzeit, mit denen sich belegen ließ, daß die Kindesaussetzung „eine den Völkern der nordischen Rasse gemeinsame Sitte" war. „Gedanken der Höherentwicklung des Lebens, der Hochzucht des Menschen" vertrat auch der „arische Perser Zarathustra": Hinter ihnen stand „mit Notwendigkeit der Wunsch, minderwertiges Erbgut auszuschalten, das die Art verdirbt, das 'bösartig' sein kann, 'niederträchtig' – alles noch Ausdrücke, die auf Abstammung und Herkunft hindeuten".

Abgesehen davon, daß mit diesen Hinweisen die germanische zur indogermanischen Perspektive erweitert wird, ließ die Verteidigung altgermanischer Sitten – das deutete sich bereits an – einen aktuellen Bezug erkennen: „Heute haben wir mit der einfacheren Methode der Sterilisierung die Möglichkeit, ohne die harten Mittel unserer Vorfahren in viel wirkungsvollerer Weise das Entarten des Volkskörpers zu verhindern."[87]

Gerade diese abschließende Bemerkung zeigt, daß die Anspielungen in der Predigt Faulhabers durchaus auch als Kritik an der rassenpolitischen Gesetzgebung verstanden worden waren. Insbesondere ist hier an das ›Gesetz zur

---

[84] Ebd.
[85] M. Fuhrmann, Nachwort zu Tacitus' Germania, Stuttgart 1986 (Reclam Nr. 726), 74.
[86] v. Leers, 29.
[87] Ebd.

Verhütung erbkranken Nachwuchses‹ vom 14. Juli 1933 und die damit eingeleitete Praxis der Zwangssterilisation zu erinnern.[88] Daß die Bemerkungen Faulhabers auch in diesem Zusammenhang zu sehen sind, ergibt sich aus der Diskussion innerhalb des deutschen Episkopats über die Zweckmäßigkeit einer Stellungnahme zur Sterilisationspraxis, an der Faulhaber beteiligt war.[89] Von daher ist es kein Zufall, daß das Stichwort von der Aussetzung krüppelhafter Kinder in der Predigt Faulhabers über die taciteische Vorlage hinausgehend aufgegriffen worden war.[90] Die sehr zurückhaltenden, in gewisser Weise auch halbherzigen Argumentationsformen der Kritik sind für die Anfangsphase der nationalsozialistischen Herrschaft außerordentlich charakteristisch. Wie berechtigt der indirekte Hinweis auf inhumane Konsequenzen der Germanenideologie war, zeigt die Reaktion v. Leers, die die ganz klare Bereitschaft ausdrückt, rassenpolitische Ziele in die Praxis umzusetzen. Der Streit um die Kulturhöhe der Germanen hatte somit eine neue Qualität gewonnen.

Wenn v. Leers hier einen historischen Bezugsrahmen der NS-Rassenideologie entwickelte, befand er sich in Übereinstimmung mit Gedanken Hitlers. Dieser hatte in seinem ›Zweiten Buch‹ von 1928 unter dem Stichwort ›Geburtenpolitik‹ sich sehr eindeutig mit der „planmäßigen Rasseerhaltung" in Sparta, dem „ersten völkischen Staat", auseinandergesetzt: „Die Aussetzung kranker, schwächlicher, mißgestalteter Kinder, d. h. deren Vernichtung war menschenwürdiger und in Wirklichkeit tausendmal humaner als der erbärmliche Irrsinn unserer heutigen Zeit, die krankhaftesten Subjekte zu erhalten."[91] In diesen historischen Argumentationsformen wird ein Grundelement eines genuin nationalsozialistischen Geschichtsbildes sichtbar: Die Fixierung auf die urtümliche Rasseeinheit agrarisch strukturierter Gesellschaftsordnungen, wie sie sich ansatzweise in der ›Germania‹ spiegelte und wie man sie z. B. in Sparta und dem frühen Rom wiederzufinden glaubte.[92]

In der Auseinandersetzung mit Kardinal Faulhaber verteidigte v. Leers nicht nur die NS-Rassepolitik; nicht weniger engagiert trat er als Anwalt eines nordisch-germanischen Bekenntnisses auf. In diesem Zusammenhang forderte er „daß der Deutsche, wenn er will, seine Religion auch aus der eigenen Heimat, der eigenen Seele, der eigenen Überlieferung nehmen darf, daß er

---

[88] E. Klee, „Euthanasie" im NS-Staat. Die Vernichtung lebensunwerten Lebens, Frankfurt 1983, 64 ff.
[89] Vgl. L. Volk, Akten Faulhabers I 827 und H. Boberach, Berichte 8 f.
[90] Vgl. oben S. 267.
[91] Hitlers Zweites Buch. Ein Dokument aus dem Jahre 1928, Hrsg. v. G. L. Weinberg, Stuttgart 1961, 56 f.
[92] Vgl. Verf., Nationalsozialistische Weltanschauung und Herrschaftspraxis 1933 – 1935, in: K. Malettke (Hrsg.), Der Nationalsozialismus an der Macht, Göttingen 1984, 25 f. Zur Aktualität dieser Vorstellungen auch nach 1945 vgl. M. Schmidt, Hephaistos 133.

nicht zu dem Weg nach Palästina gezwungen wird, daß er vor allem, wenn er es will, verschont bleibt von allem, was er für sich als Gefahr der Seelenverjudung ablehnt"[93]. In der Argumentation gegen den Totalitätsanspruch des Christentums – das belegt auch die eben zitierte Passage – verbinden sich die antichristlichen bzw. antikirchlichen Aussagen immer stärker mit antisemitischen Parolen. Damit antwortete v. Leers wohl auch auf wiederholte Anspielungen des Kardinals, mit denen sich nach Klaus Scholder belegen läßt, daß Faulhaber auch „das heiße Eisen des Antisemitismus" angefaßt hat.[94]

Die Vielzahl der Belege für v. Leers entsprechende Ausfälle soll hier nicht ausgebreitet werden. Die Zusammenfassung seines Überblicks über das Alte und Neue Testament ist aussagekräftig genug: „Abstoßend und unerträglich sind für den nordisch gerichteten Deutschen derartig viele Dinge der christlichen Lehre und ihrer Bücher, daß er – auch abgesehen von der Art, wie das Christentum bei uns eingeführt wurde, auch abgesehen von der Kulturvernichtung, die mit seiner Einführung verbunden war – das Recht hat, für sich und seine Kinder es abzulehnen." Als Anwalt 'neugermanischer' Religiosität erkannte v. Leers die Existenzberechtigung der christlichen Konfessionen durchaus an. Mit dem Pathos der Germanenideologen im Umfeld Rosenbergs und Darrés verwahrte er sich aber gegen „Ansätze zu einer Germanenverfolgung"[95].

In dem Streit um die Kulturhöhe der Germanen begegnen Grundmuster einer emotionalisierten ›Germania‹-Interpretation, wobei von 'Interpretation' sicher nur mit einem gewissen Vorbehalt die Rede sein kann. Dabei wird von kirchlicher Seite mit Argumentationsformen, die aus der Frühphase der ›Germania‹-Rezeption bekannt sind, eine Programmschrift des deutschen Nationalismus als Waffe gegen die sektiererische NS-Germanenideologie benutzt. Deren Vertreter reagieren, wie die Reaktionen zeigen, auf diese Vertiefung des Barbarenklischees außerordentlich gereizt.

Der Streit um Kulturhöhe oder Kulturlosigkeit der Altvorderen bildet den Rahmen für eine religionspolitische Auseinandersetzung, in der vordergründig altgermanisches Barbaren-/Heidentum dem Christentum gegenübergestellt wird. In den Angriffen des Kardinals auf das neugermanische Heidentum und der Verteidigung eines nordisch-germanischen Bekenntnisses durch v. Leers besitzt die Diskussion ausgesprochen kulturkämpferische Züge. Diese gehören ebenso wie der stark ausgeprägte antirömische Affekt zu den bekannten Elementen emotionalisierter ›Germania‹-Interpretation bzw. der deutschen Germanenideologie.[96]

---

[93] v. Leers, 59.
[94] K. Scholder, Die Kirchen und das Dritte Reich, Bd. 1, 661 m. Anm. 850.
[95] v. Leers, 57.
[96] K. v. See, Germanen-Ideologie 9 ff.

Die alte Antithese Römer-Germanen, die hier im religionspolitischen Kontext zu fassen ist, wird durch v. Leers im Sinne der NS-Rassenideologie in doppelter Hinsicht erweitert: Das Gegenbild des Juden gewinnt seine Konturen in der Abwehr alt- und neutestamentlich begründeter christlicher Lehren. Auf der anderen Seite tritt z. B. beim Stichwort Kindesaussetzung jetzt der Germane dem Juden im indogermanischen Bezugsrahmen gegenüber.[97] An diesem Punkt der Diskussion werden aktuelle rassenpolitische Implikationen faßbar. Der Vorwurf des germanischen Barbarentums, den Faulhaber erhoben hatte, findet nicht nur als Urteil über die historischen Germanen erbitterten Widerspruch. Er bezog sich, wie zu zeigen war, auch auf aktuelle Maßnahmen der nationalsozialistischen Rassenpolitik. Damit werden Perspektiven der NS-Germanenideologie deutlich, die weit über die Probleme germanophiler Zirkel hinausweisen. Die Legitimationsfunktion und -wirkung dieser und anderer Elemente des NS-Geschichtsbildes, mit denen historisch argumentiert wurde, sollte nicht unterschätzt werden.

Die Bedeutung der Silvesterpredigt Faulhabers von der aus diese Bezüge zu entwickeln waren, wird im Grundsatz nicht gemindert, wenn am Schluß dieses Abschnitts darauf hinzuweisen ist, daß das Verhältnis des Kardinals zu den nationalsozialistischen Machthabern in dieser Phase sehr differenziert betrachtet werden muß. Wie L. Volk formuliert hat, fühlte Faulhaber „weder Neigung noch Auftrag in sich", die ihm auch in der Berichterstattung des Sicherheitsdienstes für den deutschen Katholizismus zugesprochene Führungsrolle „im anbrechenden Kirchenkampf" zu übernehmen.[98] Volk bezieht sich u. a. darauf, daß Faulhaber sein Autorenhonorar für die Buchausgabe der Predigten als Geste guten Willens dem Winterhilfswerk zur Verfügung gestellt hatte.[99] Der Vorgang zeigt zumindest, welches Ausmaß an freilich trügerischen Hoffnungen auf mögliche Kompromisse bei aller Schärfe der Kritik an der nationalsozialistischen Politik bei Faulhaber und wohl auch in seinem Umkreis noch vorhanden war. Diese Haltung des Episkopats orientierte sich an der Politik des Heiligen Stuhls. Dessen Politik aber war, wie K. Scholder resümiert hat, „nicht allein ein Irrtum des Heiligen Stuhles. Sie war der Irrtum Europas"[100].

Der mit besonderen Formen der ›Germania‹-Rezeption verknüpfte Streit um die Kulturhöhe der Germanen blieb auch der internationalen Öffentlichkeit nicht verborgen. Im Zusammenhang mit den darin faßbaren Reaktionen sollen im folgenden allgemeinere Gesichtspunkte der nationalsozialistischen Germanenideologie zur Geltung gebracht werden. Abgesehen von den

---

[97] Vgl. oben S. 273.
[98] L. Volk, Episkopat 172.
[99] Ebd.
[100] K. Scholder, Die Kirchen und das Dritte Reich, Bd. 1, 662.

kirchenpolitischen Konsequenzen der Auseinandersetzung kollidierte diese extreme Ausdrucksform des politischen Germanismus mit ihrer „natürlichen" Entsprechung, mit dem politischen Romanismus.[101] Von der dezidiert „antirömischen" Argumentation Rosenbergs war auch die Interessenlage des faschistischen Italien tangiert, der Streit rückte damit in außenpolitische Perspektiven ein.

Kein Geringerer als Benito Mussolini erteilte den Germanomanen eine deutliche Antwort. Wie er am 6. September 1934 gegenüber einer französischen Parlamentarierdelegation in einer bekannten Äußerung bemerkte, erlaubten ihm „dreißig Jahrhunderte der Geschichte... mit überlegenem Mitleid auf gewisse Theorien jenseits der Alpen zu blicken, die von den Nachkommen eines Volkes vertreten werden, das zu einer Zeit, als Rom Caesar, Virgil und Augustus besaß, nicht einmal die Schrift kannte, um Zeugnisse seines Lebens zu überliefern"[102].

Die Äußerung Mussolinis fiel in einer Zeit schwerer Belastungen der deutsch-italienischen Beziehungen. Nach der Ermordung des österreichischen Bundeskanzlers Dollfuß am 25. 7. 1934 waren italienische Truppen an der Brennergrenze aufmarschiert. Zum anderen deutete sich eine Neuorientierung der italienischen Politik gegenüber Frankreich an, die zunächst in das Mussolini-Laval-Abkommen vom Januar 1935 einmündete. Mussolinis Attacke ist nur ein Beleg für eine «esplosione giornalistica antigermanica» in Italien im August und September 1934, in der die nationalsozialistische Rassenlehre, ausdrücklich auch die Sterilisationspraktiken, der nordische Gedanke, antisemitische Äußerungen und die neugermanische Religiosität angegriffen wurden.[103]

Die Betroffenheit über Mussolinis Antwort ist in zahlreichen Reaktionen zu spüren, sah man sich doch wiederum mit der „uralte(n) Lüge von unserem nordischen Barbarentum" konfrontiert.[104] Im Hinblick auf die Rede Mussolinis war im übrigen die Presseanweisung ergangen, ähnliche Angriffe der Italiener sollten „in überlegen zynischer Form kommentiert, aber nicht als große Staatsaktion aufgemacht werden"[105]. Die offizielle Reaktion war, wie weitere Presseanweisungen belegen, in dem Bemühen, stärkere Belastungen zu vermeiden, eher defensiv gehalten.[106]

---

[101] H. Gollwitzer, Politischer Germanismus 283.
[102] Zitiert nach J. Petersen, Hitler – Mussolini. Die Entstehung der Achse Berlin–Rom 1933–1936, Tübingen 1973, 370.
[103] J. Petersen, Hitler – Mussolini 369f.
[104] Vgl. z. B. K. Holler, Die Italiener und die Rassenfrage, Rasse 1, 1934, 237.
[105] Presseanweisung vom 29. 8. 34. Zitiert nach J. Petersen, Hitler – Mussolini 370 Anm. 11.
[106] J. Petersen bezieht sich a. a. O. auf weitere Presseanweisungen v. 25. 8., 27. 9. und 18. 9. 1934.

Aus dem „Streit um die Kulturhöhe der Germanen" wurde in der Sichtweise des ›Völkischen Beobachters‹ ein „deutsch-italienischer Kulturstreit". Der Ausdruck fällt in einem Bericht über einen Vortrag des deutschen Botschafters in Rom, v. Hassell, vom 19. November 1934 über das Thema ›Deutsches und lateinisches Wesen‹, der offenbar um Eingrenzung des Streits bemüht war.[107] „Die scharfe Betonung der Rasse, die kritische Einstellung gegenüber griechisch-römischen Elementen in unserer Bildung und ein gewisser Widerstand gegen das römische Recht" interpretierte der Botschafter als „eine Art Selbstbesinnung auf das eigenste deutsche Wesen".[108] Damit hatte v. Hassell freilich nur eine Position des NS-Geschichtsbildes angesprochen.

Nicht nur in der Gleichsetzung Germanen–Deutsche, sondern auch in der Gesamtaussage belegt Mussolinis Äußerung die Lebenskraft alter Klicheevorstellungen. Bekanntlich hat Hitler später – das unterstreicht die Interessenlage seines Geschichtsbildes – die Äußerung Mussolinis ohne die Tendenz zu verfälschen abgewandelt: „In derselben Zeit, in der unsere Vorfahren die Steintröge und Tonkrüge hergestellt hätten, von denen unsere Vorzeitforscher soviel Aufhebens machten", so äußerte er im Juli 1942, „sei in Griechenland eine Akropolis gebaut worden."[109]

Wenn Mussolini die imperiale Tradition und die zivilisatorischen Leistungen Roms der mit sektiererischen Zügen behafteten Germanenverehrung bestimmter nationalsozialistischer Kreise entgegenstellte, tat er das also in Übereinstimmung mit Hitler, der, wie wir wissen, von Großreichsbildungen, insbesondere auch vom Imperium Romanum fasziniert war.[110]

Wie die Programmdiskussionen über das nationalsozialistische Verständnis der Antike in der Machtergreifungsphase zeigen, war dieser im NS-Geschichtsbild angelegte Grundkonflikt zwischen Antike- und Germanenverehrung nur schwer aufzulösen.[111] Möglichkeiten zu einem gewissen Ausgleich der Gegensätze innerhalb des NS-Geschichtsbildes – und im Verhältnis zum italienischen Faschismus – bot die Erweiterung der germanischen zur indogermanischen Perspektive. In engster Verbindung mit der gegenbildlich entwickelten antisemitischen Position war der indogermanische Bezugsrahmen in unserem Zusammenhang schon in der Argumentation von Johann v. Leers zu fassen.

---

[107] Völkischer Beobachter v. 19. 11. 1934.
[108] Ebd.
[109] H. Picker, Hitlers Tischgespräche im Führerhauptquartier 1941–42, Stuttgart ²1965, 446.
[110] Vgl. Verf., Nationalsozialistische Weltanschauung 22 und L. Kettenacker, Der Mythos vom Reich, in: K. H. Bohrer (Hrsg.), Mythos und Moderne, Frankfurt 1983, 261 ff.
[111] Vgl. Verf., Programme deutscher Althistoriker 73 ff.

Nach K. v. See hat sich die weitere Entwicklung nun so vollzogen, daß das „herkömmliche Römer-Germanen-Klischee" im Zeichen der sich wieder stabilisierenden Achse Berlin–Rom von „tagespolitischen Erfordernissen" verdrängt wurde und gewissermaßen in der weiteren indogermanischen Perspektive aufging. v. See bezieht sich dabei auf die seit dem Kriegsbeginn in Himmlers Forschungsgemeinschaft „Ahnenerbe" und in der im Aufbau befindlichen „Hohen Schule" Rosenbergs besonders geförderten indogermanischen Arbeiten.[112] Es ist nicht zu bestreiten, daß hier auch „tagespolitische Erfordernisse" eingewirkt haben: „Außenpolitisch inszenierte Retouchen" führten, wie Reinhart Herzog bemerkt hat, bei der Bestimmung des Verhältnisses zum antiken und modernen Rom zu einer bisweilen „grotesken Kurzatmigkeit".[113]

Der Hinweis auf J. v. Leers zeigt aber, daß die Erweiterung von der germanischen zur indogermanischen Perspektive auch anders zu begründen wäre: Wenn sich im weiteren indogermanischen Rahmen auch die antisemitische Agitation entfalten konnte, entsprach das zentralen Vorgaben der NS-Weltanschauung, einer Linie also, mit der sich Anhänger Himmlers und Rosenbergs durchaus identifizieren konnten. Darüber hinaus bleibt zu fragen, ob die Römer-Germanen-Antithese wirklich in dem angedeuteten Sinne aufgelöst wurde. Wenn im ideologischen Umfeld Rosenbergs die Gegensätze mit Rücksicht auf Erfordernisse der Tagespolitik bestenfalls abgemildert, aber keineswegs aufgehoben wurden, verwundert das angesichts der Intensität der Germanenverehrung kaum. Aber auch abgesehen davon, daß sich in den Organisationsbereichen Himmlers und Rosenbergs germanische Forschungen neben dem indogermanischen Ansatz behaupten konnten,[114] gibt es Hinweise darauf, daß auch in einem größeren politischen Rahmen die germanische Perspektive nichts von ihrer Anziehungskraft verloren hatte.

Gegenüber dem imperialen Anspruch und der Beschwörung der Reichstradition durch Mussolini behielten die Parolen der nationalistischen deutschtümelnden Germanenideologie beinahe zwangsläufig ihren provinziellen Charakter. Mit dem Anspruch großgermanischer Politik und Reichsbildung gewann die Herrschaftsplanung des Nationalsozialismus aber einen Rahmen, der die Dimensionen der «impero»-Vorstellung Mussolinis wohl noch übertraf.[115] Mit der großgermanischen Politik ist eine andere Perspektive der Germanenideologie angesprochen, auf die jetzt eingegangen werden muß.

[112] K. v. See, Germanen-Ideologie 97f.
[113] R. Herzog, Antike-Usurpationen 20 mit Anm. 35.
[114] Dazu M. H. Kater, Das „Ahnenerbe" der SS 1935–1945, Stuttgart 1974, 170ff.
[115] Vgl. J. Petersen, Mussolini: Wirklichkeit und Mythos eines Diktators, in: K. H. Bohrer (Hrsg.), Mythos und Moderne 246 und H.-D. Loock, Zur „großgermanischen Politik" des Dritten Reiches, Vierteljahrshefte für Zeitgeschichte 8, 1960, 37–63.

In relativ unscharfer Form begegnet die Rede vom „Germanischen Reich deutscher Nation" schon in einem Leitartikel Hitlers für den ›Völkischen Beobachter‹ vom 1. Januar 1921 und taucht dann später in den Programmschriften und -reden Hitlers immer wieder auf.[116] Bis zum eigentlichen Beginn der großgermanischen Politik des Dritten Reiches im April 1940 deckte das Wort „germanisch" aber bei Hitler, wie H.-D. Loock betont, „wesentlich seinen antijüdischen und antichristlichen Affekt"[117].

Eine wichtige Rolle spielte die „germanische" bzw. „großgermanische Reichsidee" in der Gedankenwelt Himmlers. Sein Ansatz zu einer „praktischen, SS-internen germanischen Politik" führt schon 1935 zur Aufstellung der SS-Standarte „Germania". Wenn in diesen Verband auch „Menschen germanischer Abkunft", die nicht die deutsche Staatsangehörigkeit besaßen, aufgenommen werden sollten, zeigt das schon die Nähe zur großgermanischen Reichsidee.[118] Ganz deutlich artikuliert hat Himmler seine Vorstellungen von einem „großgermanischen Imperium" im Jahre 1938. In den entsprechenden Erwägungen ist der auf Expansion abzielende Reichsgedanke mit dem „Blutsgedanken" eng verschmolzen: „Alles gute Blut, alles germanische Blut" – so äußerte sich Himmler im Kreise seiner Gruppenführer –, „was nicht auf deutscher Seite ist, kann einmal unser Verderben sein. Es ist deswegen jeder Germane mit bestem Blut, den wir nach Deutschland holen und zu einem deutsch-bewußten Germanen machen, ein Kämpfer für uns, auf der anderen Seite ist einer weniger."[119]

Es dürfte klargeworden sein, welches ideologische Konfliktpotential eine darartig begründete Konzeption großgermanischer Politik für das Verhältnis zum faschistischen Italien barg. Wohl auch im Hinblick darauf ist der Begriff vom germanischen Reich in der deutschen Presse nicht sehr häufig verwandt worden.[120] Problematisch war die Betonung des Reichsgedankens – das sei hier eingeschoben – auch in den unmittelbar von der großgermanischen Politik betroffenen nordischen Ländern. In unserem Zusammenhang ist es aber wichtig hervorzuheben, daß Hitler ebenso wie Himmler und Rosenberg auf dieses „ideologische Leitmotiv" (Lutzhöft) festgelegt waren, als die großgermanische Politik mit der Besetzung Dänemarks und Norwegens in 1940 konkrete Züge annahm: „So, wie aus dem Jahre 1866 das Reich Bismarcks entstand" – erklärte Hitler, als am 9. April 1940 der deutsche Einmarsch in Dänemark begann –, „so wird aus dem heutigen Tage das Großgermanische Reich entstehen."[121]

---

[116] H.-D. Loock, Großgermanische Politik 38.
[117] Ebd. Vgl. auch L. Kettenacker, Der Mythos 264 ff.
[118] J. Ackermann, Heinrich Himmler als Ideologe, Göttingen 1970, 181.
[119] Ebd.
[120] H.-D. Loock, Großgermanische Politik 37.
[121] Zitiert nach H.-D. Loock, Großgermanische Politik 39.

Die megalomanischen Herrschaftsentwürfe, die Lebens- und Großraumvisionen Hitlers, die im Osten verwirklicht werden sollten, berühren sich eng mit den Vorstellungen Himmlers, der im Verlauf des Zweiten Weltkrieges immer größere Radien großgermanischer Politik zog. Der neue „Orden" der SS war dazu ausersehen, „die deutsch-germanische Expansionskraft" in den Osten zu tragen: Himmler sah seine Aufgabe darin, „den Osten nicht im alten Sinne zu germanisieren, das heißt den dort wohnenden Menschen deutsche Sprache und deutsche Gesetze beizubringen, sondern dafür zu sorgen, daß im Osten nur Menschen wirklich deutschen germanischen Blutes wohnen"[122].

Schon dieser kurze Blick auf die Entwicklungslinie der großgermanischen Politik und insbesondere ihre rassenpolitischen Implikationen macht deutlich, welche Sprengkraft der politische Germanismus nationalsozialistischer Provenienz besaß.[123] Die Gegensätze zwischen der NS-Germanenideologie und dem „römischen" Sendungsbewußtsein des faschistischen Italien waren im Grunde nicht zu überbrücken, auch wenn sie aus bündnispolitischen Rücksichten kurzfristig überdeckt wurden: Denn „in diesem sogenannten Europa Hitlerscher Auslegung" gab es, wie P. Kluke formuliert hat, auch für die romanischen Völker „kaum einen Platz"[124].

Daß diese Gegensätze nicht aufgelöst worden waren, daß diese 'geistige Frontstellung' weiter bestand, belegt ein als geheim deklarierter Bericht des Sicherheitsdienstes vom 8. 12. 1942 über „Kulturpolitische Bestrebungen Italiens", in dem in gewissem Sinne eine Bilanz des Kulturstreites gezogen wurde.[125]

Nach dem Eindruck des Sicherheitsdienstes hatte sich die von ihm „laufend beobachtete" italienische Kulturpropaganda seit Beginn des Kriegs erheblich verstärkt. Die „kulturpolitischen Ansprüche", die, wie Ohlendorf feststellte, von den „Inhaber(n) der höchsten politischen und wissenschaftlichen Ämter" getragen wurden, gründeten vor allem darauf, daß sich der Faschismus „zu einem wesentlichen Teil seiner Ideologie als Wiedergeburt der Antike und als Fortsetzung des römischen Imperiums mit allen sich daraus ergebenden macht- und geistespolitischen Konsequenzen" betrachtete.[126] Daraus ergaben sich die folgenden „Parolen für die kulturellen Expansions-

---

[122] Äußerung Himmlers vom Juni/Juli 1942, zitiert nach J. Ackermann, Himmler als Ideologe 205.

[123] Vgl. H. Gollwitzer, Politischer Germanismus 355.

[124] P. Kluke, Nationalsozialistische Europaideologie, Vierteljahrshefte für Zeitgeschichte 3, 1955, 261.

[125] Chef der Sicherheitspolizei und des SD/SS-Brigadeführer Ohlendorf an Reichsleiter Bouhler v. 8. 12. 1942 betr. Kulturpolitische Bestrebungen Italiens (Bundesarchiv Koblenz NS 11/36).

[126] Kulturpolitische Bestrebungen, fol. 1.

bestrebungen Italiens": Einmal der auf die antik-römische Kulturtradition gegründete „italienische Anspruch, auch wieder die geistige Gestalt Europas zu formen". Dieser Anspruch stützte sich ganz wesentlich auf die „*Parolen der Romanität und Latinität,* mit deren Hilfe Italien die Herstellung eines Gemeinschaftsbewußtseins der romanischen Völker erstrebte". Betont wurden in diesem Zusammenhang schließlich die „Verbindungen zwischen dem Imperiumsgedanken und der Universalität der römischen Kirche" und die „gemeinsame katholische Tradition der romanischen Länder". Auf dieser Linie lagen dann auch Äußerungen italienischer Kulturpolitiker über die Gefahren, die der „westlichen Kultur" drohten. „Aus der nachdrücklichen Betonung der romanischen, lateinischen und katholischen Grundlagen der europäischen Kultur geht hervor" – und das ist wohl der wichtigste Teil dieser Bilanz –, „daß man als gefährlichsten Widersacher die germanische Welt ansieht." [127]

Bot sich auf italienischer Seite das Bild außerordentlicher Aktivität, sah man „bisher in Deutschland nicht die entsprechenden Gegenkräfte auf den Plan gerufen". Hier dominierte die von „maßgeblichen Vertretern der klassischen Philologie" geförderte „Ausprägung der humanistischen Ideen zu einer universalistischen, übervölkischen Weltanschauungs- und Kulturtheorie". Vor allem der Altertumswissenschaft fehlten – und auch das ist eine bemerkenswerte Bilanz – nach dem Eindruck des Sicherheitsdienstes die wesentlichen Voraussetzungen dafür, diese kulturpolitische Auseinandersetzung mitzutragen: „Die deutschen Veröffentlichungen über römische Antike und Humanismus stehen fast ausnahmslos einer völkisch-politisch-anthropologischen Betrachtungsweise fremd gegenüber und münden in eine subjektive Bewunderung der römischen und griechischen Ideale." [128]

Dem Bericht war ein umfangreicher Textanhang mit Auszügen aus neueren Publikationen prominenter (italienischer) faschistischer Autoren beigegeben, mit deren Hilfe sich die Feststellungen des Berichtes belegen ließen. Im Kontext der bekannten Beschwörungen der imperialen Tradition von Mussolini und anderen sah man auch in den vierziger Jahren den „Stolz auf die germanische Vergangenheit" verletzt. Pietro de Francisci hatte im Hinblick auf die Diskussion über die Anfänge der Kultur Westeuropas Gelehrte angegriffen, „die das, was Rom beigetragen hat, auf ein Minimum zu begrenzen suchen und dafür die Bildungsstufe ihrer Vorfahren oder wenigstens derjenigen, die sie für ihre Vorfahren halten, preisen" [129]. Nach italienischer Auffassung war es dagegen „Roms Tat" gewesen, Westeuropa „aus seiner barbarischen Ab-

---

[127] Kulturpolitische Bestrebungen, fol. 2.
[128] A. a. O., fol. 3.
[129] A. a. O., fol. 5. Der Berichterstatter des SD zitiert aus P. de Francisci, Der Geist der römischen Kultur, Köln 1941 (= Veröffentl. d. Petrarca-Hauses 3, R. 3), 193, wo gegen C. Jullian und J. Strzygowski polemisiert wird.

sonderung" befreit und „es mit der zivilisierten Mittelmeerwelt" verknüpft zu haben. Wenn Julius Evola, ein wichtiger Vertreter der Rassenlehre in Italien, von „partikularistisch bestimmten Affekten der einzelnen Völker" sprach,[130] oder der Minister für nationale Erziehung Guiseppe Bottai „eine gegenwartsnahe Romanität" forderte, so war es für den Beobachter des Sicherheitsdienstes besonders bemerkenswert, daß diese Parolen z. T. in deutschsprachigen Publikationen italienischer Provenienz verbreitet wurden.[131]

Insgesamt ergab sich eine in der Tat eindrucksvolle Auflistung von Aktivitäten der italienischen Kulturpolitik, die auf deutschem Boden vor allen Dingen vom Petrarca-Haus in Köln mit Publikations- und Vortragsreihen usw. gefördert wurden. Auf der deutschen Seite war demgegenüber nicht nur die institutionelle Schwäche im Bereich der Kulturpolitik, sondern auch die aktive Unterstützung der italienischen Position durch deutsche Verlage zu beklagen, die wiederum deutschen Anhängern humanistischen Gedankenguts Gehör verschafften.[132]

In diesem Dokument gewinnt die nationalsozialistische Germanenideologie ihre Konturen überwiegend als Gegenbild des politischen Romanismus in seiner italienischen bzw. faschistischen Variante. Von daher erscheint es gerechtfertigt, die nationalsozialistische Germanenideologie als eine Ausdrucksform des politischen Germanismus zu betrachten. Gewissermaßen in einem Nachhutgefecht mit dem „Dritten Humanismus" – das zeigen die Anspielungen auf maßgebliche Klassische Philologen – werden dessen Vertreter dem gegnerischen Romanismus zugeordnet.[133] In dem Angriff auf den Dritten Humanismus wird wiederum der Grundkonflikt zwischen Germanenideologie und klassischer Antike-Rezeption deutlich. Versucht man mit Hilfe dieses Dokuments eine Bilanz des Kulturstreites zu ziehen, so war dieser schon von der gegensätzlichen Anlage der beiden nationalen Geschichtsbilder aus gesehen prinzipiell nicht lösbar.

Die Aspekte der NS-Germanenideologie, die hier im engeren und weiteren Zusammenhang mit der ›Germania‹-Rezeption angesprochen wurden, erfassen sicherlich nur einen begrenzten Ausschnitt aus der langen Wirkungsgeschichte dieser Schrift. Dennoch waren auch in der Argumentation nach 1933 bemerkenswerte Spuren der Kontinuität aufzunehmen. In der engeren Verbindung mit dem politischen Germanismus muß die Bedeutung der nationalsozialistischen Germanenideologie höher veranschlagt werden, als das unter

---

[130] A. a. O., fol. 5 und 12.
[131] A. a. O., fol. 13.
[132] A. a. O., fol. 19. Besonders erwähnt wurden die Klassischen Philologen W. F. Otto und K. Reinhardt und die Aktivitäten des Küppers Verlages.
[133] Zum damals aktuellen Diskussionsstand vgl. H. Drexler, Der Dritte Humanismus. Ein kritischer Epilog, Frankfurt am Main 1942.

dem Eindruck der wissenschaftspolitischen Auseinandersetzungen zwischen Anhängern und Gegnern Rosenbergs gemeinhin geschieht. Im Zusammenhang mit der Rassenideologie besaß sie ausgesprochene Sprengkraft, das zeigt sich in der Diskussion zwischen v. Leers und Faulhaber, aber auch im weiteren Rahmen der großgermanischen Politik.

Nach 1945 sind der „Germanismus als politisch-metapolitische Größe" (Gollwitzer) und – die Bilanz lautet bei K. v. See ganz ähnlich – „Germanen-Ideologie und arisch-nordischer Rassenmythos von der Bildfläche verschwunden"[134]. Für die extremen und gefährlichen Formen, die der Nationalsozialismus aufgegriffen und entwickelt hat, trifft das ganz sicher zu. Abgesehen davon sind aber nicht nur, wie K. v. See weiter feststellt, „die daraus entwickelten Ingredienzien des Selbstverständnisses ... zum großen Teil unter der Oberfläche erhalten geblieben"[135]. Spuren dieser Germanenideologie sind – das muß in anderem Zusammenhang behandelt werden – eher in sektiererischen Kreisen bis in unsere Gegenwart zu verfolgen.

---

[134] K. v. See, Germanen-Ideologie 104. Vgl. H. Gollwitzer, Politischer Germanismus 356.
[135] K. v. See, Germanen-Ideologie 104.

KARIEN IM ERSTEN MITHRADATISCHEN KRIEG*

Von Christian Marek

Die Zeit vom ersten Eingreifen der Römer in Anatolien bis hinab zur sogenannten Neuordnung des Ostens durch Pompeius stellt die Forschung vor allem vor das Problem, die Genese der frühesten kleinasiatischen Provinzen näher zu beschreiben. Hier besitzt das literarische Überlieferungsgut von vornherein begrenzten Quellenwert, und seit jeher bedurfte es der Hinzuziehung epigraphischer und numismatischer Informationssplitter. Dabei stehen die Städte im Brennpunkt des Interesses. Ihre unterschiedliche Behandlung durch die Römer, welche sich in statusrechtlichen Kategorien wie z. B. „frei" oder „verbündet" niederschlug, verschiedene aus ihren Wechselbeziehungen mit Rom erklärbare Handlungen – wie z. B. die Einrichtung von Kulten für die Dea Roma oder die Stiftung von Standbildern für Römer – liefern uns Anhaltspunkte, mit deren Hilfe wir Entstehung, Ausdehnung und Beschaffenheit der Provinzialherrschaft zu rekonstruieren suchen.

Begreiflicherweise können Anstoß zu einem Überdenken des Forschungsstandes gerade hier vorzüglich neue Inschriftenfunde geben. Die Entdeckung des Urkundenarchivs im Theater der westkleinasiatischen Stadt Aphrodisias hat viele solcher Anstöße gegeben,[1] die Diskussion über Texte aus verschiedenen Epochen hat bereits in mehreren Publikationen ihren Niederschlag gefunden, so daß ich gleichsam als Spätankömmling hinzutrete.[2] Freilich möchte ich dieses Material für eine Epoche auswerten, für die es bisher (von der Kommentierung der Texte durch die Herausgeberin Joyce Reynolds abgesehen) noch nicht systematisch verwendet wurde, das Ereignis des Ersten Mithradatischen Krieges. Das Archiv von Aphrodisias enthält zwei Inschriften, die unmittelbar auf das Kriegsgeschehen eingehen.[3] Auf den ersten Blick erzählen sie nicht viel Neues. Sie verbinden sich aber mit anderen, altbekannten epigraphischen Zeugnissen so, daß bislang Unsicheres jetzt festzumachen ist und eine Gesamtbewertung der Situation in Karien möglich wird. Wir

---

* Der Aufsatz hat sehr profitiert von Diskussionen mit R. M. Errington und Ulrich Junghölter, denen ich dafür danken möchte.

[1] Joyce Reynolds, Aphrodisias and Rome, 1982.

[2] Z. B. A. N. Sherwin-White, JRS 73, 1983, 220ff.; E. Badian, GRBS 25, 1984, 157–170; W. Orth, EA 3, 1984, 61ff.; R. M. Errington, Chiron 17, 1987.

[3] A. a. O., Nr. 2. 3. Nicht weiterführend die Darstellung bei B. C. McGing, The Foreign Policy of Mithridates Eupator, 1986, 110.

erkennen das Verhalten einer Anzahl benachbarter Gemeinden im nordkarischen Raum zu einer Zeit, als das pontische Heer herannahte. Und dies Verhalten bzw. seine Voraussetzungen führen uns auf eine seit langem unentschiedene Frage zurück: ob Karien damals überhaupt zur römischen Provinz Asia gehörte oder nicht, d. h. ob diese Landschaft südlich des Mäander von Anfang an in die Provinz einbezogen oder ihr erst viel später zugeschlagen wurde.[4]

Ich muß vorab an drei Wendepunkte der kleinasiatischen Geschichte vor dem Mithradatischen Krieg erinnern, weil man an ihnen die Datierung und Interpretation nicht weniger Inschriften, auf die auch ich eingehen werde, ausgerichtet hat.[5] Da ist zuerst die Niederlage des Seleukiden Antiochos III. gegen ein römisches Heer bei Magnesia am Sipylos im Jahre 190 v. Chr. Nutznießer der Friedensregelung für das Gebiet diesseits des Taurosgebirges, hinter das die seleukidischen Ansprüche zurückgewiesen wurden, sind der Staat Rhodos, das Königreich Pergamon und einige für frei erklärte Städte. Zur Abgrenzung der beiden großen neuen Machtblöcke in Westanatolien voneinander wird der Fluß Mäander bestimmt. Karien gehört – mit Ausnahme privilegierter Städte wie z. B. Mylasa – den Rhodiern, die damit einen erheblichen Zuschlag zu ihrem traditionellen Besitz im südwestlichen Teil dieser Landschaft erhalten. Die nächste Wende ereignet sich im Jahr 167. Als damals in Karien ein Aufstand gegen die Rhodier losbrach, büßten diese für die Verstimmung der Römer über ihr Verhalten im Dritten Makedonischen Krieg und verloren das Land wieder bis auf einen Teil der alten Peraia; die übrigen Städte Kariens und Lykiens wurden vom Senat für frei erklärt.[6] Den dritten und letzten Wendepunkt bringt die Effektivierung der römischen Herrschaft im Reich Pergamons mit sich, das den Römern testamentarisch zugefallen war. Sie begann nach dem Aristonikos-Aufstand im Jahre 129 v. Chr.

Die Städte Westkleinasiens hatten Bewährungsproben ihrer Loyalität zu

---

[4] Die Einbeziehung bei der Gründung der Provinz nahmen an: Brandis, RE II 2, 1896, Sp. 1538; V. Chapot, La Province Romaine Proconsulaire d' Asie, 1904, 80 ff.; mit Einschränkung T. R. S. Broughton in: T. Frank, An Economic Survey of Ancient Rome IV, 1938, 509; D. Magie, Roman Rule in Asia Minor (im folgenden abgek. RRAM), 1950, I 155, II 1044 Anm. 30; A. H. M. Jones, Cities of the Eastern Roman Provinces, ²1971, 59. Dagegen sprachen sich aus: Th. Liebmann-Frankfort, La Frontière Orientale dans la Politique Extérieure de la République Romaine, 1969, 144 Anm. 4; A. N. Sherwin-White, Roman Foreign Policy in the East, 1984, 89.

[5] Ich verweise hier nur auf die neueren Gesamtdarstellungen von Sherwin-White, a. a. O., Kap. II und IV und E. S. Gruen, The Hellenistic World and the Coming of Rome, 1984, 2, 538–610, ferner den in Anm. 2 genannten Aufsatz von Errington.

[6] Polybios XXI 45 (188); XXX 5, 11–16, dazu F. W. Walbank, Commentary on Polybius III, 1979, 426f. Zur Geschichte des rhodischen Besitzes in Kleinasien bes. P. Fraser – G. E. Bean, The Rhodian Peraea and Islands, 1954, 107.

den jeweiligen Beherrschern ihres Landes mehr als genug gestellt bekommen, zuletzt auch schon zu den Römern im Aristonikos-Aufstand. Trotzdem gab es beim Angriff des Königs von Pontos auf die Provinz Asia besondere Voraussetzungen. In der Provinz hatte sich ein Römerhaß aufgestaut,[7] dessen Ursache die Quellen – Inschriften ebenso wie Berichte der Schriftsteller – klarlegen: die Tätigkeit der Steuerpächter. Die einzelnen Zeugnisse über den Druck auf die Gemeinden zusammenzustellen, erübrigt sich.[8] Es genügt, sie zusammenfassend so zu deuten, daß die Städte sich einer neuen und ungewohnten Inanspruchnahme ausgesetzt sahen, die sie als Beginn der Sklaverei empfanden – ἀρχήν τινα δουλείας, wie Memnon die Situation in den Augen der Bürger von Herakleia Pontike im Jahre 73 v. Chr. beschreibt.[9] Dies steht im Hintergrund, wenn der Blick auf das Verhalten der Städte bei Ankunft des Mithradates gelenkt wird.

Tatsächlich spiegeln die literarischen Quellen einen fast allgemeinen Abfall vor,[10] was durch verachtungsvolle Hinweise auf die asiatischen Griechengemeinden an mehr als einer Stelle in Ciceros ›Pro Flacco‹ noch unterstrichen wird. Ciceros Verachtung richtet sich besonders gegen das Volk, die Teilnehmer an den Ekklesiai, ohne Rang, Amt und Sitz im Stadtrat, demgegenüber die Mitglieder der städtischen Elite höchstes Lob erfahren.[11] Strabon und Plutarch kommen gelegentlich auf solche distinguierten Persönlichkeiten zu sprechen, die in ihren Heimatstädten die Partei der Römer ergriffen,[12] in Adramyttion ließ man angeblich den ganzen Stadtrat über die Klinge springen, um Mithradates zu gefallen.[13] Von anderen Gemeinden wird berichtet, daß sie den König freudig empfingen.[14] Die Römer unterhielten gewiß vielfache Beziehungen zu den reichen und ranghohen Bürgern und konnten gerade dort in einer Krise am ehesten Unterstützung finden, aber man wird in dieser Elite ebensowenig eine geschlossene romfreundliche wie im einfachen Volk eine geschlossene romfeindliche Gruppe annehmen dürfen.[15]

Es fehlen aber in der literarischen Überlieferung keineswegs Beispiele für

---

[7] Appian, Mithr. 23 (91).
[8] Th. Drew–Bear, BCH 96, 1972, bes. 450–453 mit Quellen.
[9] Memnon, FGrHist 434 F 27, 6.
[10] Th. Reinach, Mithradates Eupator (dt. von A. Goetz), 1895, 120f.; Magie, RRAM 1, 214f. mit Quellen.
[11] Cicero, Pro Flacco 52, 57f., 60.
[12] Strabon XIII 4, 9. 15. XIV 2, 24; Plutarch, Marius 45. Magie, RRAM 1, 215; G. Bowersock, Augustus and the Greek World, 1965, 5f.; M. Rostovtzeff, Social and Economic History of the Hellenistic World, 1940, II, 819–826.
[13] Strabon XII 1, 66.
[14] Appian, Mithr. 21 (81).
[15] Bes. J. Reynolds, Aphrodisias and Rome, 1982, 15f.; R. Bernhardt, Polis und römische Herrschaft in der späten Republik, 1985, 36f.

Widerstand gegen Mithradates. Den allerersten Rang nimmt Rhodos ein, von dem sogar behauptet wird, es allein habe den Römern die Treue gehalten.[16] Dies mag nicht bloß mit der andere überragenden Bedeutung dieser Stadt, sondern auch mit ihrer entscheidenden Rolle im Kriegsgeschehen zusammenhängen. Nach Rhodos hatten sich viele Italiker aus Asien geflüchtet, unter ihnen auch der Proconsul Lucius Cassius, und es erscheint als Bollwerk in der zweiten Kriegsphase, an dem Mithradates erstmals gründlich scheitert, nachdem er zuvor ganz Westkleinasien in einem einzigen Zug unterworfen hatte.[17] Andere Treuebeispiele traten dagegen stark in den Hintergrund und werden eher beiläufig erwähnt. Ich brauche sie hier nicht im einzelnen zu analysieren, nur auf eines will ich kurz eingehen: Magnesia. Die Forschung schwankt, welches Magnesia sich dem Mithradates widersetzt hat. Sowohl für Magnesia am Mäander als auch für das lydische Magnesia am Sipylos hat man Zeugnisse herangezogen.[18] Wahrscheinlicher ist die Lösung für die Stadt in Lydien. Es genügt indessen für meine Fragestellung, festzuhalten, daß die Überlieferung ein Treuebeispiel „Magnesia" vor Augen hatte. Die knappe Notiz der Livianischen ›Periochae‹ lautet so: *Magnesia, quae sola in Asia civi-*

---

[16] FGrHist 434 F 22, 8; Liv. Per. 78.
[17] Appian, Mithr. 24–27 (94–107).
[18] Appian, Mithr. 21 (82); Livius, Per. 81; Strabon XIII 3, 5; Pausanias I 20, 5; Plutarch, Praec. rei publ. ger. 14. Vgl. dagegen Tacitus, Ann. III 62. B. C. McGing, The Foreign Policy of Mithridates Eupator, 1986, 111, bes. Anm. 110, hält das Zeugnis des Tacitus für ausschlaggebend zugunsten Magnesias am Maeander, gegen das Zeugnis des Pausanias, das explizit von Magnesia am Sipylos spricht und den Widerstand dieser Gemeinde auf den Angriff des pontischen Generals Archelaos bezieht. Die Argumentation ist nicht zwingend. Dagegen hat die Entscheidung für Magnesia am Sipylos – vertreten von einer Anzahl Forscher, die McGing zitiert – mehr für sich: Abgesehen von der zeitlich nicht fixierbaren Strabonnotiz gibt es dafür Kriterien im folgenden: Appians Beschreibung des Vormarsches in Mithr. 21 (81): ἐς Μαγνησίαν καὶ Ἔφεσον καὶ Μιτυλήνην παρῆλθεν (scil. Mithradates) ἀσμενῶς αὐτὸν ἁπάντων δεχομένων macht deutlich, daß an dieser Stelle nur Magnesia am Mäander gemeint sein kann. Kurz darauf heißt es: Μάγνησι . . . ἔτι ἀντέχουσι διὰ τῶν στρατηγῶν ἐπολέμει. Das noch Widerstand leistende Magnesia wurde nicht vom König selbst, sondern von seinen Offizieren angegriffen. In diesem Detail deckt sich mithin Appians Bericht mit der Darstellung des Pausanias. Diese verdient im übrigen als besonders zuverlässig eingeschätzt zu werden, weil der Autor höchstwahrscheinlich aus Magnesia am Sipylos stammte, vgl. Chr. Habicht, Pausanias, 1985, 25 f. Die Tacitusstelle andererseits läßt nicht erkennen, welches Ereignis die Bestätigung der Asylie des Artemisheiligtums durch Sulla beeinflußte. Schon Reinach, a. a. O. 122, Anm. 2, hat auf die Möglichkeit hingewiesen, daß diese Anerkennung mit der Schutzfunktion des Tempels während der sog. Ephesischen Vesper zusammenhängt.

In den Kampf um die Stadt Magnesia am Sipylos wurde vermutlich auch die kleine Stadt Apollonis hineingezogen (s. u. Anm. 19).

tas in fide manserat, summa virtute adversus Mithridatem defensa est. Der Ausdruck *sola in fide manserat* ist bemerkenswert. Er wurde in den ›Periochae‹ schon vorher (81) auf Rhodos angewandt, worin eine Parallele zu Memnons Äußerung: Ῥοδίων μόνον τὴν πρὸς Ῥωμαίους στεργόντων φιλίαν besteht. Der Anspruch der Rhodier war also nicht einfach unberücksichtigt, und ein Widerspruch liegt auch nicht vor, da hier bei Magnesia der Zusatz *in Asia civitas* eine Einschränkung gibt. Die Deutung, Magnesia habe sich als einziger Staat auf dem kleinasiatischen Festland gegen Mithradates gestellt, scheidet aus. Es muß an der Stelle mit *Asia* die damalige römische Provinz gemeint sein. Und mit dieser Einschränkung erscheint eine solche Behauptung auch nicht vollkommen abwegig – wenn man das Land südlich des Mäander ausklammert. Denn die Fälle von Widerstand, die sonst noch in der literarischen Tradition erwähnt werden, liegen alle außerhalb des ehemaligen Königreichs Pergamon,[19] d. h. die Lykier, insbesondere Telmessos und Patara, vielleicht Termessos in Pisidien, ferner Laodikeia in Phrygien und Stratonikeia in Karien. Auf die beiden zuletzt genannten Städte komme ich in Zusammenhang mit den Urkunden von Aphrodisias zurück.[20]

Um die Situation in diesem Raum zu verstehen, müssen noch einmal die Chronologie und Geographie des ersten Mithradatischen Feldzuges analysiert werden. Ich folge der Argumentation Sherwin-Whites, der die Unterwerfung Westkleinasiens in das Jahr 89 v. Chr., nicht wie seit der Rekonstruktion aus den Livianischen ›Periochae‹ durch Reinach die Forschung allgemein in das Jahr 88 v. Chr., datiert.[21]

Weniger problematisch und für unsere Fragestellung unerheblich sind die Operationen in Paphlagonia und Bithynia bis hin zu dem Punkt namens Leonton Kephale (Löwenkopf), eine starke Festung in Phrygien, auf die sich sowohl Nikomedes als auch der römische Proconsul Lucius Cassius zusammen mit einer Anzahl Legaten zurückgezogen hatten, um hier neue Truppen auszuheben.[22] Dieser Platz ist ziemlich wahrscheinlich der steile,

---

[19] Abgesehen vielleicht von Apollonis, das Cicero in Pro Flacco 71 erwähnt: *Cur ergo unus tu Apollonidensis amantissimos populi Romani, fidelissimos socios, miseriores habeas quam aut Mithridates aut etiam pater tuus habuit umquam?* Worauf genau Cicero sich bezieht, ist unbestimmt. Allerdings: Wenn Apollonis tatsächlich bei Ankunft des pontischen Heeres Widerstand leistete, ist der räumliche und zeitliche Zusammenhang mit der Verteidigung Magnesias am Sipylos wohl der Grund, warum Livius undifferenziert von Magnesia allein spricht. Apollonis lag nur ca. 40 km nordöstlich entfernt.
[20] Appian, Mithr. 21 (82). 24 (94). 27 (106); Termessos: Bruns, FIR^7 14 II 1f. Ilion (Appian, Mithr. 53 [211]) fällt aus dem Rahmen unserer Fragestellung heraus, da es nicht unter dem Angriff der Pontiker, sondern später unter Fimbria zu leiden hatte. Deswegen wurde es von Sulla begünstigt (ebd. 61 [250]).
[21] A. N. Sherwin-White, Roman Foreign Policy in the East, 1984, 121–125.
[22] Appian, Mithr. 19 (74); Magie, RRAM 2, 1101, Anm. 28.

226 m aufragende Burgfelsen inmitten der heutigen Stadt Afyon. Für den Wiederaufbau einer Verteidigung war er an sich nicht schlecht gewählt, denn in der Nähe stieß die sogenannte Königsstraße, die nördliche Hauptroute von der Westküste durch das Hermostal nach Inneranatolien und weiter an den Euphrat, zusammen mit der Straße nach Apameia, einer direkten Verbindung zu der südlichen Hauptroute,[23] die durch das Mäander- und Lykostal heraufführte. An dieser Stelle also hatte ein von Norden kommendes Heer zwei Hauptrouten in die Provinz Asia vor sich. Cassius gelang es indessen nicht, Truppen zu rekrutieren, und er zog sich weiter nach Süden auf Apameia zurück. Ein römischer Offizier (sein Titel ist unsicher), Quintus Oppius, der bei Kriegsbeginn „an den Grenzen Kappadokiens" stand, traf jedenfalls von Osten her, wahrscheinlich etwas später als der Proconsul, in derselben Gegend ein und bezog Stellung in Laodikeia.[24] Cassius' Rückzug nach Süden hat sicher den Ausschlag dafür gegeben, daß der König nicht durch das Hermostal direkt in die Provinz einmarschierte, sondern zunächst die Verfolgung aufnahm. Darüber herrschen in der Forschung Mißverständnisse, nachdem insbesondere Reinach unseren ausführlichsten Bericht, den des Appian, nicht richtig verstand. Reinach schreibt in der 2. Auflage seines Buches ›Mithradates Eupator‹ von 1895[25]:

Die Darstellung des Appian ist hier dermaßen verworren, daß eine Wiederherstellung des von Mithradates befolgten Weges unmöglich erscheint. Nach der Eroberung Phrygiens läßt er Mysien und „Asien" durch Mithradates in eigener Person, Lykien, Pamphylien und die Länder bis nach Ionien (d. h. Karien) durch seine Feldherren erobern. Darauf unterwirft Mithradates Laodikeia am Lykos; dann wird ihm M.' Aquilius ausgeliefert; er besucht Pergamon, Magnesia, Ephesos, Mytilene und nimmt, auf seiner Rückkehr von Ilion, Stratonikeia ein. Ein Blick auf die Karte genügt, um zu zeigen, daß diese Aufzählung von Städten und Provinzen, wenn man sie buchstäblich auffaßte, den Mithradates ganz zwecklos kreuz und quer ziehen ließe.

Aber der Appiantext zwingt nicht dazu, eine solche Abfolge anzunehmen. Nach der Unterwerfung Bithyniens wendet sich der König nach Phrygien. Auf welchem Weg er nach Phrygien marschierte und welche Unternehmungen er bis zu seinem Eintreffen vor Laodikeia durchführte, bleibt in der summarischen Formulierung unklar: καὶ Φρυγίας τὰ λοιπὰ καὶ Μυσίαν καὶ Ἀσίαν, ἃ Ῥωμαίοις νεόκτητα ἦν, ἐπέτρεχε.[26] Damit ist aber kaum die Unterwerfung der Provinz Asia *in toto* gemeint, sondern der Einmarsch in das phrygisch-mysische und phrygisch-lydische Grenzgebiet.[27] Den Neben-

---

23 Königsstraße: Magie, RRAM 2, 786 ff.; südliche Hauptroute: ebd. 789 ff.
24 Appian, Mithr. 17 (60). 20 (78).
25 Th. Reinach, Mithradates Eupator (dt. v. A. Goetz), 1895, 120, Anm. 3.
26 Appian, Mithr. 20 (77).
27 Die Formulierung desselben Vorgangs in Bellum Civile I 55: Ἐπειδὴ Μιθριδάτης ὁ

satz ἃ Ῥωμαίοις νεόκτητα ἦν kann man so verstehen, daß er den Teil der Provinz meint, der von den Römern im Jahre 116 neu erworben wurde, nämlich das durch Senatsbeschluß annektierte und der Provinz Asia faktisch zugeschlagene Gebiet Phrygiens.[28]

Die Auslieferung und die Hinrichtung von Manius Aquillius in Pergamon, ein weiterer Punkt in Appians Bericht, an dem Reinach eine verwirrte Abfolge erblickte, wird bloß eingeschoben, um sie der Schonung des Römers Oppius in Laodikeia gegenüberzustellen. Wir sind nicht gezwungen anzunehmen, Mithradates habe sich als nächstes nach Pergamon begeben. Den Handlungsfaden wiederaufnehmend erzählt Appian, daß der König Satrapen über die Völker einsetzte und nach Magnesia, Ephesos und Mytilene vorrückte. Nach seiner Rückkehr aus Ionien erobert er Stratonikeia und schickt seine Generäle gegen noch vorhandenen Widerstand der Magneten und nicht näher bezeichnete Orte in Paphlagonien und Lykien.[29] Das gesamte folgende Kapitel ist der Ephesischen Vesper und der Belagerung von Rhodos gewidmet.

Es ergibt sich mithin eine im allgemeinen klare Abfolge des Feldzuges. Die Hauptstoßrichtung ging nach Süden wegen des Rückzuges der römischen Resttruppen. Apameia eignete sich als neue Verteidigungsstellung für Cassius schon deshalb nicht, weil es gerade zu dieser Zeit von einem Erdbeben teilweise zerstört war.[30] Von Cassius hören wir nur noch, daß er sich nach Rhodos begab. Ob er seine Stellung vor oder nach dem Eintreffen des Quintus Oppius räumte, bleibt offen. Oppius versucht dann ohne Erfolg, Laodikeia gegen den König zu halten. Die Belagerung führt Mithradates selbst, wir erfahren aber bei Appian, daß er von Phrygien aus Vorausabteilungen schickte, und zwar nach Lykien, Pamphylien und das Gebiet bis nach Ionien (τὰ μέχρι Ἰωνίας),[31] eine Bestimmung, die vom Blickpunkt des Königs aus entweder das Hermostal oder, viel wahrscheinlicher noch, das obere und mittlere Mäandertal meint. Ionien selbst war noch nicht erreicht.

An diesem Punkt geben uns drei Inschriften weitere Aufklärung: der Brief des Cassius an die Gemeinde von Nysa und die beiden Briefe des Mithradates an seinen Satrapen Leonippos.[32] Diese Urkunden sind von der Gemeinde Nysas zusammengestellt und veröffentlicht worden, um damit das prorömische Verhalten ihres Bürgers Chairemon zu dokumentieren. Die Nysaer hat-

---

τοῦ Πόντου καί ἄλλων ἐθνῶν βασιλεὺς ἐς Βιθυνίαν καί Φρυγίαν καὶ τὴν ὅμορον αὐταῖς Ἀσίαν ἐνέβαλεν κτλ.

[28] Magie, RRAM 2, 1058, Anm. 35. 36.
[29] Appian, Mithr. 20–21 (79–82).
[30] Strabon XII 8, 18.
[31] Appian, Mithr. 20 (78).
[32] Dittenberger, Syll.³ 741.

ten es nach dem Krieg offenbar nötig, die Taten eines Einzelnen in Anspruch zu nehmen, um auf sich selbst ein günstiges Licht fallen zu lassen.

Der Cassiusbrief an Nysa wurde in Apameia verfaßt. Der Proconsul würdigt das dankenswerte Anerbieten des Bürgers Chairemon, eine größere Menge Weizenmehl zur Versorgung der Truppe zu spenden. Die beiden Mithradatesbriefe handeln von dem Bemühen, diesen Mann zu ergreifen. Sie setzen einen Szenenwechsel voraus; Chairemon hat auf die Nachricht vom Herannahen des Mithradates den Römern zusammen mit seinen beiden Söhnen zur Flucht nach Rhodos verholfen und hat sich nach Eintreffen des Königs in das Asyl des Artemisions bei Ephesos geflüchtet, von wo aus er Briefe an die Römer schrieb.

Nach dem Inhalt müssen die beiden Schreiben zeitlich differenziert werden, denn im ersten scheint Mithradates weder das Fluchtziel des Chairemon noch das der Söhne zu kennen, im zweiten dagegen macht er deutlich, daß ihm vom Asyl im Artemision und der Ankunft der Söhne zusammen mit den Römern in Rhodos schon berichtet worden ist. In derselben Zeitspanne hat er Feindberührung, die ihn offensichtlich bindet; er schreibt dem Satrapen, daß ihm Chairemon gebracht oder so lange in Gefangenschaft gehalten werden soll, bis er von den Feinden loskommt.

Auch die räumliche Disposition ist aufschlußreich: Der Satrap Leonippos, Empfänger der Briefe, befand sich zu ihrer jeweiligen Abfassungszeit näher als der König an dem vermuteten bzw. bekannt gewordenen Aufenthaltsort des Chairemon; dessen Gefangennahme fiel in seinen Amts- oder Aufgabenbereich. Da Chairemon von Apameia nach Westen floh, muß der Satrap im westlichen Vorfeld des königlichen Hauptheeres operiert haben. Dies paßt zu der zitierten Appianstelle, wonach Mithradates, von Phrygien aus, seinen Offizieren die Unterwerfung nicht nur Lykiens und Pamphyliens, sondern auch des Gebietes bis nach Ionien aufgab.[33] Eben damit scheint jener Leonippos beauftragt worden zu sein; er befand sich dann auf dem Vormarsch durch das westlich bis nach Ionien hin sich ziehende Mäandertal. Ephesos kann er noch nicht erreicht haben, denn das Asyl des Artemisions hätte er kaum respektiert. Andererseits lagen die Dinge anscheinend so, daß weder die Heimatstadt des Chairemon, Nysa, noch die Stadt Ephesos selbst zum Ausgangspunkt mithradatesfeindlicher Aktivitäten gemacht werden wollten; Chairemon hätte nicht das Asyl des Artemisions in Anspruch nehmen müssen, wenn die Gemeinde von Ephesos damals noch Rom treu geblieben wäre.[34]

Wo nun die Feindseligkeiten zu lokalisieren sind, von denen der König selbst gebunden wurde, wird aus Appians kurzer Notiz über die Einschließung des Oppius in Laodikeia nicht hinreichend klar. An dieser Stelle aber

---

[33] S. Anm. 31.
[34] Gegen Th. Mommsen, MDAI(A) 16, 1891, 102.

geben die neuen Urkunden von Plarasa/Aphrodisias einen überraschenden Einblick in das militärische Geschehen um Laodikeia. Aus dem Volksbeschluß erfahren wir, daß Oppius der Gemeinde seine Belagerung melden ließ und um Hilfe bat, daß die Gemeinde eine Gesandtschaft wählte, die ihm eine positive Entscheidung übermitteln und Instruktionen entgegennehmen sollte, daß sie beschloß, eine Hilfstruppe aufzustellen und ihre Führung einem kriegserfahrenen Mann zu übertragen.[35] Diese Hilfstruppe, in welche auch Sklaven und Paroikoi eingereiht wurden, ist tatsächlich nach Laodikeia aufgebrochen: Der später, nach Kriegsende verfaßte Brief des Oppius an dieselbe Gemeinde hebt nämlich lobend hervor: „Ihr wart unter den ersten, die Soldaten geschickt haben!"[36]

Erst jetzt wird vollkommen verständlich, worauf sich Sulla bezog, als er in dem berühmten *Senatusconsultum de Stratonicensibus* der Gemeinde von Stratonikeia bescheinigte, daß sie sich als erste für die Sache der Römer eingesetzt hat.[37] Auf die Einnahme und Bestrafung der Stadt durch Mithradates, die später nach seiner Rückkehr aus Ionien erfolgte, mithin in keinem unmittelbaren Zusammenhang mit der Belagerung von Laodikeia am Lykos steht, paßt die Formulierung nicht.[38] Indessen gibt der Text in Zeilen 78 ff. eine weitere, exakte Parallele zur Tat der Gemeinde von Plarasa/Aphrodisias:

[τοὺς] Στρατονικεῖς τήν τε φιλίαν κ[αὶ πίστιν καὶ εὔνοιαν πρὸς τὸν δῆ]μον τοῦ Ῥωμαίων διὰ τέλους [ἐν καιρῶι εἰρήνης πολέμου τε] ἀεὶ συντετηρηκέναι στρατιώ[ταις τε καὶ σίτωι καὶ μεγάλαις δαπάν]αις τὰ δημόσια πράγματα [τοῦ δήμου τοῦ Ῥωμαίων προ]θυμότατα ὑπερησπικέναι.

Ohne auf die Ergänzungen zu bauen, entnehme ich dieser Textstelle, daß auch Stratonikeia Soldaten und andere Hilfsmittel stellte, und aufgrund der festgestellten wörtlichen und sachlichen Übereinstimmung mit den Urkunden von Plarasa/Aphrodisias beziehe ich sie auf dasselbe Ereignis: die Unterstützung des Quintus Oppius in Laodikeia.

Das *Senatusconsultum de Stratonicensibus* steht in engem zeitlichen und inhaltlichen Zusammenhang mit einem viel schlechter erhaltenen Senatsbeschluß über Tabai, einer kaum 30 km von Aphrodisias entfernten Stadt im östlichen Hochland Kariens.[39] Wörtliche Parallelen legen nahe, daß Tabai nicht nur ähnliche Privilegien erhielt wie Stratonikeia, sondern sich auch ganz ähnliche Verdienste erworben hatte.

---

[35] J. Reynolds, Aphrodisias and Rome, 1982, Nr. 2.
[36] Ebd., Nr. 3, Z. 25 f.
[37] R. K. Sherk, Roman Documents from the Greek East (im folgenden abgek. RDGE), Nr. 18, Z. 6.
[38] Appian, Mithr. 21 (82).
[39] Sherk, RDGE Nr. 17; vgl. jetzt M. Crawford–J. Reynolds, GRBS 15, 1974, 289 ff.

Eine vierte Stadt kommt hinzu: Alabanda, etwa 30 km nördlich von Stratonikeia am unteren Marsyas gelegen, hat ebenfalls dieser römischen Armee Hilfe geleistet bzw. ein solches Verdienst beansprucht. Die Auslegung der im Jahre 1886 veröffentlichten Inschrift und ihre entsprechenden Datierungen gehen allerdings in der Forschung weit auseinander. Die schon 1899 von Willrich vertretene, m. E. richtige Einordnung setzte sich nicht durch. Sie wurde auch von Gruen nicht akzeptiert, der sich zuletzt ausführlicher mit der Urkunde befaßte und ein Datum um 170 v. Chr. erwog. Gruen übersah jedoch den Zusammenhang mit den neuentdeckten Aphrodisiastexten, die das Ergebnis Willrichs entscheidend stützen.[40]

Der Beschlußtext der Alabandier besitzt für die Rekonstruktion der politischen Verhältnisse Kariens im Hellenismus eine Schlüsselstellung. Wie in vielen gleichartigen Texten bleibt zwar auch in ihm manches bloß bei Andeutungen, an einigen Stellen dagegen konkretisiert er sich soweit, daß historische Bezugspunkte greifbar werden. Sein besonderer Wert besteht nun darin, daß er nicht nur ein Ereignis, sondern eine Abfolge von Ereignissen berichtet: Der Beschluß galt einem hochverdienten Bürger, der in nicht näher bezeichneten zeitlichen Abständen drei Gesandtschaften geführt hat, zwei vor den Senat nach Rom, die letzte vor einen König. Die Voraussetzungen für die erste Mission schildert der Text in Zeilen 11 ff. so:

σπεύδοντός τε [τοῦ] δήμου τὴν ὑπάρχουσαν πρὸς Ῥωμαίους οἰκ[ειό]τητα καὶ φιλίαν ἀνανεώσασθαι καὶ τὰς χρείας [ἃς] παρέσχηται εἰς τὰ στρατόπεδα αὐτῶν ἐκφαν[εῖς] γενέσθαι πρὸς αὐτοὺς καὶ ποιήσασθαι συμμαχ[ίαν] καὶ περὶ τούτων δό-ξαντος πρεσβείαν ἐξαποσ[τα]λῆναι πρὸς τὴν σ[ύγ]κλητον, θεωρῶν τὴν χρεί[αν οὖ]σαν ἀναγκαίαν καὶ πρὸς τὴν τῆς πατρίδος ἀσφά[λειαν] καὶ σωτηρίαν ἀ[ν]ήκουσαν, παρακληθεὶς ὑπὸ τοῦ δή[μου] προθύμως ὑπ[ή]κουσεν οὐθένα κίνδυνον ὑφιδόμεν[ος] καθ' αὑτὸν ἀποδημήσας τε κατώρθωσεν τὰ κατὰ τὴ[ν πρεσ]βείαν συμφερόντως τῆι πατρίδι.

Über die mit nach Hause gebrachten konkreten Ergebnisse erfahren wir außer der Andeutung, daß sie für die Gemeinde günstig waren, nichts. Insbesondere muß, wie Gruen richtig bemerkt,[41] bezweifelt werden, ob es gelang, ein *foedus* zu erhalten. Immerhin sah die Gemeinde in dem Erreichten etwas

---

[40] Ch. Diehl–G. Cousin, BCH 10, 1886, 299–314; M. Holleaux, REG 11, 1898, 258–266; H. Willrich, Hermes 34, 1899, 305–311; M. Holleaux, REG 12, 1899, 359, Anm. 1 (zustimmend zu Willrich); E. Bikerman, REG 50, 1937, 221 u. 239; D. Magie in: Anatolian Studies presented to Buckler, 1939, 175 u. Anm. 2; ders., RRAM 2, 1950, 994f.; H. H. Schmitt, Rom und Rhodos, 1957, 87, Anm. 1; R. Mellor, Θεά Ῥώμη, 1975, 42f.; E. S. Gruen, The Hellenistic World and the Coming of Rome, 1984, II 733–735. Gruen (S. 735): "A definite solution is impossible–and it would be futile to attempt one."

[41] Gruen, a. a. O. 735.

so Bedeutendes, daß sie dem Mann nach seiner Rückkehr ein Bronzestandbild errichten ließ (Z. 25).

[ἔτι] τε τοῦ δήμου [π]ρο[ε]λομένου πέμψαι πρεσβευτ[ὰς πρὸς] Ῥωμαίους πε[ρὶ τ]ῶν φόρων, ἀπαράκλητον ἑαυ[τὸν παρε]σκεύασεν, παραθείς τε τῆι Ῥωμαίων συγκλή[τωι τὰ ὑ]πάρχοντα τῆι πόλει δίκαια καὶ ἀναστραφε[ὶς ἐν τού]τοις ἐνδό[ξ]ω[ς] καὶ προσκαρτερήσας φίλους [ἔλα]βεν δόγμα περὶ τῆς ἀφορολογησίας συμφερ[όντως τῆι πό]λει,

In demselben Satz folgt unmittelbar die eher knappe Mitteilung einer dritten Gesandtschaft des Honoranden an „den König". Worum es ging, blieb nicht unausgesprochen, der Wortlaut ist aber durch den Bruch des rechten Randes der Marmorplatte verloren. Der Gesandte hatte anscheinend auch diesmal etwas Positives erreicht, bevor er – am Verhandlungsort oder auf dem Rückweg – verstarb:

καὶ ἐπισταλεὶς πρὸ[ς] τὸ[ν] βασιλέα περὶ τῶν [   ] τῶν δὲ με[γ]ίστ[ω]ν ἀγαθῶν αἴτιος γενόμεν[ος ἀ]πεξέλιπε τὸν βίο[ν] ἐ[ν τ]ῆι πρεσβείαι.

Gegen Willrichs Datierung dieser Vorgänge in die Zeit nach dem Ersten Mithradatischen Krieg hat sich in der Forschung eine Datierung in die erste Hälfte des zweiten Jahrhunderts v. Chr. durchgesetzt. Für die Anwesenheit eines römischen Heeres in der Nähe von Alabanda hat man den Livianischen Bericht über den Feldzug des Cn. Manlius Vulso gegen die Galater, 189 v. Chr., herangezogen. Dort ist aber von einer Hilfeleistung der Stadt für die römische Truppe nicht die Rede, sondern umgekehrt: Auf Bitten der Gesandtschaft der Alabandier bewerkstelligt eine römische Heeresabteilung die Erstürmung einer revoltierenden Festung und gibt sie in den Besitz Alabandas zurück. Ein solcher Vorgang ist kaum geeignet, vor dem Senat ein besonders verdienstvolles Verhalten der Alabandier zu begründen. Gegen eine Datierung in diese Zeit spricht außerdem, daß die erste Gesandtschaft wegen Erneuerung einer schon bestehenden Freundschaft mit den Römern geschickt wurde. Ihr Abschluß in der Zeit vor 189 ist aber kaum denkbar: Alabanda war den Seleukiden eng verbunden.[42] Gruen zieht eine Datierung der ersten Gesandtschaft um 170 v. Chr. in Erwägung, weil nach Livius in demselben Jahr eine Gesandtschaft aus Alabanda in Rom Geschenke brachte.[43] Aber zu dieser Zeit ist die in unserem Beschlußtext für die Verhandlungen in Rom bestimmende Bedrohung der ἀσφάλεια καὶ σωτηρία τῆς πατρίδος weit und breit nicht sichtbar, gleichgültig,

---

[42] Livius XXXVIII 13, 1–5 (Exped. d. Manlius); OGIS 234 u. d. bei Walbank, Commentary on Polybius II, 1967, 531 f. zitierte Literatur.

[43] Gruen, a. a. O. 1, 90, Anm. 203, vgl. Livius XLIII 6, 5–6 (170 v. Chr.) und Gruen I 154.

ob die Stadt unabhängig war oder den Rhodiern gehörte. Unerklärlich bliebe hier zudem, welchem römischen Heer die Stadt Hilfe geleistet hat.[44]

Zur zweiten Gesandtschaft: Ein römischer Phoros in Alabanda in der ersten Hälfte des 2. Jh. scheidet von vornherein aus. Um den Vorgang dennoch in diese Zeit zu verlegen, hat man ἀφορολογησία als Erlaß der Abgaben an Rhodos interpretiert. Es stellt sich dann die Frage, worin die bei der ersten Gesandtschaft für die Stadt erreichte günstige Regelung bestand. Wenn die Alabandier durch die Friedensregelung von 188 oder kurz darauf vor dem Senat als *civitas libera* anerkannt worden wären, so müßte dies in der Zwischenzeit von den Römern selbst oder von den Rhodiern umgestoßen worden sein. Für ein derartiges Verhalten der Römer gibt es zu dieser Zeit aber keine Anzeichen, und ein Übergriff der Rhodier ist wenig wahrscheinlich, da sie sich über römische Entscheidungen hinweggesetzt hätten.[45]

Die Argumente für eine Datierung in die erste Hälfte des zweiten Jahrhunderts werden den konkreten historischen Informationen der Urkunde nicht gerecht. Dagegen hat sich kein Forscher mit der Möglichkeit auseinandergesetzt, die hier geschilderten Vorgänge mit der Niederwerfung des Aristonikos-Aufstandes und der Einrichtung der römischen Provinz zu verbinden. Diese Verbindung muß geprüft werden. Im Jahre 129 oder im Frühjahr 128 leistete die karische Küstenstadt Bargylia denjenigen römischen Truppen Hilfe, die mit der Brechung des letzten Widerstandes des Aristonikos-Aufstandes beauftragt waren. Die Bargylieten stellten über einen längeren Zeitraum mehrfach Hilfstruppen auf, was ihnen durch Befehl des für diese Aushebungen zuständigen römischen Offiziers aufgezwungen wurde und das Gemeinwesen unter erheblichen Druck setzte. Ein prominenter Bürger namens Poseidonios half schließlich, seine Gemeinde von dieser Bürde zu befreien. Dieses und andere Verdienste um seine Stadt wurden mit einem langen Ehrendekret belohnt.[46] Ein zweiter, sehr bruchstückhafter Text aus Bargylia gehört möglicherweise derselben Epoche an: Der Volksbeschluß wurde von einem Poseidonios, Sohn des Menandros, beantragt, der vielleicht mit dem im Aristonikos-Aufstand aktiven Poseidonios identisch ist. Hier ist von „Ge-

---

[44] P. Fraser–G. E. Bean, The Rhodian Peraea and Islands, 1954, 107 ff.; Magie, RRAM 2, 1950, 994 f. Die „freien" Städte pflegten zu dieser Zeit, vor 167, eher vertragliche Bindungen mit Rhodos, wie es in dem Vertrag zwischen Milet und Herakleia am Latmos zum Ausdruck kommt, Dittenberger, Syll³ 633 Z. 34 f.: μηθὲν ὑπεναντίον πρασσόντων τῶν δήμων τῆι πρὸς Ῥοδίους συμμαχίαι.

[45] Gegen Magie, RRAM 2, 994.

[46] M. Holleaux, REA 21, 1919, 1–19 = Etudes d' Epigraphie et d' Histoire Grecques II, 1938, 177–198 (im folgenden zit.: Etudes). Der Stein ist verloren. Der Text wurde von Carl Blondel, Mitglied der Ecole Française d' Athènes, kopiert und von M. P. Foucart zuerst publiziert: Mémoire sur la Formation de la Province d' Asie, Mém. de l'Academie des Inscriptions et Belles-Lettres 37, 1903, 327 f., 334 f.

fahren" die Rede, aus denen die Stadt durch eine „Epiphaneia" der Gottheit, wahrscheinlich Artemis Kindyas, befreit wurde; die πάτριος αὐτονομία konnte bewahrt bzw. wiederhergestellt werden.[47] Das krisenhafte Geschehen um die Stadt Bargylia haben Holleaux und Robert nicht als ein isoliertes Ereignis angesehen, sondern argumentiert, daß Karien insgesamt im Aristonikos-Aufstand Kriegsschauplatz war. Ihrer Auffassung nach bestärkten diese epigraphischen Zeugnisse diejenige Forschungsmeinung, die das Ende des Aristonikos selbst in der karischen Stadt Stratonikeia, nicht dagegen in Stratonikeia am Kaikos in Mysien, wie die Gegenmeinung, lokalisiert.[48] Auf die Argumente von Holleaux und Robert ist, soweit ich sehe, nur Magie in einer längeren Anmerkung näher eingegangen.[49] Er führte dagegen vor allem ins Feld, daß sich nach den literarischen Quellen der Aufstand im Kernland des Pergamenischen Königreiches abgespielt und Aristonikos weder einen Anspruch noch die Mittel dazu gehabt habe, seine Waffen so weit nach Süden zu tragen. Daß es von der Seeseite Angriffe auf Hafenstädte so weit südlich wie z. B. Myndos gab, könne dies Urteil nicht erschüttern. Die Auseinandersetzung mit der Meinung von Holleaux/Robert erfordert ein genaueres Eingehen auf den Text, als dies bisher geschehen ist.

Die Bedrohung der πόλις καὶ χώρα, Bewahrung oder Wiederherstellung der Autonomia, die Epiphaneia der Stadtgöttin, diese Informationssplitter allein rechtfertigen noch nicht die Annahme eines Krieges oder Aufstandes, der außer Bargylia weite Teile des Landes Karien betraf.[50] Entscheidendes Gewicht besitzt dagegen die Behauptung von Holleaux, Karien sei im Jahr 129, bei Übernahme des Kommandos durch Manius Aquillius, der Standort der römischen Hauptarmee gewesen, und von hier aus seien die Operationen gegen noch vorhandenen Widerstand aufgenommen worden. Wenn das zuträfe, läge tatsächlich eine plausible Erklärung darin, daß die Einschließung und Gefangennahme des Aristonikos im nahegelegenen Stratonikeia in Karien stattfand. Die entscheidende Textstelle lautet so:

Μανίου τε Ἀκυλλίου τοῦ Ῥωμαίων στρατηγοῦ ἀναζεύξαντος ἐπ[ὶ] Μυσίας τῆς καλουμένης Ἀβ[β]αϊτίδος εἰς τοὺς ἄνω τόπους, ἀπολιπόντος δὲ ἐν τῆ[   ]α[ ] ἀντιστράτηγον Γναῖον Δομέτιον Γναίου, καί τινας τῶν δυνάμεων ἀπ]οτάξαντος αὐτῶι καὶ τοὺς πλείστους τῶν συμμάχων ἐ[ξαγαγόντος δὲ τοὺς ὑ]πὸ τοῦ δήμου ἀ-ποσταλέντος κατὰ συμμαχίαν [στρατιώτας καὶ πο]λλὰ καὶ μεγάλα ποήσαντος εὐημερήματα καὶ τὰ ὀχυρώ[ματα πάντα] δοκοῦντα εἶναι δυσάλωτα [κατὰ] κράτος λαβόντος

---

[47] L. Robert, Etudes Anatoliennes, 1937, 459–465; vgl. ders., Villes d' Asie Mineure, ²1962, 47f.
[48] Holleaux, Etudes 193, bes. Anm. 1. Für Stratonikeia am Kaikos s. v. a. T. R. S. Broughton, CLPh 39, 1934, 252ff.
[49] Magie, RRAM 2, 1038f., Anm. 14.
[50] L. Robert, Etudes Anatoliennes, 1937, 459–465.

Wo das Ausgangsgebiet der römischen Truppen zu lokalisieren ist, hängt von der Ergänzung der Lücke in Zeilen 15 f. ab: Den Vorschlag Foucarts,[51] ἐν τῆ[ι Καρί]ᾳ zu ergänzen, verwarf Holleaux aufgrund der Überlegung, daß ein entsprechender Landschaftsname an dieser Stelle in der Regel ohne den Artikel stünde. Dies Argument ignorierte Magie, indem er zu Lösungsvorschlägen wie ἐν τῆ[ι Λυδί]ᾳ oder ἐν τῆ[ι Ἰωνί]ᾳ zurückkehrte.[52] Holleaux ergänzte statt dessen ἐν τῆ[ι χώρ]α[ι]. Seiner Auffassung nach stand die Armee im Hinterland von Bargylia selbst. Manius Aquillius brach von hier aus in die Mysia Abbaitis auf und ließ einen Teil der Truppen unter dem Kommando des Cn. Domitius Ahenobarbus, das später an Q. Caepio überging, zurück.[53]

Diese Ergänzung und Interpretation sind nicht überzeugend. Gegen sie nimmt von vornherein ein, was durch das Dekret selbst bestätigt wird: daß das Kerngebiet des noch vorhandenen Widerstandes die Mysia Abbaitis war; ihn zu bekämpfen war die Aufgabe des ranghöchsten römischen Kommandeurs. Dazu paßte es schlecht, wenn man die Endphase des Aristonikos-Aufstandes nach Karien verlegte. Gerade mit diesen Angaben verbindet sich aber die Lokalisierung in Stratonikeia am Kaikos vortrefflich. Für die Ergänzung der Textlücke kommt eine bessere Möglichkeit in Betracht. Auffällig ist, daß das Zielgebiet der Expedition des Manius Aquillius außer mit „Mysia Abbaitis" noch zusätzlich mit εἰς τοὺς ἄνω τόπους angegeben wird. Anscheinend korrespondierte diesem Ausdruck eine entsprechende Ortsangabe über den Kommandobereich des „zurückgelassenen" Cn. Domitius. Wenn man von der geläufigen Bedeutung „Landesinneres" im Gegensatz zum Küstengebiet ausgeht, findet man eine passende Ergänzung, die diesen Bereich abdeckt, mit: ἐν τῆ[ι παραλί]α[ι]. Wenn meine Interpretation richtig ist, bestand die Aufgabe des Cn. Domitius und später des Q. Caepio darin, die Küstenregion zu besetzen und aus diesem Bereich Nachschub an Soldaten und Material beizubringen. Davon war Bargylia als eine Küstenstadt betroffen.[54]

Mit diesem Ergebnis besteht kein Anlaß mehr, an der mit den sonstigen Quellen zum Aristonikos-Aufstand schwer zu vereinbarenden Annahme festzuhalten, daß Karien insgesamt oder auch nur weite Teile des Landes von diesem Aufstand erfaßt waren. Die vorgeschlagene Ergänzung dagegen steht in Einklang mit der auch sonst bezeugten, besonderen Betroffenheit der Küsten-

---

[51] Foucart, a. a. O. (Anm. 46), 327 f.
[52] S. Anm. 49.
[53] Holleaux, Etudes 182 u. 193 f.
[54] R. Bernhardt, Polis und römische Herrschaft, 1985, 31 u. Anm. 108–114. Zum Sprachgebrauch vgl. z. B. Diodor XX 47, 2: καὶ τὸ μὲν πρῶτον κατεστρατοπέδευσεν ἐν τῇ παραλίᾳ τῆς Καρπασίας . . . ἔπειτα τοῖς πλησιοχώροις προσβολὰς ποιησάμενος . . . τῶν δὲ νεῶν τὴν ἱκανὴν φυλακὴν ἀπολιπὼν ἀνέζευξε μετὰ τῆς δυνάμεως ἐπὶ τὴν Σαλαμῖνα.

städte. Damit verliert auch die Möglichkeit an Boden, die Unterstützung eines römischen Heeres durch Alabanda mit den Leistungen der Bargylieten im Jahr 129/128 zu verbinden. Gegen sie nimmt außerdem der Umstand ein, daß es in den Verhandlungen der Alabandier vor dem Senat um ἀσφάλεια καὶ σωτηρία τῆς πατρίδος ging. Die Formulierung selbst und der Zusammenhang, in dem sie steht, sprechen für eine Krise in der Frage des künftigen Status der Gemeinde bzw. ihrer territorialen Besitzverhältnisse. In der Phase nach 129 finden sich indessen keine Belege dafür, daß die Städte Asiens um ihre politische Existenz bzw. ihren Besitzstand fürchten mußten.[55]

Ich komme schließlich auf die dritte Gesandtschaft zu sprechen, die der von seiner Heimatstadt Alabanda ausgezeichnete Bürger πρὸς τὸν βασιλέα führte. Gemäß den verschiedenen Datierungsvorschlägen gehen die Deutungen, wer mit diesem König gemeint ist, in der Forschung weit auseinander.[56] Daß an dieser Stelle sein Name offenbar entbehrlich war, liegt auf der Hand, führte indessen zu ganz unterschiedlichen Erklärungsversuchen: Magie nahm an, daß der Name im verlorenen oberen Teil der Inschrift genannt war; Willrich erblickte die Voraussetzung in der historischen Situation: In Asien sah man eben damals d e n König und nicht diesen oder jenen.[57]

Eine schlüssige Deutung der drei aufeinanderfolgenden Gesandtschaften gelingt nicht, wenn die Urkunde in das zweite Jahrhundert v. Chr. datiert wird. Besonders die A b f o l g e der in dem Text angesprochenen konkreten Umstände zwingt m. E. dazu, sie mit Willrich in die Zeit nach dem Ersten Mithradatischen Krieg zu datieren. Worauf die Alabandier sich bezogen, als sie von ihrer Hilfe für ein römisches Heer sprachen, wird durch den Vergleich mit den Urkunden von Stratonikeia und Plarasa/Aphrodisias deutlich; dabei erhalten die neuen Inschriften von Plarasa/Aphrodisias: der Volksbeschluß über die Hilfe für den in Laodikeia am Lykos eingeschlossenen Quintus Oppius und der spätere Brief dieses Römers an die Gemeinde, die Bedeutung eines "missing link" in der Beweiskette, über das Willrich noch nicht verfügte.[58] Denn sie zeigen genau, wo und wann Soldaten und Hilfsgüter aus Karien zur Unterstützung der Römer herangeführt wurden, sie bezeugen mithin, was für die Deutung der entsprechenden Textstellen über Stratonikeia und Alabanda als ein g e m e i n s a m e r Bezugspunkt nur vermutet werden konnte, aber nicht sicher lokalisierbar war.

In die historische Situation nach Kriegsende paßt dann die Sorge der Alabandier um den Bestand ihres Gemeinwesens und ihre Bemühungen um ein günstiges Ergebnis vor dem Senat in Rom. Denn damals ging es um eine Ab-

---

[55] Magie, RRAM 1, 155f.; Bernhardt, a. a. O. 32.
[56] S. o. Anm. 40.
[57] Magie, RRAM 2, 995; H. Willrich, Hermes 34, 1899, 311.
[58] J. Reynolds, Aphrodisias and Rome, 1982, Nr. 2. 3.

rechnung über das Verhalten der kleinasiatischen Städte im Krieg, in die auch Karien einbezogen war. Die Städte mußten versuchen, ihr Handeln in ein günstiges oder doch wenigstens mildes Licht zu stellen. Auch diejenigen, die treu geblieben waren, mußten dies beweisen, ihr Verdienst deutlich herauskehren.[59] Da sich Sulla vor Ort nicht mit allen Details befassen konnte und unter Zeitdruck eine pauschale Regelung traf, sahen sich die Gemeinden unter seinem Nachfolger in Asien, Lucius Licinius Murena, einer recht willkürlichen Behandlung ausgesetzt. Aus dieser Notlage erklärt sich, daß die Stratonikeier erst gegen Ende des Jahres 82 über eine Bestätigung ihrer von Sulla gewährten Privilegien noch verhandeln mußten. An dieser durch das Senatusconsultum gesicherten Datierung orientiert sich auch meine Einordnung der ersten der drei Gesandtschaften der Alabandier. Tabais diplomatische Aktivitäten kommen noch hinzu, und vermutlich hat auch Plarasa/Aphrodisias eine Abordnung vor den Senat geschickt. Jedenfalls machte die Stadt sich anscheinend Sorgen um eine Anerkennung ihrer Verdienste, denn ihre Gesandten baten nach Kriegsende den Quintus Oppius, ihr Patron zu werden.[60]

Aus derselben historischen Situation erklärt sich auch, warum die Alabandier, trotz eines günstigen Ergebnisses der vorangegangenen Mission, nachträglich über Phoros Klage führten. Gerade in dieser Zeit griff die Willkür in der Besteuerung um sich. Auspressungen durch Steuerpächter bzw. Provinzgouverneure erstreckten sich, wie es Appian formuliert, auch auf diejenigen: ὅσαι διὰ συμμαχίαν ἤ τινα ἀρετὴν ἄλλην αὐτόνομοί τε καὶ φόρου ἦσαν ἀτελεῖς (B.C. I 102). In dem großen neuen Inschriftenfund aus Ephesos, über den jetzt ein Vorbericht erschienen ist, wird die bis in Details geregelte Besteuerung Asiens auf ein Gesetz zurückgeführt, das unter den Consuln Lucius Octavius und Caius Aurelius Cotta in Kraft trat, d. h. im Jahre 75 v. Chr.[61] Das Datum ist für eine solche Maßnahme auf den ersten Blick einigermaßen überraschend, da es mit keiner der großen Neuordnungen Asiens, wie denen unter Sulla, Lucullus oder Pompeius, zusammenfällt. Die instabilen und vielfach willkürlichen Verhältnisse in der Phase c. 82 bis 75 geben indessen eine sehr plausible Erklärung für diese Maßnahme. Ein weiteres Indiz dafür ist die Anklage gegen einen gewissen Aulus Terentius Varro in demselben Jahr, 75 v. Chr., in Rom. Dieser Mann diente als Legat unter Murena; er kann zwischen 79 und 76 Provinzgouverneur gewesen sein. Angeklagt wurde

---

[59] Aus Alabanda selbst gibt es noch ein weiteres epigraphisches Zeugnis, Ditt. Syll³ 1226, das m. E. kaum mit einem anderen als mit diesem Ereignis in Verbindung steht, wenn die Datierung (Saec. II exeuntis s. I a. Chr.) zutrifft. Drei Strategoi, die im Kampf für das Vaterland gefallen waren, erhielten ein Staatsbegräbnis. Einer der drei, Iatrokles, besaß übrigens einen Vorfahren, der 268/267 v. Chr. die delphische Proxenie empfing (FD III 3, 193).

[60] Reynolds, a. a. O. Nr. 3, Z. 49 ff.

[61] H. Engelmann–D. Knibbe, EA 8, 1986, 21.

er wegen Auspressung Asiens.[62] Anscheinend wollte man also mit einer umfassenden Neuregelung der Besteuerung Asiens diese dauernden Übergriffe und die als Reaktion darauf vor dem Senat vorgebrachten Klagen der griechischen Gemeinden beenden.

Schließlich ergeben sich auch für die Bestimmung des Königs, zu dem der prominente Alabandier seine letzte Gesandtschaft führte, als Mithradates die stärksten Argumente.[63] Nicht allein die vorübergehende faktische Beherrschung ganz Kleinasiens, die den pontischen König selbst nach dem Verlust seiner Eroberungen in den Augen der Griechen hoch über Leute wie Nikomedes oder Ariobarzanes stellte, sondern auch der ideologische Anspruch auf Vormachtstellung, nach dem Vorbild der Achaimeniden, machen es begreiflich, warum der Text einfach von dem König, ohne Namensnennung, spricht. Noch stärker fällt indessen ins Gewicht, daß Willrich als einziger Forscher einen historisch völlig überzeugenden Erklärungsvorschlag des Grundes der Gesandtschaft machte: daß es sich um die Rückgabe von Kriegsgefangenen handelte.[64] Der Vorschlag ist auch unter epigraphischen Gesichtspunkten nicht von der Hand zu weisen: Eine Ergänzung der Lücke in Zeilen 10 f.: καὶ ἐπισταλεὶς πρὸ[ς] τὸ[ν] βασιλέα περὶ τῶν [αἰχμαλώτων] kann nicht ausgeschlossen werden.[65] Willrich selbst hatte auf eine Stelle im *Senatusconsultum de Stratonicensibus* aufmerksam gemacht, die von Kriegsgefangenen dieser Gemeinde redet.[66] Die Gesandten von Stratonikeia nahmen vom Senat das Versprechen mit nach Hause, daß sich der jeweilige Proconsul von Asia um eine Rückführung ihrer Kriegsgefangenen kümmern würde. Kriegsgefangene in den Händen der Römer können nicht gemeint sein, es kommt nur Mithradates in Frage. Gewiß war der König schon Jahre früher im Friedensschluß mit Sulla genötigt, die römischen Gefangenen herauszugeben, aber ebenso gewiß dürfte Sulla sich damals kaum sehr eingehend um die Griechen gekümmert haben. Ob dann Murena als Proconsul von Asia oder seine Nachfolger für die Stratonikeier eingetreten sind, bleibt fraglich. Es verwundert jedenfalls nicht, wenn die Alabandier selbst handeln mußten. Im Vergleich Alabanda mit Stratonikeia kommt es aber vor allem darauf an, daß von beiden Städten Gefangene in die Hand des Gegners geraten waren, und

---

[62] Die Quellen bei Broughton, The Magistrates of the Roman Republic II, 1952, 72.

[63] Die schwächste Hypothese ist es, den Ausdruck auf einen pergamenischen König zu beziehen: Cousin–Diehl, BCH 10, 1886, 306, Anm. 4.

[64] H. Willrich, Hermes 34, 1899, 311.

[65] Über den Platz am Zeilenrand ist keine sichere Angabe möglich, da der Stein verloren ist. Nach der bei Cousin–Diehl gegebenen Umschrift nimmt diese Ergänzung etwa ebensoviel Raum ein wie die für das vorangehende Zeilenende vorgeschlagene. Möglich ist dagegen auch ein kürzerer Ausdruck, der in der Sache dasselbe trifft, z. B. περὶ τῶν [λύτρων].

[66] Sherk, RDGE, Nr. 18, Z. 118.

nicht so sehr auf den Unterschied in den Bemühungen, sie zurückzuführen. Beide Urkunden, das SC und der Volksbeschluß, geben Anhaltspunkte im Text selbst, bei welcher Gelegenheit gerade Bürger dieser Städte in Gefangenschaft geraten konnten: als sie ein römisches Heer unterstützten.[67]

Meine Interpretation des Alabandierdekretes in Zusammenhang mit den anderen Urkunden zieht eine Gesamtbeurteilung der politischen Situation Kariens nach sich. Es ergibt sich eine „konzertierte" Aktion von mindestens vier über den ganzen nordkarischen Raum verteilten Städten zur Unterstützung der römischen Resttruppe. Sie zielte auf deren Entsatz im nahegelegenen Laodikeia, band den Belagerer Mithradates vermutlich länger an diese Aufgabe, als er voraussah, und gibt der Gefahr, die noch von einem aus dem Asyl des Artemisions bei Ephesos heraus agierenden Römerfreund ausgehen konnte, einen konkreten Hintergrund.

Das Verhalten dieser karischen Städte ist nicht selbstverständlich. Die näheren Umstände, die das Dekret von Plarasa/Aphrodisias schildert, sind z. B. nicht mit den Zwangsrekrutierungen in Bargylia 129/128 v. Chr. vergleichbar. Quintus Oppius hatte nicht die Möglichkeit, die Griechen zu einer Hilfeleistung zu zwingen. Daß sie ihm diese nicht verweigerten, stellt sie in einen Gegensatz zu der in der Geschichtsschreibung betonten Tendenz unter den kleinasiatischen Kommunen, die römische Sache fallenzulassen und sich dem König von Pontos zu öffnen. Warum fand sich gerade hier, südlich des Mäander, ein Ensemble von Staaten, die trotz bedrohlicher militärischer Lage dieser Tendenz nicht gefolgt sind, während es im Norden, im ehemaligen Königreich Pergamon, nur Magnesia gewesen sein soll?

Das Verhalten ist doch, wie ich meine, durch eine grundsätzlich unterschiedliche Interessenlage bedingt. In ihr zeigt sich vor allem, wie wenig wahrscheinlich es ist, daß dieses Land damals zur römischen Provinz Asia gehörte. Die karischen Städte sahen in Mithradates keinen Befreier; sie erfreuten sich seit der Befreiung aus rhodischer Herrschaft im Jahre 167 v. Chr. einer andauernden politischen Selbständigkeit unter der Schirmherrschaft Roms. Insbesondere entfällt das Motiv des Hasses auf die Steuerpächter, wenn deren Aktivitäten nicht in dieses Gebiet hineinreichten. Freilich hat sich die karische Küstenstadt Kaunos an dem Massaker der Italiker beteiligt, als Grund dafür muß aber nicht die Tätigkeit von Steuerpächtern angenommen werden. Als Hafenstadt beherbergte Kaunos sicher eine größere Anzahl Italiker, die als *negotiatores* Geschäfte machten. Für das Land allgemein trifft aber offenbar zu, daß die Invasion des asiatischen Königs nur Nachteile bringen konnte und sie zu verhindern dem Interesse der meisten Städte entsprach.[68]

---

[67] Im Senatusconsultum (RDGE, Nr. 18) Z. 80, im Dekret von Alabanda (BCH 10, 1886, 301 f.) Z. 13 f.

[68] Im Dekret von Plarasa/Aphrodisias (J. Reynolds, Aphrodisias and Rome, 1982,

In einem gerade erschienenen Aufsatz hat R. M. Errington die für Karien so günstige Neuordnung Kleinasiens nach 167 zusammenhängend erklärt und einige in der Forschung umstrittene Urkunden-Datierungen hierauf bezogen.[69] Es scheint, daß sich an diesen historischen Wendepunkt eine Serie von Bündnisverträgen anknüpfte. Wieder ergänzen sich die Neufunde von Aphrodisias mit einer Reihe altbekannter inschriftlicher Zeugnisse: Das Senatusconsultum über Stratonikeia verweist in Zeile 45 auf die Existenz eines Bündnisses; der Brief des Oppius an Plarasa/Aphrodisias bescheinigt der Gemeinde in Z. 26f., daß sie gehandelt habe, wie es „guten Bundesgenossen" ansteht. Tabai kommt als Freund und Bundesgenosse der Römer in einer Gruppe von Weihinschriften vor, die in einem Monument auf dem Kapitol in Rom vereinigt waren.[70] Kibyra schloß einen Bündnisvertrag mit Rom, der inschriftlich erhalten ist. Da er sehr wahrscheinlich mit der Gründung des Dea-Roma-Kultes in Kibyra zusammenfällt, geht er dem Vertragsabschluß derselben Gemeinde mit Plarasa/Aphrodisias und Tabai, dem ältesten Inschriftenfund aus Aphrodisias, voraus. Die Eidesformel der drei Gemeinden schließt die Römer in ihr Bündnis ein (Z. 10–12): ὑπὲρ τοῦ μηθὲν ὑπεναντίον πράξειν μήτε Ῥωμαίοις μήτε αὐτοῖς.[71] Was für Stratonikeia durch den Text selbst gesichert ist, wo von einer Bündniserneuerung gesprochen wird, kann für Tabai, Plarasa/Aphrodisias und Kibyra erschlossen werden: daß die Bündnisse bis in das erste Jahrhundert hinab existierten. Die Verpflichtung als Symmachoi scheint dann für einige Städte ein zusätzliches Motiv gewesen zu sein, selbst in kritischer Lage zu den Römern zu halten.

Aber wann wurde Karien der Provinz Asia zugeschlagen? Magie begründete seine Ansicht, dies sei schon 129 geschehen, u. a. damit: "There seems to have been no occasion between 129 and this period (76 v. Chr. C. M.) when we can suppose that the district was incorporated in the province."[72] *Terminus ante quem* ist das Jahr 51 oder 50 v. Chr., in dem Cicero an den Proprätor Quintus Minucius Thermus schrieb. Mylasa, Alabanda, Herakleia am Latmos, Bargylia und Kaunos gehörten damals in den Zuständigkeitsbereich des Provinzstatthalters.[73] Meine im folgenden vorgetragenen Argumente sollen eine Datierung in die Zeit der sullanischen Neuordnung stützen. Dazu

---

Nr. 2, Z. 4) wird an die Römer als „Retter und Wohltäter" erinnert, was sich offensichtlich auf die Befreiung von Rhodos im Jahr 167 v. Chr. bezieht. Zum Massaker von Kaunos: Appian, Mithr. 23 (89f.).

[69] R. M. Errington, Chiron 17, 1987.
[70] R. Mellor, Chiron 8, 1978, 319–321.
[71] Rom–Kibyra: Dittenberger, OGIS 762; Plarasa/Aphrodisias–Tabai–Kibyra: J. Reynolds, Aphrodisias and Rome, 1982, Nr. 1.
[72] Magie, RRAM 2, 1044.
[73] Cicero, Fam. XIII 56, 3. Zu Kaunos s. u.

möchte ich den Blick noch einmal auf einige Zeugnisse über die Phase unmittelbar nach Ende des Ersten Mithradatischen Krieges lenken. Dabei kommt es diesmal nicht, wie im Fall von Alabanda, Stratonikeia, Plarasa/Aphrodisias, Tabai, auf die Behandlung romfreundlicher Städte an, sondern auf den umgekehrten Fall: Was geschah in Karien mit einer Stadt, die sich im Krieg schuldig gemacht hatte? Wir finden in diesem Bereich nur ein Beispiel: Kaunos. Wie schon erwähnt, hatten sich die Kaunier bei dem Massaker an den Italikern in besonders abscheulicher Weise hervorgetan, was von Appian breit geschildert wird. Anhand der wenigen literarischen Notizen aufzuklären, wie mit Kaunos dann nach Kriegsende verfahren wurde, ist der Forschung indessen bisher nicht recht gelungen.[74]

Cicero schreibt im Jahre 60 v. Chr. an seinen Bruder Quintus folgende Erläuterung seiner Ansicht, daß die Steuerpächter so schlimm gar nicht sein können: *Intellegi potest quod Caunii nuper omnesque ex insulis quae erant a Sulla Rhodiis attributae confugerunt ad senatum, nobis ut potius vectigal quam Rhodiis penderent.*[75] Zu diesem Zeugnis über Kaunos kommt eine Stelle bei Strabon hinzu: ἀπέστησαν δέ ποτε Καύνιοι τῶν Ῥοδίων. κριθέντες δ' ἐπὶ τῶν Ῥωμαίων ἀπελήφθησαν πάλιν. καὶ ἔστι λόγος Μόλωνος κατὰ Καυνίων.[76]

Beide Quellen stimmen darin überein, daß Kaunos dem rhodischen Besitz zugeschlagen wurde. Sie werfen aber zusätzlich Fragen auf: Wann haben sich die Kaunier mit dem bemerkenswerten Begehren, lieber den Römern als den Rhodiern Steuern zu zahlen, an den Senat gewandt? Und welchen „Aufstand" meint Strabon? Der Zusammenhang verbietet es, an den des Jahres 167 zu denken, da die Stadt damals nicht „zurückgegeben" wurde. Das Zeugnis insgesamt bezieht sich auf ein Ereignis des ersten Jahrhunderts v. Chr. Dazu paßt auch die von Strabon im folgenden Satz erwähnte Rede eines Molon „gegen die Kaunier". Höchstwahrscheinlich handelt es sich um dieselbe Rede, die dieser Mann, Apollonios Molon, als Gesandter der Stadt Rhodos vor dem römischen Senat gehalten hat. Nach dem Zeugnis Ciceros geschah dies zu einer Zeit, als Sulla Diktator war: *Eodem tempore Moloni dedimus operam; dictatore enim Sulla legatus ad senatum de Rhodiorum praemiis venerat.*[77] Die Überlegung, daß es sich nicht um zwei verschiedene Ereignisse, sondern um ein und dasselbe handelt, hat viel für sich: Nicht allein sind die bei Strabon und Cicero genannten Personen sicher identisch, sondern es fällt auch eine unmittelbare Beziehung auf zwischen dem Verhandlungsgegen-

---

[74] H. van Gelder, Geschichte der alten Rhodier, 1900, 165; Magie, RRAM 2, 1950, 1111, Anm. 3; H. H. Schmitt, Rom und Rhodos, 1957, 182 u. Anm. 3; H. Hommel, Philologus 102, 1958, 84 ff.; R. Bernhardt, Polis und römische Herrschaft, 1985, 201.

[75] Cicero, Ad Quint. Fr. I 1, 33.

[76] Strabon XIV 2, 3.

[77] Cicero, Brutus 90, 312; zu Apollonios Molon auch Val. Max. II 2, 3.

stand der Gesandtschaft *(de Rhodiorum praemiis)* und dem Thema der Rede (κατὰ Καυνίων).[78] Denn es ist leicht verständlich, daß es über den Besitzstand von Rhodos zu einem Streit mit Kaunos gekommen war.

Der Auftritt des Apollonios Molon vor dem Senat datiert mithin ziemlich genau in dieselbe Zeit, in der auch die Gesandtschaften von Stratonikeia, Tabai, Alabanda und vielleicht Plarasa/Aphrodisias um eine Absicherung ihres Besitzstandes und ihrer Privilegien in Rom nachsuchen mußten. Für Rhodos ging es gewiß nicht um ἀσφάλεια καὶ σωτηρία τῆς πατρίδος wie für das karische Alabanda. Da es aber offensichtlich einen Streit mit Kaunos gab, der vor dem Senat ausgetragen wurde, handelte es sich um mehr als eine bloß routinemäßige Bestätigung von Privilegien. Es ging um den Territorialbesitz der Rhodier. Allein, wie sollte es noch um diese Zeit, nach 82 v. Chr., in dieser Frage Streit gegeben haben? Denn nach Ciceros Worten war Kaunos von Sulla den Rhodiern gegeben worden. Daß die Entscheidung noch während Sullas Anwesenheit im Osten gefällt wurde, dafür spricht ein bekanntes inschriftliches Zeugnis aus Rhodos. Die Statuenbasis eines um das Gemeinwohl verdienten Gesandten datiert um das Jahr 83, aber das Ereignis selbst, die Gesandtschaft zu einer Gruppe römischer Offiziere unter Sulla, fand früher statt: Sulla, als στρατηγὸς ὕπατος tituliert, befand sich noch im Osten.[79] Zwei der Römer, L. Licinius Murena und der Legat Aulus Terentius Varro (der spätere Auspresser Asiens), werden als Proxenoi und Euergetai bezeichnet, sie hatten folglich zuvor Ehrenbeschlüsse erhalten, denen eine konkrete Wohltat vorausging. Der Zeitpunkt und die Zusammensetzung der Gruppe machen es m. E. sehr wahrscheinlich, daß die Proxeniebeschlüsse aus Dankbarkeit für eine den Rhodiern günstige Besitzzuteilung gefaßt worden waren. Sulla selbst kam für eine Ehrung als Proxenos nicht in Frage.[80] Daß sie gerade diese beiden Römer betrafen, erklärt sich vielleicht aus einem Besuch in Rhodos selbst, den sie in Sullas Auftrag unternommen haben können, oder doch aus einer Kontaktaufnahme zu ihnen in der frühen Phase der Verhandlungen.

---

[78] Contra Schmitt, Rom und Rhodos, 1957, 182 u. Anm. 3.

[79] Dittenberger Syll³ 745: − − − καὶ [ποτὶ] Λεύκιον Κορνήλιον Λευκίου [υ]ἱὸ[ν Σύλλαν] στρατηγὸν ἀνθύπατον Ῥωμαίων, καὶ ποτὶ Λεύκιον Κορνήλιον Λευκίου υἱὸν Λέντελον ἀνθύπατον καὶ ποτὶ Λεύκιον Λικίνιον υἱὸν Μουρήν[αν] ἰμπεράτορα, πρόξενον καὶ εὐεργέταν τοῦ δά[μου], καὶ ποτὶ Λεύκιον Λικίνιον Λευκίου υἱὸν Λεύκο[λλον] ἀντιταμίαν, καὶ ποτὶ Αὖλον Τερέντιον Αὔλου υἱὸν Οὐάρρων[α] πρεσβευτὰν Ῥωμαίων, πρόξενον καὶ εὐεργέταν τοῦ δάμου.
Die Anwesenheit der Offiziere unter Sulla ca. 85/84 v. Chr. im Osten ist für Lucullus und Murena gesichert, für Lentulus und Varro möglich. Nach Suid. s. v. Alexandros Milesios (i. e. Alexander Polyhistor) kaufte Lentulus diesen Mann als Kriegsgefangenen. Es wäre denkbar, daß er ihn bei Kriegsende in Asien selbst kaufte.

[80] Chr. Marek, Die Proxenie, 1984, 382.

Anlaß zu außerordentlicher Dankbarkeit war indessen auch auf kaunischer Seite vorhanden. Dies wird durch eine neue Inschrift aus Kaunos deutlich.[81] Ihre historische Bedeutung ist nicht richtig erkannt worden. Die Kaunier errichteten demselben Murena, seinem Sohn und einem unbekannten Dritten ein Ehrenmonument mit Statuen und goldenen Kränzen. Murena, εὐεργέτης und σωτὴρ τοῦ δήμου genannt, erhielt ein Reiterstandbild. Auch hier trägt er den Titel *imperator*,[82] der die Datierung der Inschrift auf die Zeit Ende 84–81 eingrenzt. Allein, der Vergleich mit der rhodischen Urkunde ergibt bemerkenswerte Unterschiede, aus denen deutlich wird, daß die Beziehung der Kaunier zu Murena sicher später erfolgte als die der Rhodier. Nach Art und Anordnung der Basen kann Sulla hier nicht dabeigewesen sein.[83] Die Auszeichnung mit Reiterstandbild und goldenem Kranz wird normalerweise Personen zuteil, die in einem viel höheren Rang stehen als solche, denen man die Proxenie verleiht. Sie paßt gerade auf Murena in die Jahre von 83 v. Chr. an, als er als ranghöchster römischer Offizier und Befehlshaber in Asien zurückblieb. Welchen Anlaß hatten die Kaunier zu einer solchen Dankbarkeit, in der sie ihn sogar als „Retter der Gemeinde" ansahen? Der Herausgeber der Inschrift, R. Bernhardt, gibt eine wenig plausible Erklärung: Kaunos habe als Hafenstadt vom Vorgehen des Murena gegen die Piraten profitiert.[84] Für eine so hochkarätige Ehrung kommt statt dessen viel eher ein Grund in Betracht, der unmittelbar die politische Existenz von Kaunos berührte. Und ein solcher Grund wird faßbar, wenn das Ereignis in einen Zusammenhang mit dem für diese Zeit festgestellten Streit um die rhodischen Besitzansprüche gegenüber Kaunos gebracht wird. Und zugleich führt uns dieser Grund auf eine Beantwortung der Fragen, welchen „Aufstand" Strabon meinte, und wann die Kaunier mit dem Begehren hervortraten, lieber Rom als Rhodos Steuern zu zahlen: Als Sulla Asien verlassen hatte, wagten die Kaunier einen Abfall. Sie wandten sich an den Proconsul L. Licinius Murena mit der Absicht, ihre Stadt unter die Herrschaft Roms zu bringen. Darin bestand damals ihre einzige Möglichkeit, von Rhodos loszukommen. Murena, der sich bekanntlich auch sonst nicht immer an Sullas Regelungen hielt, nahm die Stadt den Rhodiern wieder ab und machte sich in den Augen der Bürger von Kaunos damit zum Retter ihres Gemeinwesens. Nachdem dann Sulla seinem Treiben in Asien Einhalt geboten hatte, gingen im Jahre c. 81 die Gesandtschaften nach Rom, darunter die rhodische unter Apollonios Molon und vermutlich auch

---

[81] R. Bernhardt, Anadolu 16, 1972, 117–122.

[82] Αὐτοκράτωρ, und nicht, wie in der rhodischen Inschrift und auch in einer Urkunde aus Messene, IG V 1, 1454, ἰμπεράτωρ.

[83] Das Reiterstandbild war von zwei einfachen Standbildern flankiert: Auf der einen Seite der Sohn; er diente als Legat unter dem Vater (Cicero, Murena 11 f.); auf der anderen befand sich vermutlich das Standbild des Legaten Aulus Terentius Varro.

[84] R. Bernhardt, Anadolu 16, 1972, 120.

eine kaunische, auf die jene Rede κατὰ Καυνίων direkt bezogen sein mag. Es ist nicht ausgeschlossen, daß auch Cicero im Jahre 60 an diese kaunische Abordnung erinnerte mit den Worten: *caunii nuper ... confugerunt ad senatum, nobis ut potius vectigal quam Rhodiis penderent.* Der Ausdruck *nuper* zwingt nicht, sie später zu datieren. In längerfristiger historischer Betrachtung kann ihn Cicero durchaus für ein Beispiel verwendet haben, das 20 Jahre zurücklag. Die Entscheidung des Senats läßt der Cicerotext offen, er widerspricht mithin Strabons Aussage nicht: κριθέντες δ' ἐπὶ τῶν Ῥωμαίων ἀπελήφθησαν πάλιν. Daß sie gerade c. 81 v. Chr. in Rom zugunsten der Rhodier ausfiel, verwundert nicht: Sulla war Diktator; der Senat dürfte kaum Neigung verspürt haben, Murenas Maßnahme gegenüber seiner kurz nach Kriegsende getroffenen Zuteilung den Vorzug zu geben. Dies mag auch den kaunischen Delegierten bewußt gewesen sein; es blieb ihnen aber nichts anderes übrig, als sich auf Murena zu berufen und den Rhodiern nicht ganz das Feld zu überlassen.

Eine andere Möglichkeit besteht freilich darin, die Cicerostelle auf eine spätere Gesandtschaft zu beziehen, die dann das Gewünschte tatsächlich erhielt. Bis ca. 50 v. Chr. muß Kaunos erneut den Besitzer gewechselt haben.[85] Ihren Wunsch, lieber den Römern als den Rhodiern Steuern zu zahlen, haben die Bürger von Kaunos jedenfalls gewiß schon in den achtziger Jahren vorgebracht.

Am Beispiel von Kaunos ergibt sich, daß in Karien die Alternative zur „Freiheit" auch darin bestehen konnte, unter die Herrschaft Roms zu kommen. Auf den Status einer *civitas libera* konnten die Kaunier nach dem, was sie im Krieg getan hatten, nicht hoffen. Sie erblickten aber eine Möglichkeit, wenigstens der verhaßten Herrschaft der Rhodier zu entkommen. Und diese Möglichkeit bestand in der Zuordnung zur römischen Provinz Asia. Sie setzt aber voraus, daß die Provinzherrschaft inzwischen auf das Gebiet südlich des Mäander ausgedehnt worden war. Und da es sich als höchst unwahrscheinlich erwiesen hat, daß dies vor dem Ersten Mithradatischen Krieg geschah, hat anscheinend Sulla das Gebiet dem Proconsul von Asia unterstellt. In der allgemeinen Strafaktion, mit der er den Städten einen Fünfjahrestribut auferlegte und Asien zu diesem Zweck in 44 Regionen aufteilte,[86] bezog er auch die Städte südlich des Mäander ein. Nur wenige wurden wegen ihres Verhaltens im Krieg belohnt, erhielten dann auch eine Bestätigung ihrer „Freiheit" vom Senat. Aber ihre Privilegien wurden von Murena und seinen Nachfolgern mißachtet. Appians Satz über die Auspressung von Städten ὅσαι διὰ συμμαχίαν ἤ τινα ἀρετὴν ἄλλην αὐτόνομοί τε καὶ φόρου ἦσαν ἀτελεῖς bezieht

---

[85] S. o. Anm. 73.
[86] Cassiodor, Chron. 670 a. u. c.: *L. Cinna IIII et Cn. Papirius. His conss. Asiam in XLIIII regiones Sylla distribuit.*

sich sicher auf das Provinzgebiet und nicht etwa auf Staaten außerhalb wie z. B. Lykien. Wenn die von mir vertretene Datierung des Alabandierdekretes richtig ist, sind wir gezwungen anzunehmen, daß Alabanda in der Zeit zwischen c. 82–76 im Provinzgebiet lag: Denn ein römischer Phoros und die anschließende Befreiung davon durch den Senat sind undenkbar, wenn dieser Teil Kariens nicht zur Provinz gehörte.

Dafür sprechen auch einige Formulierungen im Senatusconsultum über Stratonikeia. So heißt es in Zeilen 61 ff.:

[ὅπως] ἡ σ[ύγ]κλ[ητος τῶι ἄρ]χοντ[ι τ]ῶι εἰς ᾿Ασίαν πορευομένωι ἐντολὰς δῶι, ἵνα φρο[ντίσ]ηι καὶ ἐπιστροφὴν ποιήσηται, ὅπως τὰ ἐμφανῆ αὐτοῖς ἀποδοθῆναι φροντίσηι κτλ. Und in Z. 114 ff.: ἀνθύπατος ὅστις ἂν ἀεὶ ᾿Ασίαν ἐπ[αρχείαν] διακατέχηι, ἐπιγνώτω ἅτινα αὐτοῖς ἄ[πε]στιν. οἵ τέ τινες ταῦτα διήρπασαν οἵ τέ τινε[ς δ]ιακατέχουσιν αὐτά, ἵνα παρ᾿ αὐτῶν ἀποδοθῆναι ἀποκατασταθῆναι φροντίσηι.

Dem Wortlaut nach handelt es sich eher um längerfristige, institutionelle Regelungen als die einmalige Hilfeleistung eines in der Nachbarschaft anwesenden römischen Beamten.

Schließlich können auch die territorialen Veränderungen, die der Proconsul Murena in Kleinasien vornahm, besser verstanden werden, wenn man Karien als Provinzgebiet ansieht. Außer Kaunos annektierte er auch einen Teil der Kibyratis.[87] Beide Gebiete liegen am Ostrand der Landschaft Karien, im Grenzbereich mit Lykien. Es handelt sich dann um eine bloße Gebietsarrondierung.

Ich bin mir bewußt, daß die kombinatorische Interpretation der epigraphischen und literarischen Quellen keine in jedem Punkt sichere, sondern allenfalls wahrscheinliche Lösungen bringt. Von der Datierung der Urkunden hängt sehr viel ab: Ihr historischer Informationsgehalt ist so reich, daß sie zu den Grundfragen der Provinzialisierung Kleinasiens Entscheidendes beitragen. Es zeigt sich, daß diese Provinzialisierung viel langsamer und unsystematischer vonstatten ging als früher allgemein angenommen. Dasselbe Ergebnis hat kürzlich auch Gruen vertreten.[88] Was für die innere Ordnung, insbesondere die Besteuerung gilt, entspricht der territorialen Entwicklung: Sie ging stoßweise und unprogrammiert voran; nach und nach wurden Gebietsarrondierungen vorgenommen, man reagierte in Rom mehr auf Ereignisse, als eine planvolle Annektionspolitik durchzuführen.

---

[87] Strabon XIII 4, 17; Magie, RRAM 1, 240–242; Errington, Chiron 17, 1987.
[88] E. Gruen, The Hellenistic World and the Coming of Rome, 1984, 2, 605–608.

NUOVE CONSIDERAZIONI SUL PASSAGGIO DALL' ANTICHITÀ AL MEDIOEVO

Di Francesco De Martino

I

La disputa storica se vi fu continuità o rottura nel passaggio dall' antichità al medioevo è mal posta, come tutte le tesi miranti a rinserrare in una forma schematica la varietà e complessità dei processi storici. Ma in linea generale e me sembra che ciascun ordinamento, pur avendo in sè l'uno o l'altro elemento di continuità, è sempre una creazione del proprio tempo dipendente da fattori di ordine economico sociale, politico, culturale. Né si possono ignorare le diversità nazionali. La storia agraria non è la stessa in Italia, Francia, Spagna e così via, anche se si possono ravvisare talune caratteristiche comuni, come la divisione del possesso fondiario in riserva dominicale e poderi contadini con coltivatori più o meno legati alla terra e tenuti a prestazioni di lavoro. La varietà delle condizioni storiche produce forme differenti nel regime economico e nel potere, che richiedono quindi indagini specifiche. Ad esempio, in Italia la questione della continuità si intreccia con quella dell' origine romana o germanica del sistema curtense, che in passato fu oggetto di dispute vivaci.[1] Chi accetti la nostra visione metodologica sarà indotto a dare a tale problema un' importanza minore, non essendo possibile che in Italia si importasse un ordinamento nato altrove o che i conquistatori accettassero così come era il sistema romano. Del pari in Spagna il passaggio al Medioevo

---

[1] L'esposizione critica più completa dello stato della storiografia nel secolo XIX e nei primi anni del XX si deve al Pivano, Sistema curtense, Bull. Ist. St. It. 1909, 91 ss., ora in Scritti minori di storia e storia del diritto, Torino 1965, 393 ss. In tempo recenti Andreolli-Montanari, L'azienda curtense in Italia, Bologna 1983. Vari riferimenti in Ph. Jones, Per la storia agraria italiana del Medioevo. Lineamenti e problemi, ora in Economia e società nell' Italia medioevale, Torino 1980, 190 ss.; L'Italia agraria nell' alto Medioevo, problemi di cronologia e di continuità, ivi 249 ss. dove si sostiene l'origine romana del sistema curtense, 250 n. 6 con bibliografia. Tra le opere recenti: Le grand domaine aux époques mérovingienne et carolingienne. Die Grundherrschaft im frühen Mittelalter (ed. Verhulst), Gent. Sullo stato dei coloni vanno segnalati vari scritti di Epperlein ivi citati. Per una sintesi Goetz, Leben im Mittelalter, München 1986, 116 ss., dove si sostiene la tesi che l'ordinamento fondiario è una nuova creazione dell' età merovingia nel Nord della Francia con rinvio a Verhulst.

ebbe caratteri diversi da quelli di altri paesi occidentali, come ho cercato di dimostrare altrove.

Il massimo di schematismo si rileva nel campo economico-sociale, allorché si definisce la società altomedioevale come fondata sulla servitù della gleba in contrapposizione alla società schiavistica propria dell' antichità classica. In vari altri scritti[2] credo di avere mostrato con sufficienti prove l'inconsistenza di tale divisione di epoche, sia perché gli schiavi continuarono ad esistere tanto nel basso impero, quanto nel medioevo ed oltre. Non furono gli schiavi ad essere sostituiti da altre forze di lavoro subordinato, come del resto già nel diffondersi del colonato. Era la loro funzione nel sistema economico ad essere trasformata sempre più profondamente, il che permette di affermare che l'economia medioevale non era schiavistica, sebbene gli schiavi continuassero ad esistere in misura più o meno rilevante. Né si può pensare che gli schiavi con una sorta di rivoluzione si affrancassero dal loro antico servaggio per trasformarsi in coloni prima, poi in servi della gleba. Questa pretesa rivoluzione non è esistita e quella parte della storiografia, che era influenzata dalle idee staliniane, ha dovuto compiere molti sforzi per dimostrare il contrario, per tener conto di uno sviluppo, che quelle idee avevano semplificato al massimo ed avevano creato così lo schema della contrapposizione schiavi – servi della gleba come fatto rivoluzionario, una semplificazione politica, non scientifica, mirante a dimostrare che prima della rivoluzione sovietica vi era stato solo un mutamento nella struttura di classe, non l'eliminazione di classi sfruttatrici e sfruttate.[3] Noi sappiamo che non vi fu una rivoluzione degli schiavi, ma vi furono movimenti vari di natura rivoluzionaria, caratteristici del tardo impero, del periodo delle invasioni barbariche e della diffusione del Cristianesimo, fatti e tendenze che tutte scuotevano profondamente le basi dell' impero ed i valori ideali e civili della società classica e dello stato e quindi in qualche senso si possono definire rivoluzionari. Si trattò di un processo, non di un mutamento improvviso, e nel corso di esso vennero formandosi istituzioni economico-sociali e forme del potere, che in qualche modo precorrono quelle medievali. Allorché pensiamo ai castelli fortificati in varie parti dell' Europa possiamo chiederci se essi somigliano di più all' antica villa romana od ai manieri dei signori medievali. Gli uomini armati che in essi risiedevano erano più simili agli antichi clienti oppure alle milizie feudali? Schiavi e coloni

[2] Schiavi e coloni fra Antichità e Medioevo, Miscellanea Calderone, 1987; Economia schiavistica ed alto Medioevo, Hommages à Gérard Boulvert, Antiquité, Index 15, 1987, 235 ss.; Forze di lavoro in Spagna dal tardo antico al Medioevo, Homenaje A. D'Ors; Miscellanea Hispaniensis-Romana, Homenaje J. Iglesias.

[3] Sulle critiche a questa tesi e sulle reazioni degli stessi storici sovietici vedi le mie considerazioni in Marx e la storiografia sul mondo antico, Atti del Convegno internazionale di studi per il primo centenario della morte di Karl Marx (1983), Napoli 1987, 35.

nei loro vincoli di dipendenza dal padrone erano come quelli di un tempo od anticipavano le forme di subordinazione medievale? Con questi sommari riferimenti vorrei solo dire che i germi del Medioevo stavano nella società tardo-romana, in particolare in quella occidentale, mentre il mondo romano-bizantino ebbe un' evoluzione diversa e lo Stato resistette più a lungo. Ma per l'Occidente sarebbe un non senso ignorare o sottovalutare l'influenza dei popoli germanici e delle invasioni barbariche, che dal Nord e dall' Oriente si insediarono o fecero incursioni nelle province e nella stessa Italia. Nei mutamenti istituzionali e nelle varie più o meno prolungate dominazioni che ne furono la causa sarebbe arduo pensare che l'economia e la società non subissero profonde trasformazioni e negli sconvolgimenti politici e territoriali continuassero placidamente come un tempo!

Dobbiamo quindi pensare ad un processo storico tormentato e non uniforme, secondo i luoghi e le epoche.

II

Per comprendere il senso di tale processo storico è molto illuminante la ricerca sulla formazione delle classi subordinate e sui mutamenti delle strutture economiche. Anche su questo tema la revisione critica è necessaria. In altri scritti ho cercato di ricostruire i mutamenti avvenuti sullo scorcio dell' epoca tardoimperiale e nell' alto medioevo, contrastando le tendenze predominanti sulla continuità del colonato e sulla derivazione della servitù della gleba da esso. Di fronte a schemi generalizzanti ed in particolare ad una pretesa uniformità dello sviluppo sta la realtà storica delle diversità regionali, nonché dei mutamenti nelle stesse località in conseguenza di calamità naturali e delle invasioni, di occupazioni stabili o temporanee, di incursioni, assedi e così via. Fra le prime possiamo ricordare la Spagna, così integrata nell' impero e così distante negli sviluppi successivi dalle altre province occidentali e dall' Italia. Fra le seconde basta pensare all' Italia nel periodo fra Goti e Longobardi, guerre dei Bizantini ed incursioni avare, insieme a molte calamità naturali. Non vi è sviluppo uniforme e la sorte delle varie località non è uguale. Alla fine nell' età longobarda si delinea nettamente la grande divisione regionale fra Italia superiore e Toscana da un lato, Stato della Chiesa dall' altro, Italia meridionale e Sicilia. Come pensare in tale quadro storico ad una continuità dello sviluppo?

Un altro problema emerge ora per effetto di ricerche critiche contemporanee, che investono la stessa teoria tradizionale sulle forme economiche, cioè sulla caratteristica divisione della proprietà in una parte gestita direttamente dal signore, l'indominicatum, ed in un' altra parte suddivisa in fattorie minori assegnate a contadini dipendenti, tenuti a prestazioni varie anche di lavoro verso la riserva del padrone. È lo stesso sistema dell' economia curtense ad essere posto in dubbio almeno fino all' età carolingia.[4] La reazione critica contro le generalizzazioni e l'asserità continuità delle forme produttive è senza dubbio salutare. Ma vi sono limiti, che non si devono oltrepassare e che impongono un momento di riflessione per valutare fino a che punto la nuova interpretazione delle fonti è utile e legittima e quando essa invece diviene ipercritica estremizzata e quindi fuorviante. Occorre, come in qualunque ricerca storica, valutare le prove disponibili. Quale valore hanno infatti i documenti che ci sono pervenuti, relativi al V–IX secolo? Purtroppo il loro numero è molto scarso, mentre il loro carattere è ben diverso da quello delle fonti del tardo impero. Per quest'ultimo abbiamo copiose fonti giuridiche, che ci danno la possibilità di individuare i rapporti economici sottostanti. Abbiamo anche fonti letterarie, iscrizioni e papiri, che ci offrono dati sulla vita reale. Per l'alto medioevo abbiamo poche fonti giuridiche, che si riducono alle leggi romano-barbariche, ai formulari ed un certo numero di documenti che non sono rappresentativi dell' intera vita economico-sociale. Ma abbiamo alcuni importanti inventari di grandi dominî della Chiesa o del monarca, i quali ci aiutano a ricostruire le strutture agrarie. Sulla base di essi si è giunti a disegnare l'immagine della proprietà signorile, con la caratteristica divisione fra pars dominica e tenute contadine. Ed ecco la domanda: questi testi si possono assumere come indicativi dell' intero territorio ovvero di frammenti di esso, che di fronte all' intero sono una parte esigua, anzi minima? Com'è noto la revisione critica dell' interpretazione generalizzante si era iniziata da tempo e del resto si era sempre saputo che la nuova forma di dominio non esisteva dovunque. Ma ora tale revisione si spinge a conseguenze estreme. Si osserva che i documenti si riferiscono ad estensioni di territorio, che rappresentano solo l' 1 o il 0,5 % del totale.[5] Dunque essi non fanno stato. Prima del X secolo in realtà l'agricoltura era una „Feldgraswirtschaft", instabile, itinerante, senza impiego delle rotazioni, con lunghi riposi. Fino all' età carolingia questa è la forma predominante, poi ha inizio il risveglio. In appoggio di questa tesi il

---

[4] Fossier, Enfance de l'Europe, Paris 1982, I, 142 ss. e già in Les tendances de l'économie carolingienne; stagnation ou croissance? Settimane di Studio del Centro di Studi sull' alto Medioevo di Spoleto XXVII, 1981 (1979), 261 ss. Considerazioni critiche troppo severe nel dibattito su tale Relazione da parte del Werner. La revisione critica è stata iniziata già dal Saint Jacob, ricordato dal Fossier, dal Verhulst e dal Bosl, il problema è posto chiaramente dal Duby, L'économie rurale et la vie des campagnes dans l'Occident médiévale, Paris 1962, trad. it. Bari 1984, 82 ss. Nessuno si era spinto fino a negare la stessa esistenza del rapporto signorile con le corvées dei contadini. Sulle orme del Fossier vedi poi Bange, L'Ager et la Villa, Annales ESC 1984, 529 ss.

[5] Differenti percentuali in Enfance de l'Europe 142 ed in Sett. Studi Spoleto, cit. 210. Sulla disputa intorno alla rilevanza della piccola proprietà per tutti vedi Boutruche, Signoria e feudalesimo, trad. it. Bologna 1974, 118 n. 19.

Fossier adduce la bassissima redditività della terra, che nella tenuta regia di Annapes scende addirittura all' 1,8 di prodotto rispetto al seme. Ancora una volta questo dato di Annapes finisce col divenire il simbolo della misera agricoltura medievale!

Le premesse metodologiche non convincono. Gli inventari dei Polittici sono gli unici documenti pervenutici, ma non sono i soli che furono redatti. Le fonti ce ne attestano vari altri, che non sono giunti fino a noi e che verosimilmente contenevano i dati di strutture agrarie analoghe. Pipino dispose inventari dei beni della Chiesa, Carlo Magno fece redigere inventari di beni singoli ed ordinò inchieste generali, nonché la descriptio dei beni donati dalla moglie Hildegard al momento della morte. Ancor più importante è il fatto che l'inventario dei benefici della corona nel territorio dell' episcopato di Augsburg dell' 812 nel quale vi è la prova della divisione in parti dominiche e tenute o mansi contadini, si assunse come modello per inchieste analoghe[6]. Anche i successori di Carlo, Ludovico Pio e Carlo il Calvo impartirono disposizioni analoghe.[7] Poichè non abbiamo questi documenti sarebbe arrischiato parlarne come se fossero una prova certa della proprietà signorile. Ma quando troviamo la struttura curtense in Francia ed in Italia, a S. Germain des Prés ed a S. Giulia di Brescia, ovvero in tenute regie come ad Annapes od in atti di Trasferimento, abbiamo forti indizi per ritenere che la grande proprietà della Chiesa o della Corona era organizzata in questo modo. Dove esistevano estesi domini, con migliaia e migliaia di mansi o partes, è molto verosimile che si fosse adottata una uguale forme di gestione. I documenti pervenutici sono essi in realtà una piccola parte delle fonti scritte; tutto il resto si è perso nel lungo e travagliato volgere dei secoli. Queste considerazioni sull' esistenza di grandi tenute, come risultano dagli inventari e come verosimilmente erano in quelli non pervenutici, non vogliono dire affatto che questa era la sola forma di proprietà e di gestione della terra. Vi era al contrario in modo più o meno esteso una grande e diffusa esistenza di piccole proprietà, poderi ed appezzamenti minori, coltivati direttamente dal proprietario, sebbene il moto storico abbia operato nel senso di aggregarli via via alla grande proprietà per un complesso di fattori ben noti agli studiosi.[8] Questa situazione di fatto era stata già rilevata dagli studiosi del secolo XIX e la discussione tra di loro se mai riguardava il rapporto quantitativo tra grande e piccola proprietà. Le analisi critiche dei nostri giorni hanno meglio lumeggiato il problema, ponendo

---

[6] Le fonti sono indicate già dal Guérard, Le polyptique de l'abbé Irminon, Paris 1844, I, 18 ss., cui si rinvia il lettore. Il modulo dell' inventario di Augsburg, già pubblicato dall' Eckardt, è riprodotto dallo stesso Guérard in Appendix, II, 296 ss.

[7] Fonti cit. in Guérard, 19 s.

[8] Per tutti vedi ora Fumagalli, Terra e società nell' Italia padana, Torino 1976, ed altri scritti.

in chiaro come tanto in Francia quanto in Italia e sovrattutto nel Lazio vi sia una diffusione di poderi non collegati ad una curtis centrale.[9]

Lo stesso è a dirsi per i dati sulla produttività. Essi sono talmente rari e sporadici, come si può vedere da tutte le tabelle compilate dagli specialisti,[10] che affidarsi ad essi per trarne una statistica generale è davvero un' impresa avventurosa. Il dato di Annapes si cita in lungo ed in largo, ma se esso risponde al vero dimostra semplicemente che in un dato anno ed in una data località la produzione era stata molto bassa. Una resa di appena 1,8 per il farro, ancor meno per il frumento, l'orzo e la segala vorrebbe dire che nemmeno i coltivatori avrebbero avuto di che sfamarsi in un intero anno. Sarebbero mancate le condizioni minime di sopravvivenza. E come avrebbero potuto essere rifornite le città, che pure continuavano ad esistere? È stato già osservato da altri,[11] che nella stessa tenuta vi erano cinque mulini i quali funzionavano a pieno ritmo e rendevano in tasse quanto rendevano i cereali prodotti nella tenute dominicale. D'altra parte nell' alto medioevo si hanno prove della vendita di derrate e di canoni in danaro pagati dai coloni. Ma se la terra non produceva nemmeno quanto bastava alla loro sopravvivenza, che cosa avrebbero potuto vendere per procurarsi il danaro? Mi astengo dal procedere ad altri calcoli più complicati, che si possono fare sulla base dei dati fornitici dai Polittici, ma anche da essi si trae la prova che la produttività della terra non era ai livelli infimi di Annapes.

L'opinione generale è che l'alto medioevo fu un periodo di forte regresso

[9] Toubert, La structure du Latium médiéval, MEFRA, Rome 1975.

[10] Slicher van Bath, The Yields of different crops (mainly cereals) in relation to the seed c. 810–1820, Acta Hist. Neederl. II, 1967, 26 ss.; Storia agraria dell' Europa occidentale, trad. ital. Torino 1972, tav. 2. Dello stesso Autore v. anche Le climat et les récoltes en Haut Moyen Age, Sett. Studio Spoleto XIII, 1966, 415, il quale ritiene che i bassi raccolti di cui parla Columella sono quelli normali ai suoi tempi. Su questo punto v. le mie critiche in Ancora sulla produzione di cereali in Roma arcaica, Par. Pass. 1984, 241 ss. Stime basse di 1 a 3 dà anche Montanari, scritti cit. a nt. 13 e 14.

[11] Duby, L'economia agraria nell' Europa medievale, trad. it. Bari 1974, 25. Nel testo si legge *de molinis V modios DCCC* (MGH. Cap. I, nr. 128 p. 254), ma non è specificato se solo di frumento o di tutti i cereali. Vi erano poi 650 moggi provenienti da 4 cambe, cioè birrerie o luoghi di cottura del pane, ma non si specifica la natura del prodotto. Non è arrischiato supporre che si trattasse di cereali. In tal caso si hanno 1450 moggi di fronte a 1770, dai quali ultimi però bisogna sottrarre la semina dell' avena non indicata. L'equivalenza con il prodotto disponibile dell' intera riserva è abbastanza visibile. In questa infatti si avevano 110 corbe di spelta, equivalenti a 1320 moggi, 100 moggi di frumento, 98 di segala, 1800 di orzo, 430 di avena, in totale 3748. Dedotte le quantità per la semina restavano 1770. Poiché la parte proveniente dai mulini era dovuta come tassa per l'uso, evidentemente i contadini ne avevano prodotto una quantità molto più grande. Essa era di gran lunga maggiore di quella ricavata dalla riserva. Osservazioni analoghe per altre tenute sia in Francia che in Italia.

rispetto al passato. Lo spettro della carestia e della fame incombe sull' Occidente romanizzato dopo le invasioni barbariche. L'agricoltura è in declino, come le tecniche di coltivazione. Non conosco molti scrittori disposti ad ammettere un tasso di produttività della terra superiore al rapporto di 1 a 3 tra semente e raccolto.[12] A me pare che l'entità del prodotto sia sottostimata e che non si può assumere comunque un dato uniforme per ogni paese, località e qualità di terra. Anche nel Medioevo vi erano varianti climatiche e, nonostante tutto, terre buone e cattive. Può darsi che nei grandi dominî il lavoro dei contadini dipendenti fosse poco redditizio, mentre quello fatto per proprio conto fosse più remunerativo. Allorché si leggono le minuziose regole dettate dalla Lex Alamannorum e da quella Baiuvariorum si ha la sensazione che le forme agrarie da esse previste non fossero quelle di una cultura itinerante, di una „Feldgraswirtschaft", ma di un impianto stabile. Sicuramente lo era il vigneto, che forma una parte non secondaria e che per sua natura richiede una cultura accurata e continua, tanto è vero che ai tempi dell' impero Columella, grande fautore della coltivazione del vigneto a preferenza dei cereali, consigliava di acquistare schiavi capaci e più costosi per tale genere di cultura. Certo per i cereali il discorso è diverso, in quanto si procedeva, in mancanza di rotazioni e concimazioni adeguate, anche per la scarsità degli animali, a lunghi riposi. Ma in tal modo si creavano praterie naturali utili per il bestiame. Naturalmente per il bestiame grosso occorrevano grandi estensioni di terreno, che il piccolo colono non possedeva. Nelle tenute contadine era quindi prevalente il bestiame piccolo e gli animali da cortile. I grandi boschi offrivano un ambiente naturale molto adatto per l'allevamento dei maiali, che potevano pascolarvi in gran numero. Il bosco rendeva legname da costruzione o per ardere. L'economia agraria medievale non era dunque soltanto un'economia cerealicola, vi era a lato dei cereali vigneto, bosco ed allevamento e dove l'ambiente lo permetteva peschiere e caccia.[13] Forse studiosi recenti, come il Montanari accentuano troppo l'importanza delle produzioni diverse dai cereali per l'alimentazione contadina[14], ma hanno ragione allorché rilevano che i cereali non erano la sola produzione per sfamare gli uomini e sostenerli nella loro dura fatica, reagendo a tendenze che sembrano riprodurre per i lavoratori medievali i moduli fissati per gli schiavi nel manuale catoniano. Detto questo rimane però il fatto che le varie specie di cereali costitui-

[12] Luzzatto, Mutamenti nell' economia agraria italiana dalla caduta dei Carolingi al principio del secolo XI, Sett. Studio Spoleto II, 1955, 614 dà una media di 1 a 4.

[13] Vedi Fumagalli, cit. nt. 8 e per ultimo Montanari, Il contadino emiliano nel Medioevo, Annali Ist. A. Cervi, 1985, 13 ss.

[14] L'alimentazione contadina nell' alto Medioevo, Napoli 1979, 212 ss.; 429 ss. Con acute osservazioni questo autore sostiene che vi sia un' estensione abusiva dei dati concernenti epoche successive al Medioevo. Vedi anche Cereali e legumi nell' alto Medioevo, secoli IX–X, Riv. St. it. 1975, 440 ss.

scono pur sempre una parte importante dell' economia agraria medievale e dell' agricoltura curtense e medie troppo basse non sembrano adeguate ai bisogni minimi della popolazione. Arrischiare delle cifre è alquanto avventuroso, data l'estrema povertà dei dati disponibili. Per di più non siamo in chiaro con le effettive dimensioni delle misure impiegati e non sappiamo con certezza a che cosa corrisponde il modius usato nel vari territori dell' Europa ed in Italia, dopo che la caduta dell' impero con le antiche istituzioni statali aveva anche infranto l'unità del sistema romano, che in modo abbastanza uniforme veniva usato in Italia e nelle province. Con tutte le riserve del caso, possiamo però assumere come riferimento almeno per i testi francesi dell' epoca, il modio carolingio, le cui dimensioni erano maggiori di un terzo rispetto alle romane.[15] Con tale criterio si possono valutare le razioni previste per i monaci in cereali, che risultano abbastanza elevate.[16]

Le medie basse risultanti dai pochi testi pervenutici devono comunque essere valutate alla luce di altre considerazioni tratte dal confronto tra riserva dominicale e mansi contadini. È stato rilevato[17] che gran parte delle terre della riserva era incolta o coperta da boschi o ridotta in pascoli. L'Abbazia di S. Germain des Prés all' inizio del IX secolo possedeva 32 750 ettari, 16 020 nella riserva e 16 730 di tenentes. Ma nella prima solo 1630 erano coltivati, mentre nella seconda ben 16 000 ettari erano coltivati! Poca cura degli amministratori o scarsa disponibilità di mano d'opera, il fatto dimostra che il regime era antieconomico, non meno di quello schiavistico allorché esso venne decadendo. Come i proprietari romani del 2° secolo, almeno quelli che la pensavano come Plinio, così anche i grandi proprietari terrieri del medioevo cominciarono a preferire l'affitto alla gestione diretta, dando luogo ad un processo che si venne accentuando di secolo in secolo e che provocò la fine del sistema curtense. Non mi so spiegare di fronte a questi dati incontestabili come si possa tessere una sorta di apologia del manso, che avrebbe assicurato al contadino la stabilità sul fondo e quindi recato vantaggi all'economia agraria. Il risveglio economico che ha inizio nell'età carolingia fu provocato da fattori vari, ma anche da un maggior grado di libertà di movimento dei contadini e da nuove forme di rapporti con i proprietari.

---

[15] MGH. Leges II, 1, p. 104 c. 44, forse dell' 802; la disposizione è comunque anteriore al 794, data del capitolare Francofurtense, che vi fa accenno: MGH. Leges, 1, p. 72 = II, 1, nr. 28 p. 74. Più ampiamente in Hommages Boulvert.

[16] Ai testi già esaminati da vari Autori, dal Guérard al Luzzatto il Witthoft, Maßgebrauch und Maßpraxis in Handel und Gewerbe, Miscellanea Medioevalis, Mensura (ed. Zimmermann), Berlin 1983, 251 ss. aggiunge un testo del vescovo Eldefonsus (846) già pubblicato ed esaminato dal Mabillon.

[17] Grand-Delatousche, L'agriculture au Moyen Age, de la fin de l'empire romain au XVIe siècle, Paris 1950 e lo scritto cit. nt. 22.

III

Le strutture agrarie non si possono distiungere dalle forze di lavoro impiegate nell' agricoltura. In altri scritti abbiamo posto in evidenza come la figura del colonato nelle fonti giuridiche del tardo impero non coincida con esigenze imperiose della pratica e supposto che nella realtà il vincolo non fosse tanto rigido come la legislazione lo presenta.[18] Inoltre abbiamo già respinto l'opinione diffusa della continuità del colonato e della sua sostanziale sopravvivenza nella servitù della gleba. Ora aggiungiamo qualche considerazione per meglio comprendere tempi e modi della scomparsa del colonato tardo imperiale e della nascita di nuove forme di asservimento nell' alto medioevo. Il processo non fu né uniforme né rettilineo. Per qualche tempo le antiche forme coesistono con le nuove. Come gli schiavi sono sopravvissuti alla fine dell'impero, così è avvenuto per i coloni. La tendenza dei contadini era per la libertà dal vincolo antico, ma dove esisteva un'autorità, come la Chiesa, la tendenza veniva contrastata. Così Gregorio Magno riafferma il vincolo, ma nello stesso tempo stabilisce un limite all' uso che si era diffuso di far pagare una tassa ai figli dei coloni che contraevano matrimonio.[19] Nello stesso tempo però in terreni della Chiesa ravennate spuntano concessionari di fondi tenuti a corrispondere un numero abbastanza elevato di giornate di lavoro l'anno.[20] Dopo alcuni secoli dalle famose iscrizioni africane concernenti la gestione di latifondi imperiali in Africa, nei quali si faceva obbligo ai fittavoli di prestare poche giornate di lavoro nei periodi più intensi, vediamo riemergere qualcosa di analogo, ma in misura ben più ampia. Dato il lungo tempo trascorso e la diversa entità delle prestazioni, l'opinione di molti che vedono in questo la continuità del precedente romano è semplicistica. La spiegazione più razionale è che nei territori patavini la Chiesa non era in grado o non riteneva conveniente imporre ai coloni vincoli rigidi e quindi sceglieva una forma di controprestazione in lavoro anziché in danaro od altro, assicurando in tal modo la coltivazione di terre che intendeva gestire direttamente. Nel VI secolo dunque in Italia il colonato era in via di trasformazione.

Le formule merovingie forniscono un altro indizio della sopravvivenza dello stato di colono. Esse descrivono la procedura da seguire nel caso di controversie su di esso e rivelano che la prova della libertà si desume dalle testimonianze sulla condizione degli antenati,[21] il che dimostra l'ereditarietà del vincolo. Tuttavia già in quest' epoca abbiamo la prova che il manso era

---

[18] Schiavi e coloni fra antichità e Medioevo, Miscellanea Calderone, cit.
[19] Ep. I 42.
[20] Pap. It. (Tjäder) 3 c. I, 2, 1 ss.; c. II 2, 1 ss.
[21] Formulae Senonenses recentiores, nr. 1; 4, MGH. Leges V, p. 211 e 213.

sorto e questa unità agraria è difficilmente separabile dall' indominicatum, quindi dalle prestazioni dovute dai fittavoli sul fondo del signore.[22]

Coloni si ritrovano nei Polittici, ma la terminologia comincia a vacillare ed appare incerta. Nell' inventario di S. Germain des Prés si usa il termine colonus, ma in quello di S. Remi si parla di ingenui mentre colonus si trova una volta sola. Non vi è dubbio che costoro sono contadini dipendenti, ma il termine implica la tendenza ad accentuare lo stato di libertà del contadino, il che probabilmente si spiega come una reazione a quei processi in atto che uniformavano liberi coloni e schiavi. Tali tendenze si manifestavano anche nella pratica della distinzione fra mansi ingenuili e servili, una distinzione che perdura anche dopo che i titolari di essi non erano più necessariamente liberi e schiavi.

Ma prima di giungere a questo non si può tralasciare il periodo dei mutamenti avvenuti in Italia durante l'invasione longobarda, perché in esso si possono raccogliere prove sui modi delle trasformazioni nello stato delle forze di lavoro. Ci soccorrono gli Editti dei re longobardi ed un certo numero di documenti diplomatici, che sono abbastanza illuminanti. Tutti inducono a respingere la teoria della continuità del processo storico e della permanenza del colonato. Al pari della legge dei Visigoti, gli Editti non conoscono la categoria. I sottoposti sono servi ed aldi.[23] Ma sia nelle fonti legislative sia nei documenti si trovano i massarii, persone cui era stata assegnata una casa massaricia, un fondo di modeste dimensioni.[24] Nelle leggi essi sono di condizione servile, ma nei documenti vi sono tanto liberi quanto servi. Abbiamo dunque la prova che nella coltivazione delle terre in proprietà dei signori longobardi si impiegavano contadini dipendenti, tenuti a determinate prestazioni in natura e danaro. La figura del massaro è abbastanza oscura. Il nome, come anche quello di casa massaria o massaricia, sembra ricollegarlo alle massae, ma la terminologia medievale è multiforme.[25] La sola idea originale formulata

[22] Sul mansus nell' età merovingia testi in Fustel de Coulanges, Recherches sur quelques problèmes d'histoire, Paris 1884, 183 n. 1; Diplomata (ed. Rozière) nr. 365 del 671; nr. 414 del 691; nr. 452 del 694; Formulae (ed Rozière) nr. 140; 251. Oltre a questo il Grand, Les moyens de résoudre dans le Haut Moyen Age, les problèmes ruraux, Sett. Studio Spoleto II, 1955, 532 rileva che il termine compare la prima volta nel 475 nel testamento del vescovo di Tours, Perpetuus, rinviando a Guérard, il quale a sua volta si basa su Breguigny, Dipl. p. 3; Polyptique d'Irminon, I, 578 n. 2.

[23] Sull' importanza degli schiavi vale il rilievo che un terzo circa delle disposizioni contenute nell' Editto di Rotari e nelle Novelle di Liutprando li menziona: Fasoli, Aspetti di vita economica e sociale nell' Italia del secolo VII, Sett. di Studio Spoleto V, 1958, 118; Nehlsen, Sklavenrecht zwischen Antike und Mittelalter, Göttingen 1972, 363. Ma vedi più oltre.

[24] Ed. Roth. MGH. Leges IV, 128 s.; 229 ss.; vedi sotto nt. 28.

[25] Du Cange, Glossarium ad scriptores mediae et infimae latinitatis IV, Venetiis 1739, col. 532.

negli ultimi cinquant'anni risale ad una intuizione del Besta, ampiamente sviluppata dal Paradisi.[26] I massari sarebbero coltivatori di terre e poderi di origine fiscale, prima romana, poi longobarda. Ma i risultati della vasta ricerca non compensano il grande lavoro compiuto. È vero che vari documenti, dove appare un massaro, riguardano terre fiscali o pubbliche, ma in vari altri non vi è alcuna prova del genere, né si può sostituire a questo una semplice congettura. D'altra parte le massae nella tarda età romana erano grandi aggregati di terre, talvolta unite, altre volte disseminate in una regione[27] e così fu anche per i grandi possedimenti della Chiesa. I massari dell' età longobarda sono invece addetti a piccoli poderi. Se essi provenivano o meno da un frazionamento di una massa è difficile sapere; nell' ipotesi affermativa non si comprende perché il coltivatore di una frazione, di una particella della grande proprietà avrebbe dovuto prendere il nome dell' intero. A parte questo vi è la questione più generale dei mutamenti nella proprietà e nella sua composizione durante il periodo delle invasioni e sotto i Longobardi.

Quel che possiamo dire con sufficiente certezza è che il servus massarius nelle fonti legislative longobarde[28] era un dipendente del signore, cui veniva affidata in modo autonomo la cultura di un fondo, una reviviscenza dunque del servus quasi colonus, che troviamo in alcuni testi romani dell' età classica.[29] La congettura che in origine il massaro fosse un servo è verosimile,[30]

---

[26] Del primo I diritti sulle cose, Padova 1933, 227; Le obbligazioni nella storia del diritto italiano, Padova 1937, 301. Del secondo Ius massaricium, Bologna 1937; per le fonti particolarmente 118 ss.

[27] Cassiod. var. V 12, 2; VII 25, 2 e 4; XII 5. Per le massae della Chiesa Lib. Pont. XXXIV; Pap. It. 10–11; 17; 19; 13; Greg. M. ep. XIV 14; per Laricius P. It. 1. Un lungo elenco si trova nel Liber Pontif. cit. Vedi tutti i dati raccolti da Cracco Ruggini, Economia e società, 561, che rileva la maggiore estensione per l'Italia meridionale e la Sicilia. A pag. 300 afferma che una superficie di 300–350 iugeri longobardi costituiva l'estensione di una ragguardevole massa. Ma più esattamente a p. 560 dice che le massae erano aggregati vastissimi assai maggiori dei più grandi feudi siciliani. Un uso diverso del termine è in Tablettes Albertini, dove designa una piccola frazione di terra. Sul tema vedi anche A. H. M. Jones, Il tardo impero romano, trad. it. 1981, III, 1214; 1617 n. 38.

[28] Ed. Roth. 130–136 fissa il guidrigildo a 20 solidi, come per il porcarius; 234 permesso di imprese associative per il bestiame; 131–135 rustici alle dipendenze del massaro. Su case massariae Aistulf. 2. Quanto alle loro dimensioni vedi i calcoli della Ruggini, Economia e società, 492 n. 779, seguita da Nehlsen, Sklavenrecht, cit. 365 e n., che ritiene una superficie non inferiore a 10 iugeri longobardi, equivalenti secondo i più a 31,6 iugeri romani, cioè ha 7,9. Ma vedi contro tale opinione il mio studio sul Piede di Liutprando, che viene pubblicato per la prima volta in una Raccolta di scritti di prossima pubblicazione.

[29] Su tale figura Giliberti, Servus quasi colonus, Napoli 1981.

[30] Bernareggi, Il sistema economico e la monetazione dei Longobardi nell' Italia superiore, Milano 1965, 25 s. Per il Bognetti, La proprietà della terra. Dopo il primo

se non certa, ma non si puo escludere del tutto l'ipotesi che in tale categoria di contadini assegnatari di un podere potessero essere compresi anche liberi coltivatori, sia che fossero antichi coloni liberatisi nelle vicissitudini del tempo dal vincolo con la terra, sia contadini senza terra. L'uniformità della condizione economica e l'indifferenza verso il loro stato personale testimoniano che era in atto un processo di livellamento, che non aveva peraltro cancellato le diversità giuridiche, le quali si esprimevano in tanti altri rapporti, in particolar modo nel diritto penale. L'altra categoria e questa sicuramente di liberi è quella dei libellari, anch'essa formata da contadini cui veniva concesso un podere mediante un contratto. Così le obbligazioni varie erano di natura contrattuale, in esse comprese le prestazioni di giornate di lavoro. Per quanto riguarda gli obblighi dei massari si vennero via via uniformando quelli dei servi e dei liberi secondo le consuetudini dei luoghi, cui infatti i documenti si riferiscono[31] ed in esse le prestazioni di lavoro sono più o meno significative.[32] Il vincolo con la terra, tipico del colonato romano, non appare più così rigoroso e deve essere imposto specificamente. È chiaro dunque che l'antico colonato era in larga misura superato, ma nel nuovo assetto della proprietà si tendeva ad assicurare la permanenza del contadino sulla terra, il che era della massima importanza sia per i nuovi proprietari Longobardi, che non disponevano di forze di lavoro sufficienti, sia per i Romani cui erano state attribuite in parte le loro antiche proprietà. Tuttavia anche nel tempo in cui si tentava di vincolare il colono alla terra continuava ad essere possibile una certa libertà di movimento,[33] anche se per scoraggiare l'abbandono del fondo si imponeva ai contadini di lasciarvi le cose che vi avevano introdotto.[34] La formazione di queste categoria di massari e libellarii, come di altre che si rinvengono nelle fonti, dimostra l'esistenza di forme economiche molto differenti da quelle di un tempo. Certo le massae erano un modo di organizzazione della grande proprietà, in specie ecclesiastica, ma ora i massarii venivano impiegati nella coltivazione di poderi ad essi affidati con insediamenti stabili, donde il termine di casae massariae o massericiae. Più autonoma ancora era la condizione dei libellarii, i quali ricevevano un podere con un atto contrattuale e non

---

Convegno Internazionale di diritto agrario, Università di Firenze, 137 ss., il massaro è un prodotto di origine germanica del rapporto tra la terra ed i coltivatori. La tesi tradizionale dell' avvicinamento tra le varie categorie di lavoratori riaffiora in Montanari, scritto cit. Riv. St. It. 1975, 449 a proposito di massari e livellarii, ma nei testi dove si trova libellarii et massarii nomine la distinzione vorrà pur dire qualcosa.

[31] Grimoald. in Ed. Roth.; CDL. 81; 162; 188; 218; 231; 293.

[32] Così nell' inventario del Monastero di Bobbio: Luzzatto, I servi nelle grandi proprietà ecclesiastiche italiane, Pisa 1910, 16.

[33] Vedi ad es. il nr. 29 del Reg. Farfense del 749: Troya, nr. 627.

[34] Nel predetto testo si distingue tra due gruppi di coloni, evidentemente in base ai loro debiti.

avevano una vera dipendenza, oltre quella derivante dai loro obblighi verso il concedente.

Abbiamo già detto che vi era una diversità profonda tra l'ordinamento della proprietà e della gestione della terra. Nel Lazio, nelle province meridionali, in Sicilia, laddove non vi era stata l'occupazione longobarda continuavano ad esistere le forme antiche. Non così nel Principato di Benevento, dove la divisione della proprietà fra Longobardi e vecchi proprietari provocò una caratteristica divisione dei prodotti in tre parti, una dovuta al signore longobardo, una seconda al vecchio proprietario, mentre la terza restava al coltivatore. Di qui il nome di tertiator, che a questo viene dato; in termini mutati questo regime non era meno oppressivo di quelle forme del massaricium, allorché il massaro doveva oltre che una parte di prodotto una quantità di prestazioni di lavoro, che si estendevano fino a tre e perfino quattro giornate settimanali, il che voleva dire metà della forza di lavoro.

Dove invece, come nei territori della Chiesa ed in Sicilia, era sopravvissuto l'antico ordinamento, operavano fattori di decadimento ben noti, sia politici per la debolezza del potere statale, sia economici per l'insufficienza della mano d'opera, che rendeva difficile la conduzione diretta. In tali territori il regime del colonato era senza dubbio in crisi e bisognava ricorrere a forme diverse di gestione, come risulta dalla grande opera di riorganizzazione del patrimonio ecclesiastico intrapresa da Gregorio Magno. Per ragioni diverse tutto concorre dunque a rifiutare la tesi semplicistica della continuità dell'antico regime. Quali fattori operarono allora per trasformare il sistema agrario in quello che comunemente si usa definire economia curtense e creazione di nuove forme di lavoro subordinato?

IV

L'opinione diffusa che il sistema curtense sia un sistema di economia chiusa, di carattere naturale, è fondata solo in parte. Anche nel periodo di maggiore crisi gli scambi monetari non cessarono di esistere. Nonostante la decadenza delle città esse dovevano essere rifornite, né tutta la produzione di beni e strumenti indispensabili per la vita avveniva all'interno della curtis. Una ampia documentazione dimostra che i contadini pagavano in danaro in tutto od in parte le loro prestazioni, quindi vendevano i loro prodotti. Altro è dunque rilevare un restringersi del commercio nell'alto Medioevo, altro è un'economia naturale, autarchica ed autosufficiente nel sistema curtense.

Da più parti si ritiene che la curtis come unità produttiva organizzata fosse uno strumento espansivo, rivolto a creare nell'incolto e nella boscaglia spazi coltivabili, piantagioni e seminativi. Senza dubbio una buona organizzazione produttiva poteva indurre ad un ampliamento delle attività dei coltivatori, ma questo non era di certo un fatto automatico, perché bisognava fare i conti con altri fattori, la disponibilità di mano d'opera, la domanda del mercato e naturalmente le condizioni dei luoghi. Se si tien conto delle condizioni demografiche dell' Italia, come esse risultano abbastanza chiaramente dalle fonti dell' epoca, non si può certo dire che le forze di lavoro abbondassero. Questo era un fattore di debolezza per qualsiasi forma di gestione, diretta o non che essa fosse, ed il solo rimedio in casi del genere è quello dell' impiego più reddizio possibile delle forze disponibili. L'economia schiavistica della villa romana era senza dubbio, almeno nelle trattazioni degli agronomi, un sistema molto razionale, ma esso aveva costi di impianto elevati e costi aggiuntivi, perché il sistema non funzionava senza una vigilanza rigida e costante, che richiedeva l'impiego di un personale addetto a funzioni di vigilanza e direzione. Inoltre lo schiavo, oltre il costo originario di acquisto od allevamento, si esauriva ben presto. Dall' altro lato la villa non poteva superare un certo limite territoriale senza divenire antieconomica. Per tutte queste cause l'economia schiavistica era entrata in crisi già dal II secolo della nostra era. Sebbene non fosse scomparsa, la sua funzione si venne trasformando e nell' alto Medioevo non aveva più le caratteristiche dell' età classica. Non sembra infatti che le terre dominicali coltivate direttamente per mezzo di famiglie di schiavi fossero convenienti per i proprietari a giudicare dall' entità dei raccolti, senza parlare della disponibilità di schiavi, che sembra ancor meno sufficiente della mano d'opera libera.[35] Ciò si rileva tanto nel rapporto fra servi e liberi nelle tenute signorili, quanto nel minor numero di mansi servili rispetto a quelli ingenuili, che in origine dovevano corrispondere alla condizione dell' assegnatario del podere.

Alla crisi dell' economia schiavistica l'impero tentò di far fronte con il colonato. In questo non occorrevano spese di investimento per l'acquisto dei coloni, nè per il loro mantenimento. Per di più il colono era direttamente interessato, certo più dello schiavo, alla coltivazione del fondo, perchè il prodotto gli apparteneva, salvo la parte dovuta al proprietario in danaro od anche in natura. Nelle costruzioni idilliache di scrittori moderni il colonato viene esaltato come un rapporto che dava al contadino la sicurezza di restare sulla terra. A parte i dubbi sul rigore del vincolo e sul suo funzionamento pratico, non sembra che le fonti confermino la tesi di un contadino lieto del suo stato. Al contrario i continui interventi imperiali per reprimere la fuga dei coloni e le ricorrenti agitazioni[36] o addirittura movimenti di carattere rivoluzionario di-

---

[35] Sul numero degli schiavi nelle terre dominicali, nonostante i dati raccolti dal Nehlsen, op. cit. 162 ss., bisogna tener conto della molteplicità dei loro servizi, che non erano tutti sulla terra.

[36] Sulle agitazioni e contrasti vedi da ultimi Epperlein, Herrschaft und Volk im karolingischen Imperium. Studien über soziale Konflikte und dogmatisch-politische Kontroversen im fränkischen Reich, Berlin 1966; Montanari, scritto cit. in Annali Ist. Cervi.

mostrano che l'inquietudine sociale era grande. Il colonato per di più poteva resistere se vi era un equilibrio tra la terra assegnata e le forze di lavoro della famiglia. Se esse si restringevano la terra era mal coltivata, se aumentavano in seguito a matrimoni e nascite, la terra non era sufficiente a sfamare l'accresciuto numero di persone. In ogni caso se la condizione del contadino fosse stata felice non vi sarebbe stata alcuna necessità di vincolarlo alla terra. Se all' inferiorità economica e sociale del colono si aggiungono gli effetti rovinosi delle invasioni, delle epidemie e delle calamità naturali si può comprendere come una crisi ancor più profonda investisse questa istituzione. La logica del colonato induceva all'immobilità demografica, alla stagnazione produttiva e quindi ad un restringimento del mercato. Così nell' alto Medioevo l'incolto e la boscaglia, le paludi e gli acquitrini invasero terre un tempo coltivate e fiorenti e l'agricoltura decadde.

Questi sono i fattori reali operanti all' origine del sistema curtense ed in particolare influenti nella ricerca di nuove forme di gestione, nelle quali la novità più caratteristica consiste nella prestazione di giornate di lavoro nella riserva del signore. Ma non vi era uniformità in tale regime e tutto dipendeva dai bisogni oggettivi e dalle diversità della gestione prescelta. Vi era un' esigenza di equilibrio tra le forze di lavoro impiegate nella riserva e quelle addette alla cultura del fondo assegnato al colono. Non sembra, a giudicare dai documenti, che tale equilibrio fosse la regola. Nè si può trascurare il fatto che spesso il manso appare frazionato, con più famiglie di coloni, il che farebbe pensare perfino ad una carenza di terra coltivabile rispetto alla disponibilità di lavoro. Ma per avere un' idea chiara del fenomeno dovremmo conoscere la storia di ciascuna tenuta e dei singoli gruppi familiari, il che non è possibile allo stato delle fonti. In linea generale si può dire che il sistema mirava a conciliare l'esigenza del proprietario alla disponibilità di mano d'opera per la propria riserva e quello del colono ad una buona coltivazione della terra assegnatagli per trarre il maggior prodotto possibile. Questo implicava una equilibrata divisione dei poderi, in modo da far corrispondere alle necessità della coltivazione una quantità di lavoro sufficiente. Non vi era quindi una misura ideale per il manso e tutte le controversie su di essa mi sembrano astratte, come del resto si può desumere dalla grande varietà che le fonti ci mostrano sulle dimensioni dei fondi. Questo per non parlare dei mutamenti inevitabili, che intervenivano nella composizione delle famiglie dei coltivatori, che potevano indurre ad un frazionamento delle unità originarie, fenomeno anch' esso attestato dalle fonti.

Le considerazioni che siamo venuti facendo non lasciano dubbi sul fatto che anche le nuove forze di lavoro e la forma del loro impiego avevano in sè la causa della debolezza del sistema. Il tentativo di sostituire al colonato di un tempo una nuova forma di gestione della terra era destinato dal lato economico all' insuccesso. Furono fattori politici che ne assicurarono la diffusione ed il consolidamento, perchè i signori avevano bisogno di possedere ampie proprietà organizzate sul modello curtense ed i contadini della protezione di un signore per la loro sicurezza e difesa. In tal modo la proprietà curtense si intrecciava con il dominio signorile. Per questo occorrevano non solo terre ma anche uomini e così la preoccupazione massima era di vincolare il contadino alla signoria, il che nelle apparenze può far pensare ad una continuazione del colonato tardo antico. Ma dove era possibile, la tendenza era verso la libertà di movimento e la piena disponibilità della terra e così si può comprendere l'immane fatica compiuta per il dissodamento di terre incolte o la bonifica delle paludi, perchè il contadino poteva sperare di acquistare la proprietà di tali terre. Che infine insieme alle grandi corti signorili vi fosse una miriade di piccole proprietà indipendenti è dimostrato da una quantità di documenti relativi a rapporti giuridici, vendite, donazioni ed eredità di piccole estensioni di terra. Qualsiasi ricostruzione schematica contrasta dunque con la realtà del processo storico.

A me sembra in conclusione più vicina al vero l'idea che la decadenza e la crisi dell' agricoltura nell' alto Medioevo dipenda da fattori di ordine sociale e politico, anzichè da insufficienza ed arretatezza delle tecniche. Non disponiamo di molti elementi per questo periodo, ma possiamo supporre che le tecniche in uso continuassero ad essere praticate, il maggese, forse le rotazioni[37] e le concimazioni, allorché si disponeva del bestiame necessario. Anche per l'aratro non si può escludere che nella pianura padana si usasse l'aratro a carrello, se accettiamo la derivazione del termine plo(v)um da una denominazione longobarda.[38] La mancanza di braccia poteva addirittura spingere ad innovazioni, come fu per i molini ad acqua e probabilmente il collare da tiro, se la sua origine si pone prima del X secolo.

---

[37] Sul maggese Liber Largitionum Monasterii Pharphensis (ed. Zucchetti 1913), nr. 7; sulle rotazioni biennali CDL (Schiap.), n. 44. Quanto al documento lucchese dell' 816 in Memorie e documenti per servire alla storia di Lucca, 1813, V nr. 152 non mi sembra che esso provi la pratica di rotazioni, perché in esso si parla di grani estivi ed invernali. Su tutti questi dati Ph. Jones, in Storia d'Italia I, 2, 1604 n. 6; sul maggese vedi anche L'Italia agraria nell' alto Medioevo, Sett. Studio Spoleto XIII, 1966, 80 e n. 85, poi in Economia e società cit. 264 n. 29.

Sul rapporto tra l'invenzione del collare da tiro e la fine della schiavitù, sostenuta dal Lefebvre des Noettes, giuste considerazioni del Bloch, Le invenzioni medievali, ora in Lavoro e tecnica nel Medioevo, trad. it. Bari 1981, 212 ss.

[38] In proposito vedi G. Forni, Il termine *plo(v)um* (aratro a carrello) è voce longobarda latinizzata? Atti 6° Congresso Intern. di Studi sull' alto Medioevo, Centro St. Spoleto 1980, 417 ss.; per la storia, Plaumoratum, Atti Convegno di Como su Tecnologia, economia e società nel mondo romano, 99 ss.

PER LA STORIA DELLE RELIGIONI NELL'ITALIA CONTEMPORANEA: ANTONIO BANFI ED ERNESTO DE MARTINO TRA PERSONA ED APOCALISSI

Di Arnaldo Momigliano

I

La caccia agli Ebrei decisa e voluta da Mussolini e i suoi seguaci significò che io dovessi lasciare l'Italia al principio del 1939 e non ci potessi tornare che nell'estate 1946. Un lungo periodo per chi in Italia aveva lasciato tanti legami di affetto e di collaborazione intellettuale – e doveva poi constatare vuoti incolmabili tra le persone a lui più care. Ma in termini di ordinario svolgimento culturale sette anni di assenza non rappresentano di solito un trapasso di cui chi ritorna non possa rendersi conto facilmente. Eppure nel caso dell'Italia tra il 1939 e il 1946 il cambiamento di interessi e orientamenti culturali fu tale da porre per me problemi di comprensione non mai interamente superati. È vero che specie nel primo decennio tra il 1946 e 1955 il mio ritorno fu limitato a brevi periodi mentre insegnavo in Inghilterra; ed è vero anche che proprio allora avevo più decisamente da affrontare la cultura anglosassone in cui mi venivo inserendo e la nuova cultura francese del dopoguerra la cui importanza si rendeva ovvia ogni giorno. Ma è pure vero che la radicalità di questo cambiamento italiano offriva e offre problemi perfino a chi era in Italia. Ne ho avuto non molto tempo fa conferma leggendo il piccolo libro ›Va' Pensiero‹ pubblicato nel 1985 dal mio amico Carlo Augusto Viano, che dapprima incontrai a Torino intorno al 1950. In queste sue note sul «carattere della filosofia italiana contemporanea» sono indicate concisamente, anche al di là degli studi propriamente filosofici, talune delle principali differenze fra la situazione post-1939 e quella anteriore.

Due persone e due orientamenti possono riassumere ciò con cui io ho dovuto fare i conti, senza mai venirne definitivamente a capo, dopo l'ultima guerra: Antonio Banfi e la sua scuola milanese; Ernesto De Martino e la scuola cagliaritana. I contatti tra Banfi e De Martino sono naturalmente rappresentati soprattutto da Remo Cantoni. Basti ricordare che ›Naturalismo e storicismo nell'etnologia‹ di De Martino e ›Il Pensiero dei Primitivi‹ di Cantoni apparvero entrambi nel 1941 con leggera priorità per De Martino. Poichè io sono storico, e De Martino rappresentava uno sforzo di radicale mutamento nella ricerca storica, non sorprenderà che io sia stato più attento a De Martino che a Banfi. Tanto più in quanto in De Martino riconoscevo una linea parallela, e perciò non incontrabile, di uscita dalla tradizione dello storicismo crociano per cui io stesso avevo e ho un enorme debito. Ma non mi era sfuggito che Banfi e De Martino avevano in comune il problema della persona, che impegnava anche me in quanto interessato alla biografia come problema storiografico. E di questo impegno sulla persona abbiamo oggi conferma in lavori lasciati incompiuti e pubblicati postumi di Banfi e di De Martino: il saggio in due redazioni sulla Persona di Banfi reso noto da Livio Sichirollo nel 1980 e i frammenti di quella che avrebbe dovuta essere l'opera conclusiva di De Martino sulla ›Fine del Mondo‹ che ci sono stati salvati da Clara Gallini con cura e attenzione che non si potrebbero desiderare maggiori nel 1977.

II

Aggiungerò immediatamente che io non ricordo di aver mai incontrato De Martino, spentosi prematuramente a 57 anni nel 1965. Antonio Banfi, che io ricordi, l'ho incontrato una sola volta alla stazione ferroviaria di Roma, nel 1931 o 1932, quando egli era appena diventato professore di Università, prima a Genova e poi a Milano, come successore del suo maestro (dovremmo dire del nostro maestro) Piero Martinetti. Ma l'incontro alla stazione di Roma, organizzato dalla rivista ›La Cultura‹, può forse servire di introduzione a un reale, seppure discontinuo, raccordo fra la situazione culturale degli anni '30 e quella degli anni '40.

La rivista di C. De Lollis, ›La Cultura‹, tornò col 1930 a Roma dopo un breve interludio a Torino. Aveva certo il suo ispiratore a Milano in Arrigo Caiumi, ma gli uomini che vi davano il tono erano B. Migliorini, M. Praz, P. P. Trompeo e A. Zottoli (l'ultimo dei quali non figurava nel comitato di direzione). A. Banfi era già un gran nome in quel cerchio. Nelle edizioni della ›Cultura‹ pubblicò il suo primo ›Galileo‹ nel 1930 in compagnia di ›La carne, la morte e il diavolo‹ di M. Praz: ad essi doveva seguire poco dopo il volumetto di Eugenio Colorni, un altro allievo di Martinetti, sull'estetica di B. Croce. Le recensioni di Banfi sulla ›Cultura‹, per es. su Hobbes, rimasero memorabili; e più ancora i suoi articoli. I „Kulturmenschen", come ci chiamava il mio maestro Gaetano De Sanctis, furono, come è noto, rudemente dispersi dalla polizia fascista che soppresse la rivista nel 1935. Non era davvero stata una rivista rivoluzionaria anche se aveva commemorato il centenario della rivoluzione del luglio 1830; ma insomma aveva mantenuto un diretto contatto con le correnti innovatrici della cultura internazionale degli anni Venti dalla Spagna alla Russia, che il Concordato del 1929, il giuramento per i professori del 1931 e poco dopo il nazismo al potere del 1933 stavano rendendo sempre più difficile. Da una delle recensioni dell'appena ventenne Leone Ginzburg molti appresero, si ricordo bene, l'esistenza dei formalisti russi.[1] Luigi Einaudi fu collaboratore di questa ›Cultura‹ e il figlio Giulio ne assunse la pubblicazione poco prima che fosse soppressa. È oggi difficile anche per chi come me ha vissuto quegli anni in quell'ambiente di spiegare perchè parecchi dei nomi che ebbero più risonanza dalla Resistenza alla Liberazione trovassero congeniale quella società. Ma essa contò con gli Einaudi, con Banfi, Ginzburg, Colorni anche Cesare Pavese, Guido Calogero, Ugo La Malfa, Umberto Morra, per non andare oltre.

Certo l'elemento più coesivo era proprio quello più generico già enunciato: la ripugnanza ad abbandonare il presupposto della libera circolazione internazionale delle idee da parte di chi era abituato a esplorare le culture d'Europa come interconnesse. Ma si aggiungevano significativamente tre altre caratteristiche. Una era la partecipazione di economisti di idee liberali, di cui Ugo La Malfa era, per la nostra generazione, il più significativo. L'inserzione della critica economica nella critica culturale, che aveva avuto uno dei protagonisti in Torino con Luigi Einaudi, si estendeva alla nuova generazione. Dalla scuola di Einaudi, non dimentichiamo, era uscito Piero Sraffa, intorno al 1930 già semi-emigrato a Cambridge, ma ancora frequente visitatore di noi a Roma.[2] La seconda caratteristica era l'emergere di un gruppo di filosofi che in Germania avevano consolidato o stavano consolidando la propria formazione intellettuale; e in Germania anzitutto appresero a diffidare della identificazione della filosofia con la storia corrente nell'idealismo italiano. Banfi nato nel 1886 si era assunto a padrini Simmel e Husserl già prima della prima guerra mondiale. Calogero nato nel 1905 trovava il modo di fare di Aristotele il predecessore della sua «Conclusione della Filosofia del Conoscere». E Colorni veniva prendendo possesso del suo Leibniz «l'intellettualista più puro, l'anti-mistico per eccellenza», come egli poi dirà nel 1938. Ciò che fa oggi impressione in retrospetto è che nell'Italia di quegli anni i filosofi si preparassero a essere tra le voci più ispirate e indimenticabili della Resistenza e che proprio Colorni e un allievo di Calogero, Pilo Albertelli, ne fossero tra i martiri insieme con Leone Ginzburg.

La terza caratteristica di questo episodio della ›Cultura‹ è la presenza dei cattolici modernisti: Alberto Pincherle (un ebreo convertito) e Mario Niccoli allievi di Buonaiuti, e Nicola Turchi l'amico di Buonaiuti. Forse non è inutile ricordare che nel marzo 1926, al congresso filosofico di Milano presieduto da Martinetti, Buonaiuti, ormai *Vitandus*, che era tra i relatori, era stato costretto a ritirarsi dalla dimostrazione ostile dei cattolici. Ma poi il congresso

---

[1] L. Ginzburg, Scritti, Torino 1964, 350–351.
[2] La bibliografia di Sraffa in P. Sraffa, Saggi, Bologna 1986.

era stato sospeso per ordine del prefetto in seguito al discorso «L'alta cultura e la libertà» del positivista F. Di Sarlo, che col modernismo non aveva nulla in comune. Il rispetto alla libertà imponeva nuovi e inaspettati legami. Banfi, in quegli anni, si avvicinava al gruppetto dei Calvinisti di G. Gangale (›Conscientia‹). Il kantiano Martinetti esplodeva di sdegno alla esclusione dall'insegnamento di Buonaiuti già nel 1926. Tra i collaboratori della ›Cultura‹ c'era pure Giorgio Levi Della Vida che soggettivamente si considerava un Ebreo tra modernisti, anche se a noi oggi obiettivamente appaia aver riflettuto con indipendenza dai modernisti su Ebraismo, Cristianesimo e Islam.[3] Levi Della Vida fu in ogni caso tra i pochi che rifiutarono di giurare nel 1931.

III

Qui possiamo lasciare il piccolo mondo della ›Cultura‹ per richiamare alla memoria quel che contassero negli anni Venti le iniziative protestanti, di cui ho già menzionato il periodico ›Conscientia‹, ma di cui, in termini di stimolo alla ricerca sulle religioni, il primato va a ›Bilychnis‹, che riunì allora studiosi di varie fedi o di nessuna fede in discussioni libere, informate e feconde: lì per es. si ebbe una discussione sul Giudaismo a cui partecipò Felice Momigliano. A un editore ebreo A. F. Formiggini, che di F. Momigliano era amico, si dovette la notevole iniziativa di pubblicare una serie di apologie di tutte le religioni compreso l'ateismo affidato a G. Rensi. Formiggini morirà vittima della persecuzione anti-ebraica del 1938-39 in un drammatico suicidio nella sua Modena. Contribuivano all'atmosfera figure di isolati ricercatori come Vittorio Macchioro, che poteva passare da Orfismo a Paolinismo; e naturalmente c'era Luigi Salvatorelli, che non abbandonò mai i suoi originali interessi per la storia dell'Ebraismo e del Cristianesimo antico durante gli anni in cui fu tra i più coraggiosi ed esposti difensori della libertà in Italia. Le complicazioni di quegli anni Venti possono essere esemplificate in A. C. Jemolo che nel 1921-22 scrisse un libro sulla politica di Crispi che si sarebbe potuto facilmente interpretare come pre-fascista. Nel 1928 alla vigilia del Concordato Jemolo dava fuori quel libro sul Giansenismo in Italia che è ancora oggi uno degli esami più penetranti di un momento decisivo della storia religiosa d'Italia. D'allora Jemolo resterà fino alla morte come storico dei rapporti tra Stato e Chiesa in Italia e come teorico di metodo storiografico una delle menti più libere in campo cattolico: il vero continuatore di Francesco Ruffini, che gli era

---

[3] Cf. G. Levi Della Vida, Arabi ed Ebrei nella storia (con importante introduzione di F. Tessitore), Napoli 1984. Per Buonaiuti si tenga presente l'articolo di F. Parente in Dizionario Biografico degli Italiani XV, 1972 con la relativa bibliografia. Sul congresso di Milano del '26 cf. E. Garin, Cronache di Filosofia Italiana, 487–488.

stato maestro.⁴ Dieci anni dopo era Delio Cantimori a compiere analoga trasformazione. Dalla sua originale simpatia per quanto di democratico e di antiborghese c'era nel movimento nazista – e ne è testimonianza la sua traduzione e introduzione a Carl Schmitt del 1934 – egli passava nel 1939 a quel libro sugli Eretici italiani del Cinquecento, che fu *il* libro della nostra generazione sulla libertà religiosa.

Di altro genere, ma non meno significativo lo spostamento di Adolfo Omodeo. Il quale aveva ereditato da Gentile l'antipatia per i modernisti italiani, in specie per Buonaiuti, e non si può dire che su questo punto mai cambiasse. Ma il rispetto che lo studio delle opere di A. Loisy gli aveva imposto per il massimo modernista francese diventava intorno al 1928–30 – negli anni in cui Omodeo studiava la mistica giovannea – una sempre più conscia solidarietà per il compagno di lavoro dell'altra sponda. Gli si apriva anche la via ad apprezzare le correnti liberali francesi prima del '48. Rileggendo di recente il volumetto del 1936 che raccoglie i saggi di Omodeo su Loisy ero ripreso dal sentimento di gratitudine con cui avevo letto il libro appena uscito cinquant' anni prima. Tornava a conquistarmi la pacatezza del dissenso sulla interpretazione di S. Paolo, e in genere l'esempio di dibattito serio sulle origini del Cristianesimo. Era implicita una solidarietà nuova tra il libero pensatore d'Italia e quello di Francia su questioni che avevano più attualità, se non più gravità, che la valutazione dei testi neo-testamentari. Donde la transizione di Omodeo allo studio dei conflitti ideologici francesi prima del Quarantotto. La reazione di Buonaiuti al volumetto di Omodeo su Loisy non poteva e non doveva essere benevola, ma riconfermava la impossibilità per entrambe le parti di rimanere isolate. Ormai la questione modernista si confondeva in Italia con la questione del come e quando potesse riprendere i suoi diritti il pensiero liberale non solo entro la Chiesa, ma entro lo Stato. Implicitamente veniva anche gettato un ponte verso quel disprezzato pensiero sociologico francese da Durkheim in poi, e se ne vedranno le conseguenze precisamente in De Martino.⁵

In sè potrebbe parer strano che il maggiore storico della religione in Italia, Raffaele Pettazzoni, rimaneva estraneo a siffatti dibattiti. Ma la verità è forse opposta: Pettazzoni rimaneva silenzioso perchè in questi dibattiti era anche troppo coinvolto. Pettazzoni era di fatto in una difficile situazione. Laico nel profondo, e storico della religione appunto perchè laico, era sin dalle origini coinvolto in una polemica continuata con la scuola cattolica di Vienna di

---

⁴ Si vedano di A. C. Jemolo, Pagine Sparse di Diritto e Storiografia, Milano 1957; Scritti Vari di Storia Religiosa e Civile, Milano 1965.
⁵ E. Buonaiuti, Loisy e Omodeo, Religio 13, 1937, 76–77. Di Omodeo basti qui ricordare i tre carteggi Lettere 1910–1946, Torino 1963; Carteggio Gentile-Omodeo, Firenze 1975; Carteggio Croce-Omodeo, Napoli 1978 (qui su Buonaiuti, p. 56).

Padre Wilhelm Schmidt, che cercava conferma a una rivelazione monoteista primitiva nell'analisi del culto di un dio supremo tra le cosiddette tribù selvaggie del nostro tempo. Visto con sospetto dai cattolici, Pettazzoni era stato criticato sia pure con rispetto da Croce per il suo manifesto sullo ›Svolgimento e carattere della storia delle religioni‹ che aveva pubblicato nel 1924 appena ottenuta la cattedra di storia delle religioni a Roma. Le obiezioni di Croce vanno rilette nel contesto di ›Conversazioni Critiche‹ IV (1932), dove pure Croce, recensendo ›Il Sacro‹ di Rudolph Otto, tradotto in italiano da Ernesto Buonaiuti, giunge vicino a riconoscere la legittimità di una categoria della religione indipendente dalla filosofia. Ma di fronte a Pettazzoni Croce dichiarava invece che «codesti studi di storia delle religioni e relative cattedre non sono sorti in Italia per alcun bisogno nè speculativo nè etico, ma unicamente per bisogno di erudizione, per fare che l'Italia (come si dice) non resti indietro agli altri paesi nell'esercizio di tali studi» (pp. 216–17). Croce non si rendeva conto, nè nel 1924 nè nel 1932, di quel che la storia delle religioni rappresentasse in Italia. Paradossalmente se ne rendeva più conto Mussolini. Il quale Mussolini poco dopo, nel 1933, scelse Pettazzoni come accademico d'Italia precisamente per far da contrappeso alla contemporanea nomina ad accademico d'Italia del cardinal Gasparri: così ambiguo procedeva ancora l'idillio post-concordatario. Pettazzoni, che era antifascista, ebbe una ragione di più per stare zitto ed isolarsi. Ma il frutto del suo isolamento di quegli anni sono i tre mirabili volumi sulla confessione dei peccati apparsi tra il 1929 e il 1935. Pettazzoni, nell'insistere sullo studio comparativo della religione e orientandosi sempre più verso la fenomenologia della religione di Gerardus van der Leeuw, per intanto si opponeva a ogni facile riduzione della religione a filosofia e d'altro lato costringeva gli uomini colti d'Italia a tenere conto di quelle pratiche e credenze religiose che da noi soli i missionari conoscevano. Le conseguenze si vedranno in Remo Cantoni, Ernesto De Martino, Vittorio Lanternari e insomma nella fioritura di studi di antropologia religiosa del dopoguerra. Tuttavia, a evitare semplificazioni, va insistito che almeno per Remo Cantoni ed Ernesto De Martino la formazione prima è al di fuori della scuola di Pettazzoni. Per quanto Pettazzoni con la generosità che gli era caratteristica aprisse a De Martino nel 1934 la sua rivista, ›Studi e Materiali di storia delle religioni‹, per una parziale pubblicazione della tesi di laurea (su un tema di religione greca, i Gephyrismi), i rapporti fra i due furono lenti.

IV

È ora opportuno guardare con attenzione ai due libri che preludono a tutto il movimento del dopoguerra. Come si disse, essi apparvero entrambi nel 1941. ›Il Pensiero dei Primitivi‹ di Remo Cantoni era già stato discusso come tesi di laurea a Milano con A. Banfi nel 1938. Ciò che oggi si legge è la seconda edizione del 1963 (presso Mondadori) che aggiunge tre capitoli e ha ritocchi notevoli nei precedenti quindici capitoli.

Nel ›Pensiero dei Primitivi‹ lo sforzo di Cantoni è diretto a presentare una immagine coerente della mentalità primitiva. Poichè egli lavora di seconda mano, il suo principale informatore è Lucien Lévy-Bruhl, e Lévy-Bruhl egli corregge o mitiga a secondo di quanto le sue vaste e attente letture di altri etnologi gli consigliano. Egli accetta il presupposto di Lévy-Bruhl che il mondo mentale del primitivo è caratterizzato da una legge di partecipazione, da un accoglimento indiscriminato di onde mistiche (pp. 56-7). Di conseguenza (anche se è conseguenza logicamente discutibile) «il pensiero primitivo è, per così dire, un pensiero chiuso in una sua struttura tradizionale, incapace di interrogare liberamente i fenomeni» (p. 159). Tutto il capitolo sulla personalità insiste sulla nozione che la personalità del primitivo «non si è ancora costituita come un'unità consapevole e distinta, così come non si è costituita ancora l'idea di cosa o di oggetto» (p. 175). Quel poco che Cantoni dice sulla magia (pp. 198-200) sembra interamente appoggiato sulla «mentalità mistica» come definita da Lévy-Bruhl. Anche lo studio dei miti primitivi è esplicitamente dipendente da Lévy-Bruhl (p. 203). Solo nei capitoli che Cantoni aggiunse al suo libro del 1941 nel 1963 si rivela un qualche distacco da Lévy-Bruhl sotto l'influenza di Mircea Eliade, di K. Kerényi e su terreno più filosofico di René Le Senne e Louis Lavelle (›Philosophie de l'Esprit‹). «Si tratta di vedere (Cantoni ora dice) se la partecipazione, inservibile per le nostre epistemologie, non sia mediatrice di valori e di significati ancora importanti per la nostra civiltà» (p. 330). Più precisamente ancora, il più tardo Cantoni confessa che «il dominio tecnico e profano della natura, rompendo le partecipazioni, lascia dietro di sè un vuoto e una nostalgia, una specie di esigenza di sacralità rimasta allo stato potenziale» (p. 303). Qui comincia a parlare, nel 1963, un nostalgico per la sacralità del primitivo, che il Cantoni del 1941 non sembrava ancora sentire. Mentre fin circa al 1962 Cantoni e De Martino avevano espresso, pur nei dissensi, un reciproco riconoscimento, nell'abbozzo dell'opera ›La Fine del Mondo‹, che De Martino lasciò non concluso nel 1965, c'è un gesto di impazienza verso Cantoni, forse non inteso per pubblicazione. Dice De Martino: «nel filosofico ministero dell'amico Cantoni ... le pratiche sono immediatamente archiviate per l'eternità, con un'operazione burocratica che nel gergo impiegatizio di questo ministero si chiama 'integrazione di tutti i risultati nel sistema della ragione'» (p. 399).

›Naturalismo e storicismo nell'etnologia‹ di De Martino, apparso nel 1941, quando l'autore aveva poco più di 32 anni, era dedicato al maestro Adolfo Omodeo, non, si noti, a Raffaele Pettazzoni. Portava nelle prime pagine una dichiarazione che si sente ispirata da Omodeo: «ciascuno deve scegliere il proprio posto di combattimento e assumere le proprie responsabilità»

(p. 12). La prima responsabilità che si prende De Martino, e non è poco a quella data, è di respingere ogni interpretazione razzistica della etnografia. Ma è ancora più notevole che De Martino, partendo da Croce e da Omodeo, cerchi di rendersi conto di quei metodi etnografici, da Lévy-Bruhl a Padre W. Schmidt, che erano rimasti fuori della considerazione della storiografia idealista italiana. Ed è qui ben esattamente formulato il principio che l'etnografia deve esaminare «le civiltà idealmente più lontane, materialmente viventi o morte che siano» (p. 204). Mentre il libro di Cantoni intende stabilire in che cosa la persona del primitivo si differenzi dalla persona dell'Europeo moderno, De Martino intende precisare se e come lo storicismo crociano può estendersi allo studio delle civiltà primitive. De Martino è simile per il momento a Cantoni nel lavorare di secondo mano: legge gli etnologi moderni, non studia direttamente i cosidetti primitivi. Perciò Pettazzoni, così interessato ai testi originali, gli dice poco ed è citato, salvo errore, una sola volta in modo insignificante. Ma, a differenza da Cantoni, De Martino si propone una questione reale di metodo storico: fino a che punto la storia delle religioni, così come praticata da Loisy o da Omodeo, possa raggiungere i cosiddetti popoli senza storia. E perciò De Martino è molto meno pronto di Cantoni a seguire Lévy-Bruhl.

Già il primo capitolo è un attacco alla nozione di pre-logico di L. Lévy-Bruhl e si congiunge a un ripudio della nozione di fatto sociale come suscettibile di esercitare sull'individuo una costrizione esteriore, che è, come sappiamo, una eredità dell'insegnamento di Durkheim in Lévy-Bruhl. Diverte oggi notare che nel 1941 De Martino potesse parlare del «sostanziale antistoricismo dell'ipotesi prelogica» (p. 63). Nel capitolo successivo sulla prima forma di religione sono criticati R. R. Marett, il Rector di Exeter College Oxford, per la sua proposta di pre-animismo che doveva correggere l'animismo di Tylor, e Padre Wilhelm Schmidt per la sua difesa di una rivelazione primitiva. A Padre Schmidt De Martino rivolgeva una esortazione forse superflua: «Padre Schmidt se ne convinca: non Iddio produsse il miracolo della civiltà teocentrica, ma unicamente la sua propria mente gravata da un pesante intellettualismo scolastico» (pp. 105–106). Anche il lungo capitolo sulla scuola storico-culturale è in sostanza una rinnovata critica metodologica a Padre Schmidt, con cui è associato, come si doveva, il gesuita H. Pinard de la Boullaye, il cui manuale ›L'Étude comparée des religions‹ resta ancor oggi uno dei libri più utili per orientarsi sulla storiografia della storia delle religioni. Chiaramente De Martino non ha ancora cominciato a lavorare una storia delle religioni per conto suo. A differenza di Croce e di Omodeo parla di metodo storico prima di scrivere di storia. Tuttavia è ora per noi evidente che De Martino ha fatto un primo passo nella direzione giusta: ha preso conoscenza di un campo di ricerca che gli idealisti suoi maestri non conoscevano.

La conferma viene naturalmente con il libro di sette anni dopo: ›Il Mondo Magico‹ (1948) che iniziava la collezione di studi religiosi ed etnologici di Einaudi. Tutta la collezione sarà nella sua fase iniziale lavoro di collaborazione tra De Martino e lo scrittore Cesare Pavese – dei miei compagni di Università a Torino, che non mancavano certo di originalità, forse il più personale e imprevedibile. ›Il Mondo Magico‹, se pubblicato nel 1948, era composto nei fragori e fra le rovine della guerra intorno al 1944. Qui per la prima volta (a mia conoscenza, e in verità a dichiarazione di De Martino) egli prende in esame documenti etnografici concreti. Si domanda che cosa significhino i poteri degli sciamani e i miracoli dei camminatori sul fuoco e altri simili luoghi comuni del cosiddetto mondo magico. La spiegazione che di siffatti fenomeni apporta De Martino è assai meno lontana dalle varie teorie sulle mentalità primitive di quanto ci aspetteremmo da un allievo di Croce e di Omodeo.

Come De Martino stesso dice, «nel mondo magico l'anima può essere perduta nel senso che nella realtà, nell'esperienza e nella rappresentazione essa non si è ancora data, ma è una fragile presenza che (per esprimerci con una immagine) il mondo rischia di inghiottire e di vanificare. Nel mondo magico, l'individuazione non è un fatto, ma un compito storico, e l'esserci è una realtà condenda» (p. 97). «L'anima andrebbe facilmente 'perduta' se attraverso una creazione culturale e utilizzando una tradizione accreditata non fosse possibile risalire la china che conduce alla presenza annientata» (p. 105). «L'angoscia davanti al nulla della presenza scomparsa, del mondo vanificato, spinge lo stregone ad avventurarsi in questo nulla, in una disperata tenzone. Ed in questa rischiosa avventura egli non trova il nulla, sibbene qualche cosa, se stesso in rapporto regolato con degli 'spiriti' adiutori» (p. 114). La magia rappresenta dunque una fase della storia umana in cui la persona, la individualità, l'esserci nel mondo, la presenza non esiste ancora come un dato: «ciò che per noi è un dato, o un fatto, in quell'epoca, in quell'età storica, stava come compito e maturava come risultato» (p. 191). «L'antropologia ellenico-cristiana, e la polemica anti-magica connaturata alla nostra civiltà, hanno scavato l'abisso e determinato la discontinuità» (p. 190).

Evidentemente De Martino non è ben sicuro dei limiti reali di queste esperienze magiche: non sa insomma quanto di allucinazione o di volgare imbroglio ci stia dentro. Il fatto che egli non abbia ancora fatto dirette osservazioni sul campo e si debba accontentare delle osservazioni altrui lo imbarazza e, a dir il vero, imbarazza anche il suo lettore. La situazione è ancora complicata dall'elemento del sogno. Noi di solito facciamo una distinzione tra ciò che vediamo o facciamo in sogno e ciò che vediamo e facciamo da svegli. Nel mondo degli stregoni la distinzione spesso sparisce: che conclusione se ne deve trarre? Non credo che sarei d'accordo con De Martino quando, riprendendo un esempio che da Lévy-Bruhl era già passato in Cantoni (p. 185), suggerisce che il missionario Grubb non avrebbe dovuto sentirsi offeso a essere accusato da un indigeno di avergli rubato le zucche semplicemente perchè l'indigeno aveva sognato di essere stato derubato delle zucche dal missionario (p. 163). La posizione di De Martino nel ›Mondo Magico‹ resta così imprecisa. Da un lato egli ha conquistato un punto di vista – la differenza tra le attitudini mentali dei cosiddetti selvaggi e le nostre – che permette di comprendere la funzione delle pratiche magiche a quel livello. Dall'altro lato restano incerte le origini e la portata di questa differenza. Ad ogni modo la tesi del ›Mondo Magico‹ si può riassumere nella semplice asserzione che gli spiriti non esistono e non possono esistere per noi educati Europei del secolo XX, ma sono una realtà per gente di altra educazione. La magia diventa per De Martino la forma di lotta della umanità in una fase in cui il problema fondamentale era il rischio di non esserci, la mancanza di una garanzia della presenza. Mentre gli uomini di oggi lottano per la libertà, gli uomini di ieri – inteso il ieri in senso di fase anteriore dello sviluppo spirituale – lottavano per la presenza: e la lotta si chiamava magia.

Il linguaggio del ›Mondo Magico‹ è genericamente esistenziale, e probabilmente deve qualcosa alla terminologia di Cantoni e di altri filosofi italiani in quella fase degli anni '40. Su di ciò sarebbe utile avere una indagine precisa: l'esistenzialismo italiano dell'immediato dopoguerra ha di rado avuto accento così genuino come in questo volume di De Martino, che vero esistenzialista non era. Ma una osservazione va subito fatta. Al momento in cui questo libro veniva concepito, De Martino presupponeva che nel mondo moderno la persona esistesse come realtà salda, come presenza indiscussa – salvo ai margini della malattia mentale. Egli non poteva sapere che Antonio Banfi pochi anni prima, intorno al 1942–43, aveva invece considerato come caratteristica della crisi contemporanea proprio la crisi della persona. Non c'è bisogno di ricordare in questa sede che solo nel 1980 Livio Sichirollo ci ha fatto conoscere le due versioni inedite di un saggio di Banfi sulla ›Persona‹. La prima versione è in sè completa, mentre la seconda, evidentemente destinata a sostituire la prima, è stata trovata incompleta, quasi certamente per volontaria interruzione da parte dell'autore. In entrambe le versioni è accentuato proprio questa novità del «sorgere così vivo nella nostra filosofia e nelli nostra cultura del problema della persona». Ma mentre nella prima versione l'accento è posto sulla posizione della persona nella comunità, nella seconda versione incompiuta pare invece annunciarsi un'analisi della ragione, dei puri rapporti razionali che danno unità all'esperienza. La prima versione è la più drammatica. In essa Banfi ci dice che «il problema della persona è oggi il compito della persona e la certezza della persona: esso è nella crisi l'annuncio che si pone agli uomini di buona volontà, di una liberazione radicale e di una radicale ricostruzione» (p. 72). Nella seconda versione si insiste invece che nel pensiero contemporaneo «si rende possibile accogliere e riconoscere teoreticamente tutta la ricchezza e la varietà dell'esperienza personale» (p. 102). Comunque si intenda questa alternativa di versioni (a cui Luciano Eletti ha dedicato una acuta indagine nel volumetto ›Il problema della persona in Antonio Banfi‹, Firenze 1985), la crisi della persona era in ogni caso in via di risoluzione secondo Banfi per il fatto stesso di essere diventata cosciente. La persona resisteva – e o si liberava (prima versione) o si riconosceva come ragione (seconda versione). Se c'era crisi della persona nel sec. XX, il rimedio era intrinseco alla crisi stessa: non c'era rischio di caduta in quella che De Martino cercava di definire come la zona della magia.

De Martino tendeva a vedere la persona come una creazione non distruggibile della civiltà, e perciò a considerare i cosiddetti primitivi come in lotta per l'acquisto di una solida persona: la lotta aveva preso la forma della magia. Per Banfi la persona era in pericolo entro la cosiddetta civiltà: tuttavia la prognosi era favorevole. Perciò la differenza tra i due, De Martino e Banfi, anche se profonda, finiva per essere colmabile. Entrambi credevano alla solidità (relativa o assoluta) della persona nell'età della ragione storica, cioè del XX secolo.

V

Fin qui, almeno nei libri, De Martino sembrava muoversi nel mondo intellettuale – senza classi sociali ma aristocratico – di Benedetto Croce ed Adolfo Omodeo. Si era aggiunta solo una specie di contro-mondo, il mondo dei primitivi ansiosi di completarsi la persona. Tuttavia già alla fine del ›Mondo Magico‹ un qualche accenno alle classi subalterne comincia a presentarsi. De Martino, come tanti altri, si faceva proprio il postumo insegnamento di quel crociano di sinistra che fu Gramsci: sono appunto gli anni in cui Gramsci viene infine edito. L'influsso di Gramsci è ancora più chiaro subito dopo nel 1949, come si vede anche dal titolo dell'articolo in ›Società‹ 5, 1949, 411–435 «Intorno a una storia del mondo popolare subalterno». De Martino aderisce anche al partito comunista per alcuni anni dal 1950 al 1957. Ma è ben tipico della fedeltà di De Martino ai suoi maestri idealisti che il successivo volume, ›Morte e Pianto Rituale nel Mondo Antico‹ del 1958 si presenti ancora come un esteso commento a uno dei ›Frammenti di Etica‹ di B. Croce (1922), una riflessione sulla morte. Diceva B. Croce[6]: «Ma con l'esprimere il dolore, nelle varie forme di celebrazione e culto dei morti, si supera lo strazio, rendendolo oggettivo. Così cercando che i morti non siano morti, cominciamo a farli effettivamente morire in noi.» L'idea che guida il nuovo libro è che «sapere piangere» davanti alla morte fu proprio delle civiltà pagane mediterranee. Il Cristianesimo, secondo De Martino, aspramente combatté il la-

[6] Cf. Etica e Politica, Bari 1931, 27.

mento funebre come antitetico alla ideologia cristiana della morte. E perciò nel mondo moderno, e suprattutto nel Mezzogiorno d'Italia, il lamento funebre è restato come relitto pagano tra i contadini, cioè le classi subalterne. De Martino si augura nella sua prefazione che le figlie e i nipoti delle povere donne che vivono nel 1957 negli squallidi villaggi disseminati fra il Bradano e il Sinni « perdano il nefasto privilegio di essere ancora in qualche cosa un documento per gli storici della vita religiosa del mondo antico ». Superamento del paganesimo qui significa per De Martino redenzione economica e sociale in senso gramsciano. Si badi però. De Martino cerca di tenere congiunta la sua nozione di crisi con questo suo nuovo interesse per l'evoluzione religiosa come evoluzione sociale. Il legame tra la concezione del ›Mondo Magico‹ e quella di ›Morte e Pianto Rituale‹, se capisco bene, è mantenuto da due modificazioni della prima. Anzitutto De Martino ora dà molta più importanza alla crisi della presenza nella patologia della vita moderna. La schizofrenia, così come descritta dell'eminente psichiatra di Pisa, Silvano Arieti, regalato all' America dalle leggi anti-ebraiche del 1938, diventa un modello di crisi della presenza più esemplare che lo sciamanesimo. D'altra parte, di fronte alle critiche di Benedetto Croce e di Enzo Paci, De Martino ammette che la reintegrazione della presenza, della persona insomma, è intrinseca a ogni sistema religioso: la contrapposizione di magia e religione già di per sé è definizione di una certa religione.

De Martino si è ora aperto al problema delle classi subalterne e ha registrato, per amore della sua terra natale, i lamenti funebri delle contadine. Quest'amore compassionevole della Italia meridionale egli manterrà e forse accentuerà nelle ricerche immediatamente successive, ›Sud e Magia‹ del 1959 e ›La Terra del Rimorso‹ del 1961. Ma già nella grande opera ›Morte e Pianto Rituale‹ ciò che più colpisce e impone rispetto è l'ampiezza cronologica della ricerca sotto controllo di alcune idee dominanti. Dal lamento che sopravvive nel Cristianesimo De Martino scende al lamento nelle civiltà classiche, a cominciare da Omero, e nota giustamente che una delle caratteristiche della *polis* greca e della *civitas* romana è di ridurre e controllare il lamento funebre. D'altro lato, con l'aiuto di James Frazer, di Robert Eisler e di altri, De Martino indaga il corrispettivo culturale del lamento funebre: la serie di riti in cui la raccolta delle messi viene considerata come l'uccisione di uno spirito o addirittura di un dio così che si trapassa dai riti per assicurare il raccolto futuro alla resurrezione di determinate divinità. In contrasto alla coerenza pagana fra il trauma per la morte dell'uomo, l'ansietà per la morte di quanto si era seminato nel campo e lo smarrimento per la morte del dio, l'Ebraismo non ripudia il lamento per la morte dell'uomo, ma riferisce alla volontà di Dio la sorte dei prodotti del campo e naturalmente esclude ogni ansietà sulla persistenza e continuità della presenza divina. Inoltre i profeti d'Israele inseriscono il lamento per la morte dell'uomo nella visione del futuro. Il Cristianesimo, in specie con Giovanni Crisostomo, apre una vera campagna contro il costume pagano del lamento funebre, che diventa simbolo di sfiducia nell'immortalità dell'anima e nell'amore divino. Accetta tuttavia il lamento proprio per la morte di Cristo – sia pure con modificazioni radicali tipicizzate nella Mater Dolorosa. Se i «signori» piangono solo in cuor loro, ma i «cafoni» si abbandonano al lamento – questo è per De Martino un segno della mancata redenzione dei «cafoni» da parte cristiana.

I volumi successivi ›Sud e Magia‹ e ›La Terra del Rimorso‹ sono forse i più noti di De Martino e richiedono meno commento. I due libri, occorre appena dirlo, sono rispettivamente dedicati al malocchio e al tarantismo e alle corrispondenti forme di esorcismo e di cura. In entrambi i casi la ricerca è sul campo e in specie per il tarantismo raggiunge un alto grado di specificazione e di analisi. È caratteristico di De Martino che sia studiata la commistione di elementi precristiani e cristiani. C'è sempre coscienza (che qualcuno di noi potrebbe desiderare anche più accentuata) dell'elemento magico ed esorcistico del Cattolicesimo che allo stesso tempo favorisce e controlla la crisi della presenza, ossia della persona, e definisce il malato come invasato. Ma è ancora più caratteristico di De Martino che qui pure Croce non sia dimenticato. È l'alta cultura meridionale del Seicento e del Settecento che tende a vedere nel tarantismo una semplice malattia senza implicazioni religiose. È di nuovo l'alta cultura napoletana del Settecento a indulgere fra sospettosa ed ironica a quella riduzione della magia del malocchio in «iettatura», di cui non ci siamo ancora liberati. Qui, sulla iettatura, si deve notare uno dei pochi espliciti dissensi tra De Martino e Croce, poichè egli, a differenza di Croce, non può credere che la ›Cicalata‹ di Nicola Valletta (1787) «sul fascino volgarmente detto iettatura» fosse sostanzialmente ironica e incredula. Comunque sia di ciò, è chiaro che De Martino, nel pubblicare queste due inchieste su tipici fenomeni delle classi subalterne della Lucania, intende non contraddire, ma integrare Croce e aggiungere una dimensione nuova alla Storia del Regno di Napoli del maestro. La cultura religiosa cattolica è vista in senso crociano come qualcosa che l'alta borghesia meridionale è chiamata a purificare e a giudicare. Si capisce pure che, intenzionalmente o no, Omodeo sia meno presente di Croce in questi lavori meridionalisti di De Martino. Dopo tutto Omodeo era lo storico di un altro Cristianesimo, un Cristianesimo a cui la distinzione tra «cafoni» e «signori» mal si applicava. Io vorrei poi aggiungere un dubbio che ha poco da fare sia con Croce sia con Omodeo: se proprio nel Meridione del malocchio e dei tarantati il diavolo, Satana, contasse così poco come parrebbe dai silenzi di De Martino.

Resta che questi due volumi di De Martino congiunti con il ›Pianto Rituale‹ sono una trilogia memorabile nella storia della cultura italiana del nostro tempo. Essi mettono De Martino al livello di Giuseppe Pitré come rinnovatore della ricerca storica in Italia. Forse, con tutte le ovvie differenze, occorrerebbe stabilire un rapporto fra Croce, Omodeo e De Martino analogo a quello che indubbiamente esistette fra Comparetti, Amari e Pitré.

VI

›La Fine del Mondo‹ a cui De Martino lavorò negli ultimi anni della sua vita chiusasi troppo presto nel 1965 era evidentemente destinata a rappresentare la somma del suo pensiero. Così come ci è stato presentato da Clara Gallini nel 1977, quanto rimane è una serie di appunti, di pagine staccate. Grazie alla Gallini possiamo afferrare il senso del libro che non fu più scritto. Il libro doveva riprendere la crisi della presenza che per De Martino era in sostanza la crisi della persona nel suo essere nel mondo entro un definito orizzonte culturale. Dove c'è questa crisi (o perfino solo la previsione di questa crisi nel futuro) c'è un qualche sforzo di riscatto. L'uomo cerca di salvarsi dal crollo. Se il crollo impendente è sentito collettivamente, c'è una crisi culturale. Se il crollo impendente rimane questione personale, diventa di competenza dello psichiatra, per definizione giudice della sanità individuale. Come vedemmo, De Martino fin dal principio della sua carriera di etnologo era stato molto attento alla biforcazione dell'ansietà umana in direzione psichiatrica e direzione mitico-religiosa. Per la psichiatria De Martino doveva inevitabilmente dipendere dal lavoro altrui: lo si vede in queste note. Ma il suo maestro Omodeo gli poteva ora offrire uno strumento critico per intendere la paura del crollo della società intera.

Il Cristianesimo primitivo aveva affrontato la fine del mondo: la mentalità apocalittica aveva tutta una storia nel Giudaismo prima ancora che nel Cristianesimo; e Omodeo naturalmente aveva dato debita attenzione a tutto questo. Nel nuovo libro, come indica lo stesso titolo, il centro doveva essere l'aspettazione della Fine. Per quanto De Martino si valesse anche di materiali etnologici del terzo mondo, sembra chiara la sua intenzione di privilegiare l'esperienza cristiana. Del Giudaismo sa assai poco. A dire il meno (come giustamente osserva la Gallini) le pagine sulla apocalittica cristiana sono le più ricche e definite.

De Martino osserva, mi pare con singolare giustezza, che l'annunzio cristiano del Regno si sforza di evitare due rischi polarmente opposti: «il rischio dell'imminenza che ormai rende inoperabile il mondo e soffoca ogni effettiva testimonianza comunitaria, e il rischio dell'attualità che chiude gli 'eletti' in una fruizione beatificante altrettanto inerte e inoperosa. Il Cristianesimo si formò nella lotta contro questi due rischi» (p. 286). Tutte le pagine, e sono molte, che De Martino scrive su questa tensione tra il «già» e il «non ancora» nel Cristianesimo primitivo vanne lette con attenzione. Si vede che De Martino riconosce ora (direi, ripeto, sotto l'influenza di Omodeo) nel modello cristiano del regno di Dio, che fu fede speranza e amore, il più avvincente modello escatologico. Più o meno De Martino giunge a dire che la fine del mondo accettabile è quella che trascende la fine in un nuovo inizio, in un dover essere che a sua volta trascende il presente: «il principio trascendentale dell'ethos del trascendimento della vita nel valore fonda l'esserci come doverci essere nel mondo, cioè come compito inesauribile di valorizzazione in lotta contro il rischio di non poterci essere in nessun mondo possibile» (p. 676).

Allo stato attuale del manoscritto non credo sia possibile indovinare come De Martino avrebbe armonizzato ciò che voleva dire sul Cristianesimo con ciò che intendeva di scrivere nel capitolo su apocalisse e decolonizzazione, in cui era stato preceduto da un libro tosto divenuto classico di V. Lanternari, ›Movimenti religiosi di libertà e di salvezza dei popoli oppressi‹ (1960). Tutt'al più si intravvede che per i popoli oppressi del presente l'esperienza apocalittica significa rottura con le pratiche consuete di riattualizzazione del presente. Lo stregone viene sostituito dal profeta, o messia; il passato cede al futuro annunziato spesso da eventi catastrofici. Ancora meno sappiamo (o almeno io riesco a capire) quello che De Martino intendesse dire nel capitolo ben più impegnativo per lui sul «Dramma dell'apocalissi marxiana», che doveva essere uno studio del momento apocalittico nelle lotte sociali dell' Europa contemporanea. De Martino evidentemente riconosce un carattere nuovo, umanistico, al marxismo, ma sembra lo accusi di mancanza di senso della trascendenza che «sta alle radici della stessa fondazione inaugurale di un mondo economico-sociale come di tutte le altre fondazioni valorizzatrici» (p. 415). Al senso della trascendenza doveva essere dedicato l'ultimo capitolo del libro, che sarebbe stato anche una discussione con i filosofi più familiari all'autore, cioè Croce, Paci, Abbagnano, Husserl, Heidegger. Sembra chiaro che in questo stadio a De Martino la religione appaia come tecnica per reintegrare la presenza (cioè la persona) nella storia. Allo stesso tempo – e ciò è uno dei pochi punti assolutamente chiari – De Martino è consapevole che esiste oggi una difficoltà nuova in confronto ai tempi paleo-cristiani. Oggi «il ricorso alla protezione mitico-rituale è reso inautentico proprio dall'ampiezza del sapere e dell'operare tecnici, e i conati di rifugiarsi nel 'sacro' si sbilanciano verso la disperazione» (p. 643).

Sarebbe irrispettoso di andare oltre nel cercare di precisare ciò che la morte impedì a De Martino di porre su carta. Era questo il suo testamento, di un allievo di Croce e di Omodeo, che voleva usare a fondo la loro esperienza storicistica e in particolare la critica neo-testamentaria di Omodeo per avviare il Marxismo italiano in una nuova direzione di confronto con i valori del Cristianesimo e quindi di aperto esame della trascendenza.

Resta piuttosto da stabilire quanto De Martino risentisse in queste sue opere della maturità, dal ›Mondo Magico‹ in poi, delle analoghe preoccupa-

zioni, sia rispetto al Cristianesimo sia rispetto al Marxismo, nella scuola di
Banfi, in specie in Cantoni, Paci e Giovanni Bertin. E naturalmente esiste il
problema opposto, della possibile influenza di De Martino su questi allievi di
Banfi. Banfi stesso, dal 1940 in poi fino alla sua morte nel 1957, mi sembra
piuttosto aver percorso un cammino inverso: un distacco crescente dal Cristianesimo, un minore interesse anche per Nietzsche e Kierkegaard seppure
ancora intensamente studiati. La mia impressione è che Banfi fosse nel dopoguerra estraneo ad ansie apocalittiche e avesse sin dal 1943 delineato il suo
vero modello in Socrate [7], in qualche modo trovando un raccordo tra questo
Socrate e il Galileo da lui descritto nel 1930: raccordo poi confermato nell
›Uomo copernicano‹ del 1950. Ma queste sono impressioni, e il giudizio deve
essere lasciato ai competenti.

VII

Vorrei invece, a modo di conclusione, spiegare perchè a me personalmente
l'opera di De Martino sia ritornata attuale in questo ultimo periodo, e sia
anche diventata più chiara per me la relazione tra quest'opera e la ricerca di
Antonio Banfi e della sua scuola sul problema della persona.
    I miei studi sulla biografia e autobiografia nel mondo classico, cioè greco-romano, e sul momento decisivo (cosiddetto giudeo-ellenistico) dell'intervento del Giudaismo nella trasmutazione del mondo classico e nella sua
conversione al Cristianesimo non avevano originariamente che una assai vaga
connessione con gli interessi di De Martino e Banfi. Ma col proseguire la
ricerca io incontravo due elementi. Una era la strana indifferenza di uno studioso della statura di M. Mauss al contributo dato dalla biografia greca alla
formazione della nostra idea di persona. Questa indifferenza appariva tanto
più cospicua perchè accettata e fatta propria da quella scuola di I. Meyerson e
J.-P. Vernant a cui dobbiamo un contributo di capitale importanza alla
conoscenza della vita intellettuale e religiosa della Grecia antica. L'altro elemento con cui dovevo fare i conti era il duplice movimento del Giudaismo nel
periodo greco-romano verso e contro una interpretazione apocalittica della
storia. Che nel Giudaismo il movimento verso l'apocalissi precedesse e condizionasse l'apocalissi cristiana e che il movimento contro l'apocalissi fosse conseguenza dell'apocalissi realizzata del Cristianesimo era ovvio. Meno ovvio
era il persistere di una implicita collaborazione giudaico-cristiana in tema
apocalittico ben oltre l'affermarsi del Cristianesimo, che si può ricostruire dai

---

[7] A. Banfi, Socrate, intr. E. Garin, Milano 1984 (1 ed. 1943). Cf. su ciò, anche per
ulteriore bibl., I. Tanoni, La religione nel pensiero e nelle opere di E. De Martino,
Studi Urbinati, B 4, 58, 1985, 167–184. Una discussione tra De Martino e R. Cantoni
in Studi Filosofici 3, 1942, 350–359 è già sintomatica per il dissenso tra le due scuole.

Libri Sibillini. Nei quali si vede che i Giudei continuano a produrre profezie di stile apocalittico fin nella tarda antichità, e i Cristiani se le fanno proprie e le modificano e integrano. Ciò conferma che la storia dei rapporti giudaico-cristiani nell'antichità è meno semplice di quanto appaia ai professori di teologia.[8]

Ora questi due elementi messi insieme, la importanza della biografia greco-romana nella costituzione della nozione di persona e la crisi della nozione classica di persona nella visione apocalittica della storia, riportavano naturalmente a riconsiderare il tenace studio di De Martino sulla crisi della presenza – cioè, ripeto ancora una volta, della persona – nel mondo antico e moderno e sulle sue connessioni con la formulazione di visioni apocalittiche della storia. A sua volta diventava evidente che De Martino stesso non era comprensibile se non situato in quella decisiva trasformazione della tradizione filosofica italiana nel dopoguerra di cui uno dei centri, forse il più importante, fu la scuola di A. Banfi a Milano. Come in De Martino la tradizione idealistica o storicistica di Croce, Omodeo e Gramsci si combinasse con il fenomenalismo di Husserl e con l'esistenzialismo di Heidegger e come poi si aggiungesse una forte carica di psichiatria, non tutta derivante dalla psicanalisi di Freud, non era spiegabile senza la efficacia della scuola di Banfi. De Martino si presentava come il primo storicista italiano che si appropriasse la più moderna tecnica della ricerca antropologica per lo studio del mondo antico e moderno. Procedendo per conto mio in una indagine in cui biografia greca e apocalissi giudaica convergevano mi trovavo dunque a incontrarmi di nuovo con De Martino e con Banfi con senso di riconoscimento e anche di riconoscenza. Quali siano gli sviluppi futuri, per me o per altri, dirà il futuro. Basti ora questa testimonianza.

Nota Bibliografica

Le indicazioni seguenti indicano solo alcuni debiti di chi scrive, ma possono servire a un primo orientamento.
Naturalmente indispensabili tutti i libri di E. GARIN sulla cultura italiana di questo secolo e in particolare Cronache di Filosofia Italiana (1900–1943), Bari 1955; La Cultura italiana tra '800 e '900, Bari 1962; Intellettuali italiani del sec. XX, Roma 1974. Di F. TESSITORE particolarmente rilevanti Dimensioni dello storicismo, Napoli 1971 e

---

[8] Basterà rimandare ai miei saggi più recenti Marcel Mauss e il problema della persona in Gli Uomini, le Società, le Civiltà a cura di R. Di Donato, Pisa 1985; Marcel Mauss and the Quest for the Person in Greek Biography and Autobiography in M. Carrithers and others, The Category of the Person, Cambridge 1985; Ancient Biography and the Study of Religion in the Roman Empire, Annali Scuola Normale Pisa 3, 16, 1986, 25–44; Indicazioni preliminari su Apocalissi ed Esodo nella tradizione giudaica, Rivista Storica Italiana 98, 1986, 353–366.

Filosofia e storiografia, Napoli 1985; inoltre Comprensione storica e cultura, Napoli 1979 (qui un saggio su A. Omodeo, 329-380 che dà altri indicazioni sui rapporti con Loisy). Di G. GALASSO, Croce, Gramsci e altri storici, Milano 1969. Vanno anche confrontati Federico Chabod e la «nuova storiografia» italiana dal primo al secondo dopoguerra (1919-1950), a cura di B. VIGEZZI, Milano 1984; La Cultura Filosofica Italiana dal 1945 al 1980, Convegno di Anacapri 1981, Napoli 1982. E inoltre N. BADALONI, Marxismo come storicismo, Milano 1962. Di Gramsci si tengano presenti, anche se non sempre già accessibili a Banfi e De Martino, Il Materialismo storico; Letteratura e vita nazionale; Il Risorgimento; Gli Intellettuali nell'Edizione degli Editori Riuniti, Roma 1977 seqq.; ma per le Lettere dal Carcere ancora l'edizione Einaudi 1965. Cfr. D. CANTIMORI, Studi storici, Torino 1959; N. BOBBIO, Profilo ideologico del Novecento italiano, Torino 1986. Sul modernismo si cfr. soprattutto G. MARTINI, Cattolicesimo e storicismo, Napoli 1951 e P. SCOPPOLA, Crisi modernista e rinnovamento cattolico in Italia, Bologna, 3 ed., 1975. Di E. BUONAIUTI, Pellegrino di Roma, n. ed. con introd. di A. C. Jemolo, Bari 1964.

Su Banfi esiste una ›Bibliografia banfiana‹ di R. SALEMI, Parma 1982 a cui fa aggiunte L. ELETTI in Il Problema della persona in A. B., Firenze 1985. Si vedano *in primis*, G. M. BERTIN, Banfi, Padova 1943; il numero della rivista Aut aut, 43-44 del gennaio-marzo 1958 dedicato a Banfi; F. PAPI, Il Pensiero di A. B., Firenze 1961; G. M. BERTIN, L'Idea pedagogica e il principio di ragione in A. Banfi, Roma 1961; ID., Progresso sociale o trasformazione esistenziale, Napoli 1982; M. DAL PRA-D. FORMAGGIO-Paolo ROSSI, A. Banfi, Milano 1984; L. SICHIROLLO, Attualità di Banfi, Urbino 1986. Si cfr. inoltre la introd. di Paolo ROSSI a A. BANFI, Incontro con Hegel, Urbino 1965.

Su E. De Martino esiste la indispensabile bibliografia a cura di M. GANDINI nella rivista Uomo e Cultura, luglio-dicembre 1972, fasc. 10, 223-268; ma soprattutto è da vedersi l'introduzione di C. GALLINI a La Fine del Mondo, Torino 1977, dove anche le informazioni di base per i rapporti con Pavese. Cf. C. PASQUINELLI, Antropologia culturale e questione meridionale. Ernesto De Martino, Firenze 1977 e già il Seminario dell'Istituto Gramsci di Firenze su E. De Martino, Firenze 1975.

Da tenersi presenti i due volumi collettivi Studi antropologici italiani e rapporti di classe, Milano 1980 (che contiene un importante saggio di V. LANTERNARI) e Orientamenti marxisti e studi antropologici italiani, Milano 1980 (con un saggio di C. GALLINI su De Martino), entrambi nei Quaderni di ›Problemi del Socialismo‹ di F. ANGELI. E inoltre G. FILORAMO, I nuovi movimenti religiosi, Bari 1986. Tutto l'importante volume di V. LANTERNARI, che fu allievo di Pettazzoni, Festa, carisma e apocalissi, Palermo 1983 è rilevante (ma cf. 291-304 specificamente su De Martino). E così si deve dire per L. M. LOMBARDI-SATRIANI, Il Silenzio, la memoria e lo sguardo, Palermo 1979 (dove su De Martino 240-258). Si noti inoltre la introduzione di R. BRIENZA a E. De Martino, Mondo popolare e magia in Lucania, Roma-Matera 1975. I saggi di Pietro ROSSI, Cultura e antropologia, Torino 1983, appartengono in maggioranza agli anni dei lavori di De Martino.

Per R. Pettazzoni basterà qui rinviare alla bibl. data in E. De Martino, A. Donini etc., R. Pettazzoni e gli studi storico-religiosi in Italia, Bologna 1969, 4-48 (a cura di M. GANDINI). Qui sufficienti indicazioni per la polemica con W. Schmidt. Si noti inoltre D. SABBATUCCI, La Storia della Religione, Roma 1985, e già il suo saggio su

Pettazzoni in Numen 10, 1963, 1–41. P. A. CAROZZI ha pubblicato vari documenti interessanti sulla storia delle religioni in Italia tra cui lettere di R. Pettazzoni a G. Levi Della Vida in Studi Storico-Religiosi 3, 1979, 213–228. Sui rapporti con James Frazer A. M. SOBRERO, La Ricerca Folkloristica 10, 1984, 73–78. In vari modi rilevante è A. MAGRIS, Carlo Kerényi e la ricerca fenomenologica della religione, Milano 1975. Per le differenze tra Pettazzoni, un libero pensatore, e G. van der Leeuw, intimamente legato alla «Nederlands Hervormde Kerk», vedi ora H. G. HUBBELING, Divine Presence in Ordinary Life. Gerardus van der Leeuw's Twofold Methods, Mededel. Koninkl. Nederlandse Akad. N. R. 49, 1986, No. 1.

Per E. Colorni basti rinviare a N. BOBBIO, introd. agli Scritti di Colorni, Firenze 1975 e L. SOLARI, E. C., Venezia 1980 (con bibl.): cfr. anche E. GARIN, Diz. Biografico degli Italiani, 27, 1982. Siano infine indicati alcuni volumi che possono orientare su posizioni differenti della storiografia italiana contemporanea: La ricerca storica marxista in Italia, Roma 1974, a cura di O. CECCHI; A. DEL NOCE, Il suicidio della rivoluzione, Milano 1978; Autori vari, Nietzsche e Clio. Storia e vita oggi, Pisa 1984. Per le vicende della ›Cultura‹ negli anni '30 è essenziale Z. CIUFFOLETTI, introduzione a Nello Rosselli. Uno storico sotto il Fascismo: Lettere e scritti vari, Firenze 1969. E avendo nominato Nello Rosselli, è naturale concludere queste brevi indicazioni con il saggio di Aldo GAROSCI su A. Omodeo in Rivista Storica Italiana 77, 1965; e 78, 1966; e con il volume di Leo VALIANI, Fra Croce e Omodeo, Firenze 1984.

IL PRIMO MILLENARIO DI ROMA
NELLA COSCIENZA DEI CONTEMPORANEI *

Di Leandro Polverini

1. Il 21 aprile dell'anno 248 l'imperatore Filippo l'Arabo celebrò a Roma il millesimo anniversario della fondazione della città.[1] Un evento così significativo, almeno dal punto di vista simbolico e psicologico, non ha avuto fortuna nella storiografia antica. Per quanto riguarda la storiografia greca, l'opera di Cassio Dione termina con l'anno 229 e quella di Erodiano con il 238; dei ›Χρονικά‹ di Dessippo, che arrivavano al 269/70, sono rimasti solo fram-

---

* Piace offrire al prof. Karl Christ pagine stese a Marburgo nel semestre invernale 1984/85, quando ero ospite del Seminario di Storia antica: al gradito ricordo del soggiorno si accompagna il ringraziamento per l'aiuto da lui prestato anche a queste pagine. – Ringrazio, inoltre, i proff. Heinz Bellen, Alexander Demandt, Adolf Lippold, Rolf Rilinger e Barbara Scardigli per l'invito a presentare il testo nelle rispettive sedi universitarie, e per i suggerimenti che scaturirono dalle discussioni.

[1] L'indicazione, nelle monete del millenario, del terzo consolato dell'imperatore Filippo (RIC IV 3, p. 71 nr. 24; p. 81 nr. 107; p. 88 nr. 157; p. 89 nr. 162; p. 103 nr. 271 e nota) e del secondo consolato del figlio (ivi, p. 97 nr. 225; p. 102 nr. 265) garantisce che il millenario fu celebrato nell'anno 248 (cfr. A. Degrassi, I fasti consolari dell'impero romano, Roma 1952, 68). Ma non c'è ragione di affermare che la celebrazione fu ritardata di un anno (così G. Wissowa, Religion und Kultus der Römer, München ²1912, 432; M. P. Nilsson, s. v. Saeculares ludi, RE I A 2, 1920, c. 1719; E. Diehl, Das ‹saeculum›, seine Riten und Gebete, RhM N. F. 83, 1934, 371) o fu calcolata secondo l'era capitolina (così Th. Mommsen, Die römische Chronologie bis auf Caesar, Berlin ²1859, 193; P. Brind'Amour, L'origine des jeux séculaires, ANRW II 16, 2, 1978, 1359). La cronologia varroniana, prevalente e pressoché canonica in età imperiale, aveva fissato la fondazione di Roma al terzo anno della sesta olimpiade (estate 754/estate 753), cioè al 21 aprile 753 (cfr. F. K. Ginzel, Handbuch der mathematischen und technischen Chronologie II, Leipzig 1911, 194–197); se è vero che, per evidenti ragioni pratiche, gli anni *ab Urbe condita* erano stati equiparati agli anni consolari (1 a. U. c. = 753 a. C. e, quindi, 1000 a. U. c. = 247 d. C.), restava pur chiaro il concetto che gli anni di Roma si dovevano contare *ex Parilibus* (Censor. De die nat. 21, 6): il millesimo anno di Roma iniziava, dunque, il 21 aprile 247 e si concludeva il 21 aprile 248 (vd. nt. 7; resta fondamentale J. Gagé, Recherches sur les jeux séculaires, Paris 1934, 92–93). – Quanto alla data del 21 aprile, già probabile per il fatto che in quel giorno si celebrava ufficialmente il *Natalis Urbis* (dal 121 o, comunque, dal regno di Adriano: vd. A. Degrassi, Inscriptiones Italiae, XIII 2, Romae 1963, 445), essa è attestata nella ›Cronaca‹ di Girolamo (p. 217f Helm).

menti;² all'inizio del VI secolo, nel I libro della ›Ἱστορία νέα‹ di Zosimo, per ragioni solo parzialmente comprensibili il millenario di Roma non è neppure ricordato.³ (Lo aveva ricordato invece, due secoli prima, Eusebio nella sua ›Cronaca‹, che è andata perduta, ma è a noi indirettamente nota attraverso la traduzione armena e – come vedremo – la rielaborazione di Girolamo). Per quanto riguarda la storiografia latina, la grande opera di Ammiano Marcellino si è conservata solo dal XIV libro (con il quale la trattazione era ormai giunta all'anno 353), mentre della raccolta di biografie imperiali che va sotto il nome di ›Historia Augusta‹ manca proprio la biografia di Filippo – e forse è meglio così, se si pensa alla problematicità di tutto quello che ha a che fare con tale opera! (Un riferimento incidentale alla celebrazione del millenario di Roma nella biografia di Gordiano III mostra, ad ogni modo, come e quanto l'argomento dovesse interessare all'autore della ›Historia Augusta‹⁴). Re-

---

² FGrHist 100 F 1–5 e 9–23 (e relativo commento). Che l'opera di Dessippo si concludesse con il regno di Claudio II è noto da Fozio (Bibl. 77, p. 53b, 36–37; 82, p. 64a, 12–14).

³ Nonostante il carattere riassuntivo del I libro, sono cinque i capitoli (18–22) dedicati al regno di Filippo, del quale la celebrazione del millenario costituiva l'evento, se non più importante, certo più vistoso e caratteristico. La famosa digressione sui *ludi saeculares* (II 1–7; cfr. F. Paschoud, Zosime. Histoire nouvelle I, Paris 1971, 79 e 191–192), dove pure non si parla della celebrazione di Filippo nel 248 (né di quella di Antonino Pio un secolo prima), mostra l'implicita polemica di Zosimo contro la nuova serie di celebrazioni secolari (vd. nt. 5); ma quel che a Zosimo doveva soprattutto dispiacere, nella celebrazione millenaria di Filippo, era probabilmente la connessione di essa con il presunto cristianesimo dell'imperatore, sottolineata dalla storiografia cristiana (vd. gli autori citati più avanti nel testo, e spec. Oros. Hist. VII 20, 3; ringrazio il prof. François Paschoud per un'utile discussione su questo punto).

⁴ H. A. Gord. 33, 1–3: *fuerunt sub Gordiano Romae elefanti triginta et duo, ... alces decem, tigres decem, leones mansueti sexaginta, leopardi mansueti triginta, belbi, id est yaenae, decem, gladiatorum fiscalium paria mille, hippopotami sex, rinoceros unus, arcoleontes decem, camelopardali decem, onagri viginti, equi feri quadraginta et cetera huius modi animalia innumera et diversa ... omnia haec Philippus exhibuit saecularibus ludis et muneribus atque circensibus, cum millesimum annum a condita urbe in consulatu suo et filii sui celebravit* (l'autore della ›Historia Augusta‹ è notoriamente ricco di fantasia; solo alcuni degli animali elencati compaiono nelle figurazioni monetali relative agli spettacoli del millenario; vd. nt. 13). – Secondo l'interessante ipotesi di A. R. Birley (The Lacuna in the Historia Augusta, Bonner H.-A.-Colloquium 1972/74, Bonn 1976, 57), l'ampio riferimento agli spettacoli di Filippo nella biografia di Gordiano III avrebbe offerto all'autore della ›Historia Augusta‹ – dopo la decisione d'introdurre una lacuna ‹artificiale› fra Gordiano III e Valeriano (alla quale aveva già pensato I. Casaubon) – la possibilità di utilizzare materiale già raccolto. L'imprevedibilità della ›Historia Augusta‹ è mostrata, ad ogni modo, dalla rilevazione che essa non ha niente da dire sui *ludi saeculares* celebrati da Settimio Severo nel 204 (né su quelli di Antonino Pio nel 147 o 148).

stano, dunque, solo i sommari storici o cronologici del IV e V secolo, dai quali non ci si può certo attendere molto, nei quali in effetti troviamo informazioni così sintetiche che vale la pena di riportarne senz'altro la parte essenziale.

Il cosiddetto ›Cronografo dell'anno 354‹ si limita, ovviamente, a registrare l'evento (p. 147, 32–33 Mommsen): *Duo Philippi ... saeculares veros in circo maximo ediderunt*.[5] Non molto più ampia è l'informazione fornita da Aurelio Vittore ed Eutropio; così il primo (Caes. 28,1): *Marcus Iulius Philippus..., sumpto in consortium Philippo filio, Romam venere; exstructoque trans Tiberim lacu, ... annum Urbis millesimum ludis omnium generum cele brant;*[6] e il secondo (IX 3): *his* [i due Filippi] *imperantibus millesimus annus Romae urbis ingenti ludorum apparatu spectaculorumque celebratus est*. Qualcosa di più sul millenario e i relativi spettacoli sappiamo da Girolamo (Chron. p. 217c–f Helm) che, come si è detto, ha rielaborato la ›Cronaca‹ di Eusebio:

Philippus Philippum filium suum consortem regni facit primusque omnium ex Romanis imperatoribus Christianus fuit. Regnantibus Philippis millesimus annus Romanae urbis expletus est.[7] Ob quam sollemnitatem innumerabiles bestiae in circo magno interfectae ludique in campo Martio theatrales tribus diebus ac noctibus populo pervigilante celebrati ... Athlamos natali Romanae urbis cucurrit et agon mille annorum actus.[8]

Da Girolamo, a loro volta, dipendono sostanzialmente i successivi scrittori cristiani,[9] in particolare Orosio (Hist. VII 20,2):

---

[5] Perché *veros*? La spiegazione più ovvia sembra quella offerta dalla già ricordata (nt. 3) polemica sulle due serie di *ludi saeculares* in età imperiale: la serie tradizionale, e più importante, calcolata sul *saeculum* di 110 anni (17 a. C., 88, 204), e quella che faceva riferimento ai secoli dalla fondazione di Roma (così già nel 900 a. U. c. = 147/8, e forse nell'800 = 47/8; su tutta la questione Gagé, Recherches 77–111). Come Zosimo (II 7) lamentava la mancata effettuazione dei *ludi* della prima serie nel 314 (dopo quelli di Settimio Severo nel 204), così Aurelio Vittore (Caes. 28, 2) aveva deplorato che nel 348 non fossero stati rinnovati i *ludi* della seconda serie.

[6] Cfr. Epit. de Caes. 28, 2.

[7] La precisazione (anche nella versione armena, e quindi in Eusebio) che la celebrazione ebbe luogo al compimento del millesimo anno – importante per la questione discussa nella nt. 1 – è particolarmente significativa in un'opera cronologica. Si noti anche, alla fine della citazione, il riferimento al 21 aprile *(Natalis Romae)*.

[8] Versione armena: *In principio regni Philipi cum filio millesimus annus Romae completus est, et bestiae in Circo magno interfectae, ludique theatrales in campo Martio per noctem tribus diebus celebrati sunt, peragebant autem tres dies per noctem* (II p. 180d Schöne; cfr. p. 225 Karst).

[9] In forma più esplicita, com'è ovvio, le cronache – del VI e VII secolo – di Cassiodoro e di Isidoro (risp. p. 147, 949 e p. 462, 304 Mommsen).

Hic [Filippo] primus imperatorum omnium Christianus fuit ac post tertium imperii eius annum millesimus a conditione Romae annus impletus est. Ita magnificis ludis augustissimus omnium praeteritorum hic natalis annus a Christiano imperatore celebratus est.

La notizia, di Girolamo e poi di Orosio, che Filippo fu il primo imperatore cristiano avrebbe certo grande significato anche per la presente indagine, ma è quasi sicuramente falsa (più avanti vedremo come la notizia ha potuto avere origine [10]).

Questo è tutto, o quasi tutto, quel che sappiamo sul millenario di Roma dalle fonti letterarie.[11] Dalle fonti epigrafiche sappiamo ancora meno, cioè niente.[12] Le monete, invece, confermano che il millenario di Roma fu celebrato soprattutto con spettacoli; danno un'idea abbastanza precisa della natura di tali spettacoli;[13] attestano che il solo aspetto religioso della celebrazione dovette essere quello connesso con il *templum Urbis,* il tempio della dea Roma;[14] fanno conoscere infine (ed è questo per noi l'aspetto più importante) l'ispirazione ufficiale della celebrazione del millenario. Le due caratteristiche leggende *Miliarium saeculum*[15] e *Saeculum novum*[16] – così come la leggenda *Roma aeterna*[17] – mostrano, infatti, la volontà propagandistica di finalizzare l'inevitabile riflessione sul passato millenario della

---

[10] Vd. nt. 42. Ma fin da ora val la pena di rilevare che la notizia della ›Cronaca‹ di Girolamo sul cristianesimo di Filippo non compare nella versione armena: non era, dunque, nella ›Cronaca‹ di Eusebio.

[11] Le fonti letterarie sul millenario di Roma sono raccolte integralmente da G. B. Pighi, De ludis saecularibus, Milano 1941, 90–92.

[12] Si può pensare che anche i *ludi saeculares* di Filippo abbiano avuto i loro *commentarii epigraphici,* quali sono noti per le celebrazioni di Augusto, di Claudio e di Settimio Severo (vd. G. B. Pighi, s. v. Ludi saeculares, DE IV 3, fasc. 66, 1977, pp. 2106–2107), ma non se ne conosce alcun frammento.

[13] Le figurazioni monetali documentano l'effettuazione di *ludi circenses* e di *venationes,* e dei vari tipi di animali in esse impiegati (vd. la rassegna di Pighi, De ludis saecularibus 92–94, e poi in DE IV 3, pp. 2107–2108; cfr. RIC IV 3, p. 62).

[14] Restano fondamentali le ricerche di J. Gagé, Le ‹Templum Urbis› et les origines de l'idée de ‹Renovatio›, in: Mélanges Franz Cumont, Bruxelles 1936, spec. p. 170; ‹Saeculum novum›. Le millénaire de Rome et le ‹Templum Urbis› sur les monnaies du IIIe siècle ap. J.-C., in: Transactions of the International Numismatic Congress 1936, London 1938, 179–186 (cfr. Recherches 91–92 e 97; RIC IV 3, p. 62 e nota).

[15] RIC IV 3, p. 88 nr. 157; p. 93 nr. 199; p. 103 nr. 271.

[16] RIC IV 3, p. 71 nr. 25; p. 79 nr. 86; p. 81 nr. 108; p. 82 nr. 118; p. 89 nr. 163 (con la correzione di p. x); p. 99 nr. 244.

[17] RIC IV 3, p. 73 nr. 44; p. 75 nr. 65; p. 78 nr. 85; p. 81 nr. 106; p. 85 nr. 140; p. 99 nr. 243; p. 100 nr. 251 (il tema dell'*aeternitas* è presente in vari altri tipi monetali). A differenza delle altre due più caratteristiche leggende, *Roma aeterna* era comparsa già nel II secolo, per imporsi dall'età dei Severi.

città ad una rinnovata fiducia nel suo futuro, mai tanto incerto come in quegli anni di anarchia militare, che i moderni hanno definito la ‹crisi del III secolo›.

Ci chiediamo in che rapporto stia l'evidente volontà propagandistica attestata dalla documentazione numismatica con la realtà dell'opinione pubblica. In altre parole: possiamo noi conoscere qualcosa di quel che i contemporanei saranno stati indotti a pensare da una celebrazione almeno simbolicamente e psicologicamente (si è detto) tanto significativa? Il quesito propone, se non altro, un tentativo di applicare alla storia antica i problemi e, per quanto possibile (cioè per quanto lo concedono le fonti), i metodi della cosiddetta «histoire des mentalités»,[18] che tanto successo hanno avuto nello studio di più recenti periodi dello svolgimento storico.

2. Nell'ultimo ventennio si è affermata un'interessante tendenza storiografica, intesa a cercare i riflessi della ‹crisi del III secolo› nella letteratura contemporanea. È una tendenza che ha i suoi precedenti in un'illustre tradizione storiografica tedesca che va da Jakob Burckhardt (Die Zeit Constantins des Großen, 1853) a Joseph Vogt (Der Niedergang Roms, 1965),[19] che anche per questa ragione forse ha trovato in Germania gli svolgimenti più significativi[20]

---

[18] Come giustificazione metodica del tentativo può valere, in ogni caso, l'affermazione di un maestro come J. Le Goff: «Le premier attrait de l'histoire des mentalités réside précisément dans son imprécision» (Faire de l'histoire, sous la direction de J. Le Goff et P. Nora, III, Paris 1974, 76); cfr. V. Sellin, Mentalität und Mentalitätsgeschichte, HZ 241, 1985, 568.

[19] Sulla classica opera di Burckhardt è ora fondamentale (nella più recente edizione: München 1982, 355–375) il ›Nachwort‹ di K. Christ; un importante sussidio all'essenziale aspetto storico-artistico di essa offre l'apparato iconografico (di 122 tavole) apprestato da F. Zeri per un'edizione italiana (L'età di Costantino il Grande, Firenze 1957). – Quanto all'opera di Vogt, meglio caratterizzata dal sottotitolo (›Metamorphose der antiken Kultur‹; è significativa la rapida successione di edizioni in varie lingue: Zürich 1965, Milano 1965, London 1967, Madrid 1968), il suo rapporto con quella di Burckhardt – nella prospettiva storiografica di cui si parla – è chiarito da un precedente libro di Vogt: Constantin der Große und sein Jahrhundert, München 1949 (^{2}1960), spec. pp. 9–91 (I. Teil: Die Krise der antiken Welt im 3. Jahrhundert).

[20] Rinvio, per brevità, alla rassegna citata subito dopo nel testo. In generale, vd. spec. G. Alföldy, Historisches Bewußtsein während der Krise des 3. Jahrhunderts, in: Krisen in der Antike. Bewußtsein und Bewältigung, Düsseldorf 1975, 112–132 (ivi, pp. 133–144: K. Fittschen, Die Krise des 3. Jahrhunderts n. Chr. im Spiegel der Kunst). L'importante studio d'assieme di G. Alföldy (apparso originariamente in inglese: The Crisis of the Third Century as Seen by Contemporaries, GRBS 15, 1974, 89–111) è, nel seguito della presente indagine, generalmente presupposto; le occasionali citazioni fanno riferimento all'edizione inglese, più nota ed accessibile.

Il primo millenario di Roma nella coscienza dei contemporanei 349

– e in America la posizione critica più radicale.[21] Certo, i presupposti metodici di tale tendenza sono problematici e, già per questa ragione, appaiono discutibili i risultati finora conseguiti.[22] Mi propongo di affrontare la questione in una rassegna dal titolo ›La crisi del III secolo nella prospettiva della letteratura contemporanea‹ (cioè della letteratura del III secolo), prevista per un futuro volume di ›Aufstieg und Niedergang der römischen Welt‹, dove prendo in esame gli studi recenti e i testi letterari del III secolo nei quali si è creduto di riconoscere la consapevolezza che i contemporanei, appunto, avevano di vari aspetti della ‹crisi del III secolo›.[23] Mi limito ora a ricordare alcuni scritti del III secolo che agli studiosi sono apparsi particolarmente significativi.

Lo scrittore che sembra offrire più ampia ed articolata materia a tale prospettiva di ricerca è senza dubbio Cipriano, con il suo ricco epistolario e i trattati ›Ad Donatum‹ e ›Ad Demetrianum‹, strettamente legati alle vicende della metà del III secolo. Rinvio, in proposito, all'ampia e puntuale analisi che di queste e di altre opere di Cipriano ha condotto Géza Alföldy.[24] Allo stesso studioso si deve la più specifica analisi – nella prospettiva di cui si parla – dell'opera storica di Erodiano[25]: Erodiano è, con Cipriano, lo scrittore del III secolo che sembra mostrare più precisa e concreta consapevolezza di alcuni aspetti della crisi del proprio tempo. Un altro scritto, al quale è fatto immancabile riferimento da quanti (a cominciare almeno da Rostovzev[26]) hanno cercato nella letteratura contemporanea il riflesso della ‹crisi del III secolo›, è l'orazione ›Εἰς βασιλέα‹, conservata fra quelle di Elio Aristide, ma da tempo attribuita ad un anonimo retore dell'età di Filippo;[27]

[21] R. MacMullen, Roman Government's Response to Crisis A. D. 235–337, New Haven – London 1976, 1–23 (Ch. 1: The Perception of Decline).
[22] Per un'equilibrata valutazione delle possibilità, e dei limiti, di un giudizio dei contemporanei sulla propria epoca (con particolare riferimento all'età tardoantica) vd. ora A. Demandt, Der Fall Roms, München 1984, 44–45.
[23] Poiché tale rassegna costituisce il presupposto essenziale – in termini metodologici e bibliografici – della presente indagine, è sembrato opportuno lasciare a questa il suo carattere originario di sintetica esposizione orale, con l'aggiunta di un sommario apparato di note documentarie (e si rinvia alla futura rassegna per l'esame analitico dei numerosi e complessi problemi).
[24] Der Heilige Cyprian und die Krise des römischen Reiches, Historia 22, 1973, 479–501.
[25] Zeitgeschichte und Krisenempfindung bei Herodian, Hermes 99, 1971, 429–449.
[26] The Social and Economic History of the Roman Empire, Oxford 1926, spec. pp. 397–398 e 403–405 (= ²1957, pp. 451 e 458).
[27] Dopo il fondamentale studio di E. Groag, Die Kaiserrede des Peudo-Aristides, WS 40, 1918, 20–45, vd. spec. J. Moreau, Krise und Verfall. Das dritte Jahrhundert n. Chr. als historisches Problem, in: Scripta minora, Heidelberg 1964, 35–36 e 39–41; L. J. Swift, The Anonymous Encomium of Philip the Arab, GRBS 7, 1966, 267–289

e questa resta l'opinione prevalente, nonostante i tentativi anche recenti in altro senso.[28]

Le opere citate hanno almeno un elemento in comune. L'orazione ›Εἰς βασιλέα‹ è stata datata al 247;[29] i primi scritti di Cipriano seguono immediatamente la sua conversione, intorno al 246, e la sua elezione a vescovo di Cartagine, nel 248 o 249;[30] l'opera storica di Erodiano è generalmente assegnata al regno di Filippo.[31] Ma, per quanto riguarda Erodiano, un'altra considerazione è più importante: qual era il termine fino a cui egli intendeva condurre la sua opera? Lo scrittore offre, in proposito, due notizie contrastanti: nel proemio parla di una trattazione di sessant'anni (I 1,5: ἐν ἔτεσιν ἑξήκοντα), alla fine del secondo libro di una trattazione di settant'anni (II 15,7: ἐτῶν ἑβδομήκοντα πράξεις). Come sempre in questi casi, sono state via via proposte tutte le soluzioni possibili.[32] Ora, se teniamo presente che l'inizio dell'opera è l'anno 180 (morte di Marco Aurelio); che le due cifre (sessanta e settanta anni) sono verosimilmente arrotondate, nello spirito retorico che informa la

---

(con traduzione e commento del testo); H. Bengtson, Das Imperium Romanum in griechischer Sicht, in: Kleine Schriften, München 1974, 564–566.

[28] C. P. Jones, Aelius Aristides, εἰς βασιλέα, JRS 62, 1972, 134–152 (l'orazione è restituita ad Elio Aristide!); S. A. Sterz, Ps.-Aristides, εἰς βασιλέα, CQ 29, 1979, 172–197 (l'orazione sarebbe un esercizio retorico, in onore di un monarca immaginario, composto nel III o nel IV secolo); S. Faro, La coscienza della crisi in un anonimo retore del III secolo, Athenaeum N. S. 58, 1980, 406–428 (l'orazione è assegnata all'età di Gallieno). Ma vd. MacMullen, Roman Government's Response to Crisis 10 e nt. 32, e L. de Blois, The Third Century Crisis and the Greek Elite in the Roman Empire, Historia 33, 1984, 374 nt. 59 (non mi è noto lo specifico studio ivi annunciato di prossima pubblicazione).

[29] Così da Groag e poi, generalmente, da quanti hanno accolto la tesi dell'età di Filippo. Nell'Appendice II (pp. 427–428) dello studio di Faro citato nella nota precedente è raccolta un'utile sinossi della variegata serie di attribuzioni e datazioni dell'orazione, proposte dai molti studiosi che si sono occupati della questione (che potrebbe, ormai, fare il paio con quella della ›Historia Augusta‹, non fosse per l'esiguità documentaria, bisogna riconoscere, dell'›Εἰς βασιλέα‹).

[30] In particolare, l'›Ad Donatum‹ è assegnato comunemente al 246, l'›Ad Demetrianum‹ al 251 o al 252; inizia, ovviamente, con l'elezione episcopale la corrispondenza conservata (si rinvia all'esauriente studio di G. Alföldy, citato nella nt. 24; vd., in particolare, T. Molagen, Cyprien de Carthage. À Donat, Paris 1982, 12, e E. Gallicet, Cipriano. A Demetriano, Torino 1976, 53).

[31] Con riferimento alla composizione, non necessariamente alla pubblicazione (che qui, del resto, non interessa): vd. F. Cassola, Erodiano. Storia dell'impero romano dopo Marco Aurelio, Firenze 1967, x; C. R. Whittaker, Herodian I, London – Cambridge, Mass. 1969, xv–xix; G. Alföldy, Herodians Person, AncSoc 2, 1971, spec. p. 209.

[32] Vd. F. Cassola, Sulla vita e sulla personalità dello storico Erodiano, NRS 41, 1957, 217–218; Whittaker, Herodian I, ix–xi.

Il primo millenario di Roma nella coscienza dei contemporanei 351

storiografia antica; che con l'elezione di Gordiano III nell'agosto 238, cioè con la fine dell'VIII libro, l'opera è quasi sicuramente rimasta interrotta – se teniamo presenti questi tre fatti, la soluzione più ragionevole sembra questa: la prima cifra (sessant'anni) si riferisce al periodo effettivamente trattato, dal 180 al 238 (e poco importa, ora, che la cifra si debba ad Erodiano stesso o ad un copista); la seconda cifra (settant'anni) al periodo che l'autore intendeva trattare, una decina dunque di anni ancora dopo il 238, cioè fin verso il 248.[33]

A questo punto è difficile sottrarsi alla suggestione dell'ipotesi che la convergenza intorno all'anno millenario di Roma (dal 21 aprile 247 al 21 aprile 248, è forse opportuno ricordare[34]) di opere tanto diverse, ma a vario titolo e in varia misura significative come testimonianza della riflessione dei contemporanei su alcuni aspetti almeno della ‹crisi del III secolo›, non sia casuale.[35] Ci si chiede: esistono altri scritti che possano dare consistenza a tale ipotesi?

3. Scrittori cristiani (come Cipriano) e storici (come Erodiano) sembrano offrire l'ambito più opportuno, almeno per una prima ricerca. Per quanto riguarda gli scrittori cristiani, non prenderò certo in considerazione Commodiano, sebbene sia stata recentemente ripresa la tesi tradizionale che voleva Commodiano contemporaneo di Cipriano[36]: non si può fare affidamento su un'opera come il ›Carmen apologeticum‹, in cui sono stati riconosciuti riflessi

[33] Cfr. Whittaker, Herodian I, xvii–xix; Alföldy, Herodians Person 206–209.
[34] Vd. nt. 1.
[35] Per quanto riguarda l'opera di Erodiano, il collegamento con la celebrazione del millenario di Roma è stato, in effetti, proposto più volte: Whittaker, Herodian I, xviii («Herodian may have thought the Secular Games a useful occasion to produce his *History*, though there is no need to assume it was written specially for the event»); Alföldy, Herodians Person 210 («Die Atmosphäre der Zeit um 248 hätte Herodians Werk gewiß vielfach entsprechen können. Herodians starkes Interesse für Feste, unter anderem für das Säkularfest des Jahres 204, wäre zur Zeit der Vorbereitungen auf das Säkular- und Millenniumfest des Jahres 248 oder unter dem Einfluß dieser Feierlichkeiten durchaus vorstellbar»). – Per quanto riguarda l'›Εἰς βασιλέα‹, anche la mancanza di qualsiasi riferimento alla celebrazione del millenario indusse Groag (Eine Kaiserrede 40) a datare l'orazione al 247 (quando, ad ogni modo, sarebbe stato ovvio il clima di attesa per il compimento dei mille anni di Roma: vd. quanto si dice più avanti nel testo, p. 353, a proposito di Censorino). – Per Cipriano, infine, vd. nt. 38.
[36] La tesi tradizionale (vd. M. Schanz – C. Hosius – G. Krüger, Geschichte der römischen Litteratur, III, München ³1922, 399–400) è stata validamente riproposta da M. Simonetti, Sulla cronologia di Commodiano, Aevum 27, 1953, 227–239 (il ›Carmen apologeticum‹ sarebbe, in ogni caso, successivo alla persecuzione del 251) e poi largamente accolta (cfr. Alföldy, Der Heilige Cyprian 480 nt. 6). Ma vd. ora P. Gruszka, Kommodian und seine sozialen Ansichten, Klio 66, 1984, 230–256: Commodiano è riportato al V secolo (e gli avvenimenti ai quali egli si riferisce nel ›Carmen‹ sarebbero quelli del 410).

di avvenimenti storici così della metà del III secolo come del V. Prenderò, invece, in considerazione Origene, che proprio nel 248 o intorno al 248 pubblicava la sua famosa apologia ›Κατὰ Κέλσου‹, contro un filosofo pagano, la cui opera di polemica anticristiana era apparsa settant'anni prima.[37] Perché una replica a tanta distanza di tempo? Gli storici della letteratura cristiana non hanno mancato di porsi il quesito, al quale hanno dato risposte diverse (o nessuna risposta).[38] Ci si chiede se una circostanza come il millenario di Roma non possa aver sollecitato il confronto dialettico (che presto, con Decio, sarebbe diventato scontro violento) fra pagani e cristiani, come notoriamente avvenne dopo la presa di Roma ad opera di Alarico nel 410.[39] Nella replica a Celso sono stati, in effetti, riconosciuti riferimenti alle vicende del tempo tanto più significativi in un autore come Origene, normalmente immerso nell'astrazione della speculazione teologica. Tali riferimenti sono stati riconosciuti – a quanto mi è noto – solo in un'altra opera di Origene: il ›Commento a Matteo‹;[40] come sappiamo da Eusebio, anche quest'opera fu scritta durante il regno di Filippo.[41] A questo punto si vorrebbe sapere di più sulla corrispondenza fra Origene e l'imperatore, pure attestata da Eusebio.[42]

---

[37] Eus. Hist. eccl. VI 36, 2.

[38] Cfr. J. Quasten, Patrology II, Utrecht-Antwerp 1953, 52–57; B. Altaner, Patrologie, Freiburg ^{8}1978, 203–204.

[39] La connessione dell'apologia di Origene con il millenario di Roma è stata più volte proposta, da K. J. Neumann (Der römische Staat und die allgemeine Kirche bis auf Diocletian I, Leipzig 1890, pp. 265–273) ai più recenti editori (H. Chadwick, Contra Celsum, Cambridge 1953, xv; M. Borret, Contre Celse I, Paris 1967, 19–21). Che Origene e Cipriano prendessero posizione contro accuse analoghe a quelle che sarebbero state mosse ai cristiani nel 410, sollecitate allora dal clima del millenario, ha ben rilevato J. Molthagen, Der römische Staat und die Christen im zweiten und dritten Jahrhundert, Göttingen 1970, 78.

[40] Cfr. Alföldy, The Crisis of the Third Century 95 e nt. 20, e spec. p. 105.

[41] Eus. Hist. eccl. VI 36, 2.

[42] Hist. eccl. VI 36, 3: φέρεται δὲ αὐτοῦ [di Origene] καὶ πρὸς αὐτὸν βασιλέα Φίλιππον ἐπιστολὴ καὶ ἄλλη πρὸς τὴν αὐτοῦ γαμετὴν Σευήραν. – Proprio la notizia di questa corrispondenza ha dato forza, con ogni probabilità, alla tradizione che Filippo fosse cristiano; ma la falsità della tradizione può dimostrarsi *ex silentio* dalla stessa notizia di Eusebio, che conosceva le lettere, e certo non avrebbe mancato di citarle come prova del cristianesimo di Filippo (è significativo che al cristianesimo dell'imperatore Eusebio non faccia riferimento neppure nella ›Cronaca‹, a differenza poi di Girolamo: vd. nt. 10): resta classica la dimostrazione di Neumann, Der röm. Staat u. die allg. Kirche I, 247–250 (cfr. E. Stein, s. v. M. Iulius Philippus, RE X 1, 1917, cc. 768–770; la posizione opposta è argomentata al meglio da M. Sordi, Il cristianesimo e Roma, Bologna 1965, 253–256 (cfr. ANRW II 23, 1, 1979, 357–358; ma vd. H. A. Pohlsander, Philip the Arab and Christianity, Historia 29, 1980, 463–473). Quale che sia stata l'origine della tradizione, divenuta poi canonica nel corso dell'Alto Medioevo, è ad ogni modo

Il primo millenario di Roma nella coscienza dei contemporanei 353

Per quanto poi riguarda gli storici, quel che si è detto dell'opera di Erodiano sembra trovare singolare corrispondenza in un'opera perduta di un altro storico greco, Asinio Quadrato.[43] L'opera aveva il titolo ›Χιλιετηρίς‹ (›Millennium‹). Cominciava con la fondazione di Roma, come assicura una famosa enciclopedia antica;[44] avrebbe, dunque, dovuto concludersi (secondo la cronologia varroniana) con l'anno 247/8, come sostiene Eduard Schwartz in una famosa enciclopedia moderna.[45] Poiché ›Χιλιετηρίς‹ è l'ultima opera attribuita ad Asinio Quadrato, non sorprende che essa terminasse con i Severi, rimanesse cioè interrotta, come è spesso il destino delle opere troppo ambiziose. L'interesse di uno storico antico per le ricorrenze cronologiche è, del resto, ovvio; quale forza di attrazione il millesimo anniversario di Roma, in particolare, dovesse esercitare non solo su uno storico, ma sulla cultura erudita in genere, non è solo un'ipotesi verosimile: già dieci anni prima, nel 238, il grammatico Censorino si era soffermato a lungo nella sua opera ›De die natali‹ a dimostrare che in quell'anno terminava il 990° e cominciava il 991° anno di Roma.[46]

Come l'opera storica di Erodiano anche quella di Asinio Quadrato avrebbe, dunque, tratto ispirazione dal millenario di Roma.[47] Analoga corrispondenza potrebbe trovare il discorso ›Εἰς βασιλέα‹, se effettivamente ispirato dal clima del millenario, in quello che il sofista ateniese Nicagora a capo di una delegazione tenne a Roma davanti all'imperatore Filippo[48] (considerazioni di vario ordine impediscono di attribuire senz'altro a Nicagora l'›Εἰς βασιλέα‹[49]).

molto probabile che la tradizione stessa abbia trovato alimento proprio nella connessione di Filippo con il millenario di Roma: vd. Gagé, Le ‹Templum Urbis› 183–186; F. Paschoud, Roma aeterna, Rome 1967, 10 e 283–284.

[43] G. Zecchini, Asinio Quadrato storico di Filippo l'Arabo, ANRW (in corso di pubblicazione; ringrazio l'autore per avermi permesso la lettura del dattiloscritto). Per la possibile identificazione dello scrittore con un senatore romano: PIR^2 A 1244–1246. Dell'opera di cui si parla subito dopo nel testo restano pochi frammenti (FGrHist 97 F 1–4 e 21–26).

[44] Suda, s. v. Κοδράτος.

[45] Ed. Schwartz, s. v. Asinius Quadratus, RE II 2, 1896, c. 1603: «Den Schluss bildete also, oder sollte wenigstens bilden, die Millenniumsfeier 248 n. Chr. unter Philippus Arabs».

[46] Censor. De die nat. 21, 6. Si segnala l'interessante ipotesi di R. Turcan, La ‹fondation› du temple de Vénus et Rome, Latomus 23, 1964, 52–53: l'importanza del 990° anno di Roma sarebbe consistita, essenzialmente, nel fatto che in quell'anno si concludeva il nono dei *saecula* di 110 anni (dalla fondazione di Roma).

[47] Così Whittaker, Herodian I, XVII: «One Greek historian, Asinius Quadratus, wrote a work called the Χιλιετηρίς *(Millennium)* ... to coincide with the event [la celebrazione del millenario di Roma]».

[48] Suda, s. v. Νικαγόρας.

[49] Già al Groag, che propose Nicagora come autore dell'›Εἰς βασιλέα‹ non sfuggiva

4. Mille indizi non fanno una prova. Ma anche in un processo indiziario il giudice deve pur arrivare ad una conclusione. La mia conclusione – ipotetica, certo, ma non arbitraria – è che la convergenza di tutte queste opere intorno al 248 non può essere casuale: essa documenta la riflessione dei contemporanei intorno ai problemi del proprio tempo, sollecitata dal millenario di Roma nella sua duplice polarità verso il glorioso passato, da una parte, e la drammatica incertezza del futuro, dall'altra.[50] È una conclusione, del resto, già a priori verosimile, se con la caratteristica capacità d'intuizione che caratterizza i grandi storici così poteva esprimersi Edward Gibbon[51]:

> Philip desirous of obliterating the memory of his crimes, and of captivating the affections of the people, solemnized the secular games with infinite pomp and magnificence... The magnificence of Philip's shows and entertainments dazzled the eyes of the multitude. The devout were employed in the rites of superstition, *whilst the reflecting few revolved in their anxious minds the past history and the future fate of the empire.*

Ad una conclusione in certo modo analoga era stato indotto Jean Gagé dall'analisi della documentazione numismatica sul millenario di Roma:

> La rencontre parfaite que les monnaies au thème du *saeculum novum* révèlent, à l'occasion du jubilé de 248, entre les spéculations 'séculaires' en général et la religion de *Roma aeterna* n'est en effet ni fortuite ni soudaine... *La celebration de 248, dont l'écho a été prolongé, a resserré définitivement ces liens subtils;* c'est ainsi que se développera vers la fin du IIIe siècle, dans le cadre de la même religion, le thème de la *renovatio Romanorum*, et que Maxence, au début du IVe, continuera d'appuyer sur le culte du *templum Urbis* son évangile national romain.[52]

Senza dubbio interessante è qui il rapporto fra la celebrazione del millenario e l'ideologia di *Roma aeterna*, che avrebbe avuto un ruolo tanto importante nei due secoli successivi. Anche più interessante – perché più concreto e diretto – sarebbe il collegamento, certo problematico, dell'ideologia del millenario di Roma al tempo di Filippo con la politica del suo immediato successore Decio (249–251), in particolare con il famoso editto e la connessa persecuzione anticristiana[53]: è importante, a questo proposito, che già prima

---

la difficoltà di tale identificazione (Die Kaiserrede des Pseudo-Aristides 44–45): vd. W. Stegemann, s. v. Nikagoras (8), RE XVII 1, 1936, cc. 217–218.

[50] Questa doppia polarità della celebrazione era nettamente sottolineata dalle due caratteristiche leggende monetarie: *Miliarium saeculum*, l'epoca millenaria appena conclusa, e *Saeculum novum*, la nuova epoca di cui s'induceva a sperare pari durata (cfr. Gagé, Le ‹Templum Urbis› 173; ‹Saeculum novum› 138).

[51] The History of the Decline and Fall of the Roman Empire I, London 1909, 208–209 (verso la fine del cap. VII; il corsivo è ovviamente mio).

[52] Gagé, ‹Saeculum novum› 185–186 (anche qui il corsivo è mio).

[53] Spero di poter sviluppare altrove un'interessante prospettiva di ricerca, suggeritami dal prof. Karl Christ sulla prima stesura di queste pagine.

dell'avvento di Decio, nel 248, avessero luogo ad Alessandria tumulti con spargimento di sangue contro i cristiani.[54] Ma, per rimanere ora nell'ambito della presente indagine, poiché non credo che la documentazione numismatica sul millenario di Roma possa da sola giustificare una conclusione generale come quella di Jean Gagé, essa sembra piuttosto – così come la citata affermazione di Edward Gibbon – una prova della verosimiglianza storica della conclusione a cui ci ha condotto un esame pur sommario della letteratura del III secolo.

Le monete permettono, ad ogni modo, di sgomberare il campo da una possibile e seria obbiezione: che gli effetti psicologici del millenario di Roma – limitati a Roma, tutt'al più all'Italia – non potevano influenzare profondamente le provincie, in cui hanno la loro origine alcune delle opere letterarie prese in considerazione.[55] Proprio l'ovvia diffusione delle monete in tutte le provincie dell'impero garantisce la diffusione del messaggio affidato a leggende monetali come quelle citate all'inizio. Monete battute ad Emesa, in Siria, dall'usurpatore Uranio Antonino attestano, anzi, che anche nelle provincie furono forse celebrati spettacoli in ricordo del millenario di Roma o che ad essi comunque si faceva riferimento;[56] e quando in un tipo monetale battuto a Viminacium, in Mesia, dall'usurpatore Marino Pacaziano nel 248/9 troviamo una leggenda come *Romae aetern(ae) an(no) mill(esimo) et primo*,[57] è chiaro che la forza propagandistica di tale leggenda (inizio del *saeculum novum*!) presuppone la familiarità con la riflessione legata, appunto, al millenario di Roma.

È un fatto che, anche senza i ‹mass media› di oggi, gli eventi e le idee della capitale avevano pronta diffusione e vasta risonanza fin nelle più remote provincie: per esempio, per restare al nostro tema, in iscrizioni latine trovate nella provincia di Arabia, a Petra, e che i primi editori avevano datato intorno al 204, si sono potuti riconoscere riferimenti ai giochi secolari celebrati in quell'anno da Settimio Severo e l'eco del messaggio religioso e ideologico ad essi legato.[58]

---

[54] Eus. Hist. eccl. VI 41, 1–9. Ha posto gli avvenimenti di Alessandria in diretto collegamento con la celebrazione del millenario E. Liesering, Untersuchungen zur Christenverfolgung des Kaisers Decius, Diss. Würzburg 1933, 55 (cfr. Molthagen, Der röm. Staat u. die Christen 78–79).

[55] Così uno degli editori dell'apologia di Origene (Chadwick, Contra Celsum xv): «It is difficult to say what effect the millennium had on the public mind, and whether this effect extended much into provinces».

[56] RIC IV 3, p. 205 nr. 7 (cfr. pp. 203–204, sui problemi di autenticità e di cronologia).

[57] RIC IV 3, p. 105 nr. 6 (cfr. pp. 65–66 e G. Elmer, Die Münzprägung von Viminacium und die Zeitrechnung der Provinz Ober-Moesien, NZ 28, 1935, spec. p. 39).

[58] M. Christol, Un écho des jeux séculaires de 204 après Jésus-Christ en Arabie, REA 73, 1971, spec. pp. 125 e 134.

5. A questo punto, più che cercare altri testi ancora a sostegno della conclusione proposta, importa vedere come la riflessione sul millenario di Roma si sia atteggiata nei testi dai quali la presente indagine ha preso le mosse. Poiché la loro presentazione, per non dire la loro analisi, è ora impossibile, mentre singole citazioni sarebbero fuori del loro contesto più suggestive che convincenti,[59] mi limiterò ad una brevissima sintesi.

Nell'orazione ›Εἰς βασιλέα‹ la contrapposizione fra le condizioni dello stato romano prima e dopo l'avvento di Filippo (se a lui si riferisce l'orazione) si risolve nell'immagine retorica della nave sbattuta dalla tempesta che ha finalmente trovato un porto sicuro;[60] allo stesso modo, cioè negli stessi termini retorici, la formulazione di un programma idealizzato di governo si risolve in una proposta di evasione utopica verso un ideale futuro,[61] appunto.

Nell'opera di Cipriano il dramma storico della ‹crisi del III secolo› trova il suo significato – cioè: interpretazione e spiegazione – nella prospettiva escatologica e millenaristica del messaggio cristiano, occasionalmente alimentato dal millenarismo pagano della riflessione sul passato e il destino di Roma. Così nello scritto ›Ad Donatum‹.[62] Più tardi, dopo il 250, sotto l'impressione della persecuzione di Decio, nello scritto ›Ad Demetrianum‹ il tono si fa ancora più radicale e la crisi dell'impero preannuncia ormai al tempo stesso la fine dell'impero e la fine del mondo.[63]

Erodiano è uno storico e, forse anche per ragioni professionali, la sua posizione ci appare la più interessante. Si è detto che il punto d'arrivo della sua storia avrebbe, forse, dovuto esser l'anno del millenario di Roma;[64] ma questa è solo un'ipotesi. Non è un'ipotesi, invece, il punto di partenza: la morte di Marco Aurelio, che già Cassio Dione aveva riconosciuto come l'inizio di un'età di ferro, come l'inizio della decadenza dell'impero romano.[65] Ma la grande opera di Cassio Dione arrivava al 229, e la tradizione voleva che uno

---

[59] Questo vale specialmente per Cipriano, che scrive con stile e pessimismo tacitiano; ma le sue memorabili sentenze, più frequentemente citate, proprio in forza di tali caratteristiche letterarie tendono a sottrarsi ad una precisa connotazione, e connessione, temporale.

[60] Capp. 14–15.

[61] Capp. 16–24.

[62] Vd. S. Mazzarino, Trattato di storia romana II, Roma ²1962, 338–339; Alföldy, Der Heilige Cyprian, spec. pp. 484 e 492.

[63] Vd. S. Mazzarino, La fine del mondo antico, Milano 1959, 38–39; Alföldy, Der Heilige Cyprian, spec. pp. 487–488 e 492–494. In generale, la svolta intorno al 250 – per quanto riguarda il riconoscimento della ‹crisi› da parte dei contemporanei – è stata spesso riconosciuta: con Alföldy (The Crisis of the Third Century 96–97), vd. spec. L. de Blois, The Third Century Crisis 363–364.

[64] Sopra, p. 351.

[65] Dio LXXVII 36, 4: ἀπὸ χρυσῆς τε βασιλείας ἐς σιδηρᾶν καὶ κατιωμένην (cfr. Herodian. I 1, 4).

storico, anche per ovvie ragioni di mercato, si riallacciasse all'ultima opera precedente. Perché, dunque, Erodiano ha voluto cominciare non dal 229, ma dalla morte di Marco Aurelio? Perché la sua opera non voleva essere *una* storia dell'impero romano, ma *la* storia della crisi dell'impero romano. La periodizzazione inaugurata dall'opera di Erodiano sarebbe divenuta canonica, com'è noto, con l'opera di Edward Gibbon.

Erodiano, Cipriano, l'anonimo retore: le tre caratteristiche posizioni riflettono, nella loro differenza, l'ovvia differenza degl'intellettuali che le esprimevano, ma al tempo stesso mostrano l'ampiezza e, direi quasi (se si pensa anche agli altri scrittori che abbiamo ricordato), la generalità della riflessione suscitata dal millenario di Roma nella coscienza contemporanea, in quanto almeno rappresentata dalla cultura contemporanea. Intanto, un imperatore come Filippo l'Arabo si adoperava con rozza, ma vigorosa tenacia a tenere in piedi la vacillante costruzione imperiale,[66] così come avrebbero fatto – con maggiori risultati – i suoi successori illirici, da Decio a Diocleziano. Ad essi si deve, in definitiva, che l'impero romano sopravvivesse in Occidente ancora per due secoli – con tutte le incalcolabili conseguenze che questo fatto ha avuto per la storia della civiltà europea. Ma noi ci sentiamo più vicini a quegl'intellettuali che, in un'epoca di crisi profonda, riflettendo sul passato e sul futuro di Roma, cercavano innanzitutto di comprendere il significato del proprio tempo.

---

[66] Filippo non fu solo uno dei più energici «Soldatenkaiser»; il suo interesse per i problemi economici dell'impero, del resto strettamente e patentemente connessi con quelli militari, è ora rilevato da A. Bianchi, Aspetti della politica economico-fiscale di Filippo l'Arabo, Aegyptus 63, 1983, 185–198. E l'impegno profuso nella celebrazione del millenario mostra che non gli era aliena la capacità di comprendere il significato e la forza dei motivi anche psicologici e simbolici, insomma ideali, della storia. Un'equilibrata sintesi dei vari aspetti del regno di Filippo: L. de Blois, The Reign of the Emperor Philip the Arabian, Talanta 10–11, 1978–79, 11–43.

DER STUMME – LERNE MALEN

Von Maria R.-Alföldi

Plinius der Ältere erzählt in einem anderen Zusammenhang eine interessante Episode vom Enkel gleichen Namens des Q. Pedius, des projektierten Miterben des Octavian/Augustus[1]: der Knabe sei stumm geboren, der Redner Valerius Messala, von der Seite der Großmutter her verwandt, riet, ihn deswegen in der Malerei zu unterrichten, selbst Augustus stimmte dem zu.[2] Für Plinius zeigt sich hier die Hochschätzung der Malerei; man könnte aber noch einen anderen Aspekt darin entdecken: man wollte diesem von der Natur so benachteiligten Jungen anscheinend eine – standesgemäße – andere Sprache, nämlich das Bild, an die Hand geben. Sind also Sprache und Bild gleichwertige, gleichsam partiell austauschbare Möglichkeiten der Mitteilung für die Römer (in unserem Beispiel) der Kaiserzeit? Es scheint so.

Die in manchen Teilen auf viele Jahrhunderte zurückblickende altertumswissenschaftliche Forschung hat die Notwendigkeit und die Praxis der Spezialisierung in die Welt gesetzt. Man braucht sie: anders kann man die Mengen unterschiedlichen Materials nicht im Griff behalten. Die einzelnen Materialgruppen benötigen, nicht minder wichtig, zu ihrem Verständnis jeweils andere Methoden. Das Gegenteil des Segens ist der Fluch, die Kehrseite der übermäßigen Spezialisierung aber der Selbstzweck, der den Blick für die Zusammenhänge verstellt. Im vorliegenden Fall: wer die Bilder behandelt, ist für gewöhnlich kein Philologe, wer die Texte ediert, kein Monumentenforscher. Man kümmert sich selten einmal um die Belange der anderen Spezialdisziplinen; tut man es doch, entsteht schon einmal der Eindruck, daß man die eigene Untersuchung je nach Standort mit den Materialien und Ergebnissen des jeweils anderen Zweiges gleichsam illustriert;[3] den Texten werden beispielsweise ein paar geeignet erscheinende Bilder beigelegt oder die Bilder mit einigen Zitaten aus antiken Autoren ausgestattet, beide aber selten gleichwertig gegeneinander gestellt und behandelt.

---

[1] Zu den Personen: RE 19, 1937, Sp. 38 ff. (Fr. Münzer).

[2] Plin. Nat. Hist. 35, ed. G. Winkler, 1978; 21: *fuit et principum virorum non omittendum de pictura celebre consilium: cum Q. Pedius, nepos Q. Pedii consularis triumphalisque et a Caesare dictatore coheredis Augusto dati, natura mutus esset. in eo Messala orator, ex cuius familia pueri avia fuerat, picturam docendum censuit, idque etiam divus Augustus conprobavit; puer magni profectus in ea arte obiit.*

[3] Dazu ein Beispiel: M. R.-Alföldi, BZ 80, 1987, im Druck.

Bild und Text, ein Inhalt, eine Zielsetzung, zwei Mitteilungen – lediglich mit anderen Mitteln? Versuchen wir, die Frage anhand eines konkreten Beispiels zu beantworten, das aus dem Bereich der spätrömisch/frühbyzantinischen Kaiserrepräsentation kommt, weil dort die Quellen relativ üppig fließen.

Fl. Cresconius Corippus,[4] ursprünglich *grammaticus* in Nordafrika, also im lateinischen Sprachraum beheimatet,[5] gelingt es durch die Protektion mächtiger Gönner, in der Metropole Constantinopolis ein (kleines?) Amt zu erhalten. Jedenfalls ist er zur Stelle, als nach dem Tode Justinians I. dem zunächst nicht unumstrittenen Nachfolger Justin II. und seiner Gemahlin Sophia eine Gruppe hoher Herren anläßlich des Thronantrittes am 14. November 565 und des ersten Kaiserconsulats am darauf folgenden 1. Januar 566 einen Panegyricus bestellt. Das nun entstehende,[6] nicht ganz vollständig erhaltene Gedicht schildert den Auftritt des neuen Kaiserpaares bis hin zum festlichen *processus consularis* und die ersten offiziellen Ereignisse am Hofe, darunter den Empfang einer Gesandtschaft der Awaren, mit dem wir uns beschäftigen werden.

Wenige Tage[7] nach der feierlichen Inthronisation kommen schon die unaufschiebbaren Regierungsgeschäfte auf Justin II. zu. An den Nordgrenzen des Reiches sind gerade neue gefährliche Barbarenstämme, allen voran das Steppenvolk der Awaren,[8] erschienen. Nicht zum ersten Male naht eine awarische Gesandtschaft sich dem byzantinischen Thron. Das Volk ist der Oberhoheit seiner mächtigen westtürkischen Nachbarn gerade entronnen und wünscht, ja fordert nun, von Byzanz aufgenommen zu werden. In Constantinopolis will man dies nicht; es gilt also, die Gesandten der Awaren

---

[4] Zur Person: Fl. Cresconius Corippus, in laudem Iustini Augusti minoris libri IV, ed. Av. Cameron, 1976, with translation and commentary 1 ff. mit der früheren Literatur.

[5] Vgl. P. Speck, Gnomon 55, 1983, 503 f. zu Corippe, Eloge de l'Empereur Justin II. Texte éd. et traduit par S. Antès, 1981, XXXII ff.

[6] Corippus hat sein Werk noch 566, höchstens Anfang 567 niedergeschrieben: Av. Cameron (s. Anm. 4), 4 ff.

[7] Laud. 3, 151: *Septima gaudentem lux aurea viderat orbem...*

[8] Zu den Awaren in Europa vgl. S. Szádeczky-Kardoss, Ein Versuch zur Sammlung chronologischer Anordnung der griechischen Quellen der Awarengeschichte nebst einer Auswahl von anderssprachigen Quellen unter Mitarbeit von T. Olajos, 1972; ders., ArchErt 105, 1978, 77 ff.; 106, 1979, 93 ff.; 231 ff.; 107, 1980, 87 ff.; (mit T. Olajos) 201 ff. zu den schriftlichen Nachrichten. Zu den Bodenfunden: J. Banner, Bibliographia Archaeologica Hungarica 1793–1943, 1944; J. Banner–I. Jakabffy (später I. Jakabffy), Archäologische Bibliographie des Mittel-Donau-Beckens von den frühesten Zeiten an bis zum XI. Jh., 1954; dgl. 1954–1959, 1961; dgl., 1960–1966, 1968; dgl. 1967–1977; 1981; die Bibliographie wird ArchErt 104, 1977 ff. jährlich fortgesetzt.

ordentlich zu beeindrucken, um sie in ihre Schranken zu weisen. Der Empfang muß dementsprechend gestaltet werden. Daß ein zu erwartender diplomatischer Sieg zugleich die Position Justins II. stärken kann, sei hier nur beiläufig erwähnt.

Doch nun zu unseren Beispielen von Bild und Text, die, als je eigenständige Quellen verglichen, einander gegenübergestellt werden sollen, um ihre Aussage für die kaiserliche Repräsentation zu prüfen.

Corippus hebt in dem den Lobreden eigenen üppigen, schmeichelnd-devoten Stil an[9]:

(3, 151–156) *septima gaudentem lux aurea viderat orbem. / expellens placido brumalia frigora verno. / omnia sol oriens radiis melioribus adflans / tranquillo gelidas tepefecerat igne pruinas. / gaudebant elementa simul, mollique calebant / temperie, votisque suis nova Roma fremebat.* – Zu deutsch in etwa: „Zum siebten Male ging die Sonne über der Erde auf, die in Freude lebte. Der laue Hauch des Frühlings vertrieb die winterlichen Fröste, die aufgehende Sonne sandte ihre guten Strahlen und erweichte mit milder Wärme den eisigen Frost. Alle Elemente vereinten sich in Freude, genossen das schöne Wetter, und das Neue Rom erzitterte unter ihrer Verheißung." Es gab also, zu der Jahreszeit in Constantinopolis schier ein kleines Wunder, „Kaiserwetter" zum Gesandtschaftsempfang – womit unser Panegyriker lediglich andeuten will, daß selbst die sonst so unberechenbaren Elemente dem Auserwählten Gottes, dem charismatischen Kaiser Justin, zu Diensten sind.[10]

(3, 157–159) *ornata est Augusta domus, iussuque regentis / acciti proceres omnes, schola quaeque palati est / iussa suis adstare locis.* – Zu deutsch in etwa: „Der Kaiserpalast wurde festlich geschmückt, alle Anführer und die verschiedenen Palasteinheiten traten auf ihren Plätzen an, so hat es der Kaiser befohlen." Der Palast (Abb. 1), das Amtsgebäude, mit Girlanden geschmückt oder auch nicht, je nach Anlaß, bietet sich im Bilde offen den zum Empfang Befohlenen[11] oder dem Betrachter dar, richtiger: mit den zur Seite gezogenen und regelmäßig an den Säulen und Torpfosten festgemachten Vorhängen wird signalisiert, das *palatium* hat sich geöffnet, um das Innerste, das Geheiligte, den Herrscher zu offenbaren. In der wohl bekanntesten zeitgenössischen Palastdarstellung, in der Kirche S. Apollinare nuovo zu Ravenna, fehlt heute freilich gerade der Protagonist des Bildes. Der Ostgotenkönig

---

[9] Alle Texte aus dem Gedicht ›In laudem Justini Augusti minoris‹ in der Edition von Av. Cameron (Anm. 4).

[10] Zur Stelle: U. J. Stache, Flavius Cresconius Corippus, In laudem Justini Augusti minoris. Ein Kommentar, 1976, 411.

[11] Es bedarf langer Vorgespräche auf mittlerer bis hoher Ebene, ehe ein Gesandter zur Audienz zugelassen wird, vgl. M. Rentschler, Liudprand von Cremona, Frankfurter wissenschaftliche Beiträge. Kulturwissenschaftliche Reihe, Bd. 14, 1981, 47f. mit weiteren Beispielen.

Der Stumme – lerne Malen 361

Abb. 1

Theoderich stand zwischen den Vorhangflügeln in dem hohen Eingang in der Mitte, aber die justinianische Restauration hat den verhaßten Gegner getilgt, auch seine Gefolgschaft in den seitlichen niedrigeren Eingängen: man sieht das Flickwerk deutlich in der Verfüllung der Mosaikfläche, und manches Detail, Hände auf den Säulen zum Beispiel, ist dennoch stehengeblieben.[12] Ein anderes Beispiel: Christus der Herr wird selbstverständlich genauso dargestellt, wenn er seine Apostel, in den Händen eine breit aufgezogene Schriftrolle, lehrt: im zentralen Bild auf der Lipsanothek in Brescia (Abb. 2). Es ist wohl kaum nötig zu erwähnen, daß der lehrende Jesus der Evangelien sich nie in einem Palast aufgehalten hat, gelehrt hat er, wenn in geschlossenen Räumen, dann in Synagogen. Doch in der zweiten Hälfte des vierten Jahrhunderts, als die Lipsanothek geschaffen wurde,[13] ging es nicht um die historisierende Treue in der Illustration einzelner Szenen der Evangelien, es ging vielmehr um die Sache, man wollte Christi Gestalt jenseits des Säkularen in der ihm gebührenden herrscherlichen Umgebung – für alle Betrachter damals verständlich – zeichenhaft charakterisieren. Eine bedenkenswerte Variante einer mit einem Vorhang ausgestatteten Fassade bildet die Darstellung des Eingangs zum Tempel in Jerusalem mit dem Zöllner und dem Pharisäer an beiden Seiten in der oberen Mosaikbildreihe in S. Apollinare nuovo in Ravenna.[14] (Abb. 3). Ein durchgängiger Vorhang, hochgeknotet, gibt den

---

[12] F. W. Deichmann (Anm. 14), 175.

[13] Datiert nach W. F. Volbach–M. Hirmer, Frühchristliche Kunst, 1958, 61, Nr. 85 ff.: um 360–370.

[14] G. Bovini, Mosaici di S. Apollinare nuovo di Ravenna. Il ciclo cristologico, 1958, linksseitige Reihe, Bild 8: S. 35 f. und Taf. VIII. Da die Kirche ursprünglich als Palastkirche Theoderichs Jesus Christus geweiht war und erst mit der Zuweisung Justinians an Erzbischof Agnellus wahrscheinlich 561 ein neues Patrozinium (S. Martin) bekam, wird dieser Mosaik-Zyklus zur ursprünglichen Ausstattung gehört haben, entstanden zur Regierungszeit Theoderichs 494–526, höchstens wenige Jahre danach. Die plausi-

Abb. 2

Abb. 3

Zugang frei, doch auf eine andere Weise als im Falle der Palasteingänge, dort rahmen zwei seitlich drapierte Vorhangflügel gleichsam den wichtigsten Inhalt des Palastes, den Herrscher, die Hauptfigur der Darstellung, ein,[15] nicht anders als auf den beiden verwandten Diptycha in Wien und im Bargello in Firenze (Abb. 4 und 5). Die Kaiserin (wohl Ariadne)[16] steht bzw. thront im vollen Ornat unter einem Ciborium.[17] Die Vorhänge sind offenbar auch hier unerläßlich, sie wurden wieder rechts und links um die vorderen Säulen geschlungen, wie sie in den anderen Fällen seitlich festgeknotet sind. Es ist das Aufscheinen des Erwählten Gottes, das auf diese Weise im Bilde formuliert ist: das Kreuz Christi erscheint – im wahrsten Sinne des Wortes – in der gleichen Weise zwischen den beiden beiseite gerafften Vorhangflügeln auf einem zur Gotenzeit umgearbeiteten Sarkophag in Ravenna[18] (Abb. 6).

Farben zeigen nur die Mosaiken, obwohl gerade sie für die kaiserliche Repräsentation von hoher Bedeutung sind. Sie ergänzen und vertiefen die Mitteilung, die uns die Texte bieten. Die Vorhänge im *palatium*-Bild des Theoderich sind nach dem Fall des Ostgotenreiches erneuert worden. Unter den Arkaden standen ursprünglich Einzelpersonen, wohl aus der Begleitung des Theoderich, wie die Reste von Armen und Händen auf den Säulen zeigen. Die neu eingezogenen, ungeteilten und geknoteten Vorhänge sind weißgrundig, mit roten und goldenen viereckigen Mustern, im Flächendekor (aber nicht in den Farben) ähnlich dem Portalvorhang in der Prozessionsszene mit Theodora in S. Vitale. Unten sind sie mit blauen und goldenen Streifen und weißen Fransen abgeschlossen. Nur am zentralen Haupttor ist der größere, am höchsten angebrachte zweiteilige Vorhang anders: weißgrundig, mit rotgoldener Fransenborte unten, aber mit symmetrisch angesetzten rot-goldenen

---

belste Datierung vgl. zusammenfassend: F. W. Deichmann, Ravenna, Hauptstadt des spätantiken Abendlandes, Geschichte und Monumente, 1969, 171 ff., bes. 179f.; ders. II. Kommentar, 1. Teil (1974) 127 ff.

[15] Jene Kirchentür, auf die sich der Zug der Kaiserin Theodora im bekannten Mosaikbild in S. Vitale in Ravenna zu bewegt, ist wieder mit einem ungeteilten Vorhang dekoriert, geknotet (d. h. die Türe steht im Prinzip offen) und wird vom Anführer der Prozession nach links geschoben.

[16] Zum Stand der Diskussion über die dargestellte Person s. RbK 3, 1978, Sp. 459ff. (K. Wessel); Av. Cameron (Anm. 4), 188 gibt der Gemahlin Justins II., Sophia, den Vorzug, die sie an anderer Stelle (Continuity and Change in Sixth Century Byzantium, 1981, XI, 5ff.) als echte Herrscherpersönlichkeit charakterisiert.

[17] Zum Ciborium: RbK 1, 1966, Sp. 1055ff. (K. Wessel), im Aufsatz ›Consulardiptichen‹ ebd., Sp. 1072 „Baldachin" genannt.

[18] Die antiken Sarkophagreliefs, Bd. 8 (Hrsg. Fr. Matz und B. Andreae). Die Sarkophage der westlichen Gebiete des Imperium Romanum. 2. Teil: J. Kollwitz† und H. Heidejürgen, Die ravennatischen Sarkophage, 1979, Nr. A 39/B 20, bes. 149f.; Taf. 17, 1.

Abb. 4   Abb. 5

Winkelclavi und viereckigen rot-golden (und dunkel – purpurfarben? –) gemusterten eingewebten und gesticken Zierquadraten.[19] Wir kennen im einzelnen die Höhe des damit angedeuteten Ranges nicht; sicher jedoch liegt diese Dekoration unterhalb der kaiserlichen Sphäre, sie entspricht vielleicht der eines bevorzugten Gentilkönigs wie Theoderich, der für den Hof in Con-

---

[19] Die Vorhänge in den das Hauptportal flankierenden Eingängen sind niedriger angebracht, zweigeteilt, seitlich geknotet. Das Dekor entspricht dem der anderen kleinen Vorhänge. Über ihnen hängt eine steingeschmückte Krone zwischen zwei Laubgirlanden. Der Tempelvorhang in der Pharisäer-Zöllner-Szene in S. Apollinare nuovo (vgl. oben S. 362) ist weißgrundig mit breiten Goldborten und einem viereckigen goldenen Zierstück.

Abb. 6

stantinopolis den Titel eines *patricius* trug und als *magister militum* galt.[20] In diesem Falle wäre der zentrale Vorhang nach der justinianischen Restauration nicht erneuert worden, lediglich die Hauptfigur herausgeschlagen. Auf Theoderich könnte der Goldhintergrund im Portal hinweisen. Kaiser Anastasius hat ihm die königlichen Rangabzeichen, die Odoaker nach Constantinopolis zurückgeschickt hatte, zugesandt, selbst den Purpur konzediert.[21] Trotzdem ist nicht auszuschließen, daß auch diese Partie des Mosaiks erneuert wurde. Die daneben liegenden Tore sind immerhin mit den gleichen Vorhängen dekoriert wie die in den Arkaden, die in die justinianische Periode gehören. In dem Falle müßte die Dekoration des Vorhangs auf den Exarchen hinweisen, der zunächst militärischer Oberkommandierender war, alsbald aber auch der Chef der Verwaltung wurde und in Ravenna residierte.

Kehren wir nunmehr zur Schilderung des Empfangs der awarischen Gesandtschaft durch Corippus zurück. Mit beredten Wendungen, breit und detailfreudig, stellt er die *scholae palatinae*, die *agentes in rebus* und die *pro-*

[20] Vergleichbare quadratische Zierflecken trägt auch der *magister militum* Stilicho im Diptychon-Bild in Monza, die Winkel sind von seinem Mantel verdeckt (R. Delbrueck, Die Consulardiptichen und verwandte Denkmäler, 1929, Nr. 63; zur Loyalität Theoderichs zum Kaiser s. die Analyse des dreifachen Solidus mit seinem Brustbild, M. R.-Alföldi, RIN 80, 1978, 134 ff.
[21] Anon. Val. (ed. J. Moreau 1961) 64: *Facta pace cum imperatore per Festum de praesumptione regni et omnia ornamenta palatii remittit.* – In der eigenen Kanzlei wurden sie *regalia insignia* genannt: Cass. Chron., Chron. min II 159, 1303.

tectores domestici,[22] die verschiedenen, innerhalb des Palastes Dienst tuenden Einheiten und Gardetruppen vor, die in vollem Waffenschmuck entlang der langen Gänge und Höfe, die zum Audienzsaal führen, Aufstellung genommen haben. Schon hier verrät Corippus das wahre Ziel des militärischen Gepränges im Rahmen des Empfangs:

(3, 188–190) *hac se magnarum Romana potentia rerum / lege tenens medias inter super omnia gentes / regna micat claro tantum uni subdita caelo.* Zu deutsch in etwa: „So also hält Rom seine große Macht mitten unter den Völkern über alle Mächte glanzvoll aufrecht, dem strahlenden Himmel allein untertan."

Nun folgt die Beschreibung der Audienzhalle: Justinus II. empfängt die Awaren im großen Consistorium.[23]

(3. 191–207) *atria praelargis exstant altissima tectis, / sole metallorum splendentia, mira paratu, / et facie plus mira loci, cultuque superba. / nobilitat medios sedes Augusta penates, / quattuor eximiis circumvallata columnis. / quas super ex solido praefulgens cymbius auro / in medio simulans convexi climata caeli, / inmortale caput soliumque sedentis obumbrat / ornatum gemmis, auroque ostroque superbum. / quattuor in sese nexos curvaverat arcus. / par laevam dextramque tenens Victoria partem / altius erectis pendebat in aera pinnis, / laurigeram gestans dextra fulgente coronam. / mira pavimentis stratisque tapetibus apta / planities, longoque sedilia compta tenore / clara superpositis ornabant atria velis. / vela tegunt postes.* Zu deutsch in etwa: „Weite Räume öffnen sich unter dem sehr hohen Dach, goldstrahlend, wunderbar anzuschauen, noch wunderbarer, betrachtet man den Ort im stolzen Schmuck. Der Thron des Kaisers adelt die Mitte des geheiligten Raumes, um ihn stehen vier mächtige Säulen, darüber ein Baldachin aus schwerem Gold, dem hohen Himmelsgewölbe vergleichbar, das das ewige Haupt und den Sitz des Thronenden beschattet, den edelsteinverzierten, purpurnen und goldenen Thron. Vier einander verbundene Bögen bilden den Baldachin. Links wie rechts schweben in der Höhe Victorien, die Flügel ausgebreitet, in der aufscheinenden Rechten Lorbeerkränze. Ein wunderbarer kunstvoller Fußboden ziert den Saal, Teppiche allüberall, die Sitze sind unter den (gerafften) Vorhängen angeordnet. Auch die Pfosten sind mit Stoff umhüllt."

Viele Jahrhunderte mitunter wechselvoller Schicksale haben die prachtvollen Bühnen solcher Szenen fast oder ganz dem Erdboden gleichgemacht. Der Große Palast in Constantinopolis ist heute, nach langen differenzierten Forschungen, gerade noch in Spuren nachzuweisen,[24] selbst die jüngeren

---

[22] A. H. M. Jones, JRS 60, 1970, 229 zur Stelle; U. J. Stache (Anm. 10), 415.
[23] U. J. Stache (Anm. 10), 420f. mit der älteren Literatur.
[24] W. Müller-Wiener, Bildlexikon zur Topographie Istanbuls, 1977, 229 ff. mit der älteren Literatur.

Anlagen sind nur in wenigen Ruinen zu erkennen. Ein Audienzraum aus etwas früherer Zeit steht dank der komplexen Baugeschichte seines Umfeldes heute noch in der spätrömischen Kaiserresidenz Trier. Es ist die sogenannte Basilika (die aktuelle evangelische Erlöserkirche), korrekt vielleicht die *aula palatina* der constantinischen Zeit[25] (Abb. 7).

Trotz aller gebotenen Zurückhaltung beim Wiederaufbau nach dem 2. Weltkrieg – man hat beispielsweise selbst auf eine Andeutung der Innendekoration verzichtet – vermittelt der Raum, gerade wegen der Kargheit, etwas vom großartigen Eindruck, den er als Rahmen der kaiserlichen Repräsentation gemacht hat. Reste der Innenausstattung sind immerhin in Aquarellen festgehalten, manche Fragmente sogar aufgefunden worden.[26] Die Apsidenhalle war mit einem schwarz-weiß gemusterten Marmorboden ausgelegt, der Apsidenteil ebenfalls, die Wände der viereckigen Halle hauptsächlich in grünen und weißen Marmorplatten verkleidet, in der Apside war die Wand mit Goldgrundmosaik dekoriert. Im westlichen Seitentrakt der Vorhalle konnte ein farbiger Mosaikboden zeichnerisch rekonstruiert werden.[27]

Noch eindrucksvoller sind einige zeitgenössische Kirchenräume wie etwa S. Vitale in Ravenna mit der Vielfalt ihrer Säulen, Kapitelle und Mosaiken; jüngere wie die Basilika S. Marco in Venedig oder die Normannenkathedralen in Sizilien (Cefalù, Monreale) vermitteln den großartigen Eindruck von Goldgrundmosaiken noch heute.

Inmitten solcher Räume steht der kaiserliche Thron. Corippus widmet seiner Beschreibung begeisterte, blumige Zeilen. Gold, Purpur, Siegessymbole, der Thronbaldachin[28] als Zeichen des gestirnten Himmels über dem *immortale caput* des Kaisers sind die Stichworte dieser Beschreibung. Schließlich erscheint er selbst:

(3, 213) *egreditur princeps* ... dann
(3, 231–232) ... *laetus princeps conscendit in altum / membraque purpurea praecelsus veste locavit* ... zu deutsch etwa: „der Kaiser tritt ein ... heiteren Gemüts stieg er zum erhöhten Thronsessel auf, nahm Platz, Purpur umhüllte

---

[25] Vgl. die jüngste Zusammenfassung: Ausstellungskatalog Trier. Kaiserresidenz und Bischofssitz. Die Stadt in spätantiker und frühchristlicher Zeit, 1984, 139 ff. mit der früheren Literatur (K.-P. Goethert); zu den spätrömischen offiziellen Bauten zusammenfassend: ebd. 72 ff. (H. Cüppers).

[26] Trier. Kaiserresidenz und Bischofssitz (Anm. 24), 145 ff. (K.-P. Goethert).

[27] Ob die Decke der Vorhalle, wie das Gewölbe um die Kuppel der Chalke in Constantinopolis, Bilder zur Verherrlichung der kaiserlichen Siege trug oder in einer anderen Konzeption als Trägerin der imperialen Bildersprache benutzt wurde, ist nicht mehr zu rekonstruieren. Zur justinianischen Chalke vgl. Prokop, de aed., ed. O. Veh 1977, 1, 10, 11 sqq. mit dem Kommentar von W. Pülhorn ebd. 403; St. Runciman, Studies in Memory of David Talbot Rice (Hrsg. G. Robertson – G. Henderson), 1975, 277 ff.

[28] Av. Cameron (Anm. 4), 188 mit weiterer Literatur.

Abb. 7

ihn weithin sichtbar ..." Er ist in großer Begleitung: Senatoren, seine Ratgeber werden als erste genannt, dann die zum innersten Palastdienst bestimmten Eunuchen im weißen Gewand; sie bilden so den eindrucksvoll farblichen Gegensatz zum nun folgenden Schwertträger des Kaisers, Narses,[29] ganz in Gold, die anderen um Haupteslänge überragend. Es gibt also ein großartiges, eindrucksvolles Bild, als die Hauptperson, der Kaiser im Purpurgewand, schließlich auf dem Thron Platz genommen hat: Corippus malt es mit spürbarer Freude in allen Farben seines reichen Wortschatzes.[30]

[29] Nicht Justinians I. Feldherr gleichen Namens; vgl. zur Person Av. Cameron (Anm. 4), 189f.; U. J. Stache (Anm. 10), 427f.
[30] Av. Cameron (Anm. 4), 7f. weist denn auch auf diese Eigenart des Gedichtes hin;

Der Stumme – lerne Malen 369

Abb. 8

Man betrachte als Vergleich zu diesem Teil des Corippus-Textes beispielsweise das häufig zitierte Thronbild auf dem Theodosius-Missorium in Madrid (Abb. 8). Theodosius I., größer als seine Mitregenten, thront unter einem hohen Architekturbogen im Mittelteil des angedeuteten Thronsaales als kaiserlicher Consul, der er im Jahr seiner Decennalien 388 ist.[31] Das silberne Missorium wurde aus diesem Anlaß des Regierungsjubiläums gefertigt und

ihrer Ansicht nach sei es stark deskriptiv, Corippus war offenbar vom Erlebten, Geschauten tief beeindruckt, sein Werk scheint weniger von irgendwelchen literarischen Vorbildern abhängig zu sein. Vgl. dazu die Ausführungen von P. Speck, Gnomon 55, 1983, 504f.
[31] O. Seeck, Die Regesten der Kaiser und Päpste, 1919, 273.

verschenkt. Theodosius überreicht starr, gleichsam zeitlos nach vorne blickend[32] ein Kodizill, das vom Hofbeamten vor ihm mit verhüllten Händen entgegengenommen wird.[33] Die Flügelgenien im Zwickel beiderseits des Bogens bieten ihm ihre Gaben auch auf Tüchern, also mit verhüllten Händen, dar. Die Begleitung ist bis auf eine Andeutung abgekürzt: die Garde wird mit je zwei Germanen an beiden Seiten des Bildes dargestellt – den metallischen Glanz ihrer Erscheinung, von dem Corippus spricht, spürt man noch, die Schilde tragen fein gearbeitetes, graphisches Dekor. Das Missorium wurde sicher am Hofe gefertigt, ob in Constantinopolis oder Thessalonica, wo sich zu der Zeit der Kaiser aufhielt, ist nicht entscheidend. Zeitgleich, ebenfalls aus Silber, ist ein anderes Thronbild, das hier einen interessanten Vergleich bietet. Auf dem silbernen Reliquiarkasten in S. Nazzaro Maggiore in Milano (Abb. 9) ist das Urteil des Salomon dargestellt.[34] Auch hier erscheint im Hintergrund die Garde, die dem alttestamentarischen König als Zeichen seiner Macht zusteht, er thront erhöht, der Redegestus zeigt, daß er gerade sein Urteil spricht. Die scheinbar kleinen Unterschiede gegenüber dem Thronbild auf dem Theodosius-Missorium sind jedoch wert, vermerkt zu werden. Um das Haupt Salomons ist kein Nimbus, der den *praesens deus*, den spätrömischen Kaiser, kennzeichnet,[35] er trägt ein Diadem, Tunica und Chlamys als königlicher Richter, führt in der Linken einen Stab, der in einer kleinen Kugel endet, also ein Szepter, das aber mit keiner der gängigen Formen spätrömischer Szepter verwechselbar ist. Der Vergleich mit dem zeitnahen Theodosius-Missorium beweist, wie genau alle Einzelheiten beachtet werden, wenn es um die Verdeutlichung des Ranges geht und wie brandaktuell das Theodosius-Bild ist. Beide Bilder erzählen in ihrer eigenen Sprache lebhaft und zuverlässig, die Mühe lohnt sich, sie in allen Einzelheiten aufmerksam zu „lesen".

Was derlei „Inszenierungen" für einen Sinn hatten, verraten die Objekte mit ihren Bildern nur indirekt. Corippus aber kommt ausführlich darauf zu sprechen, denn die awarische Gesandtschaft wird jetzt, da der Kaiser seinen erhöhten Platz eingenommen hat und die Szene komplett ist, aufgerufen:
(3, 237–254) . . . *miratur barbara pubes, / ingressus primos inmensa atque*

---

[32] Die Unbeweglichkeit, die zeitlose Starre der Haltung sind für Ammianus Marcellinus ein Merkmal der Hoheit Constantius' II.: Amm. Marc., ed. V. Gardthausen 1874, 16, 10, 9 sqq. und dazu 21, 16, 1.

[33] Zur Geste der verhüllten Hände O. Treitinger, Die oströmische Kaiser- und Reichsidee, ²1956, 63 ff.

[34] H. Buschhausen, Die spätrömischen Metallscrinia und frühchristlichen Reliquiare Teil I. Katalog, 1972, 223 ff., Nr. B 11 mit der älteren Literatur.

[35] Mamertini pan. X (II), ed. R. A. B. Mynors 1964, 3, 2: . . . *et illa lux divinum verticem claro orbe complectens* . . . Nur Christus ist im Bild auf dem Deckel des Reliquiars nimbiert.

Abb. 9

atria lustrans, / ingentes adstare viros, scuta aurea cernunt, / pilaque suspiciunt alto splendentia ferro / aurea et auratos conos cristasque rubentes, / horrescunt lanceas saevasque instare secures, / ceteraque egregiae spectant miracula pompae, / et credunt aliud Romana palatia caelum. / spectari gaudent, hilaresque intrare videri: / non secus Hyrcanae quotiens spectacula tigres / dat populis nova Roma suis, ductore magistro / non solita feritate fremunt, sed margine toto / intrantes plenum populorum milia circum / suspiciunt, magnoque metu mitescere discunt: / deponunt rabiem, gaudent fera vincla subire, / per medios intrare locos, ipsumque superbae / quod spectantur amant. caveam turbasque faventes / lustrant et pronae solium regnantis adorant. – Zu deutsch etwa: „. . . da staunen die barbarischen Krieger, wie sie erst den Eingang, dann den immensen Saal erblicken. Sie sehen die riesenhaften Gardesoldaten da stehen, ihre goldenen Schilde und Speere mit den Eisenspitzen, die vergoldeten Helme und die roten Helmbüsche. Sie erschauern angesichts der Lanzen und der erbarmungslosen Äxte und der anderen Wunder dieses großartigen Auftritts: sie denken, der Palast der Römer sei ein zweiter Himmel.

Sie freuen sich, daß man sie anschaut, so fröhlich wie sie eingezogen sind; nicht anders als die hyrcanischen Tiger im Circus bei den Spielen, welche das Neue Rom wann auch immer seinem Volke gibt; sie knurren nicht, wenn sie mit ihrem Dompteur in die Arena laufen, angesichts der Abertausende rundherum ducken sie sich vielmehr ängstlich, sie legen ihre Wildheit ab und nehmen fröhlich die harten Ketten an, nur damit sie im Mittelpunkt sein können, selbst das paßt ihnen, übermütig wie sie sind, daß sie angegafft werden." Eine wahrhaft harte Sprache wird hier geführt, die an Verunglimpfung grenzt,[36] bedenkt man die Schwäche und die Schwierigkeiten der Inszenatoren.[37] Das Empfangszeremoniell wird zur Waffe um den Sieg, der allein den Kaiser als Auserwählten Gottes, würdig des Thrones an der Spitze des römischen und des byzantinischen Staates, offenbart.

Genug der Beispiele. Sie haben hoffentlich erwiesen, daß die unterschiedlichen Medien der kaiserlichen Bildersprache vom Text über das Bild bis hin zur Inszenierung der kaiserlichen Personen gleichwertig nebeneinanderstehen. Sie können sich folglich, einzeln richtig „gelesen", gegenseitig ergänzen, wenn sie nur unter dem gleichen Blickwinkel stehen[38]: Thema, Sicht, der kulturelle Hintergrund müssen möglichst nahe beieinanderliegen; zu Hilfe kommt uns dabei der Zeitfaktor, weil die Wandlung all dieser Elemente in der Antike und in Byzanz langsamer als etwa heute vor sich ging. Bei unseren Beispielen verbindet die kaiserliche Majestät, wie in der römischen Spätantike und in frühbyzantinischer Zeit gesehen, die einzelnen Elemente von Bild und Sprache zu einer machtvollen, aussagekräftigen imperialen Bildersprache, in der Text, Darstellung und Inszenierung des gleichen Themas miteinander verschmelzen.

---

[36] Dazu I. Opelt, Romanobarbarica 7, 1982–83, 176 ff.; U. J. Stache (Anm. 10), 430 ff.

[37] M. Rentschler (Anm. 11), 48 f. macht zu Recht darauf aufmerksam, daß ein zweiter diplomatischer Besuch in Byzanz nicht mehr den überwältigenden Eindruck machen konnte wie ein wohlinszenierter erster; dies aber war ein sehr wesentliches Ziel der byzantinischen Politik. Kekaumenos, Strategikon 221 spricht das offen aus: „Willst Du aber einmal zum Kaiser gehen und seiner Majestät huldigen, außerdem die heiligen Kirchen besuchen und das Zeremoniell des Palastes und die Anordnung der Stadt bewundern, dann tue dies nur einmal, sonst bist Du ein Sklave und kein Freund" (übersetzt von H.-G. Beck, Vademecum des byzantinischen Aristokraten, ²1964, 131). Der Text stammt aus dem 11. Jh., verblüffend bleibt, wie konstant bestimmte Anschauungen in Byzanz waren.

[38] Dies ist ein wesentliches Postulat der Semiotik bei der Code-Formulierung, vgl. U. Eco, Zeichen. Einführung in einen Begriff und seine Geschichte, Edition Suhrkamp 895, 1977, bes. 184 ff.

Der Stumme – lerne Malen 373

Verzeichnis der Abbildungen

Abb. 1 Ravenna, S. Apollinare nuovo, nach W. F. Volbach–M. Hirmer, Frühchristliche Kunst, 1958, Abb. 152
Abb. 2 Brescia, Museo Civico, nach W. F. Volbach–M. Hirmer (wie Abb. 1), Abb. 85
Abb. 3 Ravenna, S. Apollinare nuovo, nach F. W. Deichmann–F. X. Barth–J. Boehringer, Ravenna. S. Apollinare nuovo, 1959, Abb. 37
Abb. 4 Wien, Kunsthistorisches Museum, nach W. F. Volbach, Elfenbeinarbeiten der Spätantike und des frühen Mittelalters, ³1976, Abb. 52
Abb. 5 Firenze, Museo Nazionale del Bargello, nach W. F. Volbach (wie Abb. 4), Abb. 51
Abb. 6 Ravenna, S. Apollinare in Classe, nach B. Brenk u. a., Spätantike und frühes Christentum, Propyläen Kunstgeschichte, Supplement-Band I, 1977, Abb. 85
Abb. 7 Trier, sog. Basilika *(aula palatina)*, nach B. Brenk (wie Abb. 6), Abb. 348
Abb. 8 Madrid, Kgl. Akademie, nach W. F. Volbach–M. Hirmer (wie Abb. 1), Abb. 53
Abb. 9 Milano, S. Nazzaro maggiore, nach W. F. Volbach–M. Hirmer (wie Abb. 1), Abb. 115

DIE BEDEUTUNG DES CAESARISCHEN MÜNZPORTRÄTS [1]

Von Hans Werner Ritter

Als zu Beginn des Jahres 44 die neuen Münzmeister ihre Denartypen herausbrachten, konnten die Römer zwei bedeutsame Neuerungen feststellen. Erstens gab es eine gemeinsame Rückseitendarstellung. In den vorangegangenen Jahren seit 48 hatte jeder einzelne Münzmeister, wenn er Propaganda für Caesar zu machen und die Politik des Machthabers ins Münzbild zu bringen versuchte, eigene Typen kreiert. Auch 44 behielten die Mitglieder des Münzmeisterkollegiums dies bei; daneben aber trat in der Masse der Prägung als von allen gewählte Rückseite das Bild der Julischen Ahnherrin und Caesarischen Hauptschutzgottheit, der Venus in ihrer Funktion als Victrix.[2] Noch auffälliger war die zweite Neuerung. Auf der Vorderseite der neuen Denare gab es nicht nur ebenfalls eine gemeinsame Darstellung, die sogar fast die alleinige war, sondern diese Darstellung war in sich aufsehenerregend: Mit dem Porträt des Dictators, dem Name und Titel in einer Umschrift beigegeben waren, erschien erstmals das Bild eines lebenden Menschen auf einer römischen Münze. Den Anfang machte der Münzmeister M. Mettius. Auf einem seiner Denar-Typen ist Caesar noch DICT(ator) QVART(o) genannt[3], während sonst die *dictator*-Bezeichnung mit *perpetuo* versehen ist. Dies paßt übrigens zur sonstigen Überlieferung, der zufolge Caesar die sogenannte Diktatur auf Lebenszeit, die ihm schon vorher verliehen worden war, erst ab Mitte Februar 44 titular benutzte.[4]

Die neuzeitliche und mittelalterliche Münze knüpft nicht an die griechisch-

---

[1] Der Text dieses Beitrags ist die im wesentlichen unveränderte Fassung eines in Bonn gehaltenen Vortrags, zu dem mich G. Wirth eingeladen hatte. Um ein noch stärkeres Anschwellen der Anmerkungen zu vermeiden, sind die Positionen und Interpretationen der Literatur meist nur exemplarisch zitiert. Der zeitliche Rahmen des Vortrags und der räumliche dieses Beitrags erforderten eine Beschränkung auf die numismatische Evidenz. Eine umfassende Stellungnahme zur Königswürdenproblematik ist nicht intendiert.

[2] C. (= M. H. Crawford, Roman Republican Coinage, Cambridge 1974, Nr.) 480/ 3–5.7–18.

[3] C. 480/2.

[4] Gelzer (= M. Gelzer, Caesar, Der Politiker und Staatsmann, Wiesbaden 61960) 296f. U. Wilcken, Zur Entwicklung der römischen Diktatur, Abh. Berlin 1940, 1, 22–25.

hellenistische, sondern an die kaiserzeitlich-römische an, die wiederum aus der Triumvirats- und der Caesarischen Zeit herzuleiten ist. Der bis heute in Monarchien bestehende Brauch, den Kopf des Monarchen auf die Münze zu setzen, hat somit seinen Ursprung nicht in der frühhellenistischen Zeit, als seit den Nachfolgern Alexanders des Großen der Kopf des jeweiligen Königs an die Stelle des bis dahin auf der griechischen Münze üblichen Götterkopfes trat, sondern eben bei Caesar. Aber weniger aus numismatisch-kulturgeschichtlichem Interesse soll die bahnbrechende Neuerung des Jahres 44 betrachtet werden. Sie ist für das Verständnis der Herrscherstellung Caesars bedeutungsvoll und spielt dementsprechend in der ausgedehnten diesbezüglichen Diskussion keine unbedeutende Rolle. Die tatsächliche Bedeutung des Schrittes zur Darstellung des lebenden Machthabers ist aber m. E. noch nicht recht erfaßt, und ich möchte dazu einige Vorstellungen entwickeln.

Wenn man in der Frage, welcher Art die Stellung Caesars in der letzten Phase seiner Herrschaft war bzw. welche monarchische Stellung er letzten Endes anstrebte, mit Caesars Münzporträt zu argumentieren versucht, sind zwei Interpretationen naheliegend. Man kann einerseits die Linie vom Münzporträt der hellenistischen Könige ziehen, das mit einigen Vertretern in die Caesarische Zeit hineinreicht und sogar mit lateinischer Legende im Westen zu finden ist – bei Juba I. von Numidien.[5] Dann läge in Caesars Münzporträt ein Zeichen königlicher (oder gar gottköniglicher) Stellung.[6] Aber dagegen läßt sich anführen, daß sich Caesar schwerlich an die späten und unbedeutenden und von Rom abhängigen Vertreter der hellenistischen Monarchie anschließen konnte; und Juba, ein alter Feind, den er 46 im Verlauf des Bürgerkrieges besiegt und ausgeschaltet hatte, kam als Vorbild schon gar nicht in

---

[5] B. V. Head, Historia numorum, Oxford ²1911, 885.

[6] Vgl. Battenberg (= Ch. Battenberg, Pompeius und Caesar – Persönlichkeit und Programm in ihrer Münzpropaganda, Diss. Marburg 1980) 164. Alföldi 1953 (= A. Alföldi, Studien über Caesars Monarchie, Lund 1953), 12. Als Beispiel stehe die Formulierung H. Volkmanns, Gymnasium 64, 1957, 300: „Das Bildnisrecht, das Caesar bei seinen Lebzeiten ausübt, ist ein Zeichen der Alleinherrschaft, das als Vorrecht der hellenistischen Könige bekannt ist." Vgl. 304. M. R.-Alföldi, Antike Numismatik, Mainz 1978, 123 f. (mit irriger Beurteilung). Kraft (= K. Kraft, Der goldene Kranz Caesars und der Kampf um die Entlarvung des „Tyrannen", Darmstadt ²1969) 37 trotz Negierung des hellenistischen Vorbildes: „durch das Bildnisrecht als Alleinherrscher gekennzeichnet" und „in dem gleichen Augenblick, wo er das ausgesprochen königliche Vorrecht des eigenen Münzbildnisses sich aneignet". A. 178 wird dann aber die Bekränzung wichtiger genommen als das Bildnis selbst. Neuerdings Alföldi 1985 (= A. Alföldi, Caesar in 44 v. Chr., Band 1, Bonn 1985) 322: „königliches Privileg für Caesar". In der älteren Literatur bezeichnenderweise Eduard Meyer, Caesars Monarchie und das Principat des Pompejus, Stuttgart ³1922, 446. Weinstock (= St. Weinstock: Divus Iulius; Oxford 1971) 275: "analogies in the Hellenistic kingdoms and ... thus a further monarchic privilege".

Betracht. Caesars Münzporträt muß aus der römischen Münzprägung heraus verstanden werden. Dabei kann man jedoch andererseits daran denken, daß die Vorderseite der republikanischen Münze meist von einem Götterkopf eingenommen war, und im Kopf Caesars einen Beleg für die Vergöttlichung des Machthabers sehen.[7]

Ich möchte beide Auffassungen entschieden ablehnen[8] und das Münzporträt nicht so sehr ideologisch betrachtet wissen, sondern einfach als Ergebnis zweier Entwicklungslinien verstehen, die der spätrepublikanischen Münze immanent sind. Sie sind als solche schon länger erkannt.

Erstens ist zu beobachten, daß zur Zeit des Marius, des Sulla und des Pompeius die Münzmeister bisweilen von der üblichen Familienpropaganda abgehen. Statt auf frühere Leistungen berühmter Angehöriger ihrer *gens* hinzuweisen und spezifische Familienschutzgottheiten auf die Vorderseite zu bringen, wenden sie sich den Leistungen und der Politik und auch der Person des gerade im Staate Mächtigen zu und stellen damit die Münzpropaganda in seinen Dienst, ein Vorgang, der mit der gleichzeitigen Klientelisierung der Nobilität in Verbindung zu bringen ist – und beim ausschließlich herrscherbezogenen Münzbild endet, eine Stufe, die der „Monopolisierung der Klientel" entspricht.[9] Während es sich bis 49 nur um vereinzelte Fälle handelte, ist seit 48 eine Ausdehnung und Systematisierung festzustellen und ist 44 die traditionelle Familienthematik fast ganz verschwunden. Daß sowohl die Vorderals auch die Rückseite eines Münztyps dem Machthaber gewidmet ist, gibt es sogar schon vor Caesar[10] und ist seit 48 häufiger der Fall. Und wenn auf der Rückseite bereits 101 Marius und sein achtjähriger Sohn beim Triumph[11] und 80 eine Reiterstatue des Dictators Sulla[12] gezeigt werden konnten, ist der Sprung zur Darstellung der Person auf der Vorderseite, was bildtypologisch zur Reduzierung auf den Kopf führen mußte, schon nicht mehr so groß.

Nun ist die zweite Entwicklungslinie zu beachten, die ich etwas eingehender mit mehreren Beispielen belegen will. Nachdem der fast ein Jahrhundert lang stereotype Roma-Kopf auf der Denar-Vorderseite von anderen Götterköpfen und dabei weitgehend von Familiengottheiten verdrängt worden war,

---

[7] Z. B. Ernst Meyer, Römischer Staat und Staatsgedanke, Zürich ⁴1975, 342.
[8] Diese Position ist nicht neu, sie hat sich aber bis jetzt noch nicht durchgesetzt und wurde auch noch nicht in der Weise begründet, wie es hier geschehen soll. Vgl. R. A. G. Carson, Greece a. Rome 26, 1957, 50 und 52f.; J. P. V. D. Balsdon, Historia 7, 1958, 87 (simplifizierend); Battenberg, 164 und 179.
[9] Zu diesem Begriff J. Bleicken, Staatliche Ordnung und Freiheit in der römischen Republik, Kallmünz 1972, 79; J. Bleicken, Die Verfassung der römischen Republik, Paderborn 1975, 39.
[10] C. 426/3f.
[11] C. 326/1.
[12] C. 381/1.

erschienen bisweilen auch Köpfe von Menschen. Ursprünglich waren es Gestalten der Frühzeit, meist mehr oder minder fiktive Ahnen der Münzmeister. So bringt 89 L. Titurius Sabinus den Sabinerkönig Titus Tatius.[13] Die Marcier führten sich auf den vierten römischen König Ancus Marcius zurück. Ein Marcius Philippus stellt so auf der Rückseite seines Denars die *aqua Marcia* dar, die von diesem König gebaut worden sein soll, und auf der Vorderseite den König selbst. Dieses Gepräge wird ins Jahr 56 datiert.[14] Zwei Jahre später war Brutus, der spätere Caesarmörder, Münzmeister. Er bietet den Kopf seines angeblichen Vorfahren L. Iunius Brutus, der nach der Überlieferung 509 nach dem Sturz des Königtums der erste Konsul gewesen war. Die Mutter des Münzmeisters war eine Servilierin, und in die *gens Servilia* gehörte Brutus rechtlich, da er nach dem frühen Tod seines Vaters vom Bruder seiner Mutter adoptiert worden war. Die *gens Servilia* hatte mit Servilius Ahala ebenfalls einen legendären Feind von *regnum* und *tyrannis* aufzuweisen. Dieser Ahala hatte angeblich 439 als *magister equitum* den nach der Königswürde strebenden Sp. Maelius getötet. Brutus will diese beiden Vorfahren parallelisieren und bringt deshalb eine Münze mit zwei Kopfseiten heraus. Bemerkenswert ist übrigens, daß Brutus sowohl väterlicher- als auch mütterlicherseits durch altadlige Familientradition von Jugend an auf Königtumsbekämpfung und Tyrannenmord festgelegt war.[15]

Ein anderer Münzmeister des Jahres 54, Q. Pompeius Rufus, hat wie Brutus einen Typ mit zwei Kopfseiten. Es sind aber keine Ahnen der Frühzeit abgebildet, sondern seine beiden Großväter, die zusammen im Jahr 88 Konsul gewesen waren: Q. Pompeius Rufus und L. Cornelius Sulla, der spätere Dictator.[16] 51 bringt ein Coelius Caldus ein (ausgeprägt realistisches) Porträt seines Großvaters C. Coelius Caldus, der 94 der erste Konsul der Familie gewesen war.[17] Man hat sich also in den 50er Jahren mit einigen Menschendarstellungen schon der Gegenwart genähert.[18]

Die Münzmeisterprägung unter Caesar setzt diese Tendenz fort, sofern die Münzmeister auch familienbezogene Typen schufen. Nach einem Beispiel aus dem Jahr 48 mit einem Konsul aus der Familie der Postumier[19] ist besonders bemerkenswert, daß im Jahre 47 C. Antius Restio ein Bild seines gleichnamigen Vaters zeigt. Dieser war nicht bis zum Konsulat gekommen, hatte aber als Volkstribun im Jahre 68 altrömische Strenge gezeigt und eine

---

[13] C. 344/1–3.
[14] C. 425/1.
[15] C. 433/2. Vgl. H. Bengtson, Zur Geschichte des Brutus, München 1970, 46f.; Alföldi 1985, 347 und 361–367.
[16] C. 434/1.
[17] C. 437/1–4.
[18] Vgl. Battenberg, 164.
[19] C. 450/3.

lex sumptuaria, ein Gesetz gegen Aufwand, ein Antiluxusgesetz, eingebracht.[20]

Freilich scheinen alle Abgebildeten bereits verstorben gewesen zu sein. Ich verkenne nicht, daß meine Sicht mit zwei gleichzeitigen Entwicklungssprüngen rechnen muß, daß in jeder der beiden Entwicklungslinien ein Glied fehlt: in der familienfremden Machthaberpropaganda der Schritt zum Porträt, bei den familienbezogenen Vorfahrenporträts der Schritt zum Lebenden.[21] Beide Entwicklungslinien scheinen aber zu konvergieren, der Schnittpunkt lag in der Luft. Die Darstellung der Politik und Person des Machthabers einerseits und die Präsentation der Porträts bekannter Politiker der jüngeren Vergangenheit andererseits hatten sich so weit entwickelt, daß der Funke überspringen konnte. Wenn nicht nur die Rückseite, sondern auch die Vorderseite dem führenden Politiker gewidmet sein sollte, lag es nahe, an bisherige Abbildungen von Politikern zu denken und keine Bedenken zu haben, Caesar, dessen überragende Bedeutung man dabei empfinden mußte, ihnen in breiter Front an die Seite zu stellen. Für diese meine Sicht sollen nun mehrere stützende Betrachtungen angestellt werden.

Ein Anstoß für den Schritt zum Caesarporträt wurde m. E. auch dadurch gegeben, daß Caesars Bürgerkriegsgegner Pompeius inzwischen zu Münzbildehren gekommen war. Als Cn. Pompeius iunior 46/45 den Widerstand in Spanien organisierte, begann er mit einer imperatorischen Prägung. Auf der Rückseite agiert er selbst mit spanischen Städten, auf die Vorderseite hat er das Porträt seines Vaters gesetzt.[22] Die Umschrift scheint allerdings den Sohn zu bezeichnen, der den großartigen Beinamen des Vaters übernommen hatte. Jedenfalls ist mit *Cn. Magnus imperator* zumindest auch der Sohn als Münzherr, als Urheber und Auftraggeber der Prägung gemeint. Wenn es nun also schon Münzgeld mit dem Bild des unterlegenen Parteiführers gab, Geld, das Caesars Heer während des Spanienfeldzuges 45 kennengelernt haben dürfte, empfahl es sich, das Bild des siegreichen Gegners dagegenzustellen. Sollte er nur deswegen zurückstehen, weil er noch am Leben war? Zu beachten ist, daß auch nach dem Tod des Cn. Pompeius iunior das Pompeiusporträt auf Geprägen des jüngeren Bruders Sextus, der den Widerstand fortzusetzen versuchte, weiterlebte.[23]

---

[20] C. 455/1. Vgl. Battenberg, 123f.

[21] Immerhin war bei der Taten- und Leistungsdarstellung auf der Rückseite in den 50er Jahren die Gegenwart erreicht. So bringt im Jahre 53 Valerius Messalla das väterliche Konsulat des gleichen Jahres ins Bild (C. 435/1). Das Zepter, das die der sella curulis unterlegenen monarchischen Ambitionen des Pompeius bezeichnet, ist übrigens entgegen Crawfords Beschreibung nicht mit einem Kranz, sondern einem Diadem verbunden.

[22] C. 470/1.

[23] C. 477/1 und 3; 483/1f.; 511/3. Datierungen nach Crawford: 45–44; 44–43; 42–40.

Für die Ablehnung der Auffassung, daß Caesars Münzporträt königliche Stellung anzeigt, ist auch wichtig, daß es in der Münzmeister- und nicht in seiner eigenen imperatorischen Prägung auftaucht, die er mit dem Beginn des Bürgerkriegs in großem Umfang hatte anlaufen lassen. Eine Selbstdarstellung auf den überwiegend nur mit der Legende CAESAR versehenen Typen [24] hätte ihn in der Tat in die Nähe sich selbst abbildender königlicher Münzherren gerückt. Die Frage, ob die Prägung eines Imperators, der die legale Macht hinter sich gebracht hat, noch als eigenständig und nicht vielmehr auch als Auftragsprägung der *res publica* anzusehen ist, braucht hier nicht entschieden zu werden. Die Münzmeisterprägung ist jedenfalls nach wie vor die von Beamten der *res publica* gestaltete Prägung des *populus Romanus*. Dieser und nicht Caesar ist hier der Prägeherr, jedenfalls rechtlich und nominell – und darauf kommt es in diesem Punkt an. Die Umschrift *Caesar dictator perpetuo* ist hier nicht Prägeherrenlegende, nicht Selbstbezeichnung, sondern erklärende, benennende und ehrende Beischrift. Dabei findet auch das Problem, warum Caesar bald *dictator perpetuo* [25], bald *imperator* [26], einmal zusätzlich *pontifex maximus* [27] und auf zwei Typen *parens patriae* [28] genannt ist, eine Lösung, die anderen nicht nachsteht. Kein unsicherer Prägeherr versucht in hektischer Eile wechselnde Begründungen seiner monarchischen Macht, weil er den *rex*-Titel nicht führen kann,[29] sondern *populus Romanus* und Münzmeister ehren den Leiter des Staates mit verschiedenen Bezeichnungen, die ihm zukamen.[30] Deren Kumulierung und Aufreihung auf einem Münztyp mit Hilfe stärkerer Abkürzungen und feinerer Legendenschnitts wird ja erst in der Kaiserzeit üblich und scheint auf eine 'Entdeckung' des Triumvirn M. Antonius zurückzugehen.[31] Dem später häufigen Hinüberziehen der Titulatur auf die Rückseite

[24] C. 443/1; 452/1–5; 456/1; 457/1; 458/1; 466/1; 467/1; 468/1f.; 475/1f.; 476/1; 481/1; 482/1. Datierungen nach Crawford: 49–44.
[25] C. 480/6–16.
[26] C. 480/3–5. 17f.
[27] C. 480/4.
[28] C. 480/19f.
[29] Vgl. bes. Alföldi, z. B. Caesariana (= A. Alföldi, Caesariana. Gesammelte Aufsätze zur Geschichte Caesars und seiner Zeit, Bonn 1984), 72 („die jähen Kurswechsel... bei den blitzschnell aufeinander folgenden Etappen"). 132 („die unaufhörlichen, gewaltsamen Umstellungen der Titulatur"). 269 („blitzschnell wechselnde Titel"); 1985, 161 („die sich stetig ändernden Phasen der fieberhaften politischen Entwicklung", „folgten die zweiundzwanzig Denartypen, die während der ersten vier Monate des Jahres 44 geprägt wurden, jedem Wechsel in Caesars Stellung an der Spitze des römischen Staates").
[30] Vgl. Battenberg 71f., 161 und 178f. (*imperator* auf – gleichzeitigen – Ausgaben für den Partherfeldzug).
[31] Vgl. C. 533/1–3; 539/1; 541/1f.; 542/1f.; 545/1f. Der junge Caesar zog nach (C. 538/1f.; 540/1f.), aber sein Stil war das nicht.

steht hier entgegen, daß auf ihr der Name des Münzmeisters seinen Platz finden muß.[32]

Caesars Bezeichnung als *parens patriae*[33] führt (in Verbindung mit dem Pompeiusporträt) zu einem vertieften und spezifischen Verständnis. Caesar wird die Ehre des Münzbildes nicht einfach als außergewöhnlichem Lenker des Staates zuteil, sondern als Vater des Vaterlandes. Wie ein einzelner Münzmeister inzwischen seinen Vater aufs Münzbild bringen konnte, so erwies das Kollegium im Auftrag der *res publica* dem Vater aller Römer diese Ehre. Mochten die Pompeiussöhne ihren Vater präsentieren, der *pater patriae* war nach Ausweis der offiziellen Prägung Caesar.[34]

---

[32] Vgl. C. 457/1; 466/1; 475/1 f.; 476/1; andererseits 456/1; 467/1; 481/1.

[33] Zur Stellung Caesars als *parens patriae* Alföldi, Vater (= A. Alföldi, Der Vater des Vaterlandes im römischen Denken, Darmstadt 1971), 83–91; Weinstock, 200–205; Battenberg, 37–54, bes. 49 f.

[34] Diese Sicht läßt sich auch aufrechterhalten, wenn die Gepräge mit *parens patriae* postum sein sollten. Im übrigen scheint mir in der überaus vielschichtigen Kontroverse zur Chronologie der Münzprägung im Jahre 44 nach wie vor die These möglich, daß alle Typen mit Caesarporträt noch zu Lebzeiten konzipiert wurden. Vgl. Crawfords vorsichtige Formulierungen S. 493 nach der Ablehnung der Alföldischen Gruppierung S. 492; ferner Battenberg, 50–52, 54 und 69 f. Etwas Doxographie bei Z. Yavetz, Caesar in der öffentlichen Meinung, Düsseldorf 1979, 47 f. Morawiecki (= L. Morawiecki, Political Propaganda in the Coinage of the Late Roman Republic (44–43 B. C.), Breslau 1983) folgt ganz Alföldi. Vgl. v. a. 19, 36 (mit der Argumentation "Caesar would rather be dictator than parens") und 53 f. Alföldi hat seine dramatisierte Abfolge zuletzt in einem Vortrag 1980 wiederholt: Alföldi 1985, 161–171, bes. 169 f. Entschieden und scharf gegen die postume Ansetzung der *parens-patriae*-Typen Weinstock, 200 Anm. 2 und 205 Anm. 1. Ihm folgt J. R. Fears, Museum Notes 20, 1975, 36. C. Cogrossi, in: Storiografia e propaganda. Contributi dell'Istituto di storia antica III, Milano 1975, 154 f. (Anm. 77) bleibt unentschieden, setzt indessen sogar den Clementiae-Caesaris-Typ zu Lebzeiten an: 146 Anm. 41 und 147 mit Anm. 43.

Der immense Aufwand des 2. Bandes ›Caesar in 44 v. Chr.‹ (Bonn 1974) darf nicht täuschen: Eine objektiv unangreifbare Grundlage liegt nicht vor. Der Bearbeiter W. Kellner spricht 13 von „nur bescheidenen Ordnungsvorschlägen" mit „vorläufigem Charakter". Selbst wenn die relative Chronologie Alföldis richtig wäre (und überhaupt eine derartige Aufeinanderfolge statt mehr Gleichzeitigkeit gegeben ist), bleibt eine Verschiebung des ganzen Blocks vor den 15. 3. möglich. Alföldi setzt die postume Prägung nur bis April/Mai an, als Antonius Rom verließ, und läßt ja andererseits – sicher irrig – die Gepräge mit *dictator perpetuo* nicht schon seit Mitte Februar, sondern erst seit Anfang März laufen (z. B. Caesariana 63; vgl. 72 „Annahme des Titels dictator perpetuo gegen den 1. März"!). Um zu den Geprägen mit *parens patriae* zurückzukehren, ist darauf hinzuweisen, daß die relativ häufigen des Maridianus nur durch 1 – hybrides – Exemplar mit dem am ehesten postumen Clementiae-Caesaris-Typ des Sepullius Macer verbunden sind (C. 480/20; Alföldi, Caesariana 130. 339 vergröbert in der Argumentation gegen Weinstock). In solchen Fällen gilt sonst in der Numismatik

Spät kommt sie, doch sie kommt, die vielzitierte Dio-Stelle 44,4,4, mit der immer wieder die Behauptung belegt wird, daß Caesar das „Bildnisrecht" erhalten habe.[35] Was steht genau da? πατέρα τε αὐτὸν τῆς πατρίδος ἐπωνόμασαν καὶ ἐς τὰ νομίσματα ἐνεχάραξαν. „Sie (d. h. der Senat) verliehen ihm den Beinamen Vater des Vaterlandes und ließen ihn (d. h. nicht den Beinamen, sondern Caesar selbst)[36] auf die Münzen prägen." Es wird Caesar also kein Recht verliehen, das er in der Münzmeisterprägung auch gar nicht hätte wahrnehmen können,[37] sondern es wird eine Ehrung durch Abbildung auf den Münzen beschlossen, und diese Ehrung ist in dem langen Katalog Dios aufs engste mit der pater-patriae-Rolle verbunden.[38] Dieser Senats-

„Gleichzeitigkeit" nicht als „erwiesen", zumal nicht einmal eine Stempelkoppelung der Vorderseite vorliegt. Alföldi kommt selbst innerhalb seines Systems in Schwierigkeiten. Einerseits sind die Maridianus-Gepräge mit Anführung der Lebenszeitdiktatur nach dem 10. April nicht mehr möglich (Alföldi, Caesariana 131), andererseits sollen sich die eng mit den Maridianus-Typen verbundenen Sepullius-Macer-Typen mit dem *desultor* auf die *ludi* am 21. April beziehen. So sieht Alföldi in dem *desultor* „Ankündigung der Festfreuden der Palilien". Dies ist auch deswegen nützlich, weil er zugleich die Prägung der Münzmeister 44 überhaupt am 1. Mai bzw. „gegen Ende April" mit dem Abgang des Antonius nach Kampanien enden läßt (Alföldi, Caesariana 131 f.; Alföldi 1985, 170; nach Cic. Phil. 2, 100 war Antonius schon im April in Kampanien; M. Gelzer, Cicero, Wiesbaden 1969, 330 gibt den 25. April an; E. Becht, Regeste..., Freiburg 1911, 51 „ungefähr an diesem Tage").

[35] Z. B. D. Mannsperger, ANRW II 1, 1974, 936; H. Gesche, Caesar, Darmstadt 1976, 2; M. R.-Alföldi, Antike Numismatik, Mainz 1978, 152; G. Dobesch, Caesars Apotheose zu Lebzeiten und sein Ringen um den Königstitel, Wien 1966, 15 und 73; Weinstock, 274 f.; Alföldi 1985, 163; vgl. Battenberg, 50 mit Anm. 8, ferner 157 und 164.

[36] Vgl. Zonaras 10, 12 ψηφιζόμενα, ... πατέρα τε αὐτὸν τῆς πατρίδος ἐπονομάζεσθαι καὶ ἐς τὸ νόμισμα ἐγχαράττεσθαι ... und Weinstock, 274 f.; ferner D. Mannsperger, ANRW II 1, 1974, 936 Anm. 39. Alföldi, Vater 84 f. versteht es anders und konstatiert einen „schweren Irrtum" Dios. Vgl. Battenberg, 50 f. mit Anm. 8 und andererseits 163 f. Die längeren und entschiedenen Ausführungen M. Grants, From Imperium to Auctoritas, Cambridge 1969 (Originalausgabe 1946), 15 f. ("only one possible translation") sind mit dem grammatischen Hinweis zu beantworten, daß es bei der ersten Übersetzung αὐτόν τε ἐπωνόμασαν καὶ ... heißen müßte. Eine ähnliche Ausdrucksweise hat Dio (43, 44, 1) denn auch in einem parallelen Fall, der in der Diskussion (für Grant und Kraay, gegen Pink) von Felber angeführt wird (F. Altheim und D. Felber, Einzeluntersuchungen zur altitalischen Geschichte, Frankfurt 1961, 218 f. mit Anm. 34).

[37] Th. Mommsen, Römisches Staatsrecht II 1, Leipzig ³1887, 727 f. schreibt unter „Bildnisrecht" ganz richtig: „erscheint in Folge eines dessfälligen Senatsbeschlusses sein Bildnis zwar nicht auf den auf sein Geheiß geprägten Münzen, wohl aber auf denen senatorischer Prägung".

[38] Gegen diese Verbindung spricht auch nicht, wenn Dio die Ehrungen irrtümlich

beschluß erklärt auch das gleichzeitige Auftauchen des Caesarkopfes auf den Typen aller Münzmeister noch besser, als wenn man nur mit rascher Verbreitung einer neuen Münzmeistermentalität rechnet.

Zur Verneinung aller königlichen Implikationen der Münzbilder des Jahres 44 gehört auch ein modifiziertes Verständnis des goldenen Kranzes, den der Caesarkopf stets trägt und der wohl als Herrscherzeichen gedacht war. Er steht weit vor, wirkt metallisch und besteht aus recht kleinen Blättchen. Es war Krafts Entdeckung vor über drei Jahrzehnten, daß es nicht der gewöhnliche, natürliche Lorbeerkranz ist, den wir als Kopfbedeckung der römischen Kaiser kennen, sondern daß er etruskischen Goldkränzen zu vergleichen ist.[39] Deswegen muß er aber nicht etruskisch-altrömisches Königszeichen sein, wie Kraft meinte.[40] Der etruskische Königsornat ist zwar auch der altrömische, aber zugleich der des römischen 'Königs für einen Tag', des Triumphators.[41] Den altrömischen König stellte man sich zu Caesars Zeit anachronistisch mit dem hellenistischen Diadem vor, wie gerade Münzbilder zeigen.[42] Der Lorbeerkranz, und zwar ein natürlicher wie ein goldener, ließ den Römer, jedenfalls primär und wenn er nicht antiquarisch gebildet war, an den Triumphator denken.[43] Bereits Pompeius war ein goldener Kranz be-

---

44 statt 45 eingeordnet hat. Jedenfalls stehen sie vor der Episode vor dem Tempel der Venus Genetrix (D. C. 44, 8). Dies stimmt mit der sonstigen Überlieferung zur Verleihung des Beinamens *parens patriae* überein (Liv. per. 116; App. BC 2, 106f.), soweit genauere zeitliche Trennung intendiert ist (nicht bei Sueton, Divus Iulius 76, 1 und Florus 2, 13, 91). Nikolaos (FGrHist 90 F 130, 80) hat die *parens-patriae*-Benennung mit der Entlassung der Leibwache verknüpft und zwischen den Luperkalien und der Verschwörungsentwicklung eingebaut. In der Livius-periocha, bei Appian und Florus ist die *parens-patriae*-Bezeichnung eng mit der Lebenszeitdiktatur verbunden. Da diese aber nicht sofort angetreten wurde, ist gut möglich, daß von der Porträtehrung schon etwas früher Gebrauch gemacht wurde (vgl. o. S. 374 mit Anm. 3f.; unbefriedigend Alföldi, Vater 83f. und Weinstock, 200 mit Anm. 1. 270. 274 mit Anm. 7).

[39] Kraft 99 im „Nachtrag zum Neudruck" „völlig sicher... und ist bisher auch nicht bestritten worden".

[40] Kraft 35f.

[41] Kraft 30f.

[42] C. 346/1 (88 v. Chr.); 425/1 (56 v. Chr.); 446/1 (49 v. Chr.). Vgl. auch C. 435/1 (dazu o. A. 21).

[43] Dies zu Alföldi 1985, 152–157, der in Auseinandersetzung mit Kraft Caesars Kranz vom goldenen Triumphalkranz trennt, der ein Eichenkranz gewesen sei. Alföldis Auffassung, daß der Goldkranz schlechthin königliches Abzeichen gewesen sei und dies „in Rom auch der Mann auf der Straße" gewußt habe (158–160), scheint mir trotz aller Belege, die hier nicht einzeln analysiert werden können, fraglich. Zum goldenen Kranz als Totenehrung für einen König H. W. Ritter, Diadem und Königsherrschaft, München 1965, 74–76. Übrigens sprach Alföldi selbst in einem Vortrag des Jahres 1980 vom „goldenen Kranz, der Teil des archaisierenden Triumphalkostüms ist"

schlossen worden, den er bei Festspielen sollte tragen dürfen. Diese Nachricht des Velleius[44] ist mit einem Münzbild aus dem Jahe 56 zu kombinieren, das mit Bezug auf Pompeius drei kleinere Kränze und einen größeren, anders gestalteten um einen Globus gruppiert.[45] Der goldene Kranz war sozusagen die Zusammenfassung der drei Triumphkränze des Pompeius und enthielt den Gedanken, daß Pompeius weltweiter Sieger und potentieller Triumphator in Permanenz war. In diesem goldenen Kranz des Pompeius hat Crawford mit Recht den Vorläufer des Caesarischen gesehen. In der üblichen Manier dieses englischen Wissenschaftlers sind breit entwickelte und weitgehend akzeptierte Ergebnisse der bisherigen Forschung in einer knappen, aber durchaus einleuchtenden Anmerkung weggewischt.[46] Der Unterschied, daß Caesar anders als Pompeius[47] offenbar beabsichtigte, den goldenen Kranz samt dem Triumphatorornat bei allen feierlichen Anlässen und öffentlichen Auftritten zu tragen,[48] ist leicht damit zu erklären, daß Caesar mit vier bzw. fünf Triumphen Pompeius übertroffen und ja überhaupt eine viel stärkere Stellung gewonnen hatte. Dieser Kranz bezeichnete die fortdauernde Siegeskraft des Imperators Caesar und war, gerade wenn man an die kaiserzeitliche Entwicklung denkt, kein schlechtgewähltes Herrschaftszeichen. Es ist daran zu erinnern, daß Caesars *imperator*-Bezeichnung erblich sein sollte.[49] Leichter als mit der Diktatur konnte über die Vererbung der Heeresklientel mit der *imperator*-Stellung die Herrschaft an einen noch jugendlichen Sohn oder Adoptivsohn weitergegeben werden, und dieser *imperator*-Stellung entsprach die Triumphatorentracht. Mit königlicher Position hatte sie, jedenfalls im allgemeinen Bewußtsein der Römer, nichts zu tun.

(Alföldi 1985, 163), und betrachtete ihn damals gerade nicht als *insigne regni* (Alföldi 1985, 164). Zutreffend D. Mannsperger, ANRW II 1, 1974, 937 mit Anm. 42.

[44] 2, 40, 4: *ut is ludis circensibus corona aurea et omni cultu triumphantium uteretur, scaenicis autem praetexta coronaque aurea.* Vgl. D. C. 37, 21, 4.

[45] C. 426/4. Vgl. Battenberg, 10f.; Alföldi 1985, 147–150.

[46] S. 488 Anm. 1; wichtig v. a. die Formulierung "there is nothing to suggest that the triumphal associations of the corona aurea were not uppermost in Caesar's mind when he wore it". Vgl. Battenberg, 70 Anm. 3; 165 mit Anm. 3; 178; 192. Kraft, 33 (–35) wandte sich verständlicherweise, aber vergeblich „vorbeugend gegen ein unfruchtbares Weiterspinnen mit dem ungewissen Pompeiuskranz" (griff dann aber selbst in längeren Ausführungen zu dem Mittel der Konjektur *laurea* statt *aurea* bei Velleius – dazu Alföldi 1985, 150 mit Anm. 331 f.).

[47] Der nur einmal von dem verliehenen Privileg Gebrauch machte: Vell. 2, 40, 4; D. C. 37, 21, 3.

[48] Belegt für die Luperkalien 44: D. C. 44, 11, 2. Vgl. Cic. Phil. 2, 34, 85 *(coronatus)*. Kraft, 38.

[49] D. C. 43, 44, 2–5. Vgl. Sueton, Divus Iulius 76, 1 *(praenomen Imperatoris)*. Zur langen Kontroverse z. B. Kraft, 64–70; Gelzer, 285 Anm. 175; Morawiecki, 22.

Vor weiteren Betrachtungen sei die Interpretation einer Denar-Rückseite aus dem Jahr 44 eingeschoben.[50] Der Münzmeister L. Aemilius Buca hat unter seinen individuellen Typen eine symbolträchtige Zusammenstellung von fünf Objekten, die Wesentliches zur Herrscherstellung Caesars aussagt und schon eine bestimmte Art kaiserlicher Münzpropaganda zeigt. Diese Rückseite ist zugleich ein instruktives Beispiel dafür, daß selbst bei unendlich oft betrachteten, beschriebenen und erläuterten Typen noch Erkenntnisfortschritte möglich sind. Unumstritten sind die beiden Hände im Handschlag ein gängiges Concordia-Symbol, mit dem Caesar das Ende der Bürgerkriege und die Eintracht der Bürgerschaft beschwor. Ebenso sicher ist der geflügelte *caduceus* Felicitas-Symbol und verheißt Glück, Wohlstand und materiellen Segen. Der Globus ist auf spätrepublikanischen Münzen der vorcaesarischen und der caesarischen Zeit mehrfach belegt.[51] Er ist in einem Fall (aus dem Jahr 66) als Himmelsglobus Attribut der Muse der Astronomie.[52] Es ist aber unwahrscheinlich, daß die Buca-Rückseite aus dem Jahr 44 auf Caesars Kalenderreform und den Übergang zum Sonnenjahr anspielt, zumal, wie sich zeigen wird, das korrespondierende Beil nicht den Oberpontifikat symbolisiert. Der Globus wird wie die meisten vorangehenden Kugeln und vor allem wie der gerade im gleichen Jahr der Venus Victrix beigegebene Globus Symbol der Weltherrschaft sein. Auf das vielerörterte Problem, ob diese symbolische Kugel, deren lange Geschichte die Kaiserzeit durchzieht und die schließlich in der Hand des Kaisers mit dem Kreuz geschmückt und später zum Reichsapfel wurde, eigentlich Erd- oder Himmelsglobus ist,[53] will ich hier nicht eingehen.

Das Objekt, das den *caduceus* kreuzt, ist zweifelsfrei eines der *fasces* genannten Rutenbündel, die von den Liktoren den Magistraten zum Zeichen ihrer Straf- und Amtsgewalt vorangetragen wurden. Faßt man es einfach so auf, daß Caesar mit der Betonung seiner (diktatorischen) Amtsgewalt eine straffe, kompetenzstarke Staatslenkung vertritt, wäre der Symbolgehalt dieses Gegenstandes gar nicht so weit von dem im faschistischen Italien zwanzig Jahrhunderte später entfernt gewesen.[54] Im Anschluß an Crawford[55] ist in-

---

[50] C. 480/6. Vgl. zu diesem Typ u. a. Alföldi, Caesariana 61–67 und Battenberg, 166–168.

[51] C. 393/1; 397/1; 403/1; 409/2; 426/4. Caesarische Zeit: C. 449/4; 464/3; 465/8; 480/3–5. 15–17. 21.

[52] C. 410/8.

[53] Vgl. Battenberg, 167 mit Anm. 1.

[54] Die *fasces* in der politischen Symbolik des italienischen Faschismus stellen freilich eine nachträgliche bildliche Umsetzung dar, denn «fascismo» leitet sich primär von «fascio» „Bund" ab. Vgl. E. Nolte, in: Geschichtliche Grundbegriffe, Band 2, Stuttgart 1975, 329f.

[55] S. 494.

dessen darauf aufmerksam zu machen, daß normalerweise in den *fasces* ein Beil steckt, das die bis zur Hinrichtung reichende Strafgewalt zum Ausdruck bringt, daß aber die alte Kapitalgerichtsbarkeit durch die *provocatio*, das Appellationsrecht des römischen Bürgers an die Volksversammlung, im Amtsbereich *domi* eingeschränkt war, während der *dictator* als „außerordentliche constituirende Gewalt" sie wieder ungemindert besaß,[56] daß also Caesar mit dem Weglassen des Beiles aussagen will, daß er trotz seiner außergewöhnlichen diktatorischen Stellung das Provokationsrecht achten will, und daß damit die mit der *provocatio* seit langer Zeit verbundene populare *libertas*-Vorstellung[57] angesprochen ist. Dem entspricht, daß bei Caesar auch sonst populare *libertas*-Propaganda auftaucht, wenn auch eher im Hinblick auf die Rechte der Volkstribunen und die Entmachtung der *factio paucorum*.[58] Mit der *provocatio-libertas* wird sozusagen ziviles Regiment und Wahrung der 'Verfassung' versprochen. Das isolierte Beil betrachtet Crawford[59] nach wie vor als Opferbeil des *pontifex* und Symbol der oberpriesterlichen Stellung Caesars. Dieses Opferbeil erscheint jedoch in der Regel nicht ohne sonstiges Priestergerät und sieht anders aus, und zwar gerade auch auf dem überaus häufigen Elephantendenar Caesars mit dem Pontifikalgerät.[60] Andererseits ist in älteren Münzdarstellungen das in den *fasces* steckende Beil dem Beil dieses Buca-Denars recht ähnlich.[61] Somit wird das aus den *fasces* gelöste Beil gezeigt, gezeigt und nicht unterdrückt, aber eben getrennt gezeigt. Caesar verzichtet auf die kapitale Strafgewalt nicht,[62] will sie aber getrennt halten.

[56] Th. Mommsen, Römisches Staatsrecht II 1, Leipzig ³1887, 163–165, 702 und 734–736.
[57] Ch. Wirszubski, Libertas als politische Idee im Rom der späten Republik und des frühen Prinzipats, Darmstadt 1967, 31–34; A. U. Stylow, Libertas und liberalitas. Untersuchungen zur innenpolitischen Propaganda der Römer, Diss. München 1970 (1972), 13 f.; J. Bleicken, Staatliche Ordnung und Freiheit in der römischen Republik, Kallmünz 1972, 33 f.
[58] Caes. civ. 1, 22, 5; 3, 91, 2; vgl. 1, 3, 5; 1, 9, 5; ferner 1, 7, 2 f.; 1, 5, 1 f.; 1, 32, 6. Münzzeugnisse: C. 449/2–4; 473/1. Zu C. 464/7 Battenberg 137. Caesar als *liberator* und Tempel der *Libertas*: D. C. 43, 44, 1 (nach Munda).
[59] S. 494. Die Abbildung und die Beschreibung der Rückseite (Tafel 57 und S. 489) sind übrigens irrtümlich 90 Grad im Uhrzeigersinn verdreht.
[60] C. 443/1. Ferner C. 406/1; 452/1 f.; 456/1; 466/1; 484/1; 489/1–3. Nicht mehr eindeutig 500/6 f.; 502/1 f.; 508/1 f. Deutlich wieder C. 532/1. – Isolierte Darstellung ohne weiteres Priestergerät nur C. 452/1 f.
[61] C. 357/1; 372/2; 414/1. Undeutlich C. 403/1.
[62] Insofern hat Alföldi, Caesariana 62 recht: „Das Richtbeil des Diktators zuunterst ist eine Mahnung an Widerspenstige." Auch hat Alföldi als einziger soweit ich sehe darauf aufmerksam gemacht, daß an der Spitze der *fasces* Lorbeer steckt (Caesariana 62; vgl. 69; 1985, 168). Wenn dies richtig ist (relativ deutlich A. Alföldi, Caesar in 44 v. Chr., 2. Band, Bonn 1974, Tafel 95, 48; 97, 67. 70; 99, 85), wäre Caesars *imperium*

Darin scheint zu liegen, daß die Trennung der Amtsbereiche *domi* und *militiae* betont werden soll. Dies war im Hinblick auf den bevorstehenden großen Feldzug gegen die Parther aktuell, der lange Abwesenheit des Diktators von Rom und ausgedehnte Tätigkeit in den Provinzen erwarten ließ. Schließlich könnte man eine Verbindungslinie vom Beil zum Globus ziehen. Wie zivile Amtsgewalt und Bürgereintracht mit materiellem Gedeihen und Wohlstand zusammenzusehen sind, gehört zur Beherrschung bzw. Unterwerfung des *orbis terrarum* das *ius gladii* des militärischen Imperiums. Damit ergibt sich eine sowohl vielfältige als auch geschlossene Aussage zur Caesarischen Politik aus dieser einmaligen Rückseite.

Ich kehre zur Hauptlinie zurück. Prinzipiell ist natürlich methodisch bedenklich, zur Erklärung eines Phänomens mit der weiteren Entwicklung zu argumentieren.[63] Diese ist aber beim Münzporträt des lebenden Machthabers derart aufschluß- und folgenreich, daß sie hier in aller Kürze vorüberziehen soll. Übrigens gab es gerade angesichts dieser Entwicklung, vor allem angesichts des Brutus-Porträts, schon früher Zweifel an einer zu gewichtigen und staatsrechtlichen oder sakralen Interpretation des Caesar-Porträts.[64]

Nach Caesars Ermordung bringt noch im Jahre 44 einer der Münzmeister, P. Sepullius Macer, an der Stelle Caesars Antonius auf die Vorderseite eines Denars.[65] Antonius hatte nach Caesars Tod als Konsul die wichtigste Machtposition inne, aber mit Sicherheit keinerlei Ambitionen auf Königswürde oder Vergöttlichung. Das Münzbild verweist nicht auf seine politische, sondern seine priesterliche Funktion als *augur* und ist bemerkenswerterweise ohne jede Beischrift; vermutlich auch deswegen, weil es keinen legitimierenden Senatsbeschluß für dieses Münzporträt gab. Jedenfalls bestätigt dieser Typ (auch bei illegaler Gestaltung – von seiten des Münzmeisters!), daß das Porträt nicht Folge und Zeichen einer Münzherrenfunktion ist.

Mit der Begründung des Triumvirats erscheinen dann die Köpfe der Triumvirn, sowohl des Antonius[66] und des jungen Caesar[67] als auch des weniger bedeutenden Lepidus.[68] Sie sind in der sozusagen hochoffiziellen, auch zahl-

zusätzlich als siegreich charakterisiert und entspricht dies dem von Dio (44,4,3) erwähnten Privileg τοῖς ῥαβδούχοις δαφνηφοροῦσιν ἀεὶ χρῆσθαι.

[63] Vgl. Alföldi 1953, 13: „Die Auflockerung in der Anwendung der Münzbildnisse nach den Iden des März kann aber auch gar nichts gegen die monarchische Eigenart der vorherigen Denarbildnisse Caesars besagen." Dazu u. A. 100.

[64] Z. B. F. E. Adcock, CAH IX 727; J. P. C. Kent, Roman Coins, London 1978, 17. Andererseits Kraft, 37 Anm. 178 (nicht überzeugend).

[65] C. 480/22. Vgl. Morawiecki, 54: "Antony was portrayed as Caesar's successor and the leader of the whole party."

[66] C. 494/2. 5. 8. 11. 14. 17. 32.

[67] C. 494/3. 6. 9. 12. 15. 18f. 25. 33.

[68] C. 494/1. 4. 7. 10. 13.

reiche *aurei* enthaltenden Ausgabe mit Namen und Titel versehen.[69] Daneben haben die Münzmeister des Jahres 42 anders als die 44 in ihrem überaus reichhaltigen Bildprogramm viele andere Vorderseiten: Götterköpfe und -büsten,[70] den Kopf Caesars[71] und sogar wieder Vorfahrenporträts.[72] Da die Triumvirn trotz aller Vollmachten keine königliche Gewalt hatten und auch Vergöttlichungsnachrichten anders als bei Caesar fehlen, war es seit Caesar offenbar möglich geworden, beherrschende Gestalten an der Spitze des Staates in einem sozusagen noch republikanischen Münzbild zu zeigen.[73]

Aber auch die Machthaber selbst meinten nun, auf eine entsprechende monetäre Präsentation bei ihren Anhängern und Soldaten nicht mehr verzichten zu können. Das Machthaberporträt sprang nach 44 in die imperatorische Prägung über, in der es unter Caesar ja bis zuletzt gefehlt hatte. Faßt man die imperatorische Prägung als selbständige auf, was jedenfalls bei der 'revolutionären' Prägung (noch) nicht von den Organen der *res publica* anerkannter Bürgerkriegsgenerale richtig ist, liegt hier nunmehr ein Münzherren-

---

[69] Beischriftlose Köpfe politisch führender Personen (des jungen Caesar, des Brutus, der Servilia und des Konsuls C. Vibius Pansa) in der Art des Antoniuskopfes 44 gäbe es 43, wenn Alföldis Datierung der Gepräge des Münzmeisterkollegiums C. Clodius Vestalis, M. Arrius Secundus, C. Numonius Vaala, L. Servius Rufus (C. 512–515) ins Jahr 43 (Alföldi, Caesariana 270–279) richtig wäre. Ich vertraue wie auch sonst der Crawfordschen chronologischen Methode (C. S. 100), die auf das Jahr 41 führt. Außerdem ist fraglich, ob es sich überhaupt um die Köpfe lebender Zeitgenossen handelt. Alföldis Ansetzung eines zweiten Münzmeisterkollegiums mit L. Flaminius Chilo, Ti. Sempronius Gracchus und Q. Voconius Vitulus (C. 485 und 525f.; zur Datierung S. 101) ins Jahr 43 würde bedeuten, daß der Kopf des jungen Caesar noch vor dem Triumvirat mit Beischrift DIVI IVLI F auf die stadtrömische Münze gelangt wäre (Alföldi, Caesariana 279–283. 310f.).
[70] C. 494/20–23. 35–38. 40–46.
[71] C. 494/16. 24. 39.
[72] C. 494/26–31. L. Livineius Regulus bringt den Kopf seines – noch lebenden? – Vaters, der es bis zur Prätur gebracht hatte. Vgl. Münzer, RE 13, 1, 1926, Sp. 807–809 s. v. Livineius Nr. 2 f.; Alföldi, Caesariana 153 f.
[73] Verbindung republikanischer Münzprägung mit Machthaberporträt findet sich in der Neuzeit in den Emissionen der République Française mit dem Kopf Napoleons III. im Jahre 1852 (B. Ernst, Les Monnaies Françaises depuis 1848, Braunschweig 1968, 22 Nr. 8–10; 58 Nr. 204) und mit dem Kopf Napoleons I. als «premier consul» in den Jahren 1802–1804 (B. Ernst, Les Monnaies Françaises . . . 1795–1848, Braunschweig 1970, 28–32 Nr. 33–40; 108 Nr. 300–303) sowie sogar noch als «empereur» in den Jahren 1804–1808, ehe dann erst die Legende République Française durch Empire Français ersetzt wird (a. a. O. 35–45 Nr. 41–79; 109–111 Nr. 304–316). Es liegt aber bei genauerem typologischem Vergleich insofern ein anderes Phänomen vor, als der französischen republikanischen Prägung eine lange königliche im eigenen Lande vorausging, die dem Münzporträt viel stärkeren monarchischen Gehalt geben mußte.

porträt vor. Wegen des Charakters der Stellung dieser Münzherren kommt jedoch auch in diesem Bereich eine königliche Selbstdarstellung nach dem Vorbild hellenistischer Monarchen nicht in Frage. Wer in der imperatorischen Prägung als erster den eigenen Kopf auf die Münze gesetzt hat, läßt sich m. E. nicht mit Sicherheit feststellen. Immerhin wurde dieser Schritt vor dem Anfang 42 liegenden Beginn der Münzmeisterprägung für die Triumvirn getan und hatte damit als unmittelbares und alleiniges Vorbild die Münzmeisterprägung des Jahres 44.

Sextus Pompeius war im Frühjahr 43 vom Senat in der Weise anerkannt worden, daß man seine Seemacht im westlichen Mittelmeer akzeptierte und mit dem Titel *praefectus classis et orae maritimae* legalisierte.[74] Auf Münzen mit diesem Titel, die ab 43 oder 42 ausgegeben wurden,[75] ist der Kopf des Vaters auf die Rückseite gedrängt und dort mit dem des älteren Bruders konfrontiert, während Sextus auf der Vorderseite sein eigenes Porträt mit den Namensbestandteilen *Mag(nus) Pius* und dem Zusatz *imperator iterum* bringt.[76] Auch der jüngere Sohn des Pompeius hatte das Cognomen Magnus übernommen. Pius nannte er sich, um seine Ergebenheit gegenüber seinen toten Angehörigen und sein Ziel, Vater und Bruder zu rächen und rehabilitieren zu lassen, zum Ausdruck zu bringen. Wenn der Kopf des lebenden Caesar die Antwort auf den des toten Pompeius gewesen sein sollte, könnte dies den Anstoß für Sextus Pompeius gegeben haben, sich nun seinerseits in voller Lebenskraft zu präsentieren. Beachtung verdient der Kopf und Legende umrandende Eichenkranz.[77] Er ist als *corona civica* in der Prinzipatsideologie eng mit der *pater-patriae*-Vorstellung verbunden.[78] Die geretteten Bürger hatten ihren Retter für seine Leistung mit der *corona civica* zu bekränzen und wie ihren Vater zu verehren und zu behandeln, da sie ihm ihre weitere Existenz und sozusagen ein zweites Leben zu verdanken hatten.[79]

Es muß aber ganz hypothetisch bleiben, ob Sextus Pompeius sich auf das Porträt Caesars als *pater patriae* bezog. Eher folgte er mit seiner Selbstdarstellung einfach der des Antonius, und dieser hätte dann an 44 angeknüpft. So ist denn auch der Kopf des Antonius auf seiner ersten imperatorischen Prägung

---

[74] Vell, 2, 73, 2: *quem senatus ... post Antonii a Mutina fugam ... in paterna bona restituerat et orae maritimae praefecerat.*
[75] Vgl. C. S. 521.
[76] C. 511/1.
[77] Vgl. Alföldi, Vater 55f.
[78] Breit entwickelt von Alföldi, Vater (u. a. 71. 74–76. 95), kurz zuletzt 1985, 276. Die Verbindung der Retter- mit der Vater-Rolle ist schon republikanisch (und griechisch). Vgl. Alföldi, Vater 46–52. 58. 80. 83; Weinstock, 163–167. 201–205. Zur engen Verbindung von *corona civica* und *parens patriae* bei Caesar v. a. App. BC 2, 106.
[79] Vgl. Plb. 6, 39, 6f.; Cic. Planc. 30, 72; Gell. 5, 6, 11–15.

Die Bedeutung des Caesarischen Münzporträts 389

im Sommer 43 mit dem Kopf Caesars auf der Rückseite verbunden.[80] Im Laufe des Jahres 43 folgt dann der junge Caesar mit der gleichen Kombination[81] – und auch zugleich (oder gar schon vorher) mit einem Typ ohne seinen Adoptivvater.[82] Nach der Begründung des Triumvirats gibt es dann Verbindungen von Köpfen des Antonius und des jungen Caesar,[83] des Antonius und des Lepidus,[84] des jungen Caesar und Antonius[85] sowie des Lepidus und des jungen Caesar.[86] Bald begnügen sich aber Antonius und der junge Caesar meist mit dem eigenen Kopf auf der Vorderseite und haben so die Rückseite bei der Mehrzahl der Typen für die sachpolitische Thematik frei.[87]

Einen eindrucksvollen Schlußstein im Beweisgang bildet das Brutusporträt. Vor seiner Würdigung soll jedoch als Hintergrund die berühmte Rückseite mit der Freiheitsmütze zwischen zwei Dolchen interpretiert werden, ein Münzbild, das in der kurzen, aber recht vielgestaltigen Prägung des Brutus 43/42 am deutlichsten sein antiköniglisches *libertas*-Programm darbietet.

Der *pilleus*, eine weiße Filzmütze, die die Freigelassenen zur Feier ihrer Freilassung trugen, war schon in der Münzbildsprache des zweiten Jahrhunderts v. Chr. vom Zeichen personenrechtlicher Freiheit zum politischen Freiheitssymbol geworden.[88] Die Flankierung durch zwei Dolche besagt, daß Freiheit durch Dolche errungen worden ist (– und auch in Zukunft geschützt werden wird). Daran schließt die Legende EID. MAR an. Dabei steht EI für langes I und ist EID Abkürzung für *Idibus*, MAR für *Martiis*. Insgesamt ist also das Münzbild folgendermaßen zu lesen: Die Freiheit wurde mit Dolchen (d. h. durch Tyrannenmord) an den Iden des März errungen. Die Doppelung der Dolche ist wohl nicht nur ornamentale Symmetrie, sondern bezieht sich auf die beiden Führerpersönlichkeiten der Verschwörung, die jetzt im Osten wieder zusammenarbeiteten. Deswegen mögen auch die Griffe ungleich, d. h. individuell gestaltet sein.

Dieser Typ war schon zu seiner Zeit berühmt. Wir haben hier den leider äußerst seltenen Fall, daß eine Münzdarstellung in der antiken Literatur erwähnt ist. Cassius Dio liefert sogar zusätzlich eine Interpretation: „Brutus

---

[80] C. 488/1 (f.). Morawiecki, 71–73 kommt zur Datierung "in the second half of May 43 B. C." Vgl. 75 f.

[81] C. 490/2. (4.) Morawiecki, 100 betont das Anknüpfen an Caesar.

[82] C. 490/1. Versuch genauerer Datierung Morawiecki, 98–100 ("the end of April/beginning of May-halfway through June 43 B. C.").

[83] C. 492/1. Später C. 517/1 f. 6–8; 528/1–3.

[84] C. 492/2.

[85] C. 493/1. Später C. 529/1.

[86] C. 495/1 f.

[87] C. 490/3; 496/1–3; 497/1 f.; 516/1–5; 518/1 f.; 520/1; 521/1 f.; 523/1; 529/3; 531/1; 533/1 f.; 534/3; 536/1–4; 538/1; 539/1; 540/1 f.; 542/1 f.; 545/1 f.

[88] C. 266/1; 270/1. Vgl. C. 391/1–3; 392/1.

prägte auf die Münzen, die er schlagen ließ, sein eigenes Bild sowie einen pilleus und zwei Dolche. Damit und mit der Aufschrift wollte er verkünden, daß er das Vaterland zusammen mit Cassius befreit habe."[89]
Dieses Münzbild steht außerdem am Anfang des ideologischen Sprachgebrauchs, ein blutiges Ereignis von grundlegender und weittragender Bedeutung einfach mit dem Datum zu bezeichnen: der 9. November, der 20. Juli, der 17. Juni. (Da es hier ja nicht um die Bewertung der Inhalte geht, sondern um Beispiele für die 'Grammatik' der Propaganda, dürfte diese Zusammenstellung keinen Anstoß erregen.) Den Sprachgebrauch fassen wir übrigens gleichzeitig bei Cicero – und da eindeutig; auf der Münze ist ja eher an einen datierenden Ablativ als an einen bilderklärenden Nominativ zu denken. Cicero schreibt am 27. April 44 an Atticus in kritischer Resignation: „Seien wir mit den Iden des März zufrieden; sie haben wenigstens unseren Freunden, heroischen Männern, Zutritt zum Himmel gegeben, die Freiheit haben sie dem römischen Volk nicht gegeben."[90]

Bei diesem Typ ergibt sich schließlich auch, daß die dargestellten Objekte nicht nur der symbolischen Münzbildsprache angehören, sondern – bezeichnend für die Antike – schon in der Realität der Aktion am 15. März 44 herausgehoben wurden, was uns theatralisch anmutet. Nach Appian (BC 2, 119) und Plutarch (Brut. 18, 7) trug man nach Caesars Ermordung beim Zug auf das Kapitol einen *pilleus* auf einer Lanze und zeigten dabei die Verschwörer, als sie die Römer zur Freiheit aufriefen, ihre blanken, blutigen Dolche.

Im Hinblick auf historischen Gehalt und numismatische Methode ist die EID MAR-Rückseite des Brutus ein beliebtes, aber meist nicht ganz ausgeschöpftes Beispiel. Auch deswegen habe ich sie hier noch einbezogen, kehre jetzt aber abschließend zu meinem Grundgedanken zurück.

Die Münze mit der EID MAR-Rückseite trägt auf der Vorderseite den Kopf des Brutus. Sie stellt den letzten von drei Typen mit Brutus-Porträt dar. Auch Brutus beginnt seine Selbstdarstellung mit einem zweiten Kopf, dem sogar die Vorderseite eingeräumt ist.[91] Es ist der erste Konsul der Republik, dem er sich mit der Beendigung eines Königtums jetzt an die Seite stellen kann. Im

---

[89] D. C. 47, 25, 3: Βροῦτος ... ἐς τὰ νομίσματα ἃ ἐκόπτετο εἰκόνα τε αὑτοῦ καὶ πιλίον ξιφίδιά τε δύο ἐνετύπου, δηλῶν ἔκ τε τούτου καὶ διὰ τῶν γραμμάτων ὅτι τὴν πατρίδα μετὰ τοῦ Κασσίου ἠλευθερωκὼς εἴη. Die Rückseite war auch in der frühen Neuzeit bekannt und wurde mehrfach als Symbol benutzt, 1537 von Lorenzino de'Medici auf einer Medaille mit VIII Id. Ian., dem Tag seines Attentates auf seinen Vetter Alessandro, und im England des 18. Jh. als Zeichen republikanischer Neigungen (M. L. Clarke, The Noblest Roman. Marcus Brutus and His Reputation, Ithaca, N. Y. 1981, 66. 90. 99).

[90] Cic. Att. 14, 14, 3: ... *contenti Idibus Martiis simus; quae quidem nostris amicis divinis viris aditum ad caelum dederunt, libertatem populo Romano non dederunt.*

[91] C. 506/1.

Vergleich mit seiner eigenen ein Jahrzehnt zurückliegenden Münzmeisterprägung ist er selbst an die Stelle Ahalas getreten, ein neuer Ahala geworden. Die Köpfe beider Bruti sind samt den Legenden (L. BRVTVS PRIM(us) CO(n)s(ul) bzw. M. BRVTVS IMP(erator) mit COSTA LEG(atus) als Prägebeauftragtem) jeweils von einem Eichenkranz umrandet. Die Leistung beider war Rettung der Bürgerschaft.⁹² Wie bei Sextus Pompeius ist auch bei Brutus eine *pater-patriae*-Komponente des Münzporträts nicht ganz von der Hand zu weisen. Auf dem zweiten Typ mit Brutus-Porträt, der Siegestrophäen (auf der dafür üblichen Rückseite) zeigt (so daß der nunmehr alleinige Kopf des BRVTVS IMP(erator) auf die Vorderseite gelangt), ist die *corona civica* von einem Lorbeerkranz abgelöst.⁹³ Der dritte Typ zeigt den Kopf des BRVT(us) IMP(erator) dann (wiederum auf der Vorderseite) ohne umgebenden Kranz.⁹⁴ Entsprechend der Rückseite könnte man es so sehen, daß hier nach Brutus dem Retter und Brutus dem Sieger⁹⁵ Brutus der Befreier gemeint ist.

Alle drei Typen gehören innerhalb der relativ reichhaltigen Münzprägung der Caesarmörder im Osten des Reiches nicht an den Anfang.⁹⁶ Somit kann Brutus keine Priorität gegenüber den westlichen Machthabern beanspruchen. Daß aber der Freiheitsheld überhaupt 'die neue Mode mitmachte', dem neuen Brauch sehr schnell folgte, wurde schon immer als aufschlußreich empfunden.⁹⁷ Es ist richtig, den Finger darauf zu legen, daß Cassius nie seinen eigenen Kopf auf seine Münzen setzen ließ,⁹⁸ vielmehr meist die Libertas zeigte, daß er „der bessere Republikaner"⁹⁹ war und daß Brutus einer – vielleicht prinzipatsähnlichen – Form persönlicher Herrschaft nicht abgeneigt war, weil er einsah, daß sie sich nicht verhindern ließ. Daneben gilt aber, daß Brutus doch auch so stark der antiköniglichen Ideologie verpflichtet war, daß sein Münzporträt undenkbar gewesen wäre, wenn es eine königliche (oder göttliche) Stellung impliziert hätte. Möglich war es nur als bildliche Herausstellung des Imperators, als große Ehre, die mit strenger Republik freilich nicht mehr zu vereinbaren war, als Zeichen einer ganz außerordentlichen per-

---

⁹² Vgl. Alföldi, Vater 55f. 67; 1985, 367. Cicero bezeichnet in der zehnten Philippischen Rede (4, 8) Brutus als Retter des Vaterlandes.
⁹³ C. 507/1.
⁹⁴ C. 508/3.
⁹⁵ Die Verbindung zu Apollon (D. Mannsperger, Gymnasium 80, 1973, 393f. und ANRW II 1, 1974, 932) scheint mir hier sekundär.
⁹⁶ Vgl. C. 498–508.
⁹⁷ Z. B. J. Bleicken, HZ 195, 1962, 16f. D. Mannsperger, ANRW II 1, 1974, 931f. betont zu sehr „das Gesetz der Gattung" und die Zwänge, denen zufolge auch Brutus „mit seiner Person für seine Ideen einstehen und auch auf den Münzen den Kopf hinhalten mußte".
⁹⁸ Vgl. z. B. H. Bengtson, Zur Geschichte des Brutus, München 1970, 47f.
⁹⁹ J. Bleicken, HZ 195, 1962, 17.

sönlichen Machtposition. Und diese Bedeutungsumschreibung gilt nach meiner Auffassung auch für Caesars Münzporträt, verbindet es mit dem des Brutus wie mit dem der anderen Imperatoren jener Zeit.[100] Caesar allerdings scheint nicht einfach als der Imperator und Staatslenker schlechthin die ersten Münzbildehren für einen Lebenden empfangen zu haben, sondern bei ihm hat, wie entwickelt, anscheinend seine Rolle als parens patriae auslösend gewirkt.

[100] Die Entwicklung verläuft also kontinuierlich. Andernfalls muß mit einem – ganz plötzlichen – Bedeutungsumbruch gerechnet werden. Vgl. Alföldi 1953, 12 f.: „Freilich hört nach Caesars Ermordung die monarchische Ausschließlichkeit des Porträts auf den Münzen zeitweilig auf." „Das Münzporträt wird damit für einen Moment das Privileg der Parteihäupter."
Korrekturzusatz zu Anm. 89: Herr stud. phil. A. Schaller macht mich darauf aufmerksam, daß 1552 in einem gegen die „Tyrannei" Karls V. gerichteten Sendschreiben Heinrichs II. von Frankreich an die Reichsstände der von zwei Dolchen flankierte pilleus gezeigt und auch das Vokabular der römischen libertas-Propaganda benutzt wird (Marburger Frühdrucke 1527–1566, bearbeitet von U. Bredehorn, Marburg 1987, 96–99).

PIETAS, OBLIGATION AND AUTHORITY IN THE ROMAN FAMILY

By RICHARD P. SALLER

The Roman family, as commonly portrayed on the basis of legal principles, was a strange social unit of contrasting relationships. While the father-child relationship is characterized as having been strongly patriarchal, the conjugal bond was loose and unauthoritarian. The wife in a marriage *sine manu* was not subject to the authority of her husband, could have independent financial means, and could divorce her husband at any time. By contrast, the children of the family were under their father's wide-ranging authority as long as he lived.[1] His awesome powers of life and death, monopoly of ownership of the *familia*'s property, and freedom of testation underwent some modification during the classical period, but remained substantially intact.[2] Thus, in the conventional view, the father-child relationship was marked by an almost complete asymmetry: nearly absolute power on the one side and submission to authority on the other. Sons were taught to accept their subordinate position through the cultural emphasis on *pietas*. Occasionally the socialization was not effective, and the latent hostility between father and son surfaced in the form of parricide.[3]

John Crook in a fundamental article written twenty years ago warned against too heavy a reliance on legal principles in our analysis of the Roman family. He perceptively pointed out that 'the Romans in law ... pushed things to the limits of logic, so that, given that *paterfamilias* had certain roles,

---

[1] Throughout this paper 'father' has been used interchangeably with *paterfamilias*: Though 'father' is legally less precise, it is less cumbersome and reflects the demographic reality that by the time they reached puberty only a few percent of Roman children would have had a living paternal grandfather.

[2] M. Roberti, *"Patria potestas" e "paterna pietas"*, Studi A. Albertoni, Padova 1935, v. I, 259–263; L. Wenger, Hausgewalt und Staatsgewalt in römischen Altertum, Miscellanea Fr. Ehrle, Rome 1924, v. II, 40; D. Daube, Roman Law: Linguistic, Social and Philosophical Aspects, Edinburgh 1969, 75–91; a clear recent exception is the more balanced analysis offered by P. Voci, Storia della patria potestas da Augusto a Diocleziano, Iura 31, 1980, 37–100.

[3] D. Daube, Aspects of Roman Law 88; P. Veyne, La famille et l'amour sous le haut empire romain, Annales (ESC) 33, 1978, 36; Y. Thomas, Parricidium I. Le père, la famille et la cité, MEFRA 93, 1981, 690 and Droit domestique et droit politique à Rome, MEFRA 94, 1982, 551–552.

their implications were rigorously drawn; they also kept law sharply apart from religion and morals, so that the legal character of *patria potestas* stands out in sociologically misleading clarity'. He concluded that 'the all-powerful *paterfamilias* of Rome, in the standard contrast with Athens, is, then, too crude a figure to correspond to the nuances of reality'.[4]

Despite Crook's comments, the 'all-powerful *paterfamilias*' continues to appear in work by social historians. In one important recent book, the relationship between father and son is described in the following terms: in addition to the *ius vitae necisque* 'a Roman head of household had complete control over his own property. His son, however old and even if he had held distinguished public office, had no right to independent mastery of his own estate. Like a slave, he had only his pocket money *(peculium)*, held at his father's pleasure. He became head of his own household only when his father died... In Roman folk-lore, stories of conflict between father and son recur... Morally, the conflict between fathers and sons was hidden by elevating filial respect *(pietas)* into a core Roman virtue... The reciprocal of paternal power was not only filial respect but also filial hostility.'[5] The caricature of the authoritarian Roman father has reached its extreme more recently in a history of the European family by an eminent mediaevalist who claims that the Roman family was not a cohesive moral unit because the *paterfamilias* stood outside and above his *familia* as its ruler.[6]

The purpose of this essay is to offer a more complex analysis of the parent-child, and in particular, the father-son relationship. It must be admitted at the beginning that not enough is known of child-raising practices or of typical modi vivendi reached between fathers and adult sons to offer sure, sweeping conclusions. Nevertheless, several considerations suggest modifications of the seductively simple image of the all-powerful father ruling sons torn between obedience and rebellion. Kaser and Crook have already discussed institutional and legal constraints on *patria potestas*, and I have stressed the simple demographic fact that at the age of twenty-five, when Romans were conventionally thought capable of independent decision-making in regard to their property, only one-third were restrained by a living father–a proportion that rapidly declined through the life-cycle to one-eighth of the thirty-five year olds.[7]

[4] *Patria Potestas*, CQ n. s. 17, 1967, 114, 122.
[5] K. Hopkins, Death and Renewal, Cambridge 1983, 244–245.
[6] D. Herlihy, Medieval Households, Cambridge, Mass., 1985, 2–3, who bases his claim on the definition of *familia* by Ulpian in the ›Digest‹, but Ulpian and Gaius both explicitly include the *paterfamilias* in the *familia* (Dig. 50, 16, 195, 2; 50, 16, 196).
[7] M. Kaser, Der Inhalt der *patria potestas*, ZSS 71, 1938, 62–87; Crook, *Patria potestas*; Saller, Men's age at marriage and its consequences in the Roman family, CP 82, 1987, 30–34.

I wish to explore three further considerations here. First, an analysis of Roman family relations based primarily on legal powers, and legal and customary restraints on those powers, is bound to be unsatisfactory. An analysis ought also to include ideology, values, and perhaps most important, the dynamics of social and economic power within the family. Secondly, in an attempt to understand how authoritarian and hierarchical the Romans thought families were or ought to have been, the central familial virtue, *pietas*, will be examined. The evidence suggests that *pietas* was not associated, first and foremost, with filial submission and obedience. Rather, as the juristic writings show, it was a reciprocal obligation owed by all family members, including the father, to all others. Thirdly, through a comparison with other agrarian societies noted for paternal authority, it is possible to identify several features of the distribution of economic, social and religious power within the Roman family that detracted from the father's monopoly of authority.

I

In law the powers granted to the *paterfamilias* appear awesome indeed, suggesting a family experience quite foreign to ours today. And yet Cicero's letters and other literary sources seem to describe a family life that was not as strange as might be expected from the law.[8] Consequently, the social historian must ask how and how often the paternal powers were exercised, how intensely they were felt, how oppressive they were. In short, to what extent did the legal powers of the *paterfamilias* shape the Roman family experience?

In regard to the most striking right of the father, the *ius vitae necisque*, William Harris has recently drawn attention to the rarity with which it was exercised—so rarely in fact that 'the threat must have grown extremely thin'.[9] Further, three of the popular legends about fathers executing sons were designed to demonstrate the virtue of putting loyalty to the state ahead to loyalty to family, rather than the virtue of extreme severity toward filial disobedience.[10] The value system that placed *patria* ahead of *familia* applied as much to sons as to their fathers: as the jurist Marcellus wrote, 'our ancestors thought there was no need to mourn a man who set out to destroy his country and to kill his parents and children. They all decided that if such a man

---

[8] Saller, *Patria potestas* and the stereotype of the Roman family, Continuity and Change 1, 1986, 19.

[9] William V. Harris, The Roman father's power of life and death, in: Studies in Roman Law in memory of A. Arthur Schiller, Leiden 1986, 92; Voci, Storia della *patria potestas*, reviews the examples and concludes that fathers no longer possessed the *ius occidendi* in the Principate, 50–63.

[10] Harris, The Roman father's power of life and death 90.

was killed by his son or father, it was no crime, and the killer should receive a reward.'[11]

The handful of historical examples of the use of the *ius vitae necisque* that are cited by legal historians to demonstrate the survival of that power into the fourth century can be interpreted by social historians rather differently. The equestrian Tricho's execution of his son under the reign of Augustus was regarded as so extreme that he was nearly lynched by a crowd.[12] The same emperor's marriage legislation permitted fathers to execute adulterous daughters, but only under very specific circumstances: it would have been superfluous to specify the narrow circumstances in which execution was permissible, if a general right of fathers to punish children by death had been taken for granted.[13] In the second century Hadrian deported a father who killed his son during a hunt because he had been involved in an adulterous affair with the father's wife (the son's stepmother). Hadrian justified the sentence on the ground that the father killed him in the fashion of a bandit rather than 'patris iure'.[14] This passage may technically be evidence that the ius survived into the second century, but the very fact that the father, despite such serious provocation, did not call a family council and condemn the son, suggests that this procedure was generally not considered by fathers to be a real option in dealing with offenses by sons, no matter how serious. As Harris argues, in reality the *ius vitae necisque* was of consequence in allowing fathers to expose newborns, and it was toward this practice that Christian apologists directed their criticism of pagan cruelty during the classical period, not toward the execution of grown children.[15]

Realistically, the father's power over property is likely to have been a more important instrument in the father's control over his children's behavior. Of course, legal means such as the *peculium* existed to give sons and daughters the resources to lead independent lives. The critical question is: how were they used? David Daube stresses the ultimate legal authority of the father who could grant more or less freedom to his children in the disposal of their *peculium* or could take it away altogether. Daube imagines a situation in which fathers wielded great powers of social control over sons who were

[11] Dig. 11, 7, 35.
[12] Seneca, De clem. 1, 15, 1, on which see Harris, The Roman father's power of life and death 86.
[13] Dig. 48, 5, 24, 2–3 (Ulpian). It is also significant that the rationale given by Papinian for allowing the father, but not the husband, to kill the adulterous woman was not based on the father's *potestas*, but on the assumption that he was less likely to act impetuously.
[14] Dig. 48, 9, 5.
[15] Harris, The Roman father's power of life and death 93–95; Justin, Apology 27; Tertullian, Ad nationes 1, 3, 16.

constantly placed in the position of having to beg their fathers for money.[16] Hopkins minimizes the liberating potential of the *peculium* by translating it as 'pocket money'.[17] On the other hand, Kaser's impression from the legal evidence is that sons were customarily granted a *peculium* and left alone to administer it.[18]

Our evidence is not sufficient to reveal the typical financial situation of a son 'in potestate', but several arguments incline me toward Kaser's view. First, as Kaser points out, the withdrawal of the *peculium* and the attendant problems that would have created are not prominent in the legal sources.[19] Secondly, whatever the etymology of *peculium*, it was plainly more than 'pocket money' for many Roman sons. Not only did it provide the basis for *filiifamilias* to make contracts and fulfill family obligations, but it also constituted the security for their proper performance of public services.[20] For instance, one of the tasks of local magistrates was to approve *tutores* for the many *pupilli* whose fathers had died (more than one-third of children would have needed *tutores* at some point). The magistrate was supposed to see that the *tutor* gave proper security for the return of the *pupillus*' estate; if the magistrate failed to do so, he himself was held liable. The jurists asked whether the magistrate's *paterfamilias* was also liable. 'Julian says that an action on the *peculium* is available, whether or not he wanted his son to be decurion. Even if he filled the office with his father's permission, his father should not be liable beyond the value of the *peculium*...'[21] The sums involved in *tutela* could be quite large. If adult sons serving as magistrates typically had no *peculium* or merely 'pocket money', the legal recourse offered to *pupilli* would have been worthless. Given the concern in the law to protect *pupilli*, it seems preferable to follow Kaser in thinking that the jurists were offering a meaningful recourse on the assumption that adult *filiifamilias* of propertied families often had a substantial *peculium*.

[16] D. Daube, Aspects of Roman Law 75–91, espec. 76, 83.
[17] Death and Renewal 244.
[18] Der Inhalt der *patria potestas* 85–86; Crook, *Patria potestas* 119, takes an agnostic position.
[19] Der Inhalt der *patria potestas* 86.
[20] Y. Thomas, Droit domestique et droit politique 573. Thomas (p. 540) claims against Kaser and others that whereas slaves used *peculium* for financial pursuits, *filiifamilias* are referred to in the ›Digest‹ as using *peculium* almost entirely for family and municipal obligations. But there seem to me to be plenty of references to *filii* using their *peculium* for financial transactions: e. g., Dig. 15, 1, 5; 15, 1, 38 pr.; 16, 3, 1, 42; 16, 3, 19; 16, 3, 21 (deposit); 14, 1, 1, 20; 14, 3, 19, 2; 15, 1, 27 pr. (commerce); 3, 5, 45 pr; 17, 1, 12, 2ff. (mandate); 6, 1, 41, 1; 18, 5, 1; 20, 6, 8, 5; 21, 1, 23, 4; 41, 2, 14 pr. (sale); 2, 11, 5, 2; 22, 1, 32, 2f. (contract); 2, 13, 4, 2 (banking); 3, 5, 5, 8 *(actio gestorum negotiorum)*.
[21] Dig. 27, 8, 1, 17.

The father's legal power over the marriage of his children weakened somewhat during the classical period, but throughout the consent of both father and child was necessary for a legitimate marriage. Behind the legal rules lay much variation in who took the initiative and how marriages were arranged. For the minority of Romans whose fathers were alive at the time of their first marriage the choice of a spouse was sometimes effectively made by the father, but in many other cases the process involved other interested parties and was more complex than simply the father choosing. It is well known that Tullia's marriage to Dolabella was arranged in the absence of Cicero who gave his consent only after the agreement; also in the corpus of Cicero's letters young Quintus appears taking the initiative in the choice of a mate.[22]

In all these aspects of family life, then, the law did no more than to set very broad boundaries to behavior. Because of the great flexibility permitted by Roman legal instruments such as *peculium*, the law was very far from determining the distribution of social power within the family and thus should not be interpreted as a sufficient description of the Roman family experience. In this regard, Roman historians could learn an object lesson from sinologists about the gulf between the 'rules' and the daily practice of family life. In his book about family life in western China before the revolution, Francis Hsu comments on this gulf: 'The father has authority of life and death over the son, and the son has to revere and support his parents. Mourning and worship after the death of the parents are integral parts of the son's responsibility. . . . The father has great authority over the son, but the authority is subject to the fact that socially a father and a son are part of each other. The older man cannot abuse his power without injury to himself. The son is obliged to please and support his father, but the latter is also the provider for the son at all times. . . . The generally accepted pattern of behavior between father and son, far from being a negative one of authority and submission, or of exploitation and support, is much better described by a more positive literary saying, "The father is kindly toward his son, and the son filial toward his father." As soon as the sons have married and have had children, the West Towner father consults them and defers to their opinion almost as frequently as they do to his.'[23] Hsu shows how varying financial circumstances tended to produce different patterns of father-son relationships among the rich and the

---

[22] S. Treggiari, Consent to Roman marriage: some aspects of law and reality, EMC/CV n. s., 1, 1982, 36–44; Digna condicio: betrothals in the Roman upper class, EMC/CV n. s. 3, 1984, 419–451; S. Dixon, The marriage alliance in the Roman elite, Journal of Family History 10, 1985, 353–378; for a detailed description of the legal developments, G. Matringe, La puissance paternelle et le mariage des fils et filles de famille en droit romain, in: Studi E. Volterra, Milano 1971, v. V, 191–237.

[23] Under the Ancestor's Shadow, N. Y. 1967 (originally published, 1948), 56, 62f., see also, 248f., 262; M. Freedman, Chinese Lineage and Society, London 1966, 45,

poor, despite the fact that rich and poor households were operating under the same formal rules and cultural ideals. I will return to the Chinese family for comparison. At this point it is enough to say that Chinese studies provide clear evidence for Crook's warning against reading Roman law as a sociological description of family life.

II

At the center of the Romans' ideal view of familial relations was the virtue of *pietas*, represented by the image of Virgil's ›Aeneas‹ carrying Anchises on his shoulder. This image includes the characteristic verticality often implied in modern definitions of *pietas*: it is associated primarily with duty to a higher authority. In the words of the ›Oxford Classical Dictionary‹, '*pietas* is the typical Roman attitude of dutiful respect toward gods, fatherland, and parents and other kinsmen'.[24] That it is thought to be an attitude particularly appropriate for children to show to parents is reflected in the common English translation, 'filial piety'. Consequently, it is not surprising that the great Cambridge anthropologist Meyer Fortes used *pietas* as the focal point for his influential treatment of father-son relations in Roman, African and Chinese societies.[25] But does the image of the dutiful son submissive to his father adequately capture the nuances of *pietas* in Roman culture?

At first glance it might seem so. Cicero repeatedly refers to *pietas* before higher authorities: the gods, the *patria*, parents.[26] Valerius Maximus includes in his collection of moral *exempla* a title (5, 4) *De pietate erga parentes et fratres et patriam*.

A range of other evidence, however, suggests that the Romans associated *pietas* in the context of the family not so much with submission to higher authority as with reciprocal affection and obligations shared by all family members.[27] A temple to Pietas was built by the Acilii Glabriones and dedicated

makes a similar point and also draws attention to the differences between rich and poor (p. 47).

[24] A similar stress can be found in the entry in A. Berger, Encyclopedic Dictionary of Roman Law, Philadelpia 1953, and J. Ferguson, Moral Values in the Ancient World, N. Y. 1964, 164, though both also recognize the possibility of *pietas* toward other relatives.

[25] Pietas in ancestor worship, in: Time and Social Structure, London 1970, 164–200, espec. 184.

[26] De inv. 2, 65f.; Pro Planc. 90; De off. 2, 11, 46; De rep. 6, 16. On Cicero's changing ideas about *pietas*, H. Wagenvoort, Pietas: Selected Studies in Roman Religion, Leiden 1980, 1–20.

[27] E. Renier, Étude sur l'histoire de la querela inoffiosi en droit romain, Liège 1942, 75.

in 181 B.C. The legend later repeated to explain the placement of the temple is reported by Valerius Maximus and the elder Pliny. A humble woman, it was said, was condemned to death and imprisoned. The prison guard was reluctant to carry out the execution and decided to delay until the woman starved. The guard allowed the woman's daughter to visit on the condition that she bring no food. As time passed, the guard began to wonder why the woman continued to live. Peaking into the prison cell, he oversaw the daughter nursing her mother with her own breast. When he reported the extraordinary affair, the prisoner was released, and the temple to Pietas was later built on the site of the prison. Valerius Maximus concludes, 'one would think this deed against the nature of things, if it were not the first law of nature to esteem parents'.[28] It is noteworthy that the legend has nothing to do with obedience or with fathers.

The legend about the temple is the first of five *pietatis exempla* recounted by the elder Pliny (NH 7, 121–122). The other four are about Tiberius Sempronius Gracchus' decision to die in place of his beloved wife Cornelia, Marcus Lepidus' heartsickness and death after divorcing Appuleia whom he still loved, Publius Rutilius' death upon hearing the news of his brothers's electoral defeat, and Publius Catienus Philotimus' self-destruction on his patron's funeral pyre. Once again, paternal authority and filial respect are conspicuous by their absence in these *exempla*. In Pliny's mind *pietas* evoked a deep, loving attachment, usually between family members, rather than obedience. Nor can it be said that Valerius Maximus' *exempla de pietate erga parentes* in any way illustrate the virtue of filial submission to paternal authority. Furthermore, Valerius points to the reciprocal quality of *pietas* within the family when he offers another title (5, 7) *De parentium amore et indulgentia in liberos* with examples about *pius et placidus adfectus parentium erga liberos*.

The legal sources might seem to offer contrary evidence against the reciprocal quality of *pietas* and in favor of its close association with filial obedience. In his ›Classical Roman Law‹ Schulz, for instance, limits his comments to the three respects in which *pietas* bound children: children could not bring their parents into court without the praetor's permission and could not bring infaming actions against them; nor could a child effect execution on the person of a parent.[29] Schulz's stress here is not surprising in view of the ›Digest‹ title *De obsequiis parentibus et patronis praestandis* (37, 15) in which it is laid down that *pietatis ratio* calls for *obsequium* toward parents. More concretely,

---

[28] Val. Max. 5, 4, 7; Pliny, NH 7, 121; much later Festus (209) told the legend, but substituted for the mother Glabrio's father–a late attempt to reconcile with the legend the fact that the temple was built by the Glabriones.

[29] Classical Roman Law, Oxford 1951, 160.

this *ratio* meant that children were not to abuse their parents, but it did not impose unilateral, positive obligations of obedience.³⁰

The few positive legal obligations derived from *pietas* were reciprocal. In the Roman view *officium pietatis* obliged parents to bequeath at least part of their estate to their children, and this was given legal sanction by the beginning of the Principate in the *querela inofficiosi testamenti*.³¹ Those children who accumulated property had a similar duty: 'For although the estate of children is not owed to parents on account of parents' desire and natural concern for children: yet if the order of death is upset, it is owed *pie* no less to parents than to children.'³² Before death *pietas* obliged parents and children to provide maintenance for one another in case of need, a reciprocal duty sanctioned by law at least as early as the reign of Antoninus Pius.³³

Beyond legally sanctioned duties, the jurists recognized that considerations of *pietas* could modify the usual legal rules where family members were involved. For example, if relatives provided *alimenta* for a *pupillus* out of a sense of *pietas*, they could not recover the costs from the *pupillus'* estate under the rules for unauthorized administration, as an outsider could.³⁴ Or if a woman paid a dowry under the false belief that she was so obliged, she could not recover, as could others who paid under false belief: 'for after the false belief is set aside, there remains the motive of *pietas* from which release cannot be sought.'³⁵ Considerations of *pietas* also affected the rules about fraud. In general, debtors and freedmen could not give away their property to defraud creditors or patrons, but the fulfilment of an obligation imposed on a father by *pietas* was not interpreted as fraud. For this reason, an indebted father could turn over the whole *hereditas* left to him by his wife with a *fideicommissum* to restore it to their son; the immediate emancipation of his son, restoration of the full *hereditas* and his refusal to keep the Falcidian quarter for himself was accepted as a reasonable show of *pietas*, and so not interpreted as fraud on his creditors.³⁶ Similarly, 'if a freedman provided a dowry for his daughter, by this act he does not seem to defraud his patron, since a father's *pietas* ought not be criticized'.³⁷ Finally, the limitations on women

---

³⁰ E. Rabel, *Negotium alienum* und *animus*, in: Studi P. Bonfante, Milano, 1930, v. IV, 296–298; Voci, Storia della *patria potestas* 78.
³¹ Renier, Etude sur l'histoire de la querela inofficiosi 39–76.
³² Dig. 5, 2, 15 pr. (Papinian).
³³ Voci, Storia della *patria potestas* 87–8.
³⁴ Dig. 3, 5, 26.1 (Modestinus) for an *avunculus*; 3, 5, 33 pr. (Paulus) for mother and grandmother, with Paulus stressing the importance of the intent of the grandmother.
³⁵ Dig. 12, 6, 32, 2 (Julian).
³⁶ Dig. 42, 8, 19 (Papinian).
³⁷ Dig. 38, 5, 1, 10 (Ulpian).

bringing legal cases were eased in situations where they were motivated by *pietas*: though in general women could not bring charges against unworthy *tutores*, mothers, grandmothers and *nutrices* were allowed to do so if *pietate necessitudinis ductae*.[38]

A survey of all uses of *pietas* in the ›Digest‹ permits several conclusions about how the jurists conceived of this virtue. First, the great majority of references concern relations within the nuclear family. Secondly, the reciprocal quality is clear from the fact that there are as many references to parental *pietas* toward children as filial *pietas*.[39] Thirdly, the jurists regarded *pietas* as natural (as opposed to a creation of civil law). Not only did emancipation not sever the bonds of *pietas*, but slave families, though not recognized as such in law, were regarded as bound by *pietas*. Consequently, *pietas* was due from son to mother who were fellow freedmen, and, in connection with the Aediles' Edict regulating sales, 'usually slaves who are not sick are returned [to the seller] with sick slaves, if they cannot be separated without great inconvenience or offending against *pietatis rationem*'.[40]

It has been argued that the reciprocal quality implied by 'paterna pietas' must have been a late or post-classical development, because it does not fit comfortably with the image of the severe, all-powerful father of classical law.[41] But the *pietas* of a father for his children goes as far back as Latin literature. Plautus refers to a father's *pietas* in rescuing his daughters.[42] The reciprocal aspect could not be expressed more clearly than in the early first century B. C. rhetorical treatise ›Ad Herennium‹: 'There is a natural law, observed *cognationis aut pietatis causa*, by which parents are esteemed by children and children by parents.'[43]

Interpreting *pietas* in terms of 'the legal constraint and moral compulsion' binding 'a son in loyalty to his father', Meyer Fortes found a parallel

---

[38] Dig. 26, 10, 1, 7 (Ulpian); cf. 49, 5, 1, 1 (Ulpian) for the mother's right to appeal a decision bringing ruin on her son–'a concession to *pietas*'.

[39] By my count, there are actually more references to *pietas paterna* and *materna* (16) than to filial *pietas* (12); conjugal *pietas* appears much less frequently (2). I do not mean to argue that the jurists believed in equality of duties among family members: for instance, D. Daube, Actions between *paterfamilias* and *filiusfamilias* with *peculium castrense*, Studi Albertario, Milano 1953, 433–474, shows that in the classical period a father could undertake actions against a son's *peculium*, but the son did not enjoy the same capacity against his father.

[40] Dig. 37, 15, 1, 1 (Ulpian); 21, 1, 35 (Ulpian), the awkward grammar of which may admittedly indicate compression or interpolation; see also 36, 1, 80, 2 (Scaevola) for a father's *pietas* toward his *filius naturalis* who is a slave.

[41] Roberti, *"Patria potestas"* e *"paterna pietas"*.

[42] Poen. 1137; *Stichus* 7a for wives' *pietas* toward husbands.

[43] 2, 19; Renier's ascription of this reciprocity to Stoic influence (Etude sur l'histoire de la querela inofficiosi 54–65) does not seem to me to be provable or necessary.

in Chinese society in the virtue of 'hsiao'.[44] More recently, however, sinologists have insisted that to do so is to mistranslate 'hsiao', which is the virtue of 'obedience': 'a man's loyalty to the interests and wishes of his father is supposed to outweigh all other loyalties and attachments. The state supports the father in commanding obedience; a wayward son can in the extreme be hauled into the magistrate's court.'[45] The contrast between 'hsiao' and *pietas* is instructive. However authoritarian Roman fathers may have been in practice, at least 'the core Roman virtue' of family life cannot be interpreted as one of submissive obedience, since it was expected of parents, children and siblings alike; rather, it was one of affectionate devotion, as expressed in the daughter nursing her helpless mother. While the cultural ideal of the Roman family can certainly not be called 'egalitarian', the expectation of reciprocal devotion from all members clearly demonstrates a sense of moral unity.[46]

III

Fortes pointed out several elements of father-son relations common to the Romans, the Chinese and the Tallensi of Africa that reinforced the father's authority. Yet a close comparison of these features in fact suggests ways in which the Roman father's social control over his children was less than complete. Roman historians have already noted various restraints on the exercise of paternal powers: censorial supervision during the Republic, custom, public opinion, and the widespread practice (at least among the elite) of adult sons establishing separate households.[47]

Fortes lays great stress on the supernatural reinforcement of paternal authority. Among the Tallensi fathers are the intermediaries to the spirits of the ancestors who must be placated for reasons of health and safety; disobedient sons who annoy the spirits risk death.[48] Fortes' comparison with Chinese and Roman religion is, however, flawed. Though the Chinese did practice ancestor worship, fathers did not act as intermediaries and the ancestors were not perceived as a threat to their living descendants.[49] Roman *pietas* may have

---

[44] Pietas in ancestor worship 184.
[45] Freedman, Chinese Lineage and Society 152; Freedman adds that obedience is the social ideal, but for social and economic reasons it does not translate into thorough-going social control.
[46] Pace Herlihy, Medieval Households 3.
[47] Kaser, Der Inhalt der *patria potestas*; Crook, *Patria potestas*; Saller, *Patria potestas* and the stereotype of the Roman family.
[48] Pietas in ancestor worship 172; see also J. Goody, Death, Property and the Ancestors, Stanford 1962, 408.
[49] Freedman, Chinese Lineage and Society 147–148.

gone back to worship of the *di parentes* which later became the basis for *pietas* toward all gods and toward parents, but by the historical period ancestor worship was not a regular part of Roman family life.[50] I know of no evidence from the classical period that paternal authority was buttressed by supernatural beliefs or religious rituals.

Fathers' supremacy has also been affirmed by avoidance rituals and practices that have varied from society to society. Among the Tallensi Fortes found that eldest sons were compelled to keep their distance from certain objects associated with the paternal role lest it seem that they were too anxious for their fathers to die so that they could succeed to the paternal role.[51] In a similar, though less symbolic vein, Chinese and Indian fathers are reported to have thought it proper to maintain an emotional distance from their sons in order to protect their authority. Their rationale has been summed up in the Chinese aphorism, '"You cannot be your son's friend and correct his behavior"'.[52] The resulting formality of father-son relations, in which shows of affection were discouraged, has struck western observers.

The Roman cultural ideal was quite different and, in some respects at least, more familiar to us. There were no obvious avoidance rituals, nor were displays of affection suppressed.[53] Furthermore, the father-son relationship was conceived with a different emphasis. The Roman father was not characterized principally as 'a remote disciplinary figure'.[54] Filial respect, even fear of a father was laudable, as Cicero indicates in his praise of Cn. Plancius' relationship with his father, but Cicero adds that Plancius loved him like a *sodalis*, a brother, an equal. Conversely, after his exile Cicero likened his supportive brother Quintus to a father in his display of love and beneficence.[55] These

---

[50] On *di parentes*, RE XX, 1221 f. (C. Koch); S. Humphreys, Foreward to N. D. Fustel de Coulanges, The Ancient City, Baltimore 1980, xv–xvi. The ›Digest‹ title on funeral and burial expenses (11, 7) indicates that, as the most probable heirs, sons were the most likely agents for burying their parents, but other heirs or other relatives might also undertake the duty out of a sense of *pietas*.

[51] Pietas in ancestor worship 168.

[52] Margery Wolf, Child training and the Chinese family, in: Family and Kinship in Chinese Society, ed. M. Freedman, Stanford 1970, 40 f.; G. M. Carstairs, The Twice-born, London 1957, 68–76, on the high-caste Indian family.

[53] The only example cited by Fortes, Pietas in ancestor worship 183, the avoidance of being seen naked in the baths (Cicero, De off. 1, 129), is unconvincing: it applies to fathers-in-law and sons-in-law as well and should be understood not as a father-son avoidance in Fortes' sense but in the context of the Romans' broad sense of sexual modesty (as attested in Cicero, Ad fam. 9, 22, 4). That demonstrations of affection were positively valued is clear in Cicero, Ad fam. 14, 4, 3.

[54] The phrase of Carstairs, The Twice-born 76.

[55] Pro Planc 29; Post red. ad Quir. 5.

analogies show that the Romans conceived of the father-son relationship as sharing the attributes of affection, friendliness and support with other family bonds, rather than as being peculiar for the stress on discipline to the exclusion of friendliness.

The exercise of discipline in day-to-day family life is not well documented. No doubt many Roman children feared physical punishment from their fathers.[56] Among upper class families, however, it is not at all clear that fathers were seen as the primary agents of disciplinary action. Young children were often left to slaves to rear; older children were in the hands of schoolmasters to train. Both Tacitus and Quintilian characterize parents as carelessly indulgent toward their children rather than as stern disciplinarians. If we follow Quintilian, the whip and physical chastisement were associated with the *magister*, not with the father. Further, it was Quintilian's considered opinion that physical punishment was not to be approved in the education of boys.[57] Of course, the indulgence of children of the upper classes cannot be assumed to have been typical of working class children (for whom very little evidence exists).[58]

Presumably as children grew up, social control over them came to depend less on physical punishment and correspondingly more on the father's proprietary rights over family assets. Sinologists have repeatedly emphasized the paramount significance of financial leverage in the family over the formal rules distributing authority. In attempting to analyse the balance of economic power in the Roman family, it is necessary to begin by making rough distinctions of class between those poor families whose income came solely from their labor, the somewhat better off families who depended on their own labor and capital (a plot of land), and families of the leisured class.[59] In each class the differing relative value of the father's control over family assets and the son's labor is likely to have produced a different dynamic of power.

Since little can be said directly from the very meagre Roman evidence for impoverished families, it is worth looking at the suggestive studies of Chinese families. Ageing fathers in poor Chinese families apparently find it difficult to

---

[56] B. D. Shaw, Family in late antiquity: The experience of Augustine, Past and Present 115, 1987.

[57] Tacitus, Dial. 29; Quintilian, Inst. 1, 2, 6ff.; 1, 3, 13ff. Later Augustine's fear of the whip also centered on the schoolmaster (see Shaw, Family in late antiquity). On child-rearing in a slave household, K. Bradley, Child care at Rome: the role of men, Historical Reflections–Reflexions historiques 12, 1985, 485–523; R. Saller, Slavery and the Roman family, Slavery and Abolition, 8, 1987, 71–93.

[58] K. Bradley, Child labour in the Roman world, Historical Reflections–Reflexions historiques 12, 1985, 311–315.

[59] Daube, Aspects of Roman Law 81f., makes a simple distinction which does not take account of the middle group.

maintain their authority over adult sons, since they have no property to use as leverage. Consequently, as a father grows weak in old age and comes to depend on his sons' labor for support, he finds the traditional distribution of power reversed to the point that he 'might have to beg his adult sons for cigarette money'.[60] In the absence of a welfare system, poor, ageing Romans must have depended on their children for support in the same way–hence the moral maxim that 'it is evil not to provide maintenance for parents'.[61] The need of a father to be cared for by his son was accepted by Javolenus as a legitimate reason to allow an adoptive father to stipulate a penalty if he were pressed to emancipate his adopted son.[62]

The alimentary obligation was reciprocal between parents and children and can be traced back in the legal evidence as far as the reign of Pius. The ›Digest‹ title *De agnoscendis et alendis liberis vel parentibus vel patronis vel libertis* (25, 3) contains a ruling by Pius in a case involving a humble artisan: 'But if the son can support himself, the judges ought to decide that they should not decree maintenance for him. For the divine Pius issued a rescript to this effect: "The appropriate judges approached by you will order that you be supported by your father in accordance with his resources, only if, since you say that you are a craftsman, you are in such a state of health that you are not able to support yourself by your own labor."'[63] This rescript is of particular interest for the assumptions it makes about a working family. The situation envisaged by Pius is one in which a healthy adult son would normally 'support himself by his operae', implying an independence that is rather different from the picture based on the father's technical proprietary rights to all of his son's income. If it is accepted that adult sons of poor families achieved a certain independence by virtue of their income-earning capacity, that no family property offered them an incentive to maintain family ties, and that the legal machinery was hardly adequate systematically to enforce the alimentary obligation, then it follows that ageing, propertiless parents were highly vulnerable and dependent on their children's goodwill and their success in inculcating the virtue of *pietas*. Such parents are unlikely to have been in a position to insist on parental authority.

[60] Arthur P. Wolf and Chieh-shan Huang, Marriage and Adoption in China, 1845–1945, Stanford 1980, 66; for a similar argument, Hsu, Under the Ancestor's Shadow 9; M. Freedman, Chinese Lineage and Society 47.

[61] Cicero, Ad Att. 9, 9; the same principle is found much later in Augustine's work; see Shaw, Family in late antiquity. Bradley, Child labour in the Roman world 328–330, discusses the need among the poor to exploit their children's labor.

[62] Dig. 45, 1, 107; how often sons were adopted for this reason is impossible to know, but in Chinese society adoption was a standard, though not especially desirable way for childless men and women to find someone to care for them in old age.

[63] Dig. 25, 3, 5, 7 (Ulpian).

In families with modest assets (say, a small family farm), the balance of economic power between ageing parents and adult sons may have been more nearly equal. The son's labor may have been needed to work the land, but the father enjoyed the leverage derived from the testamentary power to bequeath the family farm, or most of it, to someone other than the son. How these competing powers–the power of labor and the power of property–worked out in practice is impossible to know. Some fathers partially forfeited their power by transferring their property before their death. This practice seems to have been much less common in Rome than in later Europe, but a few examples can be found in the ›Digest‹.[64] It is also possible that local custom in peasant communities granted fathers less discretion in testation than allowed by law, and correspondingly less social power.

Wealthy fathers would be expected to have had the capacity to exercise more control in Rome, as in China. Sons of propertied families did not work and consequently were entirely dependent on the *peculium* or allowance given them by their fathers. Further, fathers of the Roman elite enjoyed discretionary powers of testation well beyond those of Chinese fathers. The *querela inofficiosi testamenti* may have prevented most fathers from transferring the entire patrimony outside the family; nevertheless, a father could satisfy the minimum legal requirement imposed by *officium pietatis* by leaving a mere quarter of his estate to *sui heredes* as a group. The image evoked by Hopkins of a son blenching at the reading of his father's will in which many of the family's slaves and much of the property were bequeathed to friends was a very real possibility.[65] There were clearly strong reasons in wealthy families for Roman sons to obey and cultivate the goodwill of their fathers. But did Roman fathers use these proprietary rights to keep their sons on a short financial leash, as Daube imagines? Both social norms and the structure of the family often prevented the situation from becoming too oppressive.

In the literary evidence sons do not appear as helpless suppliants requesting funds for each expenditure. The explanation lies in part in the social pressures put on fathers to provide for their sons in a style appropriate to their status. This is especially clear in Cicero's letters to Atticus concerning the arrangements for young Marcus during his studies in Athens. Cicero wished to provide an allowance that would be 'as much as Publilius and Lentulus gave their sons'. This standard turned out to be more than a knight's minimum income. When young Marcus went through his allowance with unexpected ease, Cicero was at pains to get more to him, because 'it is base (*turpe*) for us that in his first year he be in want, whatever kind of son he is'. After all, it was a

[64] 31, 87, 4 (Paul); 32, 37, 3 (Scaevola); 34, 4, 23 (Papinian); 41, 10, 4, 1 (Pomponius).
[65] Death and Renewal 245.

matter of honor for Cicero that Marcus be supplied 'as honorably and as copiously as possible'.[66]

Not surprisingly, fathers sometimes rebelled against supporting their sons' extravagance, as Pliny reports. 'A certain man was chastising his son because he was spending rather too extravagantly on horses and dogs. After the youth went away, I said to him: "Well, what about you, have you never done something that could be criticized by your father. Dare I say you have? Do you not do something now and then which, if suddenly he were the father and you the son, he would criticize with equal severity? Are not all men led astray by some error? Does he not indulge himself in this while someone else indulges in that?"'[67] This letter is especially interesting in several respects. It shows a son able to spend first and take the consequences later. Then the consequences of spending too much on dogs and horses were nothing more severe than verbal chastisement from his father. Finally, the father's reprimand (which we might regard as not unreasonable by contemporary standards) won him a moral lecture from Pliny to the effect that he should not expect a different standard of behavior from his son than he himself meets. That the conventional Pliny felt entitled to interfere and later to recite the story to another friend by way of advice, indicates a level of direct peer pressure restraining the exercise of parental authority that might discomfort modern parents.

Social pressure also acted as a restraint on testamentary discretion. Romans regarded it as natural for parents to leave their property to their children.[68] As Pliny's letter (Ep. 8, 18) passing judgment on Domitius Tullus shows, the wills of wealthy Romans became public knowledge and a matter of public censure or praise. Domitius Tullus increased his repute posthumously by leaving his vast estate to his family—a display of *pietas*.

The power of public opinion is well enough known, and I want to emphasize a different point, that is, the father's lack of monopoly of financial control in a household in which wives often independently owned substantial property. The dual financial regime of the classical family sets it apart from families in many other agrarian societies in which marriage was a lifetime arrangement and the woman's property merged with her husband's in one financial regime under his control. The Roman father enjoyed leverage derived from his discretion in disposing of property, but so did his wife, and the dynamics of influence would depend very much on the relative wealth of husband and wife.[69] That the women's property often gave Roman husbands an

---

[66] Ad Att. 12, 7; 12, 32; 13, 47; 14, 7.
[67] Ep. 9, 12.
[68] Crook, *Patria potestas* 120; S. Dixon, Family finances: Terentia and Tullia, in: The Family in Ancient Rome, ed. B. Rawson, Ithaca, N. Y. 1986, 93–120.
[69] For a general statement on women's social power and testamentary rights, see

incentive to be attentive to their wives' wishes is attested by Papinian in connection with the legal rules against the exercise of undue influence on people drawing up their wills: 'I replied that there was no crime in the case where a husband who had intervened, not by force or trick, so that his wife would not add a codicil to her will when her sentiments changed against him, but, as usually happens, he soothed the offended sensibilities of his angry wife by husband's talk...'[70]

The need to keep a wealthy wife in good humor must have tempered some husbands' arbitrary exercise of power over their children. After all, the wife's goodwill and money might be needed to dower a daughter or to support a son in his studies abroad. The significance of the mother's influence is highlighted by the negative case, the bad influence of the stepmother who diverted the goodwill of the father from her stepchildren to her own children.[71]

If a husband had reason to pay heed to a propertied wife's wishes, so also their children might find it just as important to cultivate the favor of their mother as of their father. Following the separation of his parents, young Quintus Cicero played a double game to keep his father and his mother happy; through his mother's goodwill he hoped for access to his uncle's money. Similarly, Cicero admitted after his divorce from the rich Terentia that it would be a good idea for Atticus to take young Marcus along to see his mother because 'he has some interest in appearing to have wished to please her'.[72] A century and a half later, Voconius Romanus was dependent on the generosity of his mother to meet the census requirement for a senatorial career.[73] The jurist Scaevola discusses a different situation: 'A son who was accustomed to deal with his mother's property and used his mother's money with her consent to buy slaves and other property drew up bills of sale in his own name. He died in his father's *potestas*.' The jurist gave the opinion that the woman could recover the property by an action on the *peculium* or to the extent of the father's enrichment.[74] Since Roman fathers clearly did not have a monopoly of financial resources in the family (as opposed to the *familia*), it would be unrealistic to impute to them a monopoly of leverage derived from property.

At the extreme, a mother (or other relative) could use her property post-

---

Crook, Women in Roman Succession, in The Family in Ancient Rome, ed. Rawson, 58.
[70] Dig. 49, 6, 3.
[71] Dig. 23, 3, 82 (Proculus); 24, 1, 34 (Ulpian) for dowry; Marcus Cicero's allowance came from dotal property, see above n. 66 for references; Dig. 5, 2, 4 (Gaius) for the evil influence of the *noverca*.
[72] Ad Att. 13, 38, 39, 41, 42 for Quintus; 12, 28, 1 for Marcus.
[73] Pliny, Ep. 10, 4.
[74] Dig. 24, 58, 2.

humously to apply pressure to break a father's *potestas*. Both the literary and the legal sources provide examples of mothers bequeathing property to their children only on the condition that their fathers emancipate them.[75] Pliny describes with relish how his bête noire, Regulus, emancipated his son so that he could inherit his mother's estate and how Regulus then engaged in a disgusting show of obsequious indulgence toward his son so that his son would name him heir.[76] No doubt most sons were not emancipated and few were cultivated by their fathers, but Pliny's story nevertheless illustrates the potential that a mother's wealth had for undermining paternal authority in the family, even if it was usually brought to bear in less extreme ways.

In this essay I have attempted to suggest that the stereotype of the Roman father as an authoritarian figure wielding vast and oppressive disciplinary powers over his children is misleadingly simplistic. It is methodologically unsound to depend mainly on legal statements of paternal powers in describing the dynamics of influence within the family. The law set broad boundaries to behavior, but was very far from determining the Roman family experience. That experience was not perceived by the Romans as wholly asymmetrical with complete authority on one side matched by obedience on the other. Unlike the Chinese, the cardinal Roman virtue of the family, *pietas*, cannot be translated as 'obedience'. It was something due from all members of the family to all others. Many of the most prominent cultural illustrations of *pietas* were concerned with affectionate devotion, not authority and obedience. Although the paternal role included the exercise of authority and discipline, not all features of Roman culture and society served to bolster that role: Roman fathers did not monopolize access to the goodwill of the gods or spirits nor were they the only ones in the family with economic resources at their disposal. The truth is that we do not know how successful most Roman fathers were in asserting their will; the point of this paper has been to suggest that authority was not as concentrated, and the dynamics of family life not as simple, as often imagined.[77]

---

[75] Dig. 5, 3, 58 (Scaevola); 29, 7, 6 pr. (Marcianus); 35, 1, 70 (Papinian); the father could refuse to emancipate and forfeit the bequest, Voci, Storia della *patria potestas* 46.

[76] Ep. 4, 2, on which see J. W. Tellegen, The Roman Law of Succession in the Letters of Pliny the Younger, Zutphen 1982, 63–67, who gives references to other examples.

[77] I wish to thank Professors John Crook, Bruce Frier, Brent Shaw and Susan Treggiari for commenting on this paper, and to apologize to them for the fact that they will still not be satisfied with the all too brief legal discussion.

MARIO E I CIMBRI
NELL' ›ANONYMUS MATRITENSIS‹

Di Franco Sartori

Per la stima che reciprocamente ci unisce sono lieto di poter contribuire alla miscellanea in onore di Karl Christ, tanto più che ciò mi offre occasione gradita di confermargli viva riconoscenza per tutto quello che ho appreso dai suoi numerosi e penetranti studi sul mondo antico e sulla storiografia moderna ad esso relativa. "Last but not least", mi è caro aggiungere l'augurio più sincero di un'ancora lunga e sempre feconda attività scientifica.

Queste mie pagine sono nulla più che una semplice appendice a una questione spesso dibattuta in passato e del resto notissima, come ben sa lo stesso Christ non solo per la sua invidiabile padronanza di fonti e bibliografia,[1] ma anche per averle dedicato una sintetica e lucida trattazione, nonché stimolanti accenni in scritti di altro soggetto.[2] Intendo riferirmi al problema delle migrazioni dei Cimbri, in particolare nell'area alpina, negli ultimi due decenni del secolo II a. C.

Non riaffronto qui l'intero tema degli spostamenti del popolo cimbrico dalle sue sedi nello Jutland fino alla grande battaglia nella Cisalpina che segnò insieme l'annientamento della massa dei guerrieri invasori, la schiavizzazione delle loro famiglie e un nuovo trionfo di Gaio Mario: sono avvenimenti oltremodo conosciuti, almeno nelle loro linee essenziali. Né, quantunque proprio a questo aspetto della questione si riferisca il presente contributo, voglio ripercorrere le controverse identificazioni del luogo della battaglia finale, combattuta il 30 luglio del 101 e connessa nella tradizione antica e nelle opere moderne al toponimo dei Campi Raudii. Mi limito a ricordare che volta a volta si sono proposte localizzazioni disseminate in tutto il territorio cisalpino, per le quali basta rinviare a un analitico quadro fornito oltre trent'anni fa dallo

---

[1] K. Christ, Römische Geschichte. Eine Bibliographie, Darmstadt 1976, 188–189 (con Bettina Kreck); id., Krise und Untergang der römischen Republik, Darmstadt 1979, 496–497.

[2] Christ, Krise ... 154–162; id., Römische Geschichte und Wissenschaftsgeschichte I, Darmstadt 1982, 100, 105, 120, 122, 125, 169, 179, 241 (ristampa da: Caesar und Ariovist, Chiron 4, 1974; Zur Beurteilung der Politik des Augustus, GWU 19, 1968; Zur römischen Okkupation der Zentralalpen und des nördlichen Alpenvorlands, Historia 6, 1957).

Zennari,[3] cui si deve pure una soluzione che ha acquistato sempre maggiori consensi di critica. Con un minuzioso esame di fonti letterarie, epigrafiche e toponomastiche egli giunse infatti a ubicare il cruentissimo scontro nella bassa Venezia, «non lungi dal Po», nei pressi dell'odierna città di Rovigo, ossia nel territorio adriese,[4] e comunque nell'area deltizia padana con possibili coinvolgimenti nel teatro di operazioni anche di un' area ferrarese-ravennate.[5] Questa tesi, nonostante qualche sua carenza di tipo tecnico-antiquario, colpì a suo tempo anche me, che ne trattai in una recensione forse un poco ipercritica,[6] cui lo Zennari replicò precisando meglio i suoi punti di vista.[7] Da allora, con sfumature diverse di consenso, essa ha ricevuto il favore di studiosi autorevoli,[8] anche se nella manualistica scolastica e universitaria così

---

[3] J. Zennari, I Vercelli dei Celti nella Valle Padana e l'invasione Cimbrica della Venezia, Annali della Biblioteca Governativa e Libreria Civica di Cremona 4, 3, 1951 (pubbl. 1956), 7–39, 63. Lieve lacuna nella sua diligente rassegna è l'identificazione con Raldone (oggi Raldón) a sud di San Giovanni Lupatoto in territorio veronese, proposta già da G. Dionisi, Notizie storiche e geografiche appartenenti alla provincia veronese, Verona 1875, 8, 19; cfr. 44. Dubitativamente l'accolgono G. e Carla Frinzi, Castel d'Azzano, Verona 1974, 10, mentre non ne fa menzione D. Olivieri, Toponomastica veneta, Venezia – Roma ²1961, 35, che collega il toponimo all'antroponimo Redaldo.

[4] Zennari, I Vercelli ... 69; cfr. 35, 39, 59–62, 64–65, 70, 75; id., La battaglia dei Vercelli o dei Campi Raudii (101 a. C.), Annali della Biblioteca Governativa e Libreria Civica di Cremona 11, 2, 1958, 5, 10, 28; id., L' Agro Adriese – Adria – Rovigo nel medioevo. Dal sec. VI al sec. XV, Padova 1967, 20, 49–56, con l'ipotesi dell'esistenza di un *Vicus Raudus*.

[5] Zennari, I Vercelli ... 65–67.

[6] F. Sartori, Archivio Veneto, ser. 5ª, 62, 1958, 107–111; cfr. id., Verona romana: storia politica, economica, amministrativa, in: AA.VV., Verona e il suo territorio I, Verona 1960, 175; id., Padova nello stato romano dal sec. III a. C. all'età dioclezianea, in: AA. VV., Padova antica: da comunità paleoveneta a città romano-cristiana, Trieste 1981, 112.

[7] Zennari, La battaglia ... 29–32.

[8] Si vedano per esempio le recensioni a Zennari, I Vercelli ..., di J. Heurgon, REL 35, 1957, 387 e di E. T. Salmon, Phoenix 12, 1958, 85–87. Inoltre: Th. F. Carney, A Biography of C. Marius, Assen 1961, 38 n. 188; E. Badian, From the Gracchi to Sulla, Historia 11, 1962, 217; P. Zanone in C. Carena – P. Zanone, Vercelli e l'invasione cimbrica, Vercelli 1962, 41; J. van Ooteghem, Caius Marius, Bruxelles 1964, 218–221; A. Bernardi, Dalla fondazione al declino della Repubblica, in: AA. VV., Storia politica universale II (L'età romana, 1) Novara 1966, 165; E. B[adian], Marius, The Oxford Classical Dictionary, Oxford ²1970, 648; E. Gabba, Mario e Silla, ANRW I, 1, 1972, 781 n. 104; A. Bernardi, Dalla preistoria al principato augusteo (fino al I sec.), in: AA. VV., Storia d'Italia dalla civiltà latina alla nostra Repubblica I, Novara 1979, 139; H. Bengtson, Grundriß der römischen Geschichte mit Quellenkunde I, München, ³1982, 180 n. 69; F. Càssola – Lellia Cracco Ruggini, Storia antica delle grandi civiltà II,

come in scritti scientifici generali e specialistici sopravvive spesso la tradizionalmente prediletta ubicazione dei Campi Raudii nei pressi dell'odierna Vercelli piemontese.⁹ È da aggiungere che alcuni non meno autorevoli studiosi, sia citando esplicitamente lo Zennari sia non facendone il nome, sono più circospetti e, astenendosi dall'indicare un'ubicazione territorialmente abbastanza definita, usano formule come «une Verceil (inconnue) au sud du Brenner»¹⁰ o „περὶ Βερκέλλας, was h[eute] nicht mehr auf V[ercellae]

Firenze 1982, 74; H. Bengtson, Römische Geschichte. Republik und Kaiserzeit bis 284 n. Chr., München ⁵1985, 144; F. Càssola, Storia di Roma dalle origini a Cesare, Roma 1985, 173. Non mi è chiaro se la localizzazione proposta dallo Zennari abbia convinto due egregi studiosi come il Koestermann e il Christ, i quali la menzionano, ma nelle rispettive cartine geografiche segnano come punto d'arrivo della stroncata invasione cimbrica Vercelli piemontese: E. Koestermann, Der Zug der Cimbern, Gymnasium 76, 1969, 312, 328; Christ, Krise . . ., 155, 162.

⁹ Tra gli scritti posteriori al 1956, anno di effettiva pubblicazione del primo studio dello Zennari, a mo' di esempio si vedano: Th. F. Carney, Marius' Choice of Battle-Field in the Campaign of 101, Athenaeum, n. s. 36, 1958, 230 (ma tre anni dopo l'autore cambierà idea: si veda qui la nota precedente); H. C[üppers], Cimbri, KP I, 1964, col. 1189; S. I. Kovaliov, Storia di Roma, trad. di R. Angelozzi, Roma ⁴1965, 379; J. Cl. Richard, La Victoire de Marius, MEFR 77, 1965, 75–76; P. Grimal, Die Agonie der Republik (133–49 v. Chr.), trad. di G. Frey, in: AA. VV., Fischer Weltgeschichte VII, Frankfurt am Main 1966, 129 = trad. di L. Sosio, in: AA. VV., Storia Universale Feltrinelli VII, Milano 1967, 127; M. A.Levi, L'Italia antica I, Milano 1968, 603; id., L'Ellenismo e l'ascesa di Roma, in: AA. VV., Nuova Storia Universale dei popoli e delle civiltà IV, Torino 1969, 347; M. Pavan, Storia romana, Roma 1969, 80 (ma con battaglia anticipata di un mese); O. P. F. B[rogan], Cimbri, The Oxford Classical Dictionary² . . . 240; R. Loose, Kimbern am Brenner?, Chiron 2, 1972, 250; G. Alföldy, Noricum, trad. di A. Birley, London–Boston 1974, 38; G. Giannelli, Trattato di storia romana, Bologna ⁵1976, 362 (a 498 sono citati i lavori di Zennari, Carena–Zanone e van Ooteghem, ma senza eco a 362); R. F. Rossi, Dai Gracchi a Silla, Bologna 1980, 211; Maria Jaczynowska, Historia starożytnego Rzymin, Warszawa ⁴1982, 136; J. Malitz, Die Historien des Poseidonios, München 1983, 199, 226 n. 205, 228; G. Dobesch, Die Kimbern in Illyrien und Appian, Illyrike 4,8–11. Studien zur alten Geschichte, Siegfried Lauffer zum 70. Geburtstag am 4. August 1981 dargebracht von Freunden, Kollegen und Schülern I, Roma 1986, 178. È poi da segnalare che nella monografia ›Caio Mario‹ (Roma 1941, 55) A. Passerini aveva espresso qualche dubbio sulla localizzazione dei Campi Raudii nella pianura di Vercelli piemontese, mentre in precedenza (Caio Mario come uomo politico, Athenaeum, n. s. 12, 1934, 42, 257, 259, 265, 268 = Studi su Caio Mario, a cura di N. Criniti, Milano 1971, 51, 105, 107, 115, 118) nessun dubbio l'aveva sfiorato. Nella ristampa, riveduta e corretta, della monografia (Caio Mario, a cura di N. Criniti, Milano 1971, 48) il curatore ha preferito lasciare intatto il dettato originario del Passerini, senza accennare alla tesi dello Zennari.

¹⁰ A. Piganiol, La conquête romaine, Paris ⁵1967, 383 n.

bezogen, sondern appellativisch ('Metallfundstätte') verstanden wird"[11] o «sull'Adige»,[12] il che non sposta sostanzialmente i termini della questione, perché nel suo ultimo tratto l'Adige scorreva già in antico abbastanza vicino al margine settentrionale della zona deltizia padana, cui si accostò ancora di più dopo la grande rotta del 589 d. C.

Proprio la vicinanza dei percorsi dei due grandi fiumi padani nel loro ultimo tratto rientra, sia pure come argomento non primario, nella dimostrazione dello Zennari. Ma è singolare il fatto che a tutti gli studiosi – me compreso – che hanno posto debita attenzione a tale tesi è sfuggito come lo Zennari abbia avuto un predecessore in quell'insigne storico non solo dell'antichità che fu il Ferrabino, perspicacissimo lettore delle fonti, donde sapeva muovere, con acuto spirito intuitivo, a novità d'interpretazioni, alle quali non sempre riteneva necessario premettere un bagaglio di dimostrazione erudita, tanto limpida gli pareva scaturire la conclusione dall'esame non preconcetto delle fonti stesse, soprattutto se letterarie. Ebbene, già nel 1942, nel secondo volume di un'opera che andrebbe letta più di quanto oggi si suole fare, a proposito dell'ubicazione della grande battaglia del 101 egli scriveva: «E fu il luogo una gran piana che aveva nome Campi Raudii e che era situata (non si sa ben dove) fra Adige e Po».[13] Qualcuno potrà certo obiettare che l'indicazione topografica non è così puntuale come lo sarà invece più tardi quella dello Zennari; ma, se si pone mente al valore pregnante dell'espressione «fra Adige e Po», che non può applicarsi al grande e geograficamente non bene individuabile spazio fra il corso nord-sud dell'Adige fino alla Bassa veronese e il corso est-ovest del Po, ma bene si addice alla più stretta zona compresa tra i percorsi finali e pressoché paralleli di questi due fiumi, viene da concludere senza troppe incertezze che già il Ferrabino localizzava la battaglia all'incirca nell'area dove in seguito, con più precisa delimitazione, l'avrebbe situata lo Zennari. Correttezza scientifica esige però che qui si ricordi come in un'opera anteriore il Ferrabino avesse accolto la tesi allora prevalente sull'ubicazione dei Campi Raudii «nella pianura di Vercelli».[14]

La copia degli argomenti addotti dallo Zennari sembra dunque avere chiuso in modo plausibile la disputa annosa. In verità non solo lo Zennari, ma anche altri studiosi dimostrano buona conoscenza delle varie fonti sulla battaglia e tengono nel debito conto i dati idrografici, topografici e toponomastici.

[11] G. R[adke], Vercellae, KP V, 1975, col. 1186, dove però si corregga «Atri» in «Adria».
[12] G. Clemente, Guida alla storia romana, Milano ²1981, 195.
[13] A. Ferrabino, Nuova storia di Roma II, Roma [1942: data del colophon], 333 = II, ²1959, 340.
[14] A. Ferrabino, L'Italia romana, Milano 1934, 216. Così è anche nei due rifacimenti dell'opera: Lo spirito della conquista romana, Padova 1946, 218; L'essenza del Romanesimo, Roma 1957, 125.

Tuttavia, con una sola eccezione, per altro senza conseguenze storiche pratiche a causa della natura specificamente filologica dell'opera,[15] nel mosaico delle fonti letterarie utilizzate nelle ricerche moderne non viene inserita una pur piccola tessera, ossia un breve passo dell'anonima ›Chronographía sýntomos‹ databile fra l'848 e l'886, composta forse da un chierico o monaco della Chiesa orientale vissuto a Costantinopoli e conservata in un codice della Biblioteca Nazionale di Madrid scritto nel secolo X o XI.[16] L'esistenza di questa fonte, senza dubbio minore,[17] mi fu segnalata qualche tempo fa dall'amica e collega Maria Capozza che aveva avuto modo di conoscerla durante una serie di ricerche sulla tarda storiografia romana e su quella bizantina, donde venne, tra l'altro, un suo interessante saggio su tre frammenti di Giovanni Antiocheno.[18]

Trattandosi di uno scritto cronografico medioevale, generalmente noto come ›Anonymus Matritensis‹, è ovvio che di primaria importanza sia il problema delle fonti alle quali poté avere attinto il suo greco autore. Secondo il Bauer, che quasi ott'anni fa ne dette una pregevole e tuttora fondamentale edizione, l'anonimo avrebbe prevalentemente sfruttato l'opera cronologica (›Chronographikòn sýntomon‹ o ›Chronologia brevis‹) di Niceforo, patriarca costantinopolitano dall'806 all'815, ma si sarebbe valso anche di altri autori, trascrivendoli letteralmente «sine iudicio ac ratione» e operando talora aggiunte «suo Marte».[19] Osserva ancora il Bauer che nella serie dei re lagidi e in quella degli imperatori romani l' ›Anonymus Matritensis‹ inserisce un buon numero di notizie che «cum Eusebii canone congruunt et ex auctore desumpta sunt, qui canone illo usus esse videtur».[20] Ciò va considerato, perché il passo su cui s'impernia il mio contributo si apre appunto con la menzione di Tolemeo Fiscone (= Tolemeo non VIII, ma IX) e del totale degli anni nei quali egli detenne il potere nell'Egitto ellenistico.

Questi riferimenti a Niceforo e a Eusebio allargano e insieme complicano la questione delle fonti del nostro Anonimo. Occorre infatti tenere presenti due punti: lo scritto di Niceforo ebbe un'edizione genuina sotto il secondo successore dell'autore sulla cattedra patriarcale, cioè Antonio, che occupò

---

[15] Eusebius Werke, VII: Die Chronik des Hieronymus. Hieronymi Chronicon, hrsg. von R. Helm, GCS 47, Berlin ²1956, 383.

[16] Anonymi Chronographia syntomos e codice Matritensi No. 121 (nunc 4701), ed. A. Bauer, Lipsiae 1909, III, XII–XIII: citata in seguito Anon. Matr.

[17] Se ne spiega così l'assenza, per esempio, in: CAH IX, 1932, 906–909; A. H. J. Greenidge – A. M. Clay, Sources for Roman History 133–70 B. C., Oxford ²1960 (ristampa corretta: 1961), 103–104; Fonti su Caio Mario, Milano 1971.

[18] Maria Capozza, Giovanni Antiocheno, Frgg. 44, 47, 61 Müller, Historia 26, 1977, 385–414.

[19] Anon. Matr. III, VI.

[20] Anon. Matr. VII.

il seggio tra l' 821 e l' 843, e una seconda edizione ritoccata ed entrata in circolazione dall' 848, molto dopo la morte di Niceforo;[21] l'opera cronografica di Eusebio, costituita da due parti tradizionalmente e inesattamente chiamate «Cronografia» e «Canoni», durante il suo processo di diffusione in tutto il mondo antico, a partire dalla morte dell'autore fra il 339 e il 340, subì nella sua seconda sezione varie rielaborazioni e versioni in armeno, siriaco e latino, delle quali l'esempio più noto è il rifacimento abbastanza libero e ricco di tagli e incrementi dovuto a Gerolamo di Stridone, ossia san Gerolamo.[22] Si aggiunga che quest'ultimo e già di per sé complesso problema non manca di aspetti ancora più controversi se si vuole risalire alle fonti stesse di Eusebio, sulle quali verte da tempo una serrata disputa di studiosi,[23] pur potendosi ammettere che la fonte principale dello scritto cronografico fosse un compendio pure cronografico mirante unicamente a una brevità enciclopedica.[24]

È tempo ora di esaminare il passo dell' ›Anonymus Matritensis‹ qui in questione, non senza premettere, con il Bauer, che, come nel resto dell'operetta, occorre distinguervi quanto deriva da Niceforo e da me è evidenziato con spaziatura da quanto risale ad altro o ad altri autori.[25]

ϑ' Πτολεμαῖος ὁ Φύσκων ἔτη ιη'. ἐν τοῖς αὐτοῦ χρόνοις Θρᾷκες ὑπὸ Ῥωμαίων ἐχειρώθησαν καὶ δούλων πάλιν ἀποστασία γέγονεν. Ἰουγούρθας Ῥωμαίοις πολεμήσας ἡττήθη. Ῥόδος ἐσείσθη καὶ κολοσσὸς ἔπεσε καὶ Γάϊος Μάριος, ὕπατος πεντάκις, Κιμμερίους ἐνίκησεν ἐγγὺς τοῦ Ἠριδανοῦ.[26]

Considerato analiticamente, il passo appare composto di sette notizie fra loro legate dall'espressione ἐν τοῖς αὐτοῦ χρόνοις, indicante una contempo-

---

[21] Anon. Matr. IV.
[22] Mi esimo dal fornire una bibliografia su Eusebio, sulle sue opere e sulle vicende dei suoi scritti cronografici. È sufficiente rinviare a: J. Moreau, Eusebius von Caesarea, RLAC VI, 47, 1965, coll. 1052–1088, specialmente 1071; O. H[iltbrunner], Eusebios 7., KP II, 1967, coll. 459–460; A. A. Mosshammer, Lucca Bibl. Capit. 490 and the Manuscript Tradition of Hieronymus' (Eusebius') Chronicle, CSCA 8, 1975, 205–206; A. A. Mosshammer, The Chronicle of Eusebius and Greek Chronographic Tradition, Lewisburg – London 1979, 29–38, 61, 66–67, 75; G. L. Huxley, Problems in the Chronography of Eusebius, PRIA 82, 1982, 183.
[23] Si veda il sintetico quadro tracciato dal Moreau, Eusebius..., col. 1081 (che riguarda però in prevalenza le fonti per gli scritti filosofico-religiosi e storiografici); Mosshammer, The Chronicle... 128–168 (limitatamente alla cronografia greca); R. van Compernolle, recensione a Mosshammer, The Chronicle..., Gnomon 58, 1986, 237–240.
[24] Mosshammer, The Chronicle... 164.
[25] Anon. Matr. IV.
[26] Anon. Matr. p. 42 Bauer. Il numero ϑ' si riferisce a un paragrafo della sezione relativa ai re lagidi.

raneità non troppo ristretta, ma riferibile all'intero periodo di regno di colui che l'Anonimo chiama Tolemeo Fiscone. Ora, in questo re non è da vedere il più noto Fiscone, che in precedenza (η') è detto Πτολεμαῖος ὁ Νεώτερος e che per il contesto si può agevolmente identificare con il Tolemeo per lo più enumerato dagli studiosi moderni come VIII Evergete II, ossia con il figlio di Tolemeo V Epifane. Si tratta invece, come già ho accennato, di suo figlio Tolemeo IX, che portò i titoli di Filometore Sotere II Latiro Fiscone II e fu re di Egitto dal 116 al 107, re di Cipro dal 106 all' 88 e nuovamente re di Egitto dall' 88 all' 80.

Se la menzione di questo Tolemeo deriva, come pensava il Bauer, dall'opera del patriarca Niceforo, le altre notizie vanno ricondotte ad altre fonti, che non è facile individuare, sebbene lo stesso Bauer pensasse a un'unica origine eusebiana.[27] Nel complesso sono attendibili, perché, quantunque non sempre con immediata evidenza, corrispondono alla situazione degli ultimi anni del secolo II a. C.

Il numero ιη' (diciotto) per gli anni di regno del secondo Fiscone equivale in sostanza alla somma dei due periodi di esercizio del potere nel solo Egitto (11 + quasi 8 = poco più di 18). La vittoria romana sui Traci è quella conclusiva di una serie di campagne contro gli Scordisci e appunto i Traci con il trionfo del proconsole Marco Minucio Rufo nel 106, di cui è memoria nei Fasti trionfali capitolini,[28] e con il successo del pretore Tito Didio sui medesimi Scordisci in terra tracia forse nel 101, secondo una ricostruzione del Broughton,[29] a conclusione di una ripresa delle ostilità con i Traci cui si riferisce una scarna notizia di Giulio Ossequente rilevata dal Pareti.[30] La seconda rivolta servile è quella degli anni 104–101, tanto nota che non è il caso di dilungarvici sopra.[31] La sconfitta di Giugurta, con la derivatane cattura del re numidico e il successivo trionfo di Gaio Mario nel 104, non ha qui bisogno di documentazione, trattandosi di un evento fra i più famosi della storia romana repubblicana.

Anche la notizia di un terremoto avvenuto in Rodi e della conseguente caduta di un colosso non appare fuori luogo. Essa ricalca pressoché alla lettera quella offerta da Eusebio attraverso Gerolamo per il secondo anno della 168[a]

---

[27] Anon. Matr. p. 42 Bauer, adn. ad lin. 13: «*ex Eus. can. p. 130–133 omnia: Graecum Eusebii textum solus A. M. exhibet*».
[28] Inscr. It. XIII, 1, pp. 84–85.
[29] T. R. S. Broughton, The Magistrates of the Roman Republic I, New York 1951, 571.
[30] Obs. 43 Rossbach; cfr. L. Pareti, Storia di Roma e del mondo romano III, Torino 1953, 411.
[31] Per la datazione seguo Maria Capozza, Le rivolte servili di Sicilia nel quadro della politica agraria romana, AIV 115, 1956–1957, 93.

olimpiade, ossia per il 107: *Rhodo terrae motu concussa colossus ruit.*[32] La corrispondenza fra il testo di Eusebio – Gerolamo e il testo dell'Anonimo risulta pure dal fatto che nel primo, sebbene sotto l'anno precedente, è registrata la cattura di Giugurta: *Iugurtha contra Romanos dimicans capitur.*[33]

Il metodo con cui l'Anonimo fornisce le sue piuttosto esigue notizie è chiaro. Esse vengono raggruppate alla bell' e meglio secondo i singoli periodi di governo o comunque di preminenza, anche spirituale, di personalità volta a volta ritenute emblematiche del loro tempo: nel nostro caso i re lagidi. All'interno di ciascun raggruppamento non è seguito un ordine rigidamente annalistico, che l'autore non riteneva indispensabile ai propri fini essenzialmente divulgativi, a differenza di quanto pur gli accadeva d'incontrare in alcune delle sue stesse fonti.

Ciononostante non può non destare qualche sorpresa la sua menzione di un terremoto che non era stato certo il più famoso fra i non pochi che a più riprese avevano scosso Rodi in età antica[34] e della caduta di un colosso per così dire qualunque, probabilmente uno fra i numerosi che Plinio ricorda dopo la sua descrizione del celeberrimo colosso bronzeo raffigurante il più venerato dio rodio, cioè Helios, ed eseguito da Carete lindio scolaro di Lisippo. Scrive infatti Plinio: *Sunt alii centum numero in eadem urbe colossi minores hoc, sed ubicumque singuli fuissent, nobilitaturi locum, praeterque hos deorum quinque, quos fecit Bryaxis.*[35] E forse proprio a uno dei cinque colossi rappresentanti divinità e scolpiti da Briasside va riferita la notizia del nostro Anonimo, per la notorietà di cui godevano le opere di questo insigne artista, benché non nella misura raggiunta dalla statua di Carete. Abbastanza significativo è il fatto che l'Anonimo usi κολοσσός senza alcun attributo, quasi a voler evitare confusioni con il colosso per antonomasia, quello appunto di Carete. Ma ancora più degna di rilievo è la coincidenza, in questo punto, con il testo di Eusebio-Gerolamo, dove pure *colossus* è «nude dictus», senza attributi di sorta. Ne viene la facile conclusione che, come altrove, anche qui l'Anonimo ha sotto gli occhi l'opera eusebiana nel rifacimento di Gerolamo.

La sorpresa cui dianzi ho accennato si accresce quando si constata che l'autore passa invece sotto silenzio il ben più celebre terremoto che, devastando insieme la Caria e Rodi, abbatté la gigantesca statua di Carete e causò anche ripercussioni politico-economiche in varie monarchie e città ellenistiche.

[32] Eus.-Hieron. p. 147 Helm² = p. 229 Fotheringham; per le fonti parallele p. 383 Helm².

[33] Eus.-Hieron., l. c.; e così per le fonti parallele. Il passo è ripetuto identico in Prosp. Tiro, Epit. Chron., MGH AA IX, Chron. Min. I, p. 402, 287 Mommsen.

[34] [W.] Capelle, Erdbebenforschung, RE, Suppl. IV, 1924, coll. 354–355 (con citazione di alcuni casi). Un elenco di sismi in area asiatica mediterranea è in L. Robert, Documents d'Asie Mineure V, BCH 102, 1978, 395–408.

[35] Plin., N. H. 34, 42.

Esse, come si apprende da una cosiddetta «digressione» polibiana,[36] concorsero negli aiuti a Rodi con rilevanti somme di denaro e con invii di uomini, cereali, olio, minerali, navi e altro materiale di prima necessità. Invano si cerca un accenno a questo avvenimento là dove dovrebbe trovarsi, cioè nel paragrafo dedicato al tempo di Tolemeo III Evergete I, re di Egitto dal 246 al 221, ma, a parte l'indicazione numerica degli anni di governo di questo re, riservato dall'autore alle sole vicende del mondo giudaico.[37]

Eppure l'Anonimo non avrebbe avuto difficoltà a ricavare la notizia del drammatico episodio dai «Canoni» eusebiani rielaborati da Gerolamo, dove quel terremoto con la conseguente caduta del «grande colosso» è menzionato per il secondo anno della 139ª olimpiade, ossia per il 223: *Caria et Rhodus ita terrae motu concussae sunt, ut Colossus magnus rueret.*[38] Con qualche variante amplificativa e con l'imprecisione di attribuire natura insulare pure alla Caria – ma può trattarsi solo di banale tradizione paleografica erronea (*insulae* per *insula*) – il periodo ritorna abbastanza simile nell'opera di Orosio: *Tunc quoque magno terrae motu Caria et Rhodus insulae adeo concussae sunt, ut labentibus vulgo tectis ingens quoque ille colossus rueret.*[39] Verrebbe da pensare che Orosio avesse attinto dall'opera di Eusebio o, meglio, dalla sua versione gerolimiana, se non fosse pure da ammettere l'esistenza di una fonte comune entro il ricco filone di tradizione liviana. In ogni caso la data del 223 è molto sospetta; ma ciò non meraviglia chi conosca quali e quante siano le imprecisioni di Eusebio, al punto che lo stesso Gerolamo ne definisce lo scritto cronografico un *tumultuarium opus*[40] e un recente studioso – per tacere di altri – è tratto a un icastico e severo giudizio: "the maze of error, contamination, and false synchronism".[41] E ancora meno si giustifica la datazione al 222

---

[36] Polyb. 5,88–90. Sulla «digressione»: M. Holleaux, Polybe et le tremblement de terre de Rhodes (1923), ristampa in Etudes d'épigraphie et d'histoire grecques I, Paris 1938, 445–462.

[37] Anon. Matr. p. 40 Bauer. Più oltre (p. 51) è la notizia che Commodo fece sostituire la testa «del Colosso» con un proprio ritratto. Benché qualche fonte la riferisca alla statua rodia, si deve pensare al colosso romano di Nerone, trasformato da Adriano in quello del Sole (SHA, H 19, 13). Fonti principali e relativa critica in F. Grosso, La lotta politica al tempo di Commodo, MAT s. 4ª, 7, 1964, 13, 68, 74 con n. 3, 360, 380 con n. 2, 381 con n. 1.

[38] Eus.-Hieron. p. 134 Helm² = p. 216 Fotheringham. Il passo ritorna identico in Prosp. Tiro, Epit. Chron. . . ., p. 400, 253 Mommsen; per altre fonti parallele p. 374 Helm². Citandolo, lo riferisce al primo anno dell'olimpiade C. Robert, Chares 15, RE III, 2, 1899, col. 2130.

[39] Oros. 4, 13, 13, la cui notizia è posta in contemporaneità di anno con il consolato di Gaio Flaminio (Inscr. It. XIII, 1, pp. 440–441: 223), menzionato nel paragrafo successivo.

[40] (Eus.-) Hieron. p. 2 Helm² = p. 2 Fotheringham.
[41] Mosshammer, The Chronicle . . . 163.

indicata in passato dal Capelle in una per altro utilissima panoramica delle manifestazioni sismiche in età antica.[42]

In realtà il catastrofico terremoto va datato qualche tempo prima, benché sull'anno preciso non vi sia concordia fra gli studiosi. Secondo Polibio il sisma si produsse vivente ancora il re di Siria Seleuco II Callinico,[43] morto nel 225, come si suole ricavare da un altro passo polibiano.[44] Tenuto anche conto del fatto che nel pur tardo ›Chronicon Paschale‹ l'avvenimento viene riferito al secondo anno della 138ª olimpiade, che è il 227,[45] prevale la tendenza ad attribuirlo a questo anno o al successivo.[46] Al 228 pensò invece il Pugliese Carratelli per il contenuto di un'epigrafe iasia conservante una lettera di una regina seleucidica da lui ritenuta Laodice II.[47] Ma la sua proposta incontrò dissenso da parte di chi considerava autrice di tale lettera Laodice III, con la conseguenza

---

[42] Capelle, Erdbebenforschung..., col. 354.

[43] Polyb. 5, 88, 1; 89, 7; cfr. Strab. 14, 2, 5, 652; Plin., N. H. 34, 41; Oros. 4, 13, 13. Anche attraverso queste fonti il ricordo della catastrofe passò nella tarda tradizione antica e persistette in età successive.

[44] Polyb. 2, 71, 4. Nei «Canoni» eusebiani in versione gerolimiana (p. 133 Helm² = p. 215 Fotheringham; per le fonti parallele p. 373 Helm²) l'ascesa al trono di Seleuco III Cerauno come successore del Callinico è indicata fra il secondo e il terzo anno della 138ª olimpiade, che corrispondono al 227 e al 226. Qualche studioso assegna perciò la morte del Callinico al 226, per esempio: [F.] Stähelin, Seleukos 4–5, RE II A, 1, 1921, coll. 1240–1241; H. V[olkmann], Seleukos 3–4, KP V, 1975, col. 88; Ed. Will, Histoire politique du monde hellénistique I, Nancy ²1979, 311. Cfr. J. Delorme, Chronologie des civilisations, Paris 1956, 68.

[45] Chron. Pasch. 1, p. 331 Dindorf (CSHB, Bonnae 1832).

[46] Fra gli altri: Holleaux, Polybe..., in Etudes... I, 454, 459–461; [F.] Hiller von Gaertringen, Rhodos, RE, Suppl. V, 1931, coll. 785, 824; H. H. Schmitt, Rom und Rhodos, München 1957, 27 n. 3, 53; F. W. Walbank, A Historical Commentary on Polybius I, Oxford, ristampa corretta 1970, 616; H. Bengtson, Griechische Geschichte von den Anfängen bis in die römische Kaiserzeit, München ⁵1977, 453; P. Lévêque, Forme politiche e rapporti sociali, trad. di E. Meola, in: AA. VV., Storia e Civiltà dei Greci IV, Milano 1977, 51; P. Pédech in Polybe, Histoires, livre V, Paris 1977, 14, 149 n. 1; Will, Histoire... I, 368; F. W. Walbank, Il mondo ellenistico, trad. di M. Fantuzzi, Bologna 1983, 175; H. Bengtson, Storia greca II, trad. di C. Tommasi, Bologna 1985, 246; J. Deininger, recensione a R. M. Berthold, Rhodes in the Hellenistic Age (Ithaca – London 1984), Gnomon 58, 1986, 413.

[47] G. Pugliese Carratelli, Supplemento epigrafico di Iasos, ASAA, n. s. 29–30, 1967–1968, pubbl. 1969, 445–453; id., Nuovo supplemento epigrafico di Iasos, ASAA, n. s. 31–32, 1969–1970, pubbl. 1972, 400–402. Lo hanno seguito: W. Johannowsky, Osservazioni sul teatro di Iaso e su altri teatri in Caria, ibidem 455 n. 7; Chr. Habicht, recensione a J. Crampa, Labraunda III, 1 (Lund 1969), Gnomon 44, 1972, 167 (si veda però la nota seguente); A. Mastrocinque, Osservazioni sull'attività di Antioco III nel 197 e nel 196 a. C., PP 31, 1976, 311–312; id., La Caria e la Ionia meridionale in epoca ellenistica (323–188 a. C.), Roma 1979, 133–134; Berthold, Rhodes...

che i rovinosi «sinistri inattesi» abbattutisi su Rodi e menzionati nella lettera riguarderebbero un terremoto posteriore, databile al 199 o al 198.[48]

Ai fini del presente mio contributo la questione non è però di speciale rilevanza. Qui importa soprattutto notare che il nostro Anonimo, pur disponendo di fonti utilizzabili, omise di menzionare uno dei più famosi terremoti dell'antichità, mentre registrò quello meno celebre avvenuto in età mariana.

L'esame, or ora concluso, delle notizie che l'Anonimo associa a quella che costituisce l'oggetto specifico del mio interesse, ossia il ricordo della vittoria riportata da Mario sui «Cimmerii presso l'Eridano», le ha dimostrate nell'insieme attendibili. Ciò conferisce, per analogia, un certo valore anche a questa ultima, che è opportuno indagare ora nei suoi singoli elementi costitutivi.

Questi elementi si riducono a tre: il quinto consolato di Mario, la vittoria sui «Cimmerii», l'ubicazione dell'episodio vicino all' «Eridano». Si può subito osservare che essi già apparivano con la medesima asciuttezza nella rielaborazione gerolimiana del testo eusebiano per il quarto anno della 169ª olimpiade, cioè per il 101, e che vi erano integrati dall'accenno al successivo trionfo celebrato da Mario con il collega del 102 Quinto Lutazio Catulo: *Gaius Marius quinquies consul iuxta [H]eridanum Cimbros superat et de his cum Catulo triumfat.*[49] Si ricordi poi che secondo lo Helm le notizie relative a Mario per il 102 e il 101 non sarebbero eusebiane, ma dovrebbero essere aggiunte dello stesso Gerolamo.[50]

80, 92, 101. Una datazione più sfumata («fra circa il 228 e il 225») è proposta da Margherita Guarducci, Epigrafia greca II, Roma 1969, 120.

[48] Jeanne e L. Robert, Bull. ép. 1971, 621; 1972, 423; 1973, 432, 438; 1974, 544; 1976, 652; 1977, 69, 465. Su tale linea: F. Sokolowski, Divine Honors for Antiochos and Laodike at Teos and Iasos, GRBS 13, 1972, 173–176; Chr. Habicht, Hellenistische Inschriften aus dem Heraion von Samos, MDAI(A) 87, 1972, pubbl. 1974, 201 n. 46 (mutamento di opinione anteriore, su cui nota precedente); Y. Garlan, Décret d'Iasos en l'honneur d'Antiochos III, ZPE 13, 1974, 197–198; W. Huss, Untersuchungen zur Außenpolitik Ptolemaios' IV., München 1976, 197 n. 145; W. Orth, Königlicher Machtanspruch und städtische Freiheit. Untersuchungen zu den politischen Beziehungen zwischen den ersten Seleukidenherrschern (Seleukos I., Antiochos I., Antiochos II.) und den Städten des westlichen Kleinasien, München 1977, 176 n. 17; L. Robert, Documents... 406 con nn. 89–90; Sarah B. Pomeroy, Charities for Greek Women, Mnemosyne, s. 4ª, 35, 1982, 120–123; Jeanne e L. Robert, Fouilles d'Amyzon en Carie, I: Exploration, histoire, monnaies et inscriptions, Paris 1983, 134 n. 16, 178 n. 127, 186 n. 156; I. K. XXVIII 1 (W. Blümel), Bonn 1985, 4, specialmente p. 23; cfr. S.E.G. XXVI, 1226.

[49] Eus.-Hieron. pp. 148–149 Helm² = p. 230 Fotheringham (qui con la lezione *Heridanum*). Preceduto da un riferimento cronologico e contaminato con i dati numerici sui caduti e prigionieri barbari ad Acque Sestie, il passo ricompare uguale in Prosp. Tiro, Epit. Chron.... p. 402–403, 292 Mommsen.

[50] Ciò risulta da asterischi anteposti all'indicazione delle fonti parallele: p. 383 Helm².

Dei tre elementi in questione il primo non dà luogo a dubbi di sorta. È infatti notorio che, quando riportò la vittoria del 101, Mario rivestiva il consolato per la quinta volta.[51] Non merita ridarne qui dimostrazione.

Quanto al secondo elemento, desta una certa sorpresa il fatto che a quasi un millennio dalla vittoria mariana sugli invasori cimbrici, divenuta, con quella dell'anno prima sui Teutoni, tema ricorrente nella letteratura non solo storiografica e addirittura motivo propagandistico antibarbarico in età tardoimperiale,[52] i Cimbri vengano detti «Cimmerii» dal nostro Anonimo; e ciò tanto più che alla dizione corretta aveva provveduto Gerolamo lavorando sul testo eusebiano. È ben vero che l'identificazione dei Cimbri con i favoleggiati Cimmerii non va ricondotta all'inventiva stravagante dell'Anonimo o di una sua fonte diretta, perché essa già esisteva nella tradizione, come fa fede un noto passo di Strabone che deriva dall'opera quasi tutta perduta di Posidonio di Apamea, poi diventato cittadino e magistrato di Rodi.[53] E poiché Diodoro Siculo ricava da Posidonio che i Cimmerii, secondo un'altra tradizione, erano un gruppo di Galati (Galli o Celti) anticamente riversatisi nell'Asia Minore per fini di saccheggio e più tardi, al tempo dello stesso Diodoro, per un fenomeno di corruzione terminologica, contrassegnato con il nome di Cimbri,[54] si discute tuttora se possa reggersi una sostanziale equivalenza fra Cimmerii, Galati e Cimbri, non senza la possibilità che fossero Cimmerii anche quei popoli che in testi mesopotamici e veterotestamentarii, nonché in Giuseppe Flavio, appaiono denominati Gomer o Gimirraa o Gimiri.[55]

Non è questo il luogo per riprendere «ab ovo» l'intera e complessa questione. Mi limito a sottolineare due punti: la grande incertezza regnante già nelle tradizioni antiche, che comportò per esempio corruzioni o correzioni in due versi della ›Lisistrata‹ di Aristofane, nei quali le lezioni originarie Κιμμερίχ' e Κιμμερικόν furono mutate talvolta in Κιμβερίχ' ο Κιμβερίνχ' e Κιμβερικόν ο Κιμβέρινον;[56] il fatto che l'identificazione fra Cimmerii e Cimbri

---

[51] Inscr. It. XIII, 1, pp. 478–479.

[52] H. Callies, Zur Vorstellung der Römer von den Cimbern und Teutonen seit dem Ausgang der Republik. Ein Beitrag zur Behandlung außenpolitischer Ideologie in Rom, Chiron 1, 1971, 341–350; cfr. Christ, Römische Geschichte und Wissenschaftsgeschichte... I, 100, 105, 122, 125, 179.

[53] Posid., FGrHist 87 F 31 = F 272 Edelstein-Kidd = F 44a Theiler = Strab. 7, 2, 2, 293.

[54] Posid., FGrHist 87 F 116 = F 169 Theiler = Diod. 5, 32, 4; cfr. Test. 9 in Malitz, Die Historien... 432. Che Diodoro abbia usato senza mediazione posidoniana gli scritti (in greco) di Publio Rutilio Rufo è ipotesi di Miriam T. Griffin nella recensione al libro del Malitz, Gnomon 57, 1985, 571.

[55] L'intero problema è ampiamente trattato da U. Cozzoli, I Cimmeri, Roma 1968, 37–50, cui rinvio anche per l'indicazione precisa delle fonti.

[56] Aristoph., Lys. 45, 52; cfr. Cozzoli, I Cimmeri... 111–113.

non può attribuirsi direttamente a Posidonio, ma, come risulta dalla lettura attenta del passo straboniano derivato da Posidonio, all'abitudine invalsa fra i Greci di denominare Cimmerii i Cimbri: Κιμμερίους τοὺς Κίμβρους ὀνομασάντων τῶν Ἑλλήνων.

Questo secondo punto comporta come ovvia conseguenza la rettifica di un'opinione corrente,[57] da sostituire semmai con la più cauta ipotesi che, tra le fonti integre o frammentarie a noi in qualunque modo pervenute, Posidonio sia la prima a riecheggiare un'identificazione ormai invalsa nel mondo ellenico.

Anche in un noto passo della biografia plutarchea di Mario è chiara eco non solo dell'incertezza degli antichi su appartenenza etnica e sedi primarie e secondarie dei nomadi Cimbri, ma anche della loro discussa identità con i Cimmerii o con un loro specifico gruppo. Il tono del passo appare piuttosto circospetto, come si deduce dal frequente uso di espressioni miranti a deresponsabilizzare l'autore in questa o quella notizia e indicanti il suo rifarsi a tradizioni diverse. Ne è prova eloquente la recisa affermazione che la materia trattata tiene più dell' εἰκασμός che di una storia solidamente fondata.[58] Ma qui è da chiedersi se, come nel caso sicuro di Strabone e in quello probabile di Diodoro, anche nel passo plutarcheo sia da riconoscere, più o meno fedele, un brano dell'opera di Posidonio, al quale andrebbero attribuite sia le notizie sia le considerazioni sulla loro controversa storicità. Benché non manchino comprensibili scetticismi,[59] la derivazione posidoniana ha incontrato consensi.[60] Se infatti si tiene presente che Posidonio compì viaggi nell'Occidente romano, visitò il campo di battaglia di Acque Sestie dov'erano ancora visibili i macabri resti dei caduti nello scontro cruento del 102 fra Romani e Teutoni,[61] poté ascoltare attori e testimoni del drammatico episodio e della successiva battaglia con i Cimbri, si valse verosimilmente di rapporti di comandanti e di scritti di annalisti, forse conobbe Catulo e ne lesse le memorie ›De consulatu‹, e infine, come ambasciatore rodio, incontrò lo stesso Mario fra l'87 e l'86, si dovrà allora ammettere senza troppe difficoltà che la sua opera storica fosse divenuta una delle fonti principali per l'età mariana, come del resto per i

---

[57] Essa ricorre ancora in recenti studi su Posidonio: Poseidonios, Die Fragmente II, hrsg. von W. Theiler, Berlin – New York 1982, 56; Malitz, Die Historien ... 209 n. 84.
[58] Plut., Mar. 11, 5–12.
[59] Il passo manca tra i frammenti posidoniani in FGrHist e nella raccolta Edelstein – Kidd.
[60] Posid., F 191 Theiler = Plut., Mar. 11, 2–14. Cfr. K. Müllenhoff, Deutsche Altertumskunde II, Berlin 1887, 126; F. Jacoby, FGrHist 87, Komm., 1926, pp. 158, 181, 211; Malitz, Die Historien ... 223–228.
[61] Posid., FGrHist 87 F 113 = F 203 Theiler = Plut., Mar. 21, 7–8. Per l'assegnazione del frammento a Posidonio si veda da ultimo Malitz, Die Historien ... 225 con nn. 192–195.

decenni precedenti a partire dal 146, donde aveva inizio la sua continuazione delle storie polibiane.[62] Ne viene altresì che tale sua opera poté costituirsi a fonte di sicuro riferimento non solo per Strabone, che ne fa esplicita citazione, ma anche, direttamente o indirettamente, per altri scrittori, Diodoro e Plutarco compresi, e per loro tramite mantenersi vitale, pur con frammentazioni, riduzioni, svisamenti e contaminazioni, nella letteratura storiografica dei secoli successivi.

Il riapparire, dunque, dell'identificazione fra Cimmerii e Cimbri nel nostro Anonimo riconduce, se male non intendo, alla persistenza nella tarda tradizione in lingua greca di un antico topos registrato da Posidonio in quella sezione della sua opera storica che anche di recente è stata considerata l'unico ampio quadro delle vicende dei Cimbri anteriore all'età straboniana.[63] Per quali vie tale topos anomalo sia potuto giungere alle fonti dirette dell'Anonimo, è arduo stabilire; ma non sembra improbabile che una delle tappe del suo plurisecolare cammino sia stata Eusebio, se non altro perché questo scrittore greco quasi certamente prediligeva il ricorso a fonti greche orientali da utilizzare accanto a quelle del filone ebraico e perché è pure possibile che non gli sembrasse antistorica una bellicosa efficienza, mantenutasi sino alla fine del sec. II a. C., da parte di discendenti di quei nomadi predoni che una mitica tradizione aveva associato alle leggendarie Amazzoni in incursioni nell'Asia tre secoli prima dell'inizio dell'era olimpica, come appunto si legge nei «Canoni» eusebiani revisionati da Gerolamo: *Incursus in Asiam Amazonum pariter ac Cimmeriorum*.[64] Che poi, come da singola ipotesi moderna, «Cimmerii» non fosse forse un etnonimo, ma indicasse un'unità militare equestre di popoli scito-saci abitanti in aree di steppa e parlanti una lingua iranica,[65] non era questione che potesse sfiorare la mente di Eusebio e, con lui, di tanti altri storici di età classica e post-classica.

Se ora si riconsidera la notizia eusebiano-gerolimiana relativa all'anno 101, si nota subito che sono menzionati come vinti da Mario non i Cimmerii, bensì i Cimbri, conformemente a una tradizione propria della maggioranza delle fonti, che indubbiamente rispecchia l'effettiva realtà storica e che mi esimo dal precisare qui puntualmente. Ma un dettaglio va posto in evidenza a

---

[62] Malitz, Die Historien... 13–18, 37, 41–42, 69–70, 198–200, 207–211, 220–228; ma già prima K. Reinhardt, Poseidonios 3, RE XXII, 1, 1953, coll. 564–565, 632–638.

[63] A. Grilli, Geografia e storia: le Alpi Orientali in Strabone, NAC 14, 1985, p. 179; cfr. id., Die Gebirge Tirols. Poseidonios bei Strabo, Acta philol. Aenipont. 4, 1979, 46–47; id., L'approccio all'etnologia nell'antichità, CISA 6, 1979, 14–15, 19–23; id., Celti ed Europa, CISA 12, 1986, 141–143.

[64] Eus.-Hieron. p. 67 Helm² = p. 111 Fotheringham; per le fonti parallele p. 317 Helm².

[65] I. M. Diakonoff, The Cimmerians, AI 21, 1981, 103–140.

proposito del cosiddetto filone liviano, nel quale coesistono sia il racconto storicamente attendibile,[66] rappresentato da una perioca, da Giulio Ossequente e da Floro,[67] in sostanziale accordo con quanto, pur con riduzione del numero dei caduti e dei prigionieri, scrive Velleio Patercolo,[68] sia il racconto di Eutropio, dove la battaglia di Acque Sestie appare avvenuta con i Cimbri,[69] il che è un errore evidente, ripetuto dall'anonimo autore del ›De viris illustribus‹ e addirittura da Orosio.[70] Ora – ed è ciò che più merita rilevare in questo momento – il medesimo errore esiste nella notizia eusebiano-gerolimiana che subito precede quella riguardante la vittoria mariana sui Cimbri in Italia: *CC milia Cimbrorum caesa et LXXX milia capta per Marium cum duce Teutobodo.*[71] Come dianzi si è accennato, lo Helm attribuiva a Gerolamo le aggiunte sulla duplice vittoria di Mario, della quale, per conseguenza, Eusebio avrebbe omesso ogni menzione. Può darsi che le cose siano andate proprio così; ma allora i casi sono due: o si tratta di un errore personale e originario di Gerolamo o questi si rifà a un'erronea tradizione identificabile con quella medesima accolta da Eutropio e dalle altre due fonti sopra citate. Comunque sia, anche tale errore è indizio dell'incertezza che nel tardo impero esisteva sui Cimbri, della quale un aspetto più antico era la già ricordata e discussa identificazione con i Cimmerii. Né vorrei qui escludere che alla radice di tutto fosse il fatto che con il nome di Cimmerii in età remote si volesse indicare non uno specifico popolo, ma genericamente gruppi, etnicamente affini, ma differenziati, di nomadi predoni, comprendenti con altri anche Teutoni e Cimbri. Ciò darebbe ragione di successivi errori e confusioni d'identificazione.

Concludendo su quello che ho chiamato il secondo elemento del passo dell'Anonimo Matritense, ritengo non impossibile l'ipotesi che nella sua operetta la menzione dei Cimmerii derivi da una tradizione greco-orientale che, forse per mediazione di Posidonio, risaliva a tempi lontani. Posidonio che, come si è visto, conosceva bene i termini della questione, l'avrebbe in qualche modo trasmessa ai tempi successivi, almeno fino a quelli del nostro Anonimo, attraverso una serie di passaggi di fonte in fonte lungo un itinerario che non si lascia ricostruire con precisione, ma che poteva passare anche per i «Canoni» eusebiani. Mi rafforza in siffatta ipotesi il fatto che il medesimo Anonimo registra un terremoto, per così dire, minore: una notizia che potrebbe pure

---

[66] Sulla linea di tale racconto è pressoché tutta la bibliografia moderna.
[67] Liv., Per. 68; Obs. 44–44a Rossbach; Flor. 1, 38, 7; 1, 38, 14–18 Rossbach.
[68] Vell. Pat. 2, 12, 4.
[69] Eutr. 5, 1, 4; 5, 2, 1; e così nella traduzione greca di Peanio, p. 85 Droysen. Cfr. Land. Sag. 5, 84–85 pp. 265–266 Droysen.
[70] Anon., De vir. ill. 67, 2 (con netto scambio fra Teutoni e Cimbri); Oros. 5, 16–21.
[71] Eus.-Hieron. p. 148 Helm² = p. 230 Fotheringham.

derivare da Posidonio, atteso che la versatilità scientifica dello scrittore apameo e rodio si era soffermata con attenzione sulle caratteristiche, sulle cause, sui tipi dei sismi e su singoli casi delle loro drammatiche manifestazioni.[72]

Rimane ora da valutare come ultimo elemento la localizzazione «presso l'Eridano» con la quale l'Anonimo chiude la sua notizia sulla vittoria di Mario. Non pare dubbio che, in conformità all'opinione corrente – e tuttavia non unanime –, con il nome di Eridano sia da intendere il Po. Un chiaro esempio è dato da un passo degli scolii agli ›Aratea‹ di Germanico, dove ricorre l'espressione *Eridanus, qui et Padus*,[73] benché si possa pensare con il Grilli che la frase relativa altro non sia che un'aggiunta scoliastica esplicativa di «un'identificazione tra un termine antico (o mitico) e uno moderno (o storico) ben noto».[74] Nelle fonti però l'equivalenza dei due idronimi non è affatto pacifica. Per Strabone l'Eridano non sarebbe addirittura esistito, benché lo si dicesse «vicino al Po»[75]; ma dal quadro pliniano dell'area deltizia padana si desume l'esistenza di una tradizione che faceva dell'Eridano una delle foci del Po, detta *Eridanum* o *Spineticum ostium* e formante anche il *portus qui Vatreni dicitur*,[76] il che escluderebbe la coincidenza dell'Eridano con l'intero corso del Po. Non occorre insistere qui sulla varietà di altre identificazioni con fiumi scaglionati dai territori iberici, gallici e germanici ai veneto-istriani,[77] fra le

---

[72] Posid., FGrHist 87 F 87–87a = F 231, 233 Edelstein-Kidd = F 12a–b Theiler = Strab. 1, 3, 16, 58 e 11, 9, 1, 514; F 12, 230, 232 Edelstein-Kidd = F 264 (cfr. però M. Marcovich, Gnomon 58, 1986, 117), 320, 321 Theiler = nell'ordine: Diog. L. 7, 154; Sen., N. Q. 6, 21, 2 e 6, 24, 6.

[73] Schol. Strozz. ad Germ. Ar. p. 174 Breyssig.

[74] A. Grilli, L'Eridano e le isole Elettridi, Padusa 9, 1973, 65–66 = 20, 1984, 135–136.

[75] Strab. 5, 1, 9, 215.

[76] Plin., N. H. 3, 119–120; ma cfr. 3, 117; 37, 31–32 (sull'Eridano denominato Po e sulla critica all'identificazione di un Eridano iberico con il Rodano in Aeschyl., F 73 Nauck² = F 107a Mette = F 73–73a Radt). Si veda G. Uggeri, La romanizzazione dell'antico delta padano, Ferrara 1975, 45–49.

[77] Ampia rassegna della questione in H. Philipp, Padus, RE XVIII, 2, 1942, coll. 2180–2182. Inoltre, fra i molti: N. Alfieri, Il problema storico e topografico di Spina, in N. Alfieri – P. E. Arias, Spina. Guida al Museo archeologico, Firenze 1960, 32–33; A. Peretti, Teopompo e Pseudo-Scilace, SCO 7, 1963, 58–65; L. Bosio, I problemi portuali della frangia lagunare veneta nell'antichità, in: AA. VV., Venetia I, Padova 1967, 74–75, 78–80; Nuccia Negroni Catacchio, La problematica dell'ambra nella protostoria italiana: le ambre intagliate di Fratta Polesine e le rotte mercantili nell'Alto Adriatico, Padusa 8, 1972, 4 = 20, 1984, 74; Angela Portioli, Notizie sul Veneto preromano nelle fonti greche dal IV al III secolo a. C., Padusa 12, 1976, 61–62; L. Braccesi, Grecità adriatica, Bologna ²1977, 44–49; id., Note sulla tradizione pelasgica in Adriatico, Actes du deuxième Symposium International de Thracologie (Rome, 12–15 novembre 1979), Milan 1980, 95–97; L. Bosio – G. Rosada, Le presenze insediative

quali ha carattere indubbiamente originale quella con l'Isonzo proposta dal Grilli.[78]

Non presumo certo di riaffrontare in questa sede la complessa serie di interrogativi sull'ubicazione dell'Eridano: è tema che si dipana fra patrimonio mitico e conoscenze storiche degli antichi e costituisce motivo di sempre rinnovato dibattito fra gli studiosi moderni. Mi basta rilevare il fatto che, derivando la descrizione pliniana dell'Italia[79] sia dalla specifica ›Discriptio Italiae‹ augustea[80] sia dalla grande carta mondiale commentata di Agrippa,[81] la notizia sull'*Eridanum ostium* dovrebbe riflettere un'opinione consolidata di età augustea, ma certamente risalente a tempi anteriori, come dimostra l'uso dell'avverbio *ante* (= *antea*) nella frase *hoc ante Eridanum ostium dictum est*. Se è così, ne consegue che Eridano doveva essere senz'altro denominazione corrente per il basso corso del Po, snodantesi in quell'area appunto in cui lo Zennari colloca la grande battaglia di Mario con i Cimbri.

Certo, a rigore, il medesimo nome poteva pure designare il resto del corso del fiume e convenire quindi anche a un'ubicazione della battaglia nella pianura di Vercelli piemontese, sebbene qualche difficoltà possa venire dal fatto che il fiume del territorio vercellese è la Sesia (il *Sesites* pliniano[82]) e non il Po, di cui per altro la Sesia è affluente. Quest'ultima circostanza e anche il fatto che la distanza di Vercelli dal Po non è eccessiva potrebbero pure giustificare l'indicazione «presso l'Eridano» per una battaglia avvenuta in terra vercellese. Tuttavia, se non m'inganno, la già esaminata notizia di Plinio pare convenire meglio al basso corso del fiume, a prescindere dai vari altri argomenti addotti dallo Zennari e dalla tradizionale ambientazione, da taluni però discussa, del notissimo mito della caduta di Fetonte proprio in quel fiume, al cui tratto estremo si suole far corrispondere un'area di smistamento dell'ambra nordica, a ricordo e spiegazione delle lacrime appunto d'ambra versate dalle

---

nell'arco dell'Alto Adriatico dall'epoca romana alla nascita di Venezia, in: AA. VV., Da Aquileia a Venezia. Una mediazione tra l'Europa e l'Oriente dal II secolo a. C. al VI secolo d. C., Milano 1980, 517–518; L. Braccesi, La leggenda di Antenore da Troia a Padova, Padova 1984, 19, 85.

[78] Grilli, L'Eridano . . . 67–68 = 137–138; id., Eridano, Elettridi e via dell'ambra, in AA. VV., Studi e ricerche sulla problematica dell'ambra I, Roma 1975, 287–288; id., Il territorio d'Aquileia nei geografi antichi, AAAd 15, 1, 1979, 29–31.

[79] Plin., N. H. 3, 38–138.

[80] Plin., N. H. 3, 46.

[81] Plin., N. H. 3, 17. Cfr. L. Braccesi, Plinio storico, in: AA. VV., Plinio il Vecchio sotto il profilo storico e letterario, Atti del Convegno di Como, 5/6/7 ottobre 1979, e Atti della Tavola rotonda nella ricorrenza centenaria della morte di Plinio il Vecchio, Bologna 16 dicembre 1979, Como 1982, 68–71, con bibliografia essenziale.

[82] Plin., N. H. 3, 118.

Eliadi, sorelle di Fetonte tramutate in pioppi e piangenti lo sconsiderato e sventurato fratello.[83]

Di questo mito che addossa a Fetonte la responsabilità di avere incendiato la terra e che si collega con quello tessalico della catastrofica inondazione ai tempi del leggendario Deucalione, il nostro Anonimo cita a garante Platone;[84] ma, diversamente dalle sue versioni più diffuse, ne colloca il tragico momento finale «in Etiopia» e senza la menzione dell'Eridano,[85] come già era nell'opera storica di Carete di Mitilene, biografo e ciambellano di Alessandro Magno nel sistema curtense improntato ai cerimoniali persiani.[86] Non è facile dire per quale via la versione «etiopica» fosse giunta all'Anonimo. La registrò Plinio il Vecchio,[87] ma altri canali sono ipotizzabili, perché l'opera di Carete è citata da vari scrittori oltre a Plinio. Da questo punto di vista è significativa la coincidenza letterale dell'espressione usata dall'Anonimo con una adoperata dal di poco anteriore Giorgio Sincello, il che depone, se non proprio per una diretta derivazione del primo dal secondo, almeno per il ricorso a una fonte comune, probabilmente Eusebio, che non solo nella «Cronografia» e nei «Canoni», ma anche altrove presenta strette affinità testuali.[88] Altre soluzioni sono tuttavia possibili, perché il tema ricorre in altre fonti, dando luogo a una tradizione conservatasi fino al Medioevo inoltrato.[89]

Adottando la localizzazione etiopica della triste fine di Fetonte, l'Anonimo Matritense dissocia la vicenda mitica dall'Eridano, contro la prevalente opinione degli antichi. Ma ciò non comporta affatto che per lui non valesse l'identità di Eridano e Po, propria della tradizione greca, come ricorda esplici-

[83] Sulle implicazioni storiche del mito di Fetonte esiste una ricca letteratura. Sintesi e discussione dei vari problemi in Braccesi, Grecità adriatica² ... 38–43, 178–184. Sulle diverse forme del mito: G. Türk, Phaethon, RE XIX, 2, 1938, coll. 1508–1515.

[84] Anon. Matr. p. 14 Bauer; cfr. Plat., Tim. 22 c. Il motivo degli sconvolgimenti naturali di età antichissime ricorre altrove nei dialoghi platonici: Tim. 22 a–b, 22 d, 23 b–c, 25 c–d; Criti. 111 a, 112 a; Leg. 677 a, 677 e, 679 d, 682 b.

[85] Un rapporto di Fetonte con l'Etiopia è nella versione del mito che lo presentava come figlio adulterino (dal dio Elio) di Climene, moglie del re etiopico Merope: Eurip., F 771 Nauck² = Strab. 1, 2, 27, 33; Ovid., Met. 1, 750–771; 4, 204; Hyg., Fab. 152 a, 250.

[86] Chares Mityl., FGrHist 125 F 8; cfr. [Ed.] Schwartz, Chares 13, RE III, 2, 1899, col. 2129; F. Jacoby, FGrHist 125, Komm., 1930, pp. 432–437.

[87] Plin., N. H. 37, 33. Dubbi sull'identificazione del Carete citato da Plinio con Carete di Mitilene sono sollevati da E. de Saint-Denis nella sua edizione di Pline l'Ancien, Histoire Naturelle, livre XXXVII, Paris 1972, 140 n. 3 al § 33.

[88] Sync. p. 297 Dindorf, I (CSHB, Bonnae 1829); Eus.-Hieron. pp. 12 e 42b Helm² = pp. 9 e 61 Fotheringham; Eus., Chron. 1, 30, col. 216 Migne (PG XIX) = Anecd. Gr. Paris. II p. 137 Cramer; Eus., Praep. ev. 10, 9, 9.

[89] Citazioni in Eus.-Hieron. pp. 280 e 293 Helm².

tamente Plinio il Vecchio a proposito appunto di Fetonte: *(Padus)* . . . *Graecis dictus Eridanus ac poena Phaethontis inlustratus*;[90] ed è a questo passo che, molto più avanti nella medesima opera, Plinio si richiama con l'espressione *iuxta Eridanum amnem, quem Padum vocavimus*, appartenente all'esordio del noto brano sull'ambra e sulle opinioni che ne avevano o ne trasmettevano vari scrittori greci da lui diligentemente citati.[91] Fra essi tuttavia non compare Diodoro Siculo, che pure non è ignoto per altri motivi a Plinio[92] e che ha lasciato un'interessante pagina sull'ambra e sul connesso mito di Fetonte, nella quale la caduta del temerario auriga del cocchio solare è posta «alle foci del fiume ora chiamato Po, ma in antico denominato Eridano».[93] Ma la lacuna è più apparente che reale, giacché il brano diodoreo deriva con ogni probabilità dall'opera di Timeo;[94] e appunto a Timeo si ricollega Plinio per una duplice notizia sull'ambra di tono analogo a quella diodorea.[95]

Si può dunque concludere che, usando come riferimento topografico l'antico e «greco» nome di Eridano anziché il corrente e «latino» nome di Po, l'Anonimo Matritense s'innesta in un filone di tradizione ellenica, cui appartenevano pure le sue fonti dirette e indirette, radicate in una tradizione di remote origini. Degno di attenzione è, da tale punto di vista, il fatto che lo stesso Gerolamo, rielaborando il testo eusebiano, mantenne la dizione idronimica Eridano senza sostituirla con quella del Po, che del resto non appare mai nei «Canoni» eusebiano-gerolimiani: segno indubbio che il fiume Eridano continuava a conservare in età tardo-imperiale una fisionomia tra mitica e storica quale aveva avuto nei tempi antichi e che non si sentiva ancora la necessità di chiamarlo semplicemente Po.[96]

Diversamente si comportò Gerolamo di fronte al termine «Cimmerii» che forse era giunto, da tradizione greca, fino a Eusebio. Sembrandogli ormai dizione ambigua per quel mondo occidentale cui era destinata la sua rielaborazione del testo eusebiano, egli non esitò a sostituirlo con il più noto e ai suoi occhi più preciso termine «Cimbri», ormai entrato senza ombre di equivoco nella storiografia romana.

A tre risultati ha approdato, se non erro, il contributo che ho il piacere di offrire qui a Karl Christ: la giustificazione e la valorizzazione del ricordo dei «Cimmerii» nel testo del nostro Anonimo, con possibile aggancio all'opera di Posidonio; la lunga vitalità dell'idronimo Eridano come effetto della forza

[90] Plin., N. H. 3, 117.
[91] Plin., N. H. 37, 31. L'intero brano comprende i §§ 30–51.
[92] Plin., N. H., praef. 25; 7, 180.
[93] Diod. 5, 23, 3.
[94] Tim., FGrHist 566 F 164.
[95] Tim., FGrHist 566 F 75a–b = Plin., N. H. 4, 94; 37, 35.
[96] *Padus* non compare negli indici dell'opera eusebiano-gerolimiana, *Eridanus/Heridanus* una volta sola: si vedano pp. 263, 271 Helm² e pp. 342, 347 Fotheringham.

della tradizione greca; e, se un qualche peso ha il passo pliniano sull'*Eridanum ostium*, la conferma della proposta dello Zennari sull'ubicazione della grande battaglia fra Mario e i Cimbri sul basso corso del Po. E, per finire, non vorrei escludere che anche nella questione dell'Eridano sia da sospettare un qualche rapporto con notizie date o tramandate da Posidonio.[97]

---

[97] *Aggiunta a n. 48*: durante la correzione delle bozze ho potuto constatare che a Laodice III pensa pure Th. Fischer, Zum Laodike-Brief an Iasos (um 195 v. Chr.): Aktenvermerk in einer hellenistischen Inschrift?, Studien . . . Lauffer . . 237–243.

SCHOTTISCHE AUFKLÄRUNG UND ANTIKE GESELLSCHAFT

Von Helmuth Schneider

Der Beitrag der schottischen Aufklärung zur Analyse der antiken Gesellschaft ist heute fast vollständig in Vergessenheit geraten; dieser Tatbestand ist um so auffallender, als die Werke schottischer Juristen, Philosophen und Ökonomen des 18. Jahrhunderts ein zentraler Gegenstand neuerer Forschungen zur Geschichte der Aufklärung sind und die Althistorie wiederum gegenwärtig solche theoretischen und methodischen Konzeptionen intensiv diskutiert, die den von David Hume, Adam Smith oder John Millar entwickelten Positionen sehr nahestehen. Obwohl für die Werke der schottischen Aufklärung gerade die Verbindung von historischem Interesse und sozialwissenschaftlicher bzw. ethnologischer Fragestellung, die Einbeziehung von außermediterranen und sogar außereuropäischen Kulturen in die Untersuchung früher Gesellschaften sowie die Anwendung vergleichender Methoden charakteristisch ist, gehen weder Moses Finley, der in ›The World of Odysseus‹ die Thesen von Marcel Mauss über den Geschenkeaustausch rezipierte, noch Sally Humphreys, die eine enge Zusammenarbeit zwischen Historikern und Ethnologen befürwortet, in ihren programmatischen Vorträgen über ›Anthropology and the Classics‹ auf die Schriften der schottischen Aufklärer ein.[1] Allein Humes Essay ›Of the Populousness of Ancient Nations‹ findet die Beachtung Finleys; in ›The Ancient Economy‹ wird die Feststellung Humes, in den antiken Quellen werde keine einzige Stadt erwähnt, die ihr Wachstum dem Gewerbe verdanke, zustimmend zitiert,[2] und in ›Ancient Slavery and Modern Ideology‹ wird der Essay Humes ausführlich gewürdigt.[3] Allerdings ist überraschend, daß in diesem Zusammenhang John Millars Werk ›The Origin of the Distinction of Ranks‹, das im sechsten Kapitel die antike und moderne Sklaverei sowie ihre politischen Auswirkungen behandelt, nur beiläufig genannt wird; Finley wird damit der Qualität und der wissenschaftshistorischen Bedeutung der Schrift Millars zweifellos nicht gerecht.[4]

[1] M. I. Finley, Anthropology and the Classics, in: ders., The Use and Abuse of History, London 1975, 102–119. S. C. Humphreys, Anthropology and the Classics, in: dies., Anthropology and the Greeks, London 1978, 17–30. Vgl. außerdem C. Kluckhohn, Anthropology and the Classics, Providence 1961.
[2] M. I. Finley, The Ancient Economy, Berkeley 1973, 21f.
[3] M. I. Finley, Ancient Slavery and Modern Ideology, London 1980, 30.
[4] Finley, Slavery 15. 28. 36.

Die geringe Beachtung, die Theoretiker wie Adam Smith und John Millar bei Finley finden, hängt wahrscheinlich eng mit dessen Einschätzung der Funktion historischen Wissens in der Aufklärung zusammen; die Aufklärer sahen nach Finley Geschichte vornehmlich "as a source of paradigms, not as a discipline"[5]. Diese Auffassung trifft allerdings für die schottische Aufklärung kaum zu, denn während des 18. Jahrhunderts bestand in Schottland ein genuines Interesse an Geschichte, das in einer Reihe von glänzenden Darstellungen zum Ausdruck kam; an dieser Stelle sei nur an David Humes ›History of England‹ und an ›The History of the Reign of the Emperor Charles V‹ von William Robertson, dem Principal der Universität Edinburgh, erinnert.[6] Das Fach Geschichte war an verschiedenen schottischen Universitäten durchaus etabliert; es gab Lehrstühle für 'universal civil history' in Edinburgh und St. Andrews; das Fach gehörte aber nicht zum obligatorischen Curriculum.[7]

Die Tatsache, daß nach einer Phase intensiver Rezeption[8] der methodische Ansatz und die theoretischen Einsichten schottischer Autoren des 18. Jahrhunderts nicht mehr reflektiert wurden, hatte gravierende Auswirkungen auch auf die Entwicklung der klassischen Altertumswissenschaften in Deutschland. Eduard Meyers modernistische Sicht der Antike, seine Gleichsetzung von antiker und frühneuzeitlicher Wirtschaft, von Sklaverei und modernem Proletariat konnte sich nur durchsetzen, weil die Althistoriker die sozialwissenschaftlichen Traditionen ihres Faches aufgegeben hatten und unfähig zum Dialog mit Nationalökonomen wie Karl Bücher oder Soziologen wie Max Weber geworden waren.[9] Als nach 1950 in der Bundesrepublik Deutschland die Diskussion über die antike Sklaverei vornehmlich mit dem Ziel einer Abgrenzung vom marxistischen Geschichtsverständnis geführt wurde, übersah man in Unkenntnis der Literatur des 18. Jahrhunderts, daß manche der Marx zugeschriebenen Auffassungen bereits von Hume, Smith oder Millar formuliert worden waren. Dies gilt etwa, um nur ein Beispiel zu nennen, für die von Franz Kiechle in einer größeren Monographie kritisierte These, „daß Sklavenarbeit den technischen Fortschritt gehemmt hätte"[10].

---

[5] Finley, Slavery 19f.

[6] Vgl. hierzu W. C. Lehmann, John Millar of Glasgow 1735–1801, Cambridge 1960, 98ff.

[7] R. G. Cant, The Scottish universities and Scottish society in the eighteenth century, in: Stud. on Voltaire and the Eighteenth Cent. LVIII, 1967, 1953–1966.

[8] Zur Rezeption der Werke von John Millar vgl. W. C. Lehmann, a. a. O. 145ff.

[9] Vgl. dazu H. Schneider, Hrsg., Sozial- und Wirtschaftsgeschichte der römischen Kaiserzeit, Darmstadt 1981, 1ff. mit weiteren Literaturhinweisen.

[10] F. Kiechle, Sklavenarbeit und technischer Fortschritt im römischen Reich, Wiesbaden 1969, 1ff. Diese These, von der Kiechle meint, sie gehe „im wesentlichen denn auch bereits auf Karl Marx zurück", findet sich bei J. Millar, The Origin of the

Vor diesem Hintergrund kommt den folgenden Ausführungen nicht nur die Aufgabe zu, ein bislang vernachlässigtes Kapitel der Wissenschaftsgeschichte zu erhellen, sondern es soll darüber hinaus auch ein Beitrag zu den gegenwärtigen Bemühungen um eine angemessene Analyse der antiken Gesellschaft geleistet werden. Da die Entwicklung von Theorien in hohem Maße von institutionellen und sozialen Voraussetzungen abhängig ist, wird in Teil I zunächst der Kontext der schottischen Aufklärung kurz skizziert; anschließend sollen in den Abschnitten II–V die grundlegenden Aussagen von Hume, Smith, Ferguson und Millar zur antiken Gesellschaft exemplarisch behandelt werden.

I

Im 18. Jahrhundert befand sich Schottland in einer Phase tiefgreifender politischer, sozialer und wirtschaftlicher Veränderungen.[11] Zu Beginn dieses Zeitraums, im Jahre 1707, wurde von England, mit dem bereits seit 1603 eine dynastische Verbindung bestand, die Union der Parlamente durchgesetzt; Edinburgh verlor damit seine Funktion als Sitz des schottischen Parlaments, und gleichzeitig gingen zahlreiche Angehörige der schottischen Oberschicht als Lords oder Mitglieder des Unterhauses nach London, was zunächst einen wirtschaftlichen Niedergang der Stadt zur Folge hatte. Die Union bedeutete allerdings nicht eine völlige Angleichung der schottischen Verhältnisse an England; Schottland behielt eine unabhängige Kirche, sein Recht und seine Gerichtshöfe; damit blieb auch das oberste Gericht in Edinburgh bestehen. Dieser Wandel hatte spezifische Auswirkungen auf die Sozialstruktur der Stadt: Innerhalb der Oberschicht erlangten die Juristen eine dominierende Stellung.[12] Die gleichzeitige Existenz von zwei unterschiedlichen Rechtssystemen in England und Schottland sowie der Charakter des schottischen Rechts, das vor allem aus einzelnen Rechtsentscheidungen bestand, förderte

---

Distinctions of Ranks, in: Lehmann, John Millar of Glasgow 320 und bei A. Smith, An Inquiry into the Nature and Causes of the Wealth of Nations, Oxford 1976, 684 f. Zu Kiechle vgl. auch Finley, Ancient Slavery 62.

[11] Allgemein zu Schottland im 18. Jh.: H. Trevor-Roper, The Scottish Enlightenment, in: Stud. on Voltaire and the Eighteenth Cent. LVIII, 1967, 1635–1658. J. Clive, The Social Background of the Scottish Renaissance, in: N. T. Phillipson–R. Mitchison, ed., Scotland in the Age of Improvement, Edinburgh 1970, 225–244. N. Phillipson, The Scottish Enlightenment, in: R. Porter–M. Teich, ed., The Enlightenment in National Context, Cambridge 1981, 19–40.

[12] D. Young, Scotland and Edinburgh in the eighteenth century, in: Stud. on Voltaire and the Eighteenth Cent. LVIII, 1967, 1967–1990, bes. 1971 ff. 1976. Clive, The Social Background, 228. Zur Union vgl. B. Coward, The Stuart Age, London 1980, 376–382 und Phillipson, Scottish Enlightenment, 26 ff.

zudem eine intensive Beschäftigung mit dem Recht und der Rechtsgeschichte.[13]

Da mit der Union die Handelseinschränkungen der Navigation Acts für Schottland keine Gültigkeit mehr besaßen, kam es in der ersten Hälfte des 18. Jahrhunderts zu einem nachhaltigen wirtschaftlichen Aufschwung; die Stadt Glasgow, deren Prosperität vornehmlich auf dem Tabakimport beruhte, entwickelte sich zu einem der wichtigsten Handelszentren in Großbritannien; gleichzeitig entstand in den größeren Städten ein Gewerbe, das nicht nur den regionalen Bedarf zu decken vermochte, sondern auch für den Export produzierte; die in den Manufakturen Edinburghs hergestellten Kutschen wurden etwa bis nach Paris und St. Petersburg geliefert. Das Wirtschaftswachstum kann gut an den Produktionszahlen für ein typisch schottisches Erzeugnis verdeutlicht werden: Zwischen 1708 und 1783 stieg die Menge des jährlich produzierten Whiskys von etwa 220 000 auf über 7,5 Millionen Liter an.[14] Mit der wirtschaftlichen Entwicklung war eine beträchtliche Zunahme der Bevölkerung in den großen Städten verbunden; die Einwohnerschaft von Glasgow wuchs während des 18. Jahrhunderts von ca. 15 000 auf 80 000, die von Edinburgh von ca. 40 000 auf 70 000 an, was sich in dem Entstehen neuer Stadtviertel wie den New Towns in Edinburgh widerspiegelt.[15] Diese Veränderungen wurden von der Intelligenz nicht nur wahrgenommen, sie wurden auch bewußt vorangetrieben; man gründete verschiedene Societies 'for Improving Arts and Sciences', darunter auch die Edinburgh Society, deren erklärtes Ziel die Förderung von Gewerbe und Landwirtschaft war.[16] Gleichzeitig verloren in der schottischen Gesellschaft die Relikte der Frühzeit an Bedeutung: Nach dem erfolglosen Versuch der Stuarts, im Jahre 1745 in Schottland wiederum die Macht zu erlangen, wurden die Feudalrechte der Oberhäupter der Clans in den Highlands eingeschränkt; sichtbaren Ausdruck fanden diese Restriktionen in dem Verbot, den Kilt zu tragen.[17]

Unter den Intellektuellen stellten neben den Juristen die Professoren der

---

[13] P. Stein, Law and Society in Eigtheenth Century Scottish Thought, in: Phillipson–Mitchison, ed., Scotland in the Age of Improvement, 148–168. Ders., Legal Evolution–The story of an idea, Cambridge 1980, 23 ff.

[14] Zur wirtschaftlichen Entwicklung von Glasgow vgl. R. H. Campbell–A. S. Skinner, Adam Smith, London 1985, 58 ff. Edinburgh: Young, Scotland 1977. 1980.

[15] Bevölkerungswachstum der Städte: Cant, The Scottish universities 1957. Zur Stadtentwicklung von Edinburgh: Young, Scotland and Edinburgh 1976 f.

[16] D. D. McElroy, Scotland's Age of Improvement, A Survey of Eighteenth-Century Literary Clubs and Societies, Washington 1969, besonders 50 ff. Phillipson, Scottish Enlightenment 27 f.

[17] McElroy, Scotland's Age 34. Vgl. außerdem D. Kettler, The Social and Political Thought of Adam Ferguson, Ohio 1965, 16 f. Zur Bedeutung der Kenntnis der High-

schottischen Universitäten die wichtigste Berufsgruppe dar; es gab, anders als in London, keine freien Autoren, denn der Buchmarkt war in Schottland zu begrenzt, um Schriftstellern eine eigenständige soziale Existenz zu ermöglichen.[18] Theoretiker wie Adam Smith, Adam Ferguson und John Millar hatten Lehrstühle in Glasgow oder Edinburgh inne; David Hume, der wegen seiner bekannt antikirchlichen Einstellung keine Professur erhielt, war Librarian der Faculty of Advocates in Edinburgh und später Sekretär von Earl Hertford, dem englischen Botschafter in Paris.[19]

Die Universitäten müssen als Teil des gesamten schottischen Bildungssystems betrachtet werden, das seit Ende des 17. Jahrhunderts einem umfassenden Erneuerungsprozeß unterworfen war. Seit der Reformation existierte in Schottland ein ausgeprägtes Interesse an Erziehung und Bildung; die 1560 erhobene Forderung, jeder Pfarrbezirk solle eine eigene Schule besitzen, wurde zwar erst 1696 durch einen Parlamentsbeschluß eingelöst, aber bereits im 17. Jahrhundert waren die Fähigkeiten des Lesens und Schreibens in Schottland weit verbreitet.[20] Im 18. Jahrhundert existierten fünf, im 15. bzw. 16. Jahrhundert gegründete Universitäten: St. Andrews, Glasgow, Old Aberdeen, Edinburgh, New Aberdeen; die Zahl der Studenten belief sich auf etwa 1500 und war damit so hoch wie an den beiden englischen Universitäten Oxford und Cambridge, wobei in Rechnung zu stellen ist, daß die Bevölkerung Englands ungefähr fünfmal so groß war wie die Schottlands.[21]

Die Entwicklung der Universitäten wurde während der ersten Hälfte des 18. Jahrhunderts wesentlich von den Reformbestrebungen bestimmt, die eine Ablösung des Systems der Regents, die als Tutoren das Studium in den verschiedenen Fächern beaufsichtigten, die Schaffung von Lehrstühlen für die einzelnen wissenschaftlichen Disziplinen und die Einführung der Vorlesungen zur Folge hatten. Die schottischen Universitäten waren keineswegs von den wissenschaftlichen Fortschritten in den anderen europäischen Staaten isoliert; Vorbild für die Reformen waren die Universitäten Utrecht und Leiden, zu denen auch im weiteren Verlauf des 18. Jahrhunderts enge Beziehungen bestanden; viele schottische Theologen und Juristen haben in den Nieder-

---

lands für Ferguson vgl. Z. Batscha–H. Medick, in: A. Ferguson, Versuch über die Geschichte der bürgerlichen Gesellschaft, Frankfurt 1986, 15f.

[18] Trevor-Roper, Scottish Enlightenment 1638. Clive, The Social Background 227. Vgl. dazu auch A. Smith, Wealth of Nations 810f.: "In Geneva, on the contrary, in the protestant cantons of Switzerland, in the protestant countries of Germany, in Holland, in Scotland, in Sweden, and Denmark, the most eminent men of letters whom those countries have produced, have, not all indeed, but the far greater part of them, been professors in universities."

[19] A. Flew, David Hume, Philosopher of Moral Science, Oxford 1986, 6ff.

[20] Cant, The Scottish universities 1954f.

[21] Cant, The Scottish universities 1955f.

landen studiert. Auf eine gute fachliche Ausbildung der Studenten, die aus allen sozialen Schichten kamen, wurde an den schottischen Universitäten großer Wert gelegt; sie unterschieden sich hierin von Oxford und Cambridge, wo das Studium sich eher an den allgemeinen Bildungsidealen der 'leisure class' orientierte.[22]

Die Professoren waren auf mannigfache Weise mit der politischen, sozialen und wirtschaftlichen Entwicklung Schottlands konfrontiert; die Universitäten besaßen eigenes Vermögen, mit dessen Verwaltung einzelne Hochschullehrer beauftragt waren, zu denen in Glasgow auch Adam Smith gehörte. Wichtiger noch waren in diesem Zusammenhang die 'societies', die praktische Aufgaben wahrnahmen und in denen Professoren, Juristen, Kaufleute und Vertreter anderer Berufe zusammenkamen. Adam Smith etwa war Mitglied des Political Economy Club in Glasgow; es wird angenommen, daß Smith durch den Kontakt mit den anderen Mitgliedern dieses Clubs jene Einsichten in das Wirtschaftsleben erwarb, die es ihm ermöglichten, ›The Wealth of Nations‹ zu schreiben.[23] Die 'societies' förderten darüber hinaus auch die Kommunikation zwischen den Intellektuellen, die meist gute Kontakte untereinander besaßen, was gerade für Hume, Smith, Ferguson und Millar zutrifft.[24]

Das intellektuelle Leben in Schottland wurde um 1750 deutlich von der Auseinandersetzung mit französischen und englischen Einflüssen bestimmt. Aufgrund der alten dynastischen Verbindungen zwischen den Stuarts und Frankreich bestand in einer Stadt wie Edinburgh eine große Offenheit der französischen Kultur gegenüber; die Werke französischer Philosophen wurden in Schottland schnell rezipiert und intensiv diskutiert; ein 1756 von Adam Smith in der ›Edinburgh Review‹ publizierter Artikel zeigt eine glänzende Kenntnis der zeitgenössischen wissenschaftlichen Literatur Frankreichs; die von Montesquieu in ›De l'esprit des lois‹ formulierten Thesen fanden verhältnismäßig rasch Eingang in den Universitätsunterricht, wie die Vorlesungen von Adam Smith zeigen.[25] Andere Bemühungen galten der Verbesserung der englischen Sprachkenntnisse in Schottland; man hoffte, auf diese Weise zu

---

[22] Trevor-Roper, Scottish Enlightenment 1648f. Clive, The Social Background 233ff. Phillipson, Scottish Enlightenment 28f. Campbell–Skinner, Adam Smith 18f. 48f. Soziale Herkunft der Studenten: Clive, The Social Background 225. Kettler, Adam Ferguson 34.
[23] Campbell–Skinner, Adam Smith 54ff. 64f. McElroy, Scotland's Age 30f. 40f.
[24] Zur Freundschaft zwischen Smith und Hume vgl. Campbell–Skinner, Adam Smith 186ff. J. Millar war Schüler von Smith; vgl. Lehmann, John Millar 16.
[25] Trevor-Roper, Scottish Enlightenment 1641f. Young, Scotland 1982f. Campbell–Skinner, Adam Smith 37. 110f. Zum französischen Einfluß auf Smith vgl. auch A. S. Skinner, Adam Smith: an Economic Interpretation of History, in: A. S. Skinner–Th. Wilson, Essays on Adam Smith, Oxford 1975, 154–178, bes. 172.

einer besseren Verbreitung schottischer Literatur in England beitragen zu können.[26]
Die kulturellen Einflüsse von außen, die Dominanz juristischen Denkens und die Erfahrung eines beschleunigten sozialen und wirtschaftlichen Wandels, der als 'improvement' empfunden wurde, haben die an den schottischen Universitäten formulierten Theorien nachhaltig geformt; an dieser Stelle soll nur ein wesentlicher Aspekt hervorgehoben werden: Die Transformation Schottlands machte den Intellektuellen deutlich, daß Gesellschaften sich verändern. The 'History of Civil Society' wurde als Objekt der Wissenschaft konstituiert.[27]

II

David Humes Essay ›Of the Populousness of Ancient Nations‹ (1752)[28] steht in der Tradition der ›Querelle des Anciens et des Modernes‹; wie Perrault, der in seinem Gedicht ›Le siècle de Louis le Grand‹ die französische Kultur seiner Zeit feiert,[29] vergleicht auch Hume Antike und Gegenwart; während aber die französischen Schriftsteller in der Debatte, die dem Gedicht Perraults folgte, den Versuch unternahmen, den Vorrang der modernen Künste und Wissenschaften vor den Werken der Antike zu erweisen, konzentriert sich Hume auf die Frage, ob in der Antike oder in der Neuzeit mehr Menschen in Europa lebten. Die Argumentation Humes richtet sich gegen die in dieser Zeit weitverbreitete und noch vor 1745 von Robert Wallace zunächst in einem Vortrag vertretene Auffassung, die Bevölkerung habe seit der Antike deutlich abgenommen.[30] Da ihm für seine Untersuchungen kein

[26] McElroy, Scotland's Age 55 ff. Campbell–Skinner, Adam Smith 37.
[27] Vgl. vor allem Lehmann, John Millar 98 ff. Die Gesellschaft ist Thema einer Vielzahl von historischen Werken schottischer Autoren; vgl. etwa A. Ferguson, An Essay on the History of Civil Society, 1767 und W. Robertson, A View of the Progress of Society in Europe, 1769 (vol. I von The History of the Reign of the Emperor Charles V).
[28] D. Hume, Essays, Moral, Political and Literary I (= Philosophical Works II), London 1875, 381–443. Vgl. Finley, Ancient Slavery 30 f. Im 19. Jh. wurde der Essay von solchen Althistorikern, die auf dem Gebiet der antiken Demographie arbeiteten, sehr positiv beurteilt; vgl. J. Beloch, Die Bevölkerung der Griechisch-Römischen Welt, Leipzig 1886, 34 ff. 86. Ed. Meyer, Die Bevölkerung des Altertums, in: Handwörterbuch der Staatswissenschaften II, Jena 1909, 901.
[29] M. Fuhrmann, Die Querelle des Anciens et des Modernes, der Nationalismus und die deutsche Klassik, in: R. R. Bolgar, Classical Influences on Western Thought A.D. 1650–1870, Cambridge 1979, 107–129.
[30] Vgl. R. Wallace, A Dissertation on the Numbers of Mankind in Ancient and Modern Times, Edinburgh 1753. Wallace und Hume arbeiteten gleichzeitig an ihren Schriften zur Bevölkerungsgeschichte; zur Entstehung des Essays von Hume vgl. McElroy, Scotland's Age 37 ff.

statistisches Material zur Verfügung stand, hält Hume es für notwendig, vor der kritischen Analyse der wenigen überlieferten Zahlenangaben zur antiken Bevölkerung zunächst die generellen Auswirkungen der sozialen und wirtschaftlichen Verhältnisse auf die Bevölkerungsentwicklung sowohl in der Antike als auch in der Neuzeit zu behandeln. Diesem Verfahren liegt die Überzeugung zugrunde, daß "almost every man who thinks he can maintain a family will have one"[31]. Damit ist ein Kriterium für die Einschätzung der Bevölkerungsgröße einer Gesellschaft gewonnen:

But if everything else be equal, it seems natural to expect, that, wherever there are most happiness and virtue, and the wisest institutions, there will also be most people.[32]

Von diesen Voraussetzungen her ist es verständlich, daß Hume sich zunächst bemüht, die Unterschiede zwischen antiker und moderner Gesellschaft klar herauszuarbeiten. Die Darstellung der sozialen Verhältnisse der Antike beginnt mit einer genauen Analyse der Sklaverei, die als entscheidendes Strukturmerkmal der antiken Gesellschaft gesehen wird:

The chief difference between the domestic oeconomy of the ancients and that of the moderns consists in the practice of slavery, which prevailed among the former, and which has been abolished for some centuries throughout the greater part of Europe.[33]

Die politischen und sozialen Konsequenzen der antiken Sklaverei werden in dem Essay sehr negativ beurteilt; dezidiert äußert Hume die Ansicht, daß im neuzeitlichen Europa selbst unter einem Willkürregime mehr Freiheit herrsche als in den antiken Staaten während ihrer Blütezeit, da die Sklaverei stets grausamer und härter sei als jegliche politische Unterdrückung. Durch die Sklaverei wurden die antiken Sitten ungünstig beeinflußt: Hume glaubt, die große Macht über andere Menschen – die Gewohnheit, "to trample upon human nature"[34] – habe einen Verlust an Humanität zur Folge. Anders als in der Neuzeit bestand in der Antike zwischen 'servant' und 'master' kein Verhältnis gegenseitiger Verpflichtung; während der Sklave gezwungen werden konnte, gehorsam zu sein, gab es für den Sklavenbesitzer keine verbindliche Norm eines maßvollen und humanen Verhaltens den Sklaven gegenüber. Die Lebensbedingungen der Sklaven charakterisiert Hume prägnant durch den Hinweis auf die Aussetzung alter und kranker Sklaven, auf die Fesselung solcher Sklaven, die auf den großen römischen Landgütern arbeiteten, und auf die bei Prozessen übliche Folterung von Sklaven.

---

[31] Hume, Of the Populousness 384.
[32] Hume, Of the Populousness 384.
[33] Hume, Of the Populousness 385.
[34] Hume, Of the Populousness 385.

Schottische Aufklärung und antike Gesellschaft 439

In den Abschnitten des Essays, in denen Hume dann den Zusammenhang zwischen Sklaverei und Bevölkerungsentwicklung analysiert, wird zunächst die These kritisch überprüft, die Sklaverei habe erheblich zum Bevölkerungswachstum beigetragen, weil die Sklavenbesitzer im Bestreben, ihren Reichtum zu vermehren, an einer Aufzucht von Sklavenkindern interessiert gewesen seien. Demgegenüber betont Hume die hohen Kosten, die aufgewendet werden müssen, um ein Kind in einer großen Stadt oder einer prosperierenden Region aufzuziehen. Günstiger als die natürliche Reproduktion war es daher, Sklaven aus entfernten, ärmeren Gegenden heranholen zu lassen. Als Beleg für diese Auffassung führt Hume eine Reihe von antiken Zeugnissen an, aus denen hervorgeht, daß ständig Sklaven aus dem östlichen Mittelmeerraum nach Italien gebracht wurden und daß die in Griechenland sowie in Italien lebenden Sklaven größtenteils barbarischen Völkern angehörten.

Der natürlichen Reproduktion der Sklavenbevölkerung standen außerdem zwei weitere Faktoren entgegen: Unter den Sklaven überwogen bei weitem Männer; Frauen werden in den Verzeichnissen des in Werkstätten oder auf Landgütern arbeitenden Personals nur ausnahmsweise erwähnt. Außerdem galten Sklavenehen als ein Privileg, das nur wenigen Sklaven, etwa den *vilici*, gewährt wurde. Die Empfehlung Varros, Hirten zu erlauben, eine Familie zu haben und Kinder großzuziehen, erklärt Hume damit, daß die Kosten für den Unterhalt dieser fern von den Städten und den Landgütern lebenden Kinder äußerst niedrig waren. Die Versuche, Sklavinnen zur Aufzucht von Kindern zu motivieren, hält Hume insgesamt für wenig wirkungsvoll; er faßt das Ergebnis seiner Überlegungen mit den Worten zusammen, "that slavery is in general disadvantageous both to the happiness and populousness of mankind"[35]. Ferner wurde die Bevölkerungsentwicklung der Antike negativ durch die weitverbreitete Praxis der Kindesaussetzung beeinflußt, der ähnliche demographische Wirkungen wie der neuzeitlichen Gewohnheit, Töchter in ein Kloster zu bringen, zugeschrieben werden.

Neben der Sklaverei ist nach Ansicht Humes das niedrige Entwicklungsniveau von Gewerbe und Handel für die antike Wirtschaft charakteristisch: "Trade, manufactures, industry, were no where, in former ages, so flourishing as they are at present in Europe."[36] Die Nachrichten über hohe Zinssätze und große im Handel erzielte Gewinne werden als Indiz dafür gewertet, daß der sekundäre Wirtschaftssektor in der Zeit der Antike über ein Anfangsstadium noch nicht hinausgelangt war. Ein Wachstum von Städten aufgrund der Einrichtung von Werkstätten ist dementsprechend für die Antike nicht nachweisbar, und der Handel beschränkte sich weitgehend auf den Austausch solcher Agrarprodukte, deren Anbau besondere Böden oder ein bestimmtes

---

[35] Hume, Of the Populousness 394.
[36] Hume, Of the Populousness 410.

Klima erforderte. Hume sieht zwar, daß die Landwirtschaft in einigen Gebieten Griechenlands und Italiens zeitweise in Blüte stand, gleichzeitig stellt er aber die rhetorische Frage, ob eine solche Blüte isoliert – bei fehlendem Handel und Gewerbe – überhaupt denkbar sei. Die beste Methode, die Landwirtschaft zu fördern, ist nach Hume die Belebung des Gewerbes, das einerseits Absatzmärkte für Agrarprodukte schafft und andererseits der Landbevölkerung Güter für "pleasure and enjoyment"[37] liefert; da eher in der Neuzeit als in der Antike so verfahren wurde, kann Hume folgern, daß im neuzeitlichen Europa die Bevölkerung größer als in den antiken Gemeinwesen war.

In kurzen Bemerkungen zur neuzeitlichen Wirtschaft skizziert Hume die wesentlichen Errungenschaften der Moderne: Neben dem höheren technischen Können werden hier die Entdeckung neuer Welten und die daraus resultierende Intensivierung des Handels, die Verbesserung der Kommunikation durch die Einrichtung des Postwesens sowie die Verwendung von Wechseln im Geldverkehr genannt; diese Neuerungen begünstigten das Wachstum der Wirtschaft und der Bevölkerung: "These seem all extremely useful to the encouragement of art, industry, and populousness"[38]; sie können so als "improvements and refinements"[39] begriffen werden.

Die kritische Sicht der Antike ist bei Hume primär durch eine entschiedene, mit dem Hinweis auf die Verhältnisse in den amerikanischen Kolonien begründete Ablehnung der Sklaverei bedingt. Zu den nachteiligen Folgen der Sklaverei gehört vor allem eine spezifische Formung der sozialen Verhaltensweisen. In der antiken Gesellschaft ist jeder Angehörige der Oberschicht ein "petty tyrant" und erhält seine Erziehung in einem sozialen Klima, das von "the flattery, submission, and low debasement of his slaves"[40] bestimmt ist. Die in diesem Zusammenhang verwendete Terminologie ist überaus aufschlußreich: Indem Hume von den "barbarous manners of ancient times" spricht, richtet er den Begriff des Barbarischen, der in der Antike dazu diente, die griechisch-römische Zivilisation von anderen Kulturen abzugrenzen, polemisch gegen die klassische Antike. Das inhumane Verhalten Sklaven gegenüber und die Praxis der Kindesaussetzung werden ausführlich beschrieben, wobei Hume im Fall der Kindesaussetzung hervorhebt, daß diese Gewohnheit in der Antike nur selten kritisiert und selbst von einem Moralisten wie Plutarch gebilligt wurde.

Die gering ausgeprägte Humanität und die mangelnde Fähigkeit zur Mäßigung hatten auch gravierende Auswirkungen auf die Politik der antiken Staaten; innere Konflikte wurden in Griechenland sowie in Rom äußerst

---

[37] Hume, Of the Populousness 412.
[38] Hume, Of the Populousness 413.
[39] Hume, Of the Populousness 412.
[40] Hume, Of the Populousness 385.

gewaltsam ausgetragen: "The transactions, even in free governments, were extremely violent and destructive."[41] Die von Appian in der Darstellung der römischen Bürgerkriege geschilderten Massaker und Proskriptionen bezeichnet Hume als "barbarous proceedings"[42], und die Häufigkeit eines gewaltsamen, gesetzwidrigen Vorgehens gegen politische Gegner in der Zeit der späten Republik wird mit dem Satz kommentiert:

A wretched security in a government which pretends to laws and liberty![43]

Für die Anschauungen Humes ist gerade auch sein Widerspruch gegen Swifts satirische Darstellung des modernen England kennzeichnend; eine Beschreibung, in der von einer Gesellschaft behauptet wird, sie bestehe vornehmlich aus "discoverers, witnesses, informers, accusers, prosecuters, evidences, swearers", paßt nach Hume besser auf Athen als auf das moderne England, das sich gerade durch "humanity, justice and liberty" auszeichnet.[44] Der scharfe Kontrast zwischen Antike und Moderne bei Hume wird noch deutlicher, wenn man diese Vorstellung vom neuzeitlichen England mit dem Urteil über die antiken Verfassungen vergleicht:

In those days there was no medium between a severe, jealous Aristocracy, ruling over discontented subjects; and a turbulent, factious, tyrannical Democracy.[45]

Darüber hinaus weist Hume auch auf das unterschiedliche Entwicklungsniveau der antiken und neuzeitlichen Wirtschaft hin; während in der Antike ein prosperierendes Gewerbe weitgehend fehlte, kann von den "commercial states of modern times"[46] gesprochen werden. Der agrarisch geprägten Antike steht die moderne Gewerbegesellschaft gegenüber.[47] Sowohl die Sklaverei als auch das niedrige Entwicklungsniveau des Gewerbes sind nach Humes Einschätzung dem Glück der Menschen und damit gleichzeitig der Bevölkerungsentwicklung abträglich gewesen.[48] Aufgrund solcher Überlegungen ist es Hume möglich, das Verhältnis von Antike und Moderne prägnant mit den Worten "ancient nations seem inferior to the modern" zu umreißen.[49]

---

[41] Hume, Of the Populousness 404.
[42] Hume, Of the Populousness 408.
[43] Hume, Of the Populousness 409.
[44] Hume, Of the Populousness 408 Anm. 1.
[45] Hume, Of the Populousness 409.
[46] Hume, Of the Populousness 411.
[47] Vgl. dazu auch Hume, Of Commerce, in: ders., Philosophical Works III, London 1875, 287 ff. In diesem Essay betont Hume das Fehlen von "commerce and luxury" (290) in vielen antiken Staaten, weist aber gleichzeitig darauf hin, daß in den antiken Agrarstaaten ein höherer Prozentsatz der Bevölkerung in der Armee diente als in modernen Staaten.
[48] Der Begriff happiness: Hume, Of the Populousness 384. 394. 410.
[49] Hume, Of the Populousness 410. Dieses Urteil ist in der englischen Literatur um

III

Obgleich Hume annahm, daß die Nationen der Neuzeit aufgrund ihrer sozialen, wirtschaftlichen und politischen Errungenschaften den antiken Gemeinwesen überlegen waren, stellt er im Essay ›Of the Populousness of Ancient Nations‹ wesentlich nur die gesellschaftlichen Zustände der Antike und der Moderne gegenüber, ohne eine theoretische Konzeption vorzulegen, die es ihm ermöglicht hätte, beide Epochen überzeugend in den Ablauf der Geschichte einzuordnen. Nur wenige Jahre später unternahmen dann schottische Juristen, die sich mit dem Wandel von Rechtsverhältnissen befaßten, den Versuch, eine Beziehung zwischen der Rechtsentwicklung und sozialen Veränderungen herzustellen. Anders als bei Montesquieu, der Klima und geographische Lage für die entscheidenden Faktoren hielt, die eine Gesellschaft und auch deren Gesetze prägen, wurde in der schottischen Literatur des 18. Jahrhunderts die Theorie einer Abfolge von Gesellschaftstypen entworfen, denen jeweils ein bestimmtes Rechtssystem entspricht.[50]

Die erste Formulierung dieser Auffassung findet sich in der Abhandlung ›An Essay towards a General Theory of Feudal Property in Great Britain‹ des Juristen John Dalrymple aus dem Jahre 1757; in dem Kapitel über das Eigentum an Land spricht Dalrymple von drei 'stages of society':

The first state of society is that of hunters and fishers; [. . .] The next state of society begins, when the inconveniences and dangers of such a life lead men to the discovery of pasturage. [. . .] A third state of society is produced, when men become so numerous, that the flesh and milk of their cattle is insufficient for their subsistence, and when their more extended intercourse with each other has made them strike out new arts of life and particularly the art of agriculture.[51]

Bei Lord Kames, der um 1750 im Zentrum einer Gruppe von Intellektuellen – darunter David Hume, Adam Smith und John Millar – stand, wird dieses Modell historischer Entwicklung ebenfalls juristischen Untersuchungen

---

1750 keineswegs üblich; so bezeichnet H. Fielding in dem 1749 erschienenen Roman Tom Jones (12. Buch, 12. Kapitel) die Regierungszeit der *principes* von Nerva bis Marcus Aurelius als „das einzige Goldene Zeitalter, das, außer in der erhitzten Einbildungskraft der Poeten, von der Vertreibung aus dem Garten Eden bis auf den heutigen Tag jemals existiert hat".

[50] Vgl. P. Stein, Law and Society in Eighteenth-Century Scottish Thought, in: Phillipson–Mitchison, ed., Scotland in the Age of Improvement 148–168. Ders., Legal Evolution, The story of an idea, Cambridge 1980, 23 ff. Ders., Adam Smith's Theory of Law and Society, in: Bolgar, ed., Classical Influences 263–273.

[51] J. Dalrymple, An Essay towards a General Theory of Feudal Property in Great Britain, zitiert nach Stein, Legal Evolution 24 f. Zu Dalrymple vgl. außerdem R. L. Meek, Social Science and the Ignoble Savage, Cambridge 1976, 99 ff.

zugrunde gelegt, wobei die sozialen Veränderungen wie in Humes Essay als 'improvements' bewertet werden:

Law in particular becomes then only a rational study, when it is traced historically, from its first rudiments among savages, through successive changes, to its highest improvements in a civilized society.[52]

Diese Gedanken wurden von Adam Smith in den 1762 an der Universität Glasgow gehaltenen ›Lectures on Jurisprudence‹ aufgegriffen und zu einer die gesamte Geschichte der Zivilisation erfassenden historischen Theorie ausgearbeitet; den drei 'stages of society' wird noch eine vierte, von Gewerbe und Handel bestimmte Epoche hinzugefügt:

There are four distinct states which mankind pass thro: – 1st, the Age of Hunters; 2dly, the Age of Shepherds; 3dly, the Age of Agriculture; and 4^{thly}, the Age of Commerce.[53]

Das für Smith maßgebliche Kriterium der Periodisierung ist die Art und Weise, wie die Menschen die für lebensnotwendig gehaltenen Güter produzieren; von der jeweiligen Subsistenzweise werden dann die Eigentumsverhältnisse, die vorherrschenden Rechtsformen und der Grad der Institutionalisierung abgeleitet. Mit Hilfe dieser Theorie vermag Smith auch die Dynamik der gesellschaftlichen Entwicklung zu erklären: Die Viehzucht gewährte eine bessere Versorgung mit Nahrungsmitteln als die Jagd, und die Menschen gingen zum Ackerbau über, als die Viehzucht zur Deckung des Bedarfs einer wachsenden Bevölkerung nicht mehr ausreichte. Die Entstehung einer auf Handel und Gewerbe beruhenden Gesellschaft führt Smith schließlich auf eine zunehmende Arbeitsteilung innerhalb der Agrargesellschaft zurück.[54] Den Übergang zur Agrargesellschaft und die weitere Entwicklung von Handel und Gewerbe hält Smith keineswegs für zwangsläufig; vielmehr sind für diese Fortschritte natürliche Gegebenheiten erforderlich, die nur in wenigen

---

[52] Lord Kames, Historical Law Tracts, zitiert nach Stein, Legal Evolution 25. Zu Kames vgl. Meek, Social Science 102 ff. und Campbell–Skinner, Smith 29 ff.

[53] A. Smith, Lectures on Jurisprudence, Oxford 1978, 14. Zur Geschichtsauffassung von Adam Smith vgl. H. Medick, Naturzustand und Naturgeschichte der bürgerlichen Gesellschaft, Göttingen 1973, 249 ff. A. S. Skinner, Adam Smith: an Economic Interpretation of History, in: A. S. Skinner–Th. Wilson, Essays on Adam Smith, Oxford 1975, 154–178. Zu den Lectures on Jurisprudence vgl. Campbell–Skinner, Smith 109 ff. Wenn Finley meint: "There was no road from the 'oeconomics' of Francis Hutcheson to the *Wealth of Nations* of Adam Smith" (Ancient Economy 20), werden hier die Lectures on Jurisprudence übersehen, deren Konzeption noch Hutcheson verpflichtet ist, die aber darüber hinaus den später im Wealth of Nations behandelten Themenkomplex bereits eingehend erörtern (333–394); dabei weist die Formulierung "means of introducing plenty and abundance into the country" schon auf den Titel des späteren Werkes voraus.

[54] Smith, Lectures on Jurisprudence 15 f.

Regionen vorhanden sind; dazu gehören vor allem ein Boden, der für Maßnahmen zur Amelioration geeignet ist, und Verkehrswege, die den Transport der Güter erlauben, die nicht für den eigenen Bedarf gebraucht werden.[55] Diese Konzeption, die Smith im ›Wealth of Nations‹ (1776) beibehalten hat,[56] besaß den Vorzug, daß Völker und Nationen verschiedener Kontinente und Zeiten in ein einheitliches System zivilisatorischer Entwicklung eingeordnet werden konnten.[57] Allerdings ist hier zu beachten, daß mit dem Begriff 'Age of Commerce' allein die Epoche der frühen Neuzeit gemeint ist; Smith leugnet damit keinesfalls die Existenz von Handel und Gewerbe in frühen Gesellschaften, etwa in Athen oder Rom; entscheidend ist für ihn aber, daß der überregionale Austausch von Gütern erst in der Neuzeit jenen Umfang angenommen hat, der es rechtfertigt, von einem 'Age of Commerce' zu sprechen.[58]

Da in den ›Lectures on Jurisprudence‹ und im ›Wealth of Nations‹ die systematischen Gesichtspunkte der Rechtstheorie und der politischen Ökonomie im Vordergrund stehen und Smith außerdem in der Darstellung früher Zivilisationen von den Strukturmerkmalen der einzelnen 'stages of society' ausgeht, bieten diese Texte keine geschlossene, ausführliche Analyse der antiken Gesellschaft; in einer Reihe von meist kurzen Bemerkungen hat Smith aber ein durchaus differenziertes Bild von den sozialen und ökonomischen Verhältnissen der Antike entworfen, das hier in seinen Grundzügen wiedergegeben werden soll.

Die politische Entwicklung der griechischen Gemeinwesen und des römischen Staates wird in dem Abschnitt der ›Lectures on Jurisprudence‹ behandelt, der den Rechten des Menschen als Mitglied der Gesellschaft gewidmet ist; Smith zeigt hier zunächst, daß im 'age of shepherds' die soziale Differenzierung einsetzt und Eigentum sowie Herrschaft entsteht, um dann die von Homer beschriebene griechische Gesellschaft der Zeit des Trojanischen

---

[55] Smith, Lectures on Jurisprudence 223.
[56] A. Smith, An Inquiry into the Nature and Causes of the Wealth of Nations, ed. R. H. Campbell – A. S. Skinner, Oxford 1976, 689 ff. 708 ff. (V 1).
[57] Vgl. zu diesem Problem vor allem Meek, Social Science and the Ignoble Savage 37 ff. 68 ff. Vergleichende ethnologische Arbeiten zur amerikanischen Bevölkerung wie die Ogilbys (1671) oder Lafitaus (1724) sind von dem Bestreben geprägt, die Herkunft der Indianer zu klären. Dabei wurde erkannt, daß zwischen den indianischen und den frühen europäischen Kulturen strukturelle Übereinstimmungen existierten, eine Einsicht, die in klassischer Weise von John Locke im ›Second Treatise of Government‹ formuliert wurde: "Thus in the beginning all the World was *America*" (§ 49; vgl. auch § 108). Smith war mit der französischen Literatur zu diesem Thema vertraut, wie seine Hinweise auf Charlevoix und Lafitau in den ›Lectures on Jurisprudence‹ zeigen (106. 201).
[58] Medick, Naturzustand und Naturgeschichte 263.

Krieges neben Arabern und Tataren als Beispiel für diese Stufe sozialer Entwicklung anzuführen:

The first inhabitants of Greece, as we find by the accounts of the historians, were much of the same sort with the Tartars.[59]

Die Bedeutung der Viehzucht für die griechische Wirtschaft geht daraus hervor, daß Vieh allgemeiner Wertmaßstab war und außerdem häufig zum Anlaß von Streitigkeiten wurde:

All the disputes mentioned to have happened by him [Homer] were concerning some women, or oxen, cattle, or sheep or goats.[60]

Unter den Bedingungen einer Gesellschaft von Hirten war es durchaus möglich, für einige Jahre eine große Zahl von Menschen unter einem Oberbefehl zu vereinen; Smith betont aber, daß der Trojanische Krieg kein Eroberungskrieg war, sondern ein Rachefeldzug, in dem es allenfalls noch um Beute ging: "when the city was taken each returned to his home with his share of the spoil."[61] Die Erzählungen des Odysseus enthalten nach Smith deutliche Hinweise auf eine weite Verbreitung der Piraterie, die keineswegs als unehrenhaft galt, und belegen so das große Ausmaß an Gewalttätigkeit und Unsicherheit im frühen Griechenland.[62]

Diese Auffassung hat Smith im ›Wealth of Nations‹ modifiziert und weiter ergänzt; die Griechen der Zeit des Trojanischen Krieges werden nun zu den Völkern gerechnet, die gerade erst begonnen haben, Ackerbau zu treiben; dieses Stadium wird wiederum durch einen Vergleich veranschaulicht:

Among those nations of husbandmen who are but just come out of the shepherd state, and who are not much advanced beyond that state; such as the Greek tribes appear to have been about the time of the Trojan war, and our German and Scythian ancestors when they first settled upon the ruins of the western empire . . .[63]

---

[59] Smith, Lectures on Jurisprudence 221.
[60] Vieh als Wertmesser: Smith, Lectures on Jurisprudence 367. Vgl. auch 499 und ders., Wealth of Nations 38 (I 4). Zu den Streitigkeiten vgl. Lectures on Jurisprudence 221 f. In der Vorlesungsmitschrift des Jahres 1766 findet sich eine besonders prägnante Formulierung: "We may suppose the progress of government in Attica in the infancey of the society to have been much the same with that in Tartary and the other countries we have mentioned, and we find in reality that at the time of the Trojan war it was much in the same situation, for then there was little or no cultivation of the ground, and cattle was the principle part of their property. All the contests about property in Homer regard cattle" (Lectures on Jurisprudence 409).
[61] Smith, Lectures on Jurisprudence 221. Vgl. zum Trojanischen Krieg auch 204. 214.
[62] Smith, Lectures on Jurisprudence 224.
[63] Smith, Wealth of Nations 717 (V 1).

Bemerkenswert sind an dieser Stelle die Ausführungen über die Einkünfte der Stammeshäuptlinge: Sie leben von den Erträgen ihres eigenen Grundbesitzes, während ihre Untertanen nur dazu verpflichtet sind, ihnen Geschenke zu geben; die zentrale Rolle der Geschenke für die Ökonomie und die Herrschaftsstruktur der frühen griechischen Gesellschaft hat Smith durchaus erkannt.[64]

Die Vielfalt der Aspekte in der Analyse der von Homer beschriebenen Gesellschaft wird auch in dem Abschnitt über die sozialen Beziehungen innerhalb der Familie deutlich; Smith stellt fest, daß die in einer Epoche dominierende Eheauffassung den Affekt der Liebe grundlegend beeinflußt, was sich gerade in der Literatur widerspiegelt;[65] die Handlung der Ilias wird mit folgenden Worten kommentiert:

The Iliad we may say turns upon a love story. The cause of the Trojan war was the rape of Helen, etc., but what sort of a love story is it? Why, the Greek chiefs combine to bring back Helen to her husband; but he never expresses the least indignation against her for her infidelity.[66]

Der Prozeß sozialer Differenzierung und politischer Institutionalisierung wurde in Griechenland durch den Bau von Städten, die die Bewohner vor den Überfällen von Räubern und Piraten schützen sollten, stark vorangetrieben;[67] anders als in den von Arabern und Tataren bewohnten Regionen bestanden in Mittelgriechenland, vor allem in Attika, die Voraussetzungen für die Entstehung und den Aufstieg des Handwerks.[68] Die Verfassungsentwicklung in Griechenland wurde nachhaltig von der Existenz der Sklaverei beeinflußt; nur aufgrund der Tatsache, daß im Gewerbe vor allem Sklaven arbeiteten, konnte das Volk zunächst am politischen Entscheidungsprozeß teilnehmen.[69] Die Fortschritte des Gewerbes und der Landwirtschaft hatten sowohl in Griechenland als auch später in Rom eine erhebliche Schwächung der militärischen Macht zur Folge, da die freie Bevölkerung zum Militärdienst untauglich wurde oder nicht mehr bereit war, im Heeresaufgebot zu dienen.[70]

---

[64] Smith, Wealth of Nations 718 (V 1). Smith verweist hier auf Homer IX 149 ff. Zur Rolle von Geschenken bei der Sühnung eines Verbrechens vgl. Lectures on Jurisprudence, 108.

[65] Smith, Lectures on Jurisprudence 149: "We see that there is no poems of a serious nature grounded on that subject either amongst the Greeks or Romans. There is no ancient tragedy except Phaedra the plot of which turns on a love story."

[66] Smith, Lectures on Jurisprudence 149. Vgl. außerdem 439 (Mitschrift des Jahres 1766).

[67] Smith, Lectures on Jurisprudence 222. 224.

[68] Smith, Lectures on Jurisprudence 223.

[69] Smith, Lectures on Jurisprudence 226.

[70] Smith, Lectures on Jurisprudence 230 ff. 235. 238 ff. Vgl. auch die ausführliche Darstellung im Wealth of Nations 698 ff. (V 1).

Schottische Aufklärung und antike Gesellschaft 447

Im besonderen Maß gilt dies für die Zeit des Principats, weswegen man dazu überging, die Armee aus Barbaren zu rekrutieren.[71] Unter diesen Umständen konnte das Imperium Romanum von den Germanen, die Smith als "savage nations" bezeichnet, überrannt werden.[72] Die Zivilisation der in das Reich eindringenden Völker wird präzise charakterisiert:

> The German and other northern nations which over ran the Roman provinces in Europe were in the same form of government as the Tartars still are, but somewhat more improv'd; they had the knowledge of agriculture and of property in land, which they have not.[73]

Die Eroberung des Weströmischen Reiches durch barbarische Völker hatte eine Reihe gravierender sozialer und wirtschaftlicher Auswirkungen, auf die Smith im ›Wealth of Nations‹ kurz hinweist: Der Handel zwischen den Städten und dem Land wurde unterbrochen, die Abhängigkeitsverhältnisse auf dem Land wandelten sich, bis es schließlich zur vollständigen Ablösung der Sklaverei durch das Pachtsystem kam, und gleichzeitig veränderte sich die Sozialstruktur der Städte, da die Grundbesitzer dazu übergingen, in befestigten Gebäuden auf ihren Landgütern zu leben.[74]

Die Sklaverei hat nach Ansicht von Smith die Entwicklung der antiken Wirtschaft stark gehemmt; im ›Wealth of Nations‹ stellt er die Behauptung auf, Fortschritte in der Landwirtschaft seien dort nicht zu erwarten, wo Sklaven als Arbeitskräfte eingesetzt werden. Da der Sklave kein Eigentum erwerben kann, ist sein Interesse allein darauf gerichtet, möglichst viel zu essen und möglichst wenig zu arbeiten. Ohne eigene Motivation muß er mit Gewalt zur Arbeit gezwungen werden; infolge dieser Situation blieb während der Antike die Produktivität im Agrarsektor außerordentlich gering. Die hohen Arbeitskosten für Sklaven versucht Smith durch einen Vergleich mit den Verhältnissen in den amerikanischen Kolonien zu belegen; nur auf Zuckerrohr- oder Tabakplantagen lohnte sich der Einsatz von Sklaven, während die Kosten der Sklavenhaltung für den Getreideanbau zu hoch waren.[75] Im Gewerbe wiederum verhinderte der Einsatz von Sklaven technische Verbesserungen im Produktionsbereich, denn normalerweise hatten sie keinen Nutzen von einer arbeitsparenden oder arbeiterleichternden Erfindung; aus dieser Prämisse zieht Smith folgenden Schluß:

---

[71] Smith, Lectures on Jurisprudence 238.
[72] Smith, Lectures on Jurisprudence 244.
[73] Smith, Lectures on Jurisprudence 244.
[74] Smith, Wealth of Nations 381 ff. 397 ff. (III 2. III 3). Zur Bedeutung des Handels zwischen Stadt und Land für die Prosperität eines Landes vgl. 376 (III 1).
[75] Smith, Wealth of Nations 387 f. (III 2). Vgl. dazu auch die Überlegungen in den Lectures on Jurisprudence 185.

In the manufactures carried on by slaves, therefore, more labour must generally have been employed to execute the same quantity of work, than in those carried on by freemen.[76]

Das Vorherrschen von Sklavenarbeit in der Landwirtschaft und im Gewerbe hatte daneben auch soziale Folgen; die besitzlosen römischen Bürger konnten weder Land pachten noch im städtischen Gewerbe eine Arbeit finden. In diesen Verhältnissen sieht Smith die Ursache dafür, daß in der römischen Geschichte so häufig und mit so großem Nachdruck vom Volk Land gefordert wurde.[77] Eine bewußte politische Förderung der Landwirtschaft oder des Gewerbes hat es in den antiken Staaten nicht gegeben; in Griechenland war eine negative Einschätzung der handwerklichen Arbeit weit verbreitet, eine Einstellung, die Smith wiederum mit der Sklaverei in Verbindung bringt:

Such occupations were considered as fit only for slaves, and the free citizens of the state were prohibited from exercising them.[78]

Smith stellt in den ›Lectures on Jurisprudence‹ und später im ›Wealth of Nations‹ die Sklaverei als eine soziale Institution dar, die auf alle zentralen Lebensbereiche der griechischen Gemeinwesen und des römischen Staates einen prägenden Einfluß ausgeübt hat; es ist daher keineswegs überraschend, daß Smith in seiner Analyse der Rechtsstellung von Menschen innerhalb einer Familie ausführlich auf das Verhältnis zwischen 'master' und 'servant' eingeht und dabei in großem Umfang auch antike Texte heranzieht.[79]

Die grundlegende Voraussetzung für die innere Struktur der antiken Familie ist ein politisches System, das zu schwach ist, um in die Beziehungen zwischen den Angehörigen einer Familie einzugreifen, und das daher dem Oberhaupt der Familie möglichst umfassende Kompetenzen bis hin zur Verhängung von Kapitalstrafen einräumt.[80] Der Autorität des Familienoberhaupts über die 'servants' waren unter diesen Bedingungen keine Beschränkungen auferlegt; die Knechte "became therefore slaves under the absolute and arbitrary power of their master"[81]. Smith versucht die Rechtsverhältnisse, die das Leben der Sklaven bestimmten, in einer Aufzählung zu erfassen; zuerst wird hier das Recht des Herrn genannt, über das Leben des Sklaven zu entscheiden, wobei er anders als im Fall der Kinder an keine Gesetze gebunden war.

---

[76] Smith, Wealth of Nations 684 (IV 9).
[77] Smith, Wealth of Nations 684. Vgl. außerdem 556f. (IV 7).
[78] Smith, Wealth of Nations 683 (IV 9).
[79] Smith, Lectures on Jurisprudence 175 ff.
[80] Smith, Lectures on Jurisprudence 141 ff. Vgl. besonders 143. 176. Vgl. Stein, Adam Smith's Theory of Law and Society 269 ff.
[81] Smith, Lectures on Jurisprudence 176.

Ebenso konnte der Besitzer über die Arbeitskraft der Sklaven frei verfügen und sie die härtesten und unerträglichsten Arbeiten verrichten lassen. Der Sklave war außerdem nicht fähig, Eigentum zu haben; den Ertrag seiner Arbeit eignete sich der Herr an. Verträge vermochte ein Sklave nur mit Zustimmung des Herrn zu schließen.[82]

Neben dieser vollständigen Abhängigkeit vom Willen des Herrn gab es weitere Umstände, die das Leben des Sklaven erschwerten. Smith führt dabei zunächst die Ehelosigkeit an und fügt hinzu, daß in den Fällen, in denen dem Sklaven gestattet wurde, mit einer Frau zusammenzuleben, diese Beziehung stets von der Zustimmung des Herrn abhängig blieb, der eine Sklavenehe jederzeit wieder auflösen konnte. Außerdem glaubt Smith, daß die Sklaven keiner religiösen Gemeinschaft angehören konnten, weil in antiken Gemeinwesen vornehmlich lokale Gottheiten verehrt wurden, zu denen die aus weit entfernten Regionen stammenden Sklaven keine Beziehung besaßen. Die jüdisch-christliche Vorstellung eines höchsten Gottes verbreitete sich daher in der Kaiserzeit besonders schnell unter Sklaven und Freigelassenen.[83]

Als Beispiel für die Grausamkeit der Behandlung von Sklaven erwähnt Smith dieselben Maßnahmen wie Hume, nämlich die Fesselung der in Stadthäusern oder auf den Gütern arbeitenden Menschen und die Aussetzung alter und kranker Sklaven. Die Härte im Verhalten Sklaven gegenüber erklärt Smith mit ihrer großen Anzahl und der daraus resultierenden Gefahr von Revolten. Die Einsicht, daß die Freiheit der freien Bürger und die Unterdrückung der Sklaven einander bedingten, ist klar formuliert:

The freedom of the free was the cause of the great oppression of the slaves. No country ever gave greater freedom to the freemen than Rome; so that a free man could not be put to death for any crime whereas a slave could for the smallest.[84]

Am Schluß dieses Kapitels der Vorlesungen greift Smith das Thema von Humes Essay auf und stellt die negativen Wirkungen der Sklaverei auf die Bevölkerungsentwicklung dar; ähnlich wie Hume verweist Smith in diesem Zusammenhang darauf, daß die Aufzucht von Kindern in den Produktionszentren teurer war als der Kauf von Sklaven und daß Frauen nur einen geringen Anteil an der Sklavenbevölkerung stellten.[85]

---

[82] Smith, Lectures on Jurisprudence 176 ff.
[83] Smith, Lectures on Jurisprudence 178 ff.
[84] Smith, Lectures on Jurisprudence 182. Smith sieht selbst, daß die von ihm beschriebene Form der Sklavenbehandlung ein Ergebnis der wirtschaftlichen Entwicklung und insbesondere einer zunehmenden Vermögenskonzentration war: "The old Romans during their simple and rude state treated their slaves in a very different manner from what they did when more advanced in riches and refinement [...] They wrought, they eat altogether [...] they looked on them as faithfull friends, in whom they would find sincere affection" (Lectures on Jurisprudence 184).
[85] Smith, Lectures on Jurisprudence 192 ff.

Es kennzeichnet das Verständnis der Antike bei Smith, daß die griechische und römische Zivilisation nicht mehr als Vorbild oder als Norm empfunden werden; es fehlt in den ›Lectures on Jurisprudence‹ oder im ›Wealth of Nations‹ jegliche Spur einer Bewunderung der Antike; weder Athen oder Sparta noch Rom werden zu Idealen verklärt, wie dies im vorrevolutionären Frankreich, etwa bei Rousseau, geschah.[86] Gerade auf die Ausführungen über die Antike trifft das Urteil von Donald Winch zu, der Stil von Smith sei nicht mehr "normative" wie der seines Lehrers Hutcheson, sondern "more 'experimental' and coolly historical"[87].

Die Theorie der "four stages of society" hat zur Folge, daß Smith die Antike nicht als Epoche der europäischen Geschichte, sondern als ein Fallbeispiel für ein bestimmtes Stadium sozialer und wirtschaftlicher Entwicklung thematisiert; damit bestand die Möglichkeit, die Zivilisation der Griechen und der Römer mit der anderer Völker zu vergleichen und die strukturellen Übereinstimmungen früher Gesellschaften klar herauszuarbeiten. Charakteristisch für dieses methodische Vorgehen ist die Bemerkung über die Wertschätzung von Musik und Tanz bei barbarischen Völkern im ›Wealth of Nations‹; in signifikanter Weise wird hier antiken und zeitgenössischen Völkerschaften, die auf derselben Stufe der zivilisatorischen Entwicklung stehen, auch dieselbe Mentalität zugeschrieben:

It is so at this day among the negroes on the coast of Africa. It was so among the antient Celtes, among the antient Scandinavians, and, as we may learn from Homer, among the antient Greeks in the times preceding the Trojan war.[88]

Das sozialwissenschaftlich orientierte Erkenntnisinteresse von Smith findet seinen Ausdruck auch in der Interpretation eines Dichters wie Homer, dessen Epen nicht unter ästhetischen Gesichtspunkten, sondern als Quelle für die frühgriechische Zivilisation ausgewertet werden. Smith ist sich dieses Vorgehens durchaus bewußt; in seiner Vorlesung sagt er ausdrücklich, Homer biete "the best account which is to be had of the ancient state of Greece"[89].

Das explanatorische Potential dieses methodischen Ansatzes zeigt sich daran, daß Smith trotz seines Verzichts auf eine chronologische Darstellung der antiken Geschichte und trotz der systematischen Aufarbeitung des Materials überzeugende Erklärungen für die Entwicklung antiker Gemeinwesen

---

[86] Vgl. etwa R. A. Leigh, Jean-Jacques Rousseau and the Myth of Antiquity in the Eighteenth Century, in: Bolgar, ed., Classical Influences 155–168.
[87] D. Winch, Adam Smith's Politics, Cambridge 1978, 65.
[88] Smith, Wealth of Nations 776 (V 1).
[89] Smith, Lectures on Jurisprudence 225. Vgl. auch Stein, Adam Smith's Theory of Law and Society 265: "Smith treated Homer almost as a text of social anthropology."

Schottische Aufklärung und antike Gesellschaft 451

zu geben vermag; seine Thesen zum Zusammenbruch des Weströmischen Reiches gehören noch heute zu den niveauvollsten Beiträgen zu diesem Thema. Die Argumentation wird dabei keineswegs zu einer einseitig ökonomischen Interpretation der Geschichte, denn Smith war durchaus in der Lage, die Interdependenz zwischen wirtschaftlichen Veränderungen und Institutionalisierungsprozessen zu erfassen.[90]

IV

Im Jahre 1767, kurz nachdem Smith seinen Lehrstuhl in Glasgow aufgegeben hatte,[91] publizierte Adam Ferguson, Professor für Moralphilosophie an der Universität Edinburgh, sein umfangreiches Hauptwerk ›An Essay on the History of Civil Society‹, eine Schrift, deren thematischer Bogen weit gespannt ist: Nach einer ausführlichen Einleitung über die allgemeinen Kennzeichen der menschlichen Natur wird zunächst die Geschichte primitiver Völker behandelt; der Schwerpunkt der Darstellung liegt auf der Beschreibung zivilisierter (polished) Nationen, während in den abschließenden Kapiteln der Niedergang der Nationen einerseits sowie 'corruption' und 'political slavery' andererseits erörtert werden.[92] Die historische Entwicklung setzt nach Meinung von Ferguson mit dem Zustand der Primitivität (rudeness) ein und bewegt sich auf den Zustand der Zivilisation zu;[93] dieser Prozeß vollzog sich in der Geschichte der Menschheit zweimal, denn die Barbaren, die das Römische Reich eroberten, verachteten jene Künste und Techniken, die von ihren Nachfahren später wiederum entdeckt wurden.[94] Die primitiven Völker teilt Ferguson in zwei Kategorien ein: Die wilden Stämme (state of the savage)

---

[90] Vgl. vor allem Smith, Wealth of Nations 689 ff. Grundlegend ist hier folgende Überlegung: "The number of those who can go to war, in proportion to the whole number of the people, is necessarily much smaller in a civilized, than in a rude state of society" (695). Vgl. dazu auch A. Demandt, Der Fall Roms, München 1984, 129 f. Zur Interdependenz von Wirtschaft und Politik bei Smith vgl. H. Medick, Naturzustand 255 f.
[91] 1764–1766 begleitete Smith den Duke of Buccleuch nach Frankreich; Smith nahm seine Lehrtätigkeit nach seiner Rückkehr aus Frankreich nicht wieder auf. Vgl. Campbell–Skinner, Smith 123 ff.
[92] Zu Ferguson vgl. D. Kettler, The Social and Political Thought of Adam Ferguson, Ohio 1965. Z. Batscha–H. Medick, Einleitung, in: A. Ferguson, Versuch über die Geschichte der bürgerlichen Gesellschaft, Frankfurt 1986, 7–91. Meek, Social Science and the Ignoble Savage 150 ff. S. G. Pembroke, The Early Human Family. Some Views 1770–1870, in: Bolgar, ed., Classic Influences 275–291, bes. 275 ff.
[93] A. Ferguson, An Essay on the History of Civil Society, London ⁴1773, 2. Vgl. auch 123, wo Ferguson von einem "slow and gradual progress" spricht.
[94] Ferguson, History of Civil Society 184.

kennen noch kein Eigentum, das dann jedoch bei den Barbaren (state of the barbarian) Verbreitung findet, ohne bereits gesetzlich geregelt zu sein.[95]

Ferguson war sich der Schwierigkeiten einer Analyse der Zivilisation primitiver Völkerschaften durchaus bewußt; folgerichtig widmet er deswegen den ersten Abschnitt des Kapitels über die Geschichte primitiver Völker methodischen Überlegungen, wobei er vor allem Fragen der Interpretation antiker Texte zu diesem Thema zu klären versucht. Zunächst stellt Ferguson die Forderung auf, daß jegliche Untersuchung über den ursprünglichen Charakter der Menschheit von den überlieferten Fakten auszugehen hat und sich nicht auf bloße Vermutungen beschränken darf.[96] Zwei Beispiele sollen zeigen, daß weitverbreitete allgemeine Annahmen über den Zustand der Primitivität nicht plausibel sind: Es handelt sich um die Überzeugung, die Negation aller Tugenden der Gegenwart reiche allein schon aus, um den ursprünglichen Zustand des Menschen zu kennzeichnen, und um den Glauben, die frühen Menschen hätten die Mängel ihres Lebens so deutlich empfunden, daß sie bereit gewesen seien, jeden Plan einer Verbesserung zu akzeptieren.[97]

Den tradierten Berichten über die Frühzeit der verschiedenen Völker steht Ferguson kritisch gegenüber, denn sie sind seiner Meinung nach eher von der Zeit geprägt, aus der sie stammen, als von der, die zu beschreiben sie vorgeben.[98] Dies gilt auch für die frühen griechischen Dichtungen:

> It were absurd to quote the fable of the Iliad or the Odyssey, the legends of Hercules, Theseus, or Oedipus, as authorities in matter of fact relating to the history of mankind; but they may, with great justice, be cited to ascertain what were the conceptions and sentiments of the age in which they were composed, or to characterise the genius of that people, with whose imaginations they were blended, and by whom they were fondly rehearsed and admired.[99]

Ein weiteres Problem sieht Ferguson in dem Gebrauch einer inadäquaten Terminologie; die antiken Historiker arbeiteten in ihren Darstellungen primitiver Völker oft mit Begriffen, deren Bedeutung in einem späteren, völlig andersartigen Zustand der Gesellschaft festgelegt worden war. So wird der Terminus 'noble' zwar auf einen frühen Römer wie Cincinnatus angewandt,

---

[95] Ferguson, History of Civil Society 136. Eine ähnliche Begriffsbildung liegt schon bei Montesquieu, L'esprit des lois, XVIII 11 vor; vgl. Meek, Social Science and the Ignoble Savage 153.

[96] Ferguson, History of Civil Society 125. Die Polemik Fergusons richtet sich gegen Theoretiker wie Rousseau; vgl. 8 mit der Anmerkung und Z. Batscha–H. Medick, Einleitung 22. Vgl. außerdem Meek, Social Science and the Ignoble Savage 151f.

[97] Ferguson, History of Civil Society 125. 207. Vgl. außerdem auch 175: "and we are apt to exaggerate the misery of barbarous times, by an imagination of what we ourselves should suffer in a situation to which we are not accustomed."

[98] Ferguson, History of Civil Society 127.

[99] Ferguson, History of Civil Society 127f.

Schottische Aufklärung und antike Gesellschaft

aber dabei ist zu beachten, daß dieser Mann anders als Adlige späterer Zeiten selbst den Pflug führte. Aus diesem Grund hält Ferguson es für notwendig, die allgemeinen Begriffe eines Textes zu übergehen, um die wirklichen Verhältnisse einer Epoche aus eher zufällig überlieferten Gegebenheiten zu erschließen.[100]

Eine Möglichkeit, frühe Gesellschaften zu analysieren, bietet der Vergleich mit primitiven Völkern der Gegenwart; Ferguson verweist hier auf Thukydides, der bereits erkannt habe, daß die frühen Griechen wie die Barbaren seiner Zeit lebten. Dieses Verfahren übernimmt Ferguson, wobei freilich an die Stelle der Barbaren jetzt die Indianer treten:

> It is in their present condition, that we are to behold, as in a mirror, the features of our own progenitors; and from thence we are to draw our conclusions with respect to the influence of situations, in which, we have reason to believe that our fathers were placed.[101]

Da Ferguson annimmt, daß die Griechen und Römer von primitiven, nichtseßhaften Völkern abstammten,[102] kann er die politischen Institutionen von Gemeinwesen wie Sparta und Rom von dem Zustand der Primitivität ableiten, der am Beispiel amerikanischer Stämme beschrieben wird. Bei den Irokesen etwa sind die Herrschaftsverhältnisse nur schwach ausgeprägt, Begriffe wie 'magistrate' und 'subject' oder 'noble' und 'mean' sind unbekannt. Die Alten gebrauchen, ohne ein besonderes Amt zu bekleiden, ihr Ansehen dazu, um ihren Stamm zu beraten, und die Führer im Kriege zeichnen sich nur durch ihre Tapferkeit aus. Die für primitive Stämme charakteristische Struktur von Entscheidungsprozessen kennt außer den ratgebenden Alten und dem militärischen Führer noch die Versammlung der gesamten Gemeinschaft (community) im Fall einer drohenden Gefahr. Aus diesen noch rudimentären Institutionen sind der Senat, die Exekutivgewalt und die Volksversammlung hervorgegangen, die gemeinhin als Werk einzelner antiker Gesetzgeber gelten. Die politischen Einrichtungen der Griechen und Römer werden so auf einen gesellschaftlichen Zustand wilder Völker zurückgeführt, der identisch ist mit dem amerikanischer Stämme:

> The suggestions of nature, which directed the policy of nations in the wilds of America, were followed before on the banks of the Eurotas and the Tyber; and Lycurgus and Romulus found the model of their institutions where the members of every rude nation find the earliest mode of uniting their talents, and combining their forces.[103]

---

[100] Ferguson, History of Civil Society 131 f.
[101] Ferguson, History of Civil Society 133. Vgl. zu der Darstellung der Indianer in der Literatur des 17. und 18. Jh. o. Anm. 57.
[102] Ferguson, History of Civil Society 124 f.
[103] Ferguson, History of Civil Society 141 f. Vgl. außerdem 208. Ferguson äußert in

Die Einteilung der primitiven Völker in Wilde und Barbaren findet bei Ferguson explizit für die Antike Anwendung; in bewußtem Gegensatz zum antiken Sprachgebrauch wird der Zustand der frühen Griechen und Römer als barbarisch bezeichnet, wobei die Bedeutung dieses Terminus genau umrissen wird; er dient dazu, "to characterize a people regardless of commercial arts; profuse of their own lives, and of those of others; vehement in their attachement to one society, and implacable in their antipathy to another"[104]. Die permanente Gewalttätigkeit und Kriegführung im 'barbarous state' ist bedingt durch eine Mentalität, für die vor allem Beute und Ruhm als erstrebenswert galten. In seiner kurzen Beschreibung der frühen griechischen Gesellschaft weist Ferguson darauf hin, daß die Helden Homers diese Sinnesart in vollkommener Weise verkörperten:

Every nation is a band of robbers, who prey without restraint, or remorse, on their neighbours. Cattle, says Achilles, may be seized in every field; and the coasts of the Aegean sea were accordingly pillaged by the heroes of Homer, for no other reason than because those heroes chose to possess themselves of the brass and iron, the cattle, the slaves, and the women, which were found among the nations around them.[105]

Durch die zunehmende Arbeitsteilung und Spezialisierung im Handwerk wurde nach Meinung von Ferguson ein Fortschritt des Handels (progress of commerce) bewirkt, der wiederum Reichtum und Überfluß zur Folge hatte. Gleichzeitig setzte ein Prozeß sozialer Differenzierung ein, der es den Bürgern der antiken Gemeinwesen erlaubte, sich nur mit Politik und Krieg zu beschäftigen, während die Arbeit im Handwerk oder in der Landwirtschaft von Sklaven und Heloten verrichtet wurde. Ferguson merkt kritisch an, daß auf diese Weise die Ehre der einen Hälfte der Menschheit der der anderen Hälfte geopfert wurde, was für ihn ein Beleg für die generelle Unvollkommenheit menschlicher Einrichtungen ist.[106]

Eine wesentliche Differenzierung zwischen den antiken Staaten und den Monarchien des modernen Europa sieht Ferguson in der Art der Kriegführung. Im modernen Europa, und damit ist das Europa des 18. Jahrhunderts gemeint, sind Kriege ein Gegenstand der Politik und nicht der Volksstim-

diesem Kapitel die Überzeugung, daß die Verfassungen der Antike ein nicht intendiertes Ergebnis sozialer Prozesse waren: "No constitution is formed by concert, no government is copied from a plan" (206). Vgl. dazu Meek, Social Science and the Ignoble Savage 150.

[104] Ferguson, History of Civil Society 325.
[105] Ferguson, History of Civil Society 164. Vgl. auch zum griechischen Königtum und zu Odysseus 167, zum Trojanischen Krieg 169 und zum frühen Rom 209.
[106] Ferguson, History of Civil Society 301 ff. Zur Sklaverei vgl. 309f. Zum Prozeß der sozialen Differenzierung vgl. auch Fergusons Feststellung 251: "In the progress of arts and of policy, the members of every state are divided into classes."

mung, weswegen man dem öffentlichen Interesse zu schaden versucht, das private Interesse hingegen schont. Völlig anders handelten Griechen und Römer; sie verwüsteten das Territorium des Gegners, zerstörten die Besitzungen der Bürger und verkauften die Gefangenen in die Sklaverei oder töteten sie.[107] Das Handeln der homerischen Helden ist von der Gier nach Beute oder von Rachsucht bestimmt, nie aber von Reue und Mitleid;[108] der im Epos dargestellte Grieche verhält sich demnach ähnlich wie der Indianer:

The hero of Greek poetry proceeds on the maxims of animosity and hostile passion. His maxims in war are like those which prevail in the woods of America. They require him to be brave, but they allow him to practise against his enemy every sort of deception.[109]

Auch die Beziehung zwischen den Geschlechtern wandelte sich seit der Antike grundlegend. Während die Helden im frühen Griechenland die Schönheit in Gestalt einer Frau wie Helena lediglich als wertvollen Besitz ansahen, wurde in der Feudalgesellschaft die Anbetung der keuschen Frau zum Ideal erhoben. Ferguson hält gerade die von der feudalen Ritterlichkeit (chivalry) geprägten Anschauungen, die noch im 18. Jahrhundert die Politik stark beeinflußten, für das entscheidende Element, durch das moderne und antike Staaten sich unterscheiden.[110] Das Selbstbewußtsein der Moderne beruht auf der Einsicht in den Fortschritt der Sitten und des Gewerbes:

And if our rule in measuring degrees of politeness and civilization is to be taken from hence, or from the advancement of commercial arts, we shall be found to have greatly excelled any of the celebrated nations of antiquity.[111]

Die Distanz zwischen Antike und Moderne verdeutlicht Ferguson mit Hilfe eines literarischen Kunstgriffs: Er konstruiert die Möglichkeit, daß ein moderner Reisender ohne Kenntnis der Alten Geschichte in das antike Griechenland gelangt und seine Eindrücke wie ein Ethnologe in einem Reisebericht wiedergibt. Rückständigkeit, Primitivität und Armut der Griechen stehen in dieser Beschreibung im Vordergrund; in den einleitenden Sätzen wird Griechenland folgendermaßen beschrieben:

---

[107] Ferguson, History of Civil Society 324 ff.
[108] Ferguson, History of Civil Society 336.
[109] Ferguson, History of Civil Society 337. Zur Kriegführung der Indianer vgl. vor allem 151. Vgl. ferner die allgemeine Formulierung 165: "A similar spirit reigned, without exception, in all the barbarous nations of Europe, Asia, and Africa."
[110] Ferguson, History of Civil Society 338 ff.
[111] Ferguson, History of Civil Society 340. Vgl. außerdem 412: "Polished nations, in their progress, often come to surpass the rude in moderation, and severity of manners."

This country [...] compared to ours, has an air of barrenness and desolation. I saw upon the road troops of labourers, who were employed in the fields; but no where the habitations of the master and the landlord. It was unsafe, I was told, to reside in the country; and the people of every district crouded into towns to find a place of defence. It is indeed impossible, that they can be more civilized, till they have established some regular government, and have courts of justice to hear their complaints. At present, every town, nay, I may say, every village, acts for itself, and the greatest disorders prevail.[112]

Die Verhältnisse in Sparta werden von dem Reisenden als derart primitiv empfunden, daß er meint, sie seien nicht einmal für englische Arbeiter oder Bettler annehmbar.[113] Die Könige sind mit den Monarchen der Neuzeit nicht zu vergleichen:

I saw one of them; but such a potentate! he had scarcely cloaths to his back; and for his Majesty's table, he was obliged to go to the eating-house with his subjects.[114]

Athen hingegen weist "some tolerable buildings" auf,[115] wird aber dennoch als "wretched country" abqualifiziert;[116] das Verhalten der Athener beim Sport veranlaßt den Reisenden zu einem wenig schmeichelhaften Vergleich:

They throw all off; and appear like so many naked cannibals, when they go to violent sports and exercises.[117]

Der fiktive Reisende schließt seinen Bericht mit der Bemerkung, er könne nicht verstehen, "how scholars, fine gentlemen, and even women, should combine to admire a people, who so little resemble themselves"[118]. Unter dem nüchternen Blick des Ethnologen verliert die Antike ihre Faszination für die Moderne.

V

Anders als Ferguson, der in seinem ›Essay‹ versucht hat, den Zustand primitiver Völker umfassend zu beschreiben und in die Geschichte der 'civil society' einzuordnen, konzentriert sich John Millar in ›The Origin of the

---

[112] Ferguson, History of Civil Society 327.
[113] Ferguson, History of Civil Society 328.
[114] Ferguson, History of Civil Society 328. Durchaus positiv wird Sparta in anderen Kapiteln beurteilt, allerdings unter den begrenzten Aspekten der Verteidigung und der Bekämpfung des Luxus; vgl. 245 ff. 264 ff.
[115] Ferguson, History of Civil Society 329.
[116] Ferguson, History of Civil Society 330.
[117] Ferguson, History of Civil Society 330.
[118] Ferguson, History of Civil Society 331.

Distinction of Ranks‹ (1771/³1779) vor allem auf die sozialen Beziehungen innerhalb der frühen Gesellschaften und auf das Problem der Herausbildung von Statusunterschieden.[119] Der Denkstil Millars war wesentlich von den Vorlesungen, die er als Student bei Adam Smith gehört hatte, geprägt worden; im Rückblick äußerte sich Millar über den Inhalt des Teils der Vorlesungen, der das Recht thematisierte, in folgender Weise:

Upon this subject he followed the plan that seems to be suggested by Montesquieu; endeavouring to trace the gradual progress of jurisprudence, both public and private, from the rudest to the most refined ages and to point out the effect of those arts which contribute to subsistence, and to the accumulation of property, in producing correspondent improvements or alterations in law and government.[120]

Millar ist den grundlegenden Einsichten, die Smith in seinen Vorlesungen vorgetragen hat, in ›The Origin of the Distinction of Ranks‹ weitgehend gefolgt; er übernimmt die These, daß der zivilisatorische Prozeß durch den Wandel der Subsistenzweise bedingt ist, und legt seiner Darstellung die Theorie der 'four stages' zugrunde.[121] Aber Millar hat nicht nur den theoretischen Ansatz seines Lehrers rezipiert, auch die Thematik und die Gliederung von ›The Origin of the Distinction of Ranks‹ gehen zumindest partiell auf die Lectures von Adam Smith zurück, der in dem Abschnitt über Domestic Law die Beziehungen zwischen 'Husband and Wife', 'Parent and Child' sowie 'Master and Servant' dargestellt hat.[122] Die entsprechenden Kapitel bei Millar werden noch ergänzt durch eine Analyse der Herrschaft eines "chief over the members of a tribe or village" (III) und des "sovereign over a society composed of different tribes or villages" (IV); außerdem werden die Veränderungen der Regierungsform, die durch den Fortschritt von "arts" und "polished manners" hervorgerufen werden, in Kapitel V diskutiert. Die Ausführungen Millars zur Antike sind demnach Bestandteil einer Untersuchung, deren Ziel es ist, wichtige Strukturmerkmale früher Gesellschaften systematisch zu erhellen. Für das methodische Vorgehen Millars ist charakteristisch, daß er ebenso wie Smith und Ferguson neben antiken Quellen vor allem zeitgenössi-

---

[119] Der Text der überarbeiteten dritten Auflage 1779 ist ediert in: W. C. Lehmann, John Millar of Glasgow 1735–1801, Cambridge 1960, 175–322. Die Schrift war 1771 zunächst unter dem Titel ›Observations Concerning the Distinction of Ranks in Society‹ erschienen.
[120] Zitiert nach Campbell–Skinner, Adam Smith 110. Zur Gliederung der Vorlesungen vgl. a. a. O. 94.
[121] Millar, Origin 203f. (pastoral age); 208 (agriculture); 243 (commercial age); vgl. dazu Meek, Social Science and the Ignoble Savage 160ff.
[122] Smith, Lectures on Jurisprudence 141. Diese Themen wurden bereits in der Naturrechtslehre des 17. Jh. behandelt; vgl. etwa J. Locke, The Second Treatise of Government, §§ 22ff. (slavery); 52ff. (paternal power); 78ff. (conjugal society).

sche Berichte über außereuropäische Kulturen auswertet[123] und unter den antiken Völkern nicht allein Griechen und Römer, sondern außerdem in Anlehnung an die Schriften von Caesar und Tacitus auch Germanen und Kelten behandelt.[124]

In den Grundzügen folgt Millars Beschreibung der antiken Gesellschaft den Darstellungen von Smith und Ferguson, was leicht am Beispiel einer kurzen Bemerkung über das homerische Griechenland verdeutlicht werden kann; als wichtigste Charakteristika einer frühen Gesellschaft erscheinen hier wie auch sonst in der sozialwissenschaftlichen Literatur Schottlands die Stammesorganisation und der Entwicklungsstand der Landwirtschaft:

> The inhabitants of that country were then divided into clans or tribes, who, having for the most part begun the practice of agriculture, had quitted the wandering life of shepherds, and established a number of separate independent villages. As those little societies maintained a constant rivalship with each other, and were frequently engaged in actual hostilities, they were far from being in circumstances to encourage a familiar correspondence.[125]

Die eigentliche Leistung von Millar besteht in der eingehenden Beschreibung der sozialen Lage von Frauen und Kindern in frühen Gesellschaften, wobei auch der Aspekt des Wandels der Gefühle beachtet wird.[126] Dieses Thema haben zwar früher schon Smith und Ferguson aufgegriffen,[127] aber erst bei Millar wird die Modellierung der menschlichen Affekte zu einem zentralen

---

[123] Die Quellenlage diskutiert Millar, Origin 180f.; an dieser Stelle wird auch die Verwendung von Reiseberichten ausführlich begründet.

[124] Vgl. etwa Millar, Origin 196 (Kaufpreis der Frau); 197 (Macht des Mannes über die Frauen); 235 (Macht über die Kinder); 254 (Gefolgschaft); 259f. (Germanen); 266 (Politische Verhältnisse bei den Kelten).

[125] Millar, Origin 208. Vgl. 264ff. zu den Herrschaftsverhältnissen im homerischen Griechenland und im archaischen Rom; vgl. außerdem 237, wo Millar über den frühen römischen Staat schreibt: "In those early ages [. . .] the Roman state was composed of a few clans, or families of barbarians."

[126] Frauen: Millar, Origin 183ff. Kinder: 229ff. Beide Kapitel enthalten glänzende Analysen, die die meisten späteren Untersuchungen zu diesen Themen an Qualität bei weitem übertreffen. Unbegreiflicherweise wird Millars Werk aber weder in der auf Bachofen und Engels fixierten Diskussion über das Matriarchat (vgl. etwa U. Wesel, Der Mythos vom Matriarchat, Frankfurt 1980, der Millar nicht einmal in der umfangreichen Bibliographie aufführt) noch in der neueren Literatur zur Geschichte der Kindheit (vgl. etwa L. de Mause, Hrsg., Hört ihr die Kinder weinen, Frankfurt 1977, oder E. Badinter, Die Mutterliebe, München 1984) angemessen berücksichtigt. Vgl. zu Millars Darstellung primitiver Familienstrukturen auch S. G. Pembroke, The Early Human Family, in: R. R. Bolgar, ed., Classical Influences 279ff.

[127] Smith, Lectures on Jurisprudence 149f. Ferguson, History of Civil Society 338ff.

Problem der sozialwissenschaftlichen Untersuchung.[128] Bereits zu Beginn des Kapitels über Status und Situation von Frauen in den verschiedenen Epochen wird programmatisch auf die Bedeutung des sozialen Kontextes für die Ausbildung differenzierter Formen sexueller Beziehungen hingewiesen:

Of all our passions, it should seem that those which unite the sexes are most easily affected by the peculiar circumstances in which we are placed, and most liable to be influenced by the power of habit and education. Upon this account they exhibit the most wonderful variety of appearances, and, in different ages and countries, have produced the greatest diversity of manners and customs.[129]

Die beiden Kapitel über Frauen und Kinder in frühen Gesellschaften enthalten neben einer Vielzahl von Passagen zur Familienstruktur der primitiven Völker Amerikas und Afrikas auch aufschlußreiche Skizzen zur antiken Sozialgeschichte. Nach Auffassung von Millar blieben während der archaischen Zeit Griechenlands die "ancient barbarous manners" in den Beziehungen zwischen den Geschlechtern bestehen; es fehlte im Verhalten der Frau gegenüber "any high degree of delicacy".[130] Die Einschätzung der Frau in der homerischen Gesellschaft veranschaulicht Millar durch den Hinweis auf die Frauengestalten der Epen: Helena wird in der ›Ilias‹ kaum für wertvoller gehalten als der ebenfalls von Paris gestohlene Schatz, mit dem sie stets in einem Atemzug genannt wird.[131] Menelaos selbst scheint ihr gegenüber keinen Groll zu besitzen, obgleich sie Paris freiwillig nach Troja gefolgt ist. Die Treue der Penelope wird nach Ansicht Millars gerade auch deswegen als verdienstvoll empfunden, weil sie durch die Zurückweisung der Freier der Familie des Odysseus ihre Mitgift bewahrt hat. Die Strenge, mit der Telemachos seine Mutter in das Frauengemach schickt, ist für Millar ein Indiz dafür, daß er keine Achtung vor ihrem Geschlecht besaß.

Erst mit der Entwicklung von Handwerk und Gewerbe veränderte sich die Stellung der Frau, deren Fähigkeiten nun höher bewertet wurden:

In this situation, the women become, neither the slaves, nor the idols of the other sex, but the friends and companions.

Unter solchen Umständen zielte die Erziehung darauf ab, die häuslichen Fertigkeiten der Frauen zu entwickeln. In Athen führte dies dazu, daß die Frau wesentlich nur für die eigene Familie sorgte und ihre Tätigkeit auf das Haus

---

[128] Vgl. Millar, Origin 228: "The revolutions that I have mentioned, in the condition and manners of the sexes, are chiefly derived from the progress of mankind in the common arts of life, and therefore make a part in the general history of society."
[129] Millar, Origin 183.
[130] Millar, Origin 209.
[131] Millar, Origin 209: "In the Iliad, the wife of Menelaus is considered as of little more value than the treasure which had been stolen along with her."

beschränkt blieb. Wegen der Isolierung der Frau und der fast vollständigen Trennung der Geschlechter im öffentlichen Leben war eine Vervollkommnung der Sitten bei den Griechen nicht möglich.[132]

Die Entstehung von Reichtum und Luxus in einer Gesellschaft beeinflussen nach Millar nachhaltig die Stellung der Frau, die nun zum Zentrum der Geselligkeit wird und dabei zunehmend auf ihre Wirkung achtet. In exemplarischer Weise schildert Millar diesen Prozeß am Beispiel der späten römischen Republik und der frühen Kaiserzeit. In Rom nahm die allgemeine Prostitution der Frauen einen solchen Umfang an und wurden Scheidungen so häufig, daß die Ehe nur noch als "very slight and transient connection" aufgefaßt wurde. Die weitverbreitete Untreue der Frauen hatte eine Entfremdung zwischen Vätern und Kindern zur Folge, man ging dazu über, die Erben testamentarisch festzusetzen. In einem Zeitalter der Ausschweifung und des Vergnügens war kein Raum mehr für eine wirkliche Leidenschaft:

In those voluptuous ages of Rome, it should seem that the inhabitants were too much dissipated by pleasure to feel any violent passion for an individual, and the correspondence of the sexes was too undistinguishing to be attended with much delicacy of sentiment.[133]

Zur Begründung dieser Auffassung versucht Millar zu zeigen, daß die Liebe in der augusteischen Dichtung nur eine untergeordnete Rolle spielt und es sich bei den geschilderten Liebesbeziehungen meist um ein Verhältnis mit einer Konkubine oder einer verheirateten Frau handelt.[134]

Die elterliche Zuneigung zu den Kindern faßt Millar nicht als eine natürliche Anlage des Menschen auf, sondern als das Ergebnis der Herausbildung einer Familienstruktur, für die ein dauerhaftes Zusammenleben von Eltern und Kindern kennzeichnend war. Diese Zuneigung blieb in frühen Gesellschaften allerdings situationsabhängig und konnte in Widerspruch zum Selbsterhaltungsinteresse geraten; in einer Notlage läßt der Wilde seine Kinder im Stich, er setzt sie aus oder verkauft sie als Sklaven.[135] Die aus diesen Bedingungen erwachsene Gewalt des Vaters über seine Kinder existierte auch in der antiken Gesellschaft; in Griechenland und in Rom wurden Säuglinge häufig ausgesetzt, eine Gewohnheit, die Millar als "barbarous practice" bezeichnet und die selbst dann nicht abgeschafft wurde, als keine äußere Not mehr ein solches Verhalten notwendig machte. Aus den Zwölftafelgesetzen geht hervor, daß im frühen Rom Kinder vom 'pater familias' verkauft werden konnten; das Kind galt allgemein als Sklave seines Vaters.[136] Erst durch die spätere

---

[132] Millar, Origin 219. 221f.
[133] Millar, Origin 224 ff. bes. 226.
[134] Millar, Origin 227f.
[135] Millar, Origin 229f.
[136] Millar, Origin 236 ff.

Rechtsentwicklung wurde die vollständige Abhängigkeit der Kinder vom Vater eingeschränkt. Die väterliche Gewalt wurde begrenzt, insbesondere verlor der 'pater familias' das Recht, über ein Kind, das ein Verbrechen begangen hatte, einen Urteilsspruch zu fällen; der Vater wurde in einem solchen Fall gezwungen, das Kind vor einem ordentlichen Gericht anzuklagen. Zusammenfassend stellt Millar fest, daß die römische Gesetzgebung darauf abzielte, "first to secure the property, afterwards the liberty, and last of all the life and personal safety of the children"[137].

Da Millar glaubt, daß in frühen Gesellschaften der Status des 'servant' mit dem des 'slave' identisch war, konzentriert er sich in dem Kapitel über "The authority of a Master over his Servants" ausschließlich auf die Analyse der antiken und der modernen amerikanischen Sklaverei, deren wesentliche Kennzeichen wie folgt beschrieben werden:

The master assumed an unlimited jurisdiction over his servants, and the privilege of selling them at pleasure. He gave them no wages beside their maintenance; and he allowed them to have no property, but claimed to his own use whatever, by their labour or by any other means, they happened to acquire.[138]

Aus dieser Situation resultiert nach Millar, daß Sklaven an ihrer Arbeit nicht interessiert sind und nur unter Zwang arbeiten; er hält die Sklavenarbeit deswegen in einer Gesellschaft mit einem entwickelten Gewerbe für weniger produktiv als die freie Arbeit;[139] als weiteres Argument für die Ineffizienz der Sklavenarbeit wird die Tatsache angeführt, daß die Nutzung von arbeiterleichternden oder arbeitsparenden Geräten dort nicht möglich ist, wo wie etwa auf Jamaika vor allem unfreie Arbeitskräfte verwendet werden.[140] In Rom setzte mit der sozialen Differenzierung, die das enge Zusammenleben von Herrn und Sklaven beendete und zu einem starken Anwachsen der Sklavenmassen führte, eine grausame Disziplinierung der Sklaven ein, bis die kaiserliche Gesetzgebung schließlich den Versuch unternahm, die schlimmsten Exzesse zu unterbinden.[141]

Die antiken Gesellschaften beruhten auf Sklaverei und Sklavenarbeit, der größte Teil der arbeitenden Bevölkerung war rechtlos:

In the ancient states, so celebrated upon account of their free government, the bulk of their mechanics and labouring people were denied the common privileges of men, and treated upon the footing of inferior animals.[142]

---

[137] Millar, Origin 242.
[138] Millar, Origin 298.
[139] Millar, Origin 299f. Diese These versucht Millar mit Hilfe von Angaben über Löhne und über die Kosten für den Unterhalt von Sklaven in Westindien zu erhärten.
[140] Millar, Origin 320f.
[141] Millar, Origin 302ff. Vgl. auch 315. 319.
[142] Millar, Origin 315.

Zwischen Sklaven und Freien bestand nach Millars Schätzung, der sich hier auf Hume beruft, ein zahlenmäßiges Verhältnis von drei zu eins, für die Blütezeit Roms rechnet Millar mit einem noch höheren Anteil der Sklaven an der Gesamtbevölkerung. Die Aufhebung der Sklaverei im mittelalterlichen Europa führt Millar auf die wirtschaftlichen Interessen der Großgrundbesitzer zurück; dem Christentum gesteht er einen nur geringen Einfluß auf diesen Prozeß zu.[143] Millar selbst enthält sich hier nicht einer eigenen Stellungnahme:

> In the history of mankind, there is no revolution of greater importance to the happiness of society than this which we have now had occasion to contemplate.[144]

Die Ausführungen Millars sind mit Nachdruck gegen die Praxis der Sklavenhaltung im modernen Amerika gerichtet; er bemüht sich darum, einerseits ökonomische Argumente für eine Abschaffung der unfreien Arbeit zu liefern und andererseits die Unvereinbarkeit von politischer Freiheit und Sklavenarbeit darzulegen.[145] Die Abschnitte über die Verhältnisse in der Antike entsprechen insofern dieser Tendenz, als Millar den außerordentlichen Umfang der Sklavenhaltung in Griechenland und Rom sowie die Brutalität der Sklavenbehandlung hervorhebt; sie bieten auf diese Weise ein glänzendes Beispiel für die enge Verbindung, die die Analyse früher Gesellschaften und ein auf die Gegenwart gerichtetes politisches Engagement in der sozialwissenschaftlichen Literatur Schottlands eingegangen sind.[146]

VI

Der Überblick über die Schriften von Hume, Smith, Ferguson und Millar läßt ein in den Grundannahmen übereinstimmendes Bild der Antike erkennen, das einerseits aus den politischen und sozialen Erfahrungen dieser Theoretiker und andererseits aus ihren philosophischen und methodischen Prämissen resultiert. Für die schottische sozialwissenschaftliche Literatur ist die Überzeugung grundlegend, daß der Mensch "a member of a society" ist;[147] folgerichtig stellen die schottischen Autoren nicht die bedeutenden Einzelpersönlichkeiten,[148] sondern die gesellschaftlichen Strukturen und

---

[143] Millar, Origin 305 ff. Zum Christentum vgl. 310 ff.
[144] Millar, Origin 315.
[145] Millar, Origin 319 ff.
[146] Zu Millars Engagement gegen den Sklavenhandel vgl. Lehmann, John Millar 50. 72. Bemerkenswert sind Millars Bemühungen um die Verleihung der Doktorwürde der Universität Glasgow an William Wilberforce; vgl. a. a. O. 50.
[147] Smith, Lectures of Jurisprudence 141. Vgl. Lehmann, John Millar 104 ff.
[148] Millar lehnt ausdrücklich eine an Personen orientierte Geschichtsdarstellung ab; vgl. Origin 177 f.

Entwicklungen in den Mittelpunkt ihrer Untersuchungen. Das Interesse an den Rechtsverhältnissen der Vergangenheit befähigt sie, die Rechtsstellung bestimmter sozialer Gruppen wie etwa der Sklaven mit großer Klarheit zu erfassen. Aufgrund der Auswertung von Berichten über die Lebensbedingungen wilder Völker außerhalb Europas und aufgrund ihrer Erfahrung eines beschleunigten sozialen und wirtschaftlichen Wandels in Schottland während des 18. Jahrhunderts nehmen die schottischen Theoretiker die Diskrepanz zwischen Primitivität und Zivilisation besonders scharf wahr; dennoch gelingt es Smith, Ferguson und Millar, beide Zustände der historischen Entwicklung in ein evolutionäres Modell der Gesellschaft zu integrieren.

Von diesen Voraussetzungen her wird die Antike präzise als eine Gesellschaft beschrieben, deren Anfänge bis in das 'age of shepherds' zurückreichen, die zum Ackerbau übergegangen ist und deren Gewerbe und Handel nur in Ansätzen entwickelt waren. Die Ursprünge der antiken Gesellschaft in den barbarischen Zuständen der Frühzeit werden ebenso wie die Grenzen der zivilisatorischen Entwicklung in der Antike immer wieder betont, gleichzeitig wird die Differenz zwischen Antike und Moderne akzentuiert. Dies gilt gerade auch für die soziale Institution der Sklaverei, die von Hume als das wichtigste Merkmal bezeichnet wird, das antike und moderne Wirtschaft unterscheidet; die negativen Auswirkungen der Sklaverei auf die antike Gesellschaft werden ausführlich diskutiert, und es wird die These geäußert, daß in der Antike aufgrund der Sklaverei die politische Freiheit nur äußerst begrenzt war und außerdem nie die für die Moderne charakteristischen, zivilisierten Sitten im Umgang zwischen den Menschen und vor allem zwischen den Geschlechtern entwickelt wurden.

Bei einem Versuch, den wissenschaftlichen Ansatz der schottischen Theoretiker zu würdigen, kann es nicht darauf ankommen, einzelne Detailfeststellungen zu korrigieren[149] oder die mangelnde Auswertung nichtliterarischer Quellen zu kritisieren; auch die zweifellos zu optimistische Einschätzung der Moderne gerade bei Ferguson[150] kann in diesem Zusammenhang nicht als gravierender Einwand gelten. Vielmehr ist zu sehen, daß die in den schottischen Arbeiten formulierten Fragestellungen und Positionen für die moderne Althistorie noch immer von Relevanz sind. So ist die Einbeziehung der ethnologischen Forschungen in die vergleichende, systematische Darstellung früher Gesellschaften von großem Interesse für die gegenwärtige Diskussion

---

[149] So sind etwa die Annahmen von Smith und Millar über die Zahl der Sklaven in Griechenland und Rom eindeutig zu hoch. Die Überlegungen zur Rentabilität der Sklavenarbeit in Amerika sind auf die antiken Verhältnisse kaum anwendbar.

[150] Goyas ‹Desastre de la Guerra› widerlegen nur wenige Jahrzehnte später schonungslos die Aussage Fergusons, die modernen Kriege seien humaner als die antiken Feldzüge und schonten die Zivilbevölkerung (Ferguson, History of Civil Society 324f. 334ff.).

über die cross-cultural studies. Die Frage nach den sozialen Beziehungen innerhalb der antiken Familie, vor allem die Frage nach dem Verhältnis zwischen master and servant, könnte vielleicht aus dem Dilemma der Alternative von Klassenanalyse und Statusmodell herausführen.[151] Gerade nach den Forschungen von Norbert Elias zum Prozeß der Zivilisation sollte das von Smith und Millar erkannte Problem der Beziehungen zwischen sozialer Entwicklung und Gestaltung der Gefühle erneut aufgegriffen und erörtert werden. Millars Ausführungen über Frauen und Kinder sind schließlich geeignet, der sozialhistorischen Forschung neue Impulse zu geben.

Abschließend soll noch kurz auf eine weitere Eigenheit der schottischen Literatur aufmerksam gemacht werden: Für die schottischen Autoren war es unproblematisch, die Antike als der Moderne in entscheidenden Bereichen unterlegen zu qualifizieren; ihre Überzeugung, die Moderne sei das Ergebnis eines historischen Prozesses, der positiv zu bewerten sei, macht es ihnen möglich, die Primitivität der archaischen Gesellschaft oder die Schattenseiten der antiken Zivilisation in ihren Schriften zu thematisieren. Apologetische Tendenzen oder Bemühungen, die antiken Verhältnisse in irgendeiner Weise zu beschönigen oder zu rechtfertigen, sind in ihren Texten nicht zu finden. In einer Zeit, in der die britische Architektur wiederum begann, sich am Vorbild der Antike zu orientieren,[152] insistierte die schottische Sozialwissenschaft darauf, daß die antike Gesellschaft kein Ideal für die Gegenwart zu sein vermag.

---

[151] Vgl. jetzt auch F. Vittinghoff, Soziale Struktur und politisches System der hohen römischen Kaiserzeit, HZ 230, 1980, 31–56.

[152] D. Watkin, English Architecture, London 1979, 124 ff. Zu Robert Adam vgl. 133 ff.

FRIEDRICH CARL VON SAVIGNY UND THEODOR MOMMSEN

Ihr Briefwechsel zwischen 1844 und 1856

Von INES STAHLMANN

Am 12. Juli 1844 gab Friedrich Carl von Savigny in einem Brief an seinen Freund und Schüler Adolf Friedrich Rudorff mit Blick auf die lateinische Epigraphik der Hoffnung Ausdruck: „Könnte doch M.[ommsen] durch seine Reise für dieses vernachlässigte Fach fanatisiert werden!"[1] Dafür, daß sich diese Hoffnung erfülle, hat Savigny in der Folgezeit sowohl seinen weitreichenden Einfluß geltend gemacht, als sich auch zu persönlichem finanziellen Einsatz bereit gezeigt.

Die Beziehung zwischen Savigny (1779–1861) und Theodor Mommsen (1817–1903) steht im Mittelpunkt der folgenden Ausführungen. Einige noch unveröffentlichte Briefe Mommsens an Savigny, die sich im Besitz der Marburger Universitätsbibliothek[2] befinden, gaben den Anlaß, sich mit dem Verhältnis der beiden Männer erneut zu beschäftigen, nachdem auch für diese Thematik der Mommsen-Biograph Lothar Wickert grundlegendes Material in seinem Werk verstreut schon dargeboten hat. Es geht hier nicht um die Frage von Übereinstimmung und Gegensatz Mommsens zu den Prinzipien der von Savigny begründeten Historischen Rechtsschule[3], sondern vielmehr

---

[1] Zit. nach L. Wickert, Theodor Mommsen. Eine Biographie I–IV. Frankfurt a. M. 1959–1980, hier: II, 7 (im folgenden abgek.: Wickert).

[2] Der Bestand der insgesamt acht Mommsen-Briefe im Savigny-Nachlaß stammt aus zwei verschiedenen Provenienzen. Zwei Briefe Mommsens an Savigny – vom 19. und 23. Januar 1850 (UB Marburg HS 725: 898/899) – wurden schon 1949 von der Marburger Universitätsbibliothek angeschafft und sind von L. Wickert bereits ausgewertet und in weiten Teilen veröffentlicht worden (Wickert III, 128; siehe dazu unten S. 472f.). Die im folgenden zur Kenntnis gebrachten sechs unpublizierten Briefe Mommsens an Savigny sind dagegen erst seit 1966 im Besitz der Marburger UB. Über die Geschichte des Marburger Savigny-Nachlasses informieren: H. Kadel, Savigny redux, alma mater philippina WS 1982/83, 26–28 mit neuester Literatur sowie K. Bredehorn, Savigny redux, a. a. O., SS 1983, 13–16. – Ich danke hier Herrn Prof. Dr. Ritter für seinen fachkundigen Rat sowie Herrn Dr. Bredehorn und Herrn Kadel für ihre stets freundlichst gewährte Hilfe. – Für die Bereitstellung von Kopien der Savigny-Briefe im Mommsen-Nachlaß und für die Publikationsgenehmigung danke ich der Staatsbibliothek Berlin/DDR.

[3] Siehe zu dieser Frage W. Kunkel, Mommsen als Jurist, Chiron 14, 1984, 369–380,

um die durch mancherlei Spannungen gekennzeichnete Eigenart des Verhältnisses zwischen dem jungen, am Beginn seiner Laufbahn stehenden und politisch den fortschrittlichen Kräften seiner Zeit zuzurechnenden Mommsen und dem wohl angesehensten und einflußreichsten damaligen Juristen ausgeprägt konservativer Gesinnung, der gleichwohl dem aufstrebenden Kollegen in vielerlei Hinsicht Förderung zukommen ließ.

Der schriftliche Kontakt der beiden Romanisten begann 1844. Savigny stand im fünfundsechzigsten Lebensjahr, er hatte seine Lehrtätigkeit an der Berliner Universität seit 1842 aufgegeben, da er von seinem ehemaligen Schüler, König Friedrich Wilhelm IV., zum preußischen Minister für Revision der Gesetzgebung berufen worden war.[4] Er stand damit auf dem Gipfel seines politischen Einflusses. Der siebenundzwanzigjährige Mommsen indessen, der im Frühling 1843 das juristische Amtsexamen abgelegt und im November desselben Jahres sein Promotionsverfahren beendet hatte, war nach dem Abschluß seines Studiums gezwungen, seinen Lebensunterhalt in einem Altonaer Mädchenpensionat zu verdienen.[5]

bes. 377 ff. sowie A. Heuß, Theodor Mommsen und das 19. Jahrhundert, Kiel 1956, bes. 10, 33 ff. und J. Bleicken, Lex Publica. Gesetz und Recht in der Römischen Republik, Berlin–New York 1975, 39 ff., die zwar in der Historischen Rechtsschule Savignys eine wichtige Voraussetzung für Mommsens juristisches Denken sehen, zugleich aber auf dessen frühe Unabhängigkeit und eigenständige Weiterbildung der Savignyschen Prinzipien hinweisen. Demgegenüber hebt Wickert (bes. I, 171) in ausschließlich positiver Weise Mommsens Schülerschaft bezüglich der Historischen Rechtsschule hervor. In entgegengesetzter Weise einseitig werden die Divergenzen zu Savigny in der marxistischen Würdigung des Juristen Mommsen von H. Klenner betont: Ders., Der Jurist, in: Theodor Mommsen – Porträt eines Gesellschaftswissenschaftlers (= Studien zu einer Geschichte der Gesellschaftswissenschaften, 9), Berlin 1978, 182–242.

[4] Noch immer unersetzt ist das in Aufbau und Konzept Wickerts Mommsenbiographie vergleichbare, freilich im Detail unzuverlässige Werk von A. Stoll, Friedrich Karl von Savigny. Ein Bild seines Lebens mit einer Sammlung seiner Briefe I–III, Berlin 1927–1939 (im folgenden abgek.: Stoll). Zur allgemeinen Einführung in Savignys wissenschaftliches Werk seien hier nur genannt: W. Wilhelm, Zur juristischen Methodenlehre im 19. Jahrhundert, Frankfurt a. M. 1958, bes. 17–69. – E. Wolf, Friedrich Carl von Savigny, in: ders., Große Rechtsdenker der deutschen Geistesgeschichte, Tübingen ^{4}1963, 467–542 mit Verzeichnis der älteren Literatur; F. Wieacker, Privatrechtsgeschichte der Neuzeit, Göttingen ^{2}1967; J. Rückert, Idealismus, Jurisprudenz und Politik bei Friedrich Carl von Savigny, Ebelsbach 1984 (mit umfassender Bibliographie); über die wichtigsten neueren rechtswissenschaftlichen Veröffentlichungen informieren: K. Luig–B. Dölemeyer, Alphabetisches Verzeichnis der neueren Literatur über Friedrich Carl von Savigny (1779–1861), Quaderni Fiorentini 8, 1979, 501–559 sowie A. Dufour, Nova et vetera Savigniana, Zeitschrift für neuere Rechtsgeschichte 4, 1982, 174–193.

[5] Neben der in Anm. 1 genannten Mommsenbiographie Wickerts sowie dem in

Daß die eingangs zitierte Hoffnung Savignys große Aussicht auf Verwirklichung hatte, zeigt die schon früh bekundete Neigung Mommsens, epigraphisch zu arbeiten,[6] nachdem er sich bereits in seinem Studium nach Ausweis seines für die Doktorprüfung verfaßten Curriculum vitae mit der lateinischen Inschriftenkunde vertraut gemacht hatte.[7] Seine große wissenschaftliche Chance kam mit Gewährung des Reisestipendiums der dänischen Regierung, um das Mommsen im Sommer 1843 nachgesucht hatte.[8] Eine Reise nach Italien sollte dazu dienen, die „vorhandenen Originale der römischen Gesetze und Senatsbeschlüsse nochmals genau zu vergleichen und dereinst die monumenta legalia mit kritisch berichtigtem Text und ausführlichem Kommentar herauszugeben".[9] Als er im April 1844 erfuhr, daß ihm für dieses epigraphische Unternehmen das dänische Stipendium und damit für zwei Jahre jeweils 300 Speziestaler bewilligt wurden,[10] fragte er außerdem auch noch bei der Berliner Akademie um Unterstützung seiner Studien vor Ort in Italien nach, um so seinen Auslandsaufenthalt verlängern zu können.[11] Dies war die Gelegenheit, bei der Mommsen und Savigny erste schriftliche Verbindung aufnahmen.

Otto Jahn, Mommsens akademischer Lehrer aus seiner Kieler Studienzeit, von dem Mommsen später einmal sagte, er habe ihm „die Wissenschaft wie

Anm. 2 genannten Buch von Heuß ist immer noch nützlich: L. M. Hartmann, Theodor Mommsen. Eine biographische Skizze. Gotha 1908. – Eine wissenschaftsgeschichtliche Würdigung Mommsens bietet K. Christ, Theodor Mommsen, in: ders., Von Gibbon zu Rostovtzeff, Darmstadt ²1979, 84–118 sowie ders., Römische Geschichte und deutsche Geschichtswissenschaft, München 1982, 58–66; s. auch A. Wucher, Theodor Mommsen. Geschichtsschreibung und Politik, Göttingen 1956.

[6] Aufschlußreich hier sein Brief an Jahn vom 10. 11. 1843, in: L. Wickert (Hrsg.), Theodor Mommsen–Otto Jahn. Briefwechsel 1842–1868, Frankfurt 1962, 3 (im folgenden abgek.: Mommsen–Jahn); ergänzt durch B. Rink–R. Witte, Einundzwanzig wiederaufgefundene Briefe Mommsens an Jahn, Philologus 127, 1983, 262–283.

[7] L. M. Hartmann, 11.

[8] Der Bedeutung dieser Förderung für seinen weiteren Werdegang gedachte Mommsen noch dankbar nach mehr als dreißig Jahren: „Ich wäre ohne Zweifel nicht Gelehrter, wenn ich nicht als geborener Schleswig-Holsteiner in der Lage mich befunden hätte, als – wie man es damals offiziell formulierte – königlich dänischer Untertan ein Reisestipendium zu erlangen, welches in dieser Weise keinem preußischen Studenten gegeben wird" (Rede im preußischen Abgeordnetenhaus am 9. 3. 1875, zit. nach L. M. Hartmann, 20).

[9] Mommsen in einem Brief an A. F. Rudorff vom 20. 6. 1844, zit. nach Wickert II, 226 Anm. 4.

[10] Mommsen an Jahn am 18. 4. 1844, in: Mommsen–Jahn, 4ff.; L. M. Hartmann, 20; Wickert I, 193ff.

[11] Eine ausführliche Darlegung seines epigraphischen Projekts enthält sein Brief an Rudorff vom 17. 7. 1844, s. Wickert II, 229ff. Anm. 7.

die Gesellschaft geöffnet"[12], riet ihm in der Angelegenheit des Bittgesuchs in einer Weise, die Jahns intime Kenntnis des „Berliner intérieur"[13] demonstrierte, denn seine Einschätzung der Stimmungslage der Akademiker hinsichtlich der epigraphischen Pläne Mommsens sollte durch die spätere Entwicklung gänzlich bestätigt werden. Freilich hatte er selbst keine guten Erfahrungen mit der Akademie gemacht[14]:

Was die Berliner Akademie anlangt, so müssen Sie sich nicht zu große Hoffnungen machen; ich will Ihnen jedenfalls wünschen, daß Sie mehr erreichen, als ich, wobei Ihnen Ihr enger begrenzter Plan sehr zustatten kommt. Ich fürchte Boeckh wird schwer dafür zu gewinnen sein und das ist schlimm. Aber Savigny wird sich gewiß lebhaft dafür interessieren, und an den müssen Sie sich machen. Indessen scheint es mir ganz notwendig, daß Sie nach Berlin reisen, sonst richten Sie dort nichts aus, . . .[15]

Trotz des dringlichen Rats, persönlich in Berlin vorstellig zu werden, folgte Mommsen hier nicht seinem erfahrenen Lehrer, sondern er bat schriftlich am 20. Juni 1844 Rudorff um seine Fürsprache bei Savigny[16] und kommentierte dies in einem Brief an Jahn vom selben Tag folgendermaßen:

. . . aber jedenfalls habe ich ihm [Rudorff, d. V.] bei der Gelegenheit meinen Plan auseinandergesetzt und ihn gebeten mich bei Savigny zu empfehlen. Ich halte dies für wirksamer als eine direkte Applikation; überdies habe ich keine Lust mich vor Sr. Exz. dem Staatsminister persönlich zu verneigen, so unendlich ich den Rechtsgelehrten verehre.[17]

Bald nachdem Rudorff auf Mommsens Pläne in ermunternder Weise geantwortet hatte,[18] wandte sich Mommsen sowohl an August Boeckh[19] als auch

---

[12] Zit. nach E. Petersen (Hrsg.), Otto Jahn in seinen Briefen. Mit einem Bilde seines Lebens von A. Michaelis, Berlin 1913, 52.
[13] Mommsen an Jahn am 18. 4. 1844, in: Mommsen–Jahn, 5.
[14] Nachdem der dänische Philologe Olaus Kellermann (1805–1838), der der eigentliche Inaugurator eines Corpus Inscriptionum Latinarum gewesen war, nach dreijähriger Unterstützung für ein solches Unternehmen durch die Berliner Akademie in Rom an der Cholera gestorben war, hatte Jahn dessen Aufgabe übernommen und selbst für eine beträchtliche Summe den Kellermannschen Inschriften-Nachlaß erworben. Mit dem von ihm der Akademie 1841 eingereichten ›Specimen epigraphicum in memoriam Olai Kellermanni‹ (Kiel 1841) konnte er indessen keine weitere Förderung erwirken, da der Philologe Karl Gottlieb Zumpt (1792–1849) mit der Arbeit nicht zufrieden war (s. A. Harnack, Geschichte der Königlich Preußischen Akademie der Wissenschaften zu Berlin I–III, Berlin 1900, hier: I, 772 ff.; im folgenden abgek.: Harnack).
[15] Jahn an Mommsen am 21. 4. 1844, in: Mommsen–Jahn, 7.
[16] Wickert II, 226 f. Anm. 4.
[17] Mommsen an Jahn am 20. 6. 1844, in: Mommsen–Jahn, 8.
[18] Rudorff an Mommsen am 3. 7. 1844, s. Wickert II, 228 f. Anm. 6.
[19] Am 6. 9. 1844, s. Wickert II, 231 f. Anm. 9.

direkt an Savigny, übersandte ihm seine jüngste Publikation[20] und bat um Unterstützung seines Gesuches an die Berliner Akademie. Dieser erste Brief Mommsens an Savigny befindet sich in jenem von der Marburger Universitätsbibliothek erst 1966 erworbenen sogenannten Rest-Nachlaß Savignys und konnte daher dem Mommsen-Biographen Lothar Wickert noch nicht bekannt sein[21]:

Ew. Excellenz
wage ich es bei Übersendung meiner Schrift über Die römischen Tribus die ehrfurchtsvolle Bitte auszusprechen, daß es Ihnen gefallen möge mein Gesuch an die k. preußische Akademie um Unterstützung zu einer wißenschaftlichen Reise nach Italien in der Absicht, die Originale der römischen Gesetze und Senatsbeschlüße zum Behuf einer neuen Sammlung der monumenta legalia zu vergleichen in der Akademie zu bevorworten. Da ich nur um Zuschuß zu einer mir schon zu diesem Zweck von meiner Regierung ausgesetzten Beihülfe nachsuche, so hoffe ich um so eher mit meiner Bitte Gehör zu finden. Die Zweckmäßigkeit dieses Planes für Philologen und Juristen ist unverkennbar; möchte er Ihren Beifall finden, der Sie auch auf diesem Fache der Rechtswißenschaft jedem Juristen ein Vorbild waren! Erlauben Sie mir in diesem Falle noch die Wiederholung der Bitte, die schon durch Hrn. Prof. Rudorff an Sie gelangt sein wird, um diplomatische Empfehlung an die preußischen Residenten in Italien.
Ich bin in höchster Verehrung
         Ew. Exzellenz
Altona   ergebenster
6. Sept. 1844   Th. Mommsen Dr. iuris

Savignys freundlicher Antwortbrief vom 13. 9. 1844, in dem er Mommsen seine Unterstützung zusagte, ist bei Wickert bereits veröffentlicht.[22] Einen Monat zuvor hatte Savigny schon gegenüber Rudorff nachdrücklich Mommsens Anliegen begrüßt[23] und ihn außerdem aufgefordert, Mommsen 'auf die Seele zu binden', „daß er die kleine Reise nach S. Marino nicht scheue, wegen der Bekanntschaft mit Borghesi, der gewiß der größte jetztlebende Kenner lateinischer Inschriften ist".[24]

Mommsen trat seine Reise am 20. September 1844 an, und Anfang des folgenden Jahres erreichte ihn die Nachricht, daß ihm die Akademie auf Antrag

---

[20] Die römischen Tribus in administrativer Beziehung, Altona 1844.
[21] UB Marburg HS 838:9. – Orthographie und Zeichensetzung der im folgenden veröffentlichten Briefe wurden beibehalten; gleiches gilt auch für die im Anhang (S. 488 ff.) wiedergegebenen Texte.
[22] Wickert II, 232 f. Anm. 10.
[23] Savigny an Rudorff am 12. 7. 1844, in: Wickert II, 7 (s. o. Anm. 1).
[24] A. a. O. 7. Die den außerordentlichen Eindruck Bartholomeo Borghesis auf Mommsen dokumentierenden Zeugnisse, nach deren Aussage Mommsen in Borghesi seinen einzigen Lehrer verehrte, sind bei Wickert II, 125 f. versammelt.

Karl Lachmanns vom 9. Dezember 1844 150 Reichstaler würde zukommen lassen. Außerdem hatte sich Savigny zu der persönlichen Hilfeleistung bereit erklärt, Mommsen sein Jahresgehalt in der Höhe von 200 Reichstalern zu überlassen, das ihm als Mitglied der Akademie zustand.[25]

In der Folgezeit nun begann sich die Geschichte der Beziehung zwischen Savigny und Mommsen mit der Vorgeschichte des Corpus Inscriptionum Latinarum zu decken. Der jahrelange und wechselvolle Kampf um die Durchführung des Corpus-Unternehmens kann hier freilich nicht Thema sein.[26] Hier kommt es nur darauf an zu betonen, daß es Savigny war, der sich zum Vorkämpfer des Projekts machte, eine Sammlung der lateinischen Inschriften unter den Auspizien der preußischen Akademie in Angriff zu nehmen, nachdem das Scheitern eines derartigen von der Pariser Akademie begonnenen Unternehmens absehbar wurde.[27] Savigny war schon seit jeher an der Entdeckung römischer Rechtsquellen interessiert gewesen und hatte sie, wo er nur konnte, befördert.[28] Hatte Mommsen schon in einer 1843 erschienenen Schrift seine Darlegungen mit der Hoffnung geschlossen, unter der Leitung seines Lehrers Otto Jahn möge ein Corpus des römischen epigraphischen Materials entstehen,[29] so betrieb Savigny seit dem Frühjahr 1845 eben einen

---

[25] Jahn an Mommsen am 29. 12. 1844/2. 1. 1845, in: Mommsen–Jahn, 14f.; Mommsen an Jahn am 15. 3. 1845, a. a. O. 18; Wickert II, 273f. Anm. 115. Th. Mommsen, Tagebuch der französisch-italienischen Reise 1844/45, hrsg. von G. u. B. Walser, Bern–Frankfurt a. M. 1976, 149. – Mommsens Dankesbrief an die Akademie aus Rom vom 2. 4. 1845 bei Harnack I, 901; jener an Savigny findet sich leider nicht im Marburger Bestand. – Nur erinnert sei hier an Savignys großzügige materielle Unterstützung eines anderen Altertumswissenschaftlers: Friedrich Creuzers. Sie gründete indessen in einem aus Marburger Jahren stammenden engen freundschaftlichen Verhältnis, das sich in ihrem Briefwechsel dokumentiert: H. Dahlmann (Hrsg.), Briefe Friedrich Creuzers an Savigny (1799–1850), Marburg–Berlin 1972 (= Hessische Briefe des 19. Jahrhunderts, 2); s. auch Stoll I, 55.
[26] Dargestellt von Harnack, I, 772ff., 900ff. sowie von O. Hirschfeld, Gedächtnisrede auf Theodor Mommsen, in: Abhandlungen der Königlich Preußischen Akademie der Wissenschaften aus dem Jahre 1904, Berlin 1904, 3–38; siehe auch Wickert II, 5ff., 105ff., 160ff., 185ff., 202ff. sowie Wickert III, 255ff., 366ff., 377ff., 394ff.
[27] Siehe Wickert II, 4.
[28] Erinnert sei hier an Niebuhrs spektakulären Fund der Gaius-Handschrift 1816 in Verona; über Savignys Beteiligung daran siehe Stoll II, 153f. sowie Savignys eigenen Bericht: ders., Neu entdeckte Quellen des Römischen Rechts, in: ders., Vermischte Schriften III, Berlin 1850, 155–204 (zuerst: Zeitschrift für geschichtliche Rechtswissenschaft 3, H. 1, 1816, 129–172) sowie dens., Beiträge zur Erläuterung der Veronesischen Handschriften, a. a. O. 205–227 (zuerst: Zeitschrift für geschichtliche Rechtswissenschaft 3, H. 2, 1817, 289–308).
[29] De Collegiis et Sodaliciis Romanorum, Kiel 1843, 129: „Forma collegiorum brevius ac plenius explicabitur, si res collegiaria in corpore inscriptionum Romanorum ita

solchen Plan. Erste Andeutungen darüber finden sich in Jahns Brief aus Berlin an Mommsen vom 14. April 1845,[30] am 30. April wurde er dann konkreter:

Savigny hat mir den Antrag gemacht, da die französische Inschriftensammlung immer mehr ins Stocken gerät . . ., die Bearbeitung eines vollständigen Corpus inscriptionum Latinarum[31] mit Ihnen gemeinschaftlich zu übernehmen. Ich habe von ihm den Auftrag bekommen, einen detaillierten Plan auszuarbeiten, welchen er der Akademie vorlegen will, und ihn von ihr unterstützt, dem König vorzulegen, der die nötigen Mittel dazu ausserordentlich bewilligen soll. Savigny zweifelt durchaus nicht, daß dieses geschehen werde, und ist aufs lebhafteste für die Sache interessiert . . .[32]

Obwohl nach Ausweis des vielfältigen Briefmaterials Savigny tatsächlich den Corpus-Plan an der Seite des Archäologen Eduard Gerhard engagiert betrieb, sollte es noch dreizehn Jahre dauern, bis es zu einer endgültigen Einigung zwischen der Akademie und Mommsen kam, nachdem Jahn aufgrund der Fülle von Einwänden und Schwierigkeiten längst auf die Leitung des Unternehmens verzichtet hatte.[33] Es war Savigny, der am 26. Januar 1846 in der Akademie den ersten Antrag auf die Förderung des Inschriften-Unternehmens stellte, wobei entsprechend Mommsens eigenem Vorschlag zunächst eine Probearbeit angefertigt werden sollte.[34] Noch im Verlauf des Jahres 1846 wollte Mommsen die Inschriften der Provinz Samnium erfassen, ordnen und redigieren; so hatte er es selbst in einem Brief vorgesehen, den er an Rudorff – mit der Bitte um Weiterleitung an Savigny – sandte. Für diesen Prodromus bewilligte die Akademie 200 Taler, die Hälfte der von Savigny beantragten Summe, wozu dieser durch sein akademisches Jahresgehalt noch einmal ebensoviel zulegte.[35]

---

tractabitur, ut Boeckhius in Graecis facere solet. Sed quousque illud desiderabimus? Kellermannus morte interceptus est; utinam in eius locum succedat vir egregius Iahnius Gryphiswaldensis, cuius sub auspiciis, cum noster esset, haec scribebantur."

[30] Mommsen–Jahn, 18.
[31] Im folgenden abgek.: CIL.
[32] Jahn an Mommsen am 30. 4. 1845, in: Mommsen–Jahn, 19.
[33] Siehe dazu Jahn an Mommsen am 6. 4. 1846, in: Mommsen–Jahn, 53f. sowie Wickert II, 163.
[34] Wickert II, 163; Savignys Antrag ist abgedruckt bei Harnack II, 517–519. – Mommsen schickte seine Probearbeit, die Sammlung der samnitischen Inschriften, schon am 19. 8. 1846 nach Berlin (Wickert II, 171). Im Januar 1847 verfaßte Mommsen in Rom eine ausführliche Denkschrift ›Über Plan und Ausführung eines Corpus Inscriptionum Latinarum‹, die bei A. Harnack, a. a. O. II, 522–540 publiziert ist (auch in dem in Anm. 25 genannten Tagebuch seiner italienischen Reise, a. a. O. 223–252).
[35] Harnack II, 519: „Mein Antrag geht also zunächst dahin, die hier bezeichnete provisorische Arbeit . . . auf der Stelle zu genehmigen und dazu aus den Fonds der Akademie eine Summe von 400 Reichsthaler zu bestimmen, welche ich durch Ab-

Somit eröffneten sich für Mommsen noch während seines Italien-Aufenthalts konkrete Aussichten auf eine Verwirklichung früh gehegter Träume, angesichts deren er nun auch nicht mehr vor „dem odiosen Gewerbe, sich zu präsentieren und zu rekommandieren", zurückschreckte.[36] Auf seinem Rückweg aus Italien im Sommer 1847 reiste er über Berlin nach Hause, wobei es zur ersten persönlichen Begegnung zwischen Savigny und Mommsen kam. Dieser berichtete am 15. Juni 1847 darüber an Jahn: „Savigny hat mich mit großer Freundlichkeit aufgenommen, und mich aufgefordert ihm meine speziellen Anliegen einzugeben."[37] Bei seinem Berlin-Besuch wurde ihm freilich auch um so klarer, was er schon zuvor befürchtet hatte, daß nämlich die ihn betreffenden Pläne um das CIL von der Akademie mit wenig Engagement betrieben wurden und daß Savigny und Eduard Gerhard die einzigen waren, die gegen eine starke akademische Opposition das Corpus-Unternehmen in Übereinstimmung mit den Vorstellungen Mommsens durchzusetzen versuchten.[38]

Schon bei diesen ersten direkten, erfolglos bleibenden Verhandlungen mit der Akademie hatte Mommsen angekündigt, eventuell Mittel für den Druck der neapolitanischen Inschriften zu beantragen.[39] Dies tat er Ende des Jahres 1849, als die Drucklegung bevorstand.[40] Nicht nur bei der Akademie fragte er nach, sondern er wandte sich mit der Bitte um einen Druckkostenzuschuß unmittelbar auch an Savigny. Angesichts dessen immer wieder dokumentierten Interesses am Fortschritt des epigraphischen Unternehmens ebenso wie am jungen Mommsen werden die beiden von Wickert bereits veröffentlichten Bittbriefe Mommsens an Savigny vom 19. und 23. Januar 1850 verständlich.[41] Savigny jedoch ließ in diesem Fall Mommsen keine materielle Zuwendung zugute kommen.

---

tretung des mir für 1846 zukommenden akademischen Gehalts auf 600 Reichsthaler zu erhöhen erbötig bin."

[36] Mommsen an Jahn am 15. 6. 1847, in: Mommsen–Jahn, 56.
[37] A. a. O. 56.
[38] A. a. O. 56; Mommsen an Jahn am 10. 7. 1847, a. a. O. 57; schon am 12. 12. 1845 hieß es in einem Brief Mommsens an W. Henzen: „Mir will es scheinen, als existierten darüber (über das CIL, d. V.) zwei Meinungen in Berlin, eine akademische und eine Savignysche; wenn sich diese beiden einstmals begegnen, wird es nicht ohne Gepolter und ohne Zeitverlust abgehen" (zit. nach Wickert II, 162).
[39] Mommsen an Jahn am 15. 6. 1847, in: Mommsen–Jahn, 56.
[40] Wickert III, 125.
[41] Mommsen an Savigny am 23. 1. 1850 (nach Wickert III, 128): „Ew. Excellenz / erlaube ich mir mit Beziehung auf mein letztes hoffentlich Ihnen zugegangenes Schreiben hinzuzufügen, daß nach einer mir heute zugegangenen Mitteilung des Hrn. Secretairs der hist.-phil. Klasse der K. Akademie dieselbe beschlossen hat eine Bewilligung von 600 rtt zum Druck meiner neapolitanischen Inschriften bei dem Plenum der Aka-

Er beschied Mommsen am 27. Januar 1850, daß er sich jetzt nicht mehr in der Lage befinde, dessen Arbeiten anders als durch die eifrigsten Wünsche fördern zu können. Er wies ferner darauf hin, daß er „an den Arbeiten und Beratungen der Akademie ... schon seit längerer Zeit keinen Anteil mehr" nehme.[42] Möglicherweise hatte er selbst hinsichtlich einer Realisierung des Corpus-Plans inzwischen resigniert, oder seine negative Antwort hing mit einem allgemeinen Rückzug zusammen, der eine Folge seiner am 18. März 1848 – gemeinsam mit dem gesamten Kabinett – erfolgten Demission von seinem Ministeramt gewesen sein mag.[43]

Trotz dieser ablehnenden Geste blieb der briefliche Kontakt bestehen, wenn er freilich zunächst auch durch die Revolutionswirren unterbrochen wurde; denn nicht nur Savigny verlor durch sie sein Amt, sondern auch Mommsen. Er hatte sich bekanntlich in Leipzig, wo er seit 1848 Professor für Jurisprudenz war, so sehr in die politischen Tagesereignisse des Dresdner Aufstandes im Mai 1849 verwickelt, daß er im Oktober 1850 in erster Instanz zu neun Monaten Landesgefängnis verurteilt worden war, bevor dieser Richterspruch in zweiter Instanz wiederaufgehoben wurde. Dennoch wurde Mommsen zusammen mit seinen befreundeten Kollegen, Otto Jahn und Moritz Haupt, „zum Besten der Universität"[44] seines Amtes enthoben. Nachdem sich Mommsen in derart aufsehenerregender Weise politisch exponiert hatte, zweifelte er, ob es überhaupt noch opportun sei, mit Savigny, der gleichsam im anderen Lager stand, zu korrespondieren. Wickert zitiert jene

demie zu beantragen. – Da die beiden Verleger, mit denen ich desfalls conferierte, beide c. 1200 rtt als Zuschuß gefordert haben, bin ich allerdings nicht ohne einiges Bedenken, ob ich das Anerbieten der Klasse anzunehmen und den Unterschuß erforderlichen Falls selbst zu decken mich bereit erklären soll; doch liegt mir der Druck der Sammlung so sehr am Herzen, daß ich sehr geneigt bin dies Risiko auf mich zu nehmen. Ob Ew. Exzellenz sich im Stande finden werden mit der Munificenz der K. Akademie abermals die Ihrige zu verbinden, darüber erwarte ich von Ihnen gefällige Mitteilung; wenn es nicht unbescheiden sein sollte, möchte ich Ew. Excellenz ersuchen mir dieselbe recht bald, wenn möglich, zugehen zu lassen, da dieselbe auf meine Erklärung des K. Akademie gegenüber vermutlich nicht ohne Einfluß sein wird. Ew. Excellenz wollen meine vertrauensvolle Anfrage und Bitte verzeihen; Sie kennen sowohl die wissenschaftliche Bedeutung einer derartigen Materialiensammlung als den Stand der Sache überhaupt so vollständig, daß ich hierin meine Rechtfertigung, daß ich bitte und daß ich Sie bitte vorauszusetzen zu dürfen glaube." – Mommsen wartete indessen den Empfang von Savignys Antwort vom 27. 1. 1850 (Wickert III, 129) nicht ab, sondern ging in einem Schreiben vom selben Tage (27. 1. 1850) auf die an den Druckkostenzuschuß der Akademie geknüpften Bedingungen – die Abgabe der Eigentumsrechte an den Originalabschriften an die Akademie – ein (Wickert III, 126).

[42] Wickert III, 129.
[43] Dazu Stoll III, 35f.
[44] L. M. Hartmann, 49.

aufschlußreiche Briefpassage vom 13. November 1850 aus einem Schreiben Mommsens an den befreundeten Juristen Paul Johann Merkel:

Savignys Fest[45] habe ich auch im stillen begangen. Ich stehe dem Mann nicht nahe, mir ist er aber eine Fahne und ein Fahnenfest ist auch ein schönes; nur freilich stehen jetzt die Dinge so, daß wir nicht wissen können wie bald man unsre Fahnen in die Rumpelkammer wirft. . . . Sage mir doch: ich müßte eigentlich Savigny antworten auf einen äußerst freundlichen Brief, aber ist das jetzt angebracht bei so einem Hochtory?[46]

Der 'freundliche' Brief Savignys,[47] von dem die Rede ist, war eine Reaktion auf die Zusendung zweier Abhandlungen Mommsens, und zwar jener ›Über das römische Münzwesen‹[48] sowie einer weiteren ›Über den Chronographen vom Jahre 354‹[49], denen vom Autor am 16. August 1850 folgende Zeilen beigefügt worden waren[50]:

Ew. Exzellenz
darf ich nicht versäumen mit Uebersendung zweier Abhandlungen, die in den Schriften der K. sächsischen Gesellschaft der Wißenschaften demnächst erscheinen werden meinen Dank für die freundliche Gabe zu verbinden, die mir von Ihrer Hand zutheil geworden ist. Die an sich schon so erfreuliche Zusammenstellung Ihrer Abhandlungen[51] von Ihnen selbst zu besitzen macht mir die Bände doppelt werth. Der Druck meiner Inschriftensammlung schreitet ununterbrochen vorwärts und liegt das erste Tausend bereits fertig vor mir. So wird dann auch diese epigraphische Belustigung, wie Sie mir anfangs erschien, oder Belästigung wie sie später ward in einer abzusehenden Frist Ihr Ende erreichen. Einige andre Untersuchungen, zu denen meine Reise wenigstens den Anlaß gab, sind in den beiden Aufsätzen über das Münzwesen und den Chronographen niedergelegt, denen ich die gewohnte freundliche Berücksichtigung wünsche. Meine verschiedenen Arbeiten haben so oft das numismatische Gebiet gestreift, daß es mir Bedürfniß ward das vorkaiserliche Münzwesen Italiens einmal im Zusammenhang zu erforschen; ich werde mein Ziel erreichen halten, wenn dadurch in das gedankenlose Treiben des münzforschenden Vulgus, der dieselben eigentlich nur in Kästchen mit Etiketten zu ordnen bemüht ist, ein Anstoß zum historischen Rangiren kommt.
Ich verharre mit gewohnter Verehrung

Leipzig	Ew. Excellenz
16 August 1850	ergebenster Mommsen

---

[45] Savigny hatte am 31. 10. 1850 sein fünfzigjähriges Doktorjubiläum begangen (Stoll III, 86f., 119f.).
[46] Wickert III, 469f. Anm. 78.
[47] Savigny an Mommsen am 5. 10. 1850. S. dazu unten S. 475.
[48] Abhandlungen der Sächsischen Gesellschaft der Wissenschaften II, 1850, 221–427; Separatdruck: Leipzig 1850.
[49] A. a. O., 547–693; Separatdruck: Leipzig 1850.
[50] UB Marburg HS 838:10.
[51] F. C. von Savigny, Vermischte Schriften I–V, Berlin 1850.

Auf diese Sendung Mommsenscher Arbeitsfrüchte antwortete Savigny am 5. Oktober 1850, indem er dem eigentlichen Brief ein mit inhaltlichen Bemerkungen gefülltes großes Doppelblatt beilegte. Savigny hatte somit beide Abhandlungen Mommsens gründlich studiert,[52] worauf in der Tat auch ein im Marburger Savigny-Nachlaß befindliches Blatt mit Exzerpten zu Mommsens Schriften hinweist.[53] In seinen an Mommsen „zum beliebigen Gebrauch ... ohne Anspruch auf besondere Beantwortung"[54] übersandten Anmerkungen schnitt Savigny drei Themen an: Er begann mit Fragen zu numismatischen Problemen, über die er Mommsen um Aufklärung bat. Sodann widersprach er Mommsens Auffassung von der Jurisdiction in den italischen Präfecturen und verteidigte schließlich seine von Mommsen angegriffene Hypothese den Indictionenzyklus betreffend. Waren mit den beiden letztgenannten Gebieten Komplexe angesprochen, mit denen sich Savigny in seinen Werken intensiv beschäftigt hatte, so mag sein münzkundliches Interesse von unmittelbarer Aktualität gewesen sein, da anzunehmen ist, daß er sich zur Zeit der Abfassung des Briefes nebst Beilage im Oktober 1850 bereits mit dem Geld als möglichem Gegenstand von Obligationen beschäftigte, so wie er es in seinem Werk ›Das Obligationenrecht als Theil des heutigen Römischen Rechts‹[55] dann ausgeführt hat. Im Vorwort zum ersten Band, das Savigny im Mai 1851 verfaßte, bekannte er, daß er sich auf dem Gebiet des Geldes, das „an sich außer den Grenzen der Rechtswissenschaft" liege, „nicht völlig einheimisch fühlte", so daß er sich daher an einen gründlichen Sachkenner, den Herrn General-Münzwardein Kandelhardt, gewandt habe.[56] Aus seiner damaligen wissenschaftlichen Beschäftigung mit dem Geld erklären sich somit Savignys grundlegende Fragen an Mommsen zur frühen Entwicklungsgeschichte des Münzwesens (s. u. Anhang S. 488 ff.).

[52] Savigny an Mommsen am 5. 10. 1850: „So kann ich Ihnen also erst jetzt meinen wärmsten Dank für die Übersendung Ihrer beiden neuesten Schriften sagen. Wie sehr mich diese angezogen und beschäftigt haben, werden Sie aus den beiliegenden Bemerkungen ersehen, ..." (Staatsbibliothek Berlin/DDR, Nachlaß Mommsen).
[53] UB Marburg HS 838:11.
[54] Wie Anm. 50.
[55] I–II, Berlin 1851/53; zum Geld: I, §§ 40ff., 403ff.; siehe dazu Mommsens Besprechung in: ders., Gesammelte Schriften III, Berlin 1907, 570f. (zuerst: Literarisches Centralblatt 1851, 592f.). – Mommsens Schrift ›Über das römische Münzwesen‹ wird von Savigny freilich nicht zitiert, was um so erstaunlicher ist, als sich in seinem Nachlaß, in der Mappe seiner Arbeitsunterlagen zum ›Obligationenrecht‹, ein Hinweis auf diesen Aufsatz mit dem Vermerk „sehr wichtig" findet (UB Marburg HS 925: 18, Bl. 79r). Dazu K.-H. Hütter, Savignys Geldlehre, Diss. Münster 1970, sowie H. Kiefer, Geld und Geldschuld in der Privatrechtsdogmatik des 19. Jahrhunderts, in: H. Coing–W. Wilhelm (Hrsg.), Wissenschaft und Kodifikation des Privatrechts im 19. Jahrhundert V, Frankfurt a. M. 1979, 27–54.
[56] A. a. O. I, IV.

Auf diesen inhaltliche Anteilnahme und kollegiales Interesse gleichermaßen bekundenden Brief antwortete Mommsen wegen der oben zitierten Bedenken erst ein Jahr später, nachdem Merkel auf Mommsens vorsichtige Nachfrage am 10. Dezember 1850 lebhaft geantwortet hatte: „Schreibe ja an Savigny, er spricht mit großer Liebe von Dir und nur dessen Frau spricht vom roten Mommsen."[57] Daraufhin verfaßte Mommsen seine Antwort am 17. April 1851, das heißt wenige Tage vor der Ministerialverfügung vom 22. April, die ihn seines Amtes enthob. In einer Beilage, die ebenfalls im Anhang wiedergegeben ist (s. u. Anhang S. 492 ff.), ging er ausführlich auf Savignys Anmerkungen ein. Sein Begleitschreiben hatte folgenden Wortlaut[58]:

Ew. Exzellenz
erhalten in der Anlage endlich eine Antwort auf Ihre mir in jeder Hinsicht so werthvollen Bemerkungen über und resp. gegen einige Behauptungen, die in meinen beiden Abhandlungen aufgestellt sind. Mancherlei unerfreuliche Geschäfte, die während meiner längeren Abwesenheit sich mir aufgehäuft hatten, haben mich verhindert rechtzeitiger zu antworten; doch ist ja in die Wißenschaft zum guten Glück das verhängnisvolle „zu spät" noch nicht eingedrungen.
Ew. Excellenz werden aus diesen Blättern sehen, daß ich in Betreff der Indictionen allerdings genöthigt bin, meine Behauptung wesentlich zu modificiren und in vieler Beziehung zurückzunehmen. Dagegen muß ich bemerken, daß über die Iurisdiction des Prätors in Italien ich eigentlich erst um Gehör zu bitten habe; denn die Gründe meiner abweichenden Meinung liegen in meiner Schrift über das Münzwesen nicht vor und habe ich erst jetzt versucht das Wesentlichste davon anzudeuten. Es ist ein großer Uebelstand bei diesen Untersuchungen, daß das Municipalwesen der Kaiserzeit, welches aus den Inschriften genau ermittelt werden kann, bis jetzt wenig und schwach bearbeitet worden ist; ich habe manches dazu vorbereitet und hoffe noch immer, daran zu kommen, und dadurch einen sicheren Boden zu gewinnen auch für die ältere Zeit. Man muß es machen wie die Botaniker, die erst die einzelnen Pflanzen beschreiben und dann hierauf ein systema plantarum aufbauen; es muß zunächst für jede Stadt wenigstens in Italien eine Regionaluntersuchung geführt werden, ehe man sich getrauen kann die tausendfältige Mischung der Formen beherrschend, das Allgemeine im Besonderen zu erkennen und mehr zu geben als im besten Fall geniale Aperçus. So ist es z. B. höchst nöthig um über die Präfecturen aufs Reine zu kommen die spätere Municipalentstehung aller zu durchforschen; ich habe damit nur einen kleinen Anfang gemacht, und möchte zur Entschuldigung wenigstens bemerken, daß ich wohl weiß nur etwas Vorläufiges hingestellt zu haben. –
Die Lehre vom Gelde ist mein Steckenpferd, wie Figura zeigt; ich bin weitläuftig geworden, und fürchte doch, noch nicht genug gesagt zu haben, so unerschöpflich und mannigfaltig ist diese terra vergine der Jurisprudenz. Ew. Exzellenz brauchen natürlich nur es auszusprechen, wenn Sie weitere Mittheilungen über einen oder den andren Punct wünschen.

[57] Wickert III, 470 Anm. 78.
[58] UB Marburg HS 838:11.

Erlauben Sie mir, mit einer Bitte zu schließen. Zufällig sind mir die anmuthigen Blätter, die J. Grimm zu Ew. Exzellenz Jubelfest schrieb zu Gesicht gekommen und haben meine Begehrlichkeit erregt.[59] Wenn Sie noch ein Exemplar besitzen sollten, worüber zu disponieren wäre, so möchte ich bitten mich damit zu erfreuen.
Mit vollkommenster Hochachtung und Ergebenheit
bin ich

Leipzig
17 Apr. 1851

Ew. Excellenz
gehorsamster
Mommsen

Wiederum ein Jahr später ist das nächste Schreiben Mommsens an Savigny datiert: Er übersandte das wichtigste Resultat seiner Italienreise, die ›Inscriptiones regni Neapolitani Latinae‹[60], an seinen Förderer, der nicht unwesentlichen Anteil an deren Zustandekommen hatte und der aus diesem Grunde auch im Vorwort des Werks Erwähnung fand.[61] Aus den folgenden Zeilen spricht jedoch deutlicher Mißmut über den Ärger und die Hindernisse, die Mommsen beim Entstehen der Inschriftensammlung in Kauf zu nehmen hatte[62]:

Ew. Excellenz
habe ich das Vergnügen ein Werk zu überreichen, mit dem ich in jedem Sinn meine liebe Noth gehabt habe. Eine ähnliche Arbeit möchte ich nicht wieder beginnen, nachdem ich die Schwierigkeiten kennen gelernt habe, und doch auch um vieles es nicht

---

[59] Jacob Grimm verfaßte unter Anspielung auf Savignys Abhandlung ›Das Recht des Besitzes‹ (1803) eine Schrift mit dem Titel ›Das Wort des Besitzes‹ (zuerst: 1850), auch in: J. Grimm, Kleinere Schriften I, Berlin ²1879, 113–144. Savigny selbst fand offensichtlich keinen besonderen Gefallen an dieser Festschrift: vgl. dazu J. Grimms Brief an A. F. Rudorff vom 31. 7. 1862: „Aber die paar Bogen auf sein Jubiläum ... verübelte er mir so, daß ich gleich abends zu den anderen Gästen ungeladen blieb, und er mir überhaupt nie eine Silbe des Dankes oder sonst etwas dazu bemerkte" (zit. nach Stoll III, 102). Ob Mommsen ein Exemplar der Grimmschen Schrift von Savigny erhielt, ist nicht bekannt, da Savignys Antwortschreiben nicht vorliegt.

[60] Leipzig 1852.

[61] A. a. O. v: „Denique ab amplissima Berolinensi academia, quam eo tempore curae tenebant de Latina sylloge instituenda ad exemplum Graecae tantum non ad finem perductae, interim saepius adiutus ad paranda ea quibus suum consilium aliquando adiuvari posse intelligebat, auctus etiam privata summi viri Friderici Caroli de Savigny munificentia, quem sponte obtulisse quae rogare numquam sustinuissem et iucundum fuit et honorificum et laetissimum, ut tum augurabamur, in opere inchoando auspicium, iam etiam spe incitatus fore ut in toto opere edendo meam operam itidem academia adsciceret, compluribus itineribus per annos millesimum octingentesimum quadragesimum quintum et quadragesimum sextum susceptis maiorem regni Neapolitani partem inscriptionum Latinarum describendarum causa peragravi" (in nur unwesentlich veränderter Form auch in: CIL IX/X, Berlin 1883, v f.).

[62] UB Marburg HS 838:12.

mißen diese ebenso leichtsinnig übernommen als eigensinnig durchgeführt zu haben. Ew. Excellenz haben an der Förderung dieser Arbeiten seit Jahren so lebhaften Antheil genommen und diesen auf eine für mich ebenso erwünschte als ehrenvolle Weise bethätigt, daß Ihnen, wie ich hoffe, das endliche Zustandekommen selber einige Freude machen wird. Wie vieles die Arbeit zu wünschen übrig läßt, verhehle ich mir nicht, hoffe aber, trotz aller Hemmniße der vielfach bedingenden Verhältniße der Sache doch nicht unwesentlich genutzt zu haben.
Im Begriff Leipzig zu verlassen und meiner unfreiwilligen Bestimmung nach Zürich zu folgen, bleibt mir das Bedauern, daß es mir nicht möglich gewesen ist vor meiner Abreise mich Ihnen noch einmal persönlich vorzustellen. Möge Ihnen noch manches Jahr frischer und rüstiger Gütigkeit aufbehalten sein und mir auch ferner Ihr Wohlwollen bewahrt bleiben.

Leipzig   In dankbarer Verehrung
im April 1852   Mommsen

Durch den Verlust seines Lehrstuhls gezwungen, war Mommsen im Begriff, Leipzig und damit jene Stadt, in der er sich besonders wohl gefühlt hatte, zu verlassen, um nach Zürich überzusiedeln, wo er eine Professur für Römisches Recht antrat.[63] Savigny übermittelte am 8. Mai 1852 mit seinem Dank für das Geschenk sowie für die freundliche Erwähnung seiner Person in der Vorrede des Inschriftenwerks zugleich auch Wünsche für Mommsens neuen Wirkungskreis, dann aber auch die Hoffnung, „daß sich an denselben in nicht zu weiter Ferne eine Rückkehr auf eine deutsche Universität anknüpfen möge", und er versicherte, daß er nicht aufhören werde, an Mommsens „Schicksal und ... Erfolgen lebhaften Anteil zu nehmen".[64]

In der Tat blieb der angesehene, konservative preußische Minister a. D. stets auch in der Folgezeit für Mommsen eine 'Fahne'[65], die dieser bei Bedarf hochhalten konnte. Schon unmittelbar nach seiner Amtsenthebung schrieb Rudorff an Mommsen die aufmunternden Worte: „Fassen Sie Mut und keinen übereilten Entschluß ... Es wird sich in Preußen für Sie schon noch ein Plätzchen finden. Savigny will Ihnen wohl, auch Geh. R. Friedländer war heute in Ihrer Sache bei mir."[66] Doch trotz solch einflußreicher Rückendeckung wurde aus einer Berufung an eine preußische Universität zunächst nichts: Pläne, Mommsen nach Greifswald oder Breslau zu holen, scheiterten zu diesem Zeitpunkt noch. Der Jurist Eduard Huschke betrieb zwar in Breslau die Sache Mommsens, doch dem Minister Karl Otto von Raumer behagte

---

[63] Zu Mommsens Züricher Zeit siehe E. Meyer, Theodor Mommsen in Zürich (1852–1854), Schweizer Beiträge zur Allgemeinen Geschichte 12, 1954, 99–138.
[64] Wickert III, 471 Anm. 85.
[65] Siehe oben S. 474, Zitat bei Anm. 46.
[66] Rudorff an Mommsen am 1. 5. 1851, s. Wickert III, 495 Anm. 37.

Mommsens politische Gesinnung im Moment durchaus nicht. Huschke selbst bezweifelte von Anfang an die Wirksamkeit von Savignys Referenz: „Inzwischen ist Mommsens Absetzung bekannt geworden. Ob unser Minister wirklich daran keinen Anstoß nehmen oder sich durch Savignys Fürsprache beschwichtigen lassen sollte? Ich muß immer noch den Kopf dazu schütteln." [67]

Als Mommsen im Jahr 1854 nach dreijährigem Schweizer 'Exil' schließlich nach Breslau berufen wurde, da war es aber doch das Zeugnis Savignys, auf das sich der Minister gegenüber dem König stützen konnte, als er ihm Mommsen zur Berufung vorschlug.[68] Und als die Akademie im Jahr zuvor, 1853, endlich die Vorarbeiten für das CIL an Mommsen zusammen mit Wilhelm Henzen und Giovanni Battista De Rossi, alle drei zu korrespondierenden Mitgliedern ernennend, überantwortet hatte, da berief man sich darauf, daß mit Mommsen, den man so lange abgelehnt hatte, der Mann gewonnen sei, „auf dessen spezifische Befähigung und Begabung Herr von Savigny den ersten Plan gründete, auf den die Kenner des Fachs, namentlich Graf Borghesi, der erste unter ihnen, hinweisen..." [69].

Daß der konservative Savigny so konsequent zu dem Achtundvierziger hielt, ist nicht selbstverständlich. Erinnert sei hier an Savignys ablehnende Reaktion auf die Beteiligung der ihm eng befreundeten Brüder Grimm an der Protestaktion der Göttinger Sieben im Jahr 1837, die zu einer nie ganz bereinigten Trübung der Freundschaft geführt hat.[70] Gleichermaßen kritisch sah Savigny auch elf Jahre später die Revolutionsbewegung: Ein erst in jüngster Zeit bekannt gewordenes, von Savigny indes nie zur Veröffentlichung gebrachtes Manuskript mit dem Arbeitstitel ›Preußen und Deutschland‹, das er im Sommer 1848 verfaßt hatte, also kurz nach Niederlegung seines Ministeramtes, dokumentiert ein freilich ironisch abgemildertes Unverständnis gegenüber den revolutionären Kräften:

---

[67] Georg Phil. Ed. Huschke an Rudorff am 6. 5. 1851 (Wickert III, 497 Anm. 37). – Auch in den folgenden Jahren betrieb man Mommsens Berufung nach Breslau weiter. In einem Brief von Jahn an Mommsen vom 24. 3. 1853 heißt es: „Die Bemühungen der alten Freunde Dich nach Breslau zu bringen, die wie ich hier erfahre nie ganz geruhet haben, werden nun wohl auch etwas mehr Energie bekommen. Auch Savigny ist wie ich höre immer noch dabei" (Mommsen–Jahn, 142).

[68] Wickert III, 302 f.

[69] Wickert III, 269.

[70] Dazu F. Wieacker, Savigny und die Brüder Grimm, in: ders., Gründer und Bewahrer. Rechtslehrer der neueren deutschen Privatrechtsgeschichte, Göttingen 1959, 144–161 (zuerst: Zeitschrift der Savigny-Stiftung für Rechtsgeschichte, Germ. Abt. 72, 1955, 232–244); H. Kadel, Die Brüder Grimm und Savigny, alma mater philippina WS 86/87, 22–26. Siehe den einschlägigen Brief J. Grimms an Rudorff vom 31. 7. 1862 bei Stoll III, 100 ff.

... Unter den großen Weltkräften, die jetzt Alles in Bewegung setzen, ist eine der wirksamsten, wenngleich in ihrer wahren Macht nicht gehörig erkannt, die Confusion. Die rechte Anerkennung derselben führt zu einer wohlthuenden, versöhnenden Stimmung. Denn vorzüglich unter unsren jungen Politikern, die jetzt die Welt zu bilden sich berufen fühlen, erscheint uns mancher als böswillig oder heuchlerisch, der in der That Nichts ist, als ein völlig konfuser Kopf, und dem sogar noch eine große Zukunft bevorstehen kann, indem Gottes Allmacht ihm vielleicht klare und tiefe Gedanken aufgehen läßt, von welchen er jetzt noch keine Ahnung hat.[71]

Während aus der Züricher Zeit keine Briefe Mommsens an Savigny oder vice versa vorliegen, ist der Briefwechsel wieder überliefert, nachdem Mommsen – wie oben gezeigt wurde, nicht ohne Zutun seines Förderers – in Breslau seine Tätigkeit als Professor für Römisches Recht aufgenommen hatte. Anlaß war die Übersendung des zweiten Bandes seiner ›Römischen Geschichte‹ am 10. Dezember 1855 an Savigny, die Mommsen mit folgenden Zeilen begleitete[72]:

Ew. Excellenz
kann ich diesen zweiten Band meiner Geschichte doch nicht so wie jedem andren meiner Empfänger überreichen. Ihr freundliches Urtheil über den ersten liegt mir noch so lebhaft im Sinn, daß ich so gern Ihnen selbst diese Fortsetzung in die Hand gäbe; und da ich das nicht kann, gestatten Sie mir wenigstens ein Wort dazu zu schreiben. Möchten Sie finden, daß das Buch nicht bloß auf Forschung beruht, sondern auch auf wißenschaftlichem und menschlichem Erleben! Denn das ist doch am Ende das A und O überall und auch in der Schreiberei.
Ich sollte hier wohl eigentlich nicht klagen dürfen, da es im Grunde mir gut und außer demselben wenigstens nicht übel geht. Das alte Mittel die Heimath lieb zu gewinnen, daß man ins Ausland geht, hat sich bei mir vollkommen bewährt; und den collegialischen auf gegenseitiger Achtung beruhenden Frieden weiß ich nach gemachten Erfahrungen auch zu schätzen. Aber eine gewiße Unstrebsamkeit, ein Mangel an raschem Denken und Zugreifen in der Wißenschaft, auch auf die Gefahr hin der Jugendlichkeit und des Vergreifens, liegt doch wie Blei auf allen akademischen Bürgern Breslaus, uniformirten oder nur farbig bemützten, und den Wunsch nach frischeren Zuhörern und etwas minder zahmem Verkehr kann ich nicht unterdrücken. Es mag auch wohl meine Schuld sein, daß meine Collegien nicht eben floriren; aber etwas liegt doch auch am hiesigen Schlendrian, der mich auch unlustig macht zu dociren. Ich mache hier durchgängig die Erfahrung, daß mit den Ausstudierten, den jungen Auscultatoren und Referendären, viel eher etwas anzufangen ist, als mit denen, die in dem nichtigen Studentenleben und in Aussicht auf die mehr als nichtigen Examina ihr Triennium verträumen. Und übrigens halte ich an der Hoffnung fest, daß mein Schreibtisch nicht ewig hier in Breslau wird stehen bleiben. Verzeihen Sie, daß ich Ihnen von mir und meinen Wünschen spreche; aber ich weiß es ja, daß Sie auch daran Antheil nehmen.

---

[71] Zit. nach J. A. Stargardt, Katalog Nr. 637: Genealogie und Heraldik, Marburg 1986, 136.
[72] UB Marburg HS 838:16.

Darf ich Sie bitten, wenn Sie Rudorff sehen, von dem ich lange nichts gehört habe, mich ihm herzlich zu empfehlen? Vor allen Dingen aber, möchte es Ihnen selbst wohl und lange noch wohl ergehen!

Breslau	In treuer Ergebenheit
10 Dec. 1855	Mommsen

Zu den Stadtrechten wird jetzt ein Nachtrag gedruckt, der einen beglaubigten Text bringt; leider ist er nichts weiter als das und im Uebrigen in allen wesentlichen Dingen so gut und so schlecht wie der früher publicierte.

Mit dem Thema des Hochschulunterrichts sprach Mommsen ein ihm selbst dringliches Anliegen an. Hatte er sich schon in Zürich über Mitarbeit und Engagement der Studenten unzufrieden geäußert[73] und hatte er gar auf größere Kollegien in Breslau gehofft,[74] so wurde er diesbezüglich herb enttäuscht und lobte im nachhinein gar die Züricher Verhältnisse, denn zunächst blieben ihm an seiner neuen Wirkungsstätte die Hörer gänzlich fern, womit sie ihm indes ein unerwartetes Freisemester verschafften.[75]

Mommsen konnte aber auch bei Savigny Interesse für Fragen des universitären Lehrbetriebs voraussetzen, hatte sich doch dieser als einer der Gründungsprofessoren der Berliner Universität und als ein Hochschullehrer, der sich schon zu Beginn seiner Lehrtätigkeit in Marburg Gedanken über die Kunst des akademischen Vortrags machte,[76] in früheren Jahren mehrmals zu derartigen Problemen öffentlich geäußert.[77] So ging denn Savigny auch ernsthaft auf den diesbezüglichen Teil von Mommsens Brief ein.[78]

---

[73] Wickert III, 209f.

[74] L. M. Hartmann, 53.

[75] Drastisch schilderte er die Breslauer Zustände in einem Brief vom 7. 11. 1854 an den Theologen Ferdinand Hitzig in Zürich: „Die akademischen Dinge sind nicht schön. Es ist kein Zug hier, weder unter den Studenten noch unter den Dozenten; jenes sind lauter Schlesier, viele arm, die meisten stinken, alle faul. In der Hinsicht war es in Zürich viel besser" (Wickert III, 314). Auch sonst klagte er über „Zopftum, Schlaffheit, schlesische(n) Partikularismus" (Mommsen an Jahn am 18. 10. 1854, in: Mommsen-Jahn, 182) und über „die hiesige akademische Jugend von beiläufig 300 Köpfen (warum sagt man nicht Steißen? um Mißverständnisse zu vermeiden)", so an Jahn am 7. 11. 1854 (Mommsen-Jahn, 186).

[76] Siehe etwa Savignys Brief an Henry Crabb Robinson vom 9. 1. 1803 in: Stoll I, 217f. sowie H. Kadel, Die Brüder Grimm und Savigny, alma mater philippina WS 86/87, 23.

[77] Die 6. Abtheilung im 4. Band der ›Vermischten Schriften‹ Savignys enthält folgende Abhandlungen „Lehranstalten betreffend" (a. a. O. I, XI): Recension von F. Schleiermacher, Gelegentliche Gedanken über Universitäten in deutschem Sinn.

Bei den von Mommsen im Postscriptum erwähnten Stadtrechten handelte es sich um seine Abhandlung über ›Die Stadtrechte der lateinischen Gemeinden Salpensa und Malaca in der Provinz Baetica‹[79], eine der wichtigsten und aufsehenerregendsten Arbeiten aus seiner Breslauer Zeit, an denen Savigny lebhaftes wissenschaftliches Interesse gezeigt hatte.[80] Es ist anzunehmen, daß Mommsen diese Schrift Savigny persönlich überreichte, denn nach Bericht seines Biographen Adolf Stoll hatte Mommsen „noch 1855 Savigny in dessen Hause besucht wegen der beiden Kupfertafeln mit dem altrömischen Stadtrecht von Malaga, das diesen auf das höchste fesselte".[81] Daß es über die Kup-

Berlin 1808, in: Vermischte Schriften IV, 255–269 (zuerst: Heidelberger Jahrbücher 1, 1801, 296–305); ders., Wesen und Werth der deutschen Universitäten, a. a. O. 270–308 (zuerst: Historisch-politische Zeitschrift 1, 1832, 569–592); ders., Ueber den juristischen Unterricht in Italien, a. a. O., 309–342 (zuerst: Zeitschrift für geschichtliche Rechtswissenschaft 6, 1828, 201–228). Siehe auch R. Wellek, Ein unbekannter Artikel Savignys über die deutschen Universitäten (Henry Crabb Robinsons Übersetzung), Zeitschrift der Savigny-Stiftung für Rechtsgeschichte, Germ. Abt. 51, 1931, 529–537 sowie H. Schröder, Über die Stellung und die Auffassung C. F. von Savignys zum Wesen und zu den Aufgaben der Universitäten in seiner Zeit, Wissensch. Zeitsch. der Humboldt-Universität zu Berlin, Gesellsch.- u. Sprachw. Reihe 17, 1968, 3, 413–429.

[78] Savigny an Mommsen am 27. 12. 1855: „Wenn ich zurück denke an die Zeit, in welcher ich als Lehrer tätig war, so muß ich allerdings glauben, daß damals eine regere Empfänglichkeit unter einem guten Teil der Studenten zu finden war, als gegenwärtig. Das mag zum Teil liegen an allgemeineren Mängeln in den geistigen Zuständen der Zeit, vieles aber mag auf Rechnung der Prüfungen kommen, die geistloser und mechanischer geworden zu sein scheinen, als früher, so wie der handwerksmäßigen Einübung zu diesen Prüfungen durch schlechte Nothelfer. . . . Richten Sie doch einmal Ihre Aufmerksamkeit genau auf diesen Punkt, . . . Finden sich wirklich solche äussere Schäden und Mängel, so ist es wohl eines Versuches wert, diese, und die Mittel zur Abhilfe, zur Kenntnis der Behörden zu bringen . . . Dann habe ich auch noch folgendes zu bemerken. Nach meiner Erfahrung ist nichts so anregend für die Schüler, als wenn der Lehrer auf die einzelnen unter ihnen einzuwirken sucht, indem er sie zu eigener Tätigkeit unter seiner Leitung auffordert. Dieses habe ich zu allen Zeiten getan, und guten Erfolg davon gefunden" (zit. nach Wickert III, 317).

[79] Abhandlungen der Sächsischen Gesellschaft der Wissenschaften III, 1857, 361–488; der Nachdruck: a. a. O. 489–507. Separatdruck: Leipzig 1855; auch in: ders., Gesammelte Schriften I, Berlin 1905, 265–382.

[80] Vergleiche den Brief von Friedrich Bluhme an Savigny vom 26. 5. 1855, in: Friedrich Carl von Savigny. Briefwechsel mit Friedrich Bluhme. 1820–1860. Hrsg. von D. Strauch, Bonn 1962 (= Bonner Beiträge zur Bibliotheks- und Bücherkunde 8), 329: „Ist es mir doch, als hätte Mommsen mit seinen Stadtrechten von Malaga und Salpensa die alte schöne Zeit wiederkehren machen, wo kein Jahr ohne neue Quellenausbeute für Civilisten und Germanisten verging . . . Wie groß auch diesmal Ihre Freude gewesen, das weis [!] ich von Brandis."

[81] A. Stoll III, 32 Anm. 70.

fertafeln zwischen Savigny und Mommsen einen Austausch gegeben haben muß, darauf verweist auch folgende Briefpassage Savignys aus seiner vom 27. Dezember 1855 datierenden Antwort auf den zuletzt wiedergegebenen Mommsen-Brief, insbesondere der Gebrauch des verbindenden Possessivpronomens in bezug auf die Stadtrechte:

Kürzlich habe ich ein Schreiben von Laboulaye erhalten, worin er mir eine Schrift gegen die Echtheit unsrer spanischen Inschriften ankündigt. Natürlich werde ich diese Schrift abwarten. Haben Sie denn aber schon voraus ein bestimmtes Urtheil über die Möglichkeit einer solchen Anfechtung? Ich kann bis jetzt kaum etwas Anderes erwarten, als daß der sonst schätzbare Mann seinen wißenschaftlichen Ruf sehr in Gefahr setzt.[82]

Die Schrift des französischen Rechtshistorikers und Publizisten Édouard de Laboulaye (1811–1883) sorgte für einige Aufregung, und sie verärgerte Mommsen derart, daß er sich vornahm, darauf zu antworten. Von dieser Absicht sprach er auch am Ende des letzten vorliegenden Briefs an Savigny, der, den dritten Band seiner ›Römischen Geschichte‹ begleitend, vom 2. März 1856 datiert. Vorher aber findet sich erneut das Lamento über die Faulheit der Breslauer Studenten und die diese begünstigenden Umstände, hier indessen mit der Suche nach Abhilfe einhergehend[83]:

Ew. Excellenz
empfangen mit oder unmittelbar nach diesem Brief den dritten Band meiner Geschichte, dem ich dieselbe Aufnahme wünsche wie seinen Vorgängern. Ich verweile oft und gern bei dem lieben Gedanken, daß Sie, unser verehrter Altvater und unsrer jetzigen Wissenschaft Begründer, an meinen Arbeiten Antheil nehmen. Es sind doch auch die Früchte Ihrer Saat darin, und wenn Sie manches mißbilligen werden, so weiß ja ein Sämann wie Sie, daß keiner weiß, was er säet, und daß Kraut wie Unkraut seinen Lauf haben will.
Zugleich wird Ihnen noch ein andrer Band zukommen, in den Sie, ich hoffe gern, hineinsehen werden. Es ist das Leben Scaligers von meinem Freund Bernays;[84] nach meinem und ich darf wohl sagen nach dem allgemeinen Urteil eine ihres Gegenstands würdige Biographie. Der Verfaßer, ein wunderlicher Heiliger, zugleich ein perfecter Rabbi und ein eminenter Philolog, hat mich gebeten Ihnen das Buch zuzusenden, theils weil er wünscht Ihnen dasselbe zur Kenntniß zu bringen, theils auch in der Hoffnung, daß Ihre Studien über juristische Gelehrtengeschichte, namentlich ueber Cujacius

---

[82] Zit. nach Wickert II, 30; dort auch zum Gesamtzusammenhang. Bei der erwähnten Schrift handelt es sich um: É. de Laboulaye, Les Tables de Bronze de Malaga et de Salpensa, Paris 1856.

[83] UB Marburg HS 838:17.

[84] Jakob Bernays (1824–1881), Philologe, Dozent in Breslau, seit 1866 Professor und Bibliothekar in Bonn. Das Buch, von dem die Rede ist: J. Bernays, Joseph Justus Scaliger, Berlin 1855.

Ihnen einschlagendes Material in die Hände geführt haben könnten.[85] Ich kann nicht wissen, ob er sich irrt und ob, wenn Sie dergleichen haben, es Ihnen möglich sein wird es eben jetzt wieder hervorzusuchen; aber davon sein Sie überzeugt, daß Sie, was Sie ihm etwa geben, an keinen Unwürdigen geben.

Ihre Bemerkungen über die faulen Flecke unsrer gegenwärtigen juristischen Studien treffen zu meiner Freude eben die Puncte, die ich auch wesentlich im Auge hatte. Auch ich habe, so lange ich docire, praktische Uebungen mit meinen Zuhörern veranstaltet und sie namentlich zu eignen schriftlichen Ausarbeitungen anzuregen gesucht. In Zürich, wo noch mehr der ältere Zug herrscht, hatte ich damit sehr guten Erfolg; hier finde ich bei weitem ungünstigeren Boden und ich habe schon für die schriftlichen Arbeiten die mündliche Exegese substituiren müßen, was doch schon ein Rückschritt in der Selbstthätigkeit der Zuhörer ist. Es ist charakteristisch für die Universitätszustände, daß meine besten Arbeiter dabei Nichtstudenten waren, meistens solche, die sich zum dritten Examen vorbereiteten. Ich habe auch bereits in Berlin und hier nach Kräften gestrebt für die Einrichtung eines stipendiirten Juristenseminars nach Art der philologischen Seminare; aber es ist kein ernstliches Intereße dafür zu erwecken, und die Fundirung ist natürlich für die Behörden immer bedenklich. Es ist ganz offenbar, und eben diese Beobachtungen zeigen recht deutlich, daß das Grundübel in der Erbärmlichkeit des ersten Examens liegt; es ist naiv oder auch perfid anzunehmen, daß die Dutzendmenschen, das heißt 99/100 der Studenten, fleißig sein werden, wenn sie auch ungestraft faul sein können; und das können sie jetzt. Die fürchterliche geistige Leerheit, die in Folge deßen in dem Studentenleben einreist, ist noch weit schlimmer als das bloße Nichtslernen; und wie die Dinge jetzt stehen, würde es nach meiner Ansicht ein Fortschritt sein, die künftigen praktischen Juristen vom akademischen Studium zu befreien und sie gleich in die Schreibercarriere zu lanciren.[86] Den Mangel fühlen alle; aber ihm den gehörigen Ausdruck zu geben, dazu fehlt es in meinem nächsten Kreis an der nöthigen Energie. Ich werde gewiß nicht schweigen, wo ich glaube nützen zu können; aber Einer vermag wenig und sich zu vereinigen ist auch schwer.

Vielen Dank für die Uebersendung des Artikels von Hrn. Giraud.[87] Daß doch diese Leute jenseit des Rheines in solchen Dingen eigentlich nur um die unwißenschaftlichen und nichts entscheidenden Momente herum parliren! Herrn Laboulayes Schriftchen ist meines Erachtens ein seltsames Product französischer Oberflächlichkeit und

---

[85] F. C. von Savigny, Beitrag zur Lebensgeschichte des Cujas, in: ders., Vermischte Schriften IV, 169–172 (zuerst: Hugos Civilistisches Magazin 3, 1805, 317–320; ders., Lettre adressée aux rédacteurs de la Thémis sur l'histoire de Cujas, a. a. O. IV, 173–194 (zuerst: Thémis ou bibliothèque du Jurisconsulte, T. 4., Paris 1822, 193–208).

[86] Später sollte Mommsen über diesen Punkt anders denken, siehe seinen Brief an U. von Wilamowitz-Moellendorff vom 21. 12. 1896, in: Mommsen und Wilamowitz. Briefwechsel. 1872–1903, Berlin 1935, 517, wo er sich gegen eine 'Verpraktisierung' des Jura-Studiums ausspricht, sowie seine Stellungnahme zu der Frage: Soll das Rechtsstudium den Realgymnasiasten zugänglich gemacht werden? Eine Enquete, Deutsche Juristenzeitung 5, 1900, 257f., wo Mommsen diese Frage wegen der mangelnden altsprachlichen Kenntnisse der Realgymnasiasten heftig verneint.

[87] Charles Joseph Barthélemy Giraud (1802–1881), französischer Rechtsgelehrter, Mitglied der Akademie, Minister des öffentlichen Unterrichts, verfaßte ebenfalls eine

Hoffart, und wenn ich dazu komme, ihm zu antworten,[88] wird es schwierig sein, die Sache bündig abzuthun, eben weil der Angriff so über die Maßen leichtfertig ist.

Breslau Herzlich und hochachtungsvoll
2 März 1856 der Ihrige Mommsen.

Wie aus Savignys Antwort hervorgeht, war es noch im Frühjahr 1856 zu einer Begegnung zwischen den beiden Juristen gekommen, bei der es bereits zu einem Gedankenaustausch über die in diesem Brief Mommsens angesprochenen Themen gekommen war.[89] Gleichwohl antwortete Savigny am 23. Mai 1856 in jenem letzten Brief, von dem wir wissen.[90] Auch an ihm wird nochmals deutlich, wie wichtig Savigny die von Mommsen geäußerten Probleme des Universitätsbetriebes nahm, und er bemühte sich gar mit seinem weiterhin großen Einfluß[91] um eine Besserung der Zustände.[92]

Überblickt man am Ende die überlieferte Korrespondenz, so drängt sich mit Mommsens in anderem Zusammenhang gebrauchten eigenen Worten der Eindruck eines „collegialische(n), auf gegenseitiger Achtung beruhenden Frieden(s)" auf.[93] Die skeptisch-distanzierte Haltung des jungen Mommsen

Schrift über die spanischen Inschriften: Les Tables de Salpensa et de Malaga, Paris ²1856 (zuerst: Journal général de l'instruction publique 1856).

[88] Dies verblieb dann aber, obwohl auch Savigny, neben einer Reihe von Freunden, ihm nachdrücklich nahelegte, die Angriffe Laboulayes zurückzuweisen. In seinem Antwortbrief vom 23. 5. 1856 schrieb Savigny: „Ich glaube doch, Sie müßen Hrn. Laboulaye antworten, wenn es auch jetzt etwas spät kommt. Aber wenn Sie es thun, so üben Sie Schonung gegen die Person, womit ja in der Sache nichts vergeben wird. Ich wünsche es, weil die Leute sich so leicht nationell identifizieren" (Wickert II, 30f.).

[89] „Obgleich ich Sie seit dem Empfang Ihres leider so alt gewordenen Briefes gesprochen, und dabei alles, was der Brief enthielt berührt worden ist, ..." Savigny an Mommsen am 23. 5. 1856 (Deutsche Staatsbibliothek Berlin/DDR, Nachlaß Th. Mommsen).

[90] Teilabdruck des in der vorangehenden Anm. zitierten Briefes bei Wickert II, 30 f. (s. o. Anm. 88) und III, 317 f. sowie III, 639.

[91] Die späten Ehrungen Savignys bei Stoll III, 89.

[92] „Daß Sie die traurige Lage unsrer Universitätsstudien so ernst im Auge behalten, freut mich ungemein, und ich bitte Sie dringend, darauf auch ferner zu achten. Wie trostlos die Sache auch scheint, so läßt sich doch nicht voraussehen, wie viel durch festes Anhalten derer, die das Übel klagend erkennen, am Ende doch noch erreicht werden kann. Ich habe einen kleinen Aufsatz darüber in die Hände unsres Justizministers gebracht, und mit ihm besprochen, wobei ich alle Ursache hatte, mit seiner Auffassung zufrieden zu sein. Ruhen lassen werde ich die Sache gewiß nicht. Ich habe ihm auch Sie unter den wenigen genannt, auf welche ich Hoffnungen in dieser Sache setze" (Wickert III, 317 f.).

[93] S. o. S. 480, Mommsens Brief an Savigny vom 10. 12. 1855.

gegenüber dem preußischen Staatsminister scheint im Laufe der Jahre zum einen durch Savignys inhaltlich anteilnehmendes Interesse an seinen Arbeiten, namentlich an der numismatischen Abhandlung sowie an derjenigen über den Chronographen aus dem Jahr 1850 ebenso wie an seiner Bearbeitung der spanischen Stadtrechte, relativiert worden zu sein. In diesem Zusammenhang mag man auch an Mommsens sehr viel späteres Diktum denken, wonach ihm Anerkennung von juristischer Seite stets mehr als jede andere gegolten habe.[94] Dieses Bekenntnis korrespondiert mit jenem oben zitierten Satz, nach dem Mommsen oft und gerne daran denke, daß Savigny, „unser verehrter Altvater und unsrer jetzigen Wissenschaft Begründer", an seiner Arbeit Anteil nehme.[95]

Zum anderen wird auch wohl jene von politischen Divergenzen unabhängige Unterstützung eine Rolle gespielt haben, die Savigny dem aufstrebenden Kollegen seit dem ersten Kontakt zukommen ließ. Freilich, über Politisches haben sich die beiden nicht ausgetauscht. Es war wohl ohnehin klar, daß sie hier nicht übereinstimmten, sooft sie in wissenschaftlicher Hinsicht auch am selben Strang zogen.

Seit seinen Studienjahren, in die das Erscheinen des ersten Bands von Savignys ›System des heutigen Römischen Rechts‹[96] fiel, hatte sich Mommsen mit den Ideen der Historischen Rechtsschule in mehr zustimmender als ablehnender, gleichwohl in kritischer Weise auseinandergesetzt.[97] Bestimmten die neuen Ansichten Savignys in jener Zeit lebhafte Diskussionen innerhalb der Rechtswissenschaft und weit darüber hinaus – man denke an die heftig debattierte Frage einer Kodifikation des Rechts oder um diejenige nach Sinn und Berechtigung von Schöffengerichten –, so hatte Mommsen durch seine beiden Kieler Lehrer Georg Christian Burchardi und Johann Friedrich Kierulff die Auseinandersetzung um die Historische Schule unmittelbar vor Augen, denn erstgenannter war ein Anhänger und direkter Schüler Savignys, während der von Mommsen anscheinend mehr verehrte Kierulff den neuen Grundsätzen kritisch gegenüberstand.[98] Trotz manch abweichender Mei-

---

[94] Mommsen an den Handelsrechtler L. Goldschmidt am 31. 3. 1891, zit. nach L. M. Hartmann, 14.
[95] S. o. S. 483, Mommsens Brief an Savigny vom 2. 3. 1856.
[96] I–VIII, Berlin 1840–1849 mit Quellenregisterband 1851.
[97] In Mommsens Nachlaß fand sich eine im Mai 1839 abgeschriebene Kopie einer Vorlesung Savignys über ›Institutionen und Rechtsgeschichte‹ aus dem Sommersemester 1825 (so Wickert I, 450 Anm. 200); ebenfalls in das Jahr 1839 fällt die erste dokumentierte Erwähnung Savignys in einem Brief Mommsens an seinen Bruder Tycho vom 26. 7. 1839 (Wickert I, 454 Anm. 217), der nach Auskunft L. Wickerts – ihm sei hier für seine Hilfsbereitschaft sehr gedankt – leider im Zweiten Weltkrieg verbrannt ist.
[98] A. Heuß, Theodor Mommsen und das 19. Jahrhundert, Kiel 1956, 10, 33 ff.

nung aber legte Mommsen insbesondere in seinen beiden Antrittsvorlesungen in Leipzig und Zürich,[99] ebenso wie in seiner leidenschaftlichen Rezension über das Buch des Germanisten Georg Beseler mit dem Titel ›Volksrecht und Juristenrecht‹[100] eindeutiges Bekenntnis zur Historischen Schule ab. Der Einfluß Savignys auf Mommsen sowie die Grenzen der Übereinstimmungen und die frühe Eigenständigkeit des Jüngeren sind von A. Heuß dargelegt worden.[101]

Mommsens Verhältnis zu dem Nestor der Historischen Jurisprudenz kann wohl mit dem ähnlich spannungsreichen Verhältnis zu Niebuhr verglichen werden.[102] Wie sich für Niebuhr sagen läßt, daß „jeder, der sich in der Generation nach Niebuhrs Tod (1831) mit römischer Geschichte im allgemeinsten Sinne, also auch mit den staatlichen Einrichtungen Roms befaßte, Niebuhrs Schüler sein mußte, ob er wollte oder nicht"[103], so läßt sich gleiches für die Rechtswissenschaft nach Savigny behaupten.[104] Trotz aller Differenzen im einzelnen und grundsätzlichen war Mommsen bereit, die wegweisende Bedeutung dieser beiden Altväter seiner Wissenschaft anzuerkennen, so wie er es in seiner Antrittsrede vor der preußischen Akademie am 8. Juli 1858 ausgedrückt hat:

Solange die römische Jurisprudenz Staat und Volk der Römer ignorierte und die römische Geschichte und Philologie das römische Recht, pochten beide vergebens an die Pforten der römischen Welt; es gab keine lateinische Epigraphik, solange man mit den Inschriften nichts anfing als daß der Jurist daraus die Formeln, der Philolog die Verse sich auslas. Die erste Bedingung organischer Behandlung der römischen Dinge war die Verschmelzung von Geschichte und Jurisprudenz, welche sich knüpft an die beiden Namen Niebuhr und Savigny. Diese neue römische Wissenschaft war nun wohl fähig dem römischen Inschriftenstoff gerecht zu werden und gern erinnere ich heute daran, wie ganz anders in den von oder nach jenen Männern verfaßten Schriften die

---

[99] Th. Mommsen, Gesammelte Schriften III, Berlin 1907, 580–591; 591–600.
[100] G. Beseler, Volksrecht und Juristenrecht, Leipzig 1843; Mommsens Besprechung: Volksbuch für das Jahr 1845 mit besonderer Rücksicht auf die Herzogthümer Schleswig, Holstein und Lauenburg II, 1845, 117–129; auch in: Gesammelte Schriften III, Berlin 1907, 494–500.
[101] A. Heuß, Theodor Mommsen und das 19. Jahrhundert, Kiel 1956, 33 ff. sowie die in Anm. 2 genannte Literatur.
[102] Dazu A. Heuß, Niebuhr und Mommsen, Antike und Abendland 14, 1968, 1–18.
[103] A. Heuß, Niebuhr und Mommsen, a. a. O., 5.
[104] Vgl. etwa A. F. Rudorff, Gedächtnisrede auf Savigny, Abhandlungen der Königlichen Akademie der Wissenschaften zu Berlin aus dem Jahre 1862, 1–24, hier: 17: „Savigny hat entweder keine oder die umfassendste Schule begründet: denn seine Gedanken sind heute Gemeingut Aller, die ganze positive Rechtswissenschaft ist ihm gefolgt."

Inschriften behandelt werden als in der älteren Literatur; und ebenso daran, daß, wie Niebuhr unter den ersten und energischsten Förderern der griechischen Inschriftensammlung genannt wird, so Savigny es gewesen ist, dem wir die Grundlegung zu der lateinischen wesentlich verdanken.[105]

Mit der Aufnahme Mommsens als ordentliches – und jüngstes[106] – Mitglied in die Akademie der Wissenschaften und der damit endlich verbundenen Überantwortung der Leitung des CIL in seine Hände dürfte Savigny noch die beginnende Realisierung des von ihm in den Anfängen so engagiert und gegen heftigen Widerstand mitgetragenen Projekts mit Befriedigung registriert haben. Das Erscheinen des ersten Corpusbandes im Jahr 1863 aber hat er nicht mehr erlebt.

Anhang

a) Beilage Savignys[1] zu seinem Brief an Mommsen vom 5. Oktober 1850:

Bemerkungen zu der Schrift über das Münzwesen.[2]

1.

Der Libralfuß, fast zweihundert Jahre lang (p. 261–265). *Eigentlich* ein Zehnunzenfuß, da die Aße schwanken zwischen 9 und 11 Unzen. Diese Differenz vom Nennwerth wird erklärt, theils aus der mangelhaften Technik, theils aus der Absicht eines Schlagschatzes, sowohl zum Gewinn (oder Deckung der Kosten), als zum Schutz gegen das Einschmelzen. Dabei scheint mir zu wenig berücksichtigt die natürliche *Abnutzung,* die gewiß nicht die ganze Differenz erklärt, aber doch als drittes Moment sehr in Betracht kommt, so wie sie ja auch bei heutigen Münzen, und zwar in ganz verschiedenem Grade, erheblich ist. Die unvollkommene Technik förderte die Gleichförmigkeit der Münzen nicht mehr, als die der Gewichte.

---

[105] Th. Mommsen, Reden und Aufsätze, Berlin, 3. Abdruck 1912, 36.
[106] So A. Boeckh in seiner Antwort auf Mommsens Antrittsrede, abgedruckt in: Monatsberichte der Königlich Preußischen Akademie der Wissenschaften 1858, 399.
[1] Im folgenden werden die Texte Savignys und Mommsens ohne eingehende wissenschaftliche Kommentierung lediglich zur Kenntnis gebracht. – Das Original dieser doppelbögigen Schrift im Quartformat von Savignys Hand, deren Wortlaut hier wiedergegeben ist, befindet sich im Mommsen-Nachlaß der Staatsbibliothek Berlin/DDR. Eine nahezu wortgleiche, von Savigny nicht selbst verfertigte Kopie, die nur einige offensichtliche Abschreibfehler aufweist, enthält der Savigny-Nachlaß der Marburger UB unter der Signatur HS 838:19 (3 Blatt 2°, 6 Seiten). Die Hervorhebungen im Text stammen von Savigny.
[2] Th. Mommsen, Über das römische Münzwesen, in: Abhandlungen der Sächsischen Gesellschaft der Wissenschaften II, 1850, 221–427; Separatdruck: Leipzig 1850. – Auf diese Schrift beziehen sich die im folgenden genannten Seitenangaben.

2.

Die Reductionen, welche weder allmälig eintreten, noch sogleich auf 1/6 gehen, sondern stufenweise auf 1/2, 1/3, dann 1/6, jedesmal gesetzlich (p. 319–323). Damit bin ich im Ganzen einverstanden, und die durch den Krieg herbeigeführte Bedrängnis erklärt Alles natürlich, auch solche gewaltsame Mittel. Insbesondere hat mich nie überzeugt die Ansicht von Niebuhr, der alle Reductionen aus einer gleichmäßig eingetretenen Veränderung in dem Handelswerth des Kupfers erklären wollte. Diese Veränderung kann weder einziger noch überwiegender Grund der Reductionen gewesen seyn. Dagegen möchte ich dieselbe nicht gerade aus der Reihe möglicher mitwirkender Ursachen ganz ausschließen. Wenn eine solche Veränderung im Kupferwerth eintrat, war sie sehr geeignet, den Anstoß zu einer Reduction zu geben, in welcher man dann aber weiter gieng, und andere Zwecke verfolgte.

3.

Ganz besonders angesprochen hat mich die Darstellung des Silber*denars* als entsprechend dem *Trientalfuß,* wodurch der Sesterz als nunmehrige herrschende Rechnungsmünze einen Werth von 10 Kupfermünzen bekommt, also dem *wirklichen* As des alten Libralfußes (nominell 12 Unzen, reell 10 Unzen) an Werth gleich gestellt wird, welche Annahme dann die Widersprüche bei der Injurienstrafe und bei der L. Voconia zu beseitigen dient (p. 323–327). Manche werden vielleicht diese Combination zu künstlich finden, mir leuchtet sie sehr ein, und ich wünsche und hoffe, daß sich dafür noch neue Bestätigungen finden werden.

4.

Entstehung des Geldes (p. 252–261). Dieser Punkt ist mir von jeher besonders wichtig und schwierig gewesen. Ich bestreite nicht Ihre Ansicht, die ja im Wesen mit der herrschenden Ansicht alter und neuer Zeiten übereinstimmt, ich will Ihnen nur darlegen, was mir unbegreiflich ist, und ich werde Ihnen dankbar seyn, wenn Sie mir es begreiflich zu machen vermögen.

Der symbolische Gebrauch von aes et libra, der so viele Jahrhunderte hindurch die wichtigsten Rechtsverhältnisse der Familie und des Vermögens beherrscht, deutet unzweifelhaft auf eine Zeit hin, in welcher das Geld ernstlich gewogen, nicht gezählt wurde, also auf eine Zeit, worin man völlig im Stande war zu wiegen, aber noch keine Münzen kannte. Sie setzen diesen Zeitraum auf etwa hundert Jahre (mehr oder weniger), indem Sie annehmen, T. Servius habe das *Gewicht* erfunden und geordnet, *durch dieses* habe ein allgemeiner Werthmeßer (das aes) die Stelle des Geldes vertreten, die Decemvirn hätten, von Solons Gesetzgebung belehrt, *gemünztes Geld geschaffen,* also diesen zweiten wichtigen Schritt vorwärts in der Cultur gethan (p. 252. 257–259. 277). *Nunmehr* war im Geldverkehr die Wage, bisher ernstlich gebraucht, in ein bloßes Symbol verwandelt (p. 263). – Ich frage nun, *wie* haben wir uns jenen, etwa hundertjährigen, Zustand zu denken?

Alles Wiegen setzt voraus *Gewichte,* die bestimmt abgemeßen und bezeichnet sind, und zwar durch alle Stufen und Theilstücke hindurch. Das nehmen auch Sie an für das Jahrhundert jenes Zwischenzustandes (p. 260. 261). Es gab einen As, Semis pp bis Sextans und Uncia, genau so aussehend, wie nachher die gleichnamigen Geldstücke, und eben so bezeichnet (I S : : .·. . . .), es waren aber *Gewichte*, nicht *Geld*. Das Geld erfanden die Decemvirn, nach Solons Vorgang. – Wie soll ich mir nun hier den Unterschied denken, und wie die neue Erfindung? Die Gewichte waren ja *identisch* mit dem späteren Geld. Wollte man sagen, es sey damals möglich gewesen, die wenigen Gewichte zu schaffen, aber nicht das viele Geld, so könnte mich auch das nicht beruhigen. Die Schwierigkeit bei dem gegoßenen Geld, wie bei den gegoßenen Gewichten, besteht in der Anfertigung der Formen, sind diese vorhanden, so ist es nicht schwerer, viel als wenig zu gießen. – Mein Bedenken also besteht in der, mir erscheinenden, *Identität* der Gewichte mit dem ältesten Gelde, wodurch mir kein Raum bleibt für das hundertjährige Bedürfniß des Wiegens und ebenso für die neue Erfindung der Decemvirn.

Niebuhr scheint dieselbe Schwierigkeit stillschweigend empfunden zu haben, indem er zwei Gründe angibt für das Bedürfniß des Wiegens: 1.) Das in Rom mit dem einheimischen Geld vermischte fremde. 2.) Die durch die Reductionen entstandenen Geldstücke von verschiedenem Fuß. Beide Gründe halte ich für wahr, aber nicht ausreichend. Das reducirte Geld kann nicht den primitiven Zustand erklären. Das fremde Geld, (das auch Sie als bloße Waare erkennen p. 269) war doch gewiß in Rom, wie allerwärts, nur untergeordneter Bestandtheil des Geldverkehrs, nur Aushülfe und Ergänzung, hinderte also nicht das regelmäßige Zählen des Römischen Geldes, wenn dieses in irgend einer Gestalt von Münzen schon vorhanden war.

Die wichtigsten *Thatsachen* zum Beweis jenes Zwischenzustandes, worin wirklich und ernstlich gewogen wurde, sind mir die neuerlich gefundenen vergrabenen Schätze in rohem, unbezeichnetem Kupfer (p. 253. 254). Zu deren Erklärung namentlich reichen Niebuhrs Gründe nicht aus.

Können Sie mir in diesem Dunkel Licht verschaffen, so werde ich Ihnen sehr dankbar seyn. Ich will noch einen Einfall angeben, nicht als Behauptung, sondern mehr zu Darlegung meiner Schwierigkeit des Begreifens. Diese Schwierigkeit wäre gehoben, wenn in jenem Jahrhundert des Zwischenzustandes die bezeichneten Gewichte von anderem *Stoff* gewesen wären, als der allgemeine Werthmesser, also nicht von aes. Als ein solcher anderer Stoff wäre denkbar das Blei, wohlfeiler und leichter zu schmelzen und zu bearbeiten als alle anderen Metalle. Dann wären folgende Stufenfolgen anzunehmen. a) Servius: Bleigewichte, abgewogenes aes als Werthmeßer, Surrogat des Geldes. b) Decemvirn: Gegoßenes aes. Nunmehr Gewichte und Geldstücke identisch. Nun könnte man das ernstliche Wiegen als völlig und plötzlich verschwindend annehmen. Es kann aber dennoch, *neben* dem Zählen, geraume Zeit fortgedauert haben aus den *zwei* oben angegebenen Gründen von Niebuhr. c) Silbercourant 485. Nun völliges Verschwinden des ernstlichen Wiegens, das aes ist nur noch Scheidemünze und Zeichengeld, bei dem edlen Metall aber ist die Wage unbrauchbar, da sie nur über das *Schrot*, nicht über das *Korn* entscheiden kann.

5.

Jurisdiction, in den Bürgergemeinden in Italien (Municipien u. col. civium), Praefecturae. p. 226. 249. Der praetor urbanus hätte in diesen Gemeinden die Jurisdiction, in der Nähe übte er sie selbst aus, *alle* entferntere Bürgergemeinden waren Präfecturen. Mit dieser Lehre kann ich mich nicht einverstanden erklären, ich setze ihr folgende entgegen. a.) Die regelmäßige Jurisdiction in jenen Städten hatten die selbstgewählten IIvir oder IIII.viri *I.D.* Der Römische Prätor hatte mit diesen eine *concurrente* Jurisdiction, die nicht nur dem Recht nach beschränkt war auf den zufälligen Aufenthalt in Rom oder die Einwilligung der Parteien, sondern auch thatsächlich nur selten zur Anwendung kam wegen des übereinstimmenden Interesses *aller* Parteien (Richter u. Privaten) die örtliche Jurisdiction vorzuziehen. b.) Die Präfecturen waren exceptionell und ihre Einrichtung beruhte stets auf localen Gründen, nicht auf einer durchgreifenden Regel des Staatsrechts. Auf eine solche exceptionelle Natur deutet auch der Ausdruck des Festus. c.) Dieses Alles ist nicht Erfindung der L. Iulia de civitate oder der L. I. municipalis, noch weniger der Kaiserzeit, sondern uraltes Recht. d) Es ist aber nur wahr für *Italien*. Gallia cisalpina wurde als Provinz von einem Proconsul regiert, der hier allein Jurisdiction hatte, mit Ausnahme der einzigen Präfectur Mutina. Seit Auflösung dieser Provinz erhielten dasselbst die Municipien und coloniae civium selbst gewählte IIviri IIIIviri I. D. Für diese wurde nun die L. Rubria gegeben, und zwar hier zuerst mit *Beschränkungen* der Jurisdiction, die dann bald auch auf Italien ausgedehnt wurden, und hier zur Anordnung von 4 Consulares, später Iuridici führten (Iuridici de infinito). Die weitere Ausführung findet sich in folgenden Stellen meiner Schriften: Rechtsgesch. B. 1 § 9–14, vermischte Schriften B. 3, S. 311 p 317 p, System B. 8 § 355. § 352 Noten k. l.

Ich glaube, Sie sind durch die Wahrnehmung des jenen Städten fehlenden Münzrechts (als eines Acts der Souveränität [!]) verleitet worden, ihnen auch die selbstgewählten Gerichtsobrigkeiten abzusprechen, die keinesweges einen gleichartigen Charakter haben.

6.

Coloniae latinae, völlig autonome Staaten (p. 229–234). Ich glaube, daß Sie diese Städte, und zwar aus demselben Grunde, den ich eben erwähnt habe, zu hoch stellen in Vergleichung mit den Bürgercolonien. Der schwache Schein von Unabhängigkeit, der sich z. B. im Münzrecht offenbarte, ist doch nicht in Vergleich zu bringen mit der viel geringeren Stellung der einzelnen Bürger. Der arme Römer, der sich, um Landbesitz zu erlangen, in eine col. latina einschreiben ließ, erlitt dadurch eine capitis deminutio. Dagegen hatte jeder Bürger einer col. civium die Fähigkeit, durch Ehe mit den angesehensten Römern in Familienverbindung zu treten, und er konnte eben so zu Römischen Magistraturen gelangen.

Zu der Schrift über den Chronographen.[3]

Sie verwerfen p. 579. 580. völlig meine Ansicht von dem Indictionencyclus[4]. Ich habe dieselbe von jeher nicht als bestimmte Behauptung, sondern als Hypothese aufgestellt, muß sie aber noch jetzt als eine sehr wahrscheinliche Hypothese festhalten, besonders so lange keine andere entgegengestellt wird von überwiegender Wahrscheinlichkeit. *Gewiß* ist aus Lactantius und Ulpian die *Periodicität* der aufgestellten Catastur, und diese ist gerade das wichtigste, die Dauer der Periode ist untergeordnet und konnte wechseln. Darum beweisen die 10 Jahre bei Ulpian nicht gegen die 15 J., die ich für Constantin und später annehme, zumal es an einer wahrscheinlichen Erklärung *dieser* Änderung nicht fehlt. Beides war ein Multiplum der uralten traditionellen Census-Periode von 5 J. Der Übergang vom Duplum zum Triplum ist wohl so zu erklären. Zur Zeit Ulpians war die *Allgemeinheit* der Steuerverfassung noch nicht alt, und in der Zwischenzeit bis Constantin konnte man nach längerer Erfahrung wünschenswerth finden, die großen Mühen und Kosten einer Catastur durch längere Perioden zu vermindern. Die Anfertigung einer Catastur aber war von solcher Wichtigkeit für alle Provinzen u. Einwohnerklassen des ungeheuren Reichs, daß man wohl auf den Gedanken kommen konnte, eine officielle chronologische Bezeichnung mit dieser höchst wichtigen wiederkehrenden Einrichtung zu verbinden. Dagegen ist die Indictio des Osterfestes nicht nur ganz ohne erklärliche Verbindung mit einem Cyclus von 15 Jahren, sondern sie interessierte auch zu Constantins Zeit immer nur eine Partei im Reich (wenngleich eine zahlreiche), nicht das Reich im Ganzen.

b) Beilage Mommsens[5] zu seinem Brief an Savigny vom 17. April 1851:

Warum der 'Libralfuß' in der That ein Zehnunzenfuß war? – Sie vermissen die Berücksichtigung der Abnutzung; daß dieselbe in Betracht kommt, leugne ich natürlicherweise nicht, aber ich möchte daran erinnern, daß umgekehrt beim Kupfer die Oxydation auch das Gewicht steigern kann, und damit compensiren.
Übrigens wird es vielleicht intereßieren, daß der olivierische[6] As (Münzwesen S. 261), der schwerste von allen bekannten, nach Borghesi's Mittheilung, der ihn auf meine Bitte sich hat nach S. Marino kommen laßen, nicht bloß unzweifelhaft ächt ist, son-

---

[3] Th. Mommsen, Über den Chronographen vom Jahre 354, in: Abhandlungen der Sächsischen Gesellschaft der Wissenschaften II, 1850, 547–693; Separatdruck: Leipzig 1850. – Auf diese Schrift beziehen sich die im folgenden genannten Seitenangaben.
[4] F. C. v. Savigny, Ueber die Römische Steuerverfassung unter den Kaisern, in: Ders., Vermischte Schriften II, 67 ff., hier: 130 ff.
[5] UB MR HS 838:11. Die Schrift umfaßt 25 Seiten (1 Blatt + 6 Doppelblatt 8°). Die Unterstreichungen im Text stammen von Mommsen. Mommsens eigene Anmerkungen sind durch * gekennzeichnet.
[6] Annibale Olivieri degli Abbati (1708–1789), Dissertazione della fondazione di Pesaro. Si aggiugne una lettera al Barthelemy sopra le medaglie greche di Pesaro, le più antiche Romane, ed altre d'Italia, Pesaro 1757.

dern noch mehr wiegt als Paßeri[7] angegeben, nämlich 7349 Gramm, über 14 römische Unzen.

„Alles Wiegen setzt voraus *Gewichte*, die bestimmt abgemeßen und bezeichnet sind, und zwar durch alle Stufen und Theilstücke hindurch. Das nehmen auch Sie an für das Jahrhundert des [bei Savigny: jenes, d. V.] Zwischenzustandes (p. 260. 261). Es gab einen As, Semis, bis Sextans und Uncia, genau so aussehend, wie nachher die gleichnamigen Geldstücke und ebenso bezeichnet (I S :: ∴ : .), es waren aber *Gewichte*, nicht *Geld*. Das Geld erfanden die Decemvirn nach Solons Vorgang. – Wie soll ich mir nun hier den Unterschied denken, und wie die neue Erfindung? Die Gewichte waren ja *identisch* mit dem späteren Geld."[8]

Die Natur des Geldes habe ich mir deutlich zu machen gesucht durch Ermittelung der logischen Genesis deßelben von der ich freilich weit entfernt bin zu behaupten, daß es gerade die reale immer und überall gewesen ist; die wirkliche Entwicklung zeigt oft nur in Ansätzen und Andeutungen die Stadien der normalen an. Ich unterscheide folgende Perioden:

1) Die Vermögensobjecte werden im Verkehr nur verglichen mit den jedesmal gegen sie zu vertauschenden. Man könnte dies Verfahren als das *reine Tauschsystem* bezeichnen, wobei jeder Waare wohl ein Werth beiwohnt, es aber an jedem absoluten Ausdruck dieses Werthes, d. h. an jedem Werthmeßer noch fehlt. Eine Bilanz aus verschiedenartigen Objecten, eine Angabe des Vermögens in einfachem Ausdruck ist nicht möglich.

2) Die Vermögensobjecte werden im Verkehr verglichen mit einer und derselben Waare, so daß wenn zwei gegen einander auszutauschen sind, man jede derselben erst auf die dritte Normalwaare zurückführt und dadurch mit einander vergleicht – wie die homerischen Helden thun, wenn sie ihre Rüstungen abschätzen in Rindern. Es liegt ein ungeheurer Fortschritt in diesem *System der Werthmessung*; die ungleichartigen Objecte werden dadurch für den Gedanken und den Verkehr in gleichartige verwandelt, absolut gültige Zahlung, Rechnung, Bilanz, einfache Vermögensschätzung wird möglich, indem alle Vermögenstheile auf Sclaven, Rinder, Felle, Perlen u. dgl. zurückgeführt werden. Doch kann, solange die Normalwaare eine individuelle Sache ist, deren Werth durch Theilung zerstört oder vermindert wird, diese Werthmeßung nur in Ganzen dargestellt werden. Wer in Sclaven rechnet, kann ein Object, deren zwei oder drei gegen einen Sclaven getauscht werden mochten, im praktischen Verkehr nicht anders vergüten, als daß er zuviel oder zu wenig giebt.

3) Der Verkehr fordert demnach eine Normalwaare, die geeignet ist nicht bloß die Ganzen, sondern auch die Quoten darzustellen – oder, wie Mephistopheles es hochmüthig ausdrückt: Es liegt Dir kein Geheimnis in der Zahl, allein ein großes in den Brüchen. Dadurch wird zur Normalwaare diejenige, deren Werth durch Theilung nicht vermindert wird, d. h. irgend ein Metall. Bei diesem *System des theilbaren Werth-*

---

[7] Giovanni Battista Passeri (1674–1780); das hier von Mommsen angesprochene Werk: Jo. Baptistae Passerii in Thomae Dempsteri libros de Etruria regali paralipomena, Lucae 1767, darin insbesondere: De re nummaria Etruscorum, a. a. O., 147–216.

[8] Zitat aus Savignys Schreiben, s. o. S. 489f.

meßers ist es nothwendig die Einheit, welche auf der vorigen Stufe durch die Individualität des Objects sich ergab, auf künstlichem Wege zu bestimmen, denn was absolut theilbar ist, hat eben deswegen keine absolute Einheit. Hier also zuerst tritt das Bedürfniß einer Legislation, einer positiven Setzung hervor, während auf den früheren Stufen der Entwicklung der Staat sich paßiv verhielt; denn selbst die Bestimmung der Normalwaare erfolgt naturgemäß durch die Zufälligkeiten der Verkehrsverhältniße, nicht durch Gesetz. Der Staat aber allein kann bei einem absolut theilbaren Werthmeßer die (künstliche) Einheit und die Art der Theilung festsetzen. Dies geschieht durch Einführung des Maßes oder des Gewichts. Es ist gleichgültig ob von einem Golddraht von gleicher Dicke ein nach Längenmaß bestimmtes Stück oder ob ein gewißes Körpermaß zu Grund gelegt wird, nur daß freilich die letztere Bestimmung deßhalb vollkommener ist, weil sie auf die wie immer geformte Substanz ohne Schwierigkeit Anwendung findet. Deßhalb ist das servianische System vollkommener als das nordische der goldenen Armspangen. Übrigens geht man überall vom Maße aus und gelangt dadurch von selbst zum Gewichte; der Cubus des Normalmetalls, deßen Seitenlinien der Maßeinheit entsprechen, ist die Gewichteinheit.

4) Durch die Einführung einer absolut theilbaren Normalwaare als Werthmeßers wird der Verkehr in den Stand gesetzt jeden Werth sicher und genau auszudrücken; aber freilich bedarf es dazu der meßenden und wiegenden Instrumente, deren Gebrauch im gemeinen Leben sehr lästig ist. Zur Vereinfachung der Geschäfte kamen die Inhaber des meßenden Materials darauf daßelbe in Stücke zu theilen welche im Gewicht der Einheit und den Theilen genau entsprachen; wobei es denn sehr nahe lag die Gewichte beim Guß auf den Stücken selbst zu verzeichnen. Dies ist das *System der gemarkten Barren*. Gezwungen war Niemand das auf den Barren bemerkte Gewicht als richtig anzunehmen, aber man wird ebenso oft in gutem Glauben an die Marke eines bekannten Mannes auf Nachwägung verzichtet haben, als man die versiegelten Rollen in gutem Glauben an das bekannte Siegel uneröffnet annimmt. Berechtigt zum Marken war Jeder, die Regierung wie der Private; jede Marke galt so weit man den Markenden kannte und ihm traute.

5) Die Culturentwicklung drängt überall dahin die immer mangelhafte und beschränkte Privatgarantie durch eine Garantie des Staats zu ersetzen; so die sieben Zeugen bei Abschriften und bei Testamenten durch amtliche Beglaubigung oder Deposition bei den Gerichten u.s.w.

Aus ähnlichen Motiven ging früh die Markierung der Barren auf den Staat über, so daß durch dessen Wappen Gewicht und Qualität, Schrot und Korn beglaubigt und – was die Hauptsache ist – für die Staatsbürger bindend ward. Hiemit trat eine Veränderung ein von unermeßlichen Folgen: das Geld war erfunden. Ich muß indeß gleich hier auf einen sehr wesentlichen Unterschied in dem sogenannten Gelde aufmerksam machen. Dasselbe ist entweder *Werthgeld* oder *Creditgeld*. d. h. es ist das Geldstück entweder ein feststehendes allgemein bekanntes Quantum der Normalwaare selbst, wie die republikanischen Denare von 1/84, die neronischen Aurei von 1/45, die constantinischen Solidi von 1/72 Pfund oder heutzutage die preußischen Thaler von 1/18 einer Mark fein; oder es *ist* zwar nicht ein solches Quantum, allein der Staat verspricht es *statt* eines solchen anzunehmen, so alle Scheidemünze, alles Papiergeld alle einem festen Quantum der Normalwaare officiell gleichgestellte Münze aus anderen Metallen, z. B. das preußische Goldstück von 5 2/3 rtt. Dies Creditgeld

ist jüngeren Ursprungs: ursprünglich sollte alles Geld Werthgeld sein, Metallbarren mit Staatsmarken. Legen wir diesen normalen Zustand zu Grunde, so antworte ich auf die Frage:
„Wie sollen wir uns nun den Unterschied denken, und wie die neue Erfindung? Die Gewichte waren ja identisch mit dem spätern Geld." [9]
daß es zwar in der Zeit der Republik jedem Bürger freistand sein Silberpfund in 84 gleiche Theile zu theilen und diese Stücke als 1/84 zu bezeichnen; daß diese Stücke allerdings den Denaren des Staats im Werthe entsprachen; daß aber dennoch es ein sehr wesentlicher Unterschied war ob man einen solchen Privatdenar oder einen denarius forma publica populi Romani percussus in Zahlung gab. Jenen konnte der Gläubiger nehmen, wenn er wollte; diesen mußte er annehmen, selbst wenn er durch die unvermeidliche Ungenauigkeit in der Ausprägung oder durch Abnutzung nicht mehr vollwichtig war. Jenen durfte er nachwägen, diesen nicht, sofern er ächt und nicht gewaltsam beschädigt war. Lege Cornelia tenetur – sagt Paullus s. r. V, 25, 1 – qui vultu principum signatam monetam praeter adulterinam reprobaverit [sic].[10] Umgekehrt hatte der Gläubiger ein Recht jede Zahlung, für die nichts besonders ausgemacht war, nicht bloß in Silber, sondern eben in römischer Silbermünze zu fordern; durch die Einführung des Geldes war das geändert, daß nicht mehr bloß die Normalwaare in jeder dem Zahler beliebiger Form, sondern die Normalwaare in bestimmter Form gefordert werden und Barren oder formale Münze nur nach den Grundsätzen der datio in solutum gegeben werden konnten. Hieraus folgt denn freilich mit Nothwendigkeit, daß durch Einführung des Geldes der ernsthafte Gebrauch der Wage nicht bloß beschränkt wird (was er schon wird durch Einführung der gemarkten Barren), sondern gesetzlich verboten wird und aufhören *muß*. In bezug auf die Decemviralmünzen bleibt uns also nur die Wahl entweder anzunehmen, daß sie nicht Geld waren, sondern vom Staat gemarkte Barren, an deren Marke aber der Bürger nicht gebunden war und das Jeder nachwägen konnte wie die Privatmünze des Titius oder Marius; wo man denn freilich zusehen mag, wie man mit der durchgängig leichteren Ausmünzung und den späteren Reductionen fertig wird. Oder man muß glauben, wie ich es gethan und wie Sie denn ja auch nicht ganz abgeneigt sind, daß mit den Decemvirn das ernstliche Wägen völlig und plötzlich verschwand; ich habe zwar alle Achtung vor Gaius und Plinius und der civilistischen Orthodoxie, aber hier reden sie aus den Banden der aes et libra und des klingenden [?] rodusculum. Wer auf 100 Aße contrahirte, konnte nicht hundert Pfund Kupfer fordern, auch nicht 100 der schwersten Aße sich aussuchen, sondern mußte die Aße nehmen, die man ihm anbot, wenn sie römische, unbeschädigte und ächte waren. Damit sage ich natürlich nicht, daß man das Pfund Kupfer für einen Libralas kaufen konnte; daß das gemünzte 'Pfund' keineswegs ein volles Ge-

---

[9] Zitat aus Savignys Schreiben, s. o. S. 490.
[10] Julius Paulus (auch: Paullus; Jurist des 2. nachchristl. Jh.), Neueste Ausgabe: Pauli Sententiarum receptarum ad filium libri V, in: E. Seckel – B. Kuebler (Hrsg.), Iurisprudentiae anteiustinianae reliquias II, Leipzig ⁶1911, 1–161. – Mommsen wird folgende Ausgabe benutzt haben: Corpus Iuris Romani Anteiustiniani. Consilio professorum Bonnensium E. Böckingii, A. Bethmann-Hollwegii et E. Puggaei, Bonn 1841.

wichtpfund wog, wußte Jeder und danach bestimmten sich die Preise. Die Werthmünze war aber nicht mehr identisch mit dem Gewicht nach dem sie hieß, wie sie es ursprünglich hatte sein sollen, sondern sie war 5/6 deßelben; was die Rechnung etwas verwickelte, aber den Charakter der Münze als Werthmünze nicht im geringsten änderte.

Auf die spätere Entwicklung des Geldes gehe ich nicht weiter ein; das Creditgeld namentlich, welches sich zum Werthgeld verhält, wie Obligation zum Eigenthum folgt seiner ganz besonderen Entwicklung, indem bei ihm die Materie mehr oder weniger gleichgültig ist, und der Werth hauptsächlich darauf beruht, daß die öffentlichen Kaßen es anstatt eines Quantums der Normalwaare nehmen. Heutzutage gibt es eine Dritte dem Alterthum unbekannte Sorte: ich meine die Münzen, welche ein Staat aus einem anderen als seinem Courantmetall prägt ohne ihnen einen festen Werth in diesem beizulegen; wie z. B. die hannöverschen und dänischen Goldstücke. Diese sind kein Creditgeld, denn der prägende Staat stellt damit keineswegs eine Anweisung auf sich für ein bestimmtes Quantum der Normalwaare aus aber auch kein Werthgeld, denn nur in der Normalwaare oder gesetzlich ihr gleichgestellten Objecten kann man allgemein gültige Werthe bestimmen. Solche Stücke sind genau genommen gar kein *Geld*, denn sie *gelten* nicht einen festen Werth, sondern nur Münzen gleich den Münzen eines fremden Staats; wie denn auch die Praxis zeigt, daß derartige Münzen heimatlos und mehr Waare als Geld sind. Wenn der Staat durch seinen Stempel Qualität und Quantität andrer Waaren als der Normalwaare garantiert, z. B. Eisenstangen, Tuchstücke, Goldplatten, so ist denselben dadurch in dem stempelnden Staate keineswegs Geldqualität beigelegt; dies würde erst der Fall sein, wenn verordnet wäre, daß eine Eisenstange oder ein Goldstück von bestimmter Größe und Güte gleich einem bestimmten Quantum der Normalwaare Silber genommen werden müßten.

Wohl aber muß das noch erwähnt werden, um naheliegenden Einwürfen zuvorzukommen, daß auf einer gewißen Stufe der volkswirthschaftlichen Entwicklung das System des Geldes wieder aufzuhören pflegt und man zurückkehrt zu den gemarkten Barren der vierten Stufe, nur daß das Geschäft des Markens der Regierung verbleibt. Es kann nicht geleugnet werden, daß die Zumuthung an den Staat für Schrot und Korn der Münzen einzustehen nicht bloß denselben in schlimme Versuchung führt, sondern genau genommen eine unmögliche ist; denn er kann weder die Stücke ganz gleich machen noch die Abnutzung verhüten. Die normale Münzeinheit wird bei der reellsten Prägung namentlich wegen der Abnutzung immer etwas über der reellen an Gewicht stehen; der preußische Thaler soll 1/18 Mark fein wiegen, aber der Durchschnitt der wirklichen Thalerstücke muß nothwendig etwas geringer sein, und diese Differenz erzeugt bei sehr gesteigerter Cultur, namentlich bei Goldcourant, wo kleine Abweichungen schon erheblich sind, fühlbare Mißstände und eine stetige grenzenlose Devaluirung des Münznormals. Deßhalb haben die Römer seit Constantin (vielleicht schon etwas früher) und ebenso die Engländer es ganz aufgegeben Werthmünzen zu schlagen und überhaupt auf den realen Ausdruck der Gewicht- und Wertheinheit mit absolut verbindlicher Kraft verzichtet. Die Römer rechnen nach Pfunden oder nach Pfundquoten (solidi) Goldes; der geprägte Solidus soll zwar eine solche Pfundquote 1/72 repräsentiren, aber weder der Staat noch der Private braucht ihn dafür anzunehmen, wenn er nicht genau das normale Gewicht hat (C. Th. XII, 7, 1. Nov. Valent. III tit.

XIV pr.¹¹) Mit dieser Satzung hängt auch das Aufkommen der exagia solidi zusammen. Man war damit zurückgekehrt zu den alten Zuständen vor Servius und Gold und Wage treten wieder in ihre Rechte; wovon sich denn auch die praktische wohlthätige Folge zeigt, daß von diesem Augenblick an alle die sonst so zahllosen Münzverschlechterungen und tausendfältigen Staatsbetrügereien ihr Ende nehmen – was hätte man gewonnen Schrot und Korn zu verschlechtern, wenn die Münze nur insofern galt als sie Schrot und Korn hatte? – Ganz unabhängig sind hiervon natürlich die Creditmünzen, welche als unverzinsliche Staatsobligationen auf ein bestimmtes Quantum des Normalmetalls bei den Römern in der Form von maßenweis und mit über dem Metallwerth geprägter Kupfermünze, bei den Engländern in Form von Banknoten neben jenen vom Staat, aber ohne verbindliche Kraft für die Unterthanen, nach Schrot und Korn gemarkten Goldbarren cursirten und cursiren.

Was die schwierige Frage betrifft über die Jurisdiction in den italischen Bürgergemeinden, so bescheide ich mich gern dieselbe nicht abschließen zu können, und habe auch an den angeführten Stellen meine Meinung nur zur Hälfte gesagt; denn für das was ich dort behaupte, daß allen diesen Colonien, Municipien, Präfecturen die staatsrechtliche Selbständigkeit gefehlt hat, kommt es nicht darauf an, ob sie die Communaljurisdiction gehabt haben oder nicht, und auch Sie, indem Sie ihnen diese beilegen, sind doch natürlich weit entfernt ihre Souveränität zu behaupten. Indeß erlaube ich mir wenigstens meine Zweifel und meine Ansichten darzulegen.
Zunächst leidet es nicht den mindesten Zweifel, daß alle Colonien Municipien Präfecturen von Anfang an ein eigenes Gemeinwesen (res publica) gehabt haben. Die den römischen Consul nachgebildeten Duovirn der Colonien, die alterthümlichen dictatores, praetores der Städte von Latium, überhaupt die ganze ungemein mannigfaltige Entwicklung des italischen Municipalwesens auch in den schon vor 665 mit dem Bürgerrecht beliehenen Städten macht es evident, daß freie Communalverfaßung mit selbstgewählten Obrigkeiten an der Spitze denselben nie gefehlt hat. Am schärfsten tritt dies Recht und zugleich deßen wichtigste politische Bedeutung hervor in dem Gegensatz derjenigen Städte, die zur Strafe in den römischen Bürgerverband mit Auflösung ihres Gemeinwesens eintraten, wie Capua 544.
Die Frage ist also so zu faßen: war mit der freien Communalverfaßung der römischen Bürgergemeinden die Jurisdiction verbunden oder nicht?
Auf den ersten Blick wird man sehr geneigt sein, die Frage deßhalb zu bejahen, weil in der letzten Zeit der Republik und unter den Kaisern notorisch den römischen Communen Civil- und Criminaljurisdiction zustand. Allein diese Uebertragung des späteren Rechts auf eine frühere Zeit wird unzuläßig, wenn nachgewiesen werden

---

¹¹ Mommsen legt hier die Zählung der Tituli nach der Ausgabe von Hänel zugrunde: Codices Gregorianus Hermogenianus Theodosianus, I–III, ed. Gustavus Haenel, Bonn 1837–1844, hier: III, 170. In der von ihm selbst betreuten Ausgabe des Codex Theodosianus trägt der hier zitierte Titulus ›De pretio solidi et ne quis solidum integrum recuset‹ die Nummer XVI, s. Theodosiani libri XVI cum constitutionibus Sirmondianis et leges novellae ad Theodosianum pertinentes II, ed. Th. Mommsen et P. M. Meyer, Berlin 1905 (²1954), 101.

kann, daß dazwischen ein Ereigniß, welches diese Verhältniße wesentlich alterirt hat, stattgefunden haben muß und bedeutende Differenzen zwischen dem älteren und dem späteren Rechte hervortreten.

Dies ist nun allerdings der Fall in Betreff der Präfecturen. Gemeindeverfassung haben auch diese immer gehabt; wofür einen sehr merkwürdigen Beleg die Bronze von Fundi zwischen 571 und 602 d. St. (von mir herausgegeben Gerhard arch. Zeitung IV, 329) gewährt: [cons]criptes cose(nsu) T. Fa[bii? . . . praifecti et p]raifectura tot[a hospitium] fecere quom Ti. C[laudio ? . . .],[12] wogegen die Jurisdiction bekanntlich dem von Rom gesandten Praefecten zustand.[13*] Aber es findet sich nicht bloß von diesen Präfecten nach dem Bürgerkrieg nirgends die geringste Spur (die praefecti, welche anstatt der Kaiser und der Prinzen oder anstelle der nicht rechtzeitig vom Volk gewählten Magistrate von der Regierung oder den Decurionen ernannt wurden, sind ganz andrer Art), sondern die Inschriften beweisen deutlich, daß die alten Präfecturen zwar wohl noch unter diesem Namen vorkommen – so die praefectura Atina Cic. pro Planc. 8; die praefectura Amiterina, Aveias, Peltuinas auf Inschriften, welches Cäsars picenische Präfecturen sind (b.c. I, 15) – aber an ihrer Spitze keinesweges mehr Präfecten hatten, sondern andere Magistrate der verschiedensten Art, z. B. ein Collegium von drei Aedilen in Fundi Formiae Arpinum nach den Inschriften und nach Cic. ad fam XIII, 11 (is magistratus in nostro municipio unicus nec alius ullus creari solet [sic]), Aedilen wahrscheinlich auch in Atina, Octoviri in Amiternum u.s.w., wobei ich natürlich alle die Städte, deren Verfassung durch Colonisirung sich nach 665 verändert hat, nicht in Anschlag bringe. Auch Festus stellt die Ernennung der praefecti als etwas Vergangenes dar. – Ich halte es demnach für gewiß, daß schon in Ciceros Zeit die Aedilen von Arpinum und die anderen Beamten der Präfecturen die Jurisdiction ebenso ausübten wie die Vorsteher der Colonien und Municipien, welche nie Präfecturen gewesen waren; es ist der praefectus iure dicundo in diesen Städten weggefallen und seine Geschäfte sind übergegangen auf diejenigen Magistrate, welche die Präfectur auch früher schon wählte, wodurch sich die Anomalie der aediles iure dicundo erklären mag.

Es hat also irgend einmal hier eine tiefgreifende Veränderung stattgefunden, wodurch die Präfecturen die Communaljurisdiction erwarben. Dies so wie die Erwägung, daß zu derselben Zeit auch andere Communen die Iurisdiction erworben haben können, welche wir später bei ihnen finden, muß bedenklich machen gegen jeden Rückschluß von der späteren Communalverfassung auf die ältere. Die Ursache, wodurch die Lage der Präfecturen sich änderte, glaube ich mit vieler Wahrscheinlichkeit in dem Social-

---

[12] Th. Mommsen, Römische Patronatstafel, Archäologische Zeitung 4, 1846, 329–336, dort lautet die Ergänzung jedoch:
„CONSCRIPTES.COSE(SU).T.FA. . . . . praifecti pro PRAIFECTURA.TOTA fundanorum hospitium FECERE.QUOM.TI.Claudio? . . . ." (a. a. O. 332).

[13*] Die Colonien Puteoli und Volturnum, die zugleich Präfecturen waren, zeigen in ihren sehr alten Inschriften Grut. 207. 152, 2 wohl duoviri, aber ohne den Beisatz iure dicundo. [Janus Gruterus (1560–1627), Inscriptiones antiquae totius orbis Romani in absolutissimum corpus redactae olim auspiciis Josphi Scaligeri et Marci Velseri. Ex Recensione et cum annotationibus Joannis Georgii Graevi, Amsterdam ²1707 (zuerst: Heidelberg 1603).]

krieg zu finden. Mochten es die Römer mit den älteren Bürgergemeinden gehalten haben wie sie wollten, das ist klar, daß sie nie daran denken konnten den Italikern einen solchen Eintritt in den römischen Staatsverband anzubieten, der sie aller Communaljurisdiction beraubt haben würde. Dies mußte die Veranlaßung sein denjenigen älteren Bürgergemeinden, welche dies Bannrecht nicht besaßen, mochten dies nun die Präfecturen allein sein oder noch andre, daßelbe gleichfalls zu übertragen, um nicht die befreundeten socii in schlechtere Lage zu bringen als die feindlichen. Was immer Rom von municipaler Jurisdiction in Italien besaß, mußte es entweder aufgeben oder mindestens so beschränken, daß es für sämmtliche Communen erträglich ward; sie scheint aber vielmehr völlig aufgegeben zu sein.
Aus diesen Gründen muß ich die Frage stellen: welches sind die Beweise, daß vor dem J. 665 die römischen Gemeinden die Rechtspflege selber verwaltet haben?
Die Regel des Staatsrechts spricht dagegen: Der römische Bürger hat sein Forum vor dem Magistrat qui ius dicit inter cives Romanos, oder wenn er mit Fremden streitet, vor dem Gastgerichtshof. Ob der Magistrat dies Recht selbst ausübt oder durch delegirte Personen, ist gleichgültig; im letztern Fall ist es immer kraft seines imperium, daß die Stellvertreter entscheiden.[14*] Ich bin ganz einverstanden, wenn Sie sagen: „Die Präfecturen waren exceptionell und ihre Einrichtung beruhte stets auf localen Gründen, nicht auf einer durchgreifenden Regel des Staatsrechts."[15] Aber gilt dies nicht von jeder delegirten Jurisdiction, z. B. von der der Legaten der Provinzialverwalter? Die *Regel* war nach meiner Auffassung, daß der Prätor selbst Recht sprach; die *Ausnahme*, daß er einen ständigen Stellvertreter in einen Bezirk abordnete oder daß das Volk einen eigenen Beamten für denselben ernannte. Es ist sehr wahr, daß diese Ausnahme keinesweges auf durchgreifenden staatsrechtlichen Gründen beruhte; wir finden unter den Präfecturen (von denen wir übrigens nach Festus Ausdruck zu schließen *viele* nicht kennen) römische Bürgercolonien und Municipien jeder Art; das Einzige ist allen uns bekannten Präfecturen gemein, daß es *entferntere* Bürgergemeinden sind. Wenn nun die Absendung delegirter Richter durch den Prätor in eine Anzahl Bürgergemeinden direct beweist, daß ihm in diesen die Jurisdiction *zustand*, ist es nicht sehr glaublich, daß er in anderen die Jurisdiction selbst *geübt* haben werde? wenn wir gar finden, daß er in entferntere Districte delegirte Richter absandte, ist es nicht wahrscheinlich, daß er in den näheren selber Recht sprach?
Keinesweges will ich indeß behaupten, daß diese prätorische Jurisdiction, welche regelrecht aus den staatsrechtlichen Verhältnissen folgt, ohne Ausnahme gegolten habe. Es liegt auf der Hand, daß dieselbe Uebertragung der Jurisdiction an die Communen, welche die leges Iulia und Plautia Papiria generell für Italien verfügten, schon früher in speciellen Fällen vorgekommen sein konnte und wahrscheinlich vorgekommen ist. Kann man darthun, daß Magistrate iure dicundo in einer der älteren Bürgergemeinden schon vor 665 vorkommen, so sehe ich darin einen Beweis, daß der betreffenden Stadt

---

[14*] Selbst wenn ein eigener dem Prätor coordinirter Beamter, den das römische Volk ernennt, die Jurisdiction versieht, liegt, hierin gleichfalls nur die Anerkennung, daß über römische Bürger magistratus publici populi Romani zu entscheiden haben.

[15] Zitat aus Savignys Schreiben, s. o. S. 491.

durch die lex coloniae oder die lex de civitate danda ausnahmsweise Exemtion von der prätorischen Gerichtsbarkeit zugestanden war. Es kann sein, daß solche Exemtionen häufig waren; aber darüber etwas zu präcisiren, wüßte ich nicht, es sind mir auch keine Beweise der Art bekannt. Die höchst eigenthümlichen Rechtsverhältniße des cisalpinischen Galliens in der Epoche, wo das Land zwar von Bürgern bewohnt, aber dennoch Provinz war – eine seltsame Anomalie – glaube ich nicht weiter berühren zu dürfen. Die Jurisdiction stand in dieser Epoche dem Proconsul ungetheilt zu, nicht wie in Italien den Municipien; es ist das eine Anomalie bei Ihrer ebenso wie bei meiner Annahme und es darf daraus nicht einmal für den gleichzeitigen Zutand der italischen Städte, geschweige denn für den vor 665 irgend etwas gefolgert werden.

Die Indictionenrechnung bietet folgende Momente, deren Erklärung von einer genügenden Hypothese zu verlangen ist:
  1. den Namen.
  2. die Beziehung zu der Steuerverfaßung
  3. das Anfangsjahr 312
  4. den Anfangstag 1. Sept.
  5. den funzehnjährigen Cyclus.
Ihre Hypothese erklärt befriedigend das erste, zweite und vierte Moment. Das fünfte erklären Sie durch eine Supposition, die ich allerdings nicht hätte verwerfen sollen; denn wie sie mit Recht sagen, die Periodicität ist die Hauptsache und der Übergang von 2 zu 3 Lustren allerdings sehr denkbar. Die seltsame Bezeichnung, wonach die funfzehn Jahre des Cyclus die erste bis funfzehnte Indiction genannt werden, wird dadurch begreiflich, wenn man zu indictio den für jede Steuerperiode fixierten Satz hinzudenkt, z. B. indictio ternorum denariorum; diese drei Denare vom Solidus wurden dann allerdings funfzehnmal indicirt, um in der nächsten Periode vielleicht mit 2 oder 4 zu wechseln. Dagegen vermag Ihre Annahme nicht bloß das Anfangsjahr 312 nicht anders als durch eine zweite Supposition zu erklären, sondern was wichtiger ist, es ist danach gar nicht einzusehen, wie diese Rechnung überall zu einem Anfangsjahr kommt, d. h. zur Aera wird. Erfunden ist sie offenbar nicht dazu; man würde sonst nicht zweckwidrig die Zählung der Perioden selbst unterlassen haben und bloß die Jahre innerhalb der Periode zählen, wodurch die Datirung nach Indictionen ebenso unvollkommen wird wie wenn wir nach Monaten datiren ohne Angabe des Jahres. Offenbar hat, wer die Indictionenrechnung aufbrachte, sich gar nicht die Frage aufgeworfen: welches ist die erste Indictionsperiode und hätte er sie aufgeworfen, so hätte er antworten müßen: das erste censorische Lustrum. Denn wenn man die Indictionsperioden selbst nicht zählt, also nach diesen nicht rechnet, so ist es auch gleichgültig, ob die frühesten Perioden fünf-, die folgenden zehn, die letzten 15jährige waren; man konnte auch in den Zeiten von P. Scipio und von Caracalla von dem ersten, zweiten, dritten Jahr der Steuerperiode sprechen. – Es ist also ganz zufällig und hängt nicht mit dem Wesen des Indictionensystems zusammen, daß ein bestimmtes Jahr und gerade das Jahr 312 als der Anfang der Indictionen bezeichnet wird. Man könnte zwar sagen, es sei vielleicht in diesem Jahr vorgeschrieben worden, nach dem Steuerjahr zu datiren; allein das ist nicht der Fall, die Datirung nach Indictionen kommt bekanntlich erst 40–50 Jahre später in Gang. – Demnach glaube ich noch immer im Recht zu sein,

wenn ich für das Anfangsjahr 312 einen Anknüpfungspunct außerhalb des Systems suche, dem die Indictionenrechnung sonst eigentlich angehört. Nun finde ich dies Jahr bezeichnet durch ein Ereigniß von ungeheuren Folgen: das constantinische Toleranzedikt und die öffentliche Anerkennung des Christenthums. Ich finde, daß von diesem Jahr die öffentliche und legitime Feier des christlichen Jahrs beginnt, daß von diesem an die chronologischen Verzeichniße der römischen Kirche über die Osterfeiern laufen. Ist es nicht sehr wahrscheinlich, daß man die anfanglose Indictionenrechnung an diesen Anfang knüpfte? – Wie das geschah, läßt sich nicht sagen; mochte das Jahr 312 zufällig zugleich das erste einer 15jährigen Periode sein oder mochte man erst später solche Perioden einrichten und diese von einem 15 X x von 312 entfernten Jahre beginnen laßen, es wird nicht an Möglichkeiten fehlen eine solche Anknüpfung zu motiviren. Gewiß rechneten die Christen die Jahre vielfach von 312 an; es mußte bequem sein, diese Rechnung mit der im öffentlichen Leben geltend gewordenen nach Steuerjahren so zu combiniren, daß durch eine leichte Rechnung immer das Jahr des Toleranzedikts zu finden war.

ZUM POLITISCHEN CHARAKTER DER GERMANEN IN DER ›GERMANIA‹ DES TACITUS

Von Dieter Timpe

Die Wertungen des taciteischen Germanenbildes wandeln sich mit den Zeiten, denen sie entstammen. Wenn das frühe Nationalbewußtsein in der ›Germania‹ Legitimation und Bestätigung fand, so leuchtete dem romantischen Historismus daraus das Morgenrot, in dem die Frühzeit der Volksgeschichte erstrahlte; wo nationaler Übermut die eigene Singularität und Vortrefflichkeit bezeugt wähnte, erkannte skeptische Ernüchterung bloß kunstvoll montierte Barbaren-Typologie. Der Zusammenhang zwischen Zeitgeist und Deutung der ›Germania‹ ist ebenso eindrücklich wie offenkundig[1] und leicht weiter zu verfolgen, aber er stellt auch der Verläßlichkeit des Textverständnisses nicht das günstigste Zeugnis aus.

Methodisch greifbarer werden dessen Bedingungen, wenn man die Einschätzung der ›Germania‹ auf einer Skala zwischen Individualisierung und Typisierung und einer anderen, mit der ersten sich berührenden, zwischen Idealisierung und Barbarentopik ordnet. Denn der Erkenntnis, daß die germanische Ethnographie „von völkerkundlichen Wandermotiven wie übersät" ist und klischeehafte Betrachtungsweise die Zuverlässigkeit der Einzelaussage in Frage stellt,[2] steht das immer erneute Bemühen gegenüber, hinter der Erfassung des ethnographischen Objekts doch auch individualisierende Absicht des Tacitus nachzuweisen, die Wege seines einfühlenden Verstehens womöglich in der differenzierten und variierenden Verwendung eben des typo-

---

[1] Vgl. M. Fuhrmann, Die Germania des Tacitus und das deutsche Nationalbewußtsein, in: ders., Brechungen, 1982, 113–128; G. Perl, Die Germania des Tacitus, historisch-politische Aktualität und ethnographische Tradition, Acta Classica 19, 1983, 79–89; K. v. See, Deutsche Germanenideologie, 1970; L. Canfora, La Germania di Tacito da Engels al Nazismo, 1979. – Grundlegend: P. Joachimsen, Tacitus im deutschen Humanismus (1911), in: Ges. Aufsätze, 1970, 275 ff. Eine entsprechende Analyse für das 19. Jh., die nicht auf die Zusammenhänge mit der Nazi-Ideologie hinzielte, fehlt. – Zum ganzen siehe die im Erscheinen begriffenen Aufsätze des Göttinger Germania-Symposium 1986 (in Abh. d. Gött. Ak. d. Wiss., hrsg. v. H. Jankuhn – D. Timpe); umfangreichste und aktuellste Literaturangaben im ›Germania‹-Kommentar von A. A. Lund, im Erscheinen (1988).

[2] E. Norden, Germanische Urgeschichte in Tacitus' Germania, ⁴1959, 58; vgl. G. Wissowa, N.Jbb. 24, 1921, 14 ff.

logischen Materials zu finden.³ Und die glänzende Konzeption A. Rieses, die ›Germania‹ des Tacitus in die Tradition der Nordvölkeridealisierung zu stellen, kann zwar dank der Komplexität dieses Ideenzusammenhanges vieles erklären, was sonst unvereinbar bliebe: Zeitkritik und senatorisches Freiheitspathos, reale Germanennachbarschaft und ihre ideologische Überhöhung, Antithese und Parallele Frühroms; aber die These K. von Sees, die ›Germania‹ sei vielmehr repräsentativ als traditionsreiche Darstellung der Antizivilisation, in welcher Freiheit Unformbarkeit und Disziplinlosigkeit bedeute und militärische Stärke bloß die instabile Seelenlage des zornmütigen Nordbarbaren widerspiegle, stellt ihr ein nicht minder eindrucksvolles und stimulierendes Verständnismodell entgegen.⁴ Keines erklärt das Ganze vollständig: So gewiß Idealisierungstendenzen das taciteische Germanenbild mitgeformt haben, so unübersehbar sind auch ganz andere Züge; und so berechtigt und erhellend es ist, im stereotypen Zivilisationskontrast der städtelosen Barbarengesellschaft den allgemeinen Nenner der ›Germania‹ zu sehen, so fügt sich doch die individualisierende, zumindest Unterscheidungen setzende Tendenz des zweiten Teils der taciteischen Schrift solcher Generallinie nicht. Hier klarer zu sehen und weiterzukommen, bleibt eine historische und philologische Aufgabe.

Im folgenden soll aber nicht aufs neue versucht werden, den Punkt zu bestimmen, wo die gegensätzlichen Deutungsansprüche zum Ausgleich kommen können, sondern am Einzelfall geprüft werden, wieweit sie sich einlösen lassen. Gegenstand dieser Fallstudie sind die 'politischen' Kapitel der ›Germania‹ (7–15), jedoch mehr im Hinblick auf ihre Komposition und die hinter ihr stehende Auffassung der politischen Ordnung der Germanen als auf einzelne Institute oder konkrete Sachaussagen. Denn die Angaben des Tacitus über die politischen Institutionen der Germanen, über ihre politische Ordnung im ganzen oder über die Bedeutung und Tragweite politischer Entscheidungen bieten zwar Material für die Einschätzung von Königtum, Gefolgschaft oder anderem Einzelnen, sie sind aber auch – und vielleicht sogar zunächst einmal überhaupt – aufschlußreich für die Verwendung des Topos 'politische Ordnung und Organisation', und hauptsächlich von daher

---

³ So v. a. paradoxerweise auch E. Norden wiederholt; von anderen Positionen aus, aber in dieser Hinsicht vergleichbar etwa: E. Wolff, Das geschichtliche Verstehen in Tacitus' Germania (1934), in: Tacitus (Wege d. Forsch. 97, hrsg. v. V. Pöschl), 1969, 242–297; F. Pfister, Tacitus und die Germanen, Würzburger Studien 9, 1936, 73 ff.

⁴ A. Riese, Die Idealisierung der Naturvölker des Nordens in der griech.-röm. Literatur, Progr. Frankfurt a. M. 1975. – K. v. See, Der Germane als Barbar, Jahrb. f. internat. Germanistik 13, 1981, 42–72; vgl. auch A. A. Lund, Zum Germanenbegriff des Tacitus, in: H. Beck (Hrsg.), Germanenprobleme in heutiger Sicht (Erg.bd. RGA 1), 1986, 53 ff.

ist Aufschluß darüber zu erwarten, welche Einschätzung Tacitus den Germanen seiner Zeit als politischer Größe entgegenbringt.

Das Politische ist hierbei verstanden als die Tendenz zur Gestaltung und Vereinheitlichung eines interdependenten sozialen Gefüges, zur Verdichtung eines Lebens- und Handlungszusammenhanges,[5] wobei rationale Absicht und rechtliche oder moralische Begründungen zunehmend wichtiger werden als bloße Willens- und Handlungsimpulse. Da dieser Vorgang für antike Beobachter nur an stadtstaatlichen Strukturen und historischen Entwicklungen von Stadtstaaten erfahrbar wurde, wird er von ihnen naturgemäß auch auf diesen Bereich bezogen, prägt er sich ihnen vorzugsweise in der Autonomie einer politischen Gemeinde nach innen und ihrer Abgrenzung nach außen (als den wichtigsten Gestaltungsbereichen) aus und verbindet er sich mit politischen und kulturellen Superioritätsansprüchen der Poliswelt. Barbarische Lebensordnungen konnten dabei wohl unter dem Aspekt ihrer inneren Stimmigkeit, Prägekraft und Regulierungsfähigkeit bewundert und als – anscheinend – bewußten Zwecken dienend ausgelegt und mißdeutet[6] werden, sie blieben auch in diesem Falle doch das qualitativ andere, Fremde und Kuriose einer Gegenwelt, die höchstens philosophischer Kulturkritik und anthropologischem Modelldenken kontrastive Anknüpfungsmöglichkeiten bot (und zumal die Praxis von Politik, Diplomatie und Krieg wenig berührten). Die kaiserzeitliche Einheit der mittelmeerischen Kulturwelt hat diesen Anschauungen noch neue Züge hinzugefügt: die Gleichsetzung von imperialer Umwelt mit Barbarenzone und die oppositionelle Inversion von Barbarenfreiheit, Gedanken, die das Verständnis des politischen Charakters der äußeren Partner und Gegner nicht fördern konnten. Der historischen Erfahrung aber zeigte die Barbarenwelt zumeist kurze monarchische Kraftaufwallungen und lange Verfallszeiten, so daß die Diskrepanz zwischen potentieller Kraft und kümmerlicher Wirklichkeit daran das Auffälligste blieb, das Ganze aber schwankend, entwicklungslos und schwer zu fassen. Deshalb ließ sich die Kategorie des Politischen auf die Germanen und die Barbaren überhaupt schwer anwenden und treten in ethnographischen Darstellungen zumeist Einzelaspekte hervor, die zu mehr als der psychologischen Suggestion von Einheit und innerem Zusammenhang selten gelangten. Bei dieser Beurteilung bekommen idealisierende und abwertende, generalisierende und individualisierende Tendenzen ein begrenztes Recht, ohne daß eine allein bestimmend sein könnte.

---

[5] Vgl. Ch. Meier, Die Entstehung des Politischen bei den Griechen, 1980, 36 'Intensivierung der Assoziation und Dissoziation', in Anlehnung an die und Auslegung der Freund-Feind-Formel C. Schmitts.

[6] Damit konnte sie gestifteten Ordnungen angenähert werden, wie die hellenistische Kulturentstehungslehre z. B. an Indern und Ägyptern zeigte; vgl. D. Timpe, Moses als Gesetzgeber, Saeculum 31, 1980, 72 f.

Die Frage ist, wieweit Tacitus' Behandlung der politischen Realität der Germanen sich diesem Grundmuster fügt oder davon abweicht.

I

Die Mitteilungen der ›Germania‹ über Politisches sind weit gestreut und in ihrem kompositionellen Zusammenhang nicht leicht zu verstehen.[7] Zählt man die (aus dem Topos 'Bewaffnung' entwickelten) Ausführungen über die Wehrkraft, die *delecti ex iuventute* und die Kampfmoral in c. 6 nicht hierher,[8] so enthält c. 7 mit der Antithese von *reges* und *duces* eine Angabe über die Herrschaftsinstitutionen, die über die Befehlskompetenz der *duces* im Kriege erneut zum Kriegswesen überleitet, an dessen Behandlung dann aber Frauenverehrung (c. 8), Götterkult und Orakelwesen (c. 9–10) anknüpfen. In c. 11 ist eher unvermittelt von der Beratungsfunktion der *principes* die Rede und im Zusammenhang damit von den Volksversammlungen und ihren Bräuchen; der Gerichtskompetenz dieser *concilia* und ihrer Aufgabe, lokale Gerichtsmagistrate einzusetzen, gilt die Ausführung in c. 12. Mit dem Stichwort Bewaffnung an das bewaffnete Erscheinen in der Versammlung (11, 1) anknüpfend, handelt dann c. 13 von der Aufnahme der Jungen in die Gemeinschaft der Erwachsenen durch die Waffenverleihung, um in schwerverständlicher Weise zu den Gefolgschaften überzuleiten, deren Aufbau, Eigenart und politische Wirkungsweise umrissen werden; die folgenden Kapitel (14 und 15) schildern das Funktionieren der Gefolgschaften im Kriege und im Frieden. Dabei unterstreichen sentenziöse Generalisierungen die allgemeine Bedeutung der Erscheinung. In der Darstellung des Ruhezustandes wird schließlich der Übergang zum Wohnen vorbereitet, mit dem in c. 16 der Abschnitt über germanisches Privatleben beginnt.

Tacitus behandelt also anscheinend die politischen Verhältnisse in der ›Germania‹ nicht zusammenhängend und entwickelt sie weder aus historischen Voraussetzungen noch aus den zuständlichen Bedingungen der Landesnatur.

---

[7] Einen erheblichen Stand der Forschung zu dieser Frage kann man nicht ausmachen. Grundlage, aber in vielem Einzelnen in dieser Hinsicht unbefriedigend, bleibt K. Trüdinger, Studien zur Geschichte der griech.-röm. Ethnographie, Diss. Basel 1918, 146 ff., viele Einzelbeobachtungen bieten natürlich die Kommentare. Zusammenfassend, aber summarisch G. Bielefeld, Der kompositorische Aufbau der Germania des Tacitus (Fschr. M. Wegner), 1962, 44–54 mit einigen Hinweisen zu unserem Thema; ganz am Äußerlichen kleben bleibt G. Wille, Der Aufbau der Werke des Tacitus, 1983, 46 ff. Eine die Probleme dieses Abschnittes von der – als änigmatisch oft empfundenen – Darstellungsform her energisch angehende Analyse kenne ich nicht.

[8] Das wird durch den Umstand gerechtfertigt, daß das Kapitel durch eine der stärksten Zäsuren überhaupt vom folgenden getrennt ist; s. unten S. 509.

Der Bereich des Politischen wird nicht aus dem Zentrum der Sache, aber auch nicht in irgendeiner Form systematisch dargestellt. Jedenfalls führt etwa die Äußerung über *reges* und *duces* (7, 1) nicht zur weiteren Beschreibung der Herrschaftsformen (sondern über die priesterliche Strafgewalt zur Motivation des Kriegertums), während an anderer Stelle (11, 2) ohne eigentliche Verknüpfung von den Versammlungen, ihrer Verfahrensweise und ihren Kompetenzen die Rede ist; diese wieder leiten zur breiten Erörterung des Gefolgschaftswesens über, aber der gewundene Weg dahin verläuft über den Rückgriff auf die allgemeine Bewaffnung und ihre Bedeutung für die Zugehörigkeit zur politischen Gemeinde. Inhaltliche Fragen an diese wenig kohärent wirkenden Darlegungen weckt schon der zweite Teil der Schrift selber; so ist etwa der allgemeine Satz über *reges* und *duces* mit den Schilderungen der Einzelstämme, namentlich der *climax regia* im Osten, schwer zu vereinbaren. Im übrigen fällt es, wie für anderes, so auch für die politischen Verhältnisse nicht schwer, schon aus Tacitus' eigenen erhaltenen Schriften zu zeigen, daß der Historiker über unvergleichlich mehr Kenntnisse verfügte, als er in der Monographie zu verarbeiten für angebracht hielt, und man fragt sich nach dem Grund und Sinn des hier gewählten Verfahrens.

(1) Der Einschätzung der politischen Kapitel der ›Germania‹ kann zunächst der Vergleich mit anderen Darstellungen politischer Ordnungen in ethnographischen Exkursen dienen. – Der Britannien-Exkurs des Agricola (c. 10–12) enthält in 12, 1–2 kurze Angaben zu den politischen Verhältnissen. Sie schließen ohne deutliche Vermittlung an die Behandlung von Bewaffnung und Kampfesweise an (12, 1), die ihrerseits durch den Gesichtspunkt der Degeneration *(amissa virtute pariter ac libertate)* mit dem Topos *origo* (11) verknüpft ist. Zu den politischen Institutionen heißt es nur, daß vordem Könige, nun *principes* die Stämme beherrschten[9] und daß das Faktionswesen jetzt zum römischen Vorteil einheitliches Handeln der Britannier paralysiere – wohl schon der Einzelstämme, jedenfalls der Gesamtnation;[10] unvermittelt folgt der Topos Klima (12, 3). Die Schlußsentenz *ita singuli pugnant, universi vincuntur* macht deutlich, daß die kurzen Hinweise die Unterwerfungs- und Provinzgeschichte (13 ff.) vorzubereiten haben. Politisches wird in diesem Exkurs unter dem Aspekt des römischen Nutzens, speziell der Beherrschung und Beherrschbarkeit der einstmals freien Barbaren der Insel gesehen;[11] unter

---

[9] 12, 1 *olim regibus parebant, nunc per principes factionibus et studiis trahuntur;* vgl. Caes. B. G. 6, 11, 2.

[10] *In commune non consulunt* muß sich auf die *gentes* beziehen (12, 2), also das *bonum commune* der Britannier meinen, wie sich aus der Anknüpfung und dem nächsten Satz ergibt; aber *per principes ... trahi* deutet auf analoge Zustände im Einzelstamm hin.

[11] *nec aliud ... pro nobis utilius* (12, 2) entspricht der *fortuna urgentibus imperii fatis*, G. 33, 2.

diesem Gesichtspunkt werden institutionelle Festigkeit, Einheitlichkeit der Kommandogewalt, innere Kohärenz der Stämme stichwortartig kurz berührt.

Der Afrika-Exkurs in Sallusts ›Bellum Jugurthinum‹ (17–19) behandelt in ähnlicher Ordnung *situs* und *origo* der Landesbewohner (17–18). Unter Berufung auf punische Quellen werden Volksentstehung und Kulturentwicklung breit dargestellt, um daran *(postea)* die phönikische Kolonisation (19) anzuschließen. Damit ist der historische Zustand erreicht, aus dem die Verhältnisse der Jugurtha-Zeit erklärt werden können. Politische Institutionen spielen hier fast keine Rolle, Veränderungen der Herrschaftsverhältnisse ergeben sich durch Mischungen, Überschichtungen und Machtwechsel. Der Gedankengang erklärt sich wie im ersten Falle aus dem Ziel des Exkurses, die geographischen und ethnographischen Gegebenheiten der beschriebenen Zeit zu veranschaulichen und die sachlichen und historischen Voraussetzungen der römischen Herrschaft zu explizieren. Die politischen Verhältnisse bleiben hier im Rahmen der Kulturentwicklungstypologie (vgl. 18, 2 *neque moribus neque lege aut imperio quoiusquam regebantur*). – Vergleichbar hiermit ist insoweit der Sueben-Exkurs Caesars (B. G. 4, 1–4). Hier werden angebliche Lebensordnungen dieser *gens* geschildert, um zu erklären, warum sie *longe maxima et bellicosissima Germanorum omnium* heißen kann (4, 1, 3), und um zu zeigen, daß die außerordentliche Stärke der Sueben Folge von primitiver und bedürfnisloser Lebensweise, ständiger (Kriegs)übung und Freiheit (als Fehlen von *officium* und *disciplina*) ist (4, 1, 9). Ordnungen wie der jährliche Wechsel zwischen Bodenbestellung und Auszug, das Verbot der Einfuhr von Zivilisationsgütern oder die präzisen militärischen Operationen lassen sich ohne regulierende Herrschaft jedoch überhaupt nicht denken. Trotzdem werden politische Institutionen nicht erwähnt, offenbar, um das Verhalten dieses Stammes um so mehr als naturhaft gewachsen und elementar-urtümlich erscheinen zu lassen.

Der gallisch-germanische Exkurs dagegen, das wichtigste Vorbild und der aufschlußreichste Vergleichsfall für die taciteische ›Germania‹ (B. G. 6, 11–20. 21–24 [28]), behandelt politische Institutionen sowohl der Gallier als auch der Germanen. C. 11 beginnt mit der durchgehenden politischen Polarisierung in Faktionen bei den Galliern, der *summa auctoritas* der *principes* im Stamm, die sich aus ihrem Patronat (also einer Sozialstruktur, die keine Normalfreien kennt) herleitet, und dem analogen Stammespatronat (12). Die Gliederung der Nobiles in Druiden und *equites*, die ersten zuständig für Kult, Recht, innere Ordnung und intellektuell-religiöses Leben (13–14), die zweiten für den Krieg (15), setzt diese Strukturbeschreibung fort, die die herkömmliche Topik hinter sich läßt, weite Zusammenhänge verstehend durchdringt[12] und sie mit der geschichtlichen und politischen Aktualität verbindet

---

[12] Das Faktionswesen wird zum Schlüssel, um über die Schutzfunktion der

(bes. c. 12). Darauf folgen, weniger eindeutig verbunden, Religiosität, Opferwesen und Einrichtungen des Privatlebens (17–19). C. 20 handelt von der Einstellung zu den öffentlichen Angelegenheiten und dem Informationsmonopol der Magistrate; diese nachtragsartigen Angaben scheinen eher den Volkscharakter beleuchten zu sollen[13] und deshalb an dieser Stelle zu stehen. – Die Beschreibung der Germanen betont einerseits den Gegensatz zu den gallischen Nachbarn (also keine Druiden, keine Opfer, nur primitive Naturreligion und niedriges Zivilisationsniveau, das durch Krieg und Jagd geprägt ist), andrerseits vertieft und erweitert sie die Suebenskizze (4, 1–3): Retardierte Entwicklung im Individualleben ist zugleich Ausweis von Primitivität und Kraftquelle; dieser Gedanke leitet zu c. 22 (Agrikultur) über. Ackerbau hat überhaupt geringe Bedeutung (infolge der Ernährungsgewohnheiten), und daran ändert sich auch nichts dank der jährlichen Neuverteilung des Bodens, ein Zustand, der um der Gleichheit, Abhärtung und Kriegstüchtigkeit willen künstlich aufrechterhalten wird (22, 2–3) und Entwicklung zu höherer Landwirtschaft nicht zuläßt. Daraus ergibt sich zwanglos die Schilderung der Ödlandgrenze und die Feststellung, daß es Stammesmagistrate und *potestas vitae necisque* nur im Kriege gebe, im Frieden aber lediglich Regional*principes* zur Rechtsprechung. Der Freiheitsspielraum wird zu *latrocinia* genutzt, die nichts Ehrenrühriges an sich haben, im Gegenteil, zur Jugendertüchtigung erwünscht sind und durch eine Art von Gefolgschaftswesen ermöglicht werden. Denn die *principes* werben vor dem *concilium* ihres Stammes für ein von ihnen geplantes Unternehmen und versichern sich des allgemeinen Beifalls dafür. Mit dem Topos 'Gastfreundschaft' endet dieser Exkurs.

Bei allen Unterschieden in Umfang und Aufbau erhellen diese Exkurse den gattungsgeschichtlichen Hintergrund der taciteischen ›Germania‹ auch im Hinblick auf die Behandlung der politischen Ordnungen. Herrschafts i n s t i t u t i o n e n wie Königtum oder Volksversammlung, politische Z u s t ä n d e wie die Spannung zwischen gallischen Faktionen oder die Gerichtsfunktion der Lokal*principes,* S i t u a t i o n e n wie die Gefolgschaftswerbung vor dem germanischen *concilium* oder die gelegentlichen *conventus* der Britannier können darunter Berücksichtigung finden, S t a t i o n ä r e s oder Ve r ä n d e r u n g s p r o zesse beachtet werden. Aber Politisches hat nicht die Festigkeit anderer Topoi

Patrone den sozialen Zusammenhalt, über die Abhängigkeit der *plerique* die *servitus* der *plebs*, über die Analogie zu Stammesgruppierungen die politische Lage Galliens und über die Gliederung der Nobiles in Druiden und *equites* und deren Aufgabenbereiche die Lebenskreise zur Einheit zu verbinden. Der Hinweis auf die Stabilität und das Alter der Zustände (*antiquitus institutum*, 11, 4) betont das Generelle dieser Zusammenhänge.

[13] Sie erinnern an poseidonianische Charakteristiken und Situationsschilderungen (Diod. 5, 25 ff.).

(wie Kleidung, Nahrung, Funeralbräuche o. a.) und auch keinen festen Sitz: es kann aus dem allgemeinen *genus hominum*, der *origo* oder der Bewaffnung entwickelt werden oder auch in ganz anderen Zusammenhängen auftauchen, z. B. die Vorschrift, *de re publica* nur vor dem *concilium* zu reden, in Verbindung mit der gallischen Neugier (B. G. 6, 20). Politische Ordnung wird entweder als Bestandteil einer gewachsenen oder gestifteten Lebensform angesehen [14] und zweckrational als ihrer Erhaltung dienend gedeutet (B. G. 6, 22) oder unter römisch-außenpolitischem Gesichtspunkt betrachtet, um ein Nachbarschaftsverhältnis zu bestimmen oder eine Machtfrage abzuschätzen. Die Kenntnis politischer Verfassung und Ordnung erlaubt, die Natur des Fremden zu beurteilen, aber dient nicht dazu, seine Geschichte zu verstehen; wo geschichtliches Handeln beginnt, enden gerade die Exkurse. Zwischen Natur und Fremdbestimmung bleibt für echte und eigene Geschichtlichkeit der Fremden kein Raum und bleibt das Politische im Rahmen ethnographischer Betrachtung eigentümlich flach oder zufällig.

(2) Den von der Gattungstradition offengelassenen Raum für kompositionelle Gestaltung hat Tacitus nicht gesprengt, aber in besonderer Weise genutzt. Damit ist ein anderer Bereich von Voraussetzungen berührt, der zum Verständnis des Politischen in der ›Germania‹ gehört; neben den gattungsgeschichtlichen und gattungsspezifischen müssen die individuellen des Autors beachtet werden. Sie erschließen sich am besten von dem wohlbekannten Phänomen der assoziativen Verknüpfung aus.

Wenn der Gedankengang der ›Germania‹ von dem Vorkommen von Edelmetall, das wie Bodenfruchtbarkeit zur Landesnatur gehört, zu nichtedlen Metallen fortschreitet und über das Eisen zu den Waffen und der Bewaffnung gelangt (5, 3–6, 1) oder von der weitausgeschnittenen Frauenkleidung über die Sittenstrenge zu germanischer Ehe und Familie kommt (17, 2–18, 1), dann ist an solchen, beliebig zu vermehrenden Beispielen zu erkennen, daß ein Fluß von Vorstellungsbildern erstrebt und erreicht wird. Gelegentlich wird er durch gewollten Kontrast unterbrochen und gegliedert, so etwa besonders drastisch, wo der Selbstmord des ohne Schild heimkehrenden Kriegers das Kapitel Kampfesweise beendet und das folgende unvermittelt anschließt (6, 4–7, 1). – Die Assoziationstechnik geht aber über die Funktion der Verknüpfung weit hinaus. Wenn von der Verehrung der Frauen die Rede ist, jedoch ausdrücklich die Analogie zur Herrscherverehrung und Divinisierung verneint wird *(non adulatione nec tamquam facerent deas)*, dann aber von der Götterverehrung die Rede ist (8, 2–9, 1), dann assoziieren Autor und Leser 'keine Götter' und 'wahre Götter' und vermittelt nicht die sachliche Nähe und Verwandtschaft der Phänomene zwischen Frauenverehrung und Götter-

---

[14] Die es im allgemeinen bei den Nordbarbaren nicht gibt: A. 11, 1 ... *ut inter barbaros parum compertum*.

verehrung, sondern umgekehrt die Bestreitung solcher Verwandtschaft. Nicht die Sache, sondern der Gedanke 'religiöse Phänomene' bildet also die Brücke. Oder wenn im Zusammenhang des *comitatus* von den *principes* gerühmt wird, daß ihr bloßer Ruhm imstande sei, Kriege niederzuschlagen *(ipsa plerumque fama bella profligant)*, dann aber der nächste Satz von der Schlacht handelt, dann verknüpft der Gedankengang assoziierend 'Krieg verhindern' und 'Krieg führen' und ist die Assoziation nicht geleitet von dem Phänomen Kampf, sondern von dem Gedanken 'Verhalten zum Kampf'. Auch solche 'negativen' Assoziationen sind häufig, und sie leisten für Tacitus dasselbe wie die positiven. Der Grund dafür ist offenbar, daß nicht Sachverhalte, sondern Bedeutungen durch Assoziation verknüpft werden. Bedeutung aber heißt, daß Dinge etwas vertreten, auf etwas hinweisen, was sie nicht selbst sind und was als solches vom Leser verstanden werden kann.

Es liegt nun auf der Hand, daß Tacitus' Darstellung durch die Tendenz zur Bedeutungshaltigkeit durchweg bestimmt ist: Er sucht immanente Bedeutungen auf [15] oder trägt Deutungen heran, [16] er hat ein waches Interesse für alles Bedeutungsträchtige [17] und setzt es als Stilmittel ein. [18] Daraus folgt eine Bevorzugung bestimmter, unter diesem Aspekt besonders geeigneter Gegenstandsbereiche, etwa des religiösen, aber vielleicht auch des Ethnographisch-Naturvolklichen an sich (weil es besonders ausdrucksstark und sinnfällig ist), ferner eine Bereitschaft zur Deutung und Ausdeutung auch unter Gefahr des Irrtums [19] und endlich wohl allgemein die Neigung, hinter den Erscheinungen der Wirklichkeit eine Hinterwelt der Sinnbezüge und eine abstrakte Struktur der Realität zu suchen.

Für die behandelten Sachen ergibt sich daraus zunächst ein wichtiges Kriterium der Stoffauswahl. Nicht was 'objektiv', nach der Natur der Sache am

---

[15] Vgl. z.B. 6, 3 *quod primo numerus fuit, iam nomen et honor;* 6, 4 *scutum reliquisse praecipuum flagitium* (dazu v. See, Jb. intern. Germ. 13, 44 f.); 7, 2 *non casus nec fortuita conglobatio turmam aut cuneum facit*...

[16] Vgl. z. B. 9, 1 *signum ipsum docet*...; 9, 2 *nec cohibere parietibus deos ... ex magnitudine caelestium arbitrantur;* 12, 1 *distinctio poenarum ex delicto*...

[17] Vgl. 10, 2 die ausführliche Schilderung des Pferdeorakels: *hinnitusque ac fremitus observant ... conscii deorum*...; 8, 2 *inesse aliquid sanctum*...; 11, 1 die Mondtermine, an sich von untergeordneter Bedeutung, aber: *hoc auspicatissimum initium credunt*.

[18] Stilistische Schmuckformen verbinden sich mit Bedeutung z. B. 5, 1 *honor aut gloria frontis* (geradezu grotesk, bei Ochsen!); 5, 3 Vorstellung, daß Edelmetall Gnade oder Strafe der Götter sei; 6, 1 *nulla cultus iactatio; scuta tantum lectissimis coloribus distinguunt* (in der Vorstellung überschneiden sich die Bedeutungen 'Bescheidenheit' und 'Verinnerlichung').

[19] Die Neigung, Bedeutsames zu finden, dürfte z. B. 8, 1 *(signum* der Isis) oder 11, 1 *(vitium ex libertate)* in die Irre gehen.

wichtigsten ist, nimmt Tacitus auch am wichtigsten, sondern was am 'bedeutendsten', am meisten sinnerfüllt oder aussagekräftig ist oder scheint. Hier gelingen die dichtesten, eindrucksvollsten Bilder,[20] aber es ist nicht zu erwarten, daß wir dadurch in den richtigen Proportionen unterrichtet werden. Über *auspicia* und *sortes* (11) wird länger als über die Götter gesprochen, weil daraus „mehr zu holen" ist; die angebliche Bedeutung der Todesstrafen wird plastisch dargestellt, aber Straftatbestände und prozessuales Verfahren werden bloß summarisch erwähnt (12); Geiseln kommen nicht im Zusammenhang von Außenpolitik, Vertragsrecht und -sicherung vor, sondern von Frauenverehrung (8, 1) und Verwandtschaftsnähe (20, 3); *maiores* und *minores res* werden als Gegenstände der Beratung nicht nach Sachkriterien unterschieden, weil es mehr auf die Hierarchie und Ordnung der Kompetenzen ankommt (11, 1) – die Beispiele lassen sich beliebig fortsetzen.

Ebenso folgenreich ist eine andere Konsequenz dieses Realitätsverständnisses: In c. 5–6 kann eine Assoziationskette verfolgt werden, die vom Land über Bodenschätze zu Eisen, Waffen und Kampfesweise und weiter zum Voltereiten und zum Symbolgehalt des Schildverlustes reicht; ähnliche Spannweiten der assoziativ berührten Themen finden sich auch sonst. Umgekehrt wird das zentrale Thema der Bewaffnung und Kampfesweise aber nicht nur in c. 6 behandelt, sondern auch z. B. in Verbindung mit der Kompetenz der *duces* (7) oder der Funktion der Gefolgschaften (14), es wird ferner berührt bei der Schilderung der Volksversammlung (11, 2), der Waffenverleihung (13, 1) und öfter. Das aber heißt, daß die alten ethnographischen Topoi sich auflösen. Sachlich Zusammengehöriges kann je nach 'Bedeutung' irgendwo erscheinen, und sachlich Disparates kann durch einen gemeinsamen Bedeutungsaspekt zusammengeschlossen werden. Die Bedeutungsstruktur macht die Zuordnung des Beobachtbaren variabel. Statt einigermaßen klar konturierter Wirklichkeitsbereiche, die vielleicht aneinandergrenzen, entsteht ein kunstvoll verschlungenes und verflochtenes Gewebe von Assoziationen, die durch eine Bedeutungshinterwelt strukturiert sind. Die in den Kommentaren üblichen Kapitelüberschriften verkennen das im allgemeinen und erweisen sich damit als äußerlich und vordergründig.

Bloße Etiketten solcher Art sind auch 'Herrschaftsverhältnisse' für c. 7 oder 'Gefolgschaftswesen' für c. 13–15. Die gedanklichen Zusammenhänge sind in beiden Fällen ganz verschieden. In c. 7 entgleitet der Gedanke nach dem ersten Satz in ganz andere Bereiche, und offenkundig geht es dem Autor nicht um Institutionen und Kompetenzen. Andrerseits kommen *principes* 5, 3 und 15, 2 als Empfänger von römischen und innergermanischen Geschenken vor, sind es offenbar die *principes*, die nach 6, 1 durch besondere Waffen her-

---

[20] Vgl. z. B. 13, 1 die 'Konfirmation' der Jungen; 12, 1 die Strafensymbolik; 10, 2 die wiehernden Pferde.

ausgehoben sind, wird nicht nur in 11 und 12 die jurisdiktionelle Tätigkeit der *principes* berührt, sondern auch die priesterliche in 10, 2 und die 'zivile' bei der Wehrhaftmachung 13, 1, und sind die *principes* in 14, 3 als die Schicht vorgestellt, der die Gefolgschaftsführer entstammen. Die vielfachen additiven oder konstrativen Verbindungen *(legati et principes, reges – duces, principes – omnes, plebs, sacerdos ac rex vel princeps, rex vel civitas, princeps vel pater vel propinquus)*, die terminologische Unbestimmtheit (6, 1 *vix uno alterive*; 12, 3 Gerichts*principes*) geben der Erörterung etwas Diffuses und nicht exakt Greifbares. Außerhalb dieses Kontextes begegnen Herrschaftsverhältnisse vor allem bei der Beschreibung der Sueben und Oststämme (42, 2; 44–45), aber an anderen Stellen nicht, wo gerühmte Disziplin oder anderes auffallendes Verhalten verantwortliche Befehlshaber voraussetzen.[21] Unerwartet spezielle Auskünfte sind demgegenüber etwa die Multen an die *reges* (12, 2) oder die Bestellungsform der Gerichtsgremien (12, 3). Ein zentrales Thema der Schrift ist Herrschaftsordnung also offenkundig nicht, sie ist keine Schlüsselkategorie und ihre Behandlung dem tatsächlichen Gewicht der Sache weder dem Umfang noch dem Zusammenhang nach angemessen. Im speziellen Teil findet sich von einzelnen Herrschaftsinstitutionen sehr wenig, obwohl sie dort in ihren konkreten Verschiedenheiten am ehesten zu erwarten wären. Die Geschichtswerke enthalten viel mehr Material darüber, und in dem wenigen, das die ›Germania‹ bietet, sind noch die charakteristischen Fehlerquellen in Anschlag zu bringen.

Umgekehrt steht es mit dem Bild des Gefolgschaftswesens, das breit ausgemalt, sachlich überhöht und mit Sinn überladen wird. Überkompliziert angelegt ist bereits die römische Verstehensbrücke, denn auf dreifache Weise wird das vermeinte germanische Phänomen dem römischen Leser übersetzt und interpretiert und in seiner Wichtigkeit nahegebracht: In der Gefolgschaft drücken sich erstens die Hierarchien des Ranges, des Verdienstes und des Alters aus, in dieser Hinsicht ist die Analogie zur Klientel am deutlichsten – und am mißverständlichsten.[22] Die Gefolgschaft repräsentiert zweitens auch am auffälligsten die barbarische Militanz, kriegerisches Gebaren und allgemeine Bewaffnung. Sie hängt schließlich auch mit der Scheidung in Öffentlichkeit und Haus zusammen, insofern liegt es nahe, ihre Rolle als soziales Strukturelement generalisierend zu überschätzen. All diese Bezüge klar und widerspruchsfrei darzustellen, gelingt ohnehin kaum,[23] und die Interpretations-

---

[21] Z. B. nicht bei den Chatten trotz ihrer strafferen Disziplin (30, 2), nicht bei der *equestris disciplina* der Tencteri (32, 1), bei der Selbstdisziplin der Chauken (35) oder der Hermunduren (41).

[22] Deshalb *nec robur*, um die Konnotation 'Klient, Schmarotzer' abzuwehren; allerdings wäre auch die entgegengesetzte *comes Caesaris* denkbar, die abzuwehren Tacitus nicht für nötig hält.

[23] In *nihil armati / arma sumere* mit Approbation der *civitas* und *pars domus / pars*

probleme des c. 13 dürften sich daraus erklären.[24] Der Komplex Gefolgschaft ist vom Umfang her in der ›Germania‹ singulär, und dem entspricht die einzigartige inhaltliche Funktion der Sache: Die Gefolgschaft ist Quelle der Dynamik im politischen Leben,[25] sie bildet den Kern der militärischen Macht der Germanen,[26] sie erklärt die außenpolitische Stellung der Stämme,[27] und sie formt die germanische Mentalität.[28] Das Gefolgschaftswesen liefert damit denjenigen Schlüssel zum Verständnis germanischen Wesens und germanischer Verhältnisse, der am allgemeinsten „schließt"; von der Gefolgschaft in ihrem taciteischen Verständnis lassen sich die weitesten Querverbindungen zu anderen Themen und Sachverhalten ziehen, sie hat den höchsten Erklärungswert für 'Germanentum' als ethnographisch-historisches und als politisch-nachbarschaftliches Phänomen.[29]

So zeigt also die sehr unterschiedliche Konsistenz und Bedeutungshaltigkeit der beiden Themen Herrschaftsinstitutionen und Gefolgschaft, wie wenig hier noch die alten Topoi leisten und daß sich die Aufgabe der Interpretation

---

rei publicae liegt der Öffentlichkeitsbezug; die Folgerung eines allgemeinen Comitats aller Jugendlichen wird aber nicht gezogen (im Gegenteil: *electorum iuvenum globus* 13, 3).

[24] *dignatio principis* dürfte als individuelle Steigerung des (allgemeinen) *primus iuventae honos* zu verstehen sein; *ceteris ... aggregantur* möchte ich mit Büchner verstehen: „den übrigen schließt man sich erst an, wenn sie ... erprobt sind" (Tacitus, Agricola Germania Dialogus, hrsg. v. R. Häussler, ²1985, 313f.). Die Unklarheit kehrt 14, 2 in *plerique nobiles adulescentes* wieder; die Jungen gehen m. E. als potentielle *comites* (nicht als *principes*) außer Landes, weil entgegengesetzten Falles die häufigeren *robustiores* noch viel mehr Anlaß und Chance zum Weggehen hätten haben sollen (banal argumentiert Much, ³1967, 239; unklar Schweizer-Sidler-Schwyzer, ⁸1923, z. St.; zutreffend m. E. Anderson, 1938, z. St.).

[25] Aus der wechselseitigen *aemulatio* der *principes* und *comites* (13, 2) folgen große Variationsmöglichkeiten nach Größe und Intensität des Gefolgschaftslebens, dem die Variation der *munificentia* durch *bella* und *raptus* entsprechen müßte (14, 3).

[26] Denn sie sichern die Kampfkraft durch die Festigkeit der inneren Bindungen und schaffen, was Tacitus nicht ausspricht oder andeutet, Ersatz für die fehlende Disziplin. Das Gefolgschaftswesen der taciteischen Schilderung müßte eine ständige Selbstmilitarisierung der germanischen Gesellschaft zur Folge haben.

[27] 13, 3 *bella profligant*, und 15, 2 Geschenke anderer Stämme an *principes*; 14, 2 Abwanderung der *nobiles adulescentes* im Frieden; 14, 2 Comitat nur durch Krieg zusammengehalten, fördert dadurch den Krieg.

[28] Das Gefolgschaftswesen erzieht zum Ehrgeiz (13, 2), zum selbstlosen Einsatz (14, 1), zur barbarischen Faulheit (14, 3 und vor diesem Hintergrund 15, 1).

[29] Gerade diese Beurteilung der Passage macht aber auch die Reserve gegen alle Versuche, in ihr die soziale Faktizität widergespiegelt zu finden, prinzipiell und selbstverständlich und verlegt die „Grenzen der germanischen Gefolgschaft" (Kuhn) in die Interpretation der ›Germania‹ selber.

daher neu und anders stellt, als unter ausschließlich gattungsgeschichtlichem Horizont oft angenommen wird.

(3) Neben die beiden damit erörterten Voraussetzungen der taciteischen Behandlung des Politischen in der ›Germania‹ hätte nun eine dritte zu treten: die Kenntnis der zeitgenössischen Erfahrungen, Begegnungen und Eindrücke des Autors, die aus persönlichem Erleben stammenden Impulse, Sympathien und Aversionen, die Akzente des eigenen Interesses und Verstehens. Denn die von der Tradition gebahnten Wege (oder auch ausgefahrenen Geleise), sodann die besondere Weise, die Wirklichkeit der Welt zu sehen und verstehend zu verarbeiten, und endlich der konkrete Erlebnisstoff, Erfahrungsbereich und Kenntniszuwachs, die solche Verarbeitung jeweils neu fordern, dieses zusammen müßte durchschaut werden, um zu verstehen, was Tacitus in der ›Germania‹ überhaupt zum Ausdruck bringen wollte und wie insbesondere seine Auffassung über politische Ordnung und über Charakter und Gewicht des Politischen bei den Germanen einzuschätzen ist. Daß von diesen Voraussetzungen die erste nur lückenhaft bekannt ist und die dritte fast völlig fehlt, setzt dem Verständnis prinzipielle Grenzen, die wahrscheinlich nicht überwunden werden können. Um so nötiger ist es, sich der Voraussetzungen zu vergewissern (I) und das Verstehbare in die richtige Ordnung zu bringen (II).

II

Politische Aspekte des germanischen Lebens behandelt in der uns erhaltenen Literatur vor Tacitus nur Caesar. Der germanische Exkurs des Livius (per. 104), Aufidius Bassus, Plinius und andere Historiker können dazu Wichtiges enthalten haben, aber es ist doch auffällig, daß für andere Bereiche (z. B. Landesnatur und geographische Anschauung Germaniens) auch noch aus den Trümmern der Überlieferung eine ungefähre Vorstellung darüber gewonnen werden kann, was die Vorgänger für Tacitus bedeuteten und wie er ihrer Leistung gegenüber einzuschätzen ist, daß etwas Ähnliches jedoch für die Beurteilung des politischen Charakters der Germanen kaum möglich ist.

Wie sind also Tacitus' Niveau und Intention in dieser Hinsicht zu beurteilen? Leistet er mit seiner Beschreibung germanischer Verhältnisse das Erwartbare und Durchschnittliche oder mehr oder weniger als dieses? Stoff dafür boten die rasch wachsenden Detailkenntnisse, die Feldzüge und Triumphalnachrichten (z. B. Strabo 7, 291 f.; Front. strat. 1, 1, 8; 1, 3, 10) und Gefangenenberichte (z. B. Tac. a. 1, 58 oder andrerseits Sen. ep. 47, 10), die Informationen von Internierten (z. B. Tac. a. 2, 63) und Gesandtschaften (z. B. Dio 67, 5, 1–3), die denkwürdigen Begebenheiten bei Aufständen (z. B. Tac. a. 4, 72–74 oder A. 28), die Handelserfahrungen (z. B. Plin. 37, 45 oder Tac. G. 41, 1) und Tausende von Einzelheiten verschiedenster Art. Es ist jedoch nicht zu erkennen, daß diesem Kenntniszuwachs eine angemessene Synthese entsprach, die die Einzelzüge geordnet, systematisiert und politisch gewertet hätte. Ansätze dazu kann man aber erkennen im Gedanken der armselig-idyllischen Kleinräumigkeit und des überhaupt fehlenden politischen Gesamtzusammenhanges bei den Germanen[30] oder dem, daß ihnen *ratio* und *disciplina* abgingen.[31] Dagegen lieferten – trotz vieler einschlägiger Erfahrungen – eine Hilfe oder einen Anstoß zu solcher Synthese eher nur immer weniger z. B. der Umgang mit der germanischen Führungsschicht (anders als der mit der gallischen!)[32] oder Abstammungstheorien als biologisches Ordnungsschema[33] oder die Beobachtung der germanischen Mobilität.[34]

Es fragt sich unter diesen Umständen, ob es überhaupt zu erwarten war und nahelag, daß nach Domitian noch einmal über die Germanen in traditioneller Form geschrieben wurde oder ob nicht eher die Zeit dafür vorbei war. Erwartbar war durchaus eine Auseinandersetzung mit der außenpolitischen Erfahrung der domitianischen Zeit; plausibel erscheint die Beschäftigung mit den Germanen, soweit neues Material in zeitgeschichtlichem Zusammenhang unterzubringen war (und der an sich naheliegende Gedanke, daß die ›Germania‹ eben diesem Zweck auch diene, ist deshalb in den Exkurstheorien und politischen Aktualitätsdeutungen genutzt). Aber die Befassung mit *Germania omnis* in ethnographischer Topik kann – wenn auch der Zeitbezug der Schrift

---

[30] Vgl. die berühmte Schilderung der Chauken bei Plin. 16, 2–4 (mit dem Fazit *multis fortuna parcit in poenam*) in Verbindung mit der Feststellung Strabos 2, 115 f., daß die Inseln des Nordozeans wegen ihrer Isoliertheit die Unterwerfung nicht lohnten. Auch in diesem Zusammenhang ist die Vorstellung zu sehen, daß (nur) der Krieg die Kenntnis des Nordens verschafft habe *(aperire)*: Strabo 7, 291. 294; Plin. 4, 97; Tac. G. 1, 1. 2, 1. 34, 1 (vgl. für Britannien A. 10, 1).

[31] Sen. de ira 1, 11, 2 f.; Tac. h. 4, 76, 2; vgl. v. See, Jb. intern. Germ. 13, 51. 55 ff.

[32] Es gibt keinen Typ des germanischen Nobilis, der die *gens Germanorum* gültig repräsentierte: Neben dem virtuosen Verräter (Arminius: Vell. 2, 118, 2) oder dem bloßgestellten Schurken (Adgandestrius: Tac. a. 2, 88, 1) steht der langlebige Rentier (Marbod: a. 2, 63, 4), der tapfere Draufgänger (Chariovalda: a. 2, 11, 3), der Offizier mit zwei Seelen in der Brust (Civilis: Tac. h. 4, 14, 2. 5, 26, 2 u. ö.), der treuherzig Naive (die Friesen Verritus und Malorix: a. 13, 54, 3), der gläubig Treue (Vell. 2, 107) usw.

[33] Der Mannusstammbaum bleibt ein Stück Mythologie ohne Realwert und das *Germaniae vocabulum* ist *recens et nuper additum* (G. 2, 2 und 3). Der Versuch, die ethnosoziologische Terminologie schärfer zu deuten und das Ergebnis für das Germanenverständnis des Tacitus fruchtbar zu machen (G. Perl, Die gesellschaftliche Terminologie in Tacitus' Germania, SB. Ak. Berlin, 1982, 15 G, 56 ff.; A. A. Lund, Zur Schilderung der germanischen Gesellschaft bei Caesar und Tacitus, Classica et Mediaevalia 36, 1985, 177 ff.), stößt m. E. schnell an seine Grenzen.

[34] Alle germanischen Bevölkerungsfluktuationen und Wanderungsbewegungen sind bei Tacitus Randerscheinungen; die Germanen sind im Gegensatz zu Caesar und Strabo bei ihm grundsätzlich seßhaft und ortsfest.

ernst genommen wird – höchstens aus hintergründiger Kritik an politischen Ansprüchen erklärt werden, und solche Erklärung läßt viele Fragen offen.[35]

Die Vorstellung einer germanischen Einheit ging ja aufs ganze gesehen zurück, bis sogar der Name aus dem praktischen Gebrauch verdrängt wurde und Einzelvolksnamen an seine Stelle traten. Diese Tendenz beherrscht zwar die trajanische Zeit noch nicht, aber es war vielleicht auch damals schon nicht mehr – außer etwa im Hinblick auf Domitians Anspruch, Germanien provinzialisiert zu haben[36] – besonders aktuell und nötig, die ethnographische Tradition über Germanien wiederzubeleben.[37] Und auch für die politische Seite am Phänomen Germanentum mochte es angesichts des Zustroms an Erfahrungsmaterial und ganz neuer Probleme eher antiquiert scheinen, in der Weise der caesarischen Topik davon zu reden. Sie erlaubte z. B. nicht, legte zumindest nicht nahe, den Unterschied zwischen römisch beherrschten oder kontrollierten und freien Germanen besonders zu vertiefen und daran (statt an das für alle gleich geltende Rubrikenschema konstanter *mores*) seine Reflexionen über die benachbarten Nordbarbaren anzuknüpfen.[38] Insoweit riß eine konventionelle Behandlung von *situs mores populi* Germaniens sicher keine neuen Horizonte auf und mußte das etwaige Neue und Aktuelle an ihr hinter einem herkömmlichen Schema gefunden werden.

Eine formale Eigenschaft der taciteischen Schrift fügt sich vielleicht solcher Einschätzung am wenigsten: die Zweiteilung in Generelles und Spezielles. In dieser sonst nicht anzutreffenden Gliederung könnte sich eine wichtige und folgenreiche Konzeption verbergen, ja, sie setzt eine solche eigentlich voraus. Sollte dieser Aufbau das feststehende Alte und das neue Erfahrungsmaterial in Beziehung zueinander zu bringen bestimmt sein? Er hätte dann weiter Allgemeines und Besonderes nach Kriterien zu scheiden, logische Ebenen zu bilden verlangt, hätte die Phänomene unter abstrakte Oberbegriffe und Sammelvorstellungen zu bringen und aus dem empirischen Stoff umgekehrt

---

[35] Vgl. H. Nesselhauf, Tacitus und Domitian (1952), in: Tacitus (Wege d. Forsch. 97, hrsg. v. V. Pöschl), 1969, 208 ff. und den Hinweis von K. Christ, Germanendarstellung und Zeitverständnis bei Tacitus (1965), in: Römische Geschichte u. Wissenschaftsgeschichte 2, 1983, 146.

[36] Vgl. H. Nesselhauf, Wege d. Forsch. 97, 232 f.; K. Christ, Antike Siegesprägungen, Gymnasium 64, 1957, 504 ff. (519 ff.).

[37] Im Gegensatz zur Britannienbeschreibung im ›Agricola‹ (10, 1) nimmt die ›Germania‹ bemerkenswerterweise nicht auf einen Kenntnisstand direkt Bezug und rechtfertigt das eigene Beginnen nicht mit einem aktuellen Anlaß, obwohl es auch von Germanien heißen konnte, daß *situm populosque multis scriptoribus memoratos* seien. Die ausdrückliche Rücksicht auf Bekanntes ist selten (16, 1), die stillschweigende (durch Vermeidung platter Wiederholungen) wahrscheinlich häufig.

[38] Anders wieder zu Britannien (A. 13) und zur Erklärung wieder Nesselhauf, Wege d. Forsch. 97, 238 f.

Generalisierungen und Typisierungen abzuleiten gehabt, und in der Tat setzt die taciteische ›Germania‹ einen Germanenbegriff als Typus mit Generaleigenschaften an, dem die Einzelstämme in gewisser Hinsicht als Varianten gegenüberstehen (G. 27, 2). Für das Politische an den Germanen könnte das nicht ohne Folgen sein.

Aber der zweite Teil der ›Germania‹ zeigt rasch, daß solche Erwartungen wenig gerechtfertigt sind. Denn das Material ist zufällig und in dieser Hinsicht wenig durchdrungen, geographisch Individuelles und logisch Sekundäres gehen durcheinander.[39] Eine wirklich neue Konzeption hinter der Einteilung in allgemeinen und besonderen Teil müßte in letzter Konsequenz das Rubrikenschema der ethnographischen Topik auch formal aufheben, und davon kann keine Rede sein. Deshalb dürfte hinter dem Gliederungsschema auch nicht die Logik, die Gliederungstechnik der Rhetorik oder die Systematik des Lehrbuches stehen, sondern die einfache, in den ethnographischen Exkursen seit jeher gebräuchliche Kategorie der Differenz, vielleicht besonders das Vorbild des gallisch-germanischen Exkurses Caesars.[40]

Für die politische Seite des Germanentums könnte sich aus alledem die Vermutung ergeben, daß unbeschadet der Vertiefung der Interpretation, der Gedankenfülle der Assoziation und der Sinnträchtigkeit, die einzelnen Instituten zugeschrieben wird, hinter der Uneinheitlichkeit der Komposition der c. 7–15 im ganzen (s. oben S. 505 f.) nichts anderes zu sehen ist als die zu neuer Einheit nicht gebrachten Restbestände der alten Topik. Kein energischer Sinn für die Realität, nicht alle Schablonen sprengende Kenntnisse und originelle Forschungsenergie haben ja hier die alten Topoi weggeräumt, wohl aber haben assoziatives Denken ihre Strukturen zerlöchert und spekulatives Deuten den wirklichen oder vermeintlichen Sinn der Erscheinungen hervorgekehrt. Am klarsten ist das bei der Behandlung der sogenannten Gefolgschaft der Fall, und dort kann man Art und Effekt des taciteischen Verstehens des Politischen besonders deutlich überprüfen.

Der berühmte *comitatus* ist nicht nur als Deutungskonzeption beachtlich, er verdient auch Respekt ob seiner enormen Wirkungsgeschichte.[41] Die seltsame und einzigartige Verflechtung der literarischen Rezeption des taciteischen Traktats mit der modernen Geistes- und Bewußtseinsgeschichte zeigt sich kaum irgendwo so stark wie hier. Erst H. Kuhn hat das richtig erkannt

---

[39] Es verdient Beachtung, daß Verweise zwischen 1. und 2. Teil fehlen und die Verknüpfungstechnik im 2. Teil nicht die Rolle spielt wie im 1. (s. E. Kraggerud, Verknüpfung in Tacitus' Germania, Symbolae Osloenses 47, 1972, 7 ff. [8]).

[40] 72, 2 ... *quatenus differant*; Caes. B. G. 6, 11 *quo differunt hae nationes inter sese.*

[41] S. A. Kristensen, Tacitus' germanische Gefolgschaft (K. Danske Vid. Selskab 50), 1983, besonders das 1. (forschungsgeschichtliche) Kapitel.

und die germanische Gefolgschaft wie den Flaschengeist des Märchens auf ihre ursprünglichen Dimensionen zurückzuführen unternommen.[42] Er hat allerdings die Realität der taciteischen Gefolgschaft für ihre Zeit (mit einigen vorsichtigen Einschränkungen) nicht bestritten, vielmehr in ihr den einen Pfeiler der gewaltigen Brücke gesehen (den anderen lieferten die Wikinger des 10. Jh.), die von der neueren Rechts- und Verfassungsgeschichte errichtet worden ist. Die weitere, auch von Kuhn angedeutete Konsequenz (479), in der Gefolgschaft der antiken Germanen eine Übertragung der keltischen zu sehen und die taciteische Beschreibung für abhängig von Polybius und Caesar zu halten, hat K. v. See kurz ausgesprochen.[43] Hier muß man jedoch genauer prüfen, und dabei ist vor allem Kuhns Mahnung, klare Unterscheidungen zu treffen, zu beherzigen (423).

Der gallisch-germanische Exkurs Caesars beginnt mit der Behauptung eines tiefen Unterschiedes zwischen gallischen und germanischen *mores* und der Feststellung, daß es in den sozialen Einheiten der Gallier von den *civitates* bis in die *domus* die Polarisation in *factiones* gebe (6, 11, 2). Es handelt sich dabei also um etwas, was den Germanen nicht eigen ist, und um eine Struktur allgemeinster Art, nicht um Gefolgschaft. Denn die *principes* in einer *factio* haben eine *summa auctoritas*, die ihnen von allen Mitgliedern des jeweiligen Verbandes zugestanden wird, und kraft derer sie über alles mit ihrem *arbitrium* und *iudicium* entscheiden (6, 11, 3). In Analogie dazu gibt es auch den Prinzipat eines Stammes über andere und die daraus resultierende Polarisierung ganz Galliens zwischen Haeduern und Remern (6, 12). Der Sinn der Einrichtung (*antiquitus institutum*: 6, 11, 4) ist ihre Schutzfunktion: in der *factio* genießt der Schwächere angeblich Schutz gegen den Zugriff des Stärkeren (6, 11, 4), also auch der schwache Stamm gegen die Übermacht des (anderen!) Hegemonialstammes. Natürlich ist hier die Analogie zur römischen Klientel gegenwärtig wie wohl auch zu dem Gedanken, daß die Römer ein *patrocinium* über die schutzbefohlenen Völker üben (Cic., de off. 2, 27). Daß diese Verhältnisse mit der Gefolgschaft keltischer Provenienz kaum etwas zu tun haben, ergibt sich auch daraus, daß die 3, 22 beschriebene Gefolgschaftsorganisation der *soldurii* hier gerade nicht herangezogen wird.

Die Germanen haben aber, sagt Caesar weiter (6, 21, 1), die Eigenheiten der Gallier nicht, also keine Druiden, Opfer und persönlichen Götter und, so muß man wohl schließen, auch kein Faktionswesen. Das steht zwar nicht da, wohl aber, daß ihnen Privateigentum am Boden fremd sei und sie das Land jährlich neu verteilten, um so (angeblich ihrer eigenen Deutung zufolge) der

---

[42] H. Kuhn, Die Grenzen der germanischen Gefolgschaft (1956), in: Kl. Schriften 2, 1971, 420–483.
[43] v. See, Jb. intern. Germ. 13, 57; A. Lund, Zur Schilderung der germanischen Gesellschaft bei Caesar und Tacitus, Classica et Mediaevalia 36, 1985, 190.

Besitz- und Machtdifferenzierung und dem Faktionswesen vorzubeugen. Hier liegt also die Verbindung zur Beschreibung der Gallier: während diese die soziale Differenzierung hinnehmen und erst ihre Folgen kompensieren, verhindern die Germanen die Differenzierung, um ihre Folgen gar nicht erst eintreten zu lassen, nehmen dafür freilich auch die Primitivität in Kauf. Ein analoger Zusammenhang besteht auf der Ebene der Stämme. Denn auch da gibt es in Gallien Mächtige und Schwache und umfassende Klientelbindungen, also eine hegemoniale politische Ordnung, bei der krasse Unterdrückung durch die Rivalität der Hegemonialmächte (angeblich) verhindert wird. Bei den Germanen gibt es dagegen Vertreibung der Nachbarn und Ödlandgrenzen, das Prinzip des Schreckens außerhalb der eigenen Sphäre, das Stammesklientel nicht möglich und nicht nötig macht.

Diese Situation hat eine politische Organisation zur Folge (oder sie hängt mit einer solchen zusammen), die drei Varianten erlaubt: den Friedenszustand, aber ohne über die regionale Ebene hinausgehende politische Ordnung, dann Stammeskriege, die das *imperium* zeitweiliger Kriegsmagistrate verlangen, und schließlich Privatkriege *(latrocinia)*, die von *principes* geführt werden, die ihre Absicht vor der Volksversammlung bekanntgeben und dort ihre Mannschaft werben. Dies am ehesten ist etwas der Gefolgschaft Ähnliches, aber doch auch nur von ferne. Wenn die *soldurii* Caesars (B. G. 3, 22) die spezifische keltische Gefolgschaft darstellen, dann sind die Privatheere 6, 23, 7 und wohl schon die *ambacti* und *clientes* der keltischen *equites* 6, 15 keine Gefolgschaften und heißen deshalb auch nicht so; die Gefolgschaft (als *amicitiae alicuius se devovere* definiert) andrerseits bleibt dann eine barbarische Spezialität ohne symptomatische Bedeutung für die sozialen Verhältnisse des Barbaricum im ganzen. Caesar also kennt weder „die" germanische Gefolgschaft noch einen keltischen Archetyp dafür; von ihm kann sie Tacitus folglich auch nicht haben.

Tacitus scheint also nicht nur, wie H. Kuhn feststellte, in der Beobachtung des Gefolgschaftswesens keinen unmittelbaren Nachfolger zu haben, sondern auch keinen Vorgänger. Er hat ihn auch nicht einmal in sich selber. Denn wo er sonst gefolgschaftsähnliche Erscheinungen beschreibt, heißen sie anders oder haben andere Formen, als man sie nach G. 13–15 erwarten sollte.[44] Sie heißen *stipatores* (a. 2, 9, 2 bei Arminius), *manus clientium* (a. 2, 45, 1 bei Inguiomerus), *manus* (a. 2, 62, 2 bei Catualda), *barbari utrumque* (nämlich Catualda und Vibilius) *comitati* (a. 2, 63, 6); *manus propinquorum et clientium* (a. 1, 57, 3 bei Segestes), *clientes* (bei Britanniern: A. 12, 1, vgl. die *ambacti clientesque*, Caes. B. G. 6, 15, 2) usw. Und umgekehrt heißt das kaiserliche Gefolge oder das römischer Vornehmer, auch das von Frauen, häufig *comitatus* und eine Stellung darin einnehmen, *comitari*. Offenbar soll also

---

[44] S. Kuhn, Kl. Schriften 2, 433; v. See a. a. O.

mit diesem Wort, auf germanische Verhältnisse übertragen, nichts Spezifisches bezeichnet, aber auch nichts in seinen Umkreis Fallendes ausgeschlossen werden und wird eben deshalb das farbloseste und untechnischste gewählt, das aber gleichzeitig das unmittelbarste und natürlichste römische Verständnis erlaubt, indem es an die einfache Vorstellung erinnert, daß Große ein Gefolge haben. Gerade darum kann es sich aber um das nicht handeln, was man dahinter meist zu erraten pflegt: eine konkrete Institution, womöglich eine, die zu den fundamentalen des sozialen und politischen Lebens der Germanen gehört.

Ausgangspunkt der Beschreibung ist denn auch nicht die Erfahrung einer Institution 'Gefolgschaft', sondern das allgemeine Waffentragen, die Vorstellung der Militanz des Barbarentums in Verbindung mit der in der ›Germania‹ auch sonst oft erwähnten sozialen Tatsache, daß es eine Elite aus Herkommen und Leistung gebe. Der so gewonnene weite Rahmen kann durch Erfahrungen der verschiedensten Art ausgefüllt gedacht werden: durch die sugambrischen Reiter bei Caesar (B. G. 6, 35, 5), die *cohors* eines Suebenfürsten (vgl. z. B. Vell. 2, 109, 2), einen Chattenverband wie den Suet. Dom. 6, 2 erwähnten, die Anhängerschaft des Cheruskerkönigs Chariomerus (Dio 67, 5, 1), durch Parteien in innergermanischen Kriegen (wie G. 33, 1 oder 35, 2 vorausgesetzt) oder durch Soldtruppen (wie 15, 2 angedeutet). Für keine reale Erscheinung wird das taciteische Modell ganz stimmen, das nicht mehr als einen idealtypischen Durchschnitt und eine abstrahierende Verallgemeinerung von Einzelbeobachtungen in bestimmter Richtung darstellt. Aber diese Richtung ist nicht die W. Schlesingers;[45] d. h., sie zielt nicht auf verfassungsgeschichtlich präzise oder präzisierbare Vorstellungen, sondern auf die allgemeine Anschauung einer primitiven und brutalen, aber auch innerlich stimmigen und in Form bleibenden Kriegergesellschaft, auch wohl auf eine gewisse heroische Harmonisierung. Denn so wie die Fragen nach Häufigkeit und Umfang der Gefolgschaften, nach Konstanz und wirtschaftlicher Grundlage „des" Comitats ins Leere gehen, so scheitern auch die Versuche, sich die *bella* et *raptus* als Regelerscheinung vorzustellen, womöglich unter Teilnahme ganzer Jahrgänge der Stammes-*iuventus*, an innerer Unmöglichkeit. Tacitus läßt nämlich erkennen, daß seine *comitatus* ein Unruhepotential bedeuten, aber es sprengt doch ihm zufolge auch nicht geradezu die Verhältnisse. Die Gefolgschaften ziehen scheinbar aus und kehren heim, um da ihr *otium* zu genießen oder gar positiv-politisch zu wirken *(bella profligant!)*. Fast entsteht so das unglaubwürdige Bild einer rauhbeinigen Idyllik; die Zehntausende gefallener Brukterer kommen in anderem Zusammenhang (33, 1)

---

[45] Vgl. Herrschaft und Gefolgschaft in der germanischen Verfassungsgeschichte (1953), in: Herrschaft u. Staat im Mittelalter (Wege d. Forsch. 2, hrsg. v. H. Kämpf), 1956, 135 ff.

vor; hier stellt nichts Derartiges das Gleichgewicht des so gezeichneten Modells der Kriegergesellschaft praktisch in Frage.

Das c. 13 erklärt also nicht das Funktionieren einer Institution, sondern beschreibt den Charakter und die innere Logik des barbarischen militärischen Lebensstils. Die berüchtigten Interpretationsprobleme, die der Text aufwirft, verlieren damit an Gewicht. Sie hängen damit zusammen, daß der Blick vom allgemein Zuständlichen (in dem der einzelne passiv ist) wandert zum System *in actu* (wo er eine aktive Rolle spielen kann). Am Anfang steht nämlich der individuelle, aber mit der Lebenszeit von selbst kommende Eintritt in die waffenstarrende Welt der Erwachsenen: *arma* sind *toga virilis* (und nicht: *cedant arma togae!*). Dabei kann in besonderen Fällen auch Jungen schon eine führende Stellung zufallen,[46] aber im allgemeinen führen die physisch Stärkeren und militärisch Bewährten, und ihnen zu folgen ist nicht anstößig, es wird sogar regelrecht organisiert (*in gradus*, nach Ermessen des Anführers[47]). Mit dem Hinweis auf den Ehrgeiz der *comites* (*magnaque et comitum aemulatio* . . .) nimmt die Darstellung die Wendung zum aktiveren, wenn auch aufeinander bezogenen Handeln der Partner des Systems; seine konkrete Gestaltung kann wiederum ganz verschieden gedacht werden.

Zur Einheit des Typus zusammengebunden wird all das nur durch seine Signifikanz für die Barbarenmentalität. Im übrigen kann es sich um Gruppen handeln, die ihre Nachbarn destabilisieren (14, 2) oder stabilisieren (13, 3) helfen, die von außen gefördert oder gefürchtet werden (13, 3), die aus Mangel an Beschäftigung auseinanderfallen (14, 2) oder von römischen Interessen gesteuert und unterhalten werden (15, 2). Wenn diese untereinander kaum vereinbaren Eigenschaften etwas Gemeinsames verraten sollen, dann dies, daß trotz Fehlens von rationaler Gesamtlenkung und Befehlskompetenz ihre eigenen inneren, unbewußten Kräfte diese barbarische Lebensordnung im Gleichgewicht erhalten. Das Interesse des Autors gilt der sogenannten Gefolgschaft als Symbol dieser Lebensordnung, nicht als einer politisch und sozial wichtigen und exakt zu umschreibenden Institution. Und erreicht wird geradezu das eine durch Verzicht auf das andere; denn nur durch weitgehende Entkleidung des *comitatus* von konkreten Eigenschaften konnte daraus ein Typ gemacht werden, der das Allgemeinste, die Militanz und den Zusammenhalt der Kriegergesellschaft, sinnfällig zum Ausdruck bringt und gleichzeitig

---

[46] Vgl. Anm. 24. Die von A. Kristensen empfohlene Auffassung, in der *dignatio principis* einen 'potentiellen Prinzipat' zu sehen (Tacitus' germ. Gefolgschaft 32 ff.), im Ansatz schon früher vertreten (vgl. z. B. Gudemann, Komm. 1916 z. St.; Schweizer-Sidler-Schwyzer, Komm., [8]1923 z. St.), wird mit Recht bestritten von G. Perl, Gnomon 57, 1985, 238 ff. und A. Lund, Gymnasium 91, 1984, 365 f.

[47] Hier fällt die erstaunlich untechnische Formulierung *iudicio eius quem sectantur* auf.

in ihrer Analogie zur Klientel verstanden werden konnte. Die Gefolgschaft wird von Tacitus zu einem Schnittpunkt von Sinnbezügen und Bedeutungslinien gemacht, aber in einen politischen Systemzusammenhang läßt sie sich deshalb nicht bringen.

Leistung und Grenzen der taciteischen Gefolgschaftskonzeption lassen sich aus den Beziehungen ablesen, in denen der *comitatus* der ›Germania‹ erscheint. Eng ist er mit dem Gegensatz öffentlich–privat verbunden, denn Eintritt des jungen Mannes in die *res publica* heißt in einem Gefüge Platz finden, das *principes* und *comites* kennt. Die Gefolgschaft erfüllt weiter öffentliche Funktionen nach Tacitus vor allem im Lebensbereich Krieg, nicht weil es für ihn keine Stammeskriege und *duces* für solche gäbe (7, 1), sondern weil Kriegführung nicht ohne die Bindungen zwischen *principes* und *comites* zu denken ist, aus psychologischen fast mehr als aus politischen Gründen. Die Gefolgschaft läßt sich aber auch nicht der öffentlichen Sphäre als Gegensatz zur privaten zuordnen, denn es ist im Krieg und vor allem auch im Frieden der *princeps* als Person, nicht als Funktionär, dem Ruhm und Geschenke zufließen, dem Lasten, Risiken und Forderungen erwachsen. Die Schilderung der Gefolgschaft erlaubt also, den vorstaatlichen Zustand der germanischen Gemeinschaftsformen begreiflicher zu machen, und der Vergleich mit den caesarischen Orgetorix oder Dumnorix und dem caesarischen Axiom einer staatlichen Legalitätsebene in der *civitas*[48] zeigt das eindringendere Verständnis des Tacitus. Es bleibt aber auch weithin unklar, in welchen politischen Formen sich im Verständnis des Tacitus diese psychologische Realität entfaltet, wie z. B. Stammeskriege gefolgschaftsmäßig konkret geführt werden sollen, inwieweit der *dux* die Funktion eines Stammesführers mit der Rolle eines Gefolgschafts*princeps* in sich vereinigen kann oder wie sich Interessen des Stammes mit den *raptus* und *latrocinia* seiner *principes* vertragen mögen.

Zur „Gefolgschaft" gehören die *comites* und der *princeps*, das eine ist ein Allerweltswort wie das andere, ausgezeichnet nur durch leichte Assoziierbarkeit mit römischen Vorstellungen und Verhältnissen. *Principes* kommen aber im Gegensatz zu *comites* (außer 12, 3) in den Kapiteln 7–15 öfter und auch in anderen Verbindungen vor. Sie entscheiden in der Volksversammlung oder geben zumindest eine Art Probouleuma ab (11), sie haben eine lokale jurisdiktionelle Funktion (12, 3) und erscheinen in vagem Sinne als allgemeine Stammesobrigkeit (*rex vel princeps*, 10, 2; 11, 2). Es ist deshalb eine alte – und für institutionell ausgerichtetes Denken fast unlösbare – Frage, wie sich diese *princeps*-Stellungen und -Funktionen zueinander verhalten. Noch jüngst sind wieder die Gerichts*principes* (12, 3) und die Gefolgschafts*principes* miteinander identifiziert worden mit der Begründung, ein römischer Leser habe gar nicht anders können, als beim zweiten Vorkommen von *principes* und *comites*

---

[48] Vgl. Caes. B. G. 1, 4 (Orgetorix), 16 ff. (Dumnorix), 5, 3 ff. (Indutiomarus).

an das erste zurückzudenken.[49] Damit dürfte die technische Bestimmtheit des Ausdruckes überschätzt sein. Aus dem Kreise der *principes* werden die Gerichtsherren ausgewählt, wie auch die *principes* die Gefolgschaften konstituieren. Tacitus bestätigt damit die Angabe Caesars (B. G. 6, 23, 5), stellt sie aber in einen anderen Zusammenhang. Denn wenn Caesar die Herrschaftslosigkeit im Friedenszustand betont, die Regional*principes* also als die rudimentäre Form von Herrschaft (und dementsprechend die Privatkriege als Ausfüllung eines machtfreien Raumes) deutet, so ist die Vorstellung bei Tacitus ins Positive gewendet. Die Gerichts*comites* (was immer von ihrer Zahl zu halten sein mag) bedingen und steigern die *auctoritas* des *princeps* ganz entsprechend dem analogen Verhältnis bei den Gefolgsherren.

Der Grundgedanke der „politischen" Kapitel wird von hier aus erkennbar: Es ist die *auctoritas*, die beim Fehlen institutioneller Kompetenz und herrschaftlicher Eingriffsmöglichkeit durch das Vorbild der eigenen *virtus* oder religiöse Legitimation und als Komplement zur *libertas* wirkt, in der Volksversammlung (11, 2), im Gericht (12, 3), im Krieg (13, 3–14,1) und die bei aller äußeren Schwäche und Mangel an Organisationshöhe die inneren Kräfte belebt, eine Wechselwirkung der Motivationen auslöst (*gloriae assignare*, 14, 1, vgl. A. 8, 3), die durch Ausübung von *potestas* so leicht nicht zuwege gebracht wird. Die Kritik an Caesar ist hier am deutlichsten: Wo der *summus auctor* wenigstens dem Kriegsmagistrat ein unbeschränktes *imperium* zubilligt, sagt Tacitus davon nichts, bestreitet es vielmehr (7, 1), weil er offenbar von einer viel einheitlicheren und innerlicheren Vorstellung germanischer Ordnung erfüllt ist, einer durchweg „organischen", die die auf *auctoritas* und deren Anerkennung gegründete Selbststeuerung machtschwacher Verbände in den Vordergrund stellt (11, 2 mit Anklang an die bekannte augusteische Formel). Unter dieser Voraussetzung klärt sich der Aufbau dieser Kapitel: Es ist über Herrschaftsinstitutionen nicht viel zu sagen, weil es sie für Tacitus nicht gibt oder sie nicht erheblich sind, ja, ihre Herausstellung seinen Grundgedanken widersprechen müßte. Deshalb werden auch in 7, 1 nicht Institutionen vorgeführt (über deren Beziehungen zueinander man mutmaßen könnte), sondern nur pointiert die beiden möglichen Quellen der *auctoritas* gegenübergestellt: *nobilitas* und *virtus*, und deshalb scheint der Gedanke immer wieder zu entgleiten. Aber dieses scheinbar unkonzentrierte Abschweifen vom Thema Herrschaftsorganisation erweist sich als höchst folgerichtiger und präziser Gedankengang, wenn man es als Auffächerung der Wirkungen von *auctoritas* in der Lenkung der politischen Einheiten der Germanen versteht: statt der Züchtigungsgewalt der Magistrate bewirken heilige Zeichen, Appell der Frauen, Scheu vor dem Numinosen einen weithin nicht rationalen und bewußten, aber wirkungsvollen Zusammenhang von innen heraus.

---

[49] Kristensen, Tac. germ. Gefolgschaft 22 ff. 28.

Dieser tiefsinnige und spekulative Gedanke hat neben der Auseinandersetzung mit Caesar eine Synthese von Barbarenidealisierungs-Traditionen und prinzipatskritischen Ideen zur Voraussetzung; er liefert ein anspruchsvolles Deutungsmuster, das Religion und Recht, Sitte und Kriegswesen aus einem Grunde zu erfassen erlaubt, aber es läßt das eigentlich Politische an den Germanen im ungewissen: historische Machtkonzentrationen bei Germanen geraten damit aus dem Blickfeld, Kompetenzen verschwimmen, das politische Handeln wird beinahe ritualisiert, die Kohärenz der Stämme und ihre Sozialstruktur hängen weniger von realen und nachprüfbaren Faktoren ab als von halbnebulosen inneren Kräften.[50]

Eine große Rolle hat in der neueren Rechts- und Verfassungsgeschichte die Volksversammlung gespielt, die in unserer Passage als Bezugs- und Legitimationsinstanz, als Repräsentation der politischen Einheit 'Stamm' überall vorausgesetzt ist. Sie wird in c. 11 als politisches Entscheidungsgremium, in c. 12, 1 als Volksgericht, in 12, 3 als Wahlkörperschaft für Gerichtsmagistrate, in 13, 1 als Öffentlichkeit eingeführt; sie wird als so zentral gedacht, daß gerade an ihr auch der barbarische Geburtsfehler, das *vitium ex libertate* (11, 1), exemplifiziert wird.[51] Auch für die Volksversammlung sind der empirische Realgrund dieser idealtypischen Konstruktion und der Abstraktionsgrad des Tacitus nicht abzumessen, aber Abhängigkeit von literarischen Vorbildern und der Axiomatik der stadtstaatlichen politischen Philosophie[52] sind auch wahrscheinlich nicht leicht zu überschätzen. Die Selbstdarstellung aller als Kultgenossen, Wähler, Krieger und moralisches Publikum mag wohl auch jener Festigkeit der Mentalität, untrüglichen Sicherheit der Wertung und Sensibilität für Autorität entsprechen, die Tacitus den Germanen zuerkennt. Es muß dahingestellt bleiben, wieviel von der taciteischen germanischen Volksversammlung als Institution zu halten ist, aber sie verweist wie nichts anderes auf stabile und identische Stämme als Bausteine der politischen Ordnung der *Germania omnis*, an denen sich zwar im einzelnen Geschichte vollzieht (wie der zweite Teil verdeutlicht), die aber im ganzen vor und über der Geschichte sind. Die ›Germania‹ hat auch hier mehr eine anthropologische Konstante im Sinn als ein politisches Element, das in Wechselwirkung mit anderen betrachtet

---

[50] Es trägt zum Gedankengang des Tacitus nichts bei, wenn die Realkommentare diese Kapitel mit weitschichtigem Material von Lübsow-Gräbern bis zu Etymologien oder Sagamotiven unterfüttern; mit der politischen Realität haben die c. 7–15 wenig zu tun. Gegen eine schroffe Trennung von Ämtern eines Heer- und Sakralkönigtums auf Grund von 7, 1 mit Recht auch A. Demandt, Staatenbildung bei den Germanen, H. Z. 230, 1980, 271 f.

[51] Vgl. v. See, Jb. intern. Germ. 13, 58 f.

[52] Wo die Volksversammlung neben Beamten und Rat zu den Grundelementen der politischen Ordnung gehört.

das sich verändernde, Bedingungen setzende und empfangende realgeschichtliche Leben enthüllte.

Die Analyse des Aufbaus und Gedankenganges der politischen Kapitel der ›Germania‹ zeigt deren gedankliches Niveau selbst da, wo die moderne Beschäftigung mit den Aussagen des Textes die Abhängigkeit von der ethnographischen Topik betont. Die Verbundenheit der Schrift mit der literarischen Tradition ist allerdings nirgendwo in kühnem Durchbruch zerrissen, aber zu einer subtilen Synthese der Gedanken entwickelt, die sich jeder einfachen Charakterisierung entzieht. Mit der Nuancierung, Vertiefung, aber auch willkürlichen, unmethodischen Ausdeutung des überlieferten Materials gestaltet Tacitus ein Charakterogramm, das in der Fülle der Bezüge und Dichte seines gedanklichen Gewebes innerhalb des für uns Vergleichbaren allein steht. Aber das Politische an den Germanen erfaßt diese Darstellung am wenigsten. Die c. 7–15 der ›Germania‹ sind innerlich geschlossener als meist gedacht, dem Verständnis der geschichtlichen Germanen und ihrer politischen Formen dienen sie dennoch (oder eben deshalb) kaum, und in vordergründigem Bezug zum Aktuellen kann deshalb der Schlüssel zum Ganzen nicht gesehen werden.[53]

---

[53] Vgl. das Fazit der gedankenvollen Skizze von K. Christ, Germanendarstellung u. Zeitverständnis bei Tac., in: Röm. Gesch. u. Wissenschaftsgeschichte 2, 1983, 151.

BIBLIOGRAPHIE KARL CHRIST

Zusammengestellt von ANNELIESE SCHNEIDER

1953
1. *Nero Claudius Drusus*, Ms. Diss. Tübingen 1953.

1955
2. Historische Probleme der griechisch-sizilischen Numismatik, Historia 3, 1955, 383–395.
3. Sizilien. Literaturüberblick der griechischen Numismatik, Jahrbuch für Numismatik und Geldgeschichte 5/6, 1954/5, 181–228.
4. Die Römer in Deutschland. Quellen- und Arbeitsheft für den Geschichtsunterricht, Stuttgart 1955, ²1958. ³1967.
5. Die Militärgeschichte der Schweiz in römischer Zeit, Schweizerische Zeitschrift für Geschichte 5, 1955, 452–493.

1956
6. *Drusus und Germanicus*. Der Eintritt der Römer in Deutschland, Paderborn 1956.
7. Fundschau 1952–1953. Römische Münzen, Badische Fundberichte 20, 1956, 143–145.
8. Zusammen mit H. Gebhardt, K. Kraft, H. Küthmann, P. Franke: Bemerkungen zur kritischen Neuaufnahme der Fundmünzen der römischen Zeit in Deutschland, Jahrbuch für Numismatik und Geldgeschichte 7, 1956, 9–71.
9. *Rez.* R. Fellmann, Basel in römischer Zeit, 1955. – Schweizerische Zeitschrift für Geschichte 6, 1956, 238–239.
10. *Rez.* L. Armbruster, Die Biene auf griechischen Münzen, Archiv für Bienenkunde 29, 1952, 49–73. – Jahrbuch für Numismatik und Geldgeschichte 7, 1956, 253.
11. *Rez.* G. Behrens, Keltische Goldmünzen in der Sammlung des RGZM. 1955. – Jahrbuch für Numismatik und Geldgeschichte 7, 1956, 253.

1957
12. Zusammen mit E. Nau: Verzeichnis der römischen Münzen, in: H. Zürn, Katalog Heidenheim, Stuttgart 1957, 21–24.
13. Ergebnisse und Probleme der keltischen Numismatik und Geldgeschichte, Historia 6, 1957, 215–253.
14. Zur römischen Okkupation der Zentralalpen und des nördlichen Alpenvorlandes, Historia 6, 1957, 416–428.
15. Die antiken Münzen als Quelle der westfälischen Geschichte, Westfalen 35, 1957, 1–32.

16. Antike Siegesprägungen, Gymnasium 64, 1957, 504–533, Taf. 18–24.
17. Zur Chronologie der syrakusanischen Münzprägung des IV. Jh. v. Chr., Jahrbuch für Numismatik und Geldgeschichte 8, 1957, 21–29.
18. Der frühkonstantinische Schatzfund (1914) aus Marmagen, Krs. Schleiden, Bonner Jahrbücher 157, 1957 (1959), 313–327.
19. *Rez.* C. C. Vermeule, A Bibliography of Applied Numismatics, 1956. – Gnomon 29, 1957, 157–158. – Abgedruckt in: Numismatic Circular 65, 1957, 201–202.
20. *Rez.* W. P. Wallace, The Euboian League and Its Coinage, 1956. – Gnomon 29, 1957, 376–379.
21. *Rez.* E. Kirsten, Die griechische Polis als historisch-geographisches Problem des Mittelmeerraums, 1956. – Schweizerische Zeitschrift für Geschichte 7, 1957, 379–380.
22. *Rez.* G. Walser, Der Briefwechsel des L. Munatius Plancus mit Cicero, 1957. – Schweizerische Zeitschrift für Geschichte 7, 1957, 545–546.
23. *Rez.* The American Numismatic Society. Museum Notes VI, 1954. – Jahrbuch für Numismatik und Geldgeschichte 8, 1957, 192.
24. *Rez.* Nálezy mincí v Cechách, na Moravě a ve Slezku, I. II, 1955. 1956. – Jahrbuch für Numismatik und Geldgeschichte 8, 1957, 193–194.

1959
25. Römer und Barbaren in der hohen Kaiserzeit, Saeculum 10, 1959, 273–288.
26. *Rez.* Altheim–Stiehl, Finanzgeschichte der Spätantike, 1957. – Gymnasium 66, 1959, 184–186.
27. *Rez.* W. Schwabacher, Das Demareteion, 1958. – Hamburger Beiträge zur Numismatik 12/3, 1958/9, 322–323.
28. *Rez.* R. Fellmann, Das Grab des Lucius Munatius Plancus bei Gaeta, 1957. – Schweizerische Zeitschrift für Geschichte 9, 1959, 126.
29. *Rez.* K. Stehlin, Die spätrömischen Wachtürme von Basel bis zum Bodensee, 1957. – Schweizerische Zeitschrift für Geschichte 9, 1959, 126–127.
30. *Rez.* U. Kahrstedt, Kulturgeschichte der römischen Kaiserzeit, ²1958. – Schweizerische Zeitschrift für Geschichte 9, 1959, 444.

1960
31. *Antike Münzfunde Südwestdeutschlands.* Vestigia 3/I und 3/II, 2 Bde., Heidelberg 1960.
32. Imperium Romanum, Lexikon für Theologie und Kirche, V, ²1960, 635–638.
33. *Rez.* M. Grant, Roman History from Coins, 1958. – Gymnasium 67, 1960, 265–266.
34. *Rez.* Limes Studien, 1959. – Schweizerische Zeitschrift für Geschichte 10, 1960, 315.
35. *Rez.* F. Taeger, Charisma, 1957. 1960. – Oberhessische Presse 12. 11. 1960, 17.

1961
36. *Rez.* J. Vogt, Constantin d. Gr. und sein Jahrhundert, ²1960. – Schweizerische Zeitschrift für Geschichte 11, 1961, 77–78.

37. *Rez.* F. Schachermeyr, Griechische Geschichte, 1960. – Schweizerische Zeitschrift für Geschichte 11, 1961, 75–77.
38. *Rez.* H. v. Hülsen, Römische Funde, 1960. – Schweizerische Zeitschrift für Geschichte 11, 1961, 111.
39. *Rez.* M. Grant, The World of Rome, 1960. – Gnomon 33, 1961, 306–307.
40. *Rez.* (E. Scharr,) Römisches Privatrecht, 1960. – Schweizerische Zeitschrift für Geschichte 11, 1961, 260–261.
41. *Rez.* H. v. Petrikovits, Das römische Rheinland, 1960. – Schweizerische Zeitschrift für Geschichte 11, 1961, 261–262.
42. *Rez.* G. Voigt, Die Wiederbelebung des classischen Altertums, ⁴1960. – Schweizerische Zeitschrift für Geschichte 11, 1961, 267.
43. *Rez.* R. W. Moore, The Roman Commonwealth, 1953. – Schweizerische Zeitschrift für Geschichte 11, 1961, 586.

1962
44. Zur Herrscherauffassung und Politik Domitians, Aspekte des modernen Domitianbildes, Schweizerische Zeitschrift für Geschichte 12, 1962, 187–213.
45. *Rez.* E. Meyer, Römischer Staat und Staatsgedanke, ²1961. – Schweizerische Zeitschrift für Geschichte 12, 1962, 253–254.

1963
46. Jacob Burckhardt und die Römische Geschichte, Saeculum 14, 1963, 82–122.
47. Gedenkblatt für Fritz Taeger, Stuttgart 1963.
48. *Die Fundmünzen der Römischen Zeit in Deutschland.* Abt. II Baden-Württemberg, Band 1, Nordbaden, Berlin 1963.

1964
49. Einleitung zu: H. Delbrück, Geschichte der Kriegskunst im Rahmen der politischen Geschichte, Erster Teil: Das Altertum, photomechanischer Nachdruck der dritten Auflage, Berlin 1964, III–XX.
50. *Die Fundmünzen der Römischen Zeit in Deutschland.* Abt. II Baden-Württemberg, Band 2, Südbaden, Berlin 1964.
51. Die Griechen und das Geld, Saeculum 15, 1964, 214–229.
52. *Die Fundmünzen der Römischen Zeit in Deutschland.* Abt. II Baden-Württemberg, Band 3, Südwürttemberg-Hohenzollern, Berlin 1964.
53. *Rez.* G. Gottlieb, Das Verhältnis der außerherodoteischen Überlieferung zu Herodot, untersucht an historischen Stoffen aus der griechischen Geschichte, 1963. – Schweizerische Zeitschrift für Geschichte 14, 1964, 339.

1965
54. Germanendarstellung und Zeitverständnis bei Tacitus, Historia 14, 1965, 62–73.
55. *Die Fundmünzen der Römischen Zeit in Deutschland.* Abt. II Baden-Württemberg, Band 4, Nordwürttemberg, Berlin 1964 (1965).
56. Prosopographie, Römische Kaiser, Augustus – Septimius Severus; Julisch-claudische Familie, Flavier, in: Lexikon der Alten Welt, Zürich 1965.

57. *Rez.* D. R. Dudley – G. Webster, The Rebellion of Boudicca, 1962. – HZ 200, 1965, 228.
58. *Rez.* F. Wieacker, Recht und Gesellschaft in der Spätantike, 1964. – HZ 201, 1965, 190.
59. *Rez.* W. John, P. Quinctilius Varus und die Schlacht im Teutoburger Walde, 1963. – Trierer Zeitschrift 28, 1965, 182–184.
60. *Rez.* G. T. Schwarz, Die Kaiserstadt Aventicum, 1964. – Schweizerische Zeitschrift für Geschichte 15, 1965, 118–119.
61. *Rez.* J. Vogt, Der Niedergang Roms, 1965. – Schweizerische Zeitschrift für Geschichte 15, 1965, 382–383.

1966
62. Das Imperium Romanum und die Einigung der Mittelmeerwelt – Spätantike, in: Saeculum-Weltgeschichte II, 1966, 381–601, 628–637, 652–661. (Vgl. auch Nr. 126.)
63. *Rez.* K. F. Stroheker, Germanentum und Spätantike, 1965. – Die Welt der Literatur 3, 1966, Nr. 5. S. 17 (3. 3. 1966).
64. *Rez.* H. Bengtson, Einführung in die Alte Geschichte, ^{5}1965. – Mundus 2, 1966, 6f.
65. *Rez.* H. H. Schmitt, Untersuchungen zur Geschichte Antiochos' des Großen und seiner Zeit, 1964. – Mundus 2, 1966, 42f.
66. *Rez.* Historia-Augusta-Kolloquium, Bonn 1963. 1964. – HZ 202, 1966, 720.
67. *Rez.* K. Lehmann-Hartleben, Die antiken Hafenanlagen des Mittelmeeres, 1963 (1923). – Mundus 2, 1966, 127f.
68. *Rez.* H. Volkmann, Grundzüge der römischen Geschichte, 1965. – Gymnasium 73, 1966, 480f.
69. *Rez.* A. Heuß, Stadt und Herrscher des Hellenismus in ihren staats- und völkerrechtlichen Beziehungen, 1963. – Mundus 2, 1966, 24f.
70. *Rez.* K.-H. Ziegler, Die Beziehungen zwischen Rom und dem Partherreich, 1964. – Mundus 2, 1966, 240f.
71. *Rez.* J. Deininger, Die Provinziallandtage der römischen Kaiserzeit von Augustus bis zum Ende des dritten Jahrhunderts n. Chr., 1965. – Mundus 2, 1966, 300f.

1967
72. *Antike Numismatik.* Einführung und Bibliographie, Darmstadt 1967. ^{2}1972. Zahlreiche Nachdrucke.
73. *Rez.* G. Mann, A. Heuß und A. Nitschke, Propyläen-Weltgeschichte, Bilder und Dokumente zur Weltgeschichte, 1965. – Mundus 3, 1967, 23f. – Philosophy and History 1, 1968, 103f.
74. *Rez.* G. Walser, Neuere Hethiterforschung, Historia-Einzelschriften, Heft 7, 1964. – Mundus 3, 1967, 45f.
75. *Rez.* H. Berve, Gestaltende Kräfte der Antike, ^{2}1966. – Mundus 3, 1967, 102f.
76. *Rez.* H. Braunert, Die Binnenwanderung, 1964. – Mundus 3, 1967, 104ff.
77. *Rez.* Les Empereurs romains d'Espagne, 1965. – Gnomon 39, 1967, 203–205.

78. *Rez.* Kulturgeschichte der Welt. Asien, Afrika, Amerika, hrsg. v. H. Boehoff u. F. Winzer, 1966. – Mundus 3, 1967, 199. – Universitas, Jg. 1967, Heft 9.
79. *Rez.* H. Dörrie, Der Königskult des Antiochos von Kommagene im Lichte neuer Inschriftenfunde, 1964. – Mundus 3, 1967, 203.
80. *Rez.* O. Becher, Das mathematische Denken der Antike, ²1966. – Mundus 3, 1967, 291.
81. *Rez.* W. Kierdorf, Erlebnis und Darstellung der Perserkriege, 1966. – Mundus 3, 1967, 307.
82. *Rez.* D. Nörr, Imperium und Polis in der hohen Prinzipatszeit, 1966. – Mundus 3, 1967, 319.
83. *Rez.* F. Schachermeyr, Die frühe Klassik der Griechen, 1966. – Mundus 3, 1967, 324.
84. *Rez.* J. Moreau, Scripta Minora, 1964. – Mundus 3, 1967, 326.

1968

85. Zur Beurteilung der Politik des Augustus, Geschichte in Wissenschaft und Unterricht 19, 1968, 329–343.
86. Zur Beurteilung Hannibals, Historia 17, 1968, 461–495.
87. Römische Geschichte und Universalgeschichte bei B. G. Niebuhr, Saeculum 19, 1968, 172–196.
88. *Rez.* H. Bengtson, Grundriß der Römischen Geschichte mit Quellenkunde I, 1967. – Mundus 4, 1968, 10f. – Philosophy and History 1, 1968, 220.
89. *Rez.* H.-J. Diesner, Geschichte des Vandalenreichs, 1966. – Mundus 4, 1968, 12.
90. *Rez.* J. Friedrich, Geschichte der Schrift unter besonderer Berücksichtigung ihrer geistigen Entwicklung, 1966. – Mundus 4, 1968, 16f. – Literature, Music, Fine Arts 2, 1969, 13–15.
91. *Rez.* E. Kirsten, Nordafrikanische Stadtbilder, ²1966. – Mundus 4, 1968, 24.
92. *Rez.* H. W. Ritter, Diadem und Königsherrschaft 1965. – Mundus 4, 1968, 39f.
93. *Rez.* J. Seibert, Historische Beiträge zu den dynastischen Verbindungen in hellenistischer Zeit, 1967. – Mundus 4, 1968, 139f.
94. *Rez.* F. Schachermeyr, Die minoische Kultur des alten Kreta, 1964. – Mundus 4, 1968, 227f. – Philosophy and History 2, 1969, 235.
95. *Rez.* H. Berve, Die Tyrannis bei den Griechen, 1967. – Philosophy and History 1, 1968, 79f. – Modern Law and Society 2, 1969, 76–78.
96. *Rez.* P. R. Franke, Kleinasien zur Römerzeit, 1968. – Philosophy and History 1, 1968, 91f.
97. *Rez.* P. Meinhold, Geschichte der kirchlichen Historiographie, 1967. – Philosophy and History 1, 1968, 104f.
98. *Rez.* C. Schneider, Kulturgeschichte des Hellenismus I, 1967. – Philosophy and History 1, 1968, 115f. – Gekürzt in: Mundus 6, 1970, 128–130.
99. *Rez.* H. Chantraine, Freigelassene und Sklaven im Dienst der römischen Kaiser, 1967. – Mundus 4, 1968, 297.
100. *Rez.* O. Spengler, Frühzeit der Weltgeschichte, 1966. – Mundus 4, 1968, 330f.

1970

101. Joseph Vogt und die Geschichte des Altertums. Eine Würdigung, Saeculum 21, 1970, 106–150.
102. *Der Untergang des Römischen Reiches*, Hrsg., Darmstadt 1970. – Darin: Der Untergang des Römischen Reiches in antiker und moderner Sicht. Eine Einleitung, S. 1–31.
103. Römische Geschichte im Unterricht (Vortragszusammenfassung von W. Ripper mit ausführlichen Zitaten), Informationen für den Geschichts- und Gemeinschaftskundelehrer 10/70, 1970, 3–6. (Vgl. Nr. 119.)
104. *Rez.* R. T. Scott, Religion and Philosophy in the Histories of Tacitus, 1968. – HZ 209, 1970, 284f.
105. *Rez.* C. Schneider, Kulturgeschichte des Hellenismus II, 1969. – Philosophy and History 3, 1970, 104f. – Gekürzt in: Mundus 6, 1970, 128–130.
106. *Rez.* F. Altheim und J. Rehork, Hrsg., Der Hellenismus in Asien, 1969. – Mundus 6, 1970, 101f.
107. *Rez.* H. Schmitt, Die Staatsverträge des Altertums, III.: Die Verträge der griechisch-römischen Welt von 338 bis 200 v. Chr. 1969. – Modern Law and Society 3, 1970, 38f.
108. *Rez.* Festschrift Altheim. Beiträge zur Alten Geschichte und deren Nachleben I, 1969. – Mundus 6, 1970, 231–233.
109. *Rez.* K.-E. Petzold, Studien zur Methode des Polybios und zu ihrer historischen Auswirkung, 1969. – Informationen für den Geschichts- und Gemeinschaftskundelehrer 10/70, 10f.
110. *Rez.* W. Dahlheim, Struktur und Entwicklung des römischen Völkerrechts im 3. und 2. Jh. v. Chr., Vestigia 8, 1968. – Modern Law and Society 3, 1970, 135f.

1971

111. Hannibal und Scipio Africanus, Die Großen der Weltgeschichte 1, 1971, 770–783.
112. Zur Entwicklung der Alten Geschichte in Deutschland, Geschichte in Wissenschaft und Unterricht 22, 1971, 577–593.
113. *Rez.* C. M. Kraay, Greek Coins and History, 1969. – Gnomon 43, 1971, 99f.
114. *Rez.* A. Toynbee, Some Problems of Greek History, 1969. – HZ 212, 1971, 632–634.
115. *Rez.* H. Bellen, Studien zur Sklavenflucht im Römischen Kaiserreich, 1971. – Philosophy and History 4, 1971, 195f.
116. *Rez.* W. Eck, Senatoren von Vespasian bis Hadrian, 1970. – Philosophy and History 4, 1971, 203f.
117. *Rez.* Festschrift Altheim II, 1970. – Philosophy and History 4, 1971, 236f. – Mundus 7, 1971, 134f.
118. *Rez.* A. Alföldi, Die monarchische Repräsentation im römischen Kaiserreiche, 1970. – Bibliotheca Orientalis 28, 1971, 234.

1972

119. Römische Geschichte im Unterricht, Geschichte in Wissenschaft und Unterricht 23, 1972, 277–290.

120. *Von Gibbon zu Rostovtzeff*. Leben und Werk führender Althistoriker der Neuzeit, Darmstadt 1972. ²1979.
121. Zum 100jährigen Bestehen des Seminars für Alte Geschichte der Philipps-Universität, Alma Mater Philippina, Sommersemester 1972, 11–14.
122. *Rez.* Chiron I, 1971. – Philosophy and History 5, 1972, 63–65.
123. *Rez.* S. Lauffer, Diokletians Preisedikt, 1971. – Philosophy and History 5, 1972, 89f.
124. *Rez.* A. Schenk Graf von Stauffenberg, Macht und Geist, 1972. – Philosophy and History 5, 1972, 232–234.

1973
125. *Römische Geschichte*. Einführung, Quellenkunde, Bibliographie, Darmstadt 1973. – 2., unveränderte Auflage 1976. – 3., durchgesehene und erweiterte Auflage 1980.
126. *Das Römische Weltreich*, Freiburg i. Br. 1973. (Ergänzte und durchgesehene Taschenbuch-Ausgabe von Nr. 62.)
127. *Rez.* K. Kraft, Das System der kaiserzeitlichen Münzprägung in Kleinasien, 1972. – Mundus 9, 1973, 16–18 = Philosophy and History 7, 1974, 83–85.
128. *Rez.* G. Walser, Hrsg., Beiträge zur Achämenidengeschichte, 1972. – Philosophy and History 6, 1973, 244f.
129. *Rez.* R. Stiehl – G. A. Lehmann, Hrsg., Antike Universalgeschichte (Festschrift H. E. Stier), 1972. – Mundus 9, 1973, 229–231.

1974
130. *Hannibal*, Hrsg., Darmstadt 1974 (Wege der Forschung, 371). – Darin: Vorwort, Bibliographie, Register – S. I–IX, 409–429; Probleme um Hannibal, S. 3–39; Zur Beurteilung Hannibals, S. 361–408 (= Nr. 86).
131. Caesar und Ariovist, Chiron 4, 1974, 251–292.
132. *Rez.* R. Weiller, Monnaies antiques découvertes au Grand-Duché de Luxembourg. 1972. – Gnomon 46, 1974, 377–380.
133. *Rez.* H. Frotz, Erbe wider Willen, Hadrian II. (867–872) und seine Zeit, 1970. – Philosophy and History 7, 1974, 201–202.
134. *Rez.* W. Langhammer, Die rechtliche und soziale Stellung der Magistratus municipales und der Decuriones in der Übergangsphase der Städte von sich selbst verwaltenden Gemeinden zu Vollzugsorganen des spätantiken Zwangsstaates (2.–4. Jahrhundert der römischen Kaiserzeit), 1973. – Philosophy and History 7, 1974, 215–217.
135. *Rez.* J. Straub, Regeneratio Imperii, 1972. – Philosophy and History 7, 1974, 236–238.
136. *Rez.* H. Volkmann, Grundzüge der römischen Geschichte, ⁵1973. – Philosophy and History 7, 1974, 242.

1975
137. *Rez.* H. Beumann, Hrsg., Festschrift für Walter Schlesinger, 1973. – Philosophy and History 8, 1975, 66–68.
138. *Rez.* Chiron III, 1973. – Philosophy and History 8, 1975, 72–75.

139. *Rez.* J. P. Kent – B. Overbeck – A. U. Stylow, Die römische Münze, 1973. – Philosophy and History 8, 1975, 106–108.
140. *Rez.* P. Rassow, Hrsg., Deutsche Geschichte im Überblick, 1973. – Philosophy and History 8, 1975, 122–123.
141. *Rez.* H. A. Stützer, Das alte Rom, 1971. – Philosophy and History 8, 1975, 139–141.
142. *Rez.* E. Seidl, Rechtsgeschichte Ägyptens als römischer Provinz, 1973. – Mundus 11, 1975, 133–135.
143. *Rez.* K.-W. Welwei, Unfreie im antiken Kriegsdienst, 1974. – Philosophy and History 8, 1975, 301–303.
144. *Rez.* P. Klose, Die völkerrechtliche Ordnung der hellenistischen Staatenwelt in der Zeit von 280–168 v. Chr., 1972. – Modern Law and Society 8, 1975, 129f.

1976
145. Theodor Mommsen und die Römische Geschichte, in: Theodor Mommsen, Römische Geschichte 8, München 1976, 7–66; Bibliographische Hinweise zur römischen Geschichte, a. a. O., 75–82.
146. *Römische Geschichte. Eine Bibliographie*, unter Mitwirkung von Reinhard Anders, Marianne Gaul und Bettina Kreck bearbeitet von Karl Christ, Darmstadt 1976.
147. *Rez.* H. Bengtson, Kleine Schriften zur Alten Geschichte, 1974. – Philosophy and History 9, 1976, 62–65.
148. *Rez.* W. Hubatsch, Hrsg., Absolutismus, 1973 (Wege der Forschung, 314). – Philosophy and History 9, 1976, 86–88.
149. *Rez.* H. Kraft, Hrsg., Konstantin der Große, 1974 (Wege der Forschung, 131). – Philosophy and History 9, 1976, 88–90.
150. *Rez.* F. Prinz – F.-J. Schmale – F. Seibt, Hrsg., Geschichte in der Gesellschaft. Festschrift für K. Bosl, 1974. – Philosophy and History 9, 1976, 97–99.

1977
151. Zur Entwicklung der althistorischen Lehre und Forschung an der Philipps-Universität im Zeitraum 1870–1976. Mit einem Anhang von A. Burke, V. Losemann und A. Schneider, in: Academia Marburgensis, hrsg. von W. Heinemeyer, T. Klein, H. Seier, Marburg 1977, 241–301.
152. Anton Ritter von Premerstein, in: Marburger Gelehrte in der ersten Hälfte des 20. Jahrhunderts, hrsg. von I. Schnack, Marburg 1977, 390–402.
153. Fritz Taeger, in: Marburger Gelehrte in der ersten Hälfte des 20. Jahrhunderts, hrsg. von I. Schnack, Marburg 1977, 544–552.
154. Zur augusteischen Germanienpolitik, Chiron 7, 1977, 149–205.
155. Römische Sklaven, in: Hessischer Rundfunk. Schulfunk Geschichte 32, 1977, 9–12.
156. *Rez.* H. Klees, Herren und Sklaven, 1975. – Philosophy and History 10, 1977, 99–102.
157. *Rez.* I. Weiler, Griechische Geschichte, 1976. – Anzeiger für die Altertumswissenschaft 30, 1977, 31–32.
158. *Rez.* Studies in Roman Property, ed. M. I. Finley, 1976. – HZ 225, 1977, 120–122.
159. *Rez.* Chiron V, 1975. – Philosophy and History 10, 1977, 196–198.

1978
160. Der Historiker – Künstler oder Gelehrter? [Titel und Zwischentitel stammen von der Redaktion], Buchreport 9, 33. 1978, 79–82.
161. Tacitus und der Principat, Historia 27, 1978, 449–487.
162. *Rez.* Chiron VI, 1976. – Philosophy and History 11, 1978, 67–69.
163. *Rez.* A. Momigliano, Essays in Ancient and Modern Historiography, 1977. – History and Theory 17, 1978, 327–336.

1979
164. *Krise und Untergang der Römischen Republik*, Darmstadt 1979.
165. *Die Römer*. Eine Einführung in ihre Geschichte und Zivilisation, München 1979.
166. Zur Geschichte des hessischen Raumes in der römischen Kaiserzeit, in: Aus Geschichte und ihren Hilfswissenschaften. Festschrift für Walter Heinemeyer zum 65. Geburtstag, hrsg. von H. Bannasch und H.-P. Lachmann, Marburg 1979 (Veröffentlichungen der Historischen Kommission für Hessen 40), 529–543.
167. *Rez.* A. Guarino, Spartaco. Analisi di un mito, 1979. – Labeo 25, 1979, 193–202.
168. *Rez.* Chiron VII, 1977. – Philosophy and History 12, 1979, 184–188.
169. *Rez.* E. M. Janssen, Jacob Burckhardt und die Griechen, 1979. – Erasmus 31, 1979, 891f.

1980
170. Grundfragen der römischen Sozialstruktur, in: Studien zur antiken Sozialgeschichte. Festschrift Friedrich Vittinghoff, hrsg. von W. Eck. u. a., Köln 1980, 197–228.
171. Crisi della repubblica e «rivoluzione romana», Labeo 26, 1980, 82–90 = La Rivoluzione Romana, Neapel 1982, 11–19.
172. Barthold Georg Niebuhr, in: H.-U. Wehler, Hrsg., Deutsche Historiker VI, Göttingen 1980, 23–36.
173. *Rez.* L. Várady, Die Auflösung des Altertums, 1978. – Gnomon 52, 1980, 187f.
174. *Rez.* Chiron VIII, 1978. – Philosophy and History 13, 1980, 196–198.
175. *Rez.* Chiron IX, 1979. – Philosophy and History 13, 1980, 198f.

1981
176. *Das Römische Weltreich*, München 1981 (Ergänzte Ausgabe von Nr. 126).
177. N. D. Fustel de Coulanges und die antike Gesellschaft, in: N. D. Fustel de Coulanges, Der antike Staat, Stuttgart 1981, 9–20.
178. Römische Geschichtsschreibung, in: Propyläen Geschichte der Literatur I, Berlin 1981, 409–437.
179. Theodor Mommsen und sein Biograph, HZ 233, 1981, 363–370.
180. *Rez.* J. Bleicken, Staat und Recht in der römischen Republik, 1978. – Anzeiger für die Altertumswissenschaft 33, 1980 (1981), 113f.
181. *Rez.* J. Bleicken, Prinzipat und Dominat, 1978. – Anzeiger für die Altertumswissenschaft 33, 1980 (1981), 114.
182. *Rez.* J. G. Wolf, Politik und Gerechtigkeit bei Traian, 1978. – Anzeiger für die Altertumswissenschaft 33, 1980 (1981), 114.

183. *Rez.* Chiron IV, 1974. – Philosophy and History 14, 1981, 74–76.
184. *Rez.* M. R.-Alföldi, Antike Numismatik, 1978. – HZ 233, 1981, 644–645.
185. *Rez.* P. Tabaroni, La tradizione annibalica fra Trebbia e Trasimeno, 1977. – Anzeiger für die Altertumswissenschaft 34, 1981, 183–185.

1982
186. *Römische Geschichte und Wissenschaftsgeschichte, I.: Römische Republik und augusteischer Principat,* Darmstadt 1982.
187. *Römische Geschichte und deutsche Geschichtswissenschaft,* München 1982.
188. Burckhardt-Fragmente, in: Festschrift für Eberhard Kessel, München 1982, 25–37.
189. Nachwort und Bibliographische Hinweise, in: J. Burckhardt, Die Zeit Constantins des Großen, München 1982, 355–401.
190. *Rez.* Chiron X, 1980. – Philosophy and History 15, 1982, 56 f.
191. *Rez.* A. Momigliano, Sesto contributo alla storia degli studi classici e del mondo antico, 1980. – HZ 234, 1982, 635 f.
192. *Rez.* R. F. Rossi, Dai Gracchi a Silla 1980. – Gnomon 54, 1982, 554–557.

1983
193. *Römische Geschichte und Wissenschaftsgeschichte, II.: Geschichte und Geschichtsschreibung der römischen Kaiserzeit,* Darmstadt 1983.
194. *Römische Geschichte und Wissenschaftsgeschichte, III.: Wissenschaftsgeschichte,* Darmstadt 1983.
195. Leges super principem, Labeo 28, 1982 (1983), 298–303.
196. Rome and the Empire: Prehistory to AD 500, in: J. J. Norwich, The Italian World, London 1983, 31–62.
197. „... die schwere Ungerechtigkeit gegen Augustus." Augustus, Mommsen und Wilamowitz, in: Tria Corda. Scritti in onore di Arnaldo Momigliano a cura di E. Gabba, Como 1983, 89–100 (Bibliotheca di Athenaeum, 1).
198. *Rez.* Y. A. Dauge, Le Barbare, 1981. – Gnomon 55, 1983, 46–49.
199. *Rez.* W. Jobst, 11. Juni 172 n. Chr. Der Tag des Blitz- und Regenwunders im Quadenlande, 1978. – Anzeiger für die Altertumswissenschaft 35, 1982 (1983), 271 f.
200. *Rez.* Chiron XI, 1981. – Philosophy and History 16, 1983, 155.
201. *Rez.* H. Bengtson, Kaiser Augustus, 1982. – Anzeiger für die Altertumswissenschaft 36, 1983, 134 f.
202. *Rez.* La Rivoluzione Romana, 1982. – Gnomon 55, 1983, 560 f.

1984
203. *The Romans.* An Introduction to their History and Civilisation. Translated from the German by Christopher Holme, London 1984.
204. *Die Römer,* 2., überarbeitete Auflage, München 1984.
205. *Krise und Untergang der Römischen Republik.* 2., durchgesehene und erweiterte Auflage, Darmstadt 1984.
206. Einleitung zur Neuausgabe von R. von Pöhlmann, Geschichte der sozialen Frage und des Sozialismus in der antiken Welt, Darmstadt 1984, v–xvi.

207. Die Dialektik des augusteischen Principats, in: Sodalitas. Scritti in onore di Antonio Guarino, Neapel 1984, 1003–1017.
208. The Downfall of the Roman Empire – Ancient and Modern Views, Translated and adapted by U. Vogel, in: University of South Africa. Department of Classics. Ancient History 3. Tutorial Letter 101/1984, 6–25.
209. *Rez.* Chiron XII, 1982. – Philosophy and History 17, 1984, 67f.
210. *Rez.* E. Bradford, Hannibal, München 1983. – HZ 239, 1984, 157f.

1985
211. Hannibal und Scipio Africanus, in: Exempla historica 6, Frankfurt am Main 1985, 131–151, 212.
212. „Decline and Fall . . .", HZ 240, 1985, 641–647.
213. Fundamente der Alten Geschichte und der Historiographie. Zu den neuen Werken von Arnaldo Momigliano, Storia della Storiografia 1985, 8, 154–158.
214. *Rez.* G. und C. Charles-Picard, Karthago. Leben und Kultur, Stuttgart 1983. – Anzeiger für die Altertumswissenschaft 37, 1984 (1985), 136.
215. *Rez.* Chiron XIII, 1983; XIV, 1984. – Philosophy and History 18, 1985, 146f.
216. *Rez.* J. M. Alonso–Núñez, The Ages of Rome, Amsterdam 1982. – Anzeiger für die Altertumswissenschaft 37, 1984 (1985), 256f.
217. *Rez.* U. Asche, Roms Weltherrschaftsidee und Außenpolitik in der Spätantike im Spiegel der Panegyrici Latini, Diss. Bonn 1982. – Anzeiger für die Altertumswissenschaft 38, 1985, 121.
218. *Rez.* G. Wirth (Hrsg.), Barthold Georg Niebuhr. Historiker und Staatsmann, Bonn 1984. – HZ 241, 1985, 637.

1986
219. *Der Untergang des Römischen Reiches,* 2. Auflage, Darmstadt 1986.
220. *Sparta,* Hrsg., Darmstadt 1986 (Wege der Forschung, 622). – Darin: Spartaforschung und Spartabild. Eine Einleitung, S. 1–72.
221. Geschichte des Altertums, Wissenschaftsgeschichte, Ideologiekritik, in: Studien zur Alten Geschichte. Siegfried Lauffer zum 70. Geburtstag am 4. August 1981 dargebracht von Freunden, Kollegen und Schülern, hrsg. v. H. Kalcyk, B. Gullath und A. Graeber, I, Rom 1986, 107–128.
222. *Rez.* Chiron XV, 1985. – Philosophy and History 19, 1986, 143f.
223. *Rez.* W. Huss, Die Geschichte der Karthager, 1985. – Mundus 22, 1986, 191f.
224. *Rez.* 100 Jahre Alte Geschichte in Innsbruck, hrsg. von R. Bichler, Innsbruck 1985. – Anzeiger für die Altertumswissenschaft 39, 1986, 1f.

1987
225. Neue Forschungen zur Geschichte der späten Römischen Republik und den Anfängen des Principats, Gymnasium 94, 1987, 307–340.